令和**6**年版

図解

財産評価

小野　徹 編

一般財団法人 **大蔵財務協会**

は　し　が　き

　相続税や贈与税の課税価格の計算の基礎となる財産の価額については、相続税法及び財産評価基本通達に、財産の種類に応じた評価方法が定められていますが、これらの評価方法を正確に理解するためには、税法以外の専門的な知識が必要となることもあり、税務に携わる実務家の方々や納税者の皆様から様々な御質問や分かりやすい解説を求める声が寄せられています。

　本書は、こうした御質問や御要望にお応えできるように、特に評価する機会の多い土地や取引相場のない株式の評価方法を中心に、基本的な事項をできる限り平易な表現で解説するとともに、評価の手順をフローチャートで可視化したり、路線価図の見方や評価明細書の記載例をお示ししたほか、財産の評価に当たり注意すべき点や評価方法の具体例についても、「チェックポイント」、「設例」及び「誤りやすい事例」として盛り込むことで、図解による「財産評価のガイドブック」となるよう心掛けました。

　本書が、税務に携わる実務家の方々はもとより、納税者の皆様のお役にも立てれば、幸いです。

　今後も、本書をより一層充実した内容に改めてまいりたいと考えておりますので、きたんのない御意見を出版社編集部までお寄せいただけますと有難く存じます。

　なお、本書は、東京国税局課税第一部資産評価官の職員が休日等を利用して執筆したものであり、文中意見にわたる部分は、個人的見解であることを念のため申し添えます。

　最後に、本書刊行の機会を与えていただくとともに、刊行に御協力いただいた一般財団法人大蔵財務協会の諸氏に心から感謝申し上げます。

　令和6年7月

小野　徹

〔凡　　　例〕

相法………………相続税法

措法………………租税特別措置法

相令………………相続税法施行令

相規………………相続税法施行規則

相基通……………相続税法基本通達

評基通……………財産評価基本通達

措通………………租税特別措置法（相続税法の特例関係）の取扱いについて（法令解釈通達）

特定非常災害通達…特定非常災害発生日以後に相続等により取得した財産の評価について（法令解釈通達）

法基通……………法人税基本通達

（注）　本書は原則として、令和6年7月1日現在の法令、通達によっています。

〔目　　次〕

第2章　家屋及び構築物の評価

第3章　居住用の区分所有財産の評価

第4章　株式及び出資の評価

第5章　公社債等の評価

第6章　その他の財産の評価

第7章　災害が発生した場合の財産評価

相続税・贈与税における財産評価のあらまし

　相続、遺贈（死因贈与を含みます。以下同じです。）又は贈与によって財産を取得した場合には、取得した財産の価額を課税標準として相続税や贈与税が課税されます。

　このため、相続税及び贈与税においては、相続、遺贈又は贈与により取得した財産の価額（価値）を把握すること、つまり「財産評価」が極めて重要です。

　ところで、相続税や贈与税の課税対象となる財産は、土地、家屋などの不動産をはじめとして、動産、無体財産権、株式、公社債など多種多様であり、これら各種の財産の価額を的確に把握することは容易なことではありません。

　相続税法では、第23条から第26条にかけて、地上権（借地権又は民法第269条の2第1項に規定する区分地上権を除きます。）、永小作権、配偶者居住権等、定期金に関する権利及び立木についての評価方法を規定しているほか、第22条で「相続、遺贈又は贈与により取得した財産の価額は、当該財産の取得の時における時価により、当該財産の価額から控除すべき債務の金額は、その時の現況による。」と評価の原則を規定して、その時価の具体的内容は法解釈に委ねられています。

　そこで、国税庁では、財産の評価に関する取扱方法の全国的な統一を図るため、各財産の評価方法に共通する原則や各種の財産の評価単位ごとの具体的な評価方法を「財産評価基本通達」により定めています。

　(注)　「評価対象の不動産に適用される評価通達の定める評価方法が適正な時価を算定する方法として一般的な合理性を有するものであり、かつ、当該不動産の贈与税の課税価格がその評価方法に従って決定された場合には、上記課税価格は、その評価方法によっては適正な時価を適切に算定することのできない特別の事情の存しない限り、贈与時における当該不動産の客観的な交換価値としての適正な時価を上回るものではないと推認するのが相当である（最高裁平成24年（行ヒ）第79号同25年7月12日第2小法廷判決・民集67巻6号1255頁参照）。」（東京高裁平成27年12月17日判決）

1　時価とは

　財産評価基本通達では、財産の価額は、時価によるものとし、時価とは、課税時期（相続等により財産を取得した日若しくは相続税法の規定により相続、遺贈又は贈与により取得したものとみなされた財産のその取得の日をいいます。）において、それぞれの財産の現況に応じ、不特定多数の当事者間で自由な取引が行われる場合に通常成立すると認められる価額をいい、その価額は、この通達の定めによって評価した価額

による（評基通1(2)）旨定めています。

　言い換えますと、相続税法が規定する時価とは、課税時期を評価時点とした価額であり、その価額は、いわゆる売り急ぎや買い進みなどの特殊な事情の下で成立した価額ではなく、また、取得原価や処分価額とも異なるもので、その価額ならばいつでも正常な状態で他の財貨と交換できる価額、すなわち客観的な交換価値を示す価額ということになります。

2　個別評価

　財産の価額及び債務の金額は、個々の評価単位ごとに評価し、その評価額の合計額をもってその有する財産の価額又は債務の金額とするいわゆる個別評価方法を原則としています。例えば、家屋とその敷地及び株式、公社債を評価する場合には、家屋は原則として1棟の家屋ごとに評価し、宅地は利用の単位となっている1区画の宅地ごとに評価し、株式は銘柄の異なるごとに1株ごとに評価し、公社債は銘柄の異なるごとに券面額100円当たりの価額を基として評価することになっています。

　なお、例外として、鉱業用財産など一部のものについては総合評価方法により評価することになっています。

3　相続税や贈与税が課税される財産

　相続税法基本通達では、「財産」とは、金銭に見積もることができる経済的価値のあるすべてのものをいう（相基通11の2－1）旨定めており、その種類は、次表「相続税・贈与税が課税される財産の種類及び細目」に掲げるとおりです。

〔相続税・贈与税が課税される財産の種類及び細目〕

財 産	
種　類	細　目
土　　　　　地	田（耕作権及び永小作権を含みます。）
	畑（耕作権及び永小作権を含みます。）
	宅地（借地権を含みます。）
	山林（地上権及び賃借権を含みます。）
	その他の土地（地上権等を含みます。）
家　屋　等	家屋、構築物、配偶者居住権
事業（農業）用財産	機械、器具、農機具、その他の減価償却資産
	商品、製品、半製品、原材料、農産物等
	売掛金
	その他の財産
有　価　証　券	取引相場のない株式、出資
	上記以外の株式、出資
	公債、社債
	貸付信託受益証券、証券投資信託受益証券等
現金、預貯金等	
家庭用財産	
そ の 他 の 財 産	生命保険金等
	退職手当金等
	立　　木
	そ　の　他

第1章　土地及び土地の上に存する権利

第1　評価の手順

　土地の価額は、原則として、宅地、田、畑などの地目の別に評価単位ごとに評価します。そして、その評価単位の判定方法や評価の方式はそれぞれの地目ごとに異なっており、おおむね次の手順にしたがって評価します。

　ただし、たな卸資産に該当するものの価額は、たな卸商品等の定めに準じて評価します（評基通4－2）。

1　評価物件の特定

住宅地図、公図等により、評価する土地の所在地等を確認し、評価物件を特定します。

2　資料の収集

(1)　固定資産評価証明書

評価物件の所在地を管轄する市（区）役所又は町村役場（東京都区内は都税事務所）で発行しています。

(2)　登記事項証明書

評価物件の所在地を管轄する法務局（登記所）又は最寄りの法務局で発行しています。

(3)　実測図、公図、地籍図

公図及び地籍図については、評価物件の所在地を管轄する法務局（登記所）で発行しています。

(4)　財産評価基準書（路線価図、評価倍率表）

財産評価基本通達に基づく具体的な評価基準については、各国税局において、各年分の「財産評価基準書」（土地であれば、路線価図、評価倍率表）として公表しており、国税庁のホームページ（www.nta.go.jp）で閲覧できます。

なお、財産評価基本通達に基づき国税局長が定めることとされている土地等に関する主な事項は以下のとおりであり、定められた事項（金額等）は各年分の「財産評価基準書」に掲載されています。

○　財産評価基本通達に基づき国税局長が定める主な事項（土地関係）

評価通達	通　達　文　（抜　粋）
14　　路線価	国税局長がその路線ごとに評定した1平方メートル当たりの価額とする
14－2　　地区	国税局長が次に掲げる地区を定める (1)ビル街地区　(2)高度商業地区　(3)繁華街地区 (4)普通商業・併用住宅地区　(5)普通住宅地区 (6)中小工場地区　(7)大工場地区

21	倍率方式（倍率）	国税局長が一定の地域ごとにその地域の実情に即するように定める倍率を乗じて計算した金額によって評価する方式
22-3	大規模工場用地の路線価及び倍率	大規模工場用地の評価の「路線価」及び「倍率」は、……国税局長が定める
27	借地権の評価（借地権割合）	地域ごとに国税局長の定める割合を乗じて計算した金額によって評価する
37	純農地の評価	地域ごとに……国税局長の定める倍率を乗じて計算した金額によって評価する
38	中間農地の評価	地域ごとに……国税局長の定める倍率を乗じて計算した金額によって評価する
40	市街地農地の評価	宅地であるとした場合の1平方メートル当たりの価額から……地域ごとに国税局長の定める金額を控除
		地域ごとに……国税局長の定める倍率を乗じて計算した金額によって評価することができる
47	純山林の評価	地域ごとに……国税局長の定める倍率を乗じて計算した金額によって評価する
48	中間山林の評価	地域ごとに……国税局長の定める倍率を乗じて計算した金額によって評価する
49	市街地山林の評価	宅地であるとした場合の1平方メートル当たりの価額から……地域ごとに国税局長の定める金額を控除
		地域ごとに……国税局長の定める倍率を乗じて計算した金額によって評価することができる
58	純原野の評価	地域ごとに……国税局長の定める倍率を乗じて計算した金額によって評価する
58-2	中間原野の評価	地域ごとに……国税局長の定める倍率を乗じて計算した金額によって評価する
58-3	市街地原野の評価	宅地であるとした場合の1平方メートル当たりの価額から……地域ごとに国税局長の定める金額を控除
		地域ごとに……国税局長の定める倍率を乗じて計算した金額によって評価することができる
82	雑種地の評価	状況の類似する地域ごとに……国税局長の定める倍率を乗じて計算した金額によって評価することができる
83	ゴルフ場の用に供されている土地の評価	(1)造成費に相当する金額として国税局長の定める金額……を控除
		(2)地域ごとに……国税局長の定める倍率を乗じて計算した金額によって評価する

3　地積の確定

　地積は、課税時期における実際の面積によることとされている（評基通8）ことから、登記簿上の地積（公簿上の地積）と異なる場合には、実際の地積により土地の価額を決定することになります。

　なお、倍率方式で評価する場合において、実際の地積と登記簿上の地積が異なる場合の取扱いについては242ページを参照してください。

4　地目の判定

　地目は、課税時期の現況によって判定することとされています（評基通7）。

　したがって、登記簿上の地目と一致しない場合があります。

5　評価単位の判定

　土地の価額は、原則として、宅地、田、畑などの地目の別に、それぞれの地目ごとに定められた評価単位ごとに評価することとされています（評基通7、7-2）（9〜15ページ参照）。

　ただし、一体として利用されている一団の土地が2以上の地目からなる場合には、その一団の土地は、そのうちの主たる地目からなるものとして、その一団の土地ごとに評価します（評基通7）。

チェックポイント1

共有地の評価

　評価しようとする土地が共有となっている場合には、その共有地全体の価額に共有持分の割合を乗じて、各人の持分の価額を算出します（評基通2）。したがって、共有地全体の価額が1億円の宅地を甲が4分の3、乙が4分の1の割合で共有している場合には、甲の持分の価額は7,500万円（1億円×3/4）、乙の持分の価額は2,500万円（1億円×1/4）となります。

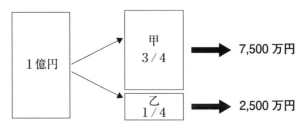

第2　土地及び土地の上に存する権利の評価上の区分

1　土地の評価上の区分

　土地の価額は、原則として宅地、田、畑、山林、原野、牧場、池沼、鉱泉地、雑種地の別に評価します。この場合の地目は登記簿上の地目にかかわらず、課税時期における土地の現況によって判定します。ただし、一体として利用されている一団の土地が2以上の地目からなる場合には、その一団の土地は、そのうちの主たる地目からなるものとして、その一団の土地ごとに評価します。また、市街化調整区域以外の都市計画区域（市街化区域及びいわゆる無指定区域）で市街地的形態を形成する地域において、宅地比準方式で評価する市街地農地（314ページ参照）、市街地山林（342ページ参照）、市街地原野（342ページ参照）又は、宅地と状況が類似する雑種地のいずれか2以上の地目の土地が隣接しており、その形状、地積の大小、位置等からみてこれらを一団として評価することが合理的と認められる場合には、その一団の土地ごとに評価します（評基通7）。

○　土地の評価上の区分と原則的な評価単位

地　目（概　要）		評　価　単　位
宅　　地	建物の敷地及びその維持若しくは効用を果たすために必要な土地	1画地の宅地（利用の単位となっている1区画の宅地）26ページ参照
農地（田・畑）	田……農耕地で用水を利用して耕作する土地 畑……農耕地で用水を利用しないで耕作する土地	1枚の農地（耕作の単位となっている1区画の農地）
山　　林	耕作の方法によらないで竹木の生育する土地	1筆の山林
原　　野	耕作の方法によらないで雑草、かん木類の生育する土地	1筆の原野
牧　　場	家畜を放牧する土地	1筆の牧場
池　　沼	かんがい用水でない水の貯留池	1筆の池沼
鉱　泉　地	鉱泉（温泉を含みます。）の湧出口及びその維持に必要な土地	1筆の鉱泉地
雑　種　地	上記のいずれにも該当しない土地	利用の単位となっている（同一の目的に供されている）一団の雑種地

チェックポイント2

地目の判定

　地目の区分は、不動産登記事務取扱手続準則（平成17年2月25日付民二第456号法務省民事局長通達）第68条及び第69条に準じて判定しますが、同準則第68条の「⒇　保安林」は「山林」に含まれ、また、「⑿　墓地」から「㉓　雑種地」まで（「⒇　保安林」を除きます。）は「雑種地」に含まれます。

（注）　不動産登記事務取扱手続準則第68条及び第69条は次のとおりです。

　　（地目）

　第68条　次の各号に掲げる地目は、当該各号に定める土地について定めるものとする。この場合には、土地の現況及び利用目的に重点を置き、部分的にわずかな差異の存するときでも、土地全体としての状況を観察して定めるものとする。

　　⑴　田　農耕地で用水を利用して耕作する土地

　　⑵　畑　農耕地で用水を利用しないで耕作する土地

　　⑶　宅地　建物の敷地及びその維持若しくは効用を果すために必要な土地

　　⑷　学校用地　校舎、附属施設の敷地及び運動場

　　⑸　鉄道用地　鉄道の駅舎、附属施設及び路線の敷地

　　⑹　塩田　海水を引き入れて塩を採取する土地

　　⑺　鉱泉地　鉱泉（温泉を含む。）の湧出口及びその維持に必要な土地

　　⑻　池沼　かんがい用水でない水の貯留池

　　⑼　山林　耕作の方法によらないで竹木の生育する土地

　　⑽　牧場　家畜を放牧する土地

　　⑾　原野　耕作の方法によらないで雑草、かん木類の生育する土地

　　⑿　墓地　人の遺体又は遺骨を埋葬する土地

　　⒀　境内地　境内に属する土地であって、宗教法人法（昭和26年法律第126号）第3条第2号及び第3号に掲げる土地（宗教法人の所有に属しないものを含む。）

　　⒁　運河用地　運河法（大正2年法律第16号）第12条第1項第1号又は第2号に掲げる土地

　　⒂　水道用地　専ら給水の目的で敷設する水道の水源地、貯水池、ろ水場又は水道線路に要する土地

　　⒃　用悪水路　かんがい用又は悪水はいせつ用の水路

　　⒄　ため池　耕地かんがい用の用水貯留池

　　⒅　堤　防水のために築造した堤防

　　⒆　井溝　田畝又は村落の間にある通水路

　　⒇　保安林　森林法（昭和26年法律第249号）に基づき農林水産大臣が保安林として指定した土地

　　㉑　公衆用道路　一般交通の用に供する道路（道路法（昭和27年法律第180号）による道路であるかどうかを問わない。）

　　㉒　公園　公衆の遊楽のために供する土地

　　㉓　雑種地　以上のいずれにも該当しない土地

（地目の認定）
第69条　土地の地目は、次に掲げるところによって定めるものとする。
(1)　牧草栽培地は、畑とする。
(2)　海産物を乾燥する場所の区域内に永久的設備と認められる建物がある場合には、その敷地の区域に属する部分だけを宅地とする。
(3)　耕作地の区域内にある農具小屋等の敷地は、その建物が永久的設備と認められるものに限り、宅地とする。
(4)　牧畜のために使用する建物の敷地、牧草栽培地及び林地等で牧場地域内にあるものは、すべて牧場とする。
(5)　水力発電のための水路又は排水路は、雑種地とする。
(6)　遊園地、運動場、ゴルフ場又は飛行場において、建物の利用を主とする建物敷地以外の部分が建物に附随する庭園に過ぎないと認められる場合には、その全部を一団として宅地とする。
(7)　遊園地、運動場、ゴルフ場又は飛行場において、一部に建物がある場合でも、建物敷地以外の土地の利用を主とし、建物はその附随的なものに過ぎないと認められるときは、その全部を一団として雑種地とする。ただし、道路、溝、堀その他により建物敷地として判然区分することができる状況にあるものは、これを区分して宅地としても差し支えない。
(8)　競馬場内の土地については、事務所、観覧席及びきゅう舎等永久的設備と認められる建物の敷地及びその附属する土地は宅地とし、馬場は雑種地とし、その他の土地は現況に応じてその地目を定める。
(9)　テニスコート又はプールについては、宅地に接続するものは宅地とし、その他は雑種地とする。
(10)　ガスタンク敷地又は石油タンク敷地は、宅地とする。
(11)　工場又は営業場に接続する物干場又はさらし場は、宅地とする。
(12)　火葬場については、その構内に建物の設備があるときは構内全部を宅地とし、建物の設備のないときは雑種地とする。
(13)　高圧線の下の土地で他の目的に使用することができない区域は、雑種地とする。
(14)　鉄塔敷地又は変電所敷地は、雑種地とする。
(15)　坑口又はやぐら敷地は、雑種地とする。
(16)　製錬所の煙道敷地は、雑種地とする。
(17)　陶器かまどの設けられた土地については、永久的設備と認められる雨覆いがあるときは宅地とし、その設備がないときは雑種地とする。
(18)　木場（木ぼり）の区域内の土地は、建物がない限り、雑種地とする。

【設例　1】

地目の異なる土地が一体として利用されている場合の評価　(1)

(問)　甲は、次の図のように自己の所有するA土地に隣接するB土地を乙から賃借し、資材置場として利用しています。この場合の甲の所有するA土地の価額は、どのように評価するのでしょうか。

※　B土地に設定された賃借権の内容は、資材置場として一時的に使用することを目的とするもので、契約期間は1年間で地代の授受はありますが権利金の授受はありません。

(答)　所有する土地に隣接する土地を賃借して、所有する土地と一体として利用している場合には、原則として、所有する土地と賃借権の設定されている土地を一団の土地（1画地の宅地）として評価した価額を基礎として、所有する土地と賃借権の価額を計算することになりますが、賃貸借期間が短いことによりその賃借権の価額を評価しない場合には、所有する土地のみを1画地の宅地として評価します。

　したがって、図の場合には、甲の所有するA土地のみを1画地の宅地として評価します。

　これは、一時的、臨時的な賃借権については、その経済的価値が極めて小さいものと考えられることから、その価額は評価せず、またその一方、賃借権の目的となっている雑種地の価額は自用地価額で評価するためです。

【設例　2】

地目の異なる土地が一体として利用されている場合の評価 ⑵

(問)　甲は、次の図のように建物の敷地部分は乙から、駐車場部分は丙からそれぞれ賃借しています。この場合の甲の有する借地権と賃借権はどのように評価するのでしょうか。

※　B土地は、甲が賃借権の登記を行い、2階建立体駐車場（構築物）を設け、スーパーマーケットの買物客の駐車場として利用しています。

(答)　B土地は、スーパーマーケットの買物客の駐車場としてA土地と一体として利用されていることから、A、B土地を一団の土地（宅地）として評価し、その価額をそれぞれの土地の地積の割合に応じあん分してA土地とB土地の価額を求め、さらに、A土地の価額に借地権割合を、B土地の価額に賃借権割合をそれぞれ乗じて借地権及び賃借権を評価します。

　なお、乙の貸宅地（底地）の価額を評価する場合には、A土地を1画地の宅地として評価し、丙の貸し付けている雑種地を評価する場合には、B土地を一団の雑種地として評価します。

(理由)

　一体として利用されている一団の土地が2以上の地目からなる場合には、その一団の土地は、そのうちの主たる地目からなるものとして、その一団の土地ごとに評価するものとします（評基通7ただし書）。

　また、一団の土地の上に存する権利が借地権及び賃借権と異なっていても、それらの権利に基づき一の者が一団の土地を一体として利用しており、その者にとって一団の土地の価額に差異は生じないものと認められることから、一団の土地の価額をそれぞれの地積の割合に応じてあん分し、借地権及び賃借権の評価の基礎となる土地（自用地）の価額を計算します。

【設例　3】

地目の異なる土地を一団として評価する場合

(問)　市街化調整区域以外の都市計画区域で市街地的形態を形成する地域において、市街地農地、市街地山林、市街地原野及び宅地と状況が類似する雑種地のいずれか2以上の地目が隣接しており、全体を一団として評価することが合理的と認められる場合とは、具体的にはどのような場合でしょうか。

(答)　以下の事例①〜④のような場合に、農地、山林及び雑種地の全体を一団として評価することが合理的と認められます。なお、事例⑤のような場合はそれぞれを地目の別に評価します。

(事例①)

(事例②)　(事例③)　(事例④)

(事例⑤)　地目ごとに評価　(参考)

(理由)

　宅地化が進展している地域においては、市街地農地等や宅地と状況が類似する雑種地といった異なる地目の土地が隣接しており、その規模、形状、位置関係等からこれらの土地を一団の土地として価格形成がなされるものもあります。これらの土

地は、近隣の宅地の価額の影響を強く受けるため、原則としていわゆる宅地比準方式により評価することとしており、基本的な評価方法はいずれも同一であることから、地目の別に評価する土地の評価単位の例外として、その形状、地積の大小、位置等からみて一団として評価することが合理的と認められる場合には、その一団の土地ごとに評価します。

　（**事例①**）の場合、標準的な宅地規模を考えた場合にはＡ土地は地積が小さく、形状を考えた場合には、Ｂ土地は単独で評価するのではなくＡ土地と合わせて評価するのが妥当と認められます。また、位置を考えた場合には、Ｃ土地は道路に面していない土地となり、単独で評価するのは妥当でないと認められることから、Ａ、Ｂ及びＣ土地全体を一団の土地として評価することが合理的であると認められます。

　（**事例②**）の場合、山林のみで評価することとすると、形状が間口狭小、奥行長大な土地となり、また、山林部分のみを宅地として利用する場合には、周辺の標準的な宅地と比較した場合に宅地の効用を十分に果たし得ない土地となってしまいます。同様に（**事例③**）では、各地目の地積が小さいこと、（**事例④**）では山林部分が道路に面していないことから、やはり宅地の効用を果たすことができない土地となります。これらのような場合には、土地取引の実情からみても、隣接の地目を含めて一団の土地を構成しているものとみるのが妥当であることから、全体を一団の土地として評価します。

　しかし、（**事例⑤**）のように農地と山林をそれぞれ別としても、その形状、地積の大小、位置等からみても宅地の効用を果たすと認められる場合には、一団としての評価は行いません。

2　土地の上に存する権利の評価上の区分

　土地の上に存する権利の価額は、地上権（区分地上権及び借地権に該当するものを除きます。）、区分地上権、永小作権、区分地上権に準ずる地役権、借地権（定期借地権等に該当するものを除きます。）、定期借地権等、耕作権、温泉権（引湯権を含みます。）、賃借権（借地権、定期借地権等、耕作権、温泉権を除きます。）及び占用権の別に評価します（評基通9）。

区　分	概　要
借地権（定期借地権等を除きます。）	建物の所有を目的とする地上権又は土地の賃借権
定期借地権等	借地借家法第22条から第25条に規定する借地権及び一時使用目的の借地権であり、借地契約の更新がなく契約終了により確定的に借地関係が消滅するもの
区分地上権	建物、トンネル、道路、橋梁等の所有を目的として、土地の一定層（地下又は空間）のみを客体として設定される地上権
地上権（借地権・区分地上権を除きます。）	他人の土地において工作物又は竹木を所有するためにその土地を使用する権利
区分地上権に準ずる地役権	特別高圧架空電線の架設等の目的のため、地下又は空中について上下の範囲を定めて設定される地役権で建造物の設置を制限するもの
賃借権（借地権等を除きます。）	賃貸借契約に基づき、賃借人が目的物である土地を使用収益することができる権利（借地権、定期借地権等、耕作権、温泉権を除きます。）
永小作権	小作料を支払って他人の土地で耕作又は牧畜をする権利で民法に規定された物権
耕作権	賃借権に基づいて土地を耕作することができる権利
温泉権	鉱泉地において温泉を排他的に利用することができる権利
引湯権	鉱泉地の所有者又は温泉権者から温泉を引湯することができる権利
占用権	河川占用許可や道路占用許可等に基づく経済的利益を生ずる権利等

第3　宅地の評価

1　宅地の評価の概要

　宅地の価額は、利用の単位となっている1区画の宅地、すなわち1画地の宅地ごとに評価することとされています（評基通7－2(1)）。

　この宅地の評価方式には、路線価方式と倍率方式があります（評基通11）。

　路線価方式は、路線ごとに付された路線価を基に奥行価格補正率等の各種の画地調整をした価額によって評価する方式です（評基通13）。

　これに対して、倍率方式は、固定資産税評価額に各地域ごとに定められた倍率を乗じて評価する方式です（評基通21）。

　なお、評価しようとしている宅地が路線価方式で評価されるのか、あるいは倍率方式で評価されるのかについては、毎年、各国税局長が定めて公表している財産評価基準書（路線価図、評価倍率表）により確認します。財産評価基準書は、国税庁ホームページ（www.nta.go.jp）等で閲覧できます。

○　**路線価方式**

「路線価図の見方」
20ページ参照

各画地調整率表
24ページ参照

8ページ参照

○　**倍率方式**

「評価倍率表の見方」22ページ参照

固定資産評価証明書の地積と実
際の地積が異なる場合の取扱い
については242ページ参照

《宅地の評価方法》

2　路線価図の見方

普通住宅地区

無印は
全地域

記号	借地権割合	記号	借地権割合
A	90%	E	50%
B	80%	F	40%
C	70%	G	30%
D	60%		

○ 令和6年分（令和6年1月1日～令和6年12月31日に相続、遺贈又は贈与により取得した財産の評価）の財産の評価に適用することを示しています。

○ 記号Dは、借地権割合が60％であることを示しています。

○ 路線価が1㎡当たり300千円であることを示しています。

○ 住居表示の街区番号を示しています。

○ 地区記号の黒塗り表示は、黒塗りされている側の道路沿いの地域だけが普通商業・併用住宅地区となることを示しています。
　本見本の場合、「○○通り」沿いだけが普通商業・併用住宅地区となります。

○ 「公」は地価公示地、「基」は地価調査の地点である基準地を示しています。

— 21 —

3　評価倍率表の見方

見　本　　　令和6年分　　　倍　率　表

市区町村名：〇〇市△△区

音順	町（丁目）又は大字名	適　用　地　域　名	借地権割合 %
し	下〇〇〇	市街化調整区域	
		1　農業振興地域内の農用地区域	
		2　上記以外の地域	50
		市街化区域	―
と	戸〇〇	市街化調整区域	50
		市街化区域	―
	鳥〇〇	全域	―
な	名〇〇	市街化調整区域	50
		市街化区域	―
は	原〇1～5丁目	市街化調整区域	
		1　農業振興地域内の農用地区域	
		2　上記以外の地域	50
		市街化区域	―
ひ	東〇〇〇	市街化調整区域	
		1　農業振興地域内の農用地区域	
		2　上記以外の地域	50
		市街化区域	―
	平〇〇	市街化調整区域	
		1　農業振興地域内の農用地区域	
		2　上記以外の地域	50
		市街化区域	―
	平〇1～5丁目	全域	―
ふ	深〇〇	市街化調整区域	
		1　農業振興地域内の農用地区域	
		2　上記以外の地域	50
		市街化区域	―
ま	舞〇〇	市街化調整区域	
		1　農業振興地域内の農用地区域	

○　都市計画上の線引による区分です。

○　平〇1～5丁目は全地域が「路線価地域」であることを示します。
　したがって、この場合には、路線価図により路線価を確認する必要があります。

○ この評価倍率表は令和6年分の評価に適用されます。

△△税務署

宅地	田	畑	山林	原野	牧場	池沼
	倍	倍	倍	倍	倍	倍	倍
	純 62	純 114				
1.1	中 108	中 153	中 125	中 125		
路線	比準	比準	比準	比準		
1.1	中 108	中 153	中 125	中 125		
路線	比準	比準	比準	比準		
路線	比準	比準	比準	比準		
1.1	中 98	中 128	中 134	中 134		
路線	比準	比準	比準	比準		
	純 58	純 83				
1.1	中 108	中 153	中 114	中 114		
路線	比準	比準	比準	比準		
	純 58	純 83				
1.1	中 108	中 137	中 114	中 114		
路線	比準	比準	比準	比準		
	純 62	純 104				
1.1	中 98	中 128	中 136	中 136		
路線	比準	比準	比準	比準		
路線	比準	比準	比準	比準		
	純 58	純 78				
1.1	中 122	中 135	中 115	中 115		
路線	比準	比準	比準	比準		
	純 62	純 114				

固定資産税評価額に乗ずる倍率等

○ 中間農地であることを示します。

○ 宅地の固定資産税評価額に乗ずる倍率です。

○ 純農地であることを示します。

○ 評価物件の付近の宅地の価額に比準（路線価を基に）して評価することを示します。

○ 農地の固定資産税評価額に乗ずる倍率です。

※ 路線価図及び評価倍率表は、国税庁ホームページ（www.nta.go.jp）等で閲覧できます。

土地及び土地の上に存する権利の評価についての調整率表（平成31年分以降用）

① 奥行価格補正率表

奥行距離 m ＼ 地区区分	ビル街地区	高度商業地区	繁華街地区	普通商業・併用住宅地区	普通住宅地区	中小工場地区	大工場地区
4 未満	0.80	0.90	0.90	0.90	0.90	0.85	0.85
4 以上 6 未満		0.92	0.92	0.92	0.92	0.90	0.90
6 〃 8 〃	0.84	0.94	0.95	0.95	0.95	0.93	0.93
8 〃 10 〃	0.88	0.96	0.97	0.97	0.97	0.95	0.95
10 〃 12 〃	0.90	0.98	0.99	0.99	1.00	0.96	0.96
12 〃 14 〃	0.91	0.99	1.00	1.00		0.97	0.97
14 〃 16 〃	0.92	1.00				0.98	0.98
16 〃 20 〃	0.93					0.99	0.99
20 〃 24 〃	0.94					1.00	1.00
24 〃 28 〃	0.95				0.97		
28 〃 32 〃	0.96		0.98		0.95		
32 〃 36 〃	0.97		0.96	0.97	0.93		
36 〃 40 〃	0.98		0.94	0.95	0.92		
40 〃 44 〃	0.99		0.92	0.93	0.91		
44 〃 48 〃	1.00		0.90	0.91	0.90		
48 〃 52 〃		0.99	0.88	0.89	0.89		
52 〃 56 〃		0.98	0.87	0.88	0.88		
56 〃 60 〃		0.97	0.86	0.87	0.87		
60 〃 64 〃		0.96	0.85	0.86	0.86	0.99	
64 〃 68 〃		0.95	0.84	0.85	0.85	0.98	
68 〃 72 〃		0.94	0.83	0.84	0.84	0.97	
72 〃 76 〃		0.93	0.82	0.83	0.83	0.96	
76 〃 80 〃		0.92	0.81	0.82			
80 〃 84 〃		0.90	0.80	0.81	0.82	0.93	
84 〃 88 〃		0.88		0.80			
88 〃 92 〃		0.86			0.81	0.90	
92 〃 96 〃	0.99	0.84					
96 〃 100 〃	0.97	0.82					
100 〃	0.95	0.80			0.80		

② 側方路線影響加算率表

地区区分	加算率（角地の場合）	加算率（準角地の場合）
ビ ル 街 地 区	0.07	0.03
高度商業地区、繁華街地区	0.10	0.05
普通商業地区・併用住宅地区	0.08	0.04
普通住宅地区、中小工場地区	0.03	0.02
大 工 場 地 区	0.02	0.01

※ 準角地とは、次図のように一系統の路線の屈折部の内側に位置するものをいう。

③ 二方路線影響加算率表

地 区 区 分	加 算 率
ビ ル 街 地 区	0.03
高度商業地区、繁華街地区	0.07
普通商業地区・併用住宅地区	0.05
普通住宅、中小工場地区　大 工 場 地 区	0.02

④ 不整形地補正率を算定する際の地積区分表

地区区分 ＼ 地積区分	A	B	C
高度商業地区	1,000㎡未満	1,000㎡以上1,500㎡未満	1,500㎡以上
繁華街地区	450㎡ 〃	450㎡ 〃 700㎡ 〃	700㎡ 〃
普通商業・併用住宅地区	650㎡ 〃	650㎡ 〃 1,000㎡ 〃	1,000㎡ 〃
普通住宅地区	500㎡ 〃	500㎡ 〃 750㎡ 〃	750㎡ 〃
中小工場地区	3,500㎡ 〃	3,500㎡ 〃 5,000㎡ 〃	5,000㎡ 〃

⑤ 不整形地補正率表

かげ地割合 ＼ 地区区分	高度商業地区、繁華街地区、普通商業・併用住宅地区、中小工場地区 A	B	C	普通住宅地区 A	B	C
10%以上	0.99	0.99	1.00	0.98	0.99	0.99
15% 〃	0.98	0.99	0.99	0.96	0.98	0.99
20% 〃	0.97	0.98	0.99	0.94	0.97	0.98
25% 〃	0.96	0.98	0.99	0.92	0.95	0.97
30% 〃	0.94	0.97	0.98	0.90	0.93	0.96
35% 〃	0.92	0.95	0.98	0.88	0.91	0.94
40% 〃	0.90	0.93	0.97	0.85	0.88	0.92
45% 〃	0.87	0.91	0.95	0.82	0.85	0.90
50% 〃	0.84	0.89	0.93	0.79	0.82	0.87
55% 〃	0.80	0.87	0.90	0.75	0.78	0.83
60% 〃	0.76	0.84	0.86	0.70	0.73	0.78
65% 〃	0.70	0.75	0.80	0.60	0.65	0.70

⑥　間口狭小補正率表

地区区分＼間口距離 m	ビル街地区	高度商業地区	繁華街地区	普通商業・併用住宅地区	普通住宅地区	中小工場地区	大工場地区
4未満	—	0.85	0.90	0.90	0.90	0.80	0.80
4以上6未満	—	0.94	1.00	0.97	0.94	0.85	0.85
6〃8〃	—	0.97		1.00	0.97	0.90	0.90
8〃10〃	0.95	1.00			1.00	0.95	0.95
10〃16〃	0.97					1.00	0.97
16〃22〃	0.98						0.98
22〃28〃	0.99						0.99
28〃	1.00						1.00

⑦　奥行長大補正率表

地区区分＼奥行距離／間口距離	ビル街地区	高度商業地区	繁華街地区	普通商業・併用住宅地区	普通住宅地区	中小工場地区	大工場地区
2以上3未満	1.00	1.00			0.98	1.00	1.00
3〃4〃		0.99			0.96	0.99	
4〃5〃		0.98			0.94	0.98	
5〃6〃		0.96			0.92	0.96	
6〃7〃		0.94			0.90	0.94	
7〃8〃		0.92				0.92	
8〃		0.90				0.90	

⑧　規模格差補正率を算定する際の表

イ　三大都市圏に所在する宅地

地区区分＼地積㎡／記号	普通商業・併用住宅地区、普通住宅地区　Ⓑ	Ⓒ
500以上　1,000未満	0.95	25
1,000〃　3,000〃	0.90	75
3,000〃　5,000〃	0.85	225
5,000〃	0.80	475

ロ　三大都市圏以外の地域に所在する宅地

地区区分＼地積㎡／記号	普通商業・併用住宅地区、普通住宅地区　Ⓑ	Ⓒ
1,000以上　3,000未満	0.90	100
3,000〃　5,000〃	0.85	250
5,000〃	0.80	500

⑨　がけ地補正率表

がけ地の方位＼がけ地地積／総地積	南	東	西	北
0.10以上	0.96	0.95	0.94	0.93
0.20〃	0.92	0.91	0.90	0.88
0.30〃	0.88	0.87	0.86	0.83
0.40〃	0.85	0.84	0.82	0.78
0.50〃	0.82	0.81	0.78	0.73
0.60〃	0.79	0.77	0.74	0.68
0.70〃	0.76	0.74	0.70	0.63
0.80〃	0.73	0.70	0.66	0.58
0.90〃	0.70	0.65	0.60	0.53

⑩　特別警戒区域補正率表

特別警戒区域の地積／総地積	補正率
0.10以上	0.90
0.40〃	0.80
0.70〃	0.70

4　宅地の評価単位

　宅地の価額は、1画地の宅地ごとに評価することとされています。

　「1画地の宅地」とは、利用の単位（自用、貸付けの用、貸家の敷地の用）となっている1区画の宅地のことで、必ずしも1筆（土地課税台帳、土地補充課税台帳及び登記事項証明書等に登録された1筆をいいます。）の宅地であるとは限らず、2筆以上の宅地である場合もあり、また、1筆の宅地が2画地以上の宅地として利用されている場合もあります（評基通7－2（注）1）。

　これは、宅地の上に存する権利についても同様です。

　なお、相続、遺贈又は贈与（この第1章から第5章まで、以下「相続等」といいます。）により取得した宅地については、原則としてその取得した宅地ごとに判定することとなります。

　具体的な1画地の宅地の判定例は、次のとおりです。

自ら使用している場合

　所有する宅地を自ら使用している場合には、居住の用か事業の用かにかかわらず、その全体を1画地の宅地として評価します。

（例）

ＡＢ全体を1画地の宅地として評価します。

一部を使用貸借により貸し付けている場合

　所有する宅地の一部を自己が使用し、他の部分を使用貸借により貸し付けている場合には、その全体を1画地の宅地として評価します。

（例）

ＡＢ全体を1画地の宅地として評価します。

隣接する宅地を使用貸借により借り受けている場合

　自己の所有する宅地に隣接する宅地を使用貸借により借り受け、自己の所有する宅地と一体として利用している場合には、所有する土地のみを１画地の宅地として評価します。

（例）

　Ａ土地、Ｂ土地それぞれを１画地の宅地として評価します。

　なお、甲の財産を評価する場合にはＡ土地を、乙の財産を評価する場合にはＢ土地を、それぞれ自用地として評価します。

宅地の一部に借地権を設定させている場合

　所有する宅地の一部について借地権を設定させ、他の部分を自己が使用している場合には、それぞれの部分を1画地の宅地として評価します。

（例）

（断面図）

| 所有者 甲 | 所有者 乙 |

| 所有者 甲 | 借地権者 乙 | 道路 |
| | 所　有　者　甲 | |

（平面図）

A	B
建物所有者 甲	建物所有者 乙
土地所有者 甲	借地権者 乙 土地所有者 甲

　A土地、B土地それぞれを1画地の宅地として評価します。

　なお、甲の財産を評価する場合には、A土地は自用地、B土地は貸宅地とし、乙の財産を評価する場合には、B土地の借地権のみを評価します。

宅地の一部を貸家の敷地としている場合

　宅地の一部を貸家の敷地、他の部分を自己が使用している場合には、それぞれの部分を1画地の宅地として評価します。

（例）

　A土地、B土地それぞれを1画地の宅地として評価します。

　なお、甲の財産を評価する場合には、A土地は自用地、B土地は貸家建付地として評価します。

複数の者に借地権を設定させている場合

　借地権の目的となっている宅地を評価する場合において、貸付先が複数であるときには、同一人に貸し付けられている部分ごとに1画地の宅地として評価します。

（例）（**断面図**）

　　A土地、B土地それぞれを1画地の宅地として評価します。

　　なお、甲の財産を評価する場合には、A土地、B土地それぞれを貸宅地として評価し、乙の財産を評価する場合にはA土地の借地権のみについて、丙の財産を評価する場合には、B土地の借地権のみについて、それぞれ評価します。

数棟の貸家の敷地としている場合

　貸家建付地を評価する場合において、貸家が数棟あるときには、原則として、各棟の敷地ごとに1画地の宅地として評価します。

（例）

　Ａ土地、Ｂ土地それぞれを1画地の宅地として評価します。

　なお、甲の財産を評価する場合には、Ａ土地、Ｂ土地それぞれを貸家建付地として評価します。

一部に借地権を設定させ、一部を貸家の敷地としている場合

　所有する宅地の一部について借地権を設定させ、他の部分を貸家の敷地の用に供している場合には、それぞれの部分を1画地の宅地として評価します。

（例）

　A土地、B土地それぞれを1画地の宅地として評価します。

　なお、甲の財産を評価する場合には、A土地は貸家建付地、B土地は貸宅地として評価し、乙の財産を評価する場合には、B土地の借地権のみについて評価します。

隣接する宅地を借地している場合

　2以上の者から隣接している土地を借りて、これを一体として利用している場合には、その借主の借地権の評価に当たっては、その全体を1画地として評価し、貸主側の貸宅地の評価に当たっては、各貸主の所有する部分ごとに区分して、それぞれを1画地の宅地として評価します。

（例）（**断面図**）

　甲の借地権の評価に当たっては、A土地、B土地全体を1画地として評価します。

　また、乙の貸宅地の評価に当たってはA土地を、丙の貸宅地の評価に当たってはB土地を、それぞれ1画地の宅地として評価します。

宅地を分割して取得した場合

　贈与、遺産分割等により宅地を分割して取得した場合には、原則としてその取得した宅地ごとに評価単位を判定することになります。

（例）

　A土地、B土地それぞれを1画地の宅地として評価します。

　なお、宅地の分割が不合理分割に当たる場合（次ページ参照）には、分割前の画地を1画地の宅地として評価します。

> **チェックポイント3**　宅地の分割が行われた場合の評価単位の判定
>
> 　「1画地の宅地」の判定に当たっては、贈与、遺産分割等による宅地の分割が親族間等で行われた場合において、例えば、分割後の画地が宅地として通常の用途に供することができないなど、その分割が著しく不合理であると認められるときは、その分割前の画地を1画地の宅地として評価します（評基通7－2(1)注書）。
>
> 　この場合、分割後の画地が「著しく不合理であると認められるとき」としては、次のような場合が考えられます。
>
> 1　無道路地又は帯状地となる場合
>
> 2　その地域における標準的な宅地の面積からみて著しく狭あいな宅地となる場合
>
> 3　現在のみならず、将来においても有効な土地利用が図られないと認められる場合
>
> 　したがって、分割後の画地がたとえ不整形地となる場合であっても、その地域における標準的な宅地面積を有していて、そのような分割をしたことに妥当性がある場合には、分割後の宅地を1画地の宅地として評価することができると考えられます。

[判定例]

　遺産分割等、贈与により宅地を分割して取得した場合の評価単位の判定例は、次のとおりです。

〈遺産分割等による分割の例〉

①

○　A、Bそれぞれを1画地の宅地として評価します。

②

○　A、Bを合わせて1画地の宅地として評価します。

③

○　A、Bそれぞれを1画地の宅地として評価します。

④

○　A、Bを合わせて1画地の宅地として評価します。

⑤

○　A、Bを合わせて1画地の宅地として評価します。

⑥

○　A、Bそれぞれを1画地の宅地として評価します。

⑦

○　A、B、C、Dそれぞれを1画地の宅地として評価します。

⑧

○　Aの部分は合わせて1画地の宅地として評価します。
○　B、Cはそれぞれを1画地の宅地として評価します。

〈贈与による例〉

①

○　Aの所有地とBへ贈与した宅地を合わせて1画地の宅地として評価します。

②

○　Aの所有地とBへ贈与した宅地を合わせて1画地の宅地として評価します。

③

○　A、Bを合わせて１画地の宅地として評価します。

④

○　Bへ贈与した宅地を１画地の宅地として評価します。

⑤

○　Aの所有地とBへ贈与した宅地を合わせて１画地の宅地として評価します。

⑥

○　Bへ贈与した宅地を１画地の宅地として評価します。

⑦

B へ贈与
（10㎡）

A所有
（290㎡）

家

○　Aの所有地とBへ贈与した宅地を合わせて１画地の宅地として評価します。

5　路線価方式による評価例

(1)　間口距離の求め方

間口距離はそれぞれ次のように求めます。

1の場合には「a」により、2の場合は「a＋b」によります。3の場合はbによりますが、aによっても差し支えありません。

また、1の場合で私道部分を評価する際には、角切で広がった部分は間口距離に含めません。

①　屈折路に内接する場合（角地と認められない場合）

A路線からの想定整形地、B路線からの想定整形地（112ページ参照）をそれぞれ描き、いずれか面積の小さい方の想定整形地の間口に相当する距離と屈折路に実際に面している距離とのいずれか短い距離を間口距離とします。

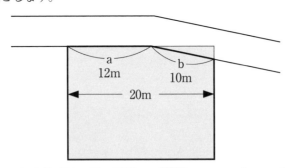

したがって、この宅地の間口距離は20mとします。

②　屈折路に外接する場合

　　A路線からの想定整形地、B路線からの想定整形地、A路線に接する点X及びB路線に接する点Yを結ぶ直線を基にした想定整形地を描き、これらのうち最も面積が小さいものの想定整形地の間口に相当する距離と屈折路に実際に面している距離とのいずれか短い距離を間口距離とします。

Aからの想定整形地	Bからの想定整形地	XYを結ぶ直線からの想定整形地
想定整形地 360m²	想定整形地 483m²	想定整形地 399m²

　　想定整形地の間口に相当する距離と屈折路に実際に面している距離とのいずれか短い距離を間口距離とします。

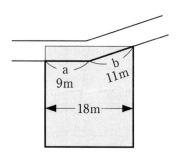

想定整形地の間口距離　　18m ＜ 20m（a＋b）

したがって、この宅地の間口距離は18mとします。

⑵　**奥行価格補正の仕方**

　　一方のみが路線に接する整形地については、正面路線に対し垂直な奥行距離を測定し、その数値を奥行価格補正率表に当てはめて奥行価格補正率を求め、その率を路線価に乗じて奥行価格補正後の価額を求めます（評基通15）。

　　奥行距離が一様でない不整形地の奥行価格補正後の価額は、不整形地の形状等により、次の4つの方法のうち、いずれか有利な方法により求めます。

イ　**奥行距離の異なる整形地ごとに区分して求める方法**（評基通20⑴）

　　評価しようとする宅地が次の図のようにそれぞれの整形地（A、B、C）に区分できる場合には、それぞれの整形地ごとに奥行価格補正後の価額を求め、その総和により評価しようとする宅地の奥行価格補正後の価額を計算します。

　　それぞれの整形地の奥行価格補正後の価額を計算する場合には、間口狭小補正、奥行長大補正は行いません。

ロ　**計算上の奥行距離による方法**（評基通20⑵）

　　不整形地に係る想定整形地の奥行距離を限度として、その不整形地の面積をその実際の間口距離で除して得た数値（計算上の奥行距離）を奥行価格補正率表に当てはめて、求めた奥行価格補正率を路線価に乗じて奥行価格補正後の価額を計算します。

①　屈折路に内接する場合

　A路線からの想定整形地、B路線からの想定整形地をそれぞれ描き、いずれか面積の小さい方を想定整形地とします。

　想定整形地の間口に相当する距離と屈折路に実際に面している距離とのいずれか短い距離を間口距離とします。

想定整形地の間口距離　　20m　＜　22m（a＋b）

したがって、この宅地の間口距離は20mとします。

　奥行距離は、想定整形地の奥行距離を限度として、その不整形地の面積を間口距離で除した数値とします。

面積	間口距離	計算上の奥行距離	想定整形地の奥行距離
290㎡ ÷	20m =	14.5m	＜　　　15m

したがって、この宅地の奥行距離は14.5mとします。

②　屈折路に外接する場合

　　A路線からの想定整形地、B路線からの想定整形地、A路線に接する点X及びB路線に接する点Yを結ぶ直線を基にした想定整形地を描き、これらのうち最も面積が小さいものを想定整形地とします。

したがって、この宅地の間口距離は18mとします。

　　奥行距離は、想定整形地の奥行距離を限度として、その不整形地の面積を間口距離で除した数値とします。

面積		間口距離		計算上の奥行距離		想定整形地の奥行距離
340㎡	÷	18m	=	18.8m	<	20m

したがって、この宅地の奥行距離は18.8mとします。

ハ　近似整形地を求めて、その設定した近似整形地を基として評価する方法（評基通20(3)）

　　不整形地に近似する整形地（近似整形地）を求めることができるものについては、その近似整形地の奥行距離により、奥行価格補正率を求め、その率を路線価に乗じて、奥行価格補正後の価額を計算します。

　　近似整形地は、近似整形地からはみ出す不整形地の部分の地積と近似整形地に含まれる不整形地以外の部分の地積がおおむね等しく、かつ、その合計地積ができるだけ小さくなるように求めます。

ニ　隣接する整形地と合わせて全体の整形地の価額を求め、その価額から隣接する整形地の価額を差し引いて計算する方法（評基通20(4)）

　　下図のような不整形地Aについては、図のB部分（隣接する整形地）と合わせて全体の整形地の価額を計算し、その価額からB部分の価額を控除して、不整形地Aの奥行価格補正後の価額を計算します。

　　B部分の価額を計算する場合において、奥行距離Yが短いために奥行価格補正率が1.00未満となる場合には、奥行価格補正率表に掲げる率によらずに1.00として計算します。

　　ただし、Xの距離が短いため奥行価格補正率が1.00未満となる場合には、Bの価額を計算する場合の奥行価格補正率はXの距離に対する奥行価格補正率によります。

(3)　一路線に面している宅地（評基通15）

| 路　　線　　価 | × | 奥行価格補正率 | = | 1㎡当たりの評価額 |

| 1㎡当たりの評価額 | × | 地　　　積 | = | 評　価　額 |

| 路　　線　　価 |

路線価図に1㎡当たりの価額が千円単位で表示されています。

| 地　　　　　区 |

路線価図に次の記号で表示されています。

地　区　区　分	記　　　　　号
ビ ル 街 地 区	（六角形）
高 度 商 業 地 区	（楕円）
繁 華 街 地 区	（八角形）
普通商業・併用住宅地区	（円）
普 通 住 宅 地 区	無　　　印
中 小 工 場 地 区	（ひし形）
大 工 場 地 区	（長方形）

| 奥　行　距　離 | 実測図等から奥行距離を測定します。 |

| 奥 行 価 格 補 正 率 | 地区区分及び奥行距離に応じた奥行価格補正率を奥行価格補正率表から求めます。 |

奥行価格補正率＝ 　　0.97

| 評 価 額 の 計 算 | 路線価に奥行価格補正率を乗じて1㎡当たりの評価額を計算し、更に地積を乗じて評価額を計算します。 |

　　　　　路線価　　　　　　奥行価格補正率　　　　1㎡当たりの評価額
　　　　400,000円　　　×　　　0.97　　　　＝　　　388,000円

　　　1㎡当たりの評価額　　　　　地積　　　　　　　評価額
　　　　388,000円　　　　×　　450㎡　　　＝　174,600,000円

奥行価格補正率表

奥行距離 m ＼ 地区区分	ビル街地区	高度商業地区	繁華街地区	普通商業・併用住宅地区	普通住宅地区	中小工場地区	大工場地区
4 未満	0.80	0.90	0.90	0.90	0.90	0.85	0.85
4 以上 6 未満		0.92	0.92	0.92	0.92	0.90	0.90
6 〃 8 〃	0.84	0.94	0.95	0.95	0.95	0.93	0.93
8 〃 10 〃	0.88	0.96	0.97	0.97	0.97	0.95	0.95
10 〃 12 〃	0.90	0.98	0.99	0.99	1.00	0.96	0.96
12 〃 14 〃	0.91	0.99	1.00	1.00		0.97	0.97
14 〃 16 〃	0.92	1.00				0.98	0.98
16 〃 20 〃	0.93					0.99	0.99
20 〃 24 〃	0.94					1.00	1.00
24 〃 28 〃	0.95				0.97		
28 〃 32 〃	0.96		0.98		0.95		
32 〃 36 〃	0.97		0.96	0.97	0.93		
36 〃 40 〃	0.98		0.94	0.95	0.92		
40 〃 44 〃	0.99		0.92	0.93	0.91		
44 〃 48 〃	1.00		0.90	0.91	0.90		
48 〃 52 〃		0.99	0.88	0.89	0.89		
52 〃 56 〃		0.98	0.87	0.88	0.88		
56 〃 60 〃		0.97	0.86	0.87	0.87		
60 〃 64 〃		0.96	0.85	0.86	0.86	0.99	
64 〃 68 〃		0.95	0.84	0.85	0.85	0.98	
68 〃 72 〃		0.94	0.83	0.84	0.84	0.97	
72 〃 76 〃		0.93	0.82	0.83	0.83	0.96	
76 〃 80 〃		0.92	0.81	0.82			
80 〃 84 〃		0.90	0.80	0.81	0.82	0.93	
84 〃 88 〃		0.88		0.80			
88 〃 92 〃		0.86			0.81	0.90	
92 〃 96 〃	0.99	0.84					
96 〃 100 〃	0.97	0.82					
100 〃	0.95	0.80			0.80		

土地及び土地の上に存する権利の評価明細書（第1表）

| | ○○　局(所)　××　署 | 6　年分 | ××××ページ |

（住居表示）	（××区○○○1-11-3）	所有者	住　所（所在地）	××区○○○3-36-3	使用者	住　所（所在地）	同左
所在地番	××区○○○1-15		氏　名（法人名）	大手 一郎		氏　名（法人名）	同左

地　目	地　積	路　　線　　価				地形図及び参考事項
(宅地) 山林 田 畑 雑種地 ( )	450 ㎡	正　面 400,000 円	側　方 円	側　方 円	裏　面 円	

間口距離	18 m	利用区分	(自用地) 私 道　　貸 宅 地　　貸家建付借地権　貸家建付地　転 貸 借 地 権　借 地 権 ( )	地区区分	ビル街地区　(普通住宅地区)　高度商業地区　中小工場地区　繁華街地区　大工場地区　普通商業・併用住宅地区	25m ←18m→
奥行距離	25 m					

		（1㎡当たりの価額）円	
自 用 地 1 平 方 メ ー ト ル 当 た り の 価 額	**1 一路線に面する宅地** （正面路線価）　　　　　（奥行価格補正率） 400,000 円 ×　　　　0.97	388,000	A
	2 二路線に面する宅地 （A）　　　[側方・裏面 路線価]　（奥行価格補正率）　[側方・二方 路線影響加算率] 円 ＋ （　　　円 × ． × 0. ）	（1㎡当たりの価額）円	B
	3 三路線に面する宅地 （B）　　　[側方・裏面 路線価]　（奥行価格補正率）　[側方・二方 路線影響加算率] 円 ＋ （　　　円 × ． × 0. ）	（1㎡当たりの価額）円	C
	4 四路線に面する宅地 （C）　　　[側方・裏面 路線価]　（奥行価格補正率）　[側方・二方 路線影響加算率] 円 ＋ （　　　円 × ． × 0. ）	（1㎡当たりの価額）円	D
	5-1 間口が狭小な宅地等 （AからDまでのうち該当するもの）　（間口狭小補正率）（奥行長大補正率） 円 × （ ． × ． ）	（1㎡当たりの価額）円	E
	5-2 不 整 形 地 （AからDまでのうち該当するもの）　　不整形地補正率※ 円 × 0. ※不整形地補正率の計算 （想定整形地の間口距離）　（想定整形地の奥行距離）　（想定整形地の地積） m × m = ㎡ （想定整形地の地積）　（不整形地の地積）　　（想定整形地の地積）　　　（かげ地割合） （ ㎡ － ㎡） ÷ ㎡ = % （不整形地補正率表の補正率）（間口狭小補正率）　（小数点以下2位未満切捨て） 0. × ． = 0. ①　　　{ 不整形地補正率 （奥行長大補正率）　　　（間口狭小補正率） 0. × ． = 0. ② （①、②のいずれか低い率、0.6を下限とする。）0.	（1㎡当たりの価額）円	F
	6 地積規模の大きな宅地 （AからFまでのうち該当するもの）　　規模格差補正率※ 円 × 0. ※規模格差補正率の計算 （地積（Ⓐ））　　（Ⓑ）　　（Ⓒ）　　（地積（Ⓐ））　　（小数点以下2位未満切捨て） {（ ㎡× ＋ ） ÷ ㎡} × 0.8 = 0.	（1㎡当たりの価額）円	G
	7 無 道 路 地 （F又はGのうち該当するもの）　　　　　（※） 円 × （ 1 － 0. ） ※割合の計算（0.4を上限とする。） （正面路線価）　　　（通路部分の地積）　　　　（F又はGのうち該当するもの）　（評価対象地の地積） （ 円 × ㎡） ÷ （ 円 × ㎡） = 0.	（1㎡当たりの価額）円	H
	8-1 がけ地等を有する宅地　〔 南 、 東 、 西 、 北 〕 （AからHまでのうち該当するもの）　（がけ地補正率） 円 × 0.	（1㎡当たりの価額）円	I
	8-2 土砂災害特別警戒区域内にある宅地 （AからHまでのうち該当するもの）　特別警戒区域補正率※ 円 × 0. ※がけ地補正率の適用がある場合の特別警戒区域補正率の計算（0.5を下限とする。） 〔 南 、東、西、 北 〕 （特別警戒区域補正率表の補正率）（がけ地補正率）（小数点以下2位未満切捨て） 0. × 0. = 0.	（1㎡当たりの価額）円	J
	9 容積率の異なる2以上の地域にわたる宅地 （AからJまでのうち該当するもの）　　（控除割合（小数点以下3位未満四捨五入）） 円 × （ 1 － 0. ）	（1㎡当たりの価額）円	K
	10 私 道 （AからKまでのうち該当するもの） 円 × 0.3	（1㎡当たりの価額）円	L

自用地の評価額	自用地1平方メートル当たりの価額 （AからLまでのうちの該当記号）	地　積	総　　額 （自用地1㎡当たりの価額）×（地　積）	
	（ A ） 388,000 円	450 ㎡	174,600,000 円	M

（注）1　5-1の「間口が狭小な宅地等」と5-2の「不整形地」は重複して適用できません。
　　　2　5-2の「不整形地」の「AからDまでのうち該当するもの」欄の価額について、AからDまでの欄で計算できない場合には、（第2表）の「備考」欄等で計算してください。
　　　3　「がけ地等を有する宅地」であり、かつ、「土砂災害特別警戒区域内にある宅地」である場合については、8-1の「がけ地等を有する宅地」欄ではなく、8-2の「土砂災害特別警戒区域内にある宅地」欄で計算してください。

（資4-25-1-A4統一）

【設例　4】

宅地が2以上の地区にまたがる場合の画地調整

（問）　次の図のように、正面路線に2以上の路線価が付されている宅地の価額は、どのように評価しますか。

（答）　宅地が2以上の地区にまたがる場合には、原則として、地区ごとの宅地の面積等により、いずれか一の地区を判定し、判定した地区区分に係る画地調整率を用いて評価します。

　　問の場合には普通商業・併用住宅地区の画地調整率を用いて次のように評価することになります。

　　整形地とした場合の1㎡当たりの価額

$$\underbrace{\frac{550,000円 \times 15m + 500,000円 \times 5m}{20m}}_{\text{（加重平均による）路線価}} \quad \times \quad \underset{1.00}{\underset{\text{奥行価格補正率（※1）}}{\underset{\text{普通商業・併用住宅地区の}}{\overset{\text{奥行距離15.75mに応ずる}}{}}}} \quad = \quad 537,500円……①$$

※1　上図のように奥行距離が一様でない宅地の奥行距離は、地積を間口距離で除して計算します。
　　　（この場合の奥行距離は、想定整形地の奥行距離を限度とします。）
　　　315㎡÷20m＝15.75m＜20m

　　不整形地補正率を乗じて全体の価額を計算します（114ページ以下を参照）。

$$\underset{537,500円}{\underset{\text{①の価額}}{}} \quad \times \quad 315㎡ \quad \times \quad \underset{0.97}{\underset{\text{補正率（※2）}}{\overset{\text{不整形地}}{}}} \quad = \quad 164,233,125円$$

※2
　　不整形地補正率　0.97（普通商業・併用住宅地区の補正率）

$$\cdot かげ地割合 \quad = \quad \frac{\overset{\text{想定整形地の地積}}{400㎡} - \overset{\text{不整形地の地積}}{315㎡}}{400㎡} \quad ≒ \quad 21.3\% \quad\quad 地積区分A$$

⑷　角地（正面と側方が路線に面している宅地）（評基通16）

地　区　区　分	記　　　　　号
ビ　ル　街　地　区	⬡
高　度　商　業　地　区	⬭
繁　華　街　地　区	⬡
普通商業・併用住宅地区	○
普　通　住　宅　地　区	無　　　印
中　小　工　場　地　区	◇
大　工　場　地　区	▭

路線価図に１㎡当たりの価額が千円単位で表示されています。

路線価図に次の記号で表示されています。

| 奥　行　距　離 | 実測図等から奥行距離を測定します。 |

| 奥 行 価 格 補 正 率 | 地区区分及び奥行距離に応じた奥行価格補正率を奥行価格補正率表から求めます。 |

A路線の
奥行価格補正率＝　0.97

B路線の
奥行価格補正率＝　1.00

| 正 面 路 線 の 判 定 | それぞれの路線価に奥行価格補正率を乗じた後、いずれか高い金額となる路線を正面路線とします（評基通16(1)）。 |

A路線の路線価　　　奥行価格補正率　┌A─────
430,000円　　×　　0.97　　＝　417,100円

B路線の路線価　　　奥行価格補正率　┌B─────
380,000円　　×　　1.00　　＝　380,000円

┌A───────
417,100円　　＞　┌B─────
　　　　　　　　　　380,000円

したがって、A路線を正面路線とします。
この場合のB路線は側方路線となります（評基通16(2)）。

奥行価格補正率表

奥行距離 m ＼ 地区区分	ビル街地区	高度商業地区	繁華街地区	普通商業・併用住宅地区	普通住宅地区	中小工場地区	大工場地区
4 未満	0.80	0.90	0.90	0.90	0.90	0.85	0.85
4 以上　6 未満		0.92	0.92	0.92	0.92	0.90	0.90
6 〃 8 〃	0.84	0.94	0.95	0.95	0.95	0.93	0.93
8 〃 10 〃	0.88	0.96	0.97	0.97	0.97	0.95	0.95
10 〃 12 〃	0.90	0.98	0.99	0.99	1.00	0.96	0.96
12 〃 14 〃	0.91	0.99	1.00	1.00		0.97	0.97
14 〃 16 〃	0.92	1.00				0.98	0.98
16 〃 20 〃	0.93					0.99	0.99
20 〃 24 〃	0.94					1.00	1.00
24 〃 28 〃	0.95				0.97		
28 〃 32 〃	0.96		0.98		0.95		
32 〃 36 〃	0.97		0.96	0.97	0.93		
36 〃 40 〃	0.98		0.94	0.95	0.92		
40 〃 44 〃	0.99		0.92	0.93	0.91		
44 〃 48 〃	1.00		0.90	0.91	0.90		
48 〃 52 〃		0.99	0.88	0.89	0.89		
52 〃 56 〃		0.98	0.87	0.88	0.88		
56 〃 60 〃		0.97	0.86	0.87	0.87		
60 〃 64 〃		0.96	0.85	0.86	0.86	0.99	
64 〃 68 〃		0.95	0.84	0.85	0.85	0.98	
68 〃 72 〃		0.94	0.83	0.84	0.84	0.97	
72 〃 76 〃		0.93	0.82	0.83	0.83	0.96	
76 〃 80 〃		0.92	0.81	0.82			
80 〃 84 〃		0.90	0.80	0.81	0.82	0.93	
84 〃 88 〃		0.88		0.80			
88 〃 92 〃		0.86			0.81	0.90	
92 〃 96 〃	0.99	0.84					
96 〃 100 〃	0.97	0.82					
100 〃	0.95	0.80			0.80		

チェックポイント4

奥行価格補正後の価額が同額となる場合の正面路線の判定

　それぞれの路線価に各路線の地区に適用される奥行価格補正率を乗じて計算した金額が同額となる場合には、原則として、路線に接する距離が長い方の路線を正面路線とします。

地区が異なる場合の正面路線の判定

　正面路線を判定する場合に適用する奥行価格補正率は、各路線の地区区分に適用される奥行価格補正率によります。

　ただし、具体的な評価額の計算に当たって、側方路線影響加算額等を計算する場合の奥行価格補正率等は、判定した正面路線の地区区分に適用される奥行価格補正率等となります。

正面路線価を基とした価額の計算

A路線の路線価	奥行価格補正率	(1)
430,000円 ×	0.97 =	417,100円

側 方 路 線 影 響 加 算 率

　　正面路線の地区区分に応じた側方路線影響加算率を側方路線影響加算率表から求めます。

側方路線影響加算率表

地　区　区　分	加　算　率	
	角地の場合	準角地の場合
ビル街地区	0.07	0.03
高度商業地区、繁華街地区	0.10	0.05
普通商業・併用住宅地区	0.08	0.04
普通住宅地区、中小工場地区	0.03	0.02
大工場地区	0.02	0.01

※　準角地とは、次図のように一系統の路線の屈折部の内側に位置するものをいいます。

側方路線影響加算額の計算

　　側方路線価に奥行価格補正率（正面路線の地区に応じた率）を乗じて計算した金額に側方路線影響加算率を乗じて計算します。

B路線の路線価	奥行価格補正率	側方路線影響加算率	(2)
380,000円 ×	1.00 ×	0.03 =	11,400円

評 価 額 の 計 算

　　正面路線価を基とした価額（(1)の金額）に側方路線影響加算額（(2)の金額）を加算した金額に地積を乗じて評価額を計算します。

1 ㎡当たりの評価額

(1)		(2)	地積	評価額
417,100円	+	11,400円	× 450㎡ =	192,825,000円

第3　宅地の評価

土地及び土地の上に存する権利の評価明細書（第1表）　　○○ 局(所) ×× 署　6 年分　××××ページ

（令和六年分以降用）

所在地番	××区○○○3-15	所有者	住所(所在地)	××区○○○3-10-3	使用者	住所(所在地)	同左
（住居表示）	(××区○○○3-10-3)		氏名(法人名)	大手 一郎		氏名(法人名)	同左

地目	地積	路線価			
(宅地) 山林 田 雑種地 畑 ( )	450 ㎡	正面 430,000円	側方 380,000円	側方 円	裏面 円

間口距離 18 m　奥行距離 25 m

利用区分：（自用地）私道 貸宅地 貸家建付借地権 貸家建付地 転貸借地権 借地権（　）

地区区分：ビル街地区 高度商業地区 繁華街地区 普通商業・併用住宅地区　（普通住宅地区）中小工場地区 大工場地区

地形図及び参考事項：←18m→　25m

自用地1平方メートル当たりの価額

1 一路線に面する宅地
（正面路線価）430,000円 ×（奥行価格補正率）0.97
(1㎡当たりの価額) 417,100 円　A

2 二路線に面する宅地
(A) 417,100円 +（[側方]裏面 路線価）380,000円 ×（奥行価格補正率）1.00 ×（[側方]二方 路線影響加算率）0.03
(1㎡当たりの価額) 428,500 円　B

3 三路線に面する宅地
(B) 円 +（[側方・裏面 路線価] 円 .×（奥行価格補正率） ×[側方・二方 路線影響加算率] 0. ）
(1㎡当たりの価額) 円　C

4 四路線に面する宅地
(C) 円 +（[側方・裏面 路線価] 円 .×（奥行価格補正率） ×[側方・二方 路線影響加算率] 0. ）
(1㎡当たりの価額) 円　D

5-1 間口が狭小な宅地等
（AからDまでのうち該当するもの）円 ×（間口狭小補正率）（ . ）×（奥行長大補正率）（ . ）
(1㎡当たりの価額) 円　E

5-2 不整形地
（AからDまでのうち該当するもの）円 × 不整形地補正率※ 0.
※不整形地補正率の計算
（想定整形地の間口距離） m ×（想定整形地の奥行距離） m =（想定整形地の地積） ㎡
（想定整形地の地積 ㎡ － 不整形地の地積 ㎡）÷（想定整形地の地積 ㎡）=（かげ地割合） %
（不整形地補正率表の補正率）0. ×（間口狭小補正率） . = 0. ①
（奥行長大補正率） . ×（間口狭小補正率） . = 0. ②
不整形地補正率（①、②のいずれか低い率、0.6を下限とする。）0.
(1㎡当たりの価額) 円　F

6 地積規模の大きな宅地
（AからFまでのうち該当するもの）円 × 規模格差補正率※ 0.
※規模格差補正率の計算
{（地積(Ⓐ) ㎡× (Ⓑ) + (Ⓒ)）÷ 地積(Ⓐ) ㎡}× 0.8 （小数点以下2位未満切捨て）
(1㎡当たりの価額) 円　G

7 無道路地
（F又はGのうち該当するもの）円 ×（ 1 － 0. ）(※)
※割合の計算（0.4を上限とする。）
（正面路線価 円 × 通路部分の地積 ㎡）÷（F又はGのうち該当するもの 円 × 評価対象地の地積 ㎡）= 0.
(1㎡当たりの価額) 円　H

8-1 がけ地等を有する宅地 [南 、 東 、 西 、 北]
（AからHまでのうち該当するもの）円 ×（がけ地補正率）0.
(1㎡当たりの価額) 円　I

8-2 土砂災害特別警戒区域内にある宅地
（AからHまでのうち該当するもの）円 × 特別警戒区域補正率※ 0.
※がけ地補正率の適用がある場合の特別警戒区域補正率の計算（0.5を下限とする。）[南、東、西、北]
（特別警戒区域補正率表の補正率）0. ×（がけ地補正率）0. = 0.（小数点以下2位未満切捨て）
(1㎡当たりの価額) 円　J

9 容積率の異なる2以上の地域にわたる宅地
（AからJまでのうち該当するもの）円 ×（ 1 － 0. ）(控除割合（小数点以下3位未満四捨五入）)
(1㎡当たりの価額) 円　K

10 私道
（AからKまでのうち該当するもの）円 × 0.3
(1㎡当たりの価額) 円　L

自用地の評価額

自用地1平方メートル当たりの価額（AからLまでのうちの該当記号）	地積	総額（自用地1㎡当たりの価額）×（地積）	
(B) 428,500 円	450 ㎡	192,825,000 円	M

（注）1　5-1の「間口が狭小な宅地等」と5-2の「不整形地」は重複して適用できません。
2　5-2の「不整形地」の「AからDまでのうち該当するもの」欄の価額について、AからDまでの欄で計算できない場合には、（第2表）の「備考」欄等で計算してください。
3　「がけ地等を有する宅地」であり、かつ、「土砂災害特別警戒区域内にある宅地」である場合については、8-1の「がけ地等を有する宅地」欄ではなく、8-2の「土砂災害特別警戒区域内にある宅地」欄で計算してください。

（資4-25-1-A4統一）

— 57 —

【設例　5】

地区の異なる2以上の路線に接する宅地の評価

(問)　次の図のように、地区の異なる2の路線に接する宅地の価額は、高度商業地区、普通商業・併用住宅地区のいずれの地区の奥行価格補正率を適用しますか。

【地区区分】

⬭　高度商業地区

◯　普通商業・併用住宅地区

(答)　正面路線の地区区分の奥行価格補正率を適用して評価します。

1　正面路線の判定（正面路線の判定の際は、それぞれの地区の奥行価格補正率を適用します。）

3,000,000円 × <u>1.00</u> = 3,000,000円 ＞ 1,850,000円 × <u>0.95</u> = 1,757,500円

高度商業地区の奥行距離20mに応ずる奥行価格補正率

普通商業・併用住宅地区の奥行距離38mに応ずる奥行価格補正率

したがって、高度商業地区の奥行価格補正率を適用します。

2　側方路線影響加算額についても正面路線の地区、すなわち高度商業地区の奥行価格補正率及び側方路線影響加算率を適用して計算します。

(計算例)

	正面路線価	高度商業地区の奥行価格補正率	側方路線価	高度商業地区の奥行価格補正率	高度商業地区の側方路線影響加算率	地積
(3,000,000円×		1.00	+1,850,000円×	1.00	× 0.10	)×760㎡

= 2,420,600,000円

【設例　6】

路線価の高い方の路線の影響を受ける度合いが著しく低い場合の評価

（問）　次の図のように、路線価の高い方の路線の影響を受ける度合いが著しく低い場合も、その路線価の高い方の路線を正面路線として評価するのですか。

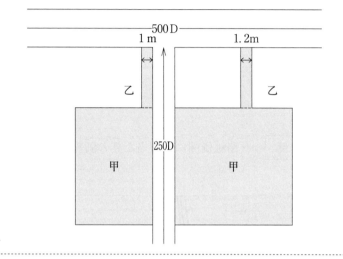

（答）　正面路線とは、原則として、路線価に奥行価格補正率を乗じて計算した価額の最も高い路線をいいます。しかし、図のように間口が狭小で接道義務を満たさないなど正面路線の影響を受ける度合いが著しく低い立地条件にある宅地については、その宅地が影響を受ける度合いが最も高いと認められる路線を正面路線として差し支えありません。

したがって、図の場合の正面路線は、いずれも250Dの路線となります。

なお、図のように帯状部分を有する土地は、帯状部分（乙）とその他の部分（甲）に分けて評価した価額の合計額により評価し、不整形地としての評価は行いません。

(5)　準角地（正面と側方が一系統の路線に面している宅地）（評基通16）

| 正面路線価 | × | 奥行価格補正率 | | ⇒ | 正面路線価を基にした評価額 |

| 側方路線価 | × | 側方からの奥行価格補正率 | × | 側方路線影響加算率 | ⇒ | 側方路線影響加算額 |

＝

| 1㎡当たりの評価額 |

| 1㎡当たりの評価額 | × | 地　積 | ＝ | 評　価　額 |

| 路　線　価 |　　　路線価図に1㎡当たりの価額が千円単位で表示されています。

360 D　　　㊱

㊷　　○○1丁目

㊶

350 D

| 地　区 |　　　路線価図に次の記号で表示されています。

地　区　区　分	記　　　　号
ビ ル 街 地 区	⬡
高 度 商 業 地 区	⬭
繁 華 街 地 区	⬡
普通商業・併用住宅地区	◯
普 通 住 宅 地 区	無　印
中 小 工 場 地 区	◇
大 工 場 地 区	▭

| 奥　行　距　離 | 実測図等から奥行距離を測定します。 |

| 奥 行 価 格 補 正 率 | 地区区分及び奥行距離に応じた奥行価格補正率を奥行価格補正率表から求めます。 |

A路線の奥行価格補正率＝ 　1.00

B路線の奥行価格補正率＝ 　0.97

| 正 面 路 線 の 判 定 | それぞれの路線価に奥行価格補正率を乗じた後、いずれか高い金額となる路線を正面路線とします（評基通16(1)）。 |

　　A路線の路線価　　奥行価格補正率　┌A──────
　　350,000円　　　×　　　1.00　　＝ 　350,000円

　　B路線の路線価　　奥行価格補正率　┌B──────
　　350,000円　　　×　　　0.97　　＝ 　339,500円

┌A─────────　┌B─────────
350,000円　　＞　339,500円

したがって、A路線を正面路線とします。
この場合のB路線は側方路線となります（評基通16(2)）。

奥行価格補正率表

奥行距離 m ＼ 地区区分	ビル街地区	高度商業地区	繁華街地区	普通商業・併用住宅地区	普通住宅地区	中小工場地区	大工場地区
4 未満	0.80	0.90	0.90	0.90	0.90	0.85	0.85
4 以上 6 未満		0.92	0.92	0.92	0.92	0.90	0.90
6 〃 8 〃	0.84	0.94	0.95	0.95	0.95	0.93	0.93
8 〃 10 〃	0.88	0.96	0.97	0.97	0.97	0.95	0.95
10 〃 12 〃	0.90	0.98	0.99	0.99	1.00	0.96	0.96
12 〃 14 〃	0.91	0.99	1.00	1.00		0.97	0.97
14 〃 16 〃	0.92	1.00				0.98	0.98
16 〃 20 〃	0.93					0.99	0.99
20 〃 24 〃	0.94					1.00	1.00
24 〃 28 〃	0.95				0.97		
28 〃 32 〃	0.96		0.98		0.95		
32 〃 36 〃	0.97		0.96	0.97	0.93		
36 〃 40 〃	0.98		0.94	0.95	0.92		
40 〃 44 〃	0.99		0.92	0.93	0.91		
44 〃 48 〃	1.00		0.90	0.91	0.90		
48 〃 52 〃		0.99	0.88	0.89	0.89		
52 〃 56 〃		0.98	0.87	0.88	0.88		
56 〃 60 〃		0.97	0.86	0.87	0.87		
60 〃 64 〃		0.96	0.85	0.86	0.86	0.99	
64 〃 68 〃		0.95	0.84	0.85	0.85	0.98	
68 〃 72 〃		0.94	0.83	0.84	0.84	0.97	
72 〃 76 〃		0.93	0.82	0.83	0.83	0.96	
76 〃 80 〃		0.92	0.81	0.82			
80 〃 84 〃		0.90	0.80	0.81	0.82	0.93	
84 〃 88 〃		0.88		0.80			
88 〃 92 〃		0.86			0.81	0.90	
92 〃 96 〃	0.99	0.84					
96 〃 100 〃	0.97	0.82					
100 〃	0.95	0.80			0.80		

正面路線価を基とした価額の計算

```
A路線の路線価      奥行価格補正率        ┌─(1)─────┐
350,000円     ×       1.00     =  │  350,000円  │
                                  └─────────┘
```

側 方 路 線 影 響 加 算 率

　　正面路線の地区区分に応じた側方路線影響加算率（準角地の場合）を側方路線影響加算率表により求めます。

側方路線影響加算率表

地 区 区 分	加　　算　　率	
	角地の場合	準角地の場合
ビル街地区	0.07	0.03
高度商業地区、繁華街地区	0.10	0.05
普通商業・併用住宅地区	0.08	0.04
普通住宅地区、中小工場地区	0.03	0.02
大工場地区	0.02	0.01

※　準角地とは、次図のように一系統の路線の屈折部の内側に位置するものをいいます。

側方路線影響加算額の計算

　　側方路線価に奥行価格補正率（正面路線の地区に応じた率）を乗じて計算した金額に準角地の場合の側方路線影響加算率を乗じて計算します。

```
B路線の路線価  奥行価格補正率  側方路線影響加算率    ┌─(2)────┐
350,000円 ×    0.97    ×     0.02    =  │  6,790円  │
                                        └────────┘
```

評 価 額 の 計 算

　　正面路線価を基とした価額（(1)の金額）に側方路線影響加算額（(2)の金額）を加算した金額に地積を乗じて評価額を計算します。

土地及び土地の上に存する権利の評価明細書（第1表）

| | ○○ 局(所) ×× 署 | 6 年分 | ページ ××××× |

（令和六年分以降用）

(住居表示)	(　××区○○1-41-3　)	所有者	住所(所在地)	××区○○1-41-3	使用者	住所(所在地)	同左
所在地番	××区○○1-15		氏名(法人名)	大手 一郎		氏名(法人名)	同左

地目	地積	路線価				地形図及び参考事項
(宅地) 山 林 田 畑 雑種地 (　)	450 ㎡	正面 350,000 円	側方 350,000 円	側方 円	裏面 円	25m ←18m→

| 間口距離 25 m | 利用区分 | 自用地　私道
貸宅地　貸家建付借地権
貸家建付地　転貸借地権
借地権　(　) | 地区区分 | ビル街地区　普通住宅地区
高度商業地区　中小工場地区
繁華街地区　大工場地区
普通商業・併用住宅地区 |
| 奥行距離 18 m | | | | |

	自 用 地 1 平 方 メ ー ト ル 当 た り の 価 額		(1㎡当たりの価額)	
自用地1	1 一路線に面する宅地 　　(正面路線価)　　(奥行価格補正率) 　　350,000 円 × 1.00		350,000 円	A
	2 二路線に面する宅地 　(A)　(側方)[裏面 路線価] (奥行価格補正率) (側方)二方 路線影響加算率 350,000 円 + (350,000円 × 0.97 × 0.02)		356,790 円	B
	3 三路線に面する宅地 　(B)　[側方・裏面 路線価] (奥行価格補正率) [側方・二方 路線影響加算率] 　　円 + (円 × . × 0.)		円	C
	4 四路線に面する宅地 　(C)　[側方・裏面 路線価] (奥行価格補正率) [側方・二方 路線影響加算率] 　　円 + (円 × . × 0.)		円	D
	5-1 間口が狭小な宅地等 　(AからDまでのうち該当するもの) (間口狭小補正率) (奥行長大補正率) 　　円 × (. × .)		円	E
	5-2 不整形地 　(AからDまでのうち該当するもの)　不整形地補正率※ 　　円 × 0. 　※不整形地補正率の計算 　(想定整形地の間口距離) (想定整形地の奥行距離) 　　m × m = ㎡ 　(想定整形地の地積) (不整形地の地積) (想定整形地の地積) (かげ地割合) 　(㎡ － ㎡) ÷ ㎡ = % 　(不整形地補正率表の補正率) (間口狭小補正率) 　　　　不整形地補正率 　0. × . = 0. ……① (①、②のいずれか低い 　(奥行長大補正率) (間口狭小補正率) 　　　　率、0.6を下限とする。) 　. × . = 0. ……② 　　0.		円	F
	6 地積規模の大きな宅地 　(AからFまでのうち該当するもの)　規模格差補正率※ 　　円 × 0. 　※規模格差補正率の計算 　(地積(Ⓐ)) (Ⓑ) (Ⓒ) (地積(Ⓐ)) (小数点以下2位未満切捨て) 　{ (㎡× +) ÷ ㎡ } × 0.8 = 0.		円	G
	7 無道路地 　(F又はGのうち該当するもの) (※) 　　円 × (1 － 0.) 　※割合の計算(0.4を上限とする。) 　(正面路線価) (通路部分の地積) (F又はGのうち該当するもの) (評価対象地の地積) 　(円 × ㎡) ÷ (円 × ㎡) = 0.		円	H
	8-1 がけ地等を有する宅地　[南 、 東 、 西 、 北] 　(AからHまでのうち該当するもの) (がけ地補正率) 　　円 × 0.		円	I
	8-2 土砂災害特別警戒区域内にある宅地 　(AからHまでのうち該当するもの)　特別警戒区域補正率※ 　　円 × 0. 　※がけ地補正率の適用がある場合の特別警戒区域補正率の計算(0.5を下限とする。) 　[南 、 東 、 西 、 北] 　(特別警戒区域補正率表の補正率) (がけ地補正率) (小数点以下2位未満切捨て) 　0. × 0. = 0.		円	J
	9 容積率の異なる2以上の地域にわたる宅地 　(AからJまでのうち該当するもの) (控除割合(小数点以下3位未満四捨五入)) 　　円 × (1 － 0.)		円	K
	10 私道 　(AからKまでのうち該当するもの) 　　円 × 0.3		円	L

自用地の評価額	自用地1平方メートル当たりの価額 (AからLまでのうちの該当記号)	地積	総額 (自用地1㎡当たりの価額) × (地積)	
	(B)　356,790 円	450 ㎡	160,555,500 円	M

(注) 1　5-1の「間口が狭小な宅地等」と5-2の「不整形地」は重複して適用できません。
　　　2　5-2の「不整形地」の「AからDまでのうち該当するもの」欄の価額について、AからDまでの欄で計算できない場合には、(第2表)の「備考」欄等で計算してください。
　　　3　「がけ地等を有する宅地」であり、かつ、「土砂災害特別警戒区域内にある宅地」である場合については、8-1の「がけ地等を有する宅地」欄ではなく、8-2の「土砂災害特別警戒区域内にある宅地」欄で計算してください。

(資4-25-1-A4統一)

⑹　**角地（側方路線に宅地の一部が接している場合）**（評基通16）

| 正面路線価 | × | 奥行価格補正率 |

⇨ 正面路線価を基にした価額

＋

| 側方路線価 | × | 側方からの奥行価格補正率 | × | 側方路線影響加算率 | × | 側方路線に接している距離による調整 |

⇨ **側方路線影響加算額**

＝

| 1㎡当たりの評価額 |

| 1㎡当たりの評価額 | × | 地　積 | ＝ | 評　価　額 |

| 路　線　価 |

路線価図に1㎡当たりの価額が千円単位で表示されています。

| 地　区 |

路線価図に次の記号で表示されています。

地　区　区　分	記　　号
ビ　ル　街　地　区	⬡
高　度　商　業　地　区	⬯
繁　華　街　地　区	⬡
普通商業・併用住宅地区	◯
普　通　住　宅　地　区	無　印
中　小　工　場　地　区	◇
大　工　場　地　区	▭

| 奥　行　距　離 | 実測図等から奥行距離を測定します。 |

| 奥 行 価 格 補 正 率 | 地区区分及び奥行距離に応じた奥行価格補正率を奥行価格補正率表から求めます。 |

A路線の奥行価格補正率＝ 1.00

B路線の奥行価格補正率＝ 0.97

| 正 面 路 線 の 判 定 | それぞれの路線価に奥行価格補正率を乗じた後、いずれか高い金額となる路線を正面路線とします（評基通16(1)）。 |

A路線の路線価　　　奥行価格補正率　┌A────────
380,000円　　×　　1.00　　＝　　380,000円

B路線の路線価　　　奥行価格補正率　┌B────────
380,000円　　×　　0.97　　＝　　368,600円

┌A────────　　┌B────────
380,000円　　＞　　368,600円

したがって、A路線を正面路線とします。
この場合のB路線は側方路線となります（評基通16(2)）。

奥行価格補正率表

奥行距離m ＼ 地区区分	ビル街地区	高度商業地区	繁華街地区	普通商業・併用住宅地区	普通住宅地区	中小工場地区	大工場地区
4 未満	0.80	0.90	0.90	0.90	0.90	0.85	0.85
4 以上 6 未満		0.92	0.92	0.92	0.92	0.90	0.90
6 〃 8 〃	0.84	0.94	0.95	0.95	0.95	0.93	0.93
8 〃 10 〃	0.88	0.96	0.97	0.97		0.95	0.95
10 〃 12 〃	0.90	0.98	0.99	0.99	1.00	0.96	0.96
12 〃 14 〃	0.91	0.99	1.00	1.00		0.97	0.97
14 〃 16 〃	0.92	1.00				0.98	0.98
16 〃 20 〃	0.93					0.99	0.99
20 〃 24 〃	0.94					1.00	1.00
24 〃 28 〃	0.95				0.97		
28 〃 32 〃	0.96		0.98		0.95		
32 〃 36 〃	0.97		0.96	0.97	0.93		
36 〃 40 〃	0.98		0.94	0.95	0.92		
40 〃 44 〃	0.99		0.92	0.93	0.91		
44 〃 48 〃	1.00		0.90	0.91	0.90		
48 〃 52 〃		0.99	0.88	0.89	0.89		
52 〃 56 〃		0.98	0.87	0.88	0.88		
56 〃 60 〃		0.97	0.86	0.87	0.87		
60 〃 64 〃		0.96	0.85	0.86	0.86	0.99	
64 〃 68 〃		0.95	0.84	0.85	0.85	0.98	
68 〃 72 〃		0.94	0.83	0.84	0.84	0.97	
72 〃 76 〃		0.93	0.82	0.83	0.83	0.96	
76 〃 80 〃		0.92	0.81	0.82			
80 〃 84 〃		0.90	0.80	0.81	0.82	0.93	
84 〃 88 〃		0.88		0.80			
88 〃 92 〃		0.86			0.81	0.90	
92 〃 96 〃	0.99	0.84					
96 〃 100 〃	0.97	0.82					
100 〃	0.95	0.80			0.80		

正面路線価を基とした価額の計算

A路線の路線価　　奥行価格補正率
　380,000　　×　　　1.00　　=　(1)｜380,000円｜

側方路線影響加算率

正面路線の地区区分に応じた側方路線影響加算率を側方路線影響加算率表から求めます。

側方路線影響加算率表

地　区　区　分	加　算　率	
	角地の場合	準角地の場合
ビル街地区	0.07	0.03
高度商業地区、繁華街地区	0.10	0.05
普通商業・併用住宅地区	0.08	0.04
普通住宅地区、中小工場地区	0.03	0.02
大工場地区	0.02	0.01

側方路線影響加算額の計算

側方路線価に奥行価格補正率（正面路線の地区区分に応じた率）を乗じて計算した金額に側方路線影響加算率を乗じ、更に、正面路線から見た奥行距離のうち側方路線に実際に接する距離により調整します。

B路線の路線価　奥行価格補正率　側方路線影響加算率
$380,000円 × 0.97 × 0.03 × \dfrac{15m}{18m}$ = (2)｜9,215円｜

評　価　額　の　計　算

正面路線価を基とした価額（(1)の金額）に側方路線影響加算額（(2)の金額）を加算した金額に地積を乗じて評価額を計算します。

1 m²当たりの評価額
(1)｜380,000円｜ + (2)｜9,215円｜ × 　地積　　　　評価額
　　　　　　　　　　　　　　　　　　450m²　=　175,146,750円

土地及び土地の上に存する権利の評価明細書（第1表）

○○ 局(所) ×× 署	6 年分	×××ページ

						（令和六年分以降用）
（住居表示）	（××区○○1-30-3）	住　所 (所在地)	××区○○1-30-3	住　所 (所在地)	同左	
所在地番	××区○○1-3-15	所有者 氏　名 (法人名)	大手 一郎	使用者 氏　名 (法人名)	同左	

地　目	地　積	路　　　線　　　価	地形図及び参考事項
(宅地) 山林 田 雑種地 畑 ( )	450 ㎡	正面 380,000 円　側方 380,000 円　側方 円　裏面 円	25m / 18m / 15m
間口距離 25 m	利用区分	自用地 私道 貸宅地 貸家建付借地権 貸家建付地 転貸借地権 借地権 ( )	地区区分	ビル街地区 （普通住宅地区） 高度商業地区 中小工場地区 繁華街地区 大工場地区 普通商業・併用住宅地区	

			(1㎡当たりの価額) 円	
自	1 一路線に面する宅地 (正面路線価) （奥行価格補正率） 380,000 円 × 1.00		380,000	A
用	2 二路線に面する宅地 (A) ［側方・裏面 路線価］ （奥行価格補正率） ［側方・二方 路線影響加算率］ 380,000 円 ＋ (380,000 円 × 0.97 × 0.03 × 15m/18m)		389,215	B
地	3 三路線に面する宅地 (B) ［側方・裏面 路線価］ （奥行価格補正率） ［側方・二方 路線影響加算率］ 円 ＋ (円 × ． × 0．)			C
1	4 四路線に面する宅地 (C) ［側方・裏面 路線価］ （奥行価格補正率） ［側方・二方 路線影響加算率］ 円 ＋ (円 × ． × 0．)			D
平	5-1 間口が狭小な宅地等 (AからDまでのうち該当するもの) （間口狭小補正率） （奥行長大補正率） 円 × (． × ．)			E
方	5-2 不 整 形 地 (AからDまでのうち該当するもの) 不整形地補正率※ 円 × 0． ※不整形地補正率の計算 (想定整形地の間口距離) (想定整形地の奥行距離) (想定整形地の地積) m × m ＝ ㎡ (想定整形地の地積) (不整形地の地積) (想定整形地の地積) （かげ地割合） (㎡ － ㎡) ÷ ㎡ ＝ ％ (不整形地補正率表の補正率) (間口狭小補正率) （小数点以下2位未満切捨て） 0． × ． ＝ 0． ① (奥行長大補正率) (間口狭小補正率) ［不整形地補正率 ①、②のいずれか低い率、0.6を下限とする。］ ． × ． ＝ 0． ② 0．			F
メ	6 地積規模の大きな宅地 (AからFまでのうち該当するもの) 規模格差補正率※ 円 × 0． ※規模格差補正率の計算 (地積(Ⓐ)) (Ⓑ) (Ⓒ) (地積(Ⓐ)) （小数点以下2位未満切捨て） { (㎡× ＋) ÷ ㎡ } × 0.8 ＝ 0．			G
ー	7 無 道 路 地 (F又はGのうち該当するもの) （※） 円 × (1 － 0．) ※割合の計算 (0.4を上限とする。) (正面路線価) (通路部分の地積) (F又はGのうち 該当するもの) (評価対象地の地積) (円 × ㎡) ÷ (円 × ㎡) ＝ 0．			H
ト	8-1 がけ地等を有する宅地 〔 南 、 東 、 西 、 北 〕 (AからHまでのうち該当するもの) （がけ地補正率） 円 × 0．			I
ル	8-2 土砂災害特別警戒区域内にある宅地 (AからHまでのうち該当するもの) 特別警戒区域補正率※ 円 × 0． ※がけ地補正率の適用がある場合の特別警戒区域補正率の計算 (0.5を下限とする。) 〔 南、東、西、北 〕 (特別警戒区域補正率表の補正率) （がけ地補正率） （小数点以下2位未満切捨て） 0． × 0． ＝ 0．			J
当	9 容積率の異なる2以上の地域にわたる宅地 (AからJまでのうち該当するもの) （控除割合（小数点以下3位未満四捨五入）） 円 × (1 － 0．)			K
た	10 私 道 (AからKまでのうち該当するもの) 円 × 0.3			L

自用地評価額	自用地1平方メートル当たりの価額 (AからLまでのうちの該当記号)	地　積	総　　　額 (自用地1㎡当たりの価額) × (地　積)	
	(B) 389,215 円	450 ㎡	175,146,750 円	M

(注) 1 5-1の「間口が狭小な宅地等」と5-2の「不整形地」は重複して適用できません。
　　 2 5-2の「不整形地」の「AからDまでのうち該当するもの」欄の価額について、AからDまでの欄で計算できない場合には、（第2表）の「備考」欄等で計算してください。
　　 3 「がけ地等を有する宅地」であり、かつ、「土砂災害特別警戒区域内にある宅地」である場合については、8-1の「がけ地等を有する宅地」欄ではなく、8-2の「土砂災害特別警戒区域内にある宅地」欄で計算してください。

(資4-25-1-A4統一)

(7) 正面と裏面が路線に面している宅地（評基通17）

| 正面路線価 | × | 奥行価格補正率 | | | ⇨ | 正面路線価を基にした価額 |

＋

| 裏面路線価 | × | 裏面からの奥行価格補正率 | × | 二方路線影響加算率 | ⇨ | 二方路線影響加算額 |
（裏面路線の路線価）

＝

| 1㎡当たりの評価額 |

| 1㎡当たりの評価額 | × | 地　積 | ＝ | 評　価　額 |

| 路　線　価 |　路線価図に1㎡当たりの価額が千円単位で表示されています。

| 地　区 |　路線価図に次の記号で表示されています。

地 区 区 分	記　　　号
ビ ル 街 地 区	⬡
高 度 商 業 地 区	⬭
繁 華 街 地 区	�
普通商業・併用住宅地区	◯
普 通 住 宅 地 区	無　印
中 小 工 場 地 区	◇
大 工 場 地 区	▭

| 奥　行　距　離 | 実測図等から奥行距離を測定します。 |

| 奥 行 価 格 補 正 率 | 地区区分及び奥行距離に応じた奥行価格補正率を奥行価格補正率表から求めます。 |

正面路線の判定　それぞれの路線価に奥行価格補正率を乗じた後、いずれか高い金額となる路線を正面路線とします（評基通16(1)）。

したがって、B路線を正面路線とします。
この場合のA路線は裏面路線となります（評基通17(2)）。

奥行価格補正率表

奥行距離 m ＼ 地区区分	ビル街地区	高度商業地区	繁華街地区	普通商業・併用住宅地区	普通住宅地区	中小工場地区	大工場地区
4 未満	0.80	0.90	0.90	0.90	0.90	0.85	0.85
4 以上 6 未満		0.92	0.92	0.92	0.92	0.90	0.90
6 〃 8 〃	0.84	0.94	0.95	0.95	0.95	0.93	0.93
8 〃 10 〃	0.88	0.96	0.97	0.97	0.97	0.95	0.95
10 〃 12 〃	0.90	0.98	0.99	0.99	1.00	0.96	0.96
12 〃 14 〃	0.91	0.99	1.00	1.00		0.97	0.97
14 〃 16 〃	0.92	1.00				0.98	0.98
16 〃 20 〃	0.93					0.99	0.99
20 〃 24 〃	0.94					1.00	1.00
24 〃 28 〃	0.95				0.97		
28 〃 32 〃	0.96		0.98		0.95		
32 〃 36 〃	0.97		0.96	0.97	0.93		
36 〃 40 〃	0.98		0.94	0.95	0.92		
40 〃 44 〃	0.99		0.92	0.93	0.91		
44 〃 48 〃	1.00		0.90	0.91	0.90		
48 〃 52 〃		0.99	0.88	0.89	0.89		
52 〃 56 〃		0.98	0.87	0.88	0.88		
56 〃 60 〃		0.97	0.86	0.87	0.87		
60 〃 64 〃		0.96	0.85	0.86	0.86	0.99	
64 〃 68 〃		0.95	0.84	0.85	0.85	0.98	
68 〃 72 〃		0.94	0.83	0.84	0.84	0.97	
72 〃 76 〃		0.93	0.82	0.83	0.83	0.96	
76 〃 80 〃		0.92	0.81	0.82	0.82		
80 〃 84 〃		0.90	0.80	0.81		0.93	
84 〃 88 〃		0.88		0.80	0.81		
88 〃 92 〃		0.86				0.90	
92 〃 96 〃	0.99	0.84					
96 〃 100 〃	0.97	0.82					
100 〃	0.95	0.80			0.80		

正面路線価を基とした価額の計算

> B路線の路線価　　奥行価格補正率　　(1)
> 430,000円　　×　　　0.97　　＝　417,100円

二方路線影響加算率

　正面路線の地区区分に応じた二方路線影響加算率を二方路線影響加算率表から求めます。

二方路線影響加算率表

地 区 区 分	加　算　率
ビル街地区	0.03
高度商業地区、繁華街地区	0.07
普通商業・併用住宅地区	0.05
普通住宅地区、中小工場地区、大工場地区	0.02

二方路線影響加算額の計算

　裏面路線価に奥行価格補正率（正面路線の地区区分に応じた率）を乗じて計算した金額に二方路線影響加算率を乗じて計算します。

> A路線の路線価　奥行価格補正率　二方路線影響加算率　　(2)
> 370,000円 ×　　0.97　　×　　0.02　　＝　7,178円

評　価　額　の　計　算

　正面路線価を基とした価額（(1)の金額）に二方路線影響加算額（(2)の金額）を加算した金額に地積を乗じて評価額を計算します。

> 　　　　　　1 ㎡当たりの評価額
> 　　　(1)　　　　　　　(2)　　　　地積　　　　評価額
> 417,100円　＋　7,178円　×　450㎡　＝　190,925,100円

土地及び土地の上に存する権利の評価明細書（第1表）

○○ 局(所) ×× 署	6 年分	×××× ページ

（令和六年分以降用）

（住居表示）	（××区○○○1-9-3）	所有者	住　所（所在地）	××区○○○1-9-3	使用者	住　所（所在地）	同左
所在地番	××区○○○1-15		氏　名（法人名）	大手　一郎		氏　名（法人名）	同左

地　目	地　積	路　　　　線　　　　価				地形図及び参考事項
(宅地) 山林 田 雑種地 畑 （　）	450 ㎡	正　面 430,000 円	側　方 円	側　方 円	裏　面 370,000 円	←18m→ 25m

間口距離	18 m	利用区分	(自用地) 私　道　貸　宅　地　貸家建付借地権 貸家建付地　転　貸　借　地　権 借　地　権　（　　　　　　）	地区区分	ビル街地区　(普通住宅地区) 高度商業地区　中小工場地区 繁華街地区　大工場地区 普通商業・併用住宅地区
奥行距離	25 m				

			（1㎡当たりの価額）円	
自用地1平方メートル当たりの価額	1　一路線に面する宅地 （正面路線価）　　　　　　　（奥行価格補正率） 430,000 円　×　　0.97		417,100	A
	2　二路線に面する宅地 (A)　　　　　　　　［側方・(裏面) 路線価］　（奥行価格補正率）　　［側方・(二方) 路線影響加算率］ 417,100円　+　（　370,000 円 × 0.97 × 0.02 ）		424,278	B
	3　三路線に面する宅地 (B)　　　　　　　　［側方・裏面 路線価］　（奥行価格補正率）　　［側方・二方 路線影響加算率］ 円　+　（　　　　円　　.　　　×　　　0. ）			C
	4　四路線に面する宅地 (C)　　　　　　　　［側方・裏面 路線価］　（奥行価格補正率）　　［側方・二方 路線影響加算率］ 円　+　（　　　　円　　.　　　×　　　0. ）			D
	5-1　間口が狭小な宅地等 （AからDまでのうち該当するもの）（間口狭小補正率）（奥行長大補正率） 円　×　（　　.　　×　　.　）			E
	5-2　不整形地 （AからDまでのうち該当するもの）　　不整形地補正率※ 円　×　0. ※不整形地補正率の計算 （想定整形地の間口距離）（想定整形地の奥行距離）（想定整形地の地積） m　×　　　　　　m　=　　　　　　㎡ （想定整形地の地積）（不整形地の地積）（想定整形地の地積）（かげ地割合） （　　　　㎡ −　　　　㎡）÷　　　　㎡　=　　　% （不整形地補正率表の補正率）（間口狭小補正率）（小数点以下2位未満切捨て） 0.　　×　　.　　=　0.　①　　不整形地補正率 （奥行長大補正率）（間口狭小補正率） ① ②のいずれか低い .　　×　　.　　=　0.　②　　率、0.6を下限とする。 0.			F
	6　地積規模の大きな宅地 （AからFまでのうち該当するもの）　　規模格差補正率※ 円　×　0. ※規模格差補正率の計算 （地積(Ⓐ)）　（Ⓑ）　（Ⓒ）　（地積(Ⓐ)）（小数点以下2位未満切捨て） ｛（　　　㎡×　　　+　　　）÷　　　㎡｝× 0.8　=　0.			G
	7　無道路地 （F又はGのうち該当するもの）　　　　（※） 円　×　（　1　−　0.　） ※割合の計算（0.4を上限とする。） （正面路線価）（通路部分の地積）（F又はGのうち該当するもの）（評価対象地の地積） （　　　円　×　　　㎡）÷（　　　円　×　　　㎡）= 0.			H
	8-1　がけ地等を有する宅地　〔南 、 東 、 西 、 北 〕 （AからHまでのうち該当するもの）（がけ地補正率） 円　×　0.			I
	8-2　土砂災害特別警戒区域内にある宅地 （AからHまでのうち該当するもの）　特別警戒区域補正率※ 円　×　0. ※がけ地補正率の適用がある場合の特別警戒区域補正率の計算（0.5を下限とする。） 〔南 、 東 、 西 、 北 〕 （特別警戒区域補正率表の補正率）（がけ地補正率）（小数点以下2位未満切捨て） 0.　　×　0.　　=　0,			J
	9　容積率の異なる2以上の地域にわたる宅地 （AからJまでのうち該当するもの）　　　　（控除割合（小数点以下3位未満四捨五入）） 円　×　（　1　−　0.　）			K
	10　私　道 （AからKまでのうち該当するもの） 円　×　0.3			L

自用地の評価額	自用地1平方メートル当たりの価額 （AからLまでのうちの該当記号） (B) 424,278 円	地　積 450 ㎡	総　　　　　　　額 （自用地1㎡当たりの価額）×（地　積） 190,925,100 円	M

（注）　1　5-1の「間口が狭小な宅地等」と5-2の「不整形地」は重複して適用できません。
　　　　2　5-2の「不整形地」の「AからDまでのうち該当するもの」欄の価額について、AからDまでの欄で計算できない場合には、（第2表）の「備考」欄等で計算してください。
　　　　3　「がけ地等を有する宅地」であり、かつ、「土砂災害特別警戒区域内にある宅地」である場合については、8-1の「がけ地等を有する宅地」欄ではなく、8-2の「土砂災害特別警戒区域内にある宅地」欄で計算してください。

（資4−25−1−A4統一）

【設例　7】

正面路線の判定

(問)　次のような不整形地甲は、いずれの路線が正面路線となりますか。

(答)　正面路線は、原則として、その宅地の接する路線の路線価（一路線に2以上の路線価が付されている場合には、路線に接する距離により加重平均した価額）に奥行価格補正率を乗じて計算した価額の高い方の路線となります。

　　この奥行価格補正率を適用する際の奥行距離は、不整形地の場合には、その不整形地に係る想定整形地の奥行距離を限度として、不整形地の面積を間口距離で除して得た数値とします。したがって、問の場合には、A路線からみた場合の奥行距離は20m（500㎡÷25m＝20m＜30m）、B路線からみた場合の奥行距離は30m（500㎡÷10m＝50m＞30m）となります。

　　これらのことから、問の場合には、次のとおりA路線を正面路線と判定することになります。

(計算例)

A路線　$\dfrac{\text{82,000円}\times\text{15m}+\text{73,000円}\times\text{10m}}{\text{25m}}$ × 1.00 ＝ 78,400円

（加重平均による）路線価　／　奥行距離20mに応ずる奥行価格補正率

B路線　①甲、乙を合わせた全体の整形地の奥行価格補正後の価額

正面路線価　　奥行距離30mに応ずる奥行価格補正率　　甲＋乙の地積
81,000円　×　　0.95　　×　　750㎡　＝57,712,500円

②　乙の部分の奥行価格補正後の価額

正面路線価　　奥行距離16.6mに応
　　　　　　ずる奥行価格補正率　乙の地積

81,000円　×　　　　1.00　　　×　250㎡　　=20,250,000円

※　乙の奥行距離……地積を間口距離で除して計算します。

乙の地積　乙の間口距離　乙の奥行距離　乙の想定整形地の奥行距離

250㎡　÷　　15m　　≒　16.6m　　　　　　（＜20m）

③　宅地甲の奥行価格補正後の1㎡当たりの価額

甲、乙を合わせた価額　乙の部分の価額　甲の地積

（57,712,500円　　-20,250,000円）÷　500㎡　=74,925円

正面路線の判定（いずれか高い方）

A路線　78,400円　＞　　B路線　74,925円

(8) 三路線に面している宅地（側方・裏面路線）（評基通18）

| 正面路線価 | × | 奥行価格補正率 | | | ⇨ | 正面路線価を基にした価額 |

+

| 側方路線価 | × | 側方からの奥行価格補正率 | × | 側方路線影響加算率 | ⇨ | 側方路線影響加算額 |

+

| 裏面路線価 | × | 裏面からの奥行価格補正率 | × | 二方路線影響加算率 | ⇨ | 二方路線影響加算額 |

=

| 1㎡当たりの評価額 |

| 1㎡当たりの評価額 | × | 地 積 | = | 評 価 額 |

路 線 価　　　路線価図に1㎡当たりの価額が千円単位で表示されています。

地 区　　　路線価図に次の記号で表示されています。

地 区 区 分	記 号
ビ ル 街 地 区	（六角形）
高 度 商 業 地 区	（楕円）
繁 華 街 地 区	（八角形）
普通商業・併用住宅地区	（円）
普 通 住 宅 地 区	無 印
中 小 工 場 地 区	（菱形）
大 工 場 地 区	（長方形）

| 奥　行　距　離 | 実測図等から奥行距離を測定します。 |

| 奥 行 価 格 補 正 率 | 地区区分及び奥行距離に応じた奥行価格補正率を奥行価格補正率表から求めます。 |

A路線の奥行価格補正率＝　1.00

B路線、C路線の奥行価格補正率＝　0.97

| 正 面 路 線 の 判 定 | それぞれの路線価に奥行価格補正率を乗じた後、いずれか最も高い金額となる路線を正面路線とします(評基通16(1)、17(1))。 |

A路線の路線価　　奥行価格補正率　　┌A──────
360,000円　　×　　1.00　　＝　360,000円

B路線の路線価　　奥行価格補正率　　┌B──────
380,000円　　×　　0.97　　＝　368,600円

C路線の路線価　　奥行価格補正率　　┌C──────
360,000円　　×　　0.97　　＝　349,200円

┌B────　　┌A────　　┌C────
368,600円　＞　360,000円　＞　349,200円

したがって、B路線を正面路線とします。
この場合のA路線は側方路線、C路線は裏面路線となります（評基通16(2)、17(2)）。

奥行価格補正率表

地区区分／奥行距離 m	ビル街地区	高度商業地区	繁華街地区	普通商業・併用住宅地区	普通住宅地区	中小工場地区	大工場地区
4未満	0.80	0.90	0.90	0.90	0.90	0.85	0.85
4以上 6未満		0.92	0.92	0.92	0.92	0.90	0.90
6 〃 8 〃	0.84	0.94	0.95	0.95	0.95	0.93	0.93
8 〃 10 〃	0.88	0.96	0.97	0.97	0.97	0.95	0.95
10 〃 12 〃	0.90	0.98	0.99	0.99	1.00	0.96	0.96
12 〃 14 〃	0.91	0.99	1.00	1.00		0.97	0.97
14 〃 16 〃	0.92	1.00				0.98	0.98
16 〃 20 〃	0.93					0.99	0.99
20 〃 24 〃	0.94					1.00	1.00
24 〃 28 〃	0.95				0.97		
28 〃 32 〃	0.96		0.98		0.95		
32 〃 36 〃	0.97		0.96	0.97	0.93		
36 〃 40 〃	0.98		0.94	0.95	0.92		
40 〃 44 〃	0.99		0.92	0.93	0.91		
44 〃 48 〃	1.00		0.90	0.91	0.90		
48 〃 52 〃		0.99	0.88	0.89	0.89		
52 〃 56 〃		0.98	0.87	0.88	0.88		
56 〃 60 〃		0.97	0.86	0.87	0.87		
60 〃 64 〃		0.96	0.85	0.86	0.86	0.99	
64 〃 68 〃		0.95	0.84	0.85	0.85	0.98	
68 〃 72 〃		0.94	0.83	0.84	0.84	0.97	
72 〃 76 〃		0.93	0.82	0.83	0.83	0.96	
76 〃 80 〃		0.92	0.81	0.82			
80 〃 84 〃		0.90	0.80	0.81	0.82	0.93	
84 〃 88 〃		0.88		0.80			
88 〃 92 〃		0.86			0.81	0.90	
92 〃 96 〃	0.99	0.84					
96 〃 100 〃	0.97	0.82					
100 〃	0.95	0.80			0.80		

チェックポイント4 参照（55ページ）

正面路線価を基とした価額の計算

B路線の路線価	奥行価格補正率	(1)
380,000円　×　0.97　=		368,600円

側　方　路　線　影　響　加　算　率

正面路線の地区区分に応じた側方路線影響加算率を側方路線影響加算率表により求めます。

側方路線影響加算率表

地　区　区　分	加　　算　　率	
	角地の場合	準角地の場合
ビル街地区	0.07	0.03
高度商業地区、繁華街地区	0.10	0.05
普通商業・併用住宅地区	0.08	0.04
普通住宅地区、中小工場地区	0.03	0.02
大工場地区	0.02	0.01

※　準角地とは、次図のように一系統の路線の屈折部の内側に位置するものをいいます。

側方路線影響加算額の計算

側方路線価に奥行価格補正率（正面路線の地区区分に応じた率）を乗じて計算した金額に側方路線影響加算率を乗じて計算します。

A路線の路線価	奥行価格補正率	側方路線影響加算率	(2)
360,000円　×	1.00　×	0.03　=	10,800円

二　方　路　線　影　響　加　算　率

正面路線の地区区分に応じた二方路線影響加算率を二方路線影響加算率表から求めます。

二方路線影響加算率表

地　区　区　分	加　　算　　率
ビル街地区	0.03
高度商業地区、繁華街地区	0.07
普通商業・併用住宅地区	0.05
普通住宅地区、中小工場地区、大工場地区	0.02

二方路線影響加算額の計算

　裏面路線価に奥行価格補正率（正面路線の地区区分に応じた率）を乗じて計算した金額に二方路線影響加算率を乗じて計算します。

> C路線の路線価　奥行価格補正率　二方路線影響加算率　　(3)
> 360,000円 ×　　0.97　　×　　0.02　　＝　6,984円

評　価　額　の　計　算

　正面路線価を基とした価額（(1)の金額）に側方路線影響加算額（(2)の金額）、二方路線影響加算額（(3)の金額）を加算した金額に地積を乗じて評価額を計算します。

> 1㎡当たりの評価額
> (1) 368,600円 ＋ (2) 10,800円 ＋ (3) 6,984円　地積　評価額
> ×450㎡ ＝ 173,872,800円

土地及び土地の上に存する権利の評価明細書（第1表）

| | | ○○局(所)　××署 | 6年分 | ×××××ページ |

（住居表示）（××区○○○1-33-3）

| 所在地番 | ××区○○○1-15 | 所有者 | 住所（所在地） | ××区○○○1-33-3 | 使用者 | 住所（所在地） | 同左 |
| | | | 氏名（法人名） | 大手　一郎 | | 氏名（法人名） | 同左 |

（令和六年分以降用）

| 地目 宅地 山林 田 雑種地 畑 （　） | 地積 450 ㎡ | 路線価 | | | | 地形図及び参考事項 |
| | | 正面 380,000円 | 側方 360,000円 | 側方　円 | 裏面 360,000円 | |

18m　25m

| 間口距離 18 m | 利用区分 | 自用地 貸宅地 貸家建付地 借地権 | 私道 貸家建付借地権 転貸借地権（　　） | 地区区分 | ビル街地区 高度商業地区 繁華街地区 普通商業・併用住宅地区 | 普通住宅地区 中小工場地区 大工場地区 |
| 奥行距離 25 m | | | | | | |

自用地	1 一路線に面する宅地 （正面路線価）　（奥行価格補正率） 380,000 円 × 0.97	(1㎡当たりの価額) 368,600 円	A
	2 二路線に面する宅地 （A）　　　　　　[側方] 裏面 路線価　（奥行価格補正率）　[側方]二方 路線影響加算率 368,600 円 ＋（ 360,000 円 × 1.00 × 0.03 ）	(1㎡当たりの価額) 379,400 円	B
	3 三路線に面する宅地 （B）　　　　　　[側方] 裏面 路線価　（奥行価格補正率）　[側方]二方 路線影響加算率 379,400 円 ＋（ 360,000 円 × 0.97 × 0.02 ）	(1㎡当たりの価額) 386,384 円	C
	4 四路線に面する宅地 （C）　　　　　　[側方・裏面 路線価]　（奥行価格補正率）　[側方・二方 路線影響加算率] 円 ＋（ 円 × . ）	(1㎡当たりの価額) 円	D
1	5-1 間口が狭小な宅地等 （AからDまでのうち該当するもの）　（間口狭小補正率）　（奥行長大補正率） 円 ×（ × . ）	(1㎡当たりの価額) 円	E

円 × 0.3

| 自用地の評価額 | 自用地1平方メートル当たりの価額 （AからLまでのうちの該当記号） | 地積 | 総額 （自用地1㎡当たりの価額）×（地積） | M |
| | （ C ） 386,384 円 | 450 ㎡ | 173,872,800 円 | |

（注）1　5-1の「間口が狭小な宅地等」と5-2の「不整形地」は重複して適用できません。
　　　2　5-2の「不整形地」の「AからDまでのうち該当するもの」欄の価額について、AからDまでの欄で計算できない場合には、（第2表）の「備考」欄等で計算してください。
　　　3　「がけ地等を有する宅地」であり、かつ、「土砂災害特別警戒区域内にある宅地」である場合については、8-1の「がけ地等を有する宅地」欄ではなく、8-2の「土砂災害特別警戒区域内にある宅地」欄で計算してください。

（資4-25-1-A4統一）

(9) 三路線に面している宅地（側方路線のみ）（評基通18）

```
┌──────────┐   ┌──────────────┐                    ┌─────────────────────┐
│ 正面路線価 │ × │  奥行価格補正率  │          ⇨         │ 正面路線価を基にした価額 │
└──────────┘   └──────────────┘                    └─────────────────────┘
                                                             ＋
┌──────────┐   ┌──────────────┐   ┌──────────────┐   ┌─────────────────┐
│ 側方路線価 │ × │ 側方からの奥行価格補正率 │ × │ 側方路線影響加算率 │ ⇨ │ 側方路線影響加算額 │
└──────────┘   └──────────────┘   └──────────────┘   └─────────────────┘
                                                             ＋
┌──────────┐   ┌──────────────┐   ┌──────────────┐   ┌─────────────────┐
│ 側方路線価 │ × │ 側方からの奥行価格補正率 │ × │ 側方路線影響加算率 │ ⇨ │ 側方路線影響加算額 │
└──────────┘   └──────────────┘   └──────────────┘   └─────────────────┘
                                                             ＝
                                                   ┌─────────────────┐
                                                   │  1㎡当たりの評価額  │
                                                   └─────────────────┘
```

1㎡当たりの評価額	×	地　積	＝	評　価　額

路　　線　　価	路線価図に1㎡当たりの価額が千円単位で表示されています。

430 D
380 D
630 C
㉝
370 D
⑧

地　　区	路線価図に次の記号で表示されています。

地　区　区　分	記　　　　号
ビ　ル　街　地　区	⬡
高　度　商　業　地　区	⬭
繁　華　街　地　区	⬡
普通商業・併用住宅地区	◯
普　通　住　宅　地　区	無　　印
中　小　工　場　地　区	◇
大　工　場　地　区	▭

| 奥 行 距 離 | 実測図等から奥行距離を測定します。 |

それぞれの路線の地区区分及び奥行距離に応じた奥行価格補正率を奥行価格補正率表から求めます。

奥 行 価 格 補 正 率

A路線の奥行価格補正率 ＝ 1.00

B路線、C路線の奥行価格補正率 ＝ 0.97

正 面 路 線 価 の 判 定

それぞれの路線価に奥行価格補正率を乗じた後、いずれか最も高い金額となる路線を正面路線とします（評基通16(1)）。

| A路線の路線価 | | 奥行価格補正率 | | A |
| 630,000円 | × | 1.00 | ＝ | 630,000円 |

| B路線の路線価 | | 奥行価格補正率 | | B |
| 430,000円 | × | 0.97 | ＝ | 417,100円 |

| C路線の路線価 | | 奥行価格補正率 | | C |
| 370,000円 | × | 0.97 | ＝ | 358,900円 |

A　630,000円 ＞ B　417,100円 ＞ C　358,900円

したがって、A路線を正面路線とします。

この場合のB路線、C路線は側方路線となります（評基通16(2)）。

奥行価格補正率表

奥行距離 m ＼ 地区区分	ビル街地区	高度商業地区	繁華街地区	普通商業・併用住宅地区	普通住宅地区	中小工場地区	大工場地区
4 未満	0.80	0.90	0.90	0.90	0.90	0.85	0.85
4 以上 6 未満		0.92	0.92	0.92	0.92	0.90	0.90
6 〃 8 〃	0.84	0.94	0.95	0.95	0.95	0.93	0.93
8 〃 10 〃	0.88	0.96	0.97	0.97	0.97	0.95	0.95
10 〃 12 〃	0.90	0.98	0.99	0.99	1.00	0.96	0.96
12 〃 14 〃	0.91	0.99	1.00	1.00		0.97	0.97
14 〃 16 〃	0.92	1.00				0.98	0.98
16 〃 20 〃	0.93					0.99	0.99
20 〃 24 〃	0.94					1.00	1.00
24 〃 28 〃	0.95				0.97		
28 〃 32 〃	0.96		0.98		0.95		
32 〃 36 〃	0.97		0.96	0.97	0.93		
36 〃 40 〃	0.98		0.94	0.95	0.92		
40 〃 44 〃	0.99		0.92	0.93	0.91		
44 〃 48 〃	1.00		0.90	0.91	0.90		
48 〃 52 〃		0.99	0.88	0.89	0.89		
52 〃 56 〃		0.98	0.87	0.88	0.88		
56 〃 60 〃		0.97	0.86	0.87	0.87		
60 〃 64 〃		0.96	0.85	0.86	0.86	0.99	
64 〃 68 〃		0.95	0.84	0.85	0.85	0.98	
68 〃 72 〃		0.94	0.83	0.84	0.84	0.97	
72 〃 76 〃		0.93	0.82	0.83	0.83	0.96	
76 〃 80 〃		0.92	0.81	0.82			
80 〃 84 〃		0.90	0.80	0.81	0.82	0.93	
84 〃 88 〃		0.88		0.80			
88 〃 92 〃		0.86			0.81	0.90	
92 〃 96 〃	0.99	0.84					
96 〃 100 〃	0.97	0.82					
100 〃	0.95	0.80			0.80		

チェックポイント4 参照（55ページ）

正面路線価を基とした価額の計算

A路線の路線価　　奥行価格補正率　　　┌─(1)─────┐
630,000円　　×　　　1.00　　　=　│　630,000円　│
　　　　　　　　　　　　　　　　　　└─────────┘

側 方 路 線 影 響 加 算 率

正面路線の地区区分に応じた側方路線影響加算率を側方路線影響加算率表から求めます。

側方路線影響加算率表

地 区 区 分	加　算　率	
	角地の場合	準角地の場合
ビル街地区	0.07	0.03
高度商業地区、繁華街地区	0.10	0.05
普通商業・併用住宅地区	0.08	0.04
普通住宅地区、中小工場地区	0.03	0.02
大工場地区	0.02	0.01

※　準角地とは、次図のように一系統の路線の屈折部の内側に位置するものをいいます。

側方路線影響加算額の計算

側方路線価に奥行価格補正率（正面路線の地区区分に応じた率）を乗じて計算した金額に側方路線影響加算率を乗じて計算します。

B路線の路線価　奥行価格補正率　側方路線影響加算率　┌─(2)─────┐
430,000円 ×　　1.00　　×　　　0.08　　=　│　34,400円　│
　　　　　　　　　　　　　　　　　　　　　　└─────────┘

C路線の路線価　奥行価格補正率　側方路線影響加算率　┌─(3)─────┐
370,000円 ×　　1.00　　×　　　0.08　　=　│　29,600円　│
　　　　　　　　　　　　　　　　　　　　　　└─────────┘

評 価 額 の 計 算

正面路線価を基とした価額（(1)の金額）に側方路線影響加算額（(2)及び(3)の金額）を加算した金額に地積を乗じて評価額を計算します。

土地及び土地の上に存する権利の評価明細書（第1表）

	○○ 局(所)　××署	6 年分	ページ ×××××

(住居表示)	(××区○○○1-9-3)	住　所(所在地)	××区○○○1-9-3	使用者	住　所(所在地)	同左	（令和六年分以降用）
所 在 地 番	××区○○○1-9-15	氏　名(法人名)	大手 一郎		氏　名(法人名)	同左	

地　目	地　積	路　　　線　　　価				地形図及び参考事項
(宅地) 山 林 田 雑種地 畑 ( )	450 ㎡	正　面 630,000 円	側　方 430,000 円	側　方 370,000 円	裏　面 円	25m ←18m→

間口距離 25 m	利用区分	自 用 地　私　道 貸家建付借地権	地区区分	ビル街地区　普通住宅地区 高度商業地区　中小工場地区
奥行距離 18 m		貸 宅 地　貸家建付地 転貸借地権 借 地 権 ( )		繁華街地区　大工場地区 (普通商業・併用住宅地区)

自 用 地 1 平 方 メ ー ト ル 当 た り の 価 額	1 一路線に面する宅地 (正面路線価) (奥行価格補正率) 630,000円 × 1.00		(1㎡当たりの価額) 630,000 円	A
	2 二路線に面する宅地 (A) [側方・裏面 路線価] (奥行価格補正率) [側方・二方 路線影響加算率] 630,000円 + (430,000円 × 1.00 × 0.08)		(1㎡当たりの価額) 664,400 円	B
	3 三路線に面する宅地 (B) [側方・裏面 路線価] (奥行価格補正率) [側方・二方 路線影響加算率] 664,400円 + (370,000円 × 1.00 × 0.08)		(1㎡当たりの価額) 694,000 円	C
	4 四路線に面する宅地 (C) [側方・裏面 路線価] (奥行価格補正率) [側方・二方 路線影響加算率] 円 + (円 × . × 0.)		(1㎡当たりの価額) 円	D
	5-1 間口が狭小な宅地等 (AからDまでのうち該当するもの) (間口狭小補正率) (奥行長大補正率) 円 × (. × .)		(1㎡当たりの価額) 円	E
	5-2 不 整 形 地 (AからDまでのうち該当するもの) 不整形地補正率※ 円 × 0. ※不整形地補正率の計算 (想定整形地の間口距離) (想定整形地の奥行距離) (想定整形地の地積) m × m = ㎡ (想定整形地の地積) (不整形地の地積) (想定整形地の地積) (かげ地割合) (㎡ - ㎡) ÷ ㎡ = % (不整形地補正率表の補正率) (間口狭小補正率) (小数点以下2位未満切捨て) 不整形地補正率 0. × . = 0. ① ①、②のいずれか低い率、0.6を下限とする。 (奥行長大補正率) (間口狭小補正率) . × . = 0. ② 0.		(1㎡当たりの価額) 円	F
	6 地積規模の大きな宅地 (AからFまでのうち該当するもの) 規模格差補正率※ 円 × 0. ※規模格差補正率の計算 (地積(Ⓐ)) (Ⓑ) (Ⓒ) (地積(Ⓐ)) (小数点以下2位未満切捨て) { (㎡× +) ÷ ㎡ } × 0.8 = 0.		(1㎡当たりの価額) 円	G
	7 無 道 路 地 (F又はGのうち該当するもの) (※) 円 × (1 - 0.) ※割合の計算 (0.4を上限とする。) (正面路線価) (通路部分の地積) F又はGのうち該当するもの (評価対象地の地積) (円 × ㎡) ÷ (円 × ㎡) = 0.		(1㎡当たりの価額) 円	H
	8-1 がけ地等を有する宅地 〔 南 、 東 、 西 、 北 〕 (AからHまでのうち該当するもの) (がけ地補正率) 円 × 0.		(1㎡当たりの価額) 円	I
	8-2 土砂災害特別警戒区域内にある宅地 (AからHまでのうち該当するもの) 特別警戒区域補正率※ 円 × 0. ※がけ地補正率の適用がある場合の特別警戒区域補正率の計算 (0.5を下限とする。) 〔 南 、 東 、 西 、 北 〕 (特別警戒区域補正率表の補正率) (がけ地補正率) (小数点以下2位未満切捨て) 0. × 0. = 0.		(1㎡当たりの価額) 円	J
	9 容積率の異なる2以上の地域にわたる宅地 (AからJまでのうち該当するもの) (控除割合 (小数点以下3位未満四捨五入)) 円 × (1 - 0.)		(1㎡当たりの価額) 円	K
	10 私 道 (AからKまでのうち該当するもの) 円 × 0.3		(1㎡当たりの価額) 円	L

自用地の評価額	自用地1平方メートル当たりの価額 (AからLまでのうちの該当記号) (C) 694,000 円	地　積 450 ㎡	総　額 (自用地1㎡当たりの価額) × (地積) 312,300,000 円	M

(注) 1　5-1の「間口が狭小な宅地等」と5-2の「不整形地」は重複して適用できません。
　　2　5-2の「不整形地」の「AからDまでのうち該当するもの」欄の価額について、AからDまでの欄で計算できない場合には、(第2表)の「備考」欄等で計算してください。
　　3　「がけ地等を有する宅地」であり、かつ、「土砂災害特別警戒区域内にある宅地」である場合については、8-1の「がけ地等を有する宅地」欄ではなく、8-2の「土砂災害特別警戒区域内にある宅地」欄で計算してください。

(資4-25-1-A4統一)

⑽　四路線に面している宅地（評基通18）

正面路線価	×	奥行価格補正率			⇨	正面路線価を基にした価額
側方路線価	×	側方からの奥行価格補正率	×	側方路線影響加算率	⇨	側方路線影響加算額
側方路線価	×	側方からの奥行価格補正率	×	側方路線影響加算率	⇨	側方路線影響加算額
裏面路線価	×	裏面からの奥行価格補正率	×	二方路線影響加算率	⇨	二方路線影響加算額

＝

1 ㎡当たりの評価額

| 1 ㎡当たりの評価額 | × | 地　　積 | = | 評　　価　　額 |

| 路　　線　　価 |

路線価図に 1 ㎡当たりの価額が千円単位で表示されています。

380D
430D　　370D
380D　330D　370D
370D
⑥

| 地　　区 |

路線価図に次の記号で表示されています。

地　区　区　分	記　　　　号
ビ　ル　街　地　区	⬡
高　度　商　業　地　区	◯
繁　華　街　地　区	⬡
普通商業・併用住宅地区	◯
普　通　住　宅　地　区	無　　印
中　小　工　場　地　区	◇
大　工　場　地　区	▭

| 奥　行　距　離 | 実測図等から奥行距離を測定します。 |

| 奥 行 価 格 補 正 率 | 地区区分及び奥行距離に応じた奥行価格補正率を奥行価格補正率表から求めます。 |

A路線、C路線の奥行価格補正率 ＝ 0.97

B路線、D路線の奥行価格補正率 ＝ 1.00

| 正 面 路 線 の 判 定 | それぞれの路線価に奥行価格補正率を乗じた後、いずれか最も高い金額となる路線を正面路線とします（評基通16(1)、17(1)）。 |

A路線の路線価　　奥行価格補正率　　A
370,000円　　×　　0.97　　＝　358,900円

B路線の路線価　　奥行価格補正率　　B
380,000円　　×　　1.00　　＝　380,000円

C路線の路線価　　奥行価格補正率　　C
370,000円　　×　　0.97　　＝　358,900円

D路線の路線価　　奥行価格補正率　　D
330,000円　　×　　1.00　　＝　330,000円

B　　　　A　　　　C　　　　D
380,000円　＞　358,900円　＝　358,900円　＞　330,000円

　したがって、B路線を正面路線とします。
　この場合のA路線、C路線は側方路線、D路線は裏面路線となります（評基通16(2)、17(2)）。

奥行価格補正率表

地区区分／奥行距離 m	ビル街地区	高度商業地区	繁華街地区	普通商業・併用住宅地区	普通住宅地区	中小工場地区	大工場地区
4 未満	0.80	0.90	0.90	0.90	0.90	0.85	0.85
4 以上 6 未満		0.92	0.92	0.92	0.92	0.90	0.90
6 〃 8 〃	0.84	0.94	0.95	0.95	0.95	0.93	0.93
8 〃 10 〃	0.88	0.96	0.97	0.97	0.97	0.95	0.95
10 〃 12 〃	0.90	0.98	0.99	0.99	1.00	0.96	0.96
12 〃 14 〃	0.91	0.99	1.00	1.00		0.97	0.97
14 〃 16 〃	0.92	1.00				0.98	0.98
16 〃 20 〃	0.93					0.99	0.99
20 〃 24 〃	0.94					1.00	1.00
24 〃 28 〃	0.95				0.97		
28 〃 32 〃	0.96		0.98		0.95		
32 〃 36 〃	0.97		0.96	0.97	0.93		
36 〃 40 〃	0.98		0.94	0.95	0.92		
40 〃 44 〃	0.99		0.92	0.93	0.91		
44 〃 48 〃	1.00		0.90	0.91	0.90		
48 〃 52 〃		0.99	0.88	0.89	0.89		
52 〃 56 〃		0.98	0.87	0.88	0.88		
56 〃 60 〃		0.97	0.86	0.87	0.87		
60 〃 64 〃		0.96	0.85	0.86	0.86	0.99	
64 〃 68 〃		0.95	0.84	0.85	0.85	0.98	
68 〃 72 〃		0.94	0.83	0.84	0.84	0.97	
72 〃 76 〃		0.93	0.82	0.83	0.83	0.96	
76 〃 80 〃		0.92	0.81	0.82			
80 〃 84 〃		0.90	0.80	0.81	0.82	0.93	
84 〃 88 〃		0.88		0.80			
88 〃 92 〃		0.86			0.81	0.90	
92 〃 96 〃	0.99	0.84					
96 〃 100 〃	0.97	0.82					
100 〃	0.95	0.80			0.80		

正面路線価を基とした価額の計算

B路線の路線価	奥行価格補正率	(1)
380,000円 ×	1.00 =	380,000円

側方路線影響加算率

　　正面路線の地区区分に応じた側方路線影響加算率を側方路線影響加算率表から求めます。

側方路線影響加算率表

地 区 区 分	加　算　率	
	角地の場合	準角地の場合
ビル街地区	0.07	0.03
高度商業地区、繁華街地区	0.10	0.05
普通商業・併用住宅地区	0.08	0.04
普通住宅地区、中小工場地区	0.03	0.02
大工場地区	0.02	0.01

※　準角地とは、次図のように一系統の路線の屈折部の内側に位置するものをいいます。

側方路線影響加算額の計算

　　側方路線価に奥行価格補正率（正面路線の地区区分に応じた率）を乗じて計算した金額に側方路線影響加算率を乗じて計算します。

A路線の路線価	奥行価格補正率	側方路線影響加算率	(2)
370,000円 ×	0.97 ×	0.03 =	10,767円

C路線の路線価	奥行価格補正率	側方路線影響加算率	(3)
370,000円 ×	0.97 ×	0.03 =	10,767円

二方路線影響加算率

　　正面路線の地区区分に応じた二方路線影響加算率を二方路線影響加算率表から求めます。

二方路線影響加算率表

地 区 区 分	加　算　率
ビル街地区	0.03
高度商業地区、繁華街地区	0.07
普通商業・併用住宅地区	0.05
普通住宅地区、中小工場地区、大工場地区	0.02

二方路線影響加算額の計算

　　裏面路線価に奥行価格補正率（正面路線の地区区分に応じた率）を乗じて計算した金額に二方路線影響加算率を乗じて計算します。

D路線の路線価　奥行価格補正率　二方路線影響加算率　　　(4)
330,000円 ×　　1.00　　×　　0.02　　＝　　6,600円

評　価　額　の　計　算

　　正面路線価を基とした価額（(1)の金額）に側方路線影響加算額（(2)及び(3)の金額）、二方路線影響加算額（(4)の金額）を加算した金額に地積を乗じて評価額を計算します。

1㎡当たりの評価額

$$\left(\underset{380{,}000円}{(1)} + \underset{10{,}767円}{(2)} + \underset{10{,}767円}{(3)} + \underset{6{,}600円}{(4)}\right) \times 450㎡ = 183{,}660{,}300円$$

地積　　評価額

土地及び土地の上に存する権利の評価明細書（第1表）　　〇〇 局(所) ×× 署　6 年分　××××ページ

（令和六年分以降用）

（住居表示）	（××区〇〇〇1-7-3）	住　所（所在地）	××区〇〇〇1-7-3	使用者	住　所（所在地）	同左
所 在 地 番　××区〇〇〇1-7-15		所有者　氏　名（法人名）	大手 一郎		氏　名（法人名）	同左

地　目	地　積		路　　線　　価				地形図及び参考事項
（宅地）山 林 田　雑種地 畑　（　）	450 ㎡	正　面 380,000円	側　方 370,000円	側　方 370,000円	裏　面 330,000円		
間口距離 25 m	利用区分	（自用地）私　道 貸 宅 地　貸家建付借地権 貸家建付地　転 貸 借 地 権 借 地 権　（　）		地区区分	ビル街地区　（普通住宅地区） 高度商業地区　中小工場地区 繁華街地区　大工場地区 普通商業・併用住宅地区	
奥行距離 18 m						

自用地	1 一路線に面する宅地 （正面路線価）　（奥行価格補正率） 　380,000 円 × 1.00	(1㎡当たりの価額) 円 380,000	A
	2 二路線に面する宅地 （A） （側方）裏面 路線価] （奥行価格補正率）　（側方）二方 路線影響加算率] 380,000 円 ＋ （ 370,000 円 × 0.97 ×　0.03 ）	(1㎡当たりの価額) 円 390,767	B
	3 三路線に面する宅地 （B） （側方）裏面 路線価] （奥行価格補正率）　（側方）二方 路線影響加算率] 390,767 円 ＋ （ 370,000 円 × 0.97 ×　0.03 ）	(1㎡当たりの価額) 円 401,534	C
	4 四路線に面する宅地 （C） ［側方（裏面）路線価] （奥行価格補正率）　［側方（二方）路線影響加算率] 401,534 円 ＋ （ 330,000 円 × 1.00 ×　0.02 ）	(1㎡当たりの価額) 円 408,134	D
	5-1 間口が狭小な宅地等 （AからDまでのうち該当するもの）　（間口狭小補正率）（奥行長大補正率） 円 ×　. × .	(1㎡当たりの価額) 円	E

自用地の評価額	自用地1平方メートル当たりの価額 （AからLまでのうちの該当記号） （ D ） 408,134 円	地　積 450 ㎡	総　　額 （自用地1㎡当たりの価額）×（地　積） 183,660,300 円	M

（注）1　5-1の「間口が狭小な宅地等」と5-2の「不整形地」は重複して適用できません。
　　　2　5-2の「不整形地」の「AからDまでのうち該当するもの」欄の価額について、AからDまでの欄で計算できない場合には、（第2表）の「備考」欄等で計算してください。
　　　3　「がけ地等を有する宅地」であり、かつ、「土砂災害特別警戒区域内にある宅地」である場合については、8-1の「がけ地等を有する宅地」欄ではなく、8-2の「土砂災害特別警戒区域内にある宅地」欄で計算してください。

（資4-25-1-A4統一）

⑾　間口が狭小で奥行が長大な宅地（評基通20−4）

| 路線価 | × | 奥行価格補正率 | × | 間口狭小補正率 | × | 奥行長大補正率 | = | 1㎡当たりの評価額 |

| 1㎡当たりの評価額 | × | 地　　積 | = | 評　価　額 |

路　　線　　価　　　路線価図に1㎡当たりの価額が千円単位で表示されています。

地　　区　　　路線価図に次の記号で表示されています。

地　区　区　分	記　　　号
ビ　ル　街　地　区	（六角形）
高　度　商　業　地　区	（楕円形）
繁　華　街　地　区	（八角形）
普通商業・併用住宅地区	（円形）
普　通　住　宅　地　区	無　　印
中　小　工　場　地　区	（菱形）
大　工　場　地　区	（長方形）

| 奥　行　距　離 | 実測図等から間口距離・奥行距離を測定します。 |

| 奥 行 価 格 補 正 率 | 　地区区分及び奥行距離に応じた奥行価格補正率を奥行価格補正率表から求めます。 |

奥行価格補正率 ＝ 　　0.95

| 間 口 狭 小 補 正 率 | 　地区区分及び間口距離に応じた間口狭小補正率を間口狭小補正率表から求めます。 |

間口狭小補正率表

地区区分 間口距離 m	ビル街地　区	高度商業地　区	繁 華 街地　区	普通商業・併用住宅地　区	普通住宅地　区	中小工場地　区	大 工 場地　区
4 未満	—	0.85	0.90	0.90	0.90	0.80	0.80
4 以上 6 未満	—	0.94	1.00	0.97	0.94	0.85	0.85
6 〃 8 〃	—	0.97		1.00	0.97	0.90	0.90
8 〃 10 〃	0.95	1.00			1.00	0.95	0.95
10 〃 16 〃	0.97					1.00	0.97
16 〃 22 〃	0.98						0.98
22 〃 28 〃	0.99						0.99
28 〃	1.00						1.00

奥行価格補正率表

地区区分 奥行距離 m	ビル街地区	高度商業地区	繁華街地区	普通商業・併用住宅地区	普通住宅地区	中小工場地区	大工場地区
4 未満	0.80	0.90	0.90	0.90	0.90	0.85	0.85
4 以上　6 未満		0.92	0.92	0.92	0.92	0.90	0.90
6 〃　 8 〃	0.84	0.94	0.95	0.95	0.95	0.93	0.93
8 〃　10 〃	0.88	0.96	0.97	0.97	0.97	0.95	0.95
10 〃　12 〃	0.90	0.98	0.99	0.99	1.00	0.96	0.96
12 〃　14 〃	0.91	0.99	1.00	1.00		0.97	0.97
14 〃　16 〃	0.92	1.00				0.98	0.98
16 〃　20 〃	0.93					0.99	0.99
20 〃　24 〃	0.94					1.00	1.00
24 〃　28 〃	0.95				0.97		
28 〃　32 〃	0.96		0.98		0.95		
32 〃　36 〃	0.97		0.96	0.97	0.93		
36 〃　40 〃	0.98		0.94	0.95	0.92		
40 〃　44 〃	0.99		0.92	0.93	0.91		
44 〃　48 〃	1.00		0.90	0.91	0.90		
48 〃　52 〃		0.99	0.88	0.89	0.89		
52 〃　56 〃		0.98	0.87	0.88	0.88		
56 〃　60 〃		0.97	0.86	0.87	0.87		
60 〃　64 〃		0.96	0.85	0.86	0.86	0.99	
64 〃　68 〃		0.95	0.84	0.85	0.85	0.98	
68 〃　72 〃		0.94	0.83	0.84	0.84	0.97	
72 〃　76 〃		0.93	0.82	0.83	0.83	0.96	
76 〃　80 〃		0.92	0.81	0.82			
80 〃　84 〃		0.90	0.80	0.81	0.82	0.93	
84 〃　88 〃		0.88		0.80			
88 〃　92 〃		0.86			0.81	0.90	
92 〃　96 〃	0.99	0.84					
96 〃　100 〃	0.97	0.82					
100 〃	0.95	0.80			0.80		

奥 行 長 大 補 正 率

地区区分及び間口距離に対する奥行距離の比率に応じた奥行長大補正率を奥行長大補正率表から求めます。

$$\frac{奥行距離}{間口距離} \Rightarrow \frac{30m}{5\,m} = \boxed{6}$$

奥行長大補正率表

地区区分／奥行距離／間口距離	ビル街地区	高度商業地区	繁華街地区	普通商業・併用住宅地区	普通住宅地区	中小工場地区	大工場地区
2以上3未満	1.00		1.00		0.98	1.00	1.00
3 〃 4 〃			0.99		0.96	0.99	
4 〃 5 〃			0.98		0.94	0.98	
5 〃 6 〃			0.96		0.92	0.96	
6 〃 7 〃			0.94		0.90	0.94	
7 〃 8 〃			0.92			0.92	
8 〃			0.90			0.90	

評 価 額 の 計 算

路線価に奥行価格補正率、間口狭小補正率及び奥行長大補正率を乗じて計算した金額に地積を乗じて評価額を計算します。

1㎡当たりの評価額

路線価	奥行価格補正率	間口狭小補正率	奥行長大補正率	地積	評価額
400,000円×	0.95 ×	0.94 ×	0.90	×150㎡=	48,222,000円

土地及び土地の上に存する権利の評価明細書（第1表）

		○○　局(所)　××　署	6　年分	×××××　ページ

（住居表示）	（××区○○○1-10-3）	所有者	住所（所在地）	××区○○○1-10-3	使用者	住所（所在地）	同左
所在地番	××区○○○1-10-15		氏名（法人名）	大手　一郎		氏名（法人名）	同左

地目	地積	路線価				地形図及び参考事項
⓰宅地　山林　田　畑　雑種地（　　）	150　㎡	正面　400,000円	側方　円	側方　円	裏面　円	

間口距離	5 m	利用区分	⓰自用地　私道	貸宅地　貸家建付借地権	貸家建付地　転貸借地権	借地権（　　）	地区区分	ビル街地区　⓰普通住宅地区	高度商業地区　中小工場地区	繁華街地区　大工場地区	普通商業・併用住宅地区
奥行距離	30 m										

地形図：5m　30m

	自用地1平方メートル当たりの価額		（1㎡当たりの価額）円	
自用地1平方メートル当たりの価額	1　一路線に面する宅地 （正面路線価）　　　　　　（奥行価格補正率） 　　400,000 円 ×　　0.95		380,000	A
	2　二路線に面する宅地 （A）　　　　　[側方・裏面 路線価]　（奥行価格補正率）　[側方・二方 路線影響加算率] 　　円 ＋ （　　円 ×　．　　×　0.　）		（1㎡当たりの価額）円	B
	3　三路線に面する宅地 （B）　　　　　[側方・裏面 路線価]　（奥行価格補正率）　[側方・二方 路線影響加算率] 　　円 ＋ （　　円 ×　．　　×　0.　）		（1㎡当たりの価額）円	C
	4　四路線に面する宅地 （C）　　　　　[側方・裏面 路線価]　（奥行価格補正率）　[側方・二方 路線影響加算率] 　　円 ＋ （　　円 ×　．　　×　0.　）		（1㎡当たりの価額）円	D
	5-1　間口が狭小な宅地等 （AからDまでのうち該当するもの）　（間口狭小補正率）　（奥行長大補正率） 　　380,000 円 ×　（　0.94　×　0.90　）		（1㎡当たりの価額）円 321,480	E
	5-2　不整形地 （AからDまでのうち該当するもの）　　　不整形地補正率※ 　　円 ×　　0. ※不整形地補正率の計算 （想定整形地の間口距離）　（想定整形地の奥行距離）　（想定整形地の地積） 　　m ×　　m ＝　　㎡ （想定整形地の地積）　（不整形地の地積）　（想定整形地の地積）　（かげ地割合） （　　㎡ －　　㎡）÷　　㎡　＝　　％ （不整形地補正率表の補正率）（間口狭小補正率）　（小数点以下2位未満切捨て）　　［不整形地補正率 　　0.　×　．　＝　0.　①　　　①、②のいずれか低い （奥行長大補正率）　×（間口狭小補正率）　　　　　　　　率、0.6を下限とする。］ 　　0.　×　．　＝　0.　②		（1㎡当たりの価額）円	F
	6　地積規模の大きな宅地 （AからFまでのうち該当するもの）　　規模格差補正率※ 　　円 ×　　0. ※規模格差補正率の計算 （地積（Ⓐ））　　（Ⓑ）　　（Ⓒ）　　　（地積（Ⓐ））　　　（小数点以下2位未満切捨て） ｛（　　㎡×　　＋　　）÷　　㎡｝× 0.8 ＝　　0.		（1㎡当たりの価額）円	G
	7　無道路地 （F又はGのうち該当するもの）　　　　　（※） 　　円 ×（ 1 － 0.　） ※割合の計算（0.4を上限とする。） （正面路線価）　（通路部分の地積）　（F又はGのうち該当するもの）　（評価対象地の地積） （　　円 ×　　㎡）÷（　　円 ×　　㎡）＝ 0.		（1㎡当たりの価額）円	H
	8-1　がけ地等を有する宅地　　〔 南 、 東 、 西 、 北 〕 （AからHまでのうち該当するもの）　（がけ地補正率） 　　円 ×　　0.		（1㎡当たりの価額）円	I
	8-2　土砂災害特別警戒区域内にある宅地 （AからHまでのうち該当するもの）　　特別警戒区域補正率※ 　　円 ×　　0. ※がけ地補正率の適用がある場合の特別警戒区域補正率の計算（0.5を下限とする。） 〔 南 、 東 、 西 、 北 〕 （特別警戒区域補正率表の補正率）（がけ地補正率）（小数点以下2位未満切捨て） 　　0.　×　　0.　＝　　0.		（1㎡当たりの価額）円	J
	9　容積率の異なる2以上の地域にわたる宅地 （AからJまでのうち該当するもの）　　　（控除割合（小数点以下3位未満四捨五入）） 　　円 ×（ 1 － 0.　）		（1㎡当たりの価額）円	K
	10　私道 （AからKまでのうち該当するもの） 　　円 ×　　0.3		（1㎡当たりの価額）円	L
自用地の評価額	自用地1平方メートル当たりの価額（AからLまでのうちの該当記号） （ E ）　　321,480 円	地積　150 ㎡	総額（自用地1㎡当たりの価額）×（地積） 48,222,000 円	M

（注）1　5-1の「間口が狭小な宅地等」と5-2の「不整形地」は重複して適用できません。
　　　2　5-2の「不整形地」の「AからDまでのうち該当するもの」欄の価額について、AからDまでの欄で計算できない場合には、（第2表）の「備考」欄等で計算してください。
　　　3　「がけ地等を有する宅地」であり、かつ、「土砂災害特別警戒区域内にある宅地」である場合については、8-1の「がけ地等を有する宅地」欄ではなく、8-2の「土砂災害特別警戒区域内にある宅地」欄で計算してください。

（資4-25-1-A4統一）

⑿　路地状部分を含む宅地（評基通20、20−4）

$$\boxed{路線価} \times \boxed{奥行価格補正率} \times \boxed{不整形地補正率} = \boxed{1\,㎡当たり評価額} \cdots\cdots\cdots\cdots\cdots①$$

$$\boxed{路線価} \times \boxed{奥行価格補正率} \times \boxed{間口狭小補正率} \times \boxed{奥行長大補正率} = \boxed{1\,㎡当たりの評価額} \cdots\cdots②$$

①又は②のいずれか低い方の価額で評価します。

$$\boxed{1\,㎡当たりの評価額} \times \boxed{地\qquad積} = \boxed{評\quad価\quad額}$$

地 区 区 分	記　　　　号
ビ ル 街 地 区	⬡
高 度 商 業 地 区	◯
繁 華 街 地 区	⯃
普通商業・併用住宅地区	◯
普 通 住 宅 地 区	無　　印
中 小 工 場 地 区	◇
大 工 場 地 区	▭

路 線 価　　路線価図に1㎡当たりの価額が千円単位で表示されています。

地 区　　路線価図に次の記号で表示されています。

奥　行　距　離

評価対象地の全体を囲む、正面路線に面する長方形又は正方形の想定整形地を描き、その想定整形地の奥行距離及び図のＹの部分の奥行距離を測定します。

奥 行 価 格 補 正 率

地区区分及び奥行距離に応じた奥行価格補正率を奥行価格補正率表から求めます。

奥行価格補正の仕方については42ページ以下を参照してください。

| Ｘ部分の奥行価格補正率　＝ | 0.95 |
| Ｙ部分の奥行価格補正率　＝ | 1.00 |

※　Ｙ部分の奥行距離が短いために奥行価格補正率が1.00未満となる場合には、奥行価格補正率表に掲げる率によらずに、原則として1.00として計算します（45ページ参照）。

Ｘ・Ｙ全体の価額からＹ部分の価額を控除して、奥行価格補正後の評価対象地の価額を計算します。

奥行価格補正率表

地区区分 / 奥行距離m	ビル街地区	高度商業地区	繁華街地区	普通商業・併用住宅地区	普通住宅地区	中小工場地区	大工場地区
4 未満	0.80	0.90	0.90	0.90	0.90	0.85	0.85
4以上 6未満		0.92	0.92	0.92	0.92	0.90	0.90
6 〃 8 〃	0.84	0.94	0.95	0.95	0.95	0.93	0.93
8 〃 10 〃	0.88	0.96	0.97	0.97	0.97	0.95	0.95
10 〃 12 〃	0.90	0.98	0.99	0.99	1.00	0.96	0.96
12 〃 14 〃	0.91	0.99	1.00	1.00		0.97	0.97
14 〃 16 〃	0.92	1.00				0.98	0.98
16 〃 20 〃	0.93					0.99	0.99
20 〃 24 〃	0.94					1.00	1.00
24 〃 28 〃	0.95				0.97		
28 〃 32 〃	0.96		0.98		0.95		
32 〃 36 〃	0.97		0.96	0.97	0.93		
36 〃 40 〃	0.98		0.94	0.95	0.92		
40 〃 44 〃	0.99		0.92	0.93	0.91		
44 〃 48 〃	1.00		0.90	0.91	0.90		
48 〃 52 〃		0.99	0.88	0.89	0.89		
52 〃 56 〃		0.98	0.87	0.88	0.88		
56 〃 60 〃		0.97	0.86	0.87	0.87		
60 〃 64 〃		0.96	0.85	0.86	0.86	0.99	
64 〃 68 〃		0.95	0.84	0.85	0.85	0.98	
68 〃 72 〃		0.94	0.83	0.84	0.84	0.97	
72 〃 76 〃		0.93	0.82	0.83	0.83	0.96	
76 〃 80 〃		0.92	0.81	0.82			
80 〃 84 〃		0.90	0.80	0.81	0.82	0.93	
84 〃 88 〃		0.88		0.80			
88 〃 92 〃		0.86			0.81	0.90	
92 〃 96 〃	0.99	0.84					
96 〃 100 〃	0.97	0.82					
100 〃	0.95	0.80			0.80		

間 口 狭 小 補 正 率

地区区分及び間口距離に応じた間口狭小補正率を間口狭小補正率表から求めます。

間口狭小補正率表

間口距離 m ＼ 地区区分	ビル街地区	高度商業地区	繁華街地区	普通商業・併用住宅地区	普通住宅地区	中小工場地区	大工場地区
4 未満	―	0.85	0.90	0.90	0.90	0.80	0.80
4 以上 6 未満	―	0.94	1.00	0.97	0.94	0.85	0.85
6 〃 8 〃	―	0.97		1.00	0.97	0.90	0.90
8 〃 10 〃	0.95	1.00			1.00	0.95	0.95
10 〃 16 〃	0.97					1.00	0.97
16 〃 22 〃	0.98						0.98
22 〃 28 〃	0.99						0.99
28 〃	1.00						1.00

不 整 形 地 補 正 率

次の算式でかげ地割合を計算します。

$$（算式）「かげ地割合」＝\frac{想定整形地の地積－評価対象地の地積}{想定整形地の地積}$$

$$かげ地割合＝\frac{\overset{X・Y全体}{600㎡}－\overset{X}{345㎡}}{\underset{X・Y全体}{600㎡}}＝42.5\%$$

地区及び地積に応じた地積区分（A〜C）を求め、地区区分、地積区分及びかげ地割合に応じた不整形地補正率を不整形地補正率表から求めます。更に、間口狭小補正率を乗じて不整形地補正率を計算します。

不整形地補正率　　間口狭小補正率
　0.85　　×　　0.90　≒0.76（小数点以下2位未満切捨て）
　　　　　　　　　※　0.60を限度とします。

不整形地補正率を算定する際の地積区分表

地区区分＼地積区分	A	B	C
高 度 商 業 地 区	1,000㎡未満	1,000㎡以上 1,500㎡未満	1,500㎡以上
繁 華 街 地 区	450㎡ 〃	450㎡以上 700㎡未満	700㎡ 〃
普通商業・併用住宅地区	650㎡ 〃	650㎡以上 1,000㎡未満	1,000㎡ 〃
普 通 住 宅 地 区	500㎡ 〃	500㎡以上 750㎡未満	750㎡ 〃
中 小 工 場 地 区	3,500㎡ 〃	3,500㎡以上 5,000㎡未満	5,000㎡ 〃

評価対象地の地積345㎡

不整形地補正率表

かげ地割合＼地積区分	高度商業地区、繁華街地区、普通商業・併用住宅地区、中小工場地区			普 通 住 宅 地 区		
	A	B	C	A	B	C
10% 以 上	0.99	0.99	1.00	0.98	0.99	0.99
15% 〃	0.98	0.99	0.99	0.96	0.98	0.99
20% 〃	0.97	0.98	0.99	0.94	0.97	0.98
25% 〃	0.96	0.98	0.99	0.92	0.95	0.97
30% 〃	0.94	0.97	0.98	0.90	0.93	0.96
35% 〃	0.92	0.95	0.98	0.88	0.91	0.94
40% 〃	0.90	0.93	0.97	0.85	0.88	0.92
45% 〃	0.87	0.91	0.95	0.82	0.85	0.90
50% 〃	0.84	0.89	0.93	0.79	0.82	0.87
55% 〃	0.80	0.87	0.90	0.75	0.78	0.83
60% 〃	0.76	0.84	0.86	0.70	0.73	0.78
65% 〃	0.70	0.75	0.80	0.60	0.65	0.70

| 奥 行 長 大 補 正 率 | 地区区分及び間口距離に対する奥行距離の比率に応じた奥行長大補正率を奥行長大補正率表から求めます。 |

$$\frac{\text{奥行距離}}{\text{間口距離}} \Rightarrow \frac{30\text{m}}{3\text{m}} = \boxed{10}$$

奥行長大補正率表

奥行距離 間口距離 ＼ 地区区分	ビル街 地区	高度商業 地区	繁華街 地区	普通商業・ 併用住宅 地区	普通住宅 地区	中小工場 地区	大工場 地区
2 以上 3 未満	1.00		1.00		0.98	1.00	1.00
3 〃 4 〃			0.99		0.96	0.99	
4 〃 5 〃			0.98		0.94	0.98	
5 〃 6 〃			0.96		0.92	0.96	
6 〃 7 〃			0.94		0.90	0.94	
7 〃 8 〃			0.92			0.92	
8 〃			0.90			0.90	

| 評 価 額 の 計 算 | 次の算式で計算した価額のうちいずれか低い方の価額で計算します。 |

奥行価格補正後の価額　不整形地補正率
122,850,000円　×　0.76　　　　　　　　　= 93,366,000円 …………①

奥行価格補正後の価額　間口狭小補正率　奥行長大補正率
122,850,000円　×　0.90　×　0.90　= 99,508,500円 …………②

①93,366,000円　＜　②99,508,500円

よって、評価額は①93,366,000円となります。

土地及び土地の上に存する権利の評価明細書（第1表）

					局(所)	×× 署	6 年分	×××××ページ

（令和六年分以降用）

| 所在地番 | （住居表示）（××区○○○1-13-3） ××区○○○1-13-15 | 所有者 | 住所（所在地） | ××区○○○1-13-3 | 使用者 | 住所（所在地） | 同左 |
| | | | 氏名（法人名） | 大手 一郎 | | 氏名（法人名） | 同左 |

地目	地積	路線価				地形図及び参考事項
（宅地）山林 田 畑 雑種地 （　）	345 ㎡	正面 390,000 円	側方 円	側方 円	裏面 円	3m Y 30m X 20m

| 間口距離 | 3 m | 利用区分 | （自用地） 貸宅地 貸家建付地 借地権（　） | 私道 貸家建付借地権 転貸借地権 | 地区区分 | ビル街地区　（普通住宅地区） 高度商業地区　中小工場地区 繁華街地区　大工場地区 普通商業・併用住宅地区 |
| 奥行距離 | 30 m | | | | | |

								（1㎡当たりの価額）円	
自用地1平方メートル当たりの価額	1	一路線に面する宅地 （正面路線価）	X＋Y （奥行価格補正率）　地積						A
		390,000 円 ×	0.95 × 600 ㎡					222,300,000	
	2	二路線に面する宅地 （A）	Y ［側方・裏面 路線価］（奥行価格補正率）［側方・二方 路線影響加算率］					（1㎡当たりの価額）円	B
		390,000 円 ＋（	円 × 1.00 × 0.　地積 255 ㎡）					99,450,000	
	3	三路線に面する宅地 （B）	A－B ［側方・裏面 路線価］（奥行価格補正率）［側方・二方 路線影響加算率］					（1㎡当たりの価額）円	C
		A－B 円 ＋	円 × ． × 0.					122,850,000	
	4	四路線に面する宅地 （C）	［側方・裏面 路線価］（奥行価格補正率）［側方・二方 路線影響加算率］					（1㎡当たりの価額）円	D
		円 ＋	円 × ． × 0.						
	5-1	間口が狭小な宅地等 （AからDまでのうち該当するもの）（間口狭小補正率）（奥行長大補正率）						（1㎡当たりの価額）円	E
		円 ×	（ ． × ． ）						
	5-2	不整形地 （AからDまでのうち該当するもの）　不整形地補正率※						（1㎡当たりの価額）円	F
		122,850,000 円 ×	0.76						
		※不整形地補正率の計算							
		（想定整形地の間口距離）（想定整形地の奥行距離）（想定整形地の地積）							
		20 m × 30 m ＝ 600 ㎡							
		（想定整形地の地積）（不整形地の地積）（想定整形地の地積）（かげ地割合）							
		（ 600 ㎡ － 345 ㎡）÷ 600 ㎡ ＝ 42.5 ％							
		（不整形地補正率表の補正率）（間口狭小補正率）（小数点以下2位未満切捨て）　不整形地補正率（①、②のいずれか低い率、0.6を下限とする。）							
		0.85 × 0.90 ＝ 0.76 ①							
		（奥行長大補正率）（間口狭小補正率）							
		0.90 × 0.90 ＝ 0.81 ②　　0.76						93,366,000	
	6	地積規模の大きな宅地 （AからFまでのうち該当するもの）　規模格差補正率※						（1㎡当たりの価額）円	G
		円 × 0.							
		※規模格差補正率の計算 （地積（Ⓐ）） （Ⓑ） （Ⓒ） （地積（Ⓐ））（小数点以下2位未満切捨て）							
		｛（ ㎡ × ＋ ）÷ ㎡｝× 0.8 ＝ 0.							
	7	無道路地 （F又はGのうち該当するもの） （※）						（1㎡当たりの価額）円	H
		円 × （ 1 － 0. ）							
		※割合の計算（0.4を上限とする。） （正面路線価）（通路部分の地積）　F又はGのうち該当するもの（評価対象地の地積）							
		（ 円 × ㎡）÷（ 円 × ㎡）＝ 0.							
	8-1	がけ地等を有する宅地 ［南 、東 、西 、北 ］ （AからHまでのうち該当するもの）（がけ地補正率）						（1㎡当たりの価額）円	I
		円 × 0.							
	8-2	土砂災害特別警戒区域内にある宅地 （AからHまでのうち該当するもの）　特別警戒区域補正率※						（1㎡当たりの価額）円	J
		円 × 0.							
		※がけ地補正率の適用がある場合の特別警戒区域補正率の計算（0.5を下限とする。） ［南 、東 、西 、北 ］							
		（特別警戒区域補正率表の補正率）（がけ地補正率）（小数点以下2位未満切捨て）							
		0. × 0. ＝ 0.							
	9	容積率の異なる2以上の地域にわたる宅地 （AからJまでのうち該当するもの）（控除割合（小数点以下3位未満四捨五入））						（1㎡当たりの価額）円	K
		円 × （ 1 － 0. ）							
	10	私道 （AからKまでのうち該当するもの）						（1㎡当たりの価額）円	L
		円 × 0.3							

自用地の評価額	自用地1平方メートル当たりの価額 （AからLまでのうちの該当記号）	地積	総額 （自用地1㎡当たりの価額）×（地積）	
	（ F ） 円	345 ㎡	93,366,000 円	M

（注） 1　5-1の「間口が狭小な宅地等」と5-2の「不整形地」は重複して適用できません。
2　5-2の「不整形地」の「AからDまでのうち該当するもの」欄の価額について、AからDまでの欄で計算できない場合には、（第2表）の「備考」欄等で計算してください。
3　「がけ地等を有する宅地」であり、かつ、「土砂災害特別警戒区域内にある宅地」である場合については、8-1の「がけ地等を有する宅地」欄ではなく、8-2の「土砂災害特別警戒区域内にある宅地」欄で計算してください。

（資4-25-1-A4統一）

チェックポイント5

想定整形地の取り方

　評価対象地の全体を囲む、正面路線に面する長方形又は正方形を想定します。

　想定整形地の取り方の具体例

① 　② 　③

④ 　⑤ 　⑥

⑦ 　⑧ 　⑨

⑩ 　⑪ 　⑫

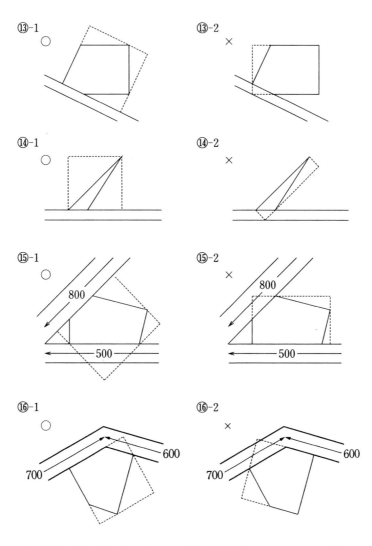

⑬-1　○
⑬-2　×

⑭-1　○
⑭-2　×

⑮-1　○
800
500

⑮-2　×
800
500

⑯-1　○
600
700

⑯-2　×
600
700

※　上記の⑬から⑯までは、−1の例が相当(○)、−2の例は不相当(×)。
（正面路線に面する長方形又は正方形の土地を想定しているか否
かで相当か不相当かを判断します。）

⒀　不整形な宅地①（評基通20⑵）

| 路線価 | × | 奥行価格補正率 | × | 不整形地補正率 | ＝ | 1㎡当たりの評価額 | …………………………… ① |

| 路線価 | × | 奥行価格補正率 | × | 間口狭小補正率 | × | 奥行長大補正率 | ＝ | 1㎡当たりの評価額 | ……… ② |

①又は②のいずれか低い方で評価します。

| 1㎡当たりの評価額 | × | 地　　積 | ＝ | 評　価　額 |

| 路　　線　　価 | | 路線価図に1㎡当たりの価額が千円単位で表示されています。 |

| 地　　区 | | 路線価図に次の記号で表示されています。 |

地　区　区　分	記　　　　号
ビ　ル　街　地　区	⬡
高　度　商　業　地　区	⬭
繁　華　街　地　区	⯃
普通商業・併用住宅地区	◯
普　通　住　宅　地　区	無　　印
中　小　工　場　地　区	◇
大　工　場　地　区	▭

奥　行　距　離

評価対象地の全体を囲む、正面路線に面する長方形又は正方形の想定整形地を描きます。

不整形地の奥行距離は、その想定整形地の奥行距離を限度として、不整形地の地積を実際の間口距離で除して得た数値とします。

奥行価格補正の仕方については、42ページ以下を参照してください。

奥 行 価 格 補 正 率

地区区分及び奥行距離に応じた奥行価格補正率を奥行価格補正率表から求めます。

奥行価格補正率　＝　0.97

奥行価格補正率表

奥行距離 m（地区区分）	ビル街地区	高度商業地区	繁華街地区	普通商業・併用住宅地区	普通住宅地区	中小工場地区	大工場地区
4 未満	0.80	0.90	0.90	0.90	0.90	0.85	0.85
4 以上 6 未満		0.92	0.92	0.92	0.92	0.90	0.90
6 〃 8 〃	0.84	0.94	0.95	0.95	0.95	0.93	0.93
8 〃 10 〃	0.88	0.96	0.97	0.97	0.97	0.95	0.95
10 〃 12 〃	0.90	0.98	0.99	0.99	1.00	0.96	0.96
12 〃 14 〃	0.91	0.99	1.00	1.00		0.97	0.97
14 〃 16 〃	0.92	1.00				0.98	0.98
16 〃 20 〃	0.93					0.99	0.99
20 〃 24 〃	0.94					1.00	1.00
24 〃 28 〃	0.95				0.97		
28 〃 32 〃	0.96		0.98		0.95		
32 〃 36 〃	0.97		0.96	0.97	0.93		
36 〃 40 〃	0.98		0.94	0.95	0.92		
40 〃 44 〃	0.99		0.92	0.93	0.91		
44 〃 48 〃	1.00		0.90	0.91	0.90		
48 〃 52 〃		0.99	0.88	0.89	0.89		
52 〃 56 〃		0.98	0.87	0.88	0.88		
56 〃 60 〃		0.97	0.86	0.87	0.87		
60 〃 64 〃		0.96	0.85	0.86	0.86	0.99	
64 〃 68 〃		0.95	0.84	0.85	0.85	0.98	
68 〃 72 〃		0.94	0.83	0.84	0.84	0.97	
72 〃 76 〃		0.93	0.82	0.83	0.83	0.96	
76 〃 80 〃		0.92	0.81	0.82			
80 〃 84 〃		0.90	0.80	0.81	0.82	0.93	
84 〃 88 〃		0.88		0.80			
88 〃 92 〃		0.86			0.81	0.90	
92 〃 96 〃	0.99	0.84					
96 〃 100 〃	0.97	0.82					
100 〃	0.95	0.80			0.80		

間 口 狭 小 補 正 率

間口距離及び地区区分に応じた間口狭小補正率を間口狭小補正率表から求めます。

間口狭小補正率表

間口距離 m ＼ 地区区分	ビル街地区	高度商業地区	繁華街地区	普通商業・併用住宅地区	普通住宅地区	中小工場地区	大工場地区
4 未満	―	0.85	0.90	0.90	0.90	0.80	0.80
4 以上 6 未満	―	0.94	1.00	0.97	0.94	0.85	0.85
6 〃 8 〃	―	0.97		1.00	0.97	0.90	0.90
8 〃 10 〃	0.95	1.00			1.00	0.95	0.95
10 〃 16 〃	0.97					1.00	0.97
16 〃 22 〃	0.98						0.98
22 〃 28 〃	0.99						0.99
28 〃	1.00						1.00

不 整 形 地 補 正 率

次の算式でかげ地割合を計算します。

(算式)

$$「かげ地割合」= \frac{想定整形地の地積 － 評価対象地の地積}{想定整形地の地積}$$

かげ地割合 $= \dfrac{750㎡ － 480㎡}{750㎡} = 36.0\%$

※　想定整形地の取り方については112ページを参照してください。

地区及び地積に応じた地積区分を求め、地区区分、地積区分及びかげ地割合に応じた不整形地補正率を不整形地補正率表から求めます。間口狭小補正率の適用があるものについては、更に間口狭小補正率を乗じて不整形地補正率を計算します。

不整形地補正率　間口狭小補正率
0.88 × 1.00 ≒ 0.88（小数点以下2位未満切捨て）
　　　　　　　　※　0.60を限度とします。

不整形地補正率を算定する際の地積区分表

地区区分＼地積区分	A	B	C
高 度 商 業 地 区	1,000㎡未満	1,000㎡以上 1,500㎡未満	1,500㎡以上
繁 華 街 地 区	450㎡ 〃	450㎡以上 700㎡未満	700㎡ 〃
普通商業・併用住宅地区	650㎡ 〃	650㎡以上 1,000㎡未満	1,000㎡ 〃
普 通 住 宅 地 区	500㎡ 〃	500㎡以上 750㎡未満	750㎡ 〃
中 小 工 場 地 区	3,500㎡ 〃	3,500㎡以上 5,000㎡未満	5,000㎡ 〃

評価対象地の地積480㎡

不整形地補正率表

かげ地割合＼地区区分・地積区分	高度商業地区、繁華街地区、普通商業・併用住宅地区、中小工場地区			普 通 住 宅 地 区		
	A	B	C	A	B	C
10% 以 上	0.99	0.99	1.00	0.98	0.99	0.99
15% 〃	0.98	0.99	0.99	0.96	0.98	0.99
20% 〃	0.97	0.98	0.99	0.94	0.97	0.98
25% 〃	0.96	0.98	0.99	0.92	0.95	0.97
30% 〃	0.94	0.97	0.98	0.90	0.93	0.96
35% 〃	0.92	0.95	0.98	0.88	0.91	0.94
40% 〃	0.90	0.93	0.97	0.85	0.88	0.92
45% 〃	0.87	0.91	0.95	0.82	0.85	0.90
50% 〃	0.84	0.89	0.93	0.79	0.82	0.87
55% 〃	0.80	0.87	0.90	0.75	0.78	0.83
60% 〃	0.76	0.84	0.86	0.70	0.73	0.78
65% 〃	0.70	0.75	0.80	0.60	0.65	0.70

| 奥 行 長 大 補 正 率 |

地区区分及び間口距離に対する奥行距離の比率に応じた奥行長大補正率を奥行長大補正率表から求めます。

$$\text{奥行距離} \atop \text{間口距離} \Rightarrow \frac{24\text{m}}{20\text{m}} = \boxed{1.2}$$

この土地は、奥行長大補正の適用はありません。

奥行長大補正率表

奥行距離 間口距離	ビル街 地区	高度商業 地区	繁華街 地区	普通商業・ 併用住宅 地区	普通住宅 地区	中小工場 地区	大工場 地区
2以上3未満	1.00		1.00		0.98	1.00	1.00
3 〃 4 〃			0.99		0.96	0.99	
4 〃 5 〃			0.98		0.94	0.98	
5 〃 6 〃			0.96		0.92	0.96	
6 〃 7 〃			0.94		0.90	0.94	
7 〃 8 〃			0.92			0.92	
8 〃			0.90			0.90	

| 評 価 額 の 計 算 |

次の算式で計算した価額のうちいずれか低い方の価額で計算します。

$$
\begin{array}{l}
\text{路線価} \quad \text{奥行価格補正率} \quad \text{不整形地補正率} \\
390,000円 \times \quad 0.97 \quad \times \quad 0.88 \quad = 332,904円 \cdots\cdots\cdots\cdots\cdots\cdots① \\[8pt]
\text{路線価} \quad \text{奥行価格補正率} \quad \text{間口狭小補正率} \quad \text{奥行長大補正率} \\
390,000円 \times \quad 0.97 \quad \times \quad 1.00 \quad \times \quad 1.00 \quad = 378,300円 \cdots\cdots② \\
\end{array}
$$

①332,904円　＜　②378,300円

$$\underset{332,904円}{\text{1㎡当たり評価額}} \times \underset{480㎡}{\text{地積}} = \underset{159,793,920円}{\text{評価額}}$$

土地及び土地の上に存する権利の評価明細書（第1表）

	○○ 局(所) ×× 署	6 年分 ×××××× ページ

（令和六年分以降用）

（住居表示）	（××区○○○1-12-3）	住　所（所在地）	××区○○○1-12-3	住　所（所在地）	同左
所在地番	××区○○○1-12-15	氏　名（法人名）	大手　一郎	使用者 氏　名（法人名）	同左

地　目	地　積	路　　線　　価	地形図及び参考事項
（宅地）山林 田 雑種地 畑（　　）	480 ㎡	正　面 390,000円　側　方　円　側　方　円　裏　面　円	20m / 25m / 30m

間口距離 20 m	利用区分	自用地 私　道　ビル街地区 （普通住宅地区） 地区区分
奥行距離 24 m		貸宅地 貸家建付借地権　高度商業地区　中小工場地区 貸家建付地 転貸借地権　繁華街地区　大工場地区 借地権 （　　）　普通商業・併用住宅地区

自用地1平方メートル当たりの価額		
1　一路線に面する宅地 （正面路線価）　　　　　（奥行価格補正率） 390,000円　×　0.97	（1㎡当たりの価額）円 378,300	A
2　二路線に面する宅地 （A）　　［側方・裏面 路線価］　（奥行価格補正率）　［側方・二方 路線影響加算率］ 円　＋　（　　　円　×　．　×　0.　）	（1㎡当たりの価額）円	B
3　三路線に面する宅地 （B）　　［側方・裏面 路線価］　（奥行価格補正率）　［側方・二方 路線影響加算率］ 円　＋　（　　　円　×　．　×　0.　）	（1㎡当たりの価額）円	C
4　四路線に面する宅地 （C）　　［側方・裏面 路線価］　（奥行価格補正率）　［側方・二方 路線影響加算率］ 円　＋　（　　　円　×　．　×　0.　）	（1㎡当たりの価額）円	D
5-1　間口が狭小な宅地等 （AからDまでのうち該当するもの）　（間口狭小補正率）　（奥行長大補正率） 円　×　（　．　×　．　）	（1㎡当たりの価額）円	E
5-2　不整形地 （AからDまでのうち該当するもの）　　不整形地補正率※ 378,300 円　×　0.88 ※不整形地補正率の計算 （想定整形地の間口距離）　（想定整形地の奥行距離）　（想定整形地の地積） 30 m　×　25 m　＝　750 ㎡ （想定整形地の地積）　（不整形地の地積）　（想定整形地の地積）　（かげ地割合） （　750 ㎡ －　480 ㎡）÷　750 ㎡ ＝　36 ％ （不整形地補正率表の補正率）（間口狭小補正率）　（小数点以下2位未満切捨て）　　不整形地補正率 0.88　×　1.00　＝　0.88 ①　　①、②のいずれか低い （奥行長大補正率）　（間口狭小補正率）　　　　　　　　　　　率、0.6を下限とする。 1.00　×　1.00　＝　1.00 ②　　0.88	（1㎡当たりの価額）円 332,904	F
6　地積規模の大きな宅地 （AからFまでのうち該当するもの）　規模格差補正率※ 円　×　0. ※規模格差補正率の計算 （地積（Ⓐ））　（Ⓑ）　（Ⓒ）　（地積（Ⓐ））　（小数点以下2位未満切捨て） ｛（　㎡×　＋　）÷　㎡｝×　0.8　＝　0.	（1㎡当たりの価額）円	G
7　無道路地 （F又はGのうち該当するもの）　　　　　（※） 円　×　（ 1 － 0.　） ※割合の計算（0.4を上限とする。）　（F又はGのうち該当するもの） （正面路線価）　（通路部分の地積）　（評価対象地の地積） （　円　×　㎡）÷（　円　×　㎡）＝ 0.	（1㎡当たりの価額）円	H
8-1　がけ地等を有する宅地 〔 南 、 東 、 西 、 北 〕 （AからHまでのうち該当するもの）　（がけ地補正率） 円　×　0.	（1㎡当たりの価額）円	I
8-2　土砂災害特別警戒区域内にある宅地 （AからHまでのうち該当するもの）　特別警戒区域補正率※ 円　×　0. ※がけ地補正率の適用がある場合の特別警戒区域補正率の計算（0.5を下限とする。） 〔 南 、東、 西、 北 〕 （特別警戒区域補正率表の補正率）　（がけ地補正率）　（小数点以下2位未満切捨て） 0.　×　0.　＝　0.	（1㎡当たりの価額）円	J
9　容積率の異なる2以上の地域にわたる宅地 （AからJまでのうち該当するもの）　（控除割合（小数点以下3位未満四捨五入）） 円　×　（ 1 － 0.　）	（1㎡当たりの価額）円	K
10　私　道 （AからKまでのうち該当するもの） 円　×　0.3	（1㎡当たりの価額）円	L

自用地の評価額	自用地1平方メートル当たりの価額 （AからLまでのうちの該当記号）	地　積	総　　　額 （自用地1㎡当たりの価額）×（地　積）	
	（ F ） 332,904 円	480 ㎡	159,793,920 円	M

（注）　1　5-1の「間口が狭小な宅地等」と5-2の「不整形地」は重複して適用できません。
　　　　2　5-2の「不整形地」の「AからDまでのうち該当するもの」欄の価額について、AからDまでの欄で計算できない場合には、（第2表）の「備考」欄等で計算してください。
　　　　3　「がけ地等を有する宅地」であり、かつ、「土砂災害特別警戒区域内にある宅地」である場合については、8-1の「がけ地等を有する宅地」欄ではなく、8-2の「土砂災害特別警戒区域内にある宅地」欄で計算してください。

（資4-25-1-A4統一）

【設例　8】

不整形地の評価──不整形地としての評価を行わない場合

（**問**）　次のような帯状部分を有する宅地はどのように評価しますか。

評価対象地　440㎡

想定整形地　800㎡

（**答**）　帯状部分（乙）とその他部分（甲・丙）に分けて評価した価額の合計額により評価し、不整形地としての評価は行いません。

（計算例）

1　甲、丙土地を合わせて評価した価額

　　　　路線価　　奥行価格補正率　　地積　　（甲＋丙）土地の評価額
　　100,000円×　　　1.00　　　×400㎡＝　　40,000,000円

2　乙土地の評価額

　(1)　乙、丙土地を合わせた土地の奥行価格補正後の価額

　　　　　路線価　　奥行価格補正率　　地積
　　　100,000円×　　0.91　　　×80㎡＝7,280,000円

　(2)　丙土地の奥行価格補正後の価額

　　　　　路線価　　奥行価格補正率　　地積
　　　100,000円×　　1.00　　　×40㎡＝4,000,000円

　(3)　(1)の価額から(2)の価額を差し引いて求めた乙土地の奥行価格補正後の価額

　　　　　(1)の価額　　　(2)の価額　　　乙土地の奥行価格補正後の価額
　　　7,280,000円－4,000,000円＝　　　　3,280,000円

(4) 乙土地の評価額

　　乙土地が帯状部分でないその他部分（丙、甲）に面している長さを乙土地の間口距離（2m）と、乙＋丙の奥行距離を乙土地の奥行距離（40m）とみなし、(3)で求めた価額に間口狭小・奥行長大補正率を適用します。なお、乙土地は前面の道路に接する丙土地を通じて道路に到達するので無道路地としての評価はしません。

　　　乙土地の奥行価
　　　格補正後の価額　　間口狭小補正率　奥行長大補正率　乙土地の評価額
　　　　3,280,000円　　×　　　0.90　　×　　　0.90　　＝　2,656,800円

3　評価額

　　　（甲＋丙)土地の評価額　乙土地の評価額
　　　　40,000,000円　　　＋　2,656,800円　＝42,656,800円

(参考)

　次のように、帯状部分を有する土地について、形式的に不整形地補正を行うとかげ地割合が過大となり、帯状部分以外の部分（甲＋丙）を単独で評価した価額（40,000千円）より低い不合理な評価額となるため、不整形地としての評価は行いません。

　評価対象地を不整形地として評価するとした場合

1　甲地の奥行価格補正後の価額

　　　　路線価　　奥行価格補正率　　地積
　　　100,000円×　　　1.00　　　×360㎡＝36,000,000円

2　乙・丙地を合わせた土地の奥行価格補正後の価額

　　　　路線価　　奥行価格補正率　地積
　　　100,000円×　　　0.91　　×80㎡＝7,280,000円

3　不整形地補正率

　　不整形地補正率　0.82（普通住宅地区　地積区分A　かげ地割合45%）

$$
かげ地割合＝\frac{\overset{\text{想定整形地の地積}}{800㎡}－\overset{\text{不整形地の地積}}{440㎡}}{\underset{\text{想定整形地の地積}}{800㎡}}＝45\%
$$

4　評価額

　　　（甲＋乙・丙)土地　　不整形地補正率　　　　　　　　（甲＋丙)土地
　　　　43,280,000円　　×　　　0.82　　　＝35,489,600＜40,000,000円

⑭　不整形な宅地②（奥行距離の異なるごとに区分できる場合）（評基通20(1)）

$$\boxed{路線価} \times \boxed{計算上の奥行距離による奥行価格補正率} \times \boxed{地\,積} = \boxed{計算上の奥行距離による価額} \cdots ①$$

$$\boxed{路線価} \times \boxed{奥行価格補正率} \times \boxed{地積} + \boxed{路線価} \times \boxed{奥行価格補正率} \times \boxed{地積} + \cdots\cdots$$

各部分の価額

$$\cdots\cdots + \boxed{路線価} \times \boxed{奥行価格補正率} \times \boxed{地積} = \boxed{各部分の価額の合計} \cdots\cdots ②$$

①又は②のいずれか低い方の価額に不整形地補正率を乗じた価額で評価します。

$$\boxed{①又は②のいずれか低い方の価額} \times \boxed{不整形地補正率} = \boxed{評\quad価\quad額}$$

路　　線　　価	路線価図に1㎡当たりの価額が千円単位で表示されています。

地　　　　区	路線価図に次の記号で表示されています。

地　区　区　分	記　　　　　号
ビ　ル　街　地　区	⬡
高　度　商　業　地　区	⬭
繁　華　街　地　区	⯃
普通商業・併用住宅地区	◯
普　通　住　宅　地　区	無　　　印
中　小　工　場　地　区	◇
大　工　場　地　区	▭

奥　行　距　離	①計算上の奥行距離による方法と②奥行距離の異なる

ごとに区分する方法により計算します。

奥行価格補正の仕方については、42ページ以下を参照

してください。

①　計算上の奥行距離による方法

計算上の奥行距離は、その想定整形地の奥行距離を限度として、不整形地の地積を実際の間口距離で除して得た数値とします。

19m

456㎡

28m

評価対象地

想定整形地

$456㎡ \div 19m = \boxed{24m} < 28m$

したがって、この不整形地の奥行距離は24mとなります。

②　奥行距離の異なるごとに区分する方法

実測図等により評価対象地を奥行距離の異なるごとに区分し、それぞれの奥行距離を測定します。

6m　9m　4m

X
150㎡

Y

Z
54㎡

13.5m

25m

252㎡

28m

奥 行 価 格 補 正 率	①及び②について、奥行価格補正率から、地区区分及

び奥行距離に応じた奥行価格補正率を求めます。

①　計算上の奥行距離による方法
　　奥行価格補正率　　　＝　0.97

②　奥行距離の異なるごとに区分する方法

　　　X部分の奥行価格補正率　＝　0.97

　　　Y部分の奥行価格補正率　＝　0.95

　　　Z部分の奥行価格補正率　＝　1.00

奥行価格補正率表

奥行距離 m ＼ 地区区分	ビル街地区	高度商業地区	繁華街地区	普通商業・併用住宅地区	普通住宅地区	中小工場地区	大工場地区
4 未満	0.80	0.90	0.90	0.90	0.90	0.85	0.85
4 以上 6 未満		0.92	0.92	0.92	0.92	0.90	0.90
6 〃 8 〃	0.84	0.94	0.95	0.95	0.95	0.93	0.93
8 〃 10 〃	0.88	0.96	0.97	0.97	0.97	0.95	0.95
10 〃 12 〃	0.90	0.98	0.99	0.99	1.00	0.96	0.96
12 〃 14 〃	0.91	0.99	1.00	1.00		0.97	0.97
14 〃 16 〃	0.92	1.00				0.98	0.98
16 〃 20 〃	0.93					0.99	0.99
20 〃 24 〃	0.94					1.00	1.00
24 〃 28 〃	0.95				0.97		
28 〃 32 〃	0.96		0.98		0.95		
32 〃 36 〃	0.97		0.96	0.97	0.93		
36 〃 40 〃	0.98		0.94	0.95	0.92		
40 〃 44 〃	0.99		0.92	0.93	0.91		
44 〃 48 〃	1.00		0.90	0.91	0.90		
48 〃 52 〃		0.99	0.88	0.89	0.89		
52 〃 56 〃		0.98	0.87	0.88	0.88		
56 〃 60 〃		0.97	0.86	0.87	0.87		
60 〃 64 〃		0.96	0.85	0.86	0.86	0.99	
64 〃 68 〃		0.95	0.84	0.85	0.85	0.98	
68 〃 72 〃		0.94	0.83	0.84	0.84	0.97	
72 〃 76 〃		0.93	0.82	0.83	0.83	0.96	
76 〃 80 〃		0.92	0.81	0.82			
80 〃 84 〃		0.90	0.80	0.81	0.82	0.93	
84 〃 88 〃		0.88		0.80			
88 〃 92 〃		0.86			0.81	0.90	
92 〃 96 〃	0.99	0.84					
96 〃 100 〃	0.97	0.82					
100 〃	0.95	0.80			0.80		

計算上の奥行距離による価額 （①の価額）	路線価に計算上の奥行距離に応じた奥行価格補正率を乗じて計算上の奥行距離による価額を計算します。

路線価	奥行価格補正率	地積	①
400,000円 ×	0.97	× 456㎡ ＝	176,928,000円

各部分の価額の合計額 （②の価額）	奥行距離の異なる部分ごとに、路線価に奥行価格補正率と地積を乗じて各部分の価額を計算し、これらを合計して各部分の価額の合計額を計算します。 　各部分の価額を計算する場合には、間口狭小補正率や奥行長大補正率を適用しません。

X部分

路線価	奥行価格補正率	地積	X
400,000円 ×	0.97	× 150㎡ ＝	58,200,000円

Y部分

路線価	奥行価格補正率	地積	Y
400,000円 ×	0.95	× 252㎡ ＝	95,760,000円

Z部分

路線価	奥行価格補正率	地積	Z
400,000円 ×	1.00	× 54㎡ ＝	21,600,000円

X		Y		Z		②
58,200,000円	＋	95,760,000円	＋	21,600,000円	＝	175,560,000円

奥行価格補正後の価額	計算上の奥行距離による価額と奥行距離の異なるごとに区分した各部分の価額の合計額のいずれか低い価額を基に評価します。

①		②
176,928,000円	＞	175,560,000円

　したがって、②の奥行距離の異なるごとに区分した各部分の価額の合計額を基に評価します。

| 不 整 形 地 補 正 率 | 次の算式でかげ地割合を計算します。 |

（算式）

$$「かげ地割合」＝\frac{想定整形地の地積－評価対象地の地積}{想定整形地の地積}$$

かげ地割合 ＝ $\frac{532㎡－456㎡}{532㎡}$ ≒ 14.3%

※　想定整形地の取り方については112ページを参照してください。

　地区及び地積に応じた地積区分を求め、地区区分、地積区分及びかげ地割合に応じた不整形地補正率を不整形地補正率表から求めます。

不整形地補正率　　間口狭小補正率
　0.98　　　×　　　1.00　　　＝0.98（小数点以下2
　　　　　　　　　　　　　　　　位未満切捨て）
　　　　　　　　　　　　　※　0.60を限度とします。

| 評 価 額 の 計 算 |

不整形地補正率を算定する際の地積区分表

地区区分＼地積区分	A	B	C
高 度 商 業 地 区	1,000㎡未満	1,000㎡以上 1,500㎡未満	1,500㎡以上
繁 華 街 地 区	450㎡ 〃	450㎡以上 700㎡未満	700㎡ 〃
普通商業・併用住宅地区	650㎡ 〃	650㎡以上 1,000㎡未満	1,000㎡ 〃
普 通 住 宅 地 区	500㎡ 〃	500㎡以上 750㎡未満	750㎡ 〃
中 小 工 場 地 区	3,500㎡ 〃	3,500㎡以上 5,000㎡未満	5,000㎡ 〃

評価対象地の地積456㎡

不整形地補正率表

かげ地割合＼地積区分	高度商業地区、繁華街地区、普通商業・併用住宅地区、中小工場地区			普 通 住 宅 地 区		
	A	B	C	A	B	C
10% 以 上	0.99	0.99	1.00	0.98	0.99	0.99
15% 〃	0.98	0.99	0.99	0.96	0.98	0.99
20% 〃	0.97	0.98	0.99	0.94	0.97	0.98
25% 〃	0.96	0.98	0.99	0.92	0.95	0.97
30% 〃	0.94	0.97	0.98	0.90	0.93	0.96
35% 〃	0.92	0.95	0.98	0.88	0.91	0.94
40% 〃	0.90	0.93	0.97	0.85	0.88	0.92
45% 〃	0.87	0.91	0.95	0.82	0.85	0.90
50% 〃	0.84	0.89	0.93	0.79	0.82	0.87
55% 〃	0.80	0.87	0.90	0.75	0.78	0.83
60% 〃	0.76	0.84	0.86	0.70	0.73	0.78
65% 〃	0.70	0.75	0.80	0.60	0.65	0.70

第3 宅地の評価

土地及び土地の上に存する権利の評価明細書（第1表）

（令和六年分以降用）

（住居表示）	（××区○○○1-10-4）	住　所（所在地）	××区○○○1-10-4	使用者	住　所（所在地）	同左
所在地番	××区○○○1-10-15	氏　名（法人名）	大手 一郎		氏　名（法人名）	同左

地　目	地　積		路　　　線　　　価			
（宅地）山林 田　雑種地 畑	456 ㎡	正　面 400,000円	側　方 円	側　方 円	裏　面 円	地形図及び参考事項

間口距離 19 m　奥行距離 m

| 利用区分 | （自用地）私　　道
貸宅地　貸家建付借地権
貸家建付地　転貸借地権
借地権 | 地区区分 | ビル街地区　（普通住宅地区）
高度商業地区　中小工場地区
繁華街地区　大工場地区
普通商業・併用住宅地区 |

地形図：25m、28m、13.5m、X Y Z

					(1㎡当たりの価額) 円	
自用地1平方メートル当たりの価額	1 一路線に面する宅地　X部分 （正面路線価）　（奥行価格補正率）　（地積） 400,000円 × 0.97 × 150 ㎡				58,200,000	A
	2 二路線に面する宅地　Y部分 （A）　（側方・裏面 路線価）（奥行価格補正率）（側方・二方 路線影響加算率）（地積） 400,000円 ＋（ 円 × 0.95 × 0. ） 252 ㎡				95,760,000	B
	3 三路線に面する宅地　Z部分 （B）　（側方・裏面 路線価）（奥行価格補正率）（側方・二方 路線影響加算率）（地積） 400,000円 ＋（ 円 × 1.00 × 0. ） 54 ㎡				21,600,000	C
	4 四路線に面する宅地 （C）　（側方・裏面 路線価）（奥行価格補正率）（側方・二方 路線影響加算率） 円 ＋（ 円 × × ） X＋Y＋Z				175,560,000	D
	5-1 間口が狭小な宅地等 （AからDまでのうち該当するもの）（間口狭小補正率）（奥行長大補正率） 円 × （ . × . ）				(1㎡当たりの価額) 円	E
	5-2 不整形地 （AからDまでのうち該当するもの）　不整形地補正率※ 175,560,000円 × 0.98 ※不整形地補正率の計算 （想定整形地の間口距離）（想定整形地の奥行距離）（想定整形地の地積） 19 m × 28 m ＝ 532 ㎡ （想定整形地の地積）（不整形地の地積）（想定整形地の地積）（かげ地割合） （ 532 ㎡ － 456 ㎡）÷ 532 ㎡ ＝ 14.3 % （不整形地補正率表の補正率）（間口狭小補正率）（小数点以下2位未満切捨て） 0.98 × 1.00 ＝ 0.98 ① （奥行長大補正率）（間口狭小補正率） 1.00 × 1.00 ＝ 1.00 ② ［不整形地補正率①、②のいずれか低い率、0.6を下限とする。］ 0.98				(1㎡当たりの価額) 円 172,048,800	F
	6 地積規模の大きな宅地 （AからFまでのうち該当するもの）　規模格差補正率※ 円 × 0. ※規模格差補正率の計算 （地積（Ⓐ））（Ⓑ）（Ⓒ）（地積（Ⓐ））（小数点以下2位未満切捨て） {（ ㎡× ＋ ）÷ ㎡}× 0.8 ＝ 0.				(1㎡当たりの価額) 円	G
	7 無道路地 （F又はGのうち該当するもの）（※） 円 × （ 1 － 0. ） ※割合の計算（0.4を上限とする。）（F又はGのうち該当するもの） （正面路線価）（通路部分の地積）（評価対象地の地積） （ 円 × ㎡）÷（ 円 × ㎡）＝ 0.				(1㎡当たりの価額) 円	H
	8-1 がけ地等を有する宅地 ［ 南 、 東 、 西 、 北 ］ （AからHまでのうち該当するもの）（がけ地補正率） 円 × 0.				(1㎡当たりの価額) 円	I
	8-2 土砂災害特別警戒区域内にある宅地 （AからHまでのうち該当するもの）　特別警戒区域補正率※ 円 × 0. ※がけ地補正率の適用がある場合の特別警戒区域補正率の計算（0.5を下限とする。） ［ 南、東、西、北 ］ （特別警戒区域補正率表の補正率）（がけ地補正率）（小数点以下2位未満切捨て） 0. × 0. ＝ 0.				(1㎡当たりの価額) 円	J
	9 容積率の異なる2以上の地域にわたる宅地 （AからJまでのうち該当するもの）（控除割合（小数点以下3位未満四捨五入）） 円 × （ 1 － 0. ）				(1㎡当たりの価額) 円	K
	10 私　道 （AからKまでのうち該当するもの） 円 × 0.3				(1㎡当たりの価額) 円	L

自用地の評価額	自用地1平方メートル当たりの価額 （AからLまでのうちの該当記号） （ F ） 円	地　積 456 ㎡	総　　　額 （自用地1㎡当たりの価額）×（地　積） 172,048,800 円	M

（注）1 5-1の「間口が狭小な宅地等」と5-2の「不整形地」は重複して適用できません。
2 5-2の「不整形地」の「AからDまでのうち該当するもの」欄の価額について、AからDまでの欄で計算できない場合には、（第2表）の「備考」欄等で計算してください。
3 「がけ地等を有する宅地」であり、かつ、「土砂災害特別警戒区域内にある宅地」である場合については、8-1の「がけ地等を有する宅地」欄ではなく、8-2の「土砂災害特別警戒区域内にある宅地」欄で計算してください。

（資4-25-1-A4統一）

⒂　不整形な宅地③（角地の場合⑴）（評基通20）

| 正面路線価 | × | 奥行価格補正率 | ⇨ | 正面路線価を基にした価額 |

+

| 側方路線価 | × | 側方からの奥行価格補正率 | × | 側方路線影響加算率 | ⇨ | 側方路線影響加算額 |

=

整形地であるとした場合の価額

| 整形地であるとした場合の価額 | × | 不整形地補正率 | × | 地　積 | ＝ | 評　価　額 |

| 路　　線　　価 | 路線価図に1m²当たりの価額が千円単位で表示されています。 |

| 地　　　　区 | 路線価図に次の記号で表示されています。 |

地　区　区　分	記　　　号
ビ　ル　街　地　区	⬡
高　度　商　業　地　区	⬭
繁　華　街　地　区	⯃
普通商業・併用住宅地区	◯
普　通　住　宅　地　区	無　印
中　小　工　場　地　区	◇
大　工　場　地　区	▭

X路線からの奥行価格補正率

①計算上の奥行距離による方法と②奥行距離の異なるごとに区分する方法により計算し、有利な方を選択します。

奥行価格補正の仕方については、42ページ以下を参照してください。

①　計算上の奥行距離による方法

計算上の奥行距離は、その想定整形地の奥行距離を限度として、不整形地の地積を実際の間口距離で除して得た数値とします。

$432㎡ \div 18m = \boxed{24m} < 28m$

したがって、この不整形地の奥行距離は24mとなります。

②　奥行距離の異なるごとに区分する方法

奥行距離の異なるごとに区分し、それぞれの奥行距離を求めます。

地区区分及び奥行距離に応じた奥行価格補正率を奥行価格補正率表から求め、①計算上の奥行距離による方法と②奥行距離の異なるごとに区分して求める方法のいずれか有利な方を選択して計算します。

①　計算上の奥行距離(24m)による方法
　　　　　　　　奥行価格補正率　=　0.97

路線価　　　奥行価格補正率　　地積
390,000円 ×　　0.97　　× 432㎡ = 163,425,600円 …①

②　奥行距離の異なるごとに区分して求める方法

X 1部分(19m)の奥行価格補正率　=　1.00

X 2部分(28m)の奥行価格補正率　=　0.95

奥行価格補正率表

地区区分 奥行距離 m	ビル街地区	高度商業地区	繁華街地区	普通商業・ 併用住宅地区	普通住宅地区	中小工場地区	大工場地区
4 未満	0.80	0.90	0.90	0.90	0.90	0.85	0.85
4 以上 6 未満		0.92	0.92	0.92	0.92	0.90	0.90
6 〃 8 〃	0.84	0.94	0.95	0.95	0.95	0.93	0.93
8 〃 10 〃	0.88	0.96	0.97	0.97	0.97	0.95	0.95
10 〃 12 〃	0.90	0.98	0.99	0.99	1.00	0.96	0.96
12 〃 14 〃	0.91	0.99	1.00	1.00		0.97	0.97
14 〃 16 〃	0.92	1.00				0.98	0.98
16 〃 20 〃	0.93					0.99	0.99
20 〃 24 〃	0.94					1.00	1.00
24 〃 28 〃	0.95				0.97		
28 〃 32 〃	0.96		0.98		0.95		
32 〃 36 〃	0.97		0.96	0.97	0.93		
36 〃 40 〃	0.98		0.94	0.95	0.92		
40 〃 44 〃	0.99		0.92	0.93	0.91		
44 〃 48 〃	1.00		0.90	0.91	0.90		
48 〃 52 〃		0.99	0.88	0.89	0.89		
52 〃 56 〃		0.98	0.87	0.88	0.88		
56 〃 60 〃		0.97	0.86	0.87	0.87		
60 〃 64 〃		0.96	0.85	0.86	0.86	0.99	
64 〃 68 〃		0.95	0.84	0.85	0.85	0.98	
68 〃 72 〃		0.94	0.83	0.84	0.84	0.97	
72 〃 76 〃		0.93	0.82	0.83	0.83	0.96	
76 〃 80 〃		0.92	0.81	0.82			
80 〃 84 〃		0.90	0.80	0.81	0.82	0.93	
84 〃 88 〃		0.88		0.80			
88 〃 92 〃		0.86			0.81	0.90	
92 〃 96 〃	0.99	0.84					
96 〃 100 〃	0.97	0.82					
100 〃	0.95	0.80			0.80		

　　　　　　　　　　路線価　　奥行価格補正率　　地積
X1部分　390,000円×　　1.00　　×152㎡ ＝ 59,280,000円
　　　　　　　　　　路線価　　奥行価格補正率　　地積
X2部分　390,000円×　　0.95　　×280㎡ ＝103,740,000円

　　　　X1部分　＋　X2部分　＝　163,020,000円　……②

①163,425,600円　　＞　　②163,020,000円

　したがって、②の奥行距離の異なるごとに区分する方法による価額を基に計算します。

Y路線からの奥行価格補正率

　Y路線からみると、評価しようとする宅地は旗状の土地ですので、控除方式（評基通20(4)参照）により奥行価格補正後の価額を計算します。奥行価格補正の仕方については42ページ以下を参照してください。

　Y1・Y2全体の価額からY2部分の価額を控除して計算します。

正面路線の判定

　奥行価格補正後の価額が高い方の路線が正面路線となります。

　したがって、Y路線が正面路線になります。

| 正面路線価を基とした価額 | Y路線で求めた価額が正面路線を基とした価額になります。 |

(1)

172,800,000円

| 側方路線影響加算率 | 正面路線の地区区分に応じた側方路線影響加算率を側方路線影響加算率表から求めます。 |

側方路線影響加算率表

地　区　区　分	加　　算　　率	
	角地の場合	準角地の場合
ビル街地区	0.07	0.03
高度商業地区、繁華街地区	0.10	0.05
普通商業・併用住宅地区	0.08	0.04
普通住宅地区、中小工場地区	0.03	0.02
大工場地区	0.02	0.01

| 側方路線影響加算額の計算 | 側方路線の奥行価格補正後の価額に側方路線影響加算率を乗じて計算します。 |

X路線　　　　　　　側方路線影響加算率　　(2)

163,020,000円　×　　0.03　　＝　4,890,600円

　前に計算したX路線の奥行価格補正後の価額を基に計算しますが、X路線の地区とY路線の地区が異なる場合には、再度計算し直す必要があります。

| 不整形地補正前の価額の計算 | 正面路線価を基とした価額（(1)の金額）に側方路線影響加算額（(2)の金額）を加算して、不整形地補正前の価額を計算します。 |

(1)　　　　　　　(2)

172,800,000円　＋　4,890,600円　＝　177,690,600円

| 間 口 狭 小 補 正 率 | 地区区分及び間口距離に応じた間口狭小補正率を間口狭小補正率表から求めます。 |

間口狭小補正率表

間口距離m ＼ 地区区分	ビル街地区	高度商業地区	繁華街地区	普通商業・併用住宅地区	普通住宅地区	中小工場地区	大工場地区
4未満	—	0.85	0.90	0.90	0.90	0.80	0.80
4以上6未満	—	0.94	1.00	0.97	0.94	0.85	0.85
6 〃 8 〃	—	0.97		1.00	0.97	0.90	0.90
8 〃 10 〃	0.95	1.00			1.00	0.95	0.95
10 〃 16 〃	0.97					1.00	0.97
16 〃 22 〃	0.98						0.98
22 〃 28 〃	0.99						0.99
28 〃	1.00						1.00

不整形地補正率

次の算式でかげ地割合を求めます。

（算式）「かげ地割合」＝ $\dfrac{\text{想定整形地の地積－評価対象地の地積}}{\text{想定整形地の地積}}$

評価対象地

想定整形地

なお、想定整形地は正面路線からとることとなります。

かげ地割合 ＝ $\dfrac{504㎡－432㎡}{504㎡}$ ≒ 14.29%

※　想定整形地の取り方については112ページを参照してください。

地区及び地積に応じた地積区分を求め、地区区分、地積区分及びかげ地割合に応じた不整形地補正率を不整形地補正率表から求めます。間口狭小補正率の適用があるものについては、更に間口狭小補正率を乗じて不整形地補正率を計算します。

不整形地補正率　間口狭小補正率
　　0.98　　　×　　　1.00　　≒0.98（小数点以下2
　　　　　　　　　　　　　　　　　　位未満切捨て）
　　　　　　　　　　　　　　　※　0.60を限度とします。

奥行長大補正率

間口距離に対する奥行距離の比率により、地区区分に応じて定められた奥行長大補正率を奥行長大補正率表から求めます。

奥行距離 ／ 間口距離　⇨　$\dfrac{18m}{19m}$ ≒ 　0.94

この土地は、奥行長大補正の適用はありません。

奥行長大補正率表

奥行距離／間口距離	ビル街地区	高度商業地区	繁華街地区	普通商業・併用住宅地区	普通住宅地区	中小工場地区	大工場地区
2以上3未満	1.00		1.00		0.98	1.00	1.00
3 〃 4 〃			0.99		0.96	0.99	
4 〃 5 〃			0.98		0.94	0.98	
5 〃 6 〃			0.96		0.92	0.96	
6 〃 7 〃			0.94		0.90	0.94	
7 〃 8 〃			0.92			0.92	
8 〃			0.90			0.90	

評 価 額 の 計 算	次で計算した価額のうちいずれか低い方の価額で評価します。

不整形地補正前の価額　　　不整形地補正率　　　間口狭小補正率
177,690,600円　　×　　　0.98　　×　　　1.00　　＝174,136,788円……①

不整形地補正前の価額　　　間口狭小補正率　　　奥行長大補正率
177,690,600円　　×　　　1.00　　×　　　1.00　　＝177,690,600円……②

①174,136,788円 ＜ ②177,690,600円

したがって、評価額は174,136,788円になります。

土地及び土地の上に存する権利の評価明細書（第1表）　　○○ 局(所) ×× 署　6 年分　××××ページ

（住居表示）	（××ｅ○○1-30-3）	住　所 （所在地）	××○○1-30-3	使用者	住　所 （所在地）	同左
所在地番	××○○1-30-15	所有者 氏　名 （法人名）	大手 一郎		氏　名 （法人名）	同左

地 目	地 積 ㎡	路　　線　　価				
（宅地）山 林 田 畑 雑種地（　）	432	正　面 円 400,000	側　方 円 390,000	側　方 円	裏　面 円	

間口距離	19 m	利 用 区 分	自 用 地	私 道	地 区 区 分	ビル街地区	普通住宅地区
奥行距離	18 m		貸 宅 地 貸家建付地	貸家建付借地権 転 貸 借 地 権		高度商業地区 繁華街地区	中小工場地区 大 工 場 地 区
			借 地 権（　）			普通商業・併用住宅地区	

	1 一路線に面する宅地 （正面路線価）　　　　（奥行価格補正率）　　　（地積） 400,000 円 ×　1.00　×　　432 ㎡	（1㎡当たりの価額） 172,800,000 円	A
自 用 地 1 平 方 メ ー ト ル 当 た り の 価 額	2 二路線に面する宅地 （A）　　［側方・裏面 路線価］（奥行価格補正率）　［側方・二方 路線影響加算率］ （390,000円 ×1.00× 152 ㎡ ＋ 390,000円 ×0.95 × 280 ㎡）×0.03 　　　　　　　　　　　　　　　　　　　　　0.	（1㎡当たりの価額） 4,890,600 円	B
	3 三路線に面する宅地 （B）　　［側方・裏面 路線価］（奥行価格補正率）　［側方・二方 路線影響加算率］ A ＋ B 　　円 ＋　　　円 ×　.　×　　0.	（1㎡当たりの価額） A ＋ B 177,690,600 円	C
	4 四路線に面する宅地 （C）　　［側方・裏面 路線価］（奥行価格補正率）　［側方・二方 路線影響加算率］ 　　円 ＋　　　円 ×　.　×　　0.	（1㎡当たりの価額） 円	D
	5-1 間口が狭小な宅地等 （AからDまでのうち該当するもの）　（間口狭小補正率）　（奥行長大補正率） 　　円 ×　（　.　×　　.　）	（1㎡当たりの価額） 円	E
	5-2 不 整 形 地 （AからDまでのうち該当するもの）　不整形地補正率※ 177,690,600 円 ×　0.98 ※不整形地補正率の計算 （想定整形地の間口距離）（想定整形地の奥行距離）（想定整形地の地積） 28 m ×　18 m ＝　504 ㎡ （想定整形地の地積）（不整形地の地積）（想定整形地の地積）（かげ地割合） （　504 ㎡ －　432 ㎡）÷　504 ㎡ ＝ 14.29 % （不整形地補正率表の補正率）（間口狭小補正率）　　　（小数点以下2 位未満切捨て） 0.98　×　1.00　＝　0.98 ①　　［不整形地補正率］ （奥行長大補正率）（間口狭小補正率）　　　　　　　　①、②のいずれか低い 1.00　×　1.00　＝ 1.00 ②　　率、0.6を下限とする。 　　　　　　　　　　　　　　　　　　　　0.98	（1㎡当たりの価額） 174,136,788 円	F
	6 地積規模の大きな宅地 （AからFまでのうち該当するもの）　規模格差補正率※ 　　円 ×　0. ※規模格差補正率の計算 （地積（Ⓐ）　　（Ⓑ）　　（Ⓒ）　　（地積（Ⓐ）　　（小数点以下2位未満切捨て） ｛（　　㎡×　＋　）÷　　㎡｝× 0.8 ＝　0.	（1㎡当たりの価額） 円	G
	7 無 道 路 地 （F又はGのうち該当するもの）　　　　（※） 　　円 ×（ 1 －　0.　） ※割合の計算（0.4を上限とする。） （正面路線価）　（通路部分の地積）　　　F又はGのうち 該当するもの　　（評価対象地の地積） （　　円 ×　　㎡）÷（　　円 ×　　㎡）＝ 0.	（1㎡当たりの価額） 円	H
	8-1 がけ地等を有する宅地 ［ 南 、 東 、 西 、 北 ］ （AからHまでのうち該当するもの）　（がけ地補正率） 　　円 ×　0.	（1㎡当たりの価額） 円	I
	8-2 土砂災害特別警戒区域内にある宅地 （AからHまでのうち該当するもの）　特別警戒区域補正率※ 　　円 ×　0. ※がけ地補正率の適用がある場合の特別警戒区域補正率の計算（0.5を下限とする。） ［ 南 、 東 、 西 、 北 ］ （特別警戒区域補正率表の補正率）（がけ地補正率）（小数点以下2位未満切捨て） 　0.　×　0.　＝　0.	（1㎡当たりの価額） 円	J
	9 容積率の異なる2以上の地域にわたる宅地 （AからJまでのうち該当するもの）　（控除割合（小数点以下3位未満四捨五入）） 　　円 ×（ 1 －　0.　）	（1㎡当たりの価額） 円	K
	10 私 道 （AからKまでのうち該当するもの） 　　円 ×　0.3	（1㎡当たりの価額） 円	L

自 用 地 の 評 価 額	自用地1平方メートル当たりの価額 （AからLまでのうち該当記号） （ F ）　　　　　円	地　　積 432 ㎡	総　　額 （自用地1㎡当たりの価額）×（地 積） 174,136,788 円	M

（注）　1　5-1の「間口が狭小な宅地等」と5-2の「不整形地」は重複して適用できません。
　　　2　5-2の「不整形地」の「AからDまでのうち該当するもの」欄の価額について、AからDまでの欄で計算できない場合には、（第2表）の「備考」欄等で計算してください。
　　　3　「がけ地等を有する宅地」であり、かつ、「土砂災害特別警戒区域内にある宅地」である場合については、8-1の「がけ地等を有する宅地」欄ではなく、8-2の「土砂災害特別警戒区域内にある宅地」欄で計算してください。

（資4−25−1−A4統一）

⒃　不整形な宅地④（角地の場合⑵）（評基通20）

| 正面路線価 | × | 奥行価格補正率 | | ⇨ | 正面路線価を基にした価額 |

| 側方路線価 | × | 側方からの奥行価格補正率 | × | 側方路線影響加算率 | ⇨ | 側方路線影響加算額 |

整形地であるとした場合の価額

| 整形地であるとした場合の価額 | × | 不整形地補正率 | × | 地積 | = | 評　価　額 |

路　線　価　　路線価図に1㎡当たりの価額が千円単位で表示されています。

地　区　　路線価図に次の記号で表示されています。

地　区　区　分	記　　　　号
ビ　ル　街　地　区	（六角形）
高　度　商　業　地　区	（楕円）
繁　華　街　地　区	（八角形）
普通商業・併用住宅地区	（円）
普　通　住　宅　地　区	無　　印
中　小　工　場　地　区	（菱形）
大　工　場　地　区	（長方形）

X路線からの奥行距離

　計算上の奥行距離による方法で、奥行距離を計算します。

　計算上の奥行距離は、その想定整形地の奥行距離を限度として、不整形地の地積を実際の間口距離で除して計算します。

　奥行価格補正の仕方については、42ページ以下を参照してください。

390㎡ ÷ 15m ＝ 26m ＞ 25m

　したがって、この不整形地の奥行距離は25mとなります。

Y路線からの奥行距離

　計算上の奥行距離による方法で、奥行距離を計算します。

　計算上の奥行距離は、その想定整形地の奥行距離を限度として、不整形地の地積を実際の間口距離で除して計算します。

390㎡ ÷ 16m ≒ 24m ＞ 19m

　したがって、奥行距離は19mとなります。

奥 行 価 格 補 正 率

　地区区分及び奥行距離に応じた奥行価格補正率を奥行価格補正率表から求めます。

X路線からの奥行価格補正率	＝	0.97
Y路線からの奥行価格補正率	＝	1.00

奥行価格補正率表

地区区分／奥行距離 m	ビル街地区	高度商業地区	繁華街地区	普通商業・併用住宅地区	普通住宅地区	中小工場地区	大工場地区
4 未満	0.80	0.90	0.90	0.90	0.90	0.85	0.85
4 以上　6 未満		0.92	0.92	0.92	0.92	0.90	0.90
6 〃　8 〃	0.84	0.94	0.95	0.95	0.95	0.93	0.93
8 〃　10 〃	0.88	0.96	0.97	0.97	0.97	0.95	0.95
10 〃　12 〃	0.90	0.98	0.99	0.99	1.00	0.96	0.96
12 〃　14 〃	0.91	0.99	1.00	1.00		0.97	0.97
14 〃　16 〃	0.92	1.00				0.98	0.98
16 〃　20 〃	0.93					0.99	0.99
20 〃　24 〃	0.94					1.00	1.00
24 〃　28 〃	0.95				0.97		
28 〃　32 〃	0.96		0.98		0.95		
32 〃　36 〃	0.97		0.96	0.97	0.93		
36 〃　40 〃	0.98		0.94	0.95	0.92		
40 〃　44 〃	0.99		0.92	0.93	0.91		
44 〃　48 〃	1.00		0.90	0.91	0.90		
48 〃　52 〃		0.99	0.88	0.89	0.89		
52 〃　56 〃		0.98	0.87	0.88	0.88		
56 〃　60 〃		0.97	0.86	0.87	0.87		
60 〃　64 〃		0.96	0.85	0.86	0.86	0.99	
64 〃　68 〃		0.95	0.84	0.85	0.85	0.98	
68 〃　72 〃		0.94	0.83	0.84	0.84	0.97	
72 〃　76 〃		0.93	0.82	0.83	0.83	0.96	
76 〃　80 〃		0.92	0.81	0.82			
80 〃　84 〃		0.90	0.80	0.81	0.82	0.93	
84 〃　88 〃		0.88		0.80			
88 〃　92 〃		0.86			0.81	0.90	
92 〃　96 〃	0.99	0.84					
96 〃　100 〃	0.97	0.82					
100 〃	0.95	0.80			0.80		

正面路線の判定

それぞれの路線価に奥行価格補正率を乗じた後の価額が高い方の路線を正面路線とします。

$$
\begin{array}{ccc}
\text{X路線の路線価} & \text{奥行価格補正率} & \boxed{\text{X}\ 339,500円} \\
350,000円 & \times\quad 0.97 & =
\end{array}
$$

$$
\begin{array}{ccc}
\text{Y路線の路線価} & \text{奥行価格補正率} & \boxed{\text{Y}\ 350,000円} \\
350,000円 & \times\quad 1.00 & =
\end{array}
$$

$$
\boxed{\text{X}\ 339,500円} \quad < \quad \boxed{\text{Y}\ 350,000円}
$$

したがって、Y路線を正面路線とします。
この場合のX路線は側方路線となります(評基通16(2))。

正面路線価を基とした価額の計算

$$
\begin{array}{ccc}
\text{Y路線の路線価} & \text{奥行価格補正率} & \boxed{(1)\ 350,000円} \\
350,000円 & \times\quad 1.00 & =
\end{array}
$$

側方路線影響加算率

正面路線の地区区分に応じた側方路線影響加算率を側方路線影響加算率表から求めます。

側方路線影響加算率表

地　区　区　分	加　算　率	
	角地の場合	準角地の場合
ビル街地区	0.07	0.03
高度商業地区、繁華街地区	0.10	0.05
普通商業・併用住宅地区	0.08	0.04
普通住宅地区、中小工場地区	0.03	0.02
大工場地区	0.02	0.01

側方路線影響加算額の計算

側方路線価に奥行価格補正率（正面路線の地区区分に応じた率）を乗じて計算した価額に側方路線影響加算率を乗じ、更に評価対象地が側方路線に実際に接する距離により調整して計算します。

$$
\begin{array}{ccccc}
\text{X路線の路線価} & \text{奥行価格補正率} & \text{側方路線影響加算率} & & \boxed{(2)\ 6,111円} \\
350,000円 \times & 0.97 & \times\quad 0.03 & \times \dfrac{15\text{m}}{25\text{m}} & =
\end{array}
$$

不整形地補正前の価額の計算

正面路線価を基とした価額に側方路線影響加算額を加算して、不整形地補正前の価額を計算します。

間 口 狭 小 補 正 率

地区区分及び間口距離に応じた間口狭小補正率を間口狭小補正率表から求めます。

間口狭小補正率表

地区区分／間口距離 m	ビル街地区	高度商業地区	繁華街地区	普通商業・併用住宅地区	普通住宅地区	中小工場地区	大工場地区
4未満	—	0.85	0.90	0.90	0.90	0.80	0.80
4以上6未満	—	0.94	1.00	0.97	0.94	0.85	0.85
6 〃 8 〃	—	0.97		1.00	0.97	0.90	0.90
8 〃 10 〃	0.95	1.00			1.00	0.95	0.95
10 〃 16 〃	0.97					1.00	0.97
16 〃 22 〃	0.98						0.98
22 〃 28 〃	0.99						0.99
28 〃	1.00						1.00

奥 行 長 大 補 正 率

間口距離に対する奥行距離の比率により、地区区分に応じて定められた奥行長大補正率を奥行長大補正率表から求めます。

奥行距離／間口距離 ⇨ $\dfrac{19m}{16m} ≒$ | 1.18 |

この土地は、奥行長大補正の適用はありません。

奥行長大補正率表

地区区分／奥行距離／間口距離	ビル街地区	高度商業地区	繁華街地区	普通商業・併用住宅地区	普通住宅地区	中小工場地区	大工場地区
2以上3未満	1.00		1.00		0.98	1.00	1.00
3 〃 4 〃			0.99		0.96	0.99	
4 〃 5 〃			0.98		0.94	0.98	
5 〃 6 〃			0.96		0.92	0.96	
6 〃 7 〃			0.94		0.90	0.94	
7 〃 8 〃			0.92			0.92	
8 〃			0.90			0.90	

不整形地補正率

次の算式でかげ地割合を求めます。

（算式）「かげ地割合」 $= \dfrac{\text{想定整形地の地積} - \text{評価対象地の地積}}{\text{想定整形地の地積}}$

X

390㎡

Y

28m

19m

評価対象地

想定整形地

なお、想定整形地は正面路線からとることとなります。

かげ地割合 $= \dfrac{532㎡ - 390㎡}{532㎡} ≒ 26.69\%$

※　想定整形地の取り方については112ページを参照してください。

　地区及び地積に応じた地積区分を求め、地区区分、地積区分及びかげ地割合に応ずる不整形地補正率を不整形地補正率表から求めます。間口狭小補正率の適用がある場合は、更に間口狭小補正率を乗じて不整形地補正率を計算します。

不整形地補正率　　間口狭小補正率
0.92　×　1.00　$= 0.92$（小数点以下2位未満切捨て）
※　0.60を限度とします。

評　価　額　の　計　算

次で計算した価額のうちいずれか低い方の価額で計算します。

不整形地補正前の価額　　不整形地補正率　　間口狭小補正率　　　1㎡当たりの評価額
356,111円　　×　　0.92　　×　　1.00　　=　　327,622円……①

不整形地補正前の価額　　間口狭小補正率　　奥行長大補正率　　　1㎡当たりの評価額
356,111円　　×　　1.00　　×　　1.00　　=　　356,111円……②

①327,622円　＜　②356,111円

1㎡当たりの評価額　　　　地積
327,622円　　×　　390㎡　=　　127,772,580円

不整形地補正率を算定する際の地積区分表

地区区分 ＼ 地積区分	A	B	C
高　度　商　業　地　区	1,000㎡未満	1,000㎡以上 1,500㎡未満	1,500㎡以上
繁　華　街　地　区	450㎡ 〃	450㎡以上 700㎡未満	700㎡ 〃
普通商業・併用住宅地区	650㎡ 〃	650㎡以上 1,000㎡未満	1,000㎡ 〃
普　通　住　宅　地　区	500㎡ 〃	500㎡以上 750㎡未満	750㎡ 〃
中　小　工　場　地　区	3,500㎡ 〃	3,500㎡以上 5,000㎡未満	5,000㎡ 〃

評価対象地の地積390㎡

不整形地補正率表

地区区分 ＼ 地積区分 かげ地割合	高度商業地区、繁華街地区、 普通商業・併用住宅地区、中小工場地区			普　通　住　宅　地　区		
	A	B	C	A	B	C
10%　以　上	0.99	0.99	1.00	0.98	0.99	0.99
15%　〃	0.98	0.99	0.99	0.96	0.98	0.99
20%　〃	0.97	0.98	0.99	0.94	0.97	0.98
25%　〃	0.96	0.98	0.99	0.92	0.95	0.97
30%　〃	0.94	0.97	0.98	0.90	0.93	0.96
35%　〃	0.92	0.95	0.98	0.88	0.91	0.94
40%　〃	0.90	0.93	0.97	0.85	0.88	0.92
45%　〃	0.87	0.91	0.95	0.82	0.85	0.90
50%　〃	0.84	0.89	0.93	0.79	0.82	0.87
55%　〃	0.80	0.87	0.90	0.75	0.78	0.83
60%　〃	0.76	0.84	0.86	0.70	0.73	0.78
65%　〃	0.70	0.75	0.80	0.60	0.65	0.70

土地及び土地の上に存する権利の評価明細書（第1表）

	○○ 局(所) ×× 署	6 年分 ×××ページ

（令和六年分以降用）

（住居表示）	（××区○○1-35-3）	住所（所在地）	××区○○1-35-3	使用者	住所（所在地）	同左
所在地番	××区○○1-35-15	所有者 氏名（法人名）	大手 一郎		氏名（法人名）	同左

地目	地積	路線価				地形図及び参考事項
(宅地) 山林 田 雑種地 畑 ( )	390 ㎡	正面 350,000 円	側方 350,000 円	側方 円	裏面 円	

間口距離 16 m　奥行距離 19 m

利用区分：自用地　私道　貸宅地　貸家建付借地権　貸家建付地　転貸借地権　借地権　( )

地区区分：ビル街地区　高度商業地区　繁華街地区　普通商業・併用住宅地区　普通住宅地区　中小工場地区　大工場地区

地形図：←15m→　16m　25m

		（1㎡当たりの価額）	
自用地1平方メートル当たりの価額	1 一路線に面する宅地　（正面路線価）　（奥行価格補正率）　350,000 円 × 1.00	350,000 円	A
	2 二路線に面する宅地　(A)　[側方 裏面 路線価]　（奥行価格補正率）　[側方 二方 路線影響加算率]　350,000 円 + (350,000円 × 0.97 × 0.03 × 15m/25m)	356,111 円	B
	3 三路線に面する宅地　(B)　[側方・裏面 路線価]　（奥行価格補正率）　[側方・二方 路線影響加算率]　円 + (円 × . × 0.)	円	C
	4 四路線に面する宅地　(C)　[側方・裏面 路線価]　（奥行価格補正率）　[側方・二方 路線影響加算率]　円 + (円 × . × 0.)	円	D
	5-1 間口が狭小な宅地等　（AからDまでのうち該当するもの）　（間口狭小補正率）　（奥行長大補正率）　円 × (. × .)	円	E
	5-2 不 整 形 地　（AからDまでのうち該当するもの）　不整形地補正率※　356,111 円 × 0.92 ※不整形地補正率の計算 （想定整形地の間口距離）（想定整形地の奥行距離）（想定整形地の地積）　28 m × 19 m = 532 ㎡ （想定整形地の地積）（不整形地の地積）（想定整形地の地積）（かげ地割合）　(532 ㎡ − 390 ㎡) ÷ 532 ㎡ = 26.69 % （不整形地補正率表の補正率）（間口狭小補正率）（小数点以下2位未満切捨て）　0.92 × 1.00 = 0.92 ①　不整形地補正率 ①、②のいずれか低い率、0.6を下限とする。 （奥行長大補正率）（間口狭小補正率）　1.00 × 1.00 = 1.00 ②　0.92	327,622 円	F
	6 地積規模の大きな宅地　（AからFまでのうち該当するもの）　規模格差補正率※　円 × 0. ※規模格差補正率の計算 （地積 Ⓐ）（Ⓑ）（Ⓒ）（地積 Ⓐ）（小数点以下2位未満切捨て）　{ (㎡× +) ÷ ㎡ } × 0.8 = 0.	円	G
	7 無 道 路 地　（F又はGのうち該当するもの）　（※）　円 × (1 − 0.) ※割合の計算（0.4を上限とする。） （正面路線価）（通路部分の地積）　F又はGのうち該当するもの　（評価対象地の地積）　(円 × ㎡) ÷ (円 × ㎡) = 0.	円	H
	8-1 がけ地等を有する宅地　〔 南 、 東 、 西 、 北 〕　（AからHまでのうち該当するもの）　（がけ地補正率）　円 × 0.	円	I
	8-2 土砂災害特別警戒区域内にある宅地　（AからHまでのうち該当するもの）　特別警戒区域補正率※　円 × 0. ※がけ地補正率の適用がある場合の特別警戒区域補正率の計算（0.5を下限とする。） 〔 南 、 東、 西、 北 〕 （特別警戒区域補正率表の補正率）（がけ地補正率）（小数点以下2位未満切捨て）　0. × 0. = 0.	円	J
	9 容積率の異なる2以上の地域にわたる宅地　（AからJまでのうち該当するもの）　（控除割合（小数点以下3位未満四捨五入））　円 × (1 − 0.)	円	K
	10 私 道　（AからKまでのうち該当するもの）　円 × 0.3	円	L
自用地の評価額	自用地1平方メートル当たりの価額（AからLまでのうちの該当記号）　(F) 327,622 円	地積 390 ㎡	総額（自用地1㎡当たりの価額）×（地積） 127,772,580 円 M

（注）1　5-1の「間口が狭小な宅地等」と5-2の「不整形地」は重複して適用できません。
　　2　5-2の「不整形地」の「AからDまでのうち該当するもの」欄の価額について、AからDまでの欄で計算できない場合には、（第2表）の「備考」欄等で計算してください。
　　3　「がけ地等を有する宅地」であり、かつ、「土砂災害特別警戒区域内にある宅地」である場合については、8-1の「がけ地等を有する宅地」欄ではなく、8-2の「土砂災害特別警戒区域内にある宅地」欄で計算してください。

（資4-25-1-A4統一）

チェックポイント6

側方路線に宅地の一部が接している場合の評価

　下図のように評価する宅地の一部分のみが側方路線に接している宅地は、側方路線に全て接している場合に比べて側方路線があることによる影響度合いが異なることとなります。

　そこで、このような宅地には、側方路線影響加算額をその宅地が側方路線に実際に接する距離により調整の上、評価します。

　なお、正面路線価の計算においては、評価する宅地の一部分が正面路線に接していない場合であっても、正面路線に接する距離による調整計算はしません。

	奥行25mに応ずる		
正面路線価	奥行価格補正率		
200,000円	× 0.97	=	194,000円 ……………①

側方路線価　×　奥行15mに応ずる奥行価格補正率　×　側方路線影響加算率　×　側方路線に面している部分

150,000円　×　1.00　×　0.03　×　$\dfrac{20m}{25m}$

加算額
= 3,600円 ……………②

　　　①　　　　②　　　　地積　　　評価額
（ 194,000円 ＋ 3,600円 ）　×　375㎡　＝　74,100,000円

⒄ **地積規模の大きな宅地の評価**（評基通20−2）

イ **地積規模の大きな宅地の評価方法**

| 正面路線価 | × | 奥行価格補正率 | × | 不整形地補正率等の各種画地補正率 |

× | 規模格差補正率 | × | 地積 | = | 評価額 |

| 路　　線　　価 |

路線価図に1㎡当たりの価額が千円単位で表示されています（この設例において、評価対象地は、東京都の特別区内で容積率が300％未満の地域に所在するものとします。）。

| 地　　　　　区 |

路線価図に次の記号で表示されています。

地　区　区　分	記　　　　　号
ビ　ル　街　地　区	（六角形）
高　度　商　業　地　区	（楕円）
繁　華　街　地　区	（八角形）
普通商業・併用住宅地区	（円）
普　通　住　宅　地　区	無　　印
中　小　工　場　地　区	（菱形）
大　工　場　地　区	（長方形）

Ｘ路線からの奥行距離

計算上の奥行距離による方法で、奥行距離を計算します。

計算上の奥行距離は、その想定整形地の奥行距離を限度として、不整形地の地積を実際の間口距離で除して計算します。

奥行価格補正の仕方については、42ページ以下を参照してください。

$$1,000㎡ ÷ 40m = \boxed{25m} < 35m$$
したがって、この不整形地の奥行距離は25mとなります。

Ｙ路線からの奥行距離

計算上の奥行距離による方法で、奥行距離を計算します。

計算上の奥行距離は、その想定整形地の奥行距離を限度として、不整形地の地積を実際の間口距離で除して計算します。

$$1,000㎡ ÷ 30m ≒ \boxed{33m} < 40m$$
したがって、奥行距離は33mとなります。

奥 行 価 格 補 正 率

それぞれの路線における地区区分及び奥行距離に応じた奥行価格補正率を奥行価格補正率表から求めます。

Ｘ路線の奥行価格補正率	＝	0.97
Ｙ路線の奥行価格補正率	＝	0.93

奥行価格補正率表

奥行距離 m（地区区分）	ビル街地区	高度商業地区	繁華街地区	普通商業・併用住宅地区	普通住宅地区	中小工場地区	大工場地区
4未満	0.80	0.90	0.90	0.90	0.90	0.85	0.85
4以上 6未満		0.92	0.92	0.92	0.92	0.90	0.90
6 〃 8 〃	0.84	0.94	0.95	0.95	0.95	0.93	0.93
8 〃 10 〃	0.88	0.96	0.97	0.97	0.97	0.95	0.95
10 〃 12 〃	0.90	0.98	0.99	0.99	1.00	0.96	0.96
12 〃 14 〃	0.91	0.99	1.00	1.00		0.97	0.97
14 〃 16 〃	0.92	1.00				0.98	0.98
16 〃 20 〃	0.93					0.99	0.99
20 〃 24 〃	0.94					1.00	1.00
24 〃 28 〃	0.95				0.97		
28 〃 32 〃	0.96		0.98		0.95		
32 〃 36 〃	0.97		0.96	0.97	0.93		
36 〃 40 〃	0.98		0.94	0.95	0.92		
40 〃 44 〃	0.99		0.92	0.93	0.91		
44 〃 48 〃	1.00		0.90	0.91	0.90		
48 〃 52 〃		0.99	0.88	0.89	0.89		
52 〃 56 〃		0.98	0.87	0.88	0.88		
56 〃 60 〃		0.97	0.86	0.87	0.87		
60 〃 64 〃		0.96	0.85	0.86	0.86	0.99	
64 〃 68 〃		0.95	0.84	0.85	0.85	0.98	
68 〃 72 〃		0.94	0.83	0.84	0.84	0.97	
72 〃 76 〃		0.93	0.82	0.83	0.83	0.96	
76 〃 80 〃		0.92	0.81	0.82			
80 〃 84 〃		0.90	0.80	0.81	0.82	0.93	
84 〃 88 〃		0.88		0.80			
88 〃 92 〃		0.86			0.81	0.90	
92 〃 96 〃	0.99	0.84					
96 〃 100 〃	0.97	0.82					
100 〃	0.95	0.80			0.80		

| 正 面 路 線 の 判 定 | それぞれの路線価に各路線の地区区分に適用される奥行価格補正率を乗じて計算した価額の高い方の路線を正面路線とします。 |

X路線の路線価　　　奥行価格補正率　　┌X─────
390,000円　　×　　　0.97　　＝　│378,300円

Y路線の路線価　　　奥行価格補正率　　┌Y─────
360,000円　　×　　　0.93　　＝　│334,800円

┌X─────　　　　　┌Y─────
│378,300円　　＞　│334,800円

したがって、X路線を正面路線とします。
この場合のY路線は側方路線となります（評基通16⑵）。

| 正面路線価を基とした価額の計算 | X路線の路線価を正面路線価としてその路線の地区区分に応じた奥行価格補正率を乗じて計算します。 |

X路線の路線価　　　奥行価格補正率　　┌(1)─────
390,000円　　×　　　0.97　　＝　│378,300円

| 側 方 路 線 影 響 加 算 率 | 正面路線の地区区分に応じた側方路線影響加算率を側方路線影響加算率表から求めます。 |

側方路線影響加算率表

地 区 区 分	加　算　率	
	角地の場合	準角地の場合
ビル街地区	0.07	0.03
高度商業地区、繁華街地区	0.10	0.05
普通商業・併用住宅地区	0.08	0.04
普通住宅地区、中小工場地区	0.03	0.02
大工場地区	0.02	0.01

| 側方路線影響加算額の計算 | 　側方路線価に奥行価格補正率（正面路線の地区区分に応じた率）を乗じて計算した価額に側方路線影響加算率を乗じ、更に評価対象地が側方路線（Y路線）に実際に接する距離により側方路線影響加算額を調整して計算します。 |

$$\underset{\text{Y路線の路線価}}{360,000円} \times \underset{\text{奥行価格補正率}}{0.93} \times \underset{\substack{\text{側 方 路 線}\\\text{影響加算率}}}{0.03} \times \frac{30\text{m}}{35\text{m}} \fallingdotseq \underset{(2)}{8,609円}$$

| 不整形地補正前の価額の計算 | 　正面路線価を基とした価額に側方路線影響加算額を加算して、不整形地補正前の価額を計算します。 |

$$\underset{(1)}{378,300円} + \underset{(2)}{8,609円} = 386,909円$$

| 間 口 狭 小 補 正 率 | 　間口距離及び地区区分に応じた間口狭小補正率を間口狭小補正率表から求めます。 |

間口狭小補正率表

間口距離 m ＼ 地区区分	ビル街地区	高度商業地区	繁華街地区	普通商業・併用住宅地区	普通住宅地区	中小工場地区	大工場地区
4 未満	—	0.85	0.90	0.90	0.90	0.80	0.80
4 以上 6 未満	—	0.94	1.00	0.97	0.94	0.85	0.85
6 〃 8 〃	—	0.97		1.00	0.97	0.90	0.90
8 〃 10 〃	0.95	1.00			1.00	0.95	0.95
10 〃 16 〃	0.97					1.00	0.97
16 〃 22 〃	0.98						0.98
22 〃 28 〃	0.99						0.99
28 〃	1.00						1.00

不 整 形 地 補 正 率

次の算式でかげ地割合を計算します。

（算式）

$$「かげ地割合」=\frac{想定整形地の地積－評価対象地の地積}{想定整形地の地積}$$

評価対象地

想定整形地

$$かげ地割合 =\frac{1,400㎡－1,000㎡}{1,400㎡}≒28.57\%$$

※　想定整形地の取り方については112ページを参照してください。

　地区及び地積に応じた地積区分を求め、地区区分、地積区分及びかげ地割合に応じた不整形地補正率を不整形地補正率表から求めます。

　更に、間口狭小補正率の適用がある場合は、間口狭小補正率を乗じて不整形地補正率を計算します。

　　不整形地補正率　　間口狭小補正率
　　　 0.97　　　×　　　1.00　　＝　　0.97（※）
　　※　小数点以下第 2 位未満を切り捨てます。0.60を下限とします。

不整形地補正率を算定する際の地積区分表

地区区分 ＼ 地積区分	A	B	C
高 度 商 業 地 区	1,000㎡未満	1,000㎡以上 1,500㎡未満	1,500㎡以上
繁 華 街 地 区	450㎡ 〃	450㎡以上 700㎡未満	700㎡ 〃
普通商業・併用住宅地区	650㎡ 〃	650㎡以上 1,000㎡未満	1,000㎡ 〃
普 通 住 宅 地 区	500㎡ 〃	500㎡以上 750㎡未満	750㎡ 〃
中 小 工 場 地 区	3,500㎡ 〃	3,500㎡以上 5,000㎡未満	5,000㎡ 〃

評価対象地の地積1,000㎡

不整形地補正率表

かげ地割合 ＼ 地区区分・地積区分	高度商業地区、繁華街地区、普通商業・併用住宅地区、中小工場地区			普 通 住 宅 地 区		
	A	B	C	A	B	C
10% 以 上	0.99	0.99	1.00	0.98	0.99	0.99
15% 〃	0.98	0.99	0.99	0.96	0.98	0.99
20% 〃	0.97	0.98	0.99	0.94	0.97	0.98
25% 〃	0.96	0.98	0.99	0.92	0.95	0.97
30% 〃	0.94	0.97	0.98	0.90	0.93	0.96
35% 〃	0.92	0.95	0.98	0.88	0.91	0.94
40% 〃	0.90	0.93	0.97	0.85	0.88	0.92
45% 〃	0.87	0.91	0.95	0.82	0.85	0.90
50% 〃	0.84	0.89	0.93	0.79	0.82	0.87
55% 〃	0.80	0.87	0.90	0.75	0.78	0.83
60% 〃	0.76	0.84	0.86	0.70	0.73	0.78
65% 〃	0.70	0.75	0.80	0.60	0.65	0.70

奥 行 長 大 補 正 率

間口距離に対する奥行距離の比率により地区区分に応じて定められた奥行長大補正率を奥行長大補正率表から求めます。

奥行距離	⇨	$\dfrac{25\text{m}}{40\text{m}}$ ≒	0.63
間口距離			

評価対象地は、奥行長大補正率の適用はありません。

奥行長大補正率表

奥行距離／間口距離（地区区分）	ビル街地区	高度商業地区	繁華街地区	普通商業・併用住宅地区	普通住宅地区	中小工場地区	大工場地区
2以上 3未満	1.00	1.00			0.98	1.00	1.00
3 〃 4 〃		0.99			0.96	0.99	
4 〃 5 〃		0.98			0.94	0.98	
5 〃 6 〃		0.96			0.92	0.96	
6 〃 7 〃		0.94			0.90	0.94	
7 〃 8 〃		0.92				0.92	
8 〃		0.90				0.90	

規 模 格 差 補 正 率

評価対象地の所在する地域（三大都市圏又は三大都市圏以外の地域）、地積及び地区区分に応じた数値を基にして、規模格差補正率を計算します。

規模格差補正率
$$= \dfrac{1{,}000\text{㎡} \times 0.90 + 75}{1{,}000\text{㎡}} \times 0.8 = 0.78$$

（算式）
規模格差補正率
$$\dfrac{Ⓐ \times Ⓑ + Ⓒ}{\text{地積規模の大きな宅地の地積（Ⓐ）}} \times 0.8$$

※1　小数点以下第2位未満を切り捨てます。
　2　上記算式中のⒷ及びⒸは、地積規模の大きな宅地が所在する地域に応じて、次の表から求めます。
　①　三大都市圏に所在する宅地

地積㎡（地区区分）／記号	普通商業・併用住宅地区、普通住宅地区 Ⓑ	Ⓒ
500以上　1,000未満	0.95	25
1,000 〃　3,000 〃	0.90	75
3,000 〃　5,000 〃	0.85	225
5,000 〃	0.80	475

評価対象地は東京都の特別区に所在し、地積は1,000㎡

　②　三大都市圏以外の地域に所在する宅地

地積㎡（地区区分）／記号	普通商業・併用住宅地区、普通住宅地区 Ⓑ	Ⓒ
1,000以上　3,000未満	0.90	100
3,000 〃　5,000 〃	0.85	250
5,000 〃	0.80	500

| 評 価 額 の 計 算 | 次で計算した価額のうちいずれか低い方の価額で計算します。 |

不整形地補正前の価額　　不整形地補正率　　間口狭小補正率　　規模格差補正前の価額
386,909円　　　　×　　　0.97　　　×　　　1.00　　　=　　　375,301円　　……①

不整形地補正前の価額　　間口狭小補正率　　奥行長大補正率　　規模格差補正前の価額
386,909円　　　　×　　　1.00　　　×　　　1.00　　　=　　　386,909円　　……②

①375,301円　＜　②386,909円　よって、規模格差補正前の価額は①　375,301円

規模格差補正前の価額　　規模格差補正率
375,301円　　　　×　　　0.78　　　=　　　292,734円……③

　　　③　　　　　　　　　地積
292,734円　　　×　　　1,000㎡　　　=　　　292,734,000円

チェックポイント7

地積規模の大きな宅地の評価の概要

　財産評価基本通達20－2《地積規模の大きな宅地の評価》は、地積規模の大きな宅地を評価するに当たり、その宅地を戸建住宅用地として分割分譲する場合に発生する減価のうち、主に地積の大きさに基因する、①戸建住宅用地として有効に利用できる部分の面積が減少することに伴ういわゆる「潰れ地」の負担による減価、②住宅として利用するために必要な上下水道等の供給施設の工事費用や開設した道路等の公共公益的施設の整備費用等の負担による減価及び③開発分譲業者の事業収益や事業リスク等の負担による減価を反映させることを趣旨として定められたものです。

　なお、「地積規模の大きな宅地の評価」（評基通20－2）の創設に伴い、「広大地の評価」（旧評基通24－4）は廃止されました。

　また、地積規模の大きな宅地の評価は、平成30年1月1日以後に生じる相続等により取得した財産の評価に適用します。

ロ　「地積規模の大きな宅地」の適用要件

　評価対象となる宅地が次の適用要件の全てを満たす場合には、その宅地を「地積規模の大きな宅地」として、上記イの評価方法により評価します。

　相続税及び贈与税の申告書作成に当たっては、「『地積規模の大きな宅地の評価』の適用対象の判定のためのフローチャート」（163ページ参照）及び「『地積規模の大きな宅地の評価』の適用要件チェックシート」（164ページ参照）を活用し、評価対象となる宅地が地積規模の大きな宅地に該当するかどうかを確認してください。

地　積　の　要　件

評価対象地の地積を確認します。

> **チェックポイント8**
>
> **地積規模の大きな宅地の適用要件①**
>
> 　三大都市圏（注）に所在する場合については500㎡以上、三大都市圏以外の地域に所在する場合については1,000㎡以上の地積を有する宅地であること
>
> （注）「三大都市圏」とは、次の地域をいいます。
> 　　　なお、課税時期において、評価の対象となる宅地等が「三大都市圏」に該当する地域については、国土交通省ホームページ（http://www.mlit.go.jp）で確認できます。
> 　　（イ）　首都圏整備法第2条《定義》第3項に規定する既成市街地又は同条第4項に規定する近郊整備地帯
> 　　（ロ）　近畿圏整備法第2条《定義》第3項に規定する既成都市区域又は同条第4項に規定する近郊整備区域
> 　　（ハ）　中部圏開発整備法第2条《定義》第3項に規定する都市整備区域

地　区　区　分　の　要　件

評価対象地が路線価図に次の記号（網掛部分）で表示された地区区分に所在するか確認します。

地　区　区　分	記　　　　　号
ビ　ル　街　地　区	⬡
高　度　商　業　地　区	⬭
繁　華　街　地　区	⬡
普通商業・併用住宅地区	○
普　通　住　宅　地　区	無　　印
中　小　工　場　地　区	◇
大　工　場　地　区	□

> **チェックポイント9**
>
> **地積規模の大きな宅地の適用要件②**
>
> 　評価対象地が財産評価基本通達14-2《地区》に定める「普通商業・併用住宅地区」又は「普通住宅地区」のいずれかに所在する宅地であること

都 市 計 画 の 要 件 ①

評価対象地が市街化調整区域以外の区域に所在するかを確認します。

> **チェックポイント10**
>
> **地積規模の大きな宅地の適用要件③**
>
> 　評価対象地が市街化調整区域（都市計画法第34条第10号又は第11号の規定に基づき宅地分譲に係る同法第4条《定義》第12項に規定する開発行為を行うことができる区域を除きます。）以外の区域に所在する宅地であること

都 市 計 画 の 要 件 ②

評価対象地が、都市計画法の用途地域が工業専用地域以外の地域に所在するかを確認します。

> **チェックポイント11**
>
> **地積規模の大きな宅地の適用要件④**
>
> 　評価対象地は、都市計画法の用途地域が工業専用地域に指定されている地域以外の地域に所在する宅地であること

指 定 容 積 率 の 要 件

評価対象地の指定容積率を確認します。

> **チェックポイント12**
>
> **地積規模の大きな宅地の適用要件⑤**
>
> 　評価対象地が、東京都の特別区内に所在する宅地については容積率（注）が300％未満の地域、東京都の特別区以外に所在する宅地については容積率（注）が400％未満の地域に所在すること
>
> （注）　容積率は、建築基準法第52条《容積率》第1項に規定する容積率（指定容積率）により判定します（219ページ参照）。

「地積規模の大きな宅地」の評価の適用対象

土地及び土地の上に存する権利の評価明細書（第1表）

○○ 局(所) ×× 署	6 年分	ページ ××××××

（住居表示）	（×××区○○○1-34-4）	所有者	住所（所在地）	×××区○○○1-30-3	使用者	住所（所在地）	同左
所在地番	×××区○○○1-34-10		氏名（法人名）	大手 一郎		氏名（法人名）	同左

（令和六年分以降用）

地目	地積	路線価				地形図及び参考事項
(宅地) 山林 田 雑種地 畑 ( )	1,000 ㎡	正面 390,000 円	側方 360,000 円	側方 円	裏面 円	40m / 35m / 1,000㎡

間口距離	40 m	利用区分	(自用地) 私道 貸宅地 貸家建付借地権 貸家建付地 転貸借地権 借地権 ( )	地区区分	ビル街地区 （普通住宅地区） 高度商業地区 中小工場地区 繁華街地区 大工場地区 普通商業・併用住宅地区
奥行距離	25 m				

自用地1平方メートル当たりの価額			（1㎡当たりの価額）	
1 一路線に面する宅地 （正面路線価） （奥行価格補正率） 390,000 円 × 0.97			378,300 円	A
2 二路線に面する宅地 (A) （側方）裏面 路線価 （奥行価格補正率） （側方）二方 路線影響加算率 378,300 円 + (360,000 円 × 0.93 × 0.03 × 30m/35m)			386,909 円	B
3 三路線に面する宅地 (B) ［側方・裏面 路線価］ （奥行価格補正率） ［側方・二方 路線影響加算率］ 円 + (円 × . × .)			円	C
4 四路線に面する宅地 (C) ［側方・裏面 路線価］ （奥行価格補正率） ［側方・二方 路線影響加算率］ 円 + (円 × . × .)			円	D
5-1 間口が狭小な宅地等 （AからDまでのうち該当するもの） （間口狭小補正率） （奥行長大補正率） 円 × (. × .)			円	E
5-2 不整形地 （AからDまでのうち該当するもの） 不整形地補正率※ 386,909 円 × 0.97 ※不整形地補正率の計算 （想定整形地の間口距離） （想定整形地の奥行距離） （想定整形地の地積） 40 m × 35 m = 1,400 ㎡ （想定整形地の地積） （不整形地の地積） （想定整形地の地積） （かげ地割合） (1,400 ㎡ − 1,000 ㎡) ÷ 1,400 ㎡ = 28.57 % （不整形地補正率表の補正率）（間口狭小補正率） （小数点以下2位未満切捨て） 0.97 × 1.00 = 0.97 ① 不整形地補正率（①、②のいずれか低い率、0.6を下限とする。）0.97 （奥行長大補正率） （間口狭小補正率） 1.00 × 1.00 = 1.00 ②			375,301 円	F
6 地積規模の大きな宅地 （AからFまでのうち該当するもの） 規模格差補正率※ 375,301 円 × 0.78 ※規模格差補正率の計算 （地積(Ⓐ)） (Ⓑ) (Ⓒ) （地積(Ⓐ)） （小数点以下2位未満切捨て） { (1,000㎡ × 0.9 + 75) ÷ 1,000㎡ } × 0.8 = 0.78			292,734 円	G
7 無道路地 （F又はGのうち該当するもの） （※） 円 × (1 − 0.) ※割合の計算（0.4を上限とする。）（正面路線価） （通路部分の地積） (F又はGのうち該当するもの) （評価対象地の地積） (円 × ㎡) ÷ (円 × ㎡) = 0.			円	H
8-1 がけ地等を有する宅地 〔 南 、 東 、 西 、 北 〕 （AからHまでのうち該当するもの） （がけ地補正率） 円 × 0.			円	I
8-2 土砂災害特別警戒区域内にある宅地 （AからHまでのうち該当するもの） 特別警戒区域補正率※ 円 × 0. ※がけ地補正率の適用がある場合の特別警戒区域補正率の計算（0.5を下限とする。）〔 南、東、西、北 〕 （特別警戒区域補正率表の補正率）（がけ地補正率）（小数点以下2位未満切捨て） 0. × 0. = 0.			円	J
9 容積率の異なる2以上の地域にわたる宅地 （AからJまでのうち該当するもの） （控除割合（小数点以下3位未満四捨五入）） 円 × (1 − 0.)			円	K
10 私道 （AからKまでのうち該当するもの） 円 × 0.3			円	L

自用地の評価額	自用地1平方メートル当たりの価額 （AからLまでのうちの該当記号） (G) 292,734 円	地積 1,000 ㎡	総額 （自用地1㎡当たりの価額）×（地積） 292,734,000 円	M

（注）1　5-1の「間口が狭小な宅地等」と5-2の「不整形地」は重複して適用できません。
　　　2　5-2の「不整形地」の「AからDまでのうち該当するもの」欄の価額について、AからDまでの欄で計算できない場合には、（第2表）の「備考」欄で計算してください。
　　　3　「がけ地等を有する宅地」であり、かつ、「土砂災害特別警戒区域内にある宅地」である場合については、8-1の「がけ地等を有する宅地」欄ではなく、8-2の「土砂災害特別警戒区域内にある宅地」欄で計算してください。

（資4−25−1−A4統一）

「地積規模の大きな宅地の評価」の適用対象の判定のためのフローチャート

（平成30年１月１日以降用）「地積規模の大きな宅地の評価」の適用要件チェックシート（１面）

（はじめにお読みください。）
1　このチェックシートは、財産評価基本通達20－２に定める「地積規模の大きな宅地」に該当するかを確認する際にご使用ください（宅地等の評価額を計算するに当たっては、「土地及び土地の上に存する権利の評価明細書」をご使用ください。）。
2　評価の対象となる宅地等が、**路線価地域にある場合はＡ表**を、**倍率地域にある場合はＡ表及びＢ表**をご使用ください。
3　**「確認結果」欄の全てが「はい」の場合**にのみ、「地積規模の大きな宅地の評価」を適用して評価することになります。
4　「地積規模の大きな宅地の評価」を適用して申告する場合、このチェックシートを「土地及び土地の上に存する権利の評価明細書」に添付してご提出ください。

宅地等の所在地番			地　積		㎡
所　有　者	住　所 （所在地）		評価方式	路線価　・　倍率	
	氏　名 （法人名）			（Ａ表で判定）	（Ａ表及びＢ表で判定）
被相続人	氏　名		相続開始日又は受贈日		

【Ａ表】

項　目	確認内容（適用要件）	確認結果	
面　積	○　評価の対象となる宅地等（※２）は、次に掲げる面積を有していますか。 ①　三大都市圏（注１）に所在する宅地については、**500㎡以上** ②　上記以外の地域に所在する宅地については、**1,000㎡以上**	はい	いいえ
地区区分	○　評価の対象となる宅地等は、路線価図上、次に掲げる地区のいずれかに所在しますか。 ①　**普通住宅地区** ②　**普通商業・併用住宅地区** ＊　評価の対象となる宅地等が倍率地域にある場合、普通住宅地区内に所在するものとしますので、確認結果は「はい」を選択してください。	はい	いいえ
都市計画 （※１）	○　評価の対象となる宅地等は、市街化調整区域（注２）**以外**の地域に所在しますか。 ＊　評価の対象となる宅地等が都市計画法第34条第10号又は第11号の規定に基づき宅地分譲に係る開発行為（注３）ができる区域にある場合、確認結果は「はい」を選択してください。	はい	いいえ
	○　評価の対象となる宅地等は、都市計画の用途地域（注４）が「工業専用地域」（注５）に指定されている地域**以外**の地域に所在しますか。 ＊　評価の対象となる宅地等が用途地域の定められていない地域にある場合、「工業専用地域」に指定されている地域以外の地域に所在するものとなりますので、確認結果は「はい」を選択してください。	はい	いいえ
容積率 （※１）	○　評価の対象となる宅地等は、次に掲げる容積率（注６）の地域に所在しますか。 ①　**東京都の特別区**（注７）に所在する宅地については、**300%未満** ②　上記以外の地域に所在する宅地については、**400%未満**	はい	いいえ

【Ｂ表】

項　目	確認内容（適用要件）	確認結果	
大規模工場用地	○　評価の対象となる宅地等は、「大規模工場用地」（注８）に**該当しない土地**ですか。 ＊　該当しない場合は「はい」を、該当する場合は「いいえ」を選択してください。	はい	いいえ

※1　都市計画の用途地域や容積率等については、評価の対象となる宅地等の所在する市（区）町村のホームページ又は窓口でご確認ください。
　2　市街地農地、市街地周辺農地、市街地山林及び市街地原野についても、それらが宅地であるとした場合に上記の確認内容（適用要件）を満たせば、「地積規模の大きな宅地の評価」の適用があります（宅地への転用が見込めないと認められるものを除きます。）。
　3　注書については、２面を参照してください。

（平成30年１月１日以降用）「地積規模の大きな宅地の評価」の適用要件チェックシート（２面）

（注）　1　三大都市圏とは、次に掲げる区域等をいいます（具体的な市町村は下記の（表）をご参照ください。）。
　　　①　首都圏整備法第２条第３項に規定する既成市街地又は同条第４項に規定する近郊整備地帯
　　　②　近畿圏整備法第２条第３項に規定する既成都市区域又は同条第４項に規定する近郊整備区域
　　　③　中部圏開発整備法第２条第３項に規定する都市整備区域
　　2　市街化調整区域とは、都市計画法第７条第３項に規定する市街化調整区域をいいます。
　　3　開発行為とは、都市計画法第４条第12項に規定する開発行為をいいます。
　　4　用途地域とは、都市計画法第８条第１項第１号に規定する用途地域をいいます。
　　5　工業専用地域とは、都市計画法第８条第１項第１号に規定する工業専用地域をいいます。
　　6　容積率は、建築基準法第52条第１項の規定に基づく容積率（指定容積率）により判断します。
　　7　東京都の特別区とは、地方自治法第281条第１項に規定する特別区をいいます。
　　8　大規模工場用地とは、一団の工場用地の地積が５万㎡以上のものをいいます。

（表）　三大都市圏（平成28年４月１日現在）

圏名	都府県名		都市名
首都圏	東京都	全域	特別区、武蔵野市、八王子市、立川市、三鷹市、青梅市、府中市、昭島市、調布市、町田市、小金井市、小平市、日野市、東村山市、国分寺市、国立市、福生市、狛江市、東大和市、清瀬市、東久留米市、武蔵村山市、多摩市、稲城市、羽村市、あきる野市、西東京市、瑞穂町、日の出町
	埼玉県	全域	さいたま市、川越市、川口市、行田市、所沢市、加須市、東松山市、春日部市、狭山市、羽生市、鴻巣市、上尾市、草加市、越谷市、蕨市、戸田市、入間市、朝霞市、志木市、和光市、新座市、桶川市、久喜市、北本市、八潮市、富士見市、三郷市、蓮田市、坂戸市、幸手市、鶴ケ島市、日高市、吉川市、ふじみ野市、白岡市、伊奈町、三芳町、毛呂山町、越生町、滑川町、嵐山町、川島町、吉見町、鳩山町、宮代町、杉戸町、松伏町
		一部	熊谷市、飯能市
	千葉県	全域	千葉市、市川市、船橋市、松戸市、野田市、佐倉市、習志野市、柏市、流山市、八千代市、我孫子市、鎌ケ谷市、浦安市、四街道市、印西市、白井市、富里市、酒々井町、栄町
		一部	木更津市、成田市、市原市、君津市、富津市、袖ケ浦市
	神奈川県	全域	横浜市、川崎市、横須賀市、平塚市、鎌倉市、藤沢市、小田原市、茅ヶ崎市、逗子市、三浦市、秦野市、厚木市、大和市、伊勢原市、海老名市、座間市、南足柄市、綾瀬市、葉山町、寒川町、大磯町、二宮町、中井町、大井町、松田町、開成町、愛川町
		一部	相模原市
	茨城県	全域	龍ケ崎市、取手市、牛久市、守谷市、坂東市、つくばみらい市、五霞町、境町、利根町
		一部	常総市
近畿圏	京都府	全域	亀岡市、向日市、八幡市、京田辺市、木津川市、久御山町、井手町、精華町
		一部	京都市、宇治市、城陽市、長岡京市、南丹市、大山崎町
	大阪府	全域	大阪市、堺市、豊中市、吹田市、泉大津市、守口市、富田林市、寝屋川市、松原市、門真市、摂津市、高石市、藤井寺市、大阪狭山市、忠岡町、田尻町
		一部	岸和田市、池田市、高槻市、貝塚市、枚方市、茨木市、八尾市、泉佐野市、河内長野市、大東市、和泉市、箕面市、柏原市、羽曳野市、東大阪市、泉南市、四條畷市、交野市、阪南市、島本町、豊能町、能勢町、熊取町、岬町、太子町、河南町、千早赤阪村
	兵庫県	全域	尼崎市、伊丹市
		一部	神戸市、西宮市、芦屋市、宝塚市、川西市、三田市、猪名川町
	奈良県	全域	大和高田市、安堵町、川西町、三宅町、田原本町、上牧町、王寺町、広陵町、河合町、大淀町
		一部	奈良市、大和郡山市、天理市、橿原市、桜井市、五條市、御所市、生駒市、香芝市、葛城市、宇陀市、平群町、三郷町、斑鳩町、高取町、明日香村、吉野町、下市町
中部圏	愛知県	全域	名古屋市、一宮市、瀬戸市、半田市、春日井市、津島市、碧南市、刈谷市、安城市、西尾市、犬山市、常滑市、江南市、小牧市、稲沢市、東海市、大府市、知多市、知立市、尾張旭市、高浜市、岩倉市、豊明市、日進市、愛西市、清須市、北名古屋市、弥富市、みよし市、あま市、長久手市、東郷町、豊山町、大口町、扶桑町、大治町、蟹江町、阿久比町、東浦町、南知多町、美浜町、武豊町、幸田町、飛島村
		一部	岡崎市、豊田市
	三重県	全域	四日市市、桑名市、木曽岬町、東員町、朝日町、川越町
		一部	いなべ市

（注）　「一部」の欄に表示されている市町村は、その行政区域の一部が区域指定されているものです。評価対象となる宅地等が指定された区域内に所在するか否かは、当該宅地等の所在する市町村又は府県の窓口でご確認ください。

⒅　路線価の設定されていない道路のみに接している宅地（評基通14−3）

　　路線価の設定されていない道路のみに接している宅地の価額は、原則として、納税義務者からの申出等に基づき設定される特定路線価によって評価します。

※1　特定路線価は、路線価地域内において、相続税又は贈与税の申告手続上、路線価の設定されていない道路のみに接している土地等を評価する必要がある場合に、納税義務者からの申出等に基づき設定されます。
　　　なお、「特定路線価設定申出書」（170〜171ページ参照）の提出先は、原則として、納税地を所轄する税務署長です。
※2　納税地が東京国税局管内の税務署となる場合については、「特定路線価設定申出書」に加えて、「特定路線価設定申出書の提出チェックシート」（173ページ参照）を提出することになっています。

特　定　路　線　価

申出等に基づき税務署長が回答しています。

地　　　　区

申出等に基づき税務署長が回答しています。

道　路　の　所　在　地	××区○○○1−15	
特　定　路　線　価 （1平方メートル当たり）	250,000	円
（参考） 地　区　区　分	普通住宅	地区
借　地　権　割　合	60	％

| 奥 行 距 離 | 特定路線価を設定した道路からの奥行距離を測定します。 |

250 D（特定路線価）　22m　20m

| 奥 行 価 格 補 正 率 | 地区区分及び奥行距離に応じた奥行価格補正率を奥行
価格補正率表から求めます。 |

奥行価格補正率 = 　1.00

| 評 価 額 の 計 算 | 特定路線価に奥行価格補正率を乗じて1㎡当たりの評
価額を計算し、更に地積を乗じて評価額を計算します。 |

| 特定路線価 | | 奥行価格補正率 | | 1㎡当たりの評価額 |
| 250,000円 | × | 1.00 | = | 250,000円 |

| 1㎡当たりの評価額 | | 地積 | | 評価額 |
| 250,000円 | × | 440㎡ | = | 110,000,000円 |

奥行価格補正率表

奥行距離 m ＼ 地区区分	ビル街地区	高度商業地区	繁華街地区	普通商業・併用住宅地区	普通住宅地区	中小工場地区	大工場地区
4 未満	0.80	0.90	0.90	0.90	0.90	0.85	0.85
4 以上 6 未満		0.92	0.92	0.92	0.92	0.90	0.90
6 〃 8 〃	0.84	0.94	0.95	0.95	0.95	0.93	0.93
8 〃 10 〃	0.88	0.96	0.97	0.97	0.97	0.95	0.95
10 〃 12 〃	0.90	0.98	0.99	0.99	1.00	0.96	0.96
12 〃 14 〃	0.91	0.99	1.00	1.00		0.97	0.97
14 〃 16 〃	0.92	1.00				0.98	0.98
16 〃 20 〃	0.93					0.99	0.99
20 〃 24 〃	0.94					1.00	1.00
24 〃 28 〃	0.95				0.97		
28 〃 32 〃	0.96		0.98		0.95		
32 〃 36 〃	0.97		0.96	0.97	0.93		
36 〃				0.95	0.92		
					0.91		
〃 88 〃		0.88					
88 〃 92 〃		0.86					
92 〃 96 〃	0.99	0.84					
96 〃 100 〃	0.97	0.82					
100 〃	0.95	0.80			0.80		

土地及び土地の上に存する権利の評価明細書（第1表）

	○○ 局(所) ×× 署	6 年分	×××× ページ

（令和六年分以降用）

（住居表示）	（××区○○○1-11-3）	所有者	住　所 （所在地）	××区○○○1-11-3	使用者	住　所 （所在地）	同左
所在地番	××区○○○1-11-15		氏　名 （法人名）	大手　一郎		氏　名 （法人名）	同左

地　目	地　積	特定路線価路	線		価		地形図及び参考事項
（宅地）山林 田　雑種地 （　　）	440 ㎡	250,000 円	正　面 250,000 円	側　方 円	側　方 円	裏　面 円	

間口距離	20 m	利用区分	自 用 地　私　　道 貸 宅 地　貸家建付借地権 貸家建付地　転 貸 借 地 権 借 地 権　（　　　　）	地区区分	ビル街地区　　（普通住宅地区） 高度商業地区　中小工場地区 繁華街地区　　大工場地区 普通商業・併用住宅地区	
奥行距離	22 m					

地形図: ←22m→、20m

			円	
自用地1平方メートル当たりの価額	**1** 一路線に面する宅地 （正面路線価）　　　　　　（奥行価格補正率） 250,000 円 × 1.00		（1㎡当たりの価額）円 250,000	A
	2 二路線に面する宅地 （A）　　　［側方・裏面 路線価］　（奥行価格補正率）　［側方・二方 路線影響加算率］ 　　円 + （　　円 × 　.　　 × 0.　）		（1㎡当たりの価額）円	B
	3 三路線に面する宅地 （B）　　　［側方・裏面 路線価］　（奥行価格補正率）　［側方・二方 路線影響加算率］ 　　円 + （　　円 × 　.　　 × 0.　）		（1㎡当たりの価額）円	C
	4 四路線に面する宅地 （C）　　　［側方・裏面 路線価］　（奥行価格補正率）　［側方・二方 路線影響加算率］ 　　円 + （　　円 × 　.　　 × 0.　）		（1㎡当たりの価額）円	D
	5-1 間口が狭小な宅地等 （AからDまでのうち該当するもの）　（間口狭小補正率）　（奥行長大補正率） 　　円 × （　.　　 × 　.　　）		（1㎡当たりの価額）円	E
	5-2 不整形地 （AからDまでのうち該当するもの）　　不整形地補正率※ 　　円 × 0.　 ※不整形地補正率の計算 （想定整形地の間口距離）　（想定整形地の奥行距離）　（想定整形地の地積） 　　m × 　　m = 　　㎡ （想定整形地の地積）　（不整形地の地積）　（想定整形地の地積）　（かげ地割合） （　　㎡ − 　　㎡）÷ 　　㎡ = 　　% （不整形地補正率表の補正率）（間口狭小補正率）　　（小数点以下2位未満切捨て）　［不整形地補正率 0.　　× 　.　　 = 0.　①　　　①、②のいずれか低い （奥行長大補正率）　（間口狭小補正率）　　　　　　　　　率、0.6を下限とする。］ 　.　　× 　.　　 = 0.　②　　0.		（1㎡当たりの価額）円	F
	6 地積規模の大きな宅地 （AからFまでのうち該当するもの）　規模格差補正率※ 　　円 × 0.　 ※規模格差補正率の計算 （地積（Ⓐ））　（Ⓑ）　　（Ⓒ）　　（地積（Ⓐ））　　（小数点以下2位未満切捨て） {（　　㎡× 　　+ 　　）÷ 　　㎡}× 0.8 = 0.		（1㎡当たりの価額）円	G
	7 無　道　路　地 （F又はGのうち該当するもの）　　　　（※） 　　円 × （ 1 − 0.　） ※割合の計算（0.4を上限とする。）　　　　（F又はGのうち該当するもの） （正面路線価）　（通路部分の地積）　　　（評価対象地の地積） 　　円 × 　　㎡）÷（　　円 × 　　㎡）= 0.		（1㎡当たりの価額）円	H
	8-1 がけ地等を有する宅地　〔 南 、 東 、 西 、 北 〕 （AからHまでのうち該当するもの）　（がけ地補正率） 　　円 × 0.		（1㎡当たりの価額）円	I
	8-2 土砂災害特別警戒区域内にある宅地 （AからHまでのうち該当するもの）　　特別警戒区域補正率※ 　　円 × 0.　 ※がけ地補正率の適用がある場合の特別警戒区域補正率の計算（0.5を下限とする。） （特別警戒区域補正率表の補正率）（がけ地補正率）　〔 南 、 東 、 西 、 北 〕（小数点以下2位未満切捨て） 0.　　× 0.　 = 0.		（1㎡当たりの価額）円	J
	9 容積率の異なる2以上の地域にわたる宅地 （AからJまでのうち該当するもの）　　　（控除割合（小数点以下3位未満四捨五入）） 　　円 × （ 1 − 0.　）		（1㎡当たりの価額）円	K
	10 私　　道 （AからKまでのうち該当するもの） 　　円 × 0.3		（1㎡当たりの価額）円	L

自用地の評価額	自用地1平方メートル当たりの価額 （AからLまでのうちの該当記号） （ A ）　250,000 円	地　積 440 ㎡	総　　　　　額 （自用地1㎡当たりの価額）×（地　積） 110,000,000 円	M

（注）1　5-1の「間口が狭小な宅地等」と5-2の「不整形地」は重複して適用できません。
　　2　5-2の「不整形地」の「AからDまでのうち該当するもの」欄の価額について、AからDまでの欄で計算できない場合には、（第2表）の「備考」欄等で計算してください。
　　3　「がけ地等を有する宅地」であり、かつ、「土砂災害特別警戒区域内にある宅地」である場合については、8-1の「がけ地等を有する宅地」欄ではなく、8-2の「土砂災害特別警戒区域内にある宅地」欄で計算してください。

（資4-25-1-A4統一）

（参考）

	整理簿
	※

平成
令和＿＿年分　　特定路線価設定申出書

※印欄は記入しないでください。

＿＿＿＿＿＿＿＿税務署長

令和＿＿年＿＿月＿＿日　　申 出 者　住所(所在地)〒＿＿＿＿＿＿＿＿＿＿＿＿
（納税義務者）

氏名(名称)＿＿＿＿＿＿＿＿＿＿＿＿＿

職業(業種)＿＿＿＿＿＿電話番号＿＿＿＿＿＿

　相続税等の申告のため、路線価の設定されていない道路のみに接している土地等を評価する必要があるので、特定路線価の設定について、次のとおり申し出ます。

1　特定路線価の設定を必要とする理由	□　相続税申告のため（相続開始日＿＿＿＿年＿＿月＿＿日） 被相続人　住所＿＿＿＿＿＿＿＿＿＿＿＿＿＿ 　　　　　氏名＿＿＿＿＿＿＿＿＿＿＿＿＿＿ 　　　　　職業＿＿＿＿＿＿＿＿＿＿＿＿ □　贈与税申告のため（受贈日＿＿＿＿年＿＿月＿＿日）
2　評価する土地等及び特定路線価を設定する道路の所在地、状況等	「別紙　特定路線価により評価する土地等及び特定路線価を設定する道路の所在地、状況等の明細書」のとおり
3　添付資料	(1)　物件案内図（住宅地図の写し） (2)　地形図(公図、実測図の写し) (3)　写真　　　撮影日＿＿＿＿年＿＿月＿＿日 (4)　その他　［　　　　　　　　　　　　　　　　］
4　連絡先	〒 住　所＿＿＿＿＿＿＿＿＿＿＿＿＿＿＿＿＿＿＿ 氏　名＿＿＿＿＿＿＿＿＿＿＿＿＿＿＿＿＿＿＿ 職　業＿＿＿＿＿＿＿＿＿電話番号＿＿＿＿＿＿
5　送付先	□　申出者に送付 □　連絡先に送付
＊　□欄には、該当するものにレ点を付してください。	

（資9－29－A4統一）

別紙　特定路線価により評価する土地等及び特定路線価を設定する道路の所在地、状況等の明細書

土地等の所在地 （住居表示）	〔　　　　　　　　　〕		〔　　　　　　　　　〕	
土地等の利用者名、 利用状況及び地積	（利用者名） （利用状況）	㎡	（利用者名） （利用状況）	㎡
道路の所在地				
道路の幅員及び奥行	（幅員）　　　　m	（奥行）　　　　m	（幅員）　　　　m	（奥行）　　　　m
舗装の状況	□舗装済　・　□未舗装		□舗装済　・　□未舗装	
道路の連続性	□通抜け可能 　　（□車の進入可能・□不可能） □行止まり 　　（□車の進入可能・□不可能）		□通抜け可能 　　（□車の進入可能・□不可能） □行止まり 　　（□車の進入可能・□不可能）	
道路のこう配	度		度	
上　　水　　道	□有 □無（□引込み可能・□不可能）		□有 □無（□引込み可能・□不可能）	
下　　水　　道	□有 □無（□引込み可能・□不可能）		□有 □無（□引込み可能・□不可能）	
都　市　ガ　ス	□有 □無（□引込み可能・□不可能）		□有 □無（□引込み可能・□不可能）	
用途地域等の制限	（　　　　　　　　　）地域 建蔽率（　　　　　　）％ 容積率（　　　　　　）％		（　　　　　　　　　）地域 建蔽率（　　　　　　）％ 容積率（　　　　　　）％	
その他（参考事項）				

（資９－30－Ａ４統一）

記載方法等

　この申出書は、課税の対象となる路線価地域内に存する土地等について、その土地等に接している道路に路線価が設定されていないため、路線価を基に評価することができない場合に、その土地等を評価するための路線価（特定路線価）の設定を申し出るときに使用します。

1　この申出書は、相続税、贈与税の申告のため、路線価の設定されていない道路のみに接している土地等を評価することが必要な場合に提出してください。

2　この申出書は、原則として、納税地を所轄する税務署に提出してください。

3　「特定路線価により評価する土地等」、「特定路線価を設定する道路」及び「特定路線価を設定する道路に接続する路線価の設定されている路線」の状況等がわかる資料（物件案内図、地形図、写真等）を添付してください。

4　「特定路線価により評価する土地等」及び「特定路線価を設定する道路」の所在地、状況等については、「別紙　特定路線価により評価する土地等及び特定路線価を設定する道路の所在地、状況等の明細書」に記載してください。

(1)　「土地等の所在地（住居表示）」欄には、「特定路線価により評価する土地等」の所在地を画地ごとに記載してください。

(2)　「土地等の利用者名、利用状況及び地積」欄には、その土地等の利用者名、利用状況及び地積を記載してください。土地等の利用状況については、「宅地（自用地)」、「宅地（貸地)」などと記載してください。

(3)　「道路の所在地」欄は、「特定路線価を設定する道路」の所在地の地番を記載してください。

(4)　「道路の幅員及び奥行」欄には、「特定路線価を設定する道路」の幅員及び「特定路線価を設定する道路に接続する路線価の設定されている路線」からその土地等の最も奥までの奥行距離を記載してください。

(5)　「舗装の状況」欄は、該当するものにレ点を付してください。

(6)　「道路の連続性」欄は、該当するものにレ点を付してください。

(7)　「道路のこう配」欄には、傾斜度を記載してください。

(8)　「上水道」、「下水道」、「都市ガス」欄は、該当するものにレ点を付してください。各欄の「引込み可能」とは、「特定路線価を設定する道路」に上下水道、都市ガスが敷設されている場合及び「特定路線価を設定する道路」にはないが、引込距離約50m程度のもので、容易に引込み可能な場合をいいます。

(9)　「用途地域等の制限」欄には、その土地等の存する地域の都市計画法による用途地域（例えば、第1種低層住居専用地域等）、建蔽率及び容積率を記載してください。

(10)　「その他（参考事項)」欄には、上記以外に土地の価格に影響を及ぼすと認められる事項がある場合に記載してください。

　(注)　この申出書を提出した場合でも、路線価を基に課税の対象となる土地等を評価することができるときには、特定路線価を設定しないことになりますので留意してください。

特定路線価設定申出書の提出チェックシート

フリガナ
申出者氏名：

「特定路線価設定申出書」を提出する場合には、次の事項のチェックをお願いします（原則として、「はい」が全て☑となった方のみ提出できます。）。

1　特定路線価の設定を必要とする年分の路線価は公開されていますか。

いいえ → 路線価の公開前に提出された場合には、路線価が公開された後の回答になります。

☐　はい

2　特定路線価の設定を必要とする理由は、相続税又は贈与税の申告のためのものですか。

いいえ → 相続税又は贈与税の申告以外の目的のためには、特定路線価を設定できません。

☐　はい

3　評価する土地等は、「路線価方式」により評価する地域（路線価地域）内にありますか。
※　財産評価基準書（路線価図・評価倍率表）で確認できます。

いいえ → 「倍率方式」により評価する地域内にある土地等は、固定資産税評価額に所定の倍率を乗じて評価します。

☐　はい

4　評価する土地等は、路線価の設定されていない道路のみに接している土地等ですか。

いいえ →

☐　はい

5　特定路線価を設定したい道路は、評価する土地等の利用者以外の人も利用する道路ですか。

いいえ →

☐　はい

6　特定路線価を設定したい道路は、建物の建築が可能な道路ですか。
※　都県又は市町村の部署（建築指導課等）で確認できます。

いいえ →

原則として、既存の路線価を基に画地調整等を行って評価します。
　例えば、下図の場合、評価対象地が路線価の設定されている道路に接しているので、その路線価を基に評価します。
　なお、評価方法など不明な点につきましては、相続税又は贈与税の納税地を管轄する税務署にご相談ください。
　相談の結果、「特定路線価設定申出書」を提出していただく場合もあります。
※　税務署での面接による相談は事前の予約が必要です。

☐　はい

★　特定路線価は、原則として「建築基準法上の道路等」に設定しています。
「建築基準法上の道路等」とは、
①　「建築基準法第42条第1項第1号～第5号又は第2項」に規定する道路
②　「建築基準法第43条第2項第1号又は第2号（平成30年9月25日改正前の建築基準法第43条第1項ただし書を含む。）」の適用を受けたことのある敷地に面する道をいいます。

以下のいずれかの税務署に「特定路線価設定申出書」を提出してください。
・特定路線価の評定を担当する税務署（詳細は裏面をご覧ください。）
・納税地を所轄する税務署（納税地は、相続税の場合は被相続人の住所地、贈与税の場合は受贈者の住所地となります。）
・評価する土地等の所在地を所轄する税務署

（注）1　このチェックシートは、「特定路線価設定申出書」と併せて提出してください。
　　　2　財産評価基準書（路線価図・評価倍率表）は国税庁ホームページ【www.rosenka.nta.go.jp】で確認できます。
　　　3　通常、回答までに1か月程度の期間を要します。

⒆　**私道の用に供されている宅地**（評基通24）

$$\boxed{路線価} \times \boxed{奥行価格補正率} \times \boxed{間口狭小補正率} \times \boxed{奥行長大補正率} = \boxed{1\,\text{m}^2\text{当たりの評価額}}$$

$$\boxed{1\,\text{m}^2\text{当たりの評価額}} \times \boxed{地\quad積} \times \frac{30}{100} = \boxed{評\quad価\quad額}$$

$$\left(\begin{array}{c}私道の\\しんしゃく割合\end{array}\right)$$

路　　線　　価	路線価図に1 m²当たりの価額が千円単位で表示されています。

地　　　　区	路線価図に次の記号で表示されています。

地　区　区　分	記　　　　　号
ビ　ル　街　地　区	⬡
高　度　商　業　地　区	⬭
繁　華　街　地　区	⯃
普通商業・併用住宅地区	◯
普　通　住　宅　地　区	無　　印
中　小　工　場　地　区	◇
大　工　場　地　区	▭

| 奥 行 距 離 | 実測図等により奥行距離を測定します。 |

※ 私道の持分1/4

| 奥 行 価 格 補 正 率 | 地区区分及び奥行距離に応じた奥行価格補正率を奥行価格補正率表から求めます。 |

奥行価格補正率 ＝ 　1.00

| 間 口 狭 小 補 正 率 | 地区区分及び間口距離に応じた間口狭小補正率を間口狭小補正率表から求めます。 |

間口狭小補正率表

地区区分 間口距離 m	ビル街 地 区	高度商業 地 区	繁 華 街 地 区	普通商業・ 併用住宅 地 区	普通住宅 地 区	中小工場 地 区	大 工 場 地 区
4 未満	—	0.85	0.90	0.90	0.90	0.80	0.80
4 以上 6 未満	—	0.94	1.00	0.97	0.94	0.85	0.85
6 〃 8 〃	—	0.97		1.00	0.97	0.90	0.90
8 〃 10 〃	0.95	1.00			1.00	0.95	0.95
10 〃 16 〃	0.97					1.00	0.97
16 〃 22 〃	0.98						0.98
22 〃 28 〃	0.99						0.99
28 〃	1.00						1.00

| 奥 行 長 大 補 正 率 | 地区区分及び間口距離に対する奥行距離の比率に応じた奥行長大補正率を奥行長大補正率表から求めます。 |

$$\frac{奥行距離}{間口距離} \Rightarrow \frac{20m}{4\,m} = \boxed{5}$$

奥行長大補正率表

地区区分 奥行距離 間口距離	ビル街 地 区	高度商業 地 区	繁 華 街 地 区	普通商業・ 併用住宅 地 区	普通住宅 地 区	中小工場 地 区	大 工 場 地 区
2 以上 3 未満	1.00		1.00		0.98	1.00	1.00
3 〃 4 〃			0.99		0.96	0.99	
4 〃 5 〃			0.98		0.94	0.98	
5 〃 6 〃			0.96		0.92	0.96	
6 〃 7 〃			0.94		0.90	0.94	
7 〃 8 〃			0.92			0.92	
8 〃			0.90			0.90	

奥行価格補正率表

地区区分　奥行距離 m	ビル街地区	高度商業地区	繁華街地区	普通商業・併用住宅地区	普通住宅地区	中小工場地区	大工場地区
4 未満	0.80	0.90	0.90	0.90	0.90	0.85	0.85
4 以上　6 未満		0.92	0.92	0.92	0.92	0.90	0.90
6 〃　8 〃	0.84	0.94	0.95	0.95	0.95	0.93	0.93
8 〃　10 〃	0.88	0.96	0.97	0.97	0.97	0.95	0.95
10 〃　12 〃	0.90	0.98	0.99	0.99	1.00	0.96	0.96
12 〃　14 〃	0.91	0.99	1.00	1.00		0.97	0.97
14 〃　16 〃	0.92	1.00				0.98	0.98
16 〃　20 〃	0.93					0.99	0.99
20 〃　24 〃	0.94					1.00	1.00
24 〃　28 〃	0.95				0.97		
28 〃　32 〃	0.96		0.98		0.95		
32 〃　36 〃	0.97		0.96	0.97	0.93		
36 〃　40 〃	0.98		0.94	0.95	0.92		
40 〃　44 〃	0.99		0.92	0.93	0.91		
44 〃　48 〃	1.00		0.90	0.91	0.90		
48 〃　52 〃		0.99	0.88	0.89	0.89		
52 〃　56 〃		0.98	0.87	0.88	0.88		
56 〃　60 〃		0.97	0.86	0.87	0.87		
60 〃　64 〃		0.96	0.85	0.86	0.86	0.99	
64 〃　68 〃		0.95	0.84	0.85	0.85	0.98	
68 〃　72 〃		0.94	0.83	0.84	0.84	0.97	
72 〃　76 〃		0.93	0.82	0.83	0.83	0.96	
76 〃　80 〃		0.92	0.81	0.82			
80 〃　84 〃		0.90	0.80	0.81	0.82	0.93	
84 〃　88 〃		0.88		0.80			
88 〃　92 〃		0.86			0.81	0.90	
92 〃　96 〃	0.99	0.84					
96 〃　100 〃	0.97	0.82					
100 〃	0.95	0.80			0.80		

| 評 価 額 の 計 算 | 次の算式で評価します。

路線価　　　奥行価格補正率　　間口狭小補正率　　奥行長大補正率　　私道の　　　　1㎡あたりの
　　　　　　　　　　　　　　　　　　　　　　　　　　　　　　　しんしゃく割合　　評価額
390,000円×　　　1.00　　×　　0.94　　×　　0.92　　×　　0.3　　＝　101,181円

1㎡当たりの評価額　　　地積　　　　　持分
　　101,181円　　×　　80㎡　　×　　$\frac{1}{4}$　　＝　　2,023,620円

チェックポイント13

特定路線価の付されている私道の評価

　特定路線価の付されている私道については、特定路線価の30％の価額で評価することができます。

土地及び土地の上に存する権利の評価明細書（第1表）

			○○ 局(所) ×× 署	6 年分 ×××××	ページ

（令和六年分以降用）

（住居表示）	（××区○○○1-11-3）	住　所（所在地）	××区○○○1-11-3	住　所（所在地）	同左
所在地番	××区○○○1-15	所有者 氏　名（法人名）	大手　一郎	使用者 氏　名（法人名）	同左

地　　目	地　積		路　　線　　価				地形図及び参考事項
(宅地) 山林 田 雑種地 畑 ( )	80 × 1/4 ㎡		正　面 390,000 円	側　方 円	側　方 円	裏　面 円	

地形図：4m、20m

間口距離	4 m	利用区分	自用地 ・ 私　道 貸宅地 ・ 貸家建付借地権 貸家建付地 ・ 転貸借地権 借地権 ・ ( )	地区区分	ビル街地区　普通住宅地区 高度商業地区　中小工場地区 繁華街地区　大工場地区 普通商業・併用住宅地区
奥行距離	20 m				

			(1㎡当たりの価額) 円	
自用地1平方メートル当たりの価額	**1　一路線に面する宅地** （正面路線価）　　　　（奥行価格補正率） 390,000 円 × 1.00		390,000	A
	2　二路線に面する宅地 （A）　［側方・裏面 路線価］（奥行価格補正率）［側方・二方 路線影響加算率］ 円 ＋ (円 × 0.)		(1㎡当たりの価額) 円	B
	3　三路線に面する宅地 （B）　［側方・裏面 路線価］（奥行価格補正率）［側方・二方 路線影響加算率］ 円 ＋ (円 × 0.)		(1㎡当たりの価額) 円	C
	4　四路線に面する宅地 （C）　［側方・裏面 路線価］（奥行価格補正率）［側方・二方 路線影響加算率］ 円 ＋ (円 × 0.)		(1㎡当たりの価額) 円	D
	5-1　間口が狭小な宅地等 （AからDまでのうち該当するもの）（間口狭小補正率）（奥行長大補正率） 390,000 円 × (0.94 × 0.92)		(1㎡当たりの価額) 円 337,272	E
	5-2　不　整　形　地 （AからDまでのうち該当するもの）　　不整形地補正率※ 円 × 0. ※不整形地補正率の計算 （想定整形地の間口距離）（想定整形地の奥行距離）（想定整形地の地積） m × m = ㎡ （想定整形地の地積）（不整形地の地積）（想定整形地の地積）（かげ地割合） (㎡ － ㎡) ÷ ㎡ = ％ （不整形地補正率表の補正率）（間口狭小補正率）（小数点以下2位未満切捨て） 0. × = 0. ① （奥行長大補正率）（間口狭小補正率） 0. × = 0. ② ［不整形地補正率　①、②のいずれか低い率、0.6を下限とする。］ 0.		(1㎡当たりの価額) 円	F
	6　地積規模の大きな宅地 （AからFまでのうち該当するもの）　規模格差補正率※ 円 × 0. ※規模格差補正率の計算 （地積（Ⓐ））（Ⓑ）（Ⓒ）（地積（Ⓐ）） {(㎡ × ＋) ÷ ㎡ } × 0.8 = 0. （小数点以下2位未満切捨て）		(1㎡当たりの価額) 円	G
	7　無　道　路　地 （F又はGのうち該当するもの）　（※） 円 × (1 － 0.) ※割合の計算（0.4を上限とする。）（F又はGのうち該当するもの） （正面路線価）（通路部分の地積）（評価対象地の地積） 円 × ㎡) ÷ (円 × ㎡) = 0.		(1㎡当たりの価額) 円	H
	8-1　がけ地等を有する宅地　〔南　、東　、西　、北　〕 （AからHまでのうち該当するもの）（がけ地補正率） 円 × 0.		(1㎡当たりの価額) 円	I
	8-2　土砂災害特別警戒区域内にある宅地 （AからHまでのうち該当するもの）　特別警戒区域補正率※ 円 × 0. ※がけ地補正率の適用がある場合の特別警戒区域補正率の計算（0.5を下限とする。） 〔南　、東　、西　、北　〕 （特別警戒区域補正率表の補正率）（がけ地補正率）（小数点以下2位未満切捨て） 0. × 0. = 0.		(1㎡当たりの価額) 円	J
	9　容積率の異なる2以上の地域にわたる宅地 （AからJまでのうち該当するもの）（控除割合（小数点以下3位未満四捨五入）） 円 × (1 － 0.)		(1㎡当たりの価額) 円	K
	10　私　　　道 （AからKまでのうち該当するもの） 337,272 円 × 0.3		(1㎡当たりの価額) 円 101,181	L

自用地の評価額	自用地1平方メートル当たりの価額 （AからLまでのうちの該当記号） (L) 101,181 円	地　積 80 × 1/4 ㎡	総　　額 （自用地1㎡当たりの価額）×（地積） 2,023,620 円	M

（注）1　5-1の「間口が狭小な宅地等」と5-2の「不整形地」は重複して適用できません。
　　　2　5-2の「不整形地」の「AからDまでのうち該当するもの」欄の価額について、AからDまでの欄で計算できない場合には、（第2表）の「備考」欄等で計算してください。
　　　3　「がけ地等を有する宅地」であり、かつ、「土砂災害特別警戒区域内にある宅地」である場合については、8-1の「がけ地等を有する宅地」欄ではなく、8-2の「土砂災害特別警戒区域内にある宅地」欄で計算してください。

（資4－25－1－A4統一）

【設例　9】

私道の用に供されている宅地の評価

(問)

1　倍率地域にある私道の用に供されている宅地はどのように評価しますか。

2　専用利用している路地状敷地についてはどのように評価しますか。

(答)

1　専ら特定の者の通行の用に供されている宅地（私道）の価額は、その宅地が私道でないものとして評価した価額の30％相当額で評価します。

　そのため、私道の固定資産税評価額が私道であることを考慮して付されている場合には、その宅地が私道でないものとした場合の固定資産税評価額に倍率を乗じて評価した価額の30％相当額で評価します。

　なお、その私道が不特定多数の者の通行の用に供されているときは、その私道の価額は評価しません。

2　次の図のAの部分のように、宅地Bへの通路として専用利用している路地状敷地については、私道として評価することはせず、隣接する宅地Bとともに1画地の宅地として評価します。

【設例　10】

不特定多数の者の通行の用に供されている私道

(問)

1　私道が不特定多数の者の通行の用に供されているときは、その私道の価額は評価しないことになっていますが、具体的にはどのようなものをいうのですか。

2　幅員2m程度で通り抜けできる私道は、財産評価基本通達24に定める不特定多数の者の通行の用に供されている私道に該当しますか。

(答)

1　「不特定多数の者の通行の用に供されている私道」の具体例としては、次のようなものがあります。

⑴　公道と公道に接続し、不特定多数の者の通行の用に供されている、いわゆる通り抜け私道

⑵　行き止まりの私道であるが、その私道を通行して不特定多数の者が地域等の集会所、地域センター及び公園などの公共施設や商店街等へ出入りしている場合などにおけるその私道

⑶　私道の一部に公共バスの転回場や停留所が設けられており、不特定多数の者が利用している場合などのその私道

2　不特定多数の者の通行の用に供されている私道とは、上記のようにある程度の公共性が認められるものであることが必要ですが、道路の幅員の大小によって区別するものではありません。

⒇　**無道路地**（評基通20－3）

| 路線価 | × | 奥行価格補正率 | × | 不整形地補正率 | ＝ | 1㎡当たりの評価額 | …………………① |

| 路線価 | × | 奥行価格補正率 | × | 間口狭小補正率 | × | 奥行長大補正率 | ＝ | 1㎡当たりの評価額 | ……② |

①又は②のいずれか低い方の価額

| 1㎡当たりの評価額 | × | 地　　　積 | ＝ | 不整形地としての価額 |

※　無道路地が「地積規模の大きな宅地の評価」（評基通20－2）に定める要件を満たす場合には、規模格差補正をした後の価額

| 不整形地としての価額 | － | 無道路地のしんしゃく | ＝ | 評　　価　　額 |

※不整形地としての価額の100分の40の範囲内

| 路　　線　　価 | 路線価図に1㎡当たりの価額が千円単位で表示されています。 |

| 地　　　　　区 | 路線価図に次の記号で表示されています。 |

地　区　区　分	記　　　　　　号
ビ　ル　街　地　区	⬡
高　度　商　業　地　区	⬭
繁　華　街　地　区	⯃
普通商業・併用住宅地区	◯
普　通　住　宅　地　区	無　　　印
中　小　工　場　地　区	◇
大　工　場　地　区	▭

奥　行　距　離

実測図等から奥行距離を測定します。

奥 行 価 格 補 正 率

　地区区分及び奥行距離に応じた奥行価格補正率を奥行価格補正率表から求めます。

　奥行価格補正の仕方については、42ページ以下を参照してください。

X部分の奥行価格補正率＝　0.91
Y部分の奥行価格補正率＝　1.00

※　Y部分の奥行距離が短いために奥行価格補正率が1.00未満となる場合には、奥行価格補正率表に掲げる率によらずに、原則として1.00として計算します。（45ページ参照）

　X・Y全体の価額からY部分の価額を控除して、不整形地補正率等適用前の評価対象地の価額を計算します。

奥行価格補正率表

地区区分 奥行距離 m	ビル街地区	高度商業地区	繁華街地区	普通商業・併用住宅地区	普通住宅地区	中小工場地区	大工場地区
4 未満	0.80	0.90	0.90	0.90	0.90	0.85	0.85
4 以上　6 未満		0.92	0.92	0.92	0.92	0.90	0.90
6 〃　8 〃	0.84	0.94	0.95	0.95	0.95	0.93	0.93
8 〃　10 〃	0.88	0.96	0.97	0.97	0.97	0.95	0.95
10 〃　12 〃	0.90	0.98	0.99	0.99	1.00	0.96	0.96
12 〃　14 〃	0.91	0.99	1.00	1.00		0.97	0.97
14 〃　16 〃	0.92	1.00				0.98	0.98
16 〃　20 〃	0.93					0.99	0.99
20 〃　24 〃	0.94					1.00	1.00
24 〃　28 〃	0.95				0.97		
28 〃　32 〃	0.96		0.98		0.95		
32 〃　36 〃	0.97		0.96	0.97	0.93		
36 〃　40 〃	0.98		0.94	0.95	0.92		
40 〃　44 〃	0.99		0.92	0.93	0.91		
44 〃　48 〃	1.00		0.90	0.91	0.90		
48 〃　52 〃		0.99	0.88	0.89	0.89		
52 〃　56 〃		0.98	0.87	0.88	0.88		
56 〃　60 〃		0.97	0.86	0.87	0.87		
60 〃　64 〃		0.96	0.85	0.86	0.86	0.99	
64 〃　68 〃		0.95	0.84	0.85	0.85	0.98	
68 〃　72 〃		0.94	0.83	0.84	0.84	0.97	
72 〃　76 〃		0.93	0.82	0.83	0.83	0.96	
76 〃　80 〃		0.92	0.81	0.82			
80 〃　84 〃		0.90	0.80	0.81	0.82	0.93	
84 〃　88 〃		0.88		0.80			
88 〃　92 〃		0.86			0.81	0.90	
92 〃　96 〃	0.99	0.84					
96 〃　100 〃	0.97	0.82					
100 〃	0.95	0.80			0.80		

間 口 狭 小 補 正 率

地区区分及び接道義務に基づく間口距離に応じた間口狭小補正率を間口狭小補正率表から求めます。

（参考）接道義務（東京都建築安全条例の場合）		
道路までの距離	20m以下のもの	20mを超えるもの
道　路　幅	2 m	3 m

間口狭小補正率表

地区区分／間口距離 m	ビル街地区	高度商業地区	繁華街地区	普通商業・併用住宅地区	普通住宅地区	中小工場地区	大工場地区
4 未満	—	0.85	0.90	0.90	0.90	0.80	0.80
4以上 6 未満	—	0.94	1.00	0.97	0.94	0.85	0.85
6 〃 8 〃	—	0.97		1.00	0.97	0.90	0.90
8 〃 10 〃	0.95	1.00			1.00	0.95	0.95
10 〃 16 〃	0.97					1.00	0.97
16 〃 22 〃	0.98						0.98
22 〃 28 〃	0.99						0.99
28 〃	1.00						1.00

不 整 形 地 補 正 率

次の算式でかげ地割合を計算します。

（算式）

$$\text{「かげ地割合」} = \frac{\text{想定整形地の地積} - \text{評価対象地の地積}}{\text{想定整形地の地積}}$$

評価対象地　400㎡
想定整形地　800㎡

$$\text{かげ地割合} = \frac{800㎡ - 400㎡}{800㎡} = 50.0\%$$

地区区分及び地積に応じた地積区分を求め、地区区分、地積区分及びかげ地割合に応ずる不整形地補正率を不整形地補正率表から求めます。更に接道距離に応じた間口狭小補正率を乗じて不整形地補正率を計算します。

不整形地補正率　　間口狭小補正率
　0.79　　×　　0.90　　≒0.71（小数点以下 2 位未満切捨て）
　　　　　　　　　　※　0.60を限度とします。

不整形地補正率を算定する際の地積区分表

地区区分 ＼ 地積区分	A	B	C
高 度 商 業 地 区	1,000㎡未満	1,000㎡以上 1,500㎡未満	1,500㎡以上
繁 華 街 地 区	450㎡ 〃	450㎡以上 700㎡未満	700㎡ 〃
普通商業・併用住宅地区	650㎡ 〃	650㎡以上 1,000㎡未満	1,000㎡ 〃
普 通 住 宅 地 区	500㎡ 〃	500㎡以上 750㎡未満	750㎡ 〃
中 小 工 場 地 区	3,500㎡ 〃	3,500㎡以上 5,000㎡未満	5,000㎡ 〃

評価対象地の地積400㎡

不整形地補正率表

かげ地割合 ＼ 地積区分	高度商業地区、繁華街地区、普通商業・併用住宅地区、中小工場地区			普 通 住 宅 地 区		
	A	B	C	A	B	C
10% 以 上	0.99	0.99	1.00	0.98	0.99	0.99
15% 〃	0.98	0.99	0.99	0.96	0.98	0.99
20% 〃	0.97	0.98	0.99	0.94	0.97	0.98
25% 〃	0.96	0.98	0.99	0.92	0.95	0.97
30% 〃	0.94	0.97	0.98	0.90	0.93	0.96
35% 〃	0.92	0.95	0.98	0.88	0.91	0.94
40% 〃	0.90	0.93	0.97	0.85	0.88	0.92
45% 〃	0.87	0.91	0.95	0.82	0.85	0.90
50% 〃	0.84	0.89	0.93	0.79	0.82	0.87
55% 〃	0.80	0.87	0.90	0.75	0.78	0.83
60% 〃	0.76	0.84	0.86	0.70	0.73	0.78
65% 〃	0.70	0.75	0.80	0.60	0.65	0.70

奥 行 長 大 補 正 率

地区区分及び間口距離に対する奥行距離の比率に応じた奥行長大補正率を奥行長大補正率表から求めます。

$$\frac{奥行距離}{間口距離} \Rightarrow \frac{40m}{2\,m} = \boxed{20}$$

奥行長大補正率表

地区区分 奥行距離 間口距離	ビル街 地　区	高度商業 地　区	繁　華　街 地　区	普通商業・ 併用住宅 地　区	普通住宅 地　区	中小工場 地　区	大 工 場 地　区
2以上3未満	1.00		1.00		0.98	1.00	1.00
3 〃 4 〃			0.99		0.96	0.99	
4 〃 5 〃			0.98		0.94	0.98	
5 〃 6 〃			0.96		0.92	0.96	
6 〃 7 〃			0.94		0.90	0.94	
7 〃 8 〃			0.92			0.92	
8 〃			0.90			0.90	

不整形地の価額の計算

次の算式で計算した価額のうち、いずれか低い方の価額を不整形地としての価額とします。

奥行価格補正後の価額　　　　　　　　不整形地補正率
　114,800,000円　　　　×　　　　　0.71
　＝81,508,000円……………………………………………①

奥行価格補正後の価額　間口狭小補正率　奥行長大補正率
　114,800,000円　　×　　0.90　　×　　0.90
　＝92,988,000円…………………………………………②
①**81,508,000円**＜②92,988,000円
※　評価対象地は「地積規模の大きな宅地の評価」に定める面積要件を満たしていないため、規模格差補正率を適用することができません。

無道路地のしんしゃく

建築基準法、東京都建築安全条例等に定められている道路に接すべき距離を調べ、最小限度の通路を設けるとした場合のその通路に相当する面積を計算します。その面積に路線価を乗じ、通路部分の価額を計算します。

通路に相当する面積
　2 m×20m＝40㎡
　路線価　　通路に相当する面積
350,000円×　　40㎡
　通路部分に相当する価額
＝　　14,000,000円…①
※　①の価額は、不整形地としての価額の40%を限度とします。
①＜81,508,000円×0.4

| 評　価　額　の　計　算 | 不整形地としての価額から、無道路地のしんしゃく額を控除して評価額を計算します。 |

不整形地としての価額　　無道路地のしんしゃく額　　　評価額
81,508,000円　　　－　　　14,000,000円　　　＝67,508,000円

土地及び土地の上に存する権利の評価明細書（第1表）

					○○局(所)　××署　6年分　××××ページ	

(住居表示)	(××区○○1-36-3)	住所(所在地)	××区○○1-36-3	使用者	住所(所在地)	同左
所在地番	××区○○1-36	氏名(法人名)所有者	大手 一郎		氏名(法人名)	同左

地目	地積	路　　線　　価				地形図及び参考事項
(宅地)山林 田 雑種地 畑 ( )	400㎡	正面 350,000円	側方 円	側方 円	裏面 円	

間口距離 (2) m
奥行距離 40 m

利用区分：(自用地) 貸宅地 貸家建付地 借地権 貸家建付借地権 転貸借地権 借地権 ( )
地区区分：ビル街地区 (普通住宅地区) 高度商業地区 中小工場地区 繁華街地区 大工場地区 普通商業・併用住宅地区

自用地1平方メートル当たりの価額		(1㎡当たりの価額)	
1 一路線に面する宅地 (正面路線価) (奥行価格補正率) (地積) 350,000円 × 0.91 × 800㎡		X・Y全体の価額 254,800,000 円	A
2 二路線に面する宅地 (A) [側方・裏面 路線価] (奥行価格補正率) [側方・二方 路線影響加算率] (地積) 350,000円 ＋ (円 × 1.00 × 0.) 400㎡		Y部分の価額 140,000,000 円	B
3 三路線に面する宅地 (B) [側方・裏面 路線価] (奥行価格補正率) [側方・二方 路線影響加算率] 円 ＋ (円 × . × 0.)		奥行価格補正後の価額 A-B 114,800,000 円	C
4 四路線に面する宅地 (C) [側方・裏面 路線価] (奥行価格補正率) [側方・二方 路線影響加算率] 円 ＋ (円 × . × 0.)		(1㎡当たりの価額) 円	D
5-1 間口が狭小な宅地等 (AからDまでのうち該当するもの) (間口狭小補正率) (奥行長大補正率) 円 × (. × .)		(1㎡当たりの価額) 円	E
5-2 不整形地 (AからDまでのうち該当するもの) 不整形地補正率※ 114,800,000円 × 0.71 ※不整形地補正率の計算 (想定整形地の間口距離) (想定整形地の奥行距離) (想定整形地の地積) 20 m × 40 m = 800㎡ (想定整形地の地積) (不整形地の地積) (想定整形地の地積) (かげ地割合) (800㎡ － 400㎡) ÷ 800㎡ = 50.0% (不整形地補正率表の補正率) (間口狭小補正率) (小数点以下2位未満切捨て) [不整形地補正率] 0.79 × 0.90 = 0.71 ① [①、②のいずれか低い率、0.6を下限とする。] (奥行長大補正率) (間口狭小補正率) 0.90 × 0.90 = 0.81 ② 0.71		(1㎡当たりの価額) 円 不整形地補正後の価額 81,508,000	F
6 地積規模の大きな宅地 (AからFまでのうち該当するもの) 規模格差補正率※ 円 × 0. ※規模格差補正率の計算 (地積(Ⓐ)) (Ⓑ) (Ⓒ) (地積(Ⓐ)) (小数点以下2位未満切捨て) (㎡× +) ÷ ㎡ × 0.8 = 0.		(1㎡当たりの価額) 円	G
7 無道路地 (F又はGのうち該当するもの) (※) 円 × (1 － 0.) ※割合の計算(0.4を上限とする。) (正面路線価) (通路部分の地積) (F又はGのうち該当するもの) (評価対象地の地積) (350,000円 × 40㎡) ÷ (81,508,000円 × ㎡) = 0.171		(1㎡当たりの価額) 円 通路部分の価額 14,000,000	H
8-1 がけ地等を有する宅地 〔 南 、東 、西 、北 〕 (AからHまでのうち該当するもの) (がけ地補正率) 円 × 0.		(1㎡当たりの価額) 円	I
8-2 土砂災害特別警戒区域内にある宅地 (AからHまでのうち該当するもの) 特別警戒区域補正率※ 円 × 0. ※がけ地補正率の適用がある場合の特別警戒区域補正率の計算(0.5を下限とする。) 〔 南 、東 、西 、北 〕 (特別警戒区域補正率表の補正率) (がけ地補正率) (小数点以下2位未満切捨て) 0. × 0. = 0.		(1㎡当たりの価額) 円	J
9 容積率の異なる2以上の地域にわたる宅地 (AからJまでのうち該当するもの) (控除割合(小数点以下3位未満四捨五入)) 円 × (1 － 0.)		(1㎡当たりの価額) 円	K
10 私道 (AからKまでのうち該当するもの) 円 × 0.3		(1㎡当たりの価額) 円	L

自用地の評価額	自用地1平方メートル当たりの価額 (AからLまでのうちの該当記号)	地積	総額 (自用地1㎡当たりの価額) × (地積)	
	( ) 円	㎡	F-H 67,508,000 円	M

(注) 1　5-1の「間口が狭小な宅地等」と5-2の「不整形地」は重複して適用できません。
　　2　5-2の「不整形地」の「AからDまでのうち該当するもの」欄の価額について、AからDまでの欄で計算できない場合には、（第2表）の「備考」欄で計算してください。
　　3　「がけ地等を有する宅地」であり、かつ、「土砂災害特別警戒区域内にある宅地」である場合については、8-1の「がけ地等を有する宅地」欄ではなく、8-2の「土砂災害特別警戒区域内にある宅地」欄で計算してください。

(資4-25-1-A4統一)

【設例　11】

接道義務を満たしていない宅地の評価

(**問**)　次のように間口距離が短く接道義務を満たしていない宅地はどのように評価しますか。

(**答**)　通路部分を拡幅しなければ、建物の建築が著しく制限される宅地なので、無道路地に準じた評価を行います。なお、無道路地として評価する際に控除する通路に相当する部分の価額は、通路拡幅のための費用相当額（正面路線価に通路拡幅地積を乗じた価額）とします。

(計算例)

1　評価対象他（①）の奥行価格補正後の価額

(1)　評価対象地（①）と前面宅地（②）を合わせた土地の奥行価格補正後の価額

$$\underset{\text{路線価}}{100,000円} \times \underset{\substack{\text{奥行距離25mに応ずる}\\\text{奥行価格補正率}}}{0.97} \times \underset{\substack{\text{①＋②の地積}}}{375㎡} = 36,375,000円$$

(2)　前面宅地（②）の奥行価格補正後の価額

$$\underset{\text{路線価}}{100,000円} \times \underset{\substack{\text{奥行距離5mに応ずる}\\\text{奥行価格補正率}}}{1.00(※)} \times \underset{\substack{\text{前面宅地（②）の地積}}}{70㎡} = 7,000,000円$$

※　奥行距離が5mの場合の奥行価格補正率は「0.92」ですが、「0.92」とすると前記(1)の評価対象地（①）と前面宅地（②）を合わせた整形地の奥行価格補正後の単価より、道路に接する部分が欠落している不整形地の奥行価格補正後の単価が高くなり不合理なので、このように前面宅地の奥行距離が短いため奥行価格補正率が1.00未満となる

　　場合においては、当該奥行価格補正率は1.00とします。

　　　ただし、前記(1)の評価対象地（①）と前面宅地（②）を合わせて評価する場合において、奥行距離が短いため奥行価格補正率が1.00未満の数値となるときには、前面宅地（②）の奥行価格補正率もその数値とします。

(3)　(1)の価額から(2)の価額を控除して求めた評価対象地（①）の奥行価格補正後の価額

　　　①＋②の価額　　②の価額　　①の奥行価格補正後の価額
　　　36,375,000円－7,000,000円＝　　29,375,000円(X)

2　不整形地補正（又は間口狭小・奥行長大補正）後の価額

　　不整形地補正率0.96（普通住宅地区　地積区分A　かげ地割合18.67％）

$$
かげ地割合 = \frac{375㎡（想定整形地の地積） - 305㎡（評価対象地の地積）}{375㎡（想定整形地の地積）} \fallingdotseq 18.67\%
$$

　　間口狭小補正率0.90（通路拡幅後の間口距離2mに対するもの）

　　奥行長大補正率0.90（通路拡幅後の間口距離2m・奥行距離25mに対するもの）

　　不整形地　　間口狭小　　小数点以下2位　　間口狭小　　奥行長大
　　補正率　　　補正率　　　未満切捨て　　　　補正率　　　補正率
　　0.96　×　0.90　＝　　　0.86　＞　0.90　×　0.90　＝0.81

　　　　　　　　　　　　　　　間口狭小・奥
　　①の奥行価格補正後の価額　行長大補正率
　　　29,375,000円(X)　　×　　0.81　＝23,793,750円(Y)

　　※　評価対象地は「地積規模の大きな宅地の評価」に定める面積要件を満たしていないため、規模格差補正率を適用することができません。

3　通路拡幅部分の価額

　　　路線価　　　通路部分の地積　　　　　　　　　　限度額
　　100,000円×　　　5㎡　　＝500,000円(Z)　＜　23,793,750円(Y)×0.4

4　評価額

　　　奥行長大等補正後の①の価額　通路拡幅部分の価額　評価対象地①の評価額
　　　23,793,750円(Y)　　－　　500,000円(Z)　＝　　23,293,750円

【設例　12】

河川を隔てて道路がある宅地の評価

(問)　次の図のように、河川に橋を架設して道路に接している宅地（A）は、どのように評価しますか。

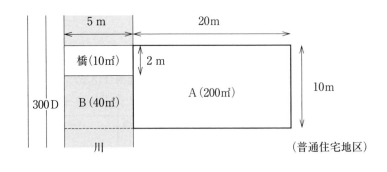

(答)　A、B及び橋の部分を一体として評価した価額からB及び橋の部分の価額を差し引き、その後の価額にB及び橋の部分をかげ地として不整形地補正等を行います。

(1)　A、B及び橋の部分を一体として評価した価額

　　　　　　　　　　　　　奥行距離25mに応ずる
　　　　正面路線価　　　奥行価格補正率　　　　地積
　　　　300,000円 ×　　　　0.97　　　　×250㎡＝72,750,000円

(2)　B及び橋の部分の奥行価格補正後の価額

　　　　　　　　　　　　　奥行距離5mに応ずる
　　　　正面路線価　　　奥行価格補正率　　　　地積
　　　　300,000円 ×　　　　1.00（※）　　　×50㎡＝15,000,000円

　　※　奥行距離が5mの場合の奥行価格補正率は0.92ですが、0.92とするとA、B及び橋の部分を一体として評価した単価よりA部分の単価が高くなり不合理なので、奥行価格補正率を1.00とします。
　　　　ただし、A、B及び橋の部分を合わせて評価する場合において、奥行距離が短いため奥行価格補正率が1.00未満の数値となるときは、B及び橋の部分の奥行価格補正率もその数値とします。

(3)　(1)－(2)

　　72,750,000円－15,000,000円＝57,750,000円

(4)　B及び橋の部分をかげ地として不整形地補正率を算出

　　不整形地補正率＝0.94（不整形地補正率）×0.90（間口狭小補正率）＝0.84
　　（かげ地割合＝50／250＝20%・地積区分　A）

(5)　橋の部分の幅員をAの間口として間口狭小補正率、奥行長大補正率を算出

　　0.90（間口狭小補正率）×0.90（奥行長大補正率）＝0.81

(6)　Aの評価額　(4)と(5)のいずれか低い率を適用

　　57,750,000円×0.81＝46,777,500円

　なお、橋が架設されていない場合には、上記の評価を行った後に通路に相当する部分の価額を控除しますが、その価額は接道義務を満たす最低限の幅の橋の架設費用相当額（<u>不整形地補正した後の価額の40％相当額</u>を限度とします。）とします。

⑵1　**がけ地等を有する宅地**（評基通20−5）

| 路線価 | × | 奥行価格補正等の画地調整 | × | がけ地補正率 | = | 1㎡当たりの評価額 |

| 1㎡当たりの評価額 | × | 地　　　積 | = | 評　価　額 |

| 路　　線　　価 |

路線価図に1㎡当たりの価額が千円単位で表示されています。

| 地　　　　　区 |

路線価図に次の記号で表示されています。

地　区　区　分	記　　　　号
ビ　ル　街　地　区	⬡
高　度　商　業　地　区	⬯
繁　華　街　地　区	⯃
普通商業・併用住宅地区	◯
普　通　住　宅　地　区	無　　印
中　小　工　場　地　区	◇
大　工　場　地　区	▭

※　がけ地等を有する宅地の評価に加えて土砂災害特別警戒区域内にある宅地の評価（評基通20−6）をする場合については、204ページを参照してください。

| 奥　行　距　離 | 実測図等から奥行距離を測定します。 |

| 奥 行 価 格 補 正 率 | 地区区分及び奥行距離に応じた奥行価格補正率を奥行 |

価格補正率表から求めます。

奥行価格補正率＝　0.95

| が　け　地　補　正　率 | 斜面の方位を確認します。がけ地の方位は斜面の向き |

によります。

北

がけ地　　　　　　　　　　　　　　道路

㊟　評価対象地は土砂災害特別警戒区域内にないものとします。

上図の場合は北斜面になります。

奥行価格補正率表

奥行距離 m（地区区分）	ビル街地区	高度商業地区	繁華街地区	普通商業・併用住宅地区	普通住宅地区	中小工場地区	大工場地区
4未満	0.80	0.90	0.90	0.90	0.90	0.85	0.85
4以上 6未満		0.92	0.92	0.92	0.92	0.90	0.90
6 〃 8 〃	0.84	0.94	0.95	0.95	0.95	0.93	0.93
8 〃 10 〃	0.88	0.96	0.97	0.97	0.97	0.95	0.95
10 〃 12 〃	0.90	0.98	0.99	0.99	1.00	0.96	0.96
12 〃 14 〃	0.91	0.99	1.00	1.00		0.97	0.97
14 〃 16 〃	0.92	1.00				0.98	0.98
16 〃 20 〃	0.93					0.99	0.99
20 〃 24 〃	0.94					1.00	1.00
24 〃 28 〃	0.95				0.97		
28 〃 32 〃	0.96		0.98		0.95		
32 〃 36 〃	0.97		0.96	0.97	0.93		
36 〃 40 〃	0.98		0.94	0.95	0.92		
40 〃 44 〃	0.99		0.92	0.93	0.91		
44 〃 48 〃	1.00		0.90	0.91	0.90		
48 〃 52 〃		0.99	0.88	0.89	0.89		
52 〃 56 〃		0.98	0.87	0.88	0.88		
56 〃 60 〃		0.97	0.86	0.87	0.87		
60 〃 64 〃		0.96	0.85	0.86	0.86	0.99	
64 〃 68 〃		0.95	0.84	0.85	0.85	0.98	
68 〃 72 〃		0.94	0.83	0.84	0.84	0.97	
72 〃 76 〃		0.93	0.82	0.83	0.83	0.96	
76 〃 80 〃		0.92	0.81	0.82			
80 〃 84 〃		0.90	0.80	0.81	0.82	0.93	
84 〃 88 〃		0.88		0.80			
88 〃 92 〃		0.86			0.81	0.90	
92 〃 96 〃	0.99	0.84					
96 〃 100 〃	0.97	0.82					
100 〃	0.95	0.80			0.80		

がけ地の方位は斜面の向きによります。

南斜面

北斜面

東斜面

西斜面

　次の算式でがけ地地積の総地積に占める割合を計算します。

（算式）　　がけ地地積÷総地積

←17m→

28m

6 m　　北斜面

がけ地部分

102㎡÷476㎡≒0.21

　がけ地の方位と上記の割合に応じたがけ地補正率をがけ地補正率表から求めます。

がけ地補正率表

がけ地地積／総地積＼がけ地の方位	南	東	西	北
0.10以上	0.96	0.95	0.94	0.93
0.20 〃	0.92	0.91	0.90	0.88
0.30 〃	0.88	0.87	0.86	0.83
0.40 〃	0.85	0.84	0.82	0.78
0.50 〃	0.82	0.81	0.78	0.73
0.60 〃	0.79	0.77	0.74	0.68
0.70 〃	0.76	0.74	0.70	0.63
0.80 〃	0.73	0.70	0.66	0.58
0.90 〃	0.70	0.65	0.60	0.53

評　価　額　の　計　算

　路線価に奥行価格補正率等を乗じて、更にがけ地補正率を乗じて１㎡当たりの評価額を求め、地積を乗じて評価額を計算します。

　　　　　路線価　　　奥行価格補正率　　がけ地補正率　　1㎡当たりの評価額
　　　400,000円×　　　　0.95　　　　×　　　0.88　　　＝　　　334,400円

　　　1㎡当たりの評価額　　　　　　　地積　　　　　　　　　評価額
　　　　334,400円　　　　×　　　476㎡　　＝　　　159,174,400円

土地及び土地の上に存する権利の評価明細書（第1表）

		○○ 局(所) ×× 署	6 年分	×××××ページ

（住居表示）	（××区○○1-30-3）	住　所 (所在地)	××区○○1-30-3	使用者	住　所 (所在地)	同左
所在地番	××区○○1-30	氏　名 (法人名)	大手　一郎		氏　名 (法人名)	同左

（令和六年分以降用）

地　目	地　積		路　　　線　　　価				地形図及び参考事項
(宅 地) 山 林 田 畑 雑種地 ( )	476 ㎡	正　面 400,000 円	側　方 円	側　方 円	裏　面 円		←17m→ 28m

間口距離	17 m	利用区分	自 用 地　私　道 貸 宅 地　貸家建付借地権 貸家建付地　転 貸 借 地 権 借 地 権　( )	地区区分	ビル街地区　普通住宅地区 高度商業地区　中小工場地区 繁華街地区　大 工 場 地 区 普通商業・併用住宅地区	がけ地部分 $\dfrac{102㎡}{476㎡}=0.21$
奥行距離	28 m					

自用地1平方メートル当たりの価額	1　一路線に面する宅地 　（正面路線価）　　　　　　　　（奥行価格補正率） 　　400,000 円 ×　　　0.95				（1㎡当たりの価額） 380,000 円 A
	2　二路線に面する宅地 　（A）　　　　［側方・裏面 路線価］（奥行価格補正率）　［側方・二方 路線影響加算率］ 　　　円 ＋ （　　　円 ×　.　　× 0.　）				（1㎡当たりの価額） 円 B
	3　三路線に面する宅地 　（B）　　　　［側方・裏面 路線価］（奥行価格補正率）　［側方・二方 路線影響加算率］ 　　　円 ＋ （　　　円 ×　.　　× 0.　）				（1㎡当たりの価額） 円 C
	4　四路線に面する宅地 　（C）　　　　［側方・裏面 路線価］（奥行価格補正率）　［側方・二方 路線影響加算率］ 　　　円 ＋ （　　　円 ×　.　　× 0.　）				（1㎡当たりの価額） 円 D
	5-1　間口が狭小な宅地等 　（AからDまでのうち該当するもの）（間口狭小補正率）（奥行長大補正率） 　　　円 × （　.　× 　.　）				（1㎡当たりの価額） 円 E
	5-2　不　整　形　地 　（AからDまでのうち該当するもの）　不整形地補正率※ 　　　円 ×　　0. 　※不整形地補正率の計算 　（想定整形地の間口距離）（想定整形地の奥行距離）（想定整形地の地積） 　　　m ×　　　m ＝ 　　㎡ 　（想定整形地の地積）（不整形地の地積）（想定整形地の地積）　（かげ地割合） 　（　　㎡ － 　　㎡）÷ 　　㎡ ＝ 　　% 　（不整形地補正率表の補正率）（間口狭小補正率）　（小数点以下2位未満切捨て） 　　0.　　×　　.　　＝ 0.　① 　（奥行長大補正率）　（間口狭小補正率） 　　.　　×　　.　　＝ 0.　② 　　　　　［不整形地補正率 ①、②のいずれか低い率、0.6を下限とする。］				（1㎡当たりの価額） 円 F
	6　地積規模の大きな宅地 　（AからFまでのうち該当するもの）　規模格差補正率※ 　　　円 ×　　0. 　※規模格差補正率の計算 　（地積(Ⓐ)）　（Ⓑ）　（Ⓒ）　（地積(Ⓐ)）　（小数点以下2位未満切捨て） 　{（　　㎡×　　＋ 　　）÷ 　　㎡}× 0.8 ＝ 0.				（1㎡当たりの価額） 円 G
	7　無　道　路　地 　（F又はGのうち該当するもの）　　　　　（※） 　　　円 × （ 1 － 0.　） 　※割合の計算（0.4を上限とする。）（F又はGのうち該当するもの） 　（正面路線価）　（通路部分の地積）　　　　　（評価対象地の地積） 　（　　円 × 　　㎡）÷ （　　円 × 　　㎡）＝ 0.				（1㎡当たりの価額） 円 H
	8-1　がけ地等を有する宅地　〔 南 、 東 、 西 、 (北) 〕 　（AからHまでのうち該当するもの）　（がけ地補正率） 　　380,000 円 ×　　0.88				（1㎡当たりの価額） 334,400 円 I
	8-2　土砂災害特別警戒区域内にある宅地 　（AからHまでのうち該当するもの）　特別警戒区域補正率※ 　　　円 ×　　0. 　※がけ地補正率の適用がある場合の特別警戒区域補正率の計算（0.5を下限とする。） 　（特別警戒区域補正率表の補正率）〔南、東、西、北〕（がけ地補正率）（小数点以下2位未満切捨て） 　　0.　　× 0.　　＝ 0.				（1㎡当たりの価額） 円 J
	9　容積率の異なる2以上の地域にわたる宅地 　（AからJまでのうち該当するもの）（控除割合（小数点以下3位未満四捨五入）） 　　　円 × （ 1 － 0.　）				（1㎡当たりの価額） 円 K
	10　私　　　道 　（AからKまでのうち該当するもの） 　　　円 ×　　0.3				（1㎡当たりの価額） 円 L

自用地の評価額	自用地1平方メートル当たりの価額 （AからLまでのうちの該当記号）	地　積	総　　　　　額 （自用地1㎡当たりの価額）×（地　積）	
	（ I ） 334,400 円	476 ㎡	159,174,400 円	M

（注）1　5-1の「間口が狭小な宅地等」と5-2の「不整形地」は重複して適用できません。
　　　2　5-2の「不整形地」の「AからDまでのうち該当するもの」欄の価額について、AからDまでの欄で計算できない場合には、（第2表）の「備考」欄等で計算してください。
　　　3　「がけ地等を有する宅地」であり、かつ、「土砂災害特別警戒区域内にある宅地」である場合については、8-1の「がけ地等を有する宅地」欄ではなく、8-2の「土砂災害特別警戒区域内にある宅地」欄で計算してください。

（資4-25-1-A4統一）

【設例　13】

がけ地等を有する宅地の評価——南東を向いている場合

(問)　次のように南東を向いているがけ地部分を有する宅地のがけ地補正率はどのように して求めるのですか。

（総地積400㎡、がけ地の地積100㎡、がけ地割合0.25）

(答)　「がけ地補正率表」に定められた方位の中間を向いているがけ地は、それぞれの 方位のがけ地補正率を平均して計算します。

(計算例)

$$\frac{\overset{\text{がけ地割合0.25に応ずる}}{\underset{0.92}{\text{南方位のがけ地補正率}}} + \overset{\text{がけ地割合0.25に応ずる}}{\underset{0.91}{\text{東方位のがけ地補正率}}}}{2} = 0.91 \quad （小数点以下2位未満切捨て）$$

なお、「北北西」のような場合には、「北」のみの方位によることとしても差し支 えありません。

チェックポイント14

がけ地補正率を適用するがけ地等を有する宅地

　がけ地等で通常の用途に供することができないと認められる部分を有する宅地の価額は、その宅地のうちに存するがけ地等ががけ地等でないとした場合の価額に、その宅地の総地積に対するがけ地等で通常の用途に供することができないと認められる部分の地積の割合等に応じて「がけ地補正率表」に定める補正率を乗じて計算した価額によって評価します。

　ここにいう「がけ地等で通常の用途に供することができないと認められる部分を有する宅地」とは、平たん部分とがけ地部分等（宅地である土地のうち傾斜部分又は法面部分）が一体となっている宅地をいうものであり、典型例は、次のようなヒナ段式の造成住宅団地に見られる擁壁（自然擁壁又は人工擁壁を問いません。）で保護された傾斜地を含む宅地をいいます。

【設例　14】

がけ地等を有する宅地の評価──２方向にがけ地部分を有する場合

（問）　次のように２方向にがけ地部分を有する宅地のがけ地補正率はどのようにして求めますか。

総地積	400㎡
がけ地の全地積	200㎡
がけ地割合	0.50

（答）　２方向以上にがけ地を有する宅地のがけ地補正率は、評価対象地の総地積に対するがけ地部分の全地積の割合に応ずる各方位別のがけ地補正率を求め、それぞれのがけ地補正率を方位別のがけ地の地積で加重平均して計算します。

（計算例）

1　総地積に対するがけ地部分の割合

$$\frac{\overset{\text{西方位のがけ地の地積}}{100㎡}+\overset{\text{南方位のがけ地の地積}}{100㎡}}{\underset{\text{評価対象地の総地積}}{400㎡}}=0.50$$

2　方位別のがけ地補正率

　　がけ地割合0.50に応ずる西方位のがけ地補正率……………………0.78

　　がけ地割合0.50に応ずる南方位のがけ地補正率……………………0.82

3　加重平均によるがけ地補正率

$$\frac{\overset{\substack{\text{西方位・がけ地割合}\\\text{0.50のがけ地補正率}}}{0.78}\times\overset{\substack{\text{西方位のが}\\\text{け地の地積}}}{100㎡}+\overset{\substack{\text{南方位・がけ地割合}\\\text{0.50のがけ地補正率}}}{0.82}\times\overset{\substack{\text{南方位のが}\\\text{け地の地積}}}{100㎡}}{\underset{\text{がけ地部分の全地積}}{200㎡}}=0.80$$

⑵　土砂災害特別警戒区域内にある宅地（評基通20−6）

| 路線価 | × | 奥行価格補正等の画地調整 | × | 特別警戒区域補正率 | = | 1㎡当たりの評価額 |

| 1㎡当たりの評価額 | × | 地　積 | = | 評　価　額 |

| 路　線　価 |

路線価図に1㎡当たりの価額が千円単位で表示されています。

| 地　区 |

路線価図に次の記号で表示されています。

地　区　区　分	記　号
ビ　ル　街　地　区	⬡
高　度　商　業　地　区	⬭
繁　華　街　地　区	⯃
普通商業・併用住宅地区	◯
普　通　住　宅　地　区	無　印
中　小　工　場　地　区	◇
大　工　場　地　区	▭

| 奥　行　距　離 | 実測図等から奥行距離を測定します。 |

| 奥 行 価 格 補 正 率 | 地区区分及び奥行距離に応じた奥行価格補正率を奥行 |

価格補正率表から求めます。

奥行価格補正率＝ 　0.95

| 特 別 警 戒 区 域 補 正 率 | 土砂災害特別警戒区域内にあることを確認します。 |

奥行価格補正率表

地区区分　奥行距離 m	ビル街地区	高度商業地区	繁華街地区	普通商業・併用住宅地区	普通住宅地区	中小工場地区	大工場地区
4 未満	0.80	0.90	0.90	0.90	0.90	0.85	0.85
4 以上 6 未満		0.92	0.92	0.92	0.92	0.90	0.90
6 〃 8 〃	0.84	0.94	0.95	0.95	0.95	0.93	0.93
8 〃 10 〃	0.88	0.96	0.97	0.97	0.97	0.95	0.95
10 〃 12 〃	0.90	0.98	0.99	0.99	1.00	0.96	0.96
12 〃 14 〃	0.91	0.99	1.00	1.00		0.97	0.97
14 〃 16 〃	0.92	1.00				0.98	0.98
16 〃 20 〃	0.93					0.99	0.99
20 〃 24 〃	0.94					1.00	1.00
24 〃 28 〃	0.95				0.97		
28 〃 32 〃	0.96		0.98		0.95		
32 〃 36 〃	0.97		0.96	0.97	0.93		
36 〃 40 〃	0.98		0.94	0.95	0.92		
40 〃 44 〃	0.99		0.92	0.93	0.91		
44 〃 48 〃	1.00		0.90	0.91	0.90		
48 〃 52 〃		0.99	0.88	0.89	0.89		
52 〃 56 〃		0.98	0.87	0.88	0.88		
56 〃 60 〃		0.97	0.86	0.87	0.87		
60 〃 64 〃		0.96	0.85	0.86	0.86	0.99	
64 〃 68 〃		0.95	0.84	0.85	0.85	0.98	
68 〃 72 〃		0.94	0.83	0.84	0.84	0.97	
72 〃 76 〃		0.93	0.82	0.83	0.83	0.96	
76 〃 80 〃		0.92	0.81	0.82			
80 〃 84 〃		0.90	0.80	0.81	0.82	0.93	
84 〃 88 〃		0.88		0.80			
88 〃 92 〃		0.86			0.81	0.90	
92 〃 96 〃	0.99	0.84					
96 〃 100 〃	0.97	0.82					
100 〃	0.95	0.80			0.80		

次の算式で土砂災害特別警戒区域内となる部分の地積の総地積に占める割合を計算します。

（算式）　特別警戒区域の地積÷総地積

$$102m^2÷476m^2≒0.21$$

上記の割合に応じた特別警戒区域補正率を特別警戒区域補正率表から求めます。

特別警戒区域補正率表

特別警戒区域の地積 総地積	補　正　率
0.10以上	0.90
0.40以上	0.80
0.70以上	0.70

評　価　額　の　計　算

路線価に奥行価格補正率等を乗じて、更に特別警戒区域補正率を乗じて１㎡当たりの評価額を求め、地積を乗じて評価額を計算します。

　　　　路線価　　　奥行価格補正率　特別警戒区域補正率　1㎡当たりの評価額
　　350,000円　　×　　　0.95　　×　　　　0.90　　　　＝　　　299,250円

　　　1㎡当たりの評価額　　　　　　地積　　　　　　　　評価額
　　　　299,250円　　　　×　　　476㎡　　＝　　142,443,000円

土地及び土地の上に存する権利の評価明細書（第1表）

			○○ 局(所) ×× 署	6 年分 ×××ページ

（住居表示）	（××区○○1-36-3）	住　所 （所在地）	××区○○1-36-3	住　所 （所在地）	同左
所 在 地 番	××区○○1-36	所有者　氏　名 （法人名）	大手 一郎	使用者　氏　名 （法人名）	同左

（令和六年分以降用）

地　目	地　積	路　　線　　価	地形図及び参考事項
(宅地) 山 林 田 畑 雑種地 （　）	476 ㎡	正面 350,000円　側方 円　側方 円　裏面 円	←17m→ 28m 土砂災害特別警戒区域部分 102㎡/476㎡ = 0.21

間口距離 17 m	利用区分	（自用地）私　　道　貸 宅 地　貸家建付借地権 貸 宅 地　貸家建付地　転貸 借 地 権 借 地 権（　）	地区区分	ビル街地区　（普通住宅地区） 高度商業地区　中小工場地区 繁華街地区　大工場地区 普通商業・併用住宅地区
奥行距離 28 m				

自用地1平方メートル当たりの価額					
1 一路線に面する宅地 　（正面路線価）　　　　（奥行価格補正率） 　350,000 円 × 0.95				(1㎡当たりの価額) 円 332,500	A
2 二路線に面する宅地 　（A）　　[側方・裏面 路線価]　（奥行価格補正率）　[側方・二方 路線影響加算率] 　円 ＋ （　円 × ×　0.　）				(1㎡当たりの価額) 円	B
3 三路線に面する宅地 　（B）　　[側方・裏面 路線価]　（奥行価格補正率）　[側方・二方 路線影響加算率] 　円 ＋ （　円 × ×　0.　）				(1㎡当たりの価額) 円	C
4 四路線に面する宅地 　（C）　　[側方・裏面 路線価]　（奥行価格補正率）　[側方・二方 路線影響加算率] 　円 ＋ （　円 × ×　0.　）				(1㎡当たりの価額) 円	D
5-1 間口が狭小な宅地等 　（AからDまでのうち該当するもの）（間口狭小補正率）（奥行長大補正率） 　円 × （.　　.　）				(1㎡当たりの価額) 円	E
5-2 不整形地 　（AからDまでのうち該当するもの）　不整形地補正率※ 　円 × 0. 　※不整形地補正率の計算 　（想定整形地の間口距離）（想定整形地の奥行距離）（想定整形地の地積） 　m × m = ㎡ 　（想定整形地の地積）（不整形地の地積）（想定整形地の地積）（かげ地割合） 　（ ㎡ － ㎡）÷ ㎡ = ％ 　（不整形地補正率表の補正率）（間口狭小補正率）（小数点以下2位未満切捨て） 　0. × . = 0.　①　　　　　不整形地補正率 　（奥行長大補正率）（間口狭小補正率）　　　　　　　　　　（①、②のいずれか低い率、0.6を下限とする。） 　. × . = 0.　②　　　　　0.				(1㎡当たりの価額) 円	F
6 地積規模の大きな宅地 　（AからFまでのうち該当するもの）　規模格差補正率※ 　円 × 0. 　※規模格差補正率の計算 　（地積（Ⓐ））（Ⓑ）　（Ⓒ）（地積（Ⓐ））（小数点以下2位未満切捨て） 　{（ ㎡ × ＋ ）÷ ㎡} × 0.8 = 0.				(1㎡当たりの価額) 円	G
7 無 道 路 地 　（F又はGのうち該当するもの）　（※） 　円 × （ 1 － 0. ） 　※割合の計算（0.4を上限とする。） 　（正面路線価）（通路部分の地積）（F又はGのうち該当するもの）（評価対象地の地積） 　円 × ㎡）÷（ 円 × ㎡）= 0.				(1㎡当たりの価額) 円	H
8-1 がけ地等を有する宅地　〔 南 、 東 、 西 、 北 〕 　（AからHまでのうち該当するもの）（がけ地補正率） 　円 × 0.				(1㎡当たりの価額) 円	I
8-2 土砂災害特別警戒区域内にある宅地 　（AからHまでのうち該当するもの）　特別警戒区域補正率※ 　332,500 円 × 0. 90 　※がけ地補正率の適用がある場合の特別警戒区域補正率の計算（0.5を下限とする。） 　〔 南 、東、 西、 北 〕 　（特別警戒区域補正率表の補正率）（がけ地補正率）（小数点以下2位未満切捨て） 　0. × 0. = 0.				(1㎡当たりの価額) 円 299,250	J
9 容積率の異なる2以上の地域にわたる宅地 　（AからJまでのうち該当するもの）　（控除割合（小数点以下3位未満四捨五入）） 　円 × （ 1 － 0. ）				(1㎡当たりの価額) 円	K
10 私　道 　（AからKまでのうち該当するもの） 　円 × 0.3				(1㎡当たりの価額) 円	L

自用地の評価額	自用地1平方メートル当たりの価額 （AからLまでのうちの該当記号） （ J ） 299,250 円	地　積 476 ㎡	総　　　　　額 （自用地1㎡当たりの価額）×（地　積） 142,443,000 円	M

（注） 1　5-1の「間口が狭小な宅地等」と5-2の「不整形地」は重複して適用できません。
　　2　5-2の「不整形地」の「AからDまでのうち該当するもの」欄の価額について、AからDまでの欄で計算できない場合には、（第2表）の「備考」欄等で計算してください。
　　3　「がけ地等を有する宅地」であり、かつ、「土砂災害特別警戒区域内にある宅地」である場合については、8-1の「がけ地等を有する宅地」欄ではなく、8-2の「土砂災害特別警戒区域内にある宅地」欄で計算してください。

（資4-25-1-A4統一）

【設例　15】

土砂災害特別警戒区域内にある宅地でがけ地等を有する宅地の評価

(問)　次のように土砂災害特別警戒区域内にある南を向いているがけ地部分を有する宅地の特別警戒区域補正率は、どのようにして求めるのですか。

（総地積400㎡、土砂災害特別警戒区域内となる部分の地積300㎡、がけ地の地積200㎡）

(答)　特別警戒区域補正率とがけ地補正率を求めた後、特別警戒区域補正率にがけ地補正率を乗じて計算します。

(計算例)

1　総地積に対する土砂災害特別警戒区域となる部分の地積の割合

$$\frac{300㎡}{400㎡} = 0.75$$

2　総地積に対するがけ地部分の地積の割合

$$\frac{200㎡}{400㎡} = 0.5$$

3　特別警戒区域補正率

特別警戒区域補正率表の 補正率		南方位の がけ地補正率		特別警戒区域補正率
0.70	×	0.82	=	0.57（※）

　　　　　　　　　　　　　　　　　　（小数点以下２位未満を切捨てます。）

※　0.50未満の場合は、0.50となります。

4　評価額

路線価		奥行価格補正率		特別警戒区域補正率		地積	
100,000円	×	1.00	×	0.57	×	400㎡	= 22,800,000円

チェックポイント15

1　倍率地域に所在する土砂災害特別警戒区域内にある宅地の評価

　倍率方式により評価する地域（以下「倍率地域」といいます。）に所在する宅地の価額は、その宅地の固定資産税評価額に倍率を乗じて評価することとしています。

　土砂災害特別警戒区域内の宅地の固定資産税評価額の算定においては、土砂災害特別警戒区域の指定による土地の利用制限等が土地の価額に影響を与える場合には、その影響を適正に反映させることとされていることから、土砂災害特別警戒区域に指定されたことに伴う宅地としての利用制限等による減価は、既に固定資産税評価額において考慮されていると考えられます。

　したがって、倍率地域に所在する土砂災害特別警戒区域内にある宅地については、土砂災害特別警戒区域内にある宅地の評価の適用対象とはされていません。

2　土砂災害特別警戒区域内にある市街地農地等の評価

　市街地農地、市街地周辺農地、市街地山林及び市街地原野（以下、これらを併せて「市街地農地等」といいます。）については、評価通達の定めにおいて、その市街地農地等が宅地であるとした場合を前提として評価（宅地比準方式により評価）することとされています。

　市街地農地等が土砂災害特別警戒区域内にある場合、その農地等を宅地に転用するときには、宅地としての利用が制限されることから、利用制限による減価が生じることになります。

　したがって、市街地農地等が土砂災害特別警戒区域内にある場合には、土砂災害特別警戒区域内にある宅地の評価の適用対象となります。

3　土砂災害特別警戒区域内にある市街化区域内の雑種地の評価

　雑種地の価額は、近傍にある状況が類似する土地に比準した価額により評価しますが、評価対象となる雑種地の状況が宅地に類似する場合には宅地に比準して評価することとなり、農地等に類似する場合には農地等に比準して評価することとなります。

　このとき、市街化区域内の農地等の価額は宅地比準方式により評価することから、市街化区域内の雑種地についても、宅地比準方式により評価することとなります。

　宅地に状況が類似する雑種地又は市街地農地等に類似する雑種地が土砂災害特別警戒区域内にある場合、その雑種地を宅地として使用するときには、宅地としての利用が制限されることから、利用制限による減価が生じることになります。

　したがって、宅地に状況が類似する雑種地又は市街地農地等に類似する雑種地が土砂災害特別警戒区域内にある場合には、土砂災害特別警戒区域内にある宅地の評価の適用対象となります。

⑵3　容積率の異なる2以上の地域にわたる宅地（評基通20－7）

| 路線価 | × | 奥行価格補正等の画地調整 | ×(1− | 減額率 |)= | 減額調整後の1㎡当たりの評価額 |

| 減額調整後の1㎡当たりの評価額 | × | 地積 | ＝ | 評　価　額 |

| 路　　線　　価 |

路線価図に1㎡当たりの価額が千円単位で表示されています。

| 地　　　　区 |

路線価図に次の記号で表示されています。

地　区　区　分	記　　　　　号
ビ　ル　街　地　区	⬡
高　度　商　業　地　区	⬭
繁　華　街　地　区	⬡
普通商業・併用住宅地区	◯
普　通　住　宅　地　区	無　　　印
中　小　工　場　地　区	◇
大　工　場　地　区	▭

奥　行　距　離

実測図等から奥行距離を測定します。

奥 行 価 格 補 正 率

地区区分及び奥行距離に応じた奥行価格補正率を奥行価格補正率表から求めます。

奥行価格補正率＝　0.93

指 定 容 積 率 等 の 確 認

都市計画図等で容積率、前面道路の幅員を調べます。

奥行価格補正率表

地区区分 奥行距離 m	ビル街地区	高度商業地区	繁華街地区	普通商業・ 併用住宅地区	普通住宅地区	中小工場地区	大工場地区
4 未満	0.80	0.90	0.90	0.90	0.90	0.85	0.85
4 以上　6 未満		0.92	0.92	0.92	0.92	0.90	0.90
6 〃　8 〃	0.84	0.94	0.95	0.95	0.95	0.93	0.93
8 〃　10 〃	0.88	0.96	0.97	0.97	0.97	0.95	0.95
10 〃　12 〃	0.90	0.98	0.99	0.99	1.00	0.96	0.96
12 〃　14 〃	0.91	0.99	1.00	1.00		0.97	0.97
14 〃　16 〃	0.92	1.00				0.98	0.98
16 〃　20 〃	0.93					0.99	0.99
20 〃　24 〃	0.94					1.00	1.00
24 〃　28 〃	0.95				0.97		
28 〃　32 〃	0.96		0.98		0.95		
32 〃　36 〃	0.97		0.96	0.97	0.93		
36 〃　40 〃	0.98		0.94	0.95	0.92		
40 〃　44 〃	0.99		0.92	0.93	0.91		
44 〃　48 〃	1.00		0.90	0.91	0.90		
48 〃　52 〃		0.99	0.88	0.89	0.89		
52 〃　56 〃		0.98	0.87	0.88	0.88		
56 〃　60 〃		0.97	0.86	0.87	0.87		
60 〃　64 〃		0.96	0.85	0.86	0.86	0.99	
64 〃　68 〃		0.95	0.84	0.85	0.85	0.98	
68 〃　72 〃		0.94	0.83	0.84	0.84	0.97	
72 〃　76 〃		0.93	0.82	0.83	0.83	0.96	
76 〃　80 〃		0.92	0.81	0.82			
80 〃　84 〃		0.90	0.80	0.81	0.82	0.93	
84 〃　88 〃		0.88		0.80			
88 〃　92 〃		0.86			0.81	0.90	
92 〃　96 〃	0.99	0.84					
96 〃　100 〃	0.97	0.82					
100 〃	0.95	0.80			0.80		

容　積　率　の　計　算

前面道路の幅員から基準容積率を計算します。

① 商業地域部分

　　道路幅員　　前面道路による制限　　基準容積率

　　　8 m　　×　　　6／10　　　　＝　　480%

② 第1種中高層住居専用地域部分

　　道路幅員　　前面道路による制限　　基準容積率

　　　8 m　　×　　　4／10　　　　＝　　320%

指定容積率と基準容積率を比較し、評価しようとする

土地の具体的な容積率を求めます。

---

① 商業地域部分

　　基準容積率　　　　指定容積率

　　　480%　　　＜　　　500%

　　基準容積率が指定容積率を下回っていますので、基準容積率（480%）を商業地域部分の容積率とします。

② 第1種中高層住居専用地域

　　基準容積率　　　　指定容積率

　　　320%　　　＞　　　150%

　　基準容積率が指定容積率を下回っていませんので、指定容積率（150%）を第1種中高層住居専用地域部分の容積率とします。

チェックポイント16

指定容積率と基準容積率

　容積率には、都市計画に合わせて指定される指定容積率と建築基準法独自の基準容積率とがあり、実際に建物を建築する場合に適用される容積率は、これらのうちいずれか小さい方です。

(参考)

1　指定容積率は、都市計画において定められています。

2　基準容積率は、次の区分に応じ、それぞれ次によります。

　(1)　前面道路による制限（建築基準法52②）

　　①　前面道路の幅員が12m未満の場合は、その道路幅員のメートル（m）の数値に、<u>以下の区分に応じて定められた数値</u>を乗じたもの以下とします。

第1種・第2種低層住居専用地域 田園住居地域	4/10
<u>第1種・第2種中高層住居専用地域</u> 第1種・第2種住居地域、準住居地域 （建築基準法第52条第1項第5号に掲げる建築物を除く）	4/10 （特定行政庁が都道府県都市計画審議会の議を経て指定する区域内の建築物にあっては、6/10）
<u>その他の地域</u>	6/10 （特定行政庁が都道府県都市計画審議会の議を経て指定する区域内の建築物にあっては、4/10又は8/10のうち特定行政庁が都道府県都市計画審議会の議を経て定めるもの）

　　②　前面道路が2以上あるときは、最大幅員のメートルの数値によります。

　(2)　敷地に2以上の容積率の指定がある場合（建築基準法52⑦）

　　①　建築物の敷地が、容積率が異なる2以上の地域にわたる場合には、各地域に属する敷地の各部分の面積の比により加重平均して容積率を算定します。

　　②　建築物の敷地が容積率が異なる2以上の地域にわたる場合で、かつ、前面道路幅員が12m未満の場合には、各地域に属する敷地の各部分について道路幅員（最大の場合）による容積率の限度を算出し、加重平均します。

3　地域によっては、指定容積率の他に都市計画の中で個別に容積率が定められている場合がありますので市（区）役所等で確認してください。

| 容積率が価額に及ぼす影響度 | 地区区分ごとに次の割合で定められています（評基通 20－7）。 |

地　区　区　分	影　　　響　　　度
高度商業地区、繁華街地区	0.8
普通商業・併用住宅地区	0.5
普　通　住　宅　地　区	0.1

| 減　額　率　の　計　算 | 次の算式により減額率を計算します。 |

$$\left(1-\frac{\overset{\text{商業地域部分}}{480\%\times900㎡}+\overset{\substack{\text{第1種中高層住}\\\text{居専用地域部分}}}{150\%\times300㎡}}{\underset{\substack{\text{正面路線に接す}\\\text{る部分の容積率}}}{480\%}\times\underset{\substack{\text{1画地の}\\\text{宅地の面積}}}{1,200㎡}}\right)\times\overset{\substack{\text{容積率が価}\\\text{額に及ぼす}\\\text{影響度}}}{0.5}\overset{\text{減額率※}}{\fallingdotseq}0.086$$

※　小数点以下3位未満を四捨五入します。

| 評　価　額　の　計　算 | 路線価に奥行価格補正率等の画地調整を行って計算した価額から上記により求めた減額率を控除して減額調整後の1㎡当たりの評価額を計算します。
　減額調整後の1㎡当たりの評価額に、地積を乗じて評価額を計算します。 |

$$\overset{\text{路線価}}{520,000円}\times\overset{\text{奥行価格補正率}}{0.93}\times\overset{\text{減額率}}{(1-0.086)}=\overset{\text{（A）}}{442,010円}$$

$$\overset{\text{（A）}}{442,010円}\times\overset{\text{地積}}{1,200㎡}=530,412,000円$$

土地及び土地の上に存する権利の評価明細書（第1表）

	○○ 局(所)　××　署　6 年分　×××× ページ

（令和六年分以降用）

（住居表示）	（ ××区○○1-30-3 ）	所有者	住所（所在地）	××区○○1-30-3	使用者	住所（所在地）	同左
所在地番	××区○○1-30-15		氏名（法人名）	大手　一郎		氏名（法人名）	同左

地目	地積	路　　線　　価	地形図及び参考事項

地目：(宅地) 山林 田 畑 雑種地 ( )
地積：1,200 ㎡

	正面	側方	側方	裏面
	520,000 円	円	円	円

間口距離 30 m　奥行距離 40 m

利用区分：(自用地) 私道 貸宅地 貸家建付借地権 貸家建付地 転貸借地権 借地権 ( )

地区区分：ビル街地区 高度商業地区 繁華街地区 普通商業・併用住宅地区 普通住宅地区 中小工場地区 大工場地区

地形図：←30m→ 30m (480%) 500% 40m 10m 150%

	自用地1 平方メートル当たりの価額		（1㎡当たりの価額）	
自用地1平方メートル当たりの価額	**1** 一路線に面する宅地 （正面路線価）　　（奥行価格補正率） 520,000 円 × 0.93		483,600 円	A
	2 二路線に面する宅地 （A）　　［側方・裏面 路線価］（奥行価格補正率）［側方・二方 路線影響加算率］ 　　円 ＋　　　円 ×　　×　0.		円	B
	3 三路線に面する宅地 （B）　　［側方・裏面 路線価］（奥行価格補正率）［側方・二方 路線影響加算率］ 　　円 ＋　　　円 ×　　×　0.		円	C
	4 四路線に面する宅地 （C）　　［側方・裏面 路線価］（奥行価格補正率）［側方・二方 路線影響加算率］ 　　円 ＋　　　円 ×　　×　0.		円	D
	5-1 間口が狭小な宅地等 （AからDまでのうち該当するもの）（間口狭小補正率）（奥行長大補正率） 　　円 × （ ．　×　．　）		円	E
	5-2 不整形地 （AからDまでのうち該当するもの）　不整形地補正率※ 　　円 ×　0. ※不整形地補正率の計算 （想定整形地の間口距離）（想定整形地の奥行距離）（想定整形地の地積） 　　m ×　　m ＝　　㎡ （想定整形地の地積）（不整形地の地積）（想定整形地の地積）（かげ地割合） （　　㎡ −　　㎡）÷　　㎡ ＝　　% （不整形地補正率表の補正率）（間口狭小補正率）（小数点以下2位未満切捨て） 　0.　×　．　＝ 0. ① （奥行長大補正率）（間口狭小補正率） 　　×　．　＝ 0. ② 不整形地補正率（①、②のいずれか低い率、0.6を下限とする。）0.		円	F
	6 地積規模の大きな宅地 （AからFまでのうち該当するもの）　規模格差補正率※ 　　円 ×　0. ※規模格差補正率の計算 （地積(Ⓐ)）（Ⓑ）（Ⓒ）（地積(Ⓐ)）（小数点以下2位未満切捨て） ｛（　　㎡×　　＋　　）÷　　㎡｝× 0.8 ＝ 0.		円	G
	7 無道路地 （F又はGのうち該当するもの）　　　（※） 　　円 × （ 1 − 0. ） ※割合の計算（0.4を上限とする。） （正面路線価）（通路部分の地積）（F又はGのうち該当するもの）（評価対象地の地積） （　　円 ×　　㎡）÷（　　円 ×　　㎡）＝ 0.		円	H
	8-1 がけ地等を有する宅地 〔 南 、 東 、 西 、 北 〕 （AからHまでのうち該当するもの）（がけ地補正率） 　　円 ×　0.		円	I
	8-2 土砂災害特別警戒区域内にある宅地 （AからHまでのうち該当するもの）　特別警戒区域補正率※ 　　円 ×　0. ※がけ地補正率の適用がある場合の特別警戒区域補正率の計算（0.5を下限とする。） 〔 南 、 東 、 西 、 北 〕 （特別警戒区域補正率表の補正率）（がけ地補正率）（小数点以下2位未満切捨て） 　0.　×　0.　＝ 0.		円	J
	9 容積率の異なる2以上の地域にわたる宅地 （AからJまでのうち該当するもの）　　（控除割合（小数点以下3位未満四捨五入）） 483,600 円 × （ 1 − 0. 086 ）		442,010 円	K
	10 私道 （AからKまでのうち該当するもの） 　　円 ×　0.3		円	L

自用地の評価額	自用地1平方メートル当たりの価額（AからLまでのうちの該当記号）	地積	総額（自用地1㎡当たりの価額）×（地積）	
	（ K ）　442,010 円	1,200 ㎡	530,412,000 円	M

（注）1　5-1の「間口が狭小な宅地等」と5-2の「不整形地」は重複して適用できません。
　　　2　5-2の「不整形地」の「AからDまでのうち該当するもの」欄の価額について、AからDまでの欄で計算できない場合には、（第2表）の「備考」欄等で計算してください。
　　　3　「がけ地等を有する宅地」であり、かつ、「土砂災害特別警戒区域内にある宅地」である場合については、8-1の「がけ地等を有する宅地」欄ではなく、8-2の「土砂災害特別警戒区域内にある宅地」欄で計算してください。

（資4-25-1-A4統一）

チェックポイント17

1画地の宅地が容積率の異なる2以上の地域にわたる場合の減額調整の適用範囲

1　1画地の宅地の正面路線に接する部分の容積率が2以上で、その正面路線に接する部分の容積率と異なる容積率の部分がない場合には、この容積率の格差による減額調整はありません。

2　評価しようとする宅地の正面路線に接する部分の容積率が2以上である場合で、その正面路線に接する部分の容積率と異なる容積率の部分があるときには、異なる容積率の部分との違いによる減額調整を行います。

※　この場合の調整計算に当たっては、容積率500％地域は容積率400％地域と一体であるものとして取り扱い、容積率400％地域と容積率150％地域との格差の調整計算を行います。

3　評価しようとする宅地が2以上の路線に面する場合において、正面路線の路線価に奥行価格補正率を乗じて計算した価額について容積率の格差による減額調整を行った価額が、正面路線以外の各路線の路線価に奥行価額補正率を乗じて計算した価額のいずれかを下回るときには、容積率の格差による減額調整の適用はありません。

　　正面路線以外の路線の路線価について、それぞれ奥行価格補正率を乗じて計算した価額のうち最も高い価額となる路線を正面路線とみなしてその路線価の地区区分に応じた補正率を適用することになります。

①　容積率の格差に基づく減額率

$$\left(1 - \frac{200\% \times 90\text{m}^2 + 80\% \times 360\text{m}^2}{200\% \times 450\text{m}^2}\right) \times 0.5 = 0.24$$

影響度　　0.5

減額率　0.24
※　小数点以下3位未満を四捨五入します。

②　正面路線の路線価に奥行価格補正率を乗じて計算した価額に容積率の格差による減額調整を行った価額

　　　　路線価　　奥行価格補正率　　　路線価　　奥行価格補正率　　減額率
　　500,000円 ×　　1.00　　－500,000円×　　1.00　　× 0.24 ＝380,000円

③　裏面路線の路線価に奥行価格補正率を乗じて計算した価額

　　　　路線価　　　　奥行価格補正率
　　400,000円　×　　　　0.97　　　　＝　388,000円

　　②＜③となりますので、容積率の減額調整の適用はなく、裏面路線を正面路線とみなして二方路線影響加算を行って評価します。

⒁　土地区画整理事業施行中の宅地（評基通24－2）

イ　原則

　　土地区画整理事業の施行地区内にある、仮換地が指定されている宅地の価額は、次の理由により、<u>仮換地の価額に相当する価額</u>によって評価することとしています。

⑴　仮換地の指定があった場合には、その指定を受けた者は、その所有する従前の宅地を使用収益することができない代わりに、従前の宅地について使用収益していた内容と同じ内容で、仮換地を使用収益することができることとなること

⑵　仮換地の指定直後であればともかく、区画整理工事が進捗すると、従前の宅地は、その形骸をとどめないような場合も生じてきて、従前の宅地そのものを評価することは、物理的に不可能となること

　　（注）　その仮換地の造成工事が施行中で、当該工事が完了するまでの期間が1年を超えると見込まれる場合の仮換地の価額に相当する価額は、その仮換地について造成工事が完了したものとして評価した価額の100分の95に相当する金額によって評価します。

ロ　例外

　　土地区画整理事業の施行地区内にある宅地について、仮換地が指定されても、使用開始の日が定められず、造成工事等の着工時期も未定のまま、事実上、従前の宅地を使用している場合があります。このような地域の土地については、次の理由により、<u>従前地の宅地の価額</u>で評価することとしています。

⑴　仮換地が指定されても、従前の宅地をそのまま使用していること

⑵　道路状況が仮換地指定の前後で変更がなく、従前の道路に路線価を付すことにより、従前の宅地の価額を評価することが可能であること

⑶　仮換地に指定された土地の現況に応じて、清算金の額、換地処分までの期間等の諸事情を総合勘案して仮換地の価額に相当する価額を算定することが困難であること

　　（注）　仮換地の指定後においても、造成工事が未着手で従前の宅地を利用している場合には、利用上の制約について考慮する必要はないものと考えられることから、上記イの注書の95％評価の取扱いはできないものとなります。

⑳　**造成中の宅地**（評基通24－3）

イ　造成中の宅地の造成工事着手直前の地目が何であったかを調べます。それが、仮に農地であったとすると、課税時期において、その造成中の宅地が農地であったとした場合の、その課税時期現在の評価額を計算します（財産評価基本通達及びその課税時期の属する年分の財産評価基準書に基づき、農地の評価（第6参照）をします。）。

ロ　その造成中の宅地について、造成工事着手時から課税時期までの間に支出したその宅地の造成のための費用（例えば、埋立て費、土盛り費、土止め費、地ならし費など）の額を調べ、その支出した費用の額をそれぞれ課税時期現在の価額（費用現価）に引き直します。

ハ　上記イにより計算した、その造成中の宅地の造成工事着手直前の地目の土地の課税時期現在の評価額と、上記ロにより求めた造成工事に関する費用現価の額の80％相当額を合計します。

（算式）

$$\boxed{\begin{array}{c}造成工事着手直前の地目により\\評価した課税時期における価額\end{array}} + \boxed{造成に係る費用現価 \times \frac{80}{100}} = \boxed{評価額}$$

　　ここで、上記ロの費用現価の額の80％相当額によることとしているのは、造成工事着手直前の地目の土地の評価額について課税のための評価であるという見地から安全性の配慮が加えられているのと同じく、費用現価についても安全性の配慮を加えようという趣旨です。

⒂　**セットバックを必要とする宅地**（評基通24−6）

$$\boxed{路線価} \times \boxed{奥行価格補正等の画地調整} \times \boxed{地積} = \boxed{A \quad 利用制限がないものとした場合の価額}$$

$$\boxed{Aの価額} - \boxed{Aの価額} \times \frac{セットバック部分の地積}{総地積} \times 0.7 = \boxed{評 価 額}$$

| 路　　線　　価 | 路線価図に1㎡当たりの価額が千円単位で表示されています。 |

地　　　　　区　　　路線価図に次の記号で表示されています。

地　区　区　分	記　　　　　号
ビ　ル　街　地　区	⬡
高　度　商　業　地　区	⬭
繁　華　街　地　区	⬠
普通商業・併用住宅地区	◯
普　通　住　宅　地　区	無　　印
中　小　工　場　地　区	◇
大　工　場　地　区	▭

| 奥　行　距　離 | 実測図等から奥行距離を測定します。 |

| 奥 行 価 格 補 正 率 | 地区区分及び奥行距離に応じた奥行価格補正率を奥行価格補正率表から求めます。 |

奥行価格補正率＝ 1.00

| セットバック部分の確定 | 評価対象地の面する道路が建築基準法第42条《道路の定義》第2項の道路か否かを調べ、セットバックを要する面積を調べます。 |

奥行価格補正率表

地区区分／奥行距離 m	ビル街地区	高度商業地区	繁華街地区	普通商業・併用住宅地区	普通住宅地区	中小工場地区	大工場地区
4 未満	0.80	0.90	0.90	0.90	0.90	0.85	0.85
4 以上 6 未満		0.92	0.92	0.92	0.92	0.90	0.90
6 〃 8 〃	0.84	0.94	0.95	0.95	0.95	0.93	0.93
8 〃 10 〃	0.88	0.96	0.97	0.97	0.97	0.95	0.95
10 〃 12 〃	0.90	0.98	0.99	0.99	1.00	0.96	0.96
12 〃 14 〃	0.91	0.99	1.00	1.00		0.97	0.97
14 〃 16 〃	0.92	1.00				0.98	0.98
16 〃 20 〃	0.93					0.99	0.99
20 〃 24 〃	0.94					1.00	1.00
24 〃 28 〃	0.95				0.97		
28 〃 32 〃	0.96		0.98		0.95		
32 〃 36 〃	0.97		0.96	0.97	0.93		
36 〃 40 〃	0.98		0.94	0.95	0.92		
40 〃 44 〃	0.99		0.92	0.93	0.91		
44 〃 48 〃	1.00		0.90	0.91	0.90		
48 〃 52 〃		0.99	0.88	0.89	0.89		
52 〃 56 〃		0.98	0.87	0.88	0.88		
56 〃 60 〃		0.97	0.86	0.87	0.87		
60 〃 64 〃		0.96	0.85	0.86	0.86	0.99	
64 〃 68 〃		0.95	0.84	0.85	0.85	0.98	
68 〃 72 〃		0.94	0.83	0.84	0.84	0.97	
72 〃 76 〃		0.93	0.82	0.83	0.83	0.96	
76 〃 80 〃		0.92	0.81	0.82			
80 〃 84 〃		0.90	0.80	0.81	0.82	0.93	
84 〃 88 〃		0.88		0.80			
88 〃 92 〃		0.86			0.81	0.90	
92 〃 96 〃	0.99	0.84					
96 〃 100 〃	0.97	0.82					
100 〃	0.95	0.80			0.80		

評　価　額　の　計　算

路線価に奥行価格補正率等及び地積を乗じて、セットバックがないものとした価額を計算し、その価額からセットバック部分に対応する価額の70％相当額を控除して評価額を計算します。

路線価　　奥行価格補正率　　総地積　　制限がないものとした価額（A）

$$360,000円 \times 1.00 \times 150㎡ = 54,000,000円$$

　　　　　　　　　　　　　　　　　　セットバック
　　　　　（A）　　　　　　（A）　　部分の地積　　　　　　評価額

$$54,000,000円 - \left(54,000,000円 \times \frac{5㎡}{150㎡} \times 0.7 \right) = 52,740,000円$$

　　　　　　　　　　　　　　　　　　総地積

チェックポイント18

建築基準法第42条第2項の道路のセットバック

　建築基準法第42条第2項の道路に面する宅地は、その道路の中心線から左右に2mずつ後退した線（道路の片側ががけ地、川、線路敷地等に沿う場合は、がけ地等の境界線から道の側に4mの線）が道路の境界線とみなされ、将来、建築物の建替え等を行う場合にはその境界線まで後退（セットバック）して道路敷きとして提供しなければならないことになっています。

（参考）　建築基準法第42条第2項

　この章の規定が適用されるに至った際現に建築物が立ち並んでいる幅員4m未満の道で、特定行政庁の指定したものは、前項の規定にかかわらず、同項の道路とみなし、その中心線からの水平距離2m（同項の規定により指定された区域内においては、3m（特定行政庁が周囲の状況により避難及び通行の安全上支障がないと認める場合は、2m）。以下この項及び次項において同じ。）の線をその道路の境界線とみなす。ただし、当該道がその中心線からの水平距離2m未満で崖地、川、線路敷地その他これらに類するものに沿う場合においては、当該崖地等の道の側の境界線及びその境界線から道の側に水平距離4mの線をその道路の境界線とみなす。

土地及び土地の上に存する権利の評価明細書（第1表）

		○○　局(所)　××　署	6　年分	××××ページ

（住居表示）	（××区○○1-40-3）	所有者	住所 （所在地）	××区○○1-40-3	使用者	住所 （所在地）	同左
所 在 地 番	××区○○1-40-15		氏　名 （法人名）	大手 一郎		氏　名 （法人名）	同左

（令和六年分以降用）

地　目	地　積	路　　　　線　　　　価	地形図及び参考事項
(宅地) 山 林 田　　雑種地 畑　　（　　）	150 ㎡	正面　360,000円　側方　円　側方　円　裏面　円	0.5m　15m　←10m→

間口距離	10 m	利用区分	(自用地)　私　道 貸 宅 地　貸家建付借地権 貸家建付地　転 貸 借 地 権 借 地 権　（　　　）	地区区分	ビル街地区　(普通住宅地区) 高度商業地区　中小工場地区 繁華街地区　大工場地区 普通商業・併用住宅地区
奥行距離	15 m				

			（1㎡当たりの価額）円	
自 用 地 1 平 方 メ ー ト ル 当 た り の 価 額	1　一路線に面する宅地 　　（正面路線価）　　　　　（奥行価格補正率） 　　　360,000 円 ×　　　1.00		360,000	A
	2　二路線に面する宅地 　　（A）　　　[側方・裏面 路線価]　（奥行価格補正率）　[側方・二方 路線影響加算率] 　　　円 ＋ （　　　円 × ． × 0. ）		（1㎡当たりの価額）円	B
	3　三路線に面する宅地 　　（B）　　　[側方・裏面 路線価]　（奥行価格補正率）　[側方・二方 路線影響加算率] 　　　円 ＋ （　　　円 × ． × 0. ）		（1㎡当たりの価額）円	C
	4　四路線に面する宅地 　　（C）　　　[側方・裏面 路線価]　（奥行価格補正率）　[側方・二方 路線影響加算率] 　　　円 ＋ （　　　円 × ． × 0. ）		（1㎡当たりの価額）円	D
	5-1　間口が狭小な宅地等 　　（AからDまでのうち該当するもの）（間口狭小補正率）（奥行長大補正率） 　　　円 × （ ． × ． ）		（1㎡当たりの価額）円	E
	5-2　不整形地 　　（AからDまでのうち該当するもの）　　不整形地補正率※ 　　　円 × 0. ※不整形地補正率の計算 　　（想定整形地の間口距離）　（想定整形地の奥行距離）　　（想定整形地の地積） 　　　　m × 　　　m ＝ 　　　㎡ 　　（想定整形地の地積）　（不整形地の地積）　（想定整形地の地積）　　（かげ地割合） 　　（　　㎡ － 　　㎡） ÷ 　　㎡ ＝ 　　％ 　　（不整形地補正率表の補正率）（間口狭小補正率）　（小数点以下2位未満切捨て） 　　0. × ． ＝ 0. ①　　〔不整形地補正率（①、②のいずれか低い率、0.6を下限とする。）〕 　　（奥行長大補正率）　（間口狭小補正率） 　　． × ． ＝ 0. ②　　0.		（1㎡当たりの価額）円	F
	6　地積規模の大きな宅地 　　（AからFまでのうち該当するもの）　規模格差補正率※ 　　　円 × 0. ※規模格差補正率の計算 　　（地積（Ⓐ））　（Ⓑ）　　（©）　　（地積（Ⓐ））　　（小数点以下2位未満切捨て） 　　{ （ 　㎡× ＋ ） ÷ 　㎡ } × 0.8 ＝ 0.		（1㎡当たりの価額）円	G
	7　無 道 路 地 　　（F又はGのうち該当するもの）　　　（※） 　　　円 × （ 1 － 0. ） ※割合の計算（0.4を上限とする。） 　　（正面路線価）　（通路部分の地積）　（F又はGのうち該当するもの）　（評価対象地の地積） 　　（ 円 × 　㎡） ÷ （ 円 × 　㎡） ＝ 0.		（1㎡当たりの価額）円	H
	8-1　がけ地等を有する宅地　〔 南 、 東 、 西 、 北 〕 　　（AからHまでのうち該当するもの）　　（がけ地補正率） 　　　円 × 0.		（1㎡当たりの価額）円	I
	8-2　土砂災害特別警戒区域内にある宅地 　　（AからHまでのうち該当するもの）　　特別警戒区域補正率※ 　　　円 × 0. ※がけ地補正率の適用がある場合の特別警戒区域補正率の計算（0.5を下限とする。） 　　（特別警戒区域補正率表の補正率）　（がけ地補正率）　（小数点以下2位未満切捨て） 　　〔 南 、 東 、 西 、 北 〕 　　0. × 0. ＝ 0.		（1㎡当たりの価額）円	J
	9　容積率の異なる2以上の地域にわたる宅地 　　（AからJまでのうち該当するもの）　　（控除割合（小数点以下3位未満四捨五入）） 　　　円 × （ 1 － 0. ）		（1㎡当たりの価額）円	K
	10　私 道 　　（AからKまでのうち該当するもの） 　　　円 × 0.3		（1㎡当たりの価額）円	L

	自用地1平方メートル当たりの価額 （AからLまでのうちの該当記号）	地　積	総　　　額 （自用地1㎡当たりの価額）×（地　積）	額	
自用地の評価額	（ A ） 360,000 円	150 ㎡	54,000,000 円		M

（注）1　5-1の「間口が狭小な宅地等」と5-2の「不整形地」は重複して適用できません。
　　　2　5-2の「不整形地」の「AからDまでのうち該当するもの」欄の価額について、AからDまでの欄で計算できない場合には、（第2表）の
　　　　「備考」欄等で計算してください。
　　　3　「がけ地等を有する宅地」であり、かつ、「土砂災害特別警戒区域内にある宅地」である場合については、8-1の「がけ地等を有する宅地」
　　　　欄ではなく、8-2の「土砂災害特別警戒区域内にある宅地」欄で計算してください。

（資4-25-1-A4統一）

土地及び土地の上に存する権利の評価明細書（第2表）

セットバックを必要とする宅地の評価額	（自用地の評価額） 54,000,000円 － （ （自用地の評価額） 54,000,000 円 × （該当地積） $\dfrac{5\ ㎡}{（総地積）150\ ㎡}$ × 0.7 ）		（自用地の評価額） 52,740,000　円	N
都市計画道路予定地の区域内にある宅地の評価額	（自用地の評価額） 円 × （補正率） 0.		（自用地の評価額） 円	O
大規模工場用地等の評価額	○　大規模工場用地等 （正面路線価） 円 × （地積） ㎡ × （地積が20万㎡以上の場合は0.95）		円	P
	○　ゴルフ場用地等 （宅地とした場合の価額）（地積） （　　円 × 　㎡×0.6） － （ $\binom{1\ ㎡当たり}{の造成費}$ 円× （地積） ㎡）		円	Q
区分所有財産に係る敷地利用権の評価額	（自用地の評価額） 円 × （敷地利用権（敷地権）の割合） ———————		（自用地の評価額） 円	R
	居住用の区分所有財産の場合 （自用地の評価額） 円 × （区分所有補正率） .		（自用地の評価額） 円	S

	利用区分	算　　　式	総　　額	記号
総額計算による価額	貸宅地	（自用地の評価額） 円 × （借地権割合） (1－ 0.)	円	T
	貸家建付地	（自用地の評価額又はV） 円 × （借地権割合）（借家権割合）（賃貸割合） (1－ 0. ×0. × $\frac{㎡}{㎡}$)	円	U
	目的となっている土地（の権利）	（自用地の評価額） 円 × （　割合） (1－ 0.)	円	V
	借地権	（自用地の評価額） 円 × （借地権割合） 0.	円	W
	貸家建付借地権	（W, ADのうちの該当記号） （　　） 円 × （借家権割合）（賃貸割合） (1－ 0. × $\frac{㎡}{㎡}$)	円	X
	転貸借地権	（W, ADのうちの該当記号） （　　） 円 × （借地権割合） (1－ 0.)	円	Y
	転借権	（W, X, ADのうちの該当記号） （　　） 円 × （借地権割合） 0.	円	Z
	借家人の有する権利	（W, Z, ADのうちの該当記号） （　　） 円 × （借家権割合）（賃借割合） 0. × $\frac{㎡}{㎡}$	円	AA
	権利が競合する場合の他の権利	（自用地の評価額） 円 × （　割合） 0.	円	AB
	土地する場合の権利が競合	（T, Vのうちの該当記号） （　　） 円 × （　割合） (1－ 0.)	円	AC
	他の権利と競合する場合	（W, ABのうちの該当記号） （　　） 円 × （　割合） (1－ 0.)	円	AD
備考				

（注）　区分地上権と区分地上権に準ずる地役権とが競合する場合については、備考欄等で計算してください。

（資4－25－2－A4統一）

⒄　都市計画道路予定地の区域内にある宅地（評基通24－7）

$$\boxed{路線価} \times \boxed{奥行価格補正等の画地調整} \times \boxed{地積} = \boxed{A\quad 利用制限がないものとした場合の価額}$$

$$\boxed{Aの価額} \times \boxed{別表に定める補正率} = 評価額$$

路　　線　　価

路線価図に1㎡当たりの価額が千円単位で表示されています。

地　　　　　区

路線価図に次の記号で表示されています。

地　区　区　分	記　　　　号
ビ　ル　街　地　区	⬡
高　度　商　業　地　区	⬭
繁　華　街　地　区	⬟
普通商業・併用住宅地区	○
普　通　住　宅　地　区	無　　　印
中　小　工　場　地　区	◇
大　工　場　地　区	▭

| 奥　行　距　離 | 実測図等から奥行距離を測定します。 |

| 奥 行 価 格 補 正 率 | 地区区分及び奥行距離に応じた奥行価格補正率を奥行価格補正率表から求めます。 |

奥行価格補正率＝ 1.00

| 都市計画道路予定地部分等の確定 | 市(区)役所等の都市計画課等で都市計画道路予定地の位置、評価しようとする宅地にかかる面積、容積率等を調べます。 |

| 都市計画道路予定地の区域内にある宅地の補正率表に定める補正率 | 地区区分及び容積率別に評価しようとする宅地の総地積に対する都市計画道路予定地の部分の地積の占める割合に応じた補正率を求めます。 |

都市計画道路予定地の区域内にある宅地の補正率表に定める補正率＝ 0.94

奥行価格補正率表

奥行距離 m（地区区分）	ビル街地区	高度商業地区	繁華街地区	普通商業・併用住宅地区	普通住宅地区	中小工場地区	大工場地区
4 未満	0.80	0.90	0.90	0.90	0.90	0.85	0.85
4 以上 6 未満		0.92	0.92	0.92	0.92	0.90	0.90
6 〃 8 〃	0.84	0.94	0.95	0.95	0.95	0.93	0.93
8 〃 10 〃	0.88	0.96	0.97	0.97	0.97	0.95	0.95
10 〃 12 〃	0.90	0.98	0.99	0.99	1.00	0.96	0.96
12 〃 14 〃	0.91	0.99	1.00	1.00		0.97	0.97
14 〃 16 〃	0.92	1.00				0.98	0.98
16 〃 20 〃	0.93					0.99	0.99
20 〃 24 〃	0.94					1.00	1.00
24 〃 28 〃	0.95				0.97		
28 〃 32 〃	0.96		0.98		0.95		
32 〃 36 〃	0.97		0.96	0.97	0.93		
36 〃 40 〃	0.98		0.94	0.95	0.92		
40 〃 44 〃	0.99		0.92	0.93	0.91		
44 〃 48 〃	1.00		0.90	0.91	0.90		
48 〃 52 〃		0.99	0.88	0.89	0.89		
52 〃 56 〃		0.98	0.87	0.88	0.88		
56 〃 60 〃		0.97	0.86	0.87	0.87		
60 〃 64 〃		0.96	0.85	0.86	0.86	0.99	
64 〃 68 〃		0.95	0.84	0.85	0.85	0.98	
68 〃 72 〃		0.94	0.83	0.84	0.84	0.97	
72 〃 76 〃		0.93	0.82	0.83	0.83	0.96	
76 〃 80 〃		0.92	0.81	0.82	0.82		
80 〃 84 〃		0.90	0.80	0.81		0.93	
84 〃 88 〃		0.88		0.80			
88 〃 92 〃		0.86			0.81	0.90	
92 〃 96 〃	0.99	0.84					
96 〃 100 〃	0.97	0.82					
100 〃	0.95	0.80			0.80		

都市計画道路予定地の区域内にある宅地の補正率表 （評基通24‑7）

地積割合 ＼ 容積率	ビル街地区、高度商業地区		繁華街地区、普通商業・併用住宅地区				普通住宅地区 中小工場地区 大工場地区		
	700%未満	700%以上	300%未満	300%以上400%未満	400%以上500%未満	500%以上	200%未満	200%以上300%未満	300%以上
30%未満	0.88	0.85	0.97	0.94	0.91	0.88	0.99	0.97	0.94
30%以上60%未満	0.76	0.70	0.94	0.88	0.82	0.76	0.98	0.94	0.88
60%以上	0.60	0.50	0.90	0.80	0.70	0.60	0.97	0.90	0.80

※１　容積率は、指定容積率と基準容積率とのうちいずれか小さい方によります（219ページ参照）。

※２　地積割合とは、その宅地の総地積に対する都市計画道路予定地の部分の地積の割合をいいます。

| 評 価 額 の 計 算 |

路線価に奥行価格補正率等及び地積を乗じて、都市計画道路予定地としての利用制限がないものとした価額を計算します。更に、都市計画道路予定地の区域内にある宅地の補正率表に定める補正率を乗じて計算します。

路線価　　　奥行価格補正率　　　地積　　　利用制限がないものとした価額
510,000円×　　　1.00　　　×　450㎡　＝　　229,500,000円（A）

（A）　　　　補正率　　　評価額
229,500,000円×　0.94　＝215,730,000円

チェックポイント19

都市計画道路予定地の区域内にある宅地の評価

　都市計画道路予定地（都市計画法第4条第6項に規定する都市計画施設のうちの道路の予定地）の区域内にある宅地については、通常、2階建て以下の木造等の建物しか建築できない等、建物の建築に制限を受けることにより宅地としての通常の用途に供する場合に利用の制限があると認められることから、その宅地の価額は、地区区分、容積率、地積割合の別に応じて定める補正率を乗じて計算した価額により計算します。

土地及び土地の上に存する権利の評価明細書（第1表）　　〇〇 局(所) ×× 署　6 年分　ページ ×××××

(住居表示)	(××区〇〇1-30-5)		
所在地番	××区〇〇1-30-5	所有者 住 所(所在地)	××区〇〇1-30-3
		氏 名(法人名)	大手 一郎
		使用者 住 所(所在地)	同左
		氏 名(法人名)	同左

（令和六年分以降用）

地 目	地 積	路 線 価	地形図及び参考事項
(宅 地) 山 林 田 畑 雑種地 ( )	450 ㎡	正面 510,000 円　側方 円　側方 円　裏面 円	←18m→ 25m 5m

間口距離 18 m	利用区分	自 用 地 私 道 貸 宅 地 貸家建付借地権 貸家建付地 転 貸 借 地 権 借 地 権 ( )
奥行距離 25 m	地区区分	ビル街地区　普通住宅地区 高度商業地区　中小工場地区 繁華街地区　大工場地区 (普通商業・併用住宅地区)

			(1㎡当たりの価額)	
自 用 地 1 平 方 メ ー ト ル 当 た り の 価 額	1 一路線に面する宅地 (正面路線価) (奥行価格補正率) 510,000 円 × 1.00		510,000 円	A
	2 二路線に面する宅地 (A) [側方・裏面 路線価] (奥行価格補正率) [側方・二方 路線影響加算率] 円 + (円 × . × 0.)		円	B
	3 三路線に面する宅地 (B) [側方・裏面 路線価] (奥行価格補正率) [側方・二方 路線影響加算率] 円 + (円 × . × 0.)		円	C
	4 四路線に面する宅地 (C) [側方・裏面 路線価] (奥行価格補正率) [側方・二方 路線影響加算率] 円 + (円 × . × 0.)		円	D
	5-1 間口が狭小な宅地等 (AからDまでのうち該当するもの) (間口狭小補正率) (奥行長大補正率) 円 × (. × .)		円	E
	5-2 不 整 形 地 (AからDまでのうち該当するもの) 不整形地補正率※ 円 × 0. ※不整形地補正率の計算 (想定整形地の間口距離) (想定整形地の奥行距離) (想定整形地の地積) m × m = ㎡ (想定整形地の地積) (不整形地の地積) (想定整形地の地積) (かげ地割合) (㎡ - ㎡) ÷ ㎡ = % (不整形地補正率表の補正率) (間口狭小補正率) (小数点以下2位未満切捨て) [不整形地補正率] 0. × . = 0. ① (①、②のいずれか低い (奥行長大補正率) (間口狭小補正率) 率、0.6を下限とする。) . × . = 0. ② 0.		円	F
	6 地積規模の大きな宅地 (AからFまでのうち該当するもの) 規模格差補正率※ 円 × 0. ※規模格差補正率の計算 (地積 (Ⓐ)) (Ⓑ) (Ⓒ) (地積 (Ⓐ)) (小数点以下2位未満切捨て) { (㎡ × +) ÷ ㎡} × 0.8 = 0.		円	G
	7 無 道 路 地 (F又はGのうち該当するもの) (※) 円 × (1 - 0.) ※割合の計算 (0.4を上限とする。) (正面路線価) (通路部分の地積) (F又はGのうち 該当するもの) (評価対象地の地積) (円 × ㎡) ÷ (円 × ㎡) = 0.		円	H
	8-1 がけ地等を有する宅地 [南 、 東 、 西 、 北] (AからHまでのうち該当するもの) (がけ地補正率) 円 × 0.		円	I
	8-2 土砂災害特別警戒区域内にある宅地 (AからHまでのうち該当するもの) 特別警戒区域補正率※ 円 × 0. ※がけ地補正率の適用がある場合の特別警戒区域補正率の計算 (0.5を下限とする。) [南 、 東 、 西 、 北] (特別警戒区域補正率表の補正率) (がけ地補正率) (小数点以下2位未満切捨て) 0. × 0. = 0.		円	J
	9 容積率の異なる2以上の地域にわたる宅地 (AからJまでのうち該当するもの) (控除割合 (小数点以下3位未満四捨五入)) 円 × (1 - 0.)		円	K
	10 私 道 (AからKまでのうち該当するもの) 円 × 0.3		円	L

自用地の評価額	自用地1平方メートル当たりの価額 (AからLまでのうちの該当記号) (A) 510,000 円	地 積 450 ㎡	総 額 (自用地1㎡当たりの価額) × (地 積) 229,500,000 円	M

(注) 1 5-1の「間口が狭小な宅地等」と5-2の「不整形地」は重複して適用できません。
　　 2 5-2の「不整形地」の「AからDまでのうち該当するもの」欄の価額について、AからDまでの欄で計算できない場合には、（第2表）の「備考」欄等で計算してください。
　　 3 「がけ地等を有する宅地」であり、かつ、「土砂災害特別警戒区域内にある宅地」である場合については、8-1の「がけ地等を有する宅地」欄ではなく、8-2の「土砂災害特別警戒区域内にある宅地」欄で計算してください。

(資4-25-1-A4統一)

土地及び土地の上に存する権利の評価明細書（第2表）

セットバックを必要とする宅地の評価額	（自用地の評価額）　　　　　（自用地の評価額）　　　　　（該当地積） 円 － （　　　　　　　円 × $\dfrac{㎡}{総地積　㎡}$ × 0.7　）	（自用地の評価額） 円	N
都市計画道路予定地の区域内にある宅地の評価額	（自用地の評価額）　　　　　　（補正率） 229,500,000円 × 0.94	（自用地の評価額） 円 215,730,000	O

（令和六年分以降用）

大規模工場用地等の評価額	○ 大規模工場用地等 　（正面路線価）　　（地積）　　　　　（地積が20万㎡以上の場合は0.95） 　　円 × （　　　　　㎡ ×	円	P
	○ ゴルフ場用地等 （宅地とした場合の価額）（地積）　　　$\binom{1㎡当たり}{の造成費}$　　　（地積） （　　　円 ×　　　　㎡×0.6） － （　　　　　円×　　　　㎡）	円	Q

区分所有財産に係る敷地利用権の評価額		（自用地の評価額）　　　　　（敷地利用権（敷地権）の割合） 円 × ───────	（自用地の評価額） 円	R
	居住用の区分所有財産の場合	（自用地の評価額）　　　　　　（区分所有補正率） 円 × .	（自用地の評価額） 円	S

	利用区分	算　　式	総　　額	記号
総額計算による価額	貸宅地	（自用地の評価額）　　　　　　（借地権割合） 円 × （1－ 0.　　）	円	T
	貸家建付地	（自用地の評価額又はV）　　　（借地権割合）（借家権割合）（賃貸割合） 円 × （1－ 0.　　×0.　　× $\dfrac{㎡}{㎡}$）	円	U
	目的となっている土地（権利）の	（自用地の評価額）　　　　（　　　割合） 円 × （1－ 0.　　）	円	V
	借地権	（自用地の評価額）　　　　　（借地権割合） 円 × 0.	円	W
	貸家建付借地権	（W, AD のうちの該当記号）　　（借家権割合）　　（賃貸割合） （　　） 円 × （1－ 0.　　× $\dfrac{㎡}{㎡}$）	円	X
	転貸借地権	（W, AD のうちの該当記号）　　（借地権割合） （　　） 円 × （1－ 0.　　）	円	Y
	転借権	（W, X, AD のうちの該当記号）　　（借地権割合） （　　） 円 × 0.	円	Z
	借家人の有する権利	（W, Z, AD のうちの該当記号）　　（借家権割合）　　（賃借割合） （　　） 円 × 0.　　× $\dfrac{㎡}{㎡}$	円	AA
	権利が競合する場合の他の権利と競合する場合の土地	（自用地の評価額）　　　　（　　　割合） 円 × 0.	円	AB
		（T, V のうちの該当記号）　　（　　割合） （　　） 円 × （1－ 0.　　）	円	AC
		（W, AB のうちの該当記号）　　（　　割合） （　　） 円 × （1－ 0.　　）	円	AD
備　考				

(注)　区分地上権と区分地上権に準ずる地役権とが競合する場合については、備考欄等で計算してください。

（資4－25－2－A4統一）

【設例　16】

容積率の異なる2以上の地域にわたる宅地の一部が都市計画道路予定地である場合の評価

(問)　容積率の異なる2以上の地域にわたる宅地の一部が、都市計画道路予定地の区域内となっている場合には、当該宅地の価額はどのように評価しますか。

(普通住宅地区)

(答)　財産評価基本通達20-7《容積率の異なる2以上の地域にわたる宅地の評価》に定める宅地の価額を計算し、その価額に同24-7《都市計画道路予定地の区域内にある宅地の評価》に定める補正率を乗じて評価します。

　なお、上図の場合、都市計画道路予定地は容積率200%の地域に存しますが、評価対象地の容積率（180%）は200%未満であるので、同24-7の適用に当たっては、容積率200%以上の欄に定める補正率ではなく、容積率200%未満の欄に定める補正率を適用します（※）。

(容積率)

$$\frac{200\% \times 200㎡ + 100\% \times 50㎡}{200㎡ + 50㎡} = 180\%$$

地区区分 容積率 地積割合	ビル街地区、高度商業地区		繁華街地区、普通商業・併用住宅地区				普通住宅地区・中小工場地区 大工場地区		
	700%未満	700%以上	300%未満	300%以上400%未満	400%以上500%未満	500%以上	200%未満	200%以上300%未満	300%以上
30%未満	0.88	0.85	0.97	0.94	0.91	0.88	0.99	0.97	0.94
30%以上60%未満	0.76	0.70	0.94	0.88	0.82	0.76	0.98	0.94	0.88
60%以上	0.60	0.50	0.90	0.80	0.70	0.60	0.97	0.90	0.80

※　219ページの2(2)参照

6　倍率方式による評価（評基通21、21-2）

(1)　宅地の評価

| 固定資産税評価額 | × | 評 価 倍 率 | = | 評　　価　　額 |

```
┌─────────────────┐
│ 固 定 資 産 税 評 価 額 │     固定資産評価証明書から確認します。
└─────────────────┘
        │               ┌─────────────────────────────┐
        │               │ 固定資産税評価額　  18,000,000円  ◀──── │
        │               └─────────────────────────────┘
        ▼
┌─────────────────┐
│ 評　価　倍　率 │     評価倍率表に掲載されています。
└─────────────────┘
        │               ┌─────────────────────────────┐
        │               │ 宅地の評価倍率　    1.1　    ◀──── │
        │               └─────────────────────────────┘
        ▼
┌─────────────────┐
│ 評 価 額 の 計 算 │     固定資産税評価額に評価倍率を乗じて評価額を計算し
└─────────────────┘
```
ます。

固定資産税評価額　　評価倍率　　　　評価額
18,000,000円　×　　1.1　＝19,800,000円

┌───┐

チェックポイント20

実際の地積と登記簿上の地積が異なる場合

　倍率方式により土地を評価する場合において、実際の地積が登記簿上の地積と異なる土地については、実際の地積により評価することになりますが（評基通8）、固定資産税評価額は、縄延び等のために実際の地積が登記簿上の地積と異なる場合であっても、全て登記簿上の地積を基に計算することになっていますので、その土地の固定資産税評価額に倍率を乗じて計算したのでは適正な評価額を計算することができません。

　このため、実際の地積と登記簿上の地積が異なる土地を倍率方式で評価する場合には、次の算式により評価額を計算します。

$$\text{その土地の固定資産税評価額} \times \frac{\text{実際の地積}}{\substack{\text{登記簿上の地積}\\ \text{（固定資産評価証明書上の地積）}}} \times \text{評価倍率}$$

└───┘

固定資産（土地・家屋）評価証明書

所有者	住　　所	東京都　○○市　○○町　1-1		証明を必要とする理由	税務署へ提出のため
	氏　名（名称）	×　×　×　×			

所　在　等			地　　目	地積又は床面積㎡	令和XX年度価格（円）
	○○市○○町105番地		登記　宅地		
			現況　宅地	490	18,000,000

摘要	

上記のとおり証明します。

令和○年○月○日
○　　○　　市　　長

（評価倍率表）

令和XX年分　　倍　率　表

市区町村名：○○市　　　　　　　　　　　　　　　　○○税務署

音順	町（丁目）又は大字名	適　用　地　域　名	借割地権合	固　定　資　産　税　評　価　額　に　乗　ず　る　倍　率　等						
				宅地	田	畑	山林	原　野	牧場	池沼
			％	倍	倍	倍	倍	倍	倍	倍
あ	○　町	全	－	路線	比　準	比　準	比　準	比　準		
	○　町	〃	－	〃	〃	〃	〃	〃		
	○　町1丁目	〃	－	〃	〃	〃	〃	〃		
	〃　2丁目	〃	－	〃	〃	〃	〃	〃		
	〃　3丁目	〃	60	1.0	〃	〃	〃	〃		
い	○○町	一部	－	路　線	比　準	比　準	比　準	比　準		
		上記以外の地域	60	1.1	〃	〃	〃	〃		
	○　町	全	－	路　線	〃	〃	〃	〃		
	○○町	市街化調整区域	50	1.0	中98	中109	中355	中355		
		市街化区域	60	1.1	比　準	比　準	比　準	比　準		
う	○○町	全	－	路　線	比　準	比　準	比　準	比　準		
	○○町	市街化調整区域	50	1.1	中154	中225	中420	中420		
		市街化区域								

チェックポイント21

倍率方式により評価する土地に固定資産税評価額が付されていない場合

　課税時期の属する年において払下げ等により取得した土地や地目変更等がある土地については、固定資産税評価額が付されていなかったり、その土地の現況に応じた固定資産税評価額が付されていない場合が生じます。そのような場合には、その評価しようとする土地の現況に応じ、状況が類似する付近の土地の固定資産税評価額を基として、その土地との位置、形状等の条件の差を考慮して、その土地の固定資産税評価額に相当する額を計算し、その額に倍率を乗じて評価します。

　ただし、相続税等の申告書の提出期限までに、その土地に新たに固定資産税評価額が付された場合には、その付された価額を基として評価します。

倍率方式により評価する土地等が不整形地等である場合

　倍率方式で評価する土地等が不整形地、間口が狭小なもの、無道路地等であっても、固定資産税評価額はその土地等が不整形地、間口が狭小なもの、無道路地等であることを考慮して付されていますので、しんしゃくは行わないことに留意してください。

⑵　「地積規模の大きな宅地」に該当する場合の評価方法

　　倍率方式により評価する地域（この⑵において、以下「倍率地域」といいます。）に所在する宅地で、次のイからホまでの適用要件を満たすものについては、財産評価基本通達20－2《地積規模の大きな宅地の評価》に定める「地積規模の大きな宅地」に該当するものとして、同通達20－2の定めに準じて評価することができます（評基通21－2ただし書）。

　　この評価方法は、次の図のとおり、財産評価基本通達21－2本文の定めにより評価した価額（固定資産税評価額×倍率）が、同通達20－2の定めに準じて評価した価額を上回る場合に適用することができます。

```
┌─────────────┐   ×   ┌─────┐ ┐
│ 固定資産税評価額 │       │ 倍率 │ │
└─────────────┘       └─────┘ │
┌───────────────────────┐ │   ┌───────────────────┐   ┌─────┐
│ その宅地が標準的な間口距離及び奥行   │ │ > │ いずれか低い方の価額 │ = │ 評価額 │
│ 距離を有する宅地であるとした場合の   │ │   └───────────────────┘   └─────┘
│ 1㎡当たりの価額（※）を路線価とし、  │ │
│ かつ、普通住宅地区に所在するものと   │ │
│ して、財産評価基本通達20－2の定め   │ │
│ に準じて計算した価額          │ │
└───────────────────────┘ ┘
```

　※　「その宅地」が標準的な間口距離及び奥行距離を有する宅地であるとした場合の1㎡当たりの価額は、評価対象となる宅地の近傍の固定資産税評価に係る標準宅地の1㎡当たりの価額を基に計算します。

　　　ただし、その標準宅地が固定資産税評価に係る各種補正の適用を受ける場合には、その適用がないものとしたときの1㎡当たりの価額に基づき計算することになります。

［適用要件］

イ　三大都市圏（注）に所在する場合については500㎡以上、三大都市圏以外の地域に所在する場合については1,000㎡以上の地積を有するものであること

　（注）　三大都市圏については、上記5「⒄　地積規模の大きな宅地の評価」（150ページ）を参照してください。

ロ　市街化調整区域（都市計画法第34条第10号又は第11号の規定に基づき宅地分譲に係る開発行為を行うことができる区域を除きます。）以外の区域に所在する宅地であること

ハ　都市計画法の用途地域が工業専用地域に指定されている地域以外の地域に所在する宅地であること

ニ　東京都の特別区内に所在する宅地については容積率（注）が300％未満の地域、東京都の特別区以外に所在する宅地については容積率（注）が400％未満の地域

に所在すること

（注）　容積率は、建築基準法第52条《容積率》第1項に規定する容積率（指定容積率）により判定します（219ページ参照）。

ホ　財産評価基本通達22−2《大規模工場用地》に定める大規模工場用地（注）に該当しないこと

（注）　「大規模工場用地」とは、一団の工場用地（工場、研究開発施設等の敷地の用に供されている宅地及びこれらの宅地に隣接する駐車場、福利厚生施設等の用に供されている一団の土地をいいます。）の地積が5万㎡以上のものをいいます。

標準的な間口距離及び奥行距離を有する宅地であるとした場合の1㎡当たりの価額

評価対象となる宅地が標準的な間口距離及び奥行距離を有する宅地であるとした場合の1㎡当たりの価額を、近傍の固定資産税評価に係る標準宅地の1㎡当たりの価額を基に計算します。

① 所在地：三大都市圏以外
② 面積：3,000㎡
③ 固定資産税評価額：105,000,000円
④ 近傍の固定資産税評価に係る標準宅地の1㎡当たりの価額：50,000円
⑤ 倍率：1.1倍

※1　他の地積規模の大きな宅地の評価の適用要件は満たしているものとします。
　2　倍率地域に所在する宅地は、普通住宅地区に所在するものとして計算します。

（倍率）			
50,000円 × 1.1倍 =			55,000円

各種画地補正後の価額

上で計算した1㎡当たりの価額を基にして、普通住宅地区おける奥行価格補正率及び各種画地補正率を乗じて計算します。

$$55,000円 \times \begin{bmatrix} 普通住宅地区の \\ 奥行価格補正率 \\ 0.86 \end{bmatrix} = 47,300円$$

規模格差補正率の計算

評価対象となる宅地の所在する地域（三大都市圏又は三大都市圏以外の地域）並びに当該地域の地積及び地区区分に応じた数値を基に規模格差補正率を計算します。

$$\frac{3,000㎡ \times 0.85 + 250}{3,000㎡} \times 0.8 = 0.74　（※）$$

※　小数点以下第2位未満を切り捨てます。

評　価　額　の　計　算

各種画地補正後の価額に規模格差補正率を乗じた後の1㎡当たりの価額を基に、評価対象となる宅地の地積を乗じて計算した金額（①）と、その宅地の固定資産税評価額に倍率を乗じて計算した金額（②）とのいずれか低い金額が評価額となります。

【1㎡当たりの価額】
　　　　（規模格差補正率）
47,300円×　　　0.74　　　＝35,002円
【評価額】
①　35,002円×3,000㎡＝105,006,000円
②　105,000,000×1.1倍＝115,500,000円
⇨　（①＜②となるため）評価額　105,006,000円

第4　宅地の上に存する権利の評価

1　宅地の上に存する権利の評価の概要

　宅地の上に存する権利の価額は、地上権、借地権、定期借地権等、区分地上権及び区分地上権に準ずる地役権の権利の別に評価します（評基通9）。

2　宅地の上に存する権利の評価例

⑴　普通借地権（評基通27）

| 自 用 地 価 額 | × | 借 地 権 割 合 | = | 評価額 |

自 用 地 価 額

　自用地価額の求め方については、40ページから247ページを参照してください。

自用地価額 =	100,000,000円

借 地 権 割 合

　路線価図には路線価の後に次の記号で、評価倍率表には割合で表示されています。

記号	借地権割合
A	90%
B	80%
C	70%
D	60%
E	50%
F	40%
G	30%

評　価　額　の　計　算

　　　自用地価額に借地権割合を乗じて借地権の価額を計算します。

　　　　　　　　自用地価額　　借地権割合　　借地権の評価額
　　　　　100,000,000円×　　　70%　　＝　　70,000,000円

土地及び土地の上に存する権利の評価明細書（第2表）

<table>
<tr><td>セットバックを必要とする宅地の評価額</td><td>（自用地の評価額）
円　－　（ （自用地の評価額）
円　×　該当地積㎡／総地積㎡　×　0.7 ）</td><td>（自用地の評価額）
円</td><td>N</td></tr>
<tr><td>都市計画道路予定地の区域内にある宅地の評価額</td><td>（自用地の評価額）　　　（補正率）
円　×　0.</td><td>（自用地の評価額）
円</td><td>O</td></tr>
<tr><td rowspan="2">大規模工場用地等の評価額</td><td>○　大規模工場用地等
（正面路線価）　　　（地積）　　　（地積が20万㎡以上の場合は0.95）
円　×　　　㎡　×</td><td>円</td><td>P</td></tr>
<tr><td>○　ゴルフ場用地等
（宅地とした場合の価額）（地積）　　（1㎡当たりの造成費）　　（地積）
（　　　円　×　　㎡×0.6）　－　（　　円×　　㎡）</td><td>円</td><td>Q</td></tr>
<tr><td rowspan="2">区分所有財産に係る敷地利用権の評価額</td><td>（自用地の評価額）　　　（敷地利用権（敷地権）の割合）
円　×　―――――――――</td><td>（自用地の評価額）
円</td><td>R</td></tr>
<tr><td>居住用の区分所有財産の場合
（自用地の評価額）　　　（区分所有補正率）
円　×　.</td><td>（自用地の評価額）
円</td><td>S</td></tr>
</table>

<table>
<tr><td rowspan="11">総額計算による価額</td><td>利用区分</td><td>算　　　　式</td><td>総　　額</td><td>記号</td></tr>
<tr><td>貸宅地</td><td>（自用地の評価額）　　　（借地権割合）
円　×　（1－　0.　）</td><td>円</td><td>T</td></tr>
<tr><td>貸家建付地</td><td>（自用地の評価額又はV）　　（借地権割合）（借家権割合）（賃貸割合）
円　×　（1－　0.　×0.　×㎡／㎡）</td><td>円</td><td>U</td></tr>
<tr><td>（　）の目的となっている土地</td><td>（自用地の評価額）　　　（　　割合）
円　×　（1－　0.　）</td><td>円</td><td>V</td></tr>
<tr><td>借地権</td><td>（自用地の評価額）　　　（借地権割合）
100,000,000 円　×　0.7</td><td>70,000,000</td><td>W</td></tr>
<tr><td>貸家建付借地権</td><td>（W,AD のうちの該当記号）　　（借家権割合）　　（賃貸割合）
（　）
円　×　（1－　0.　×㎡／㎡）</td><td>円</td><td>X</td></tr>
<tr><td>転貸借地権</td><td>（W,AD のうちの該当記号）　　（借地権割合）
（　）
円　×　（1－　0.　）</td><td>円</td><td>Y</td></tr>
<tr><td>転借権</td><td>（W,X,AD のうちの該当記号）　　（借地権割合）
（　）
円　×　0.</td><td>円</td><td>Z</td></tr>
<tr><td>借家人の有する権利</td><td>（W,Z,AD のうちの該当記号）　　（借家権割合）　　（賃借割合）
（　）
円　×　0.　×㎡／㎡</td><td>円</td><td>AA</td></tr>
<tr><td>（　　）権</td><td>（自用地の評価額）　　　（　　割合）
円　×　0.</td><td>円</td><td>AB</td></tr>
<tr><td>権利が競合する場合の土地に関する権利</td><td>（T,V のうちの該当記号）　　（　　割合）
（　）
円　×　（1－　0.　）</td><td>円</td><td>AC</td></tr>
<tr><td></td><td>他の権利と競合する場合の競合する権利</td><td>（W,AB のうちの該当記号）　　（　　割合）
（　）
円　×　（1－　0.　）</td><td>円</td><td>AD</td></tr>
<tr><td>備考</td><td colspan="3"></td></tr>
</table>

（注）　区分地上権と区分地上権に準ずる地役権とが競合する場合については、備考欄等で計算してください。

（資4－25－2－A4統一）

【設例 17】

借地権の及ぶ範囲

（問） 郊外にあるレストランやパチンコ店のように、賃借した広い土地を建物の敷地と駐車場用地として一体で利用している場合には、その土地全体に借地権が及ぶものとして評価してよいですか。

（答） 借地権の及ぶ範囲については、必ずしも建物敷地に限られるものではなく、一律に借地権の及ぶ範囲を定めることは実情に沿いません。借地権の及ぶ範囲は、借地契約の内容、例えば、権利金や地代の算定根拠、土地利用の制限等に基づいて判定することが合理的であると考えられます。

なお、建物の敷地と駐車場用地とが、不特定多数の者の通行の用に供されている道路等により物理的に分離されている場合には、それぞれの土地に存する権利を個別に判定します。

誤りやすい事例 1

一時使用のための借地権の評価

建設現場に近接した土地について、工事事務所用の簡易建物の所有を目的とし、契約期間を2年とする土地の賃貸借契約を締結している場合の借地権の評価

正 雑種地の賃借権の評価方法に準じて評価する。

誤 その借地権の目的となっている土地の自用地としての価額に借地権割合を乗じて計算した金額により評価する。

解 説 建設現場、博覧会場、一時的興行場等、その性質上一時的な事業に必要とされる臨時的な設備を所有することを目的とするいわゆる一時使用のための借地権については、存続期間及びその更新、建物買取請求、借地条件の変更、増改築などについて、借地借家法の適用がなく、期間の満了とともに消滅することとされており、他の法定更新される借地権に比較しその権利は著しく弱いといえます。したがって、このような一時使用のための借地権の価額を、通常の借地権の価額と同様に評価することは適当でないので、雑種地の賃借権の評価方法に準じて評価します。

財産評価基本通達87《賃借権の評価》

借地借家法第25条《一時使用目的の借地権》

チェックポイント22

相当の地代を支払っている場合等の借地権等についての相続税及び贈与税の取扱いについて

　借地権の設定に際し、その設定の対価として通常権利金その他の一時金（このチェックポイントにおいて、以下「権利金等」といいます。）を支払う取引上の慣行がある地域において、権利金等を支払わずに土地の賃貸借契約を結び借地権の設定を受けた場合には、借地権者は、原則として、借地権に相当する経済的利益の贈与を受けたものとして贈与税の課税関係が生じることになります（相法9）。

　ただし、その権利金等の支払に代えて、相当の地代を支払うこととしている場合には、借地権の設定による経済的利益の贈与はないものとして取り扱われます（「相当の地代を支払っている場合等の借地権等についての相続税及び贈与税の取扱いについて」個別通達（昭和60.6.5課資2-58、直評9））。

　そして、その後に相続や贈与が生じたときにおける借地権の価額及び借地権の目的となっている宅地（底地）の価額は、実際に支払われている地代のその時の土地の自用地価額に対する割合に応じて、次のとおり、計算することとしています。

実際に支払われている地代	借地権の価額	底地の価額
① 相当の地代（※1）が支払われている場合	零	自用地価額の80%
② 通常の地代を超え相当の地代に満たない地代が支払われている場合	下記算式（※2）により評価します。	自用地価額－左の借地権価額（自用地価額の80%を限度とします。）
③ 通常の地代が支払われている場合	自用地価額×路線価図等に定める借地権割合	自用地価額－左の借地権価額
④ 法人との間で「無償返還に関する届出書」が提出されている場合	零	自用地価額の80%（使用貸借の場合は100%）

※1　**相当の地代**

　　自用地価額の過去3年間の平均額×6%＝相当の地代の年額

※2　**算式**

$$自用地価額×\left\{借地権割合×\left(1-\frac{実際の地代の年額－通常の地代の年額}{相当の地代の年額（※）－通常の地代の年額}\right)\right\}$$

　　※　算式中の「相当の地代の年額」は、不十分な権利金の授受がある場合でも「自用地価額の過去3年間の平均額×6%」で計算します。

　実際の地代等の自用地価額に対する率と借地権割合等の関係を示すと次表のようになります。

〔相当の地代を支払っている場合等の借地権等の取扱一覧〕

実際の地代	借地権設定時	相続等又は贈与発生時			
	贈与税の課税の有無	借地権の評価		貸宅地の評価	株式評価上の借地権の資産計上額
相当の地代と同額	〈1〉 なし	権利金の授受 なし	〈3(1)〉 零	〈6(1)〉 自用地価額×0.8	〈6〉 自用地価額×0.2
		あり	〈3(2)〉 算 式	〈6(2)〉 いずれか低い方　{ 自用地価額×0.8 ……………… 自用地価額－算式 }	〈6〉 いずれか高い方　{ 自用地価額×0.2 ……………… 算式 }
相当の地代未満通常地代超	〈2〉 あり（算式－不十分な権利金）	〈4〉 算 式		〈7〉 いずれか低い方　{ 自用地価額×0.8 ……………… 自用地価額－算式 }	〈7〉 いずれか高い方　{ 自用地価額×0.2 ……………… 算式 }
無償返還の届出がある場合	－	〈5〉 零		賃貸借 〈8〉 自用地価額×0.8	〈8〉 自用地価額×0.2
				使用貸借 〈8〉 自用地価額	零

※1　〈　〉内の数字等は「相当の地代を支払っている場合等の借地権等についての相続税及び贈与税の取扱いについて」個別通達(昭60.6.5課資2－58、直評9)の項目の番号です。
　2　上表の算式は次のとおりです。
(算 式)
$$\text{自用地価額}\times\left\{\text{借地権割合}\times\left(1-\dfrac{\text{実際の地代の年額}-\text{通常の地代の年額}}{\text{相当の地代の年額(注)}-\text{通常の地代の年額}}\right)\right\}$$

(注)　「相当の地代の年額」は、不十分な権利金の授受がある場合でも自用地価額の過去3年間の平均額×6％で算定します。

―用語の意義―

相当の地代：自用地価額の過去3年間(注)の平均額×6％又は（自用地価額の過去3年間の平均額－不十分な権利金）×6％

　　　　　　(注)　過去3年間とは、借地権を設定した年、又は借地権若しくは貸宅地について相続、遺贈又は贈与があった年以前3年間をいいます。

通常の地代：借地権の設定に際し通常権利金を支払う取引上の慣行のある地域において通常の賃貸借契約に基づいて通常支払われる地代をいいます。その年額は、原則として周辺地域の地代相場を基として計算しますが、自用地価額から通常の借地権割合により計算した借地権価額を控除して求めた底地価額の過去3年間の平均額の6％で計算することもできます。

（算式） $\left(\begin{array}{l}\text{課税時期以前3年間の}\\\text{自用地の相続税評価額}\\\text{の平均額}\end{array}\right) \times （1 －借地権割合）× 6 ％$

使用貸借：権利金の授受がなく、授受される地代がその宅地の固定資産税相当額以下（民法593）

不十分な権利金：通常支払われる権利金に満たない金額の権利金

◎　**相当の地代に満たない地代が授受されている場合の借地権等の価額**

① 課税時期の土地の自用地の価額　　　　　　　　1,200万円

② 土地の自用地の価額（過去3年間の平均額）　　1,000万円

③ 借地権割合　　　　　　　　　　　　　　　　　70％

④ 相当の地代の年額（②×6％）　　　　　　　　60万円

⑤ 実際に授受されている地代の年額　　　　　　　36万円

⑥ 通常の地代の年額　　　　　　　　　　　　　　18万円

（借地権の価額）

$1,200万円×0.7×\left(1 - \dfrac{36万円－18万円}{60万円－18万円}\right) = 480万円$

（貸宅地の価額）

$1,200万円 － 480万円 = 720万円$

（1,200万円×80％＞720万円）

(注)　実際に授受されている地代の年額36万円は、②1,000万円×6％＝60万円の相当の地代に満たないものです。

(2) 定期借地権（権利金等の授受がある場合）（評基通27-2ただし書）

（設定時の定期借地権等割合）　　　　（逓減率）

自用地価額 × $\dfrac{\text{設定時に借地人に帰属する経済的利益の総額（※1）}}{\text{設定時におけるその宅地の通常の取引価額}}$ × $\dfrac{\text{残存期間年数に応ずる基準年利率による複利年金現価率（※2）}}{\text{設定期間年数に応ずる基準年利率による複利年金現価率（※2）}}$ ＝ 評価額

※1　権利金、協力金、礼金などその名称のいかんを問わず借地契約の終了時に返還を要しないとされる金銭の額又は経済的利益の額をいいます（評基通27-3(1)）。

※2　課税時期が令和5年分、令和6年分の場合は基準年利率の複利表（647〜658ページ）に定める複利年金現価率によります。

| 自 用 地 価 額 |

　自用地価額の求め方については、40ページから247ページを参照してください。

> 自用地価額（令和6年分）＝　80,000,000円

| 権 利 金 等 の 額 |

　定期借地契約書等から権利金等の額を調べます。

> 権利金等の額＝　8,000,000円

| 設定時の通常の取引価額 |

　設定時（平成25年分）の通常の取引価額を調べます。明確でない場合には、借地権を設定した年分の路線価等から求めた自用地価額を0.8で割り戻した価額によって差し支えありません。

> 設定時（平成25年分）のその宅地の自用地価額
>
> 48,000,000円　÷0.8＝　60,000,000円

| 残存期間に応ずる複利年金現価率 | 複利表から残存期間に応ずる年1.00％の複利年金現価率を求めます。 |

借地権設定日：平成25年９月１日
設 定 期 間：50年
課 税 時 期：令和６年３月１日
経 過 期 間：10年６か月
残 存 期 間：39年６か月≒40年

年1.00％の複利年金現価率　　32.835

　残存期間に１年未満の端数がある場合には、その期間が６か月以上のときには１年、６か月未満のときには切り捨てます。

| 設定期間年数に応ずる複利年金現価率 | 複利表から設定期間に応ずる年1.00％の複利年金現価率を求めます。 |

設 定 期 間：50年

年1.00％の複利年金現価率　　39.196

| 評 価 額 の 計 算 | 次の算式により借地権の評価額を計算します。 |

$$\underset{\text{自用地価額}}{80,000,000円} \times \underset{\substack{\text{経済的利益の総額}\\ \text{設定時の通常の取引価額}}}{\frac{8,000,000円}{60,000,000円}} \times \underset{\substack{\text{残存期間40年の複利年金現価率}\\ \text{設定期間50年の複利年金現価率}}}{\frac{32.835}{39.196}} \fallingdotseq \underset{\text{評価額}}{8,935,605円}$$

定 期 借 地 権 等 の 評 価 明 細 書

（令和六年分以降用）

（住居表示） 所 在 地 番	（○○区××1-4-8） ○○区××1-4	（地 積） 200㎡	設定年月日	平成 令和 25年9月1日	設定期間年数	⑦　50 年
			課税時期	令和6年3月1日	残存期間年数	⑧　40 年

定期借地権等の種類	一般定期借地権 ・ 建物譲渡特約付借地権 ・ 事業用定期借地権等	設定期間年数に応ずる基準年利率による	複 利 現 価 率	④	
			複利年金現価率	⑤	39.196

定期借地権等の設定時	自用地としての価額	①	（1㎡当たりの価額 240,000 円） 48,000,000 円	設定期間年数に応ずる基準年利率による	
	通常取引価額	②	（通常の取引価額又は①／0.8） 60,000,000 円		
課税時期	自用地としての価額	③	（1㎡当たりの価額 400,000 円） 80,000,000 円	残存期間年数に応ずる基準年利率による複利年金現価率	⑥　32.835

（注1）居住用の区分所有財産における定期借地権等を評価する場合の③の自用地としての価額は、令和5年9月28日付課評2－74ほか1課共同「居住用の区分所有財産の評価について」（法令解釈通達）の適用後の価額を記載します。

（注2）④及び⑤に係る設定期間年数又は⑥に係る残存期間年数について、その年数に1年未満の端数があるときは6か月以上を切り上げ、6か月未満を切り捨てます。

○定期借地権等の評価

経済的利益の額の計算	権利金等の授受がある場合	（権利金等の金額） （A） 8,000,000 円 ＝ ⑨	［権利金・協力金・礼金等の名称のいかんを問わず、借地契約の終了のときに返還を要しないとされる金銭等の額の合計を記載します。］	⑨	権利金等の授受による経済的利益の金額 8,000,000 円
	保証金等の授受がある場合	（保証金等の額に相当する金額） （B）　　　　円	［保証金・敷金等の名称のいかんを問わず、借地契約の終了のときに返還を要するものとされる金銭等（保証金等）の預託があった場合において、その保証金等につき基準年利率未満の約定利率の支払いがあるとき又は無利息のときに、その保証金等の金額を記載します。］	⑩	保証金等の授受による経済的利益の金額 円
		（保証金等の授受による経済的利益の金額の計算） （④の複利現価率）　　　　　　（基準年利率未満の約定利率）　　　（⑤の複利年金現価率） （B）－［（B）×　　　　　］－［（B）×　　　　　×　　　　　］＝⑩			

	権利金等の授受による経済的利益の金額 ⑨ 8,000,000 円	＋	保証金等の授受による経済的利益の金額 ⑩　　　円	＋	贈与を受けたと認められる差額地代の額がある場合の経済的利益の金額 ⑪　　　円	＝	⑫	経済的利益の総額 円 8,000,000

（注）⑪欄は、個々の取引の事情・当事者間の関係等を総合勘案し、実質的に贈与を受けたと認められる差額地代の額がある場合に記載します（計算方法は、裏面2参照。）。

評価額の計算	課税時期における自用地としての価額 ③ 80,000,000 円 ×	経済的利益の総額 ⑫ 8,000,000 円 設定時の通常取引価額 ② 60,000,000 円 ×	⑥の複利年金現価率 32.835 ⑤の複利年金現価率 39.196	＝	⑬	定期借地権等の評価額 円 8,935,605

（注）保証金等の返還の時期が、借地契約の終了のとき以外の場合の⑩欄の計算方法は、税務署にお尋ねください。

○定期借地権等の目的となっている宅地の評価

一般定期借地権の目的となっている宅地 ［裏面1の⒜に該当するもの］	課税時期における自用地としての価額 ③　　　円 －	課税時期における自用地としての価額 ③　　　円×	［1 － 底地割合 （裏面3参照）］	×［⑥の複利年金現価率 ⑤の複利年金現価率］ ＝	⑭	一般定期借地権の目的となっている宅地の評価額 円
上記以外の定期借地権等の目的となっている宅地 ［裏面1の⒝に該当するもの］	課税時期における自用地としての価額 ③　　　円 －	定期借地権等の評価額 ⑬　　　円 ＝ ⑮　　　円			⑰	上記以外の定期借地権等の目的となっている宅地の評価額 ⑮と⑯のいずれか低い金額 円
	課税時期における自用地としての価額 ③　　　円 ×	［1 － 残存期間年数に応じた割合（裏面4参照）］ ＝ ⑯　　　円				

（資4－80－1－A4統一）

チェックポイント23

定期借地権等の範囲

　定期借地権制度には、①一般定期借地権（借地借家法22）、②事業用定期借地権等（同法23）及び③建物譲渡特約付借地権（同法24）の3種類があり、これらの定期借地権等に共通する特徴として、法定更新の制度等に関する規定の適用がなく、契約期間の到来により確定的に権利関係が終了することが挙げられます。

　また、一時使用目的の借地権（借地借家法25）についても、これらの3種類の定期借地権等と同様、法定更新の制度等に関する規定の適用がないことから、「定期借地権等」の中に含めて整理することとしています。

区分	定期借地権等				借地権 （普通借地権）	既存借地権 （旧借地法）
	一般定期 借地権	事業用定期借地権等		建物譲渡特 約付借地権		
存続期間	50年以上	10年以上 ～ 30年未満	30年以上 ～ 50年未満	30年以上	30年 （30年以上）	堅固30年以上 その他20年以上
利用目的	限定なし	事業用に限る		限定なし	限定なし	限定なし
更新制度	な　し （終　了）	な　し （終　了）	『なし』と いう特約 可能	な　し （終　了）	法定更新 最初20年 （2回目以降10年）	法定更新 堅固30年 （その他20年）
終了事由	期間満了	期間満了		建物譲渡	正当事由	正当事由
借地権の 譲渡	可　能	可　能		可　能	可　能	可　能
契約方法	公正証書 などの書 面による	公正証書による		制限なし	制限なし	制限なし
根拠条文 （借地借家法）	22条	23条②	23条①	24条	3条～21条	法附則 （旧借地法）

※　一時使用目的の借地権については、借地借家法第25条に定められています。

⑶　定期借地権（保証金等の授受がある場合）（評基通27－2ただし書）

$$\boxed{自用地価額} \times \frac{設定時に借地人に帰属す る経済的利益の総額（※1）}{設定時におけるその 宅地の通常の取引価額} \times \frac{残存期間年数に応ずる基準年利 率による複利年金現価率（※2）}{設定期間年数に応ずる基準年利 率による複利年金現価率（※2）} = \boxed{評価額}$$

※1　保証金、敷金などその名称のいかんを問わず借地契約の終了時に地主から借地人に返還を
要するものとされる金銭等の経済的利益の額を次の算式で計算した金額（評基通27－3⑵）

（算式）

保証金等返還の原資に相当する金額　　毎年の支払利息の額の総額

$$保証金等の額(A) - A \times 基準年利率による複利 現価率（※2） - A \times 約定利率 \times 基準年利率による複利年金 現価率（※2）$$

設定期間年数に応ずる　　　　　　　　設定期間年数に応ずる基

※2　課税時期が令和5年分、令和6年分の場合は、基準年利率の複利表（647～658ページ）に
定める複利年金現価率又は複利現価率によります。

自 用 地 価 額	

自用地価額の求め方については、40ページから247ページを参照してください。

自用地価額（令和6年分）＝ 　80,000,000円

保証金等の額・約定利率	

定期借地契約書等から保証金等の額・約定利率を調べます。

保証金等の額＝ 　8,000,000円

約定利率：なし

借地人に帰属する経済的利益の総額	

保証金等の額から借地人に帰属する経済的利益の総額を計算します（課税時期を令和6年3月1日と設定した例）。

設定期間50年の年1.00％の複利現価率

保証金等の額　　保証金等の額
8,000,000円 － 8,000,000円 × 0.608

＝ 　3,136,000円

設定時の通常の取引価額

設定時（平成25年分）の通常の取引価額を調べます。明確でない場合には、借地権を設定した年分の路線価等から求めた自用地価額を0.8で割り戻した価額によって差し支えありません。

設定時（平成25年分）の
その宅地の自用地価額

48,000,000円　÷0.8＝　60,000,000円

残存期間年数に応ずる複利年金現価率

複利表から残存期間に応ずる年1.00％の複利年金現価率を求めます。

借地権設定日：平成25年9月1日
設　定　期　間：50年
課　税　時　期：令和6年3月1日
経　過　期　間：10年6か月
残　存　期　間：39年6か月≒40年

年1.00％の複利年金現価率　　32.835

　残存期間に1年未満の端数がある場合には、その期間が6か月以上のときは1年、6か月未満のときには切り捨てます。

設定期間年数に応ずる複利年金現価率

複利表から設定期間に応ずる年1.00％の複利年金現価率を求めます。

設　定　期　間：50年

年1.00％の複利年金現価率　　39.196

評　価　額　の　計　算

次の算式により借地権の評価額を計算します。

自用地価額　　経済的利益　　残存期間40年の　　評価額
　　　　　　　　の総額　　　　複利年金現価率
80,000,000円×$\frac{3,136,000円}{60,000,000円}$×$\frac{32.835}{39.196}$≒　3,502,757円
　　　　　　　設定時の通常　　設定期間50年の
　　　　　　　の取引価額　　　複利年金現価率

定 期 借 地 権 等 の 評 価 明 細 書

（住居表示） 所 在 地 番	○○区××6-7-2） ○○区××6-7	（地 積） 200 ㎡	設定年月日	~~平成~~ 令和 25年9月1日	設定期間年数	⑦	50 年
			課税時期	令和6年3月1日	残存期間年数	⑧	40 年

定期借地権 等 の 種 類	一般定期借地権 ・ 建物譲渡特約付借地権 ・ 事業用定期借地権等	設定期 間年数 に応ず る基準 年利率 による	複 利 現 価 率	④	0.608
定期 借地 権等 の設 定時	自用地としての価額 ①	（1㎡当たりの価額 240,000 円） 48,000,000 円		複利年金現価率 ⑤	39.196
	通常取引価額 ②	（通常の取引価額又は①／0.8） 60,000,000 円			
課税 時期	自用地としての価額 ③	（1㎡当たりの価額 400,000 円） 80,000,000 円	残存期間年数に応ずる 基準年利率による 複利年金現価率	⑥	32.835

（右上欄外）（令和六年分以降用）

（注1）居住用の区分所有財産における定期借地権等を評価する場合の③の自用地としての価額は、令和5年9月28日付課評2-74ほか1課共同「居住用の区分所有財産の評価について」（法令解釈通達）の適用後の価額を記載します。

（注2）④及び⑤に係る設定期間年数又は⑥に係る残存期間年数について、その年数に1年未満の端数があるときは6か月以上を切り上げ、6か月未満を切り捨てます。

○定期借地権等の評価

経済的利益の額の計算	権利金 等の授 受があ る場合	（権利金等の金額） （A） _____ 円 = ⑨	権利金・協力金・礼金等の名称のいかんを問わず、借 地契約の終了のときに返還を要しないとされる金銭等 の額の合計を記載します。	⑨	（権利金等の授受によ る経済的利益の金額） _____ 円
	保証金 等の授 受があ る場合	（保証金等の額に相当する金額） （B） 8,000,000 円	保証金・敷金等の名称のいかんを問わず、借地契約の 終了のときに返還を要するものとされる金銭等（保証金 等）の預託があった場合において、その保証金等につき 基準年利率未満の約定利率の支払いがあるとき又は 無利息のときに、その保証金等の金額を記載します。	⑩	（保証金等の授受によ る経済的利益の金額） 3,136,000 円

（保証金等の授受による経済的利益の金額の計算）

$$（B）-\left[（B）×\underset{（④の複利現価率）}{0.608}\right]-\left(（B）×\underset{\substack{基準年利率未満\\の約定利率}}{\text{_____}}×\underset{（⑤の複利年金現価率）}{\text{_____}}\right)=⑩$$

経済的利益の額の計算	（権利金等の授受によ る経済的利益の金額） ⑨ _____ 円 +	（保証金等の授受によ る経済的利益の金額） ⑩ 3,136,000 円 +	贈与を受けたと認められ る差額地代の額がある場 合の経済的利益の金額 ⑪ _____ 円 =	⑫	（経済的利益の総額） 3,136,000 円

（注）⑪欄は、個々の取引の事情・当事者間の関係等を総合勘案し、実質的に贈与を受けたと認められる差額地代の額がある場合に記載します（計算方法は、裏面2参照）。

評価額の計算	$\underset{\substack{課税時期における自\\用地としての価額}}{③80,000,000}$ 円 ×	$\dfrac{\underset{\substack{（経済的利益の総額）\\⑫ 3,136,000 円}}{}}{\underset{\substack{（設定時の通常取引価額）\\② 60,000,000 円}}{}}$ ×	$\dfrac{\underset{\substack{（⑥の複利年金現価率）\\32.835}}{}}{\underset{\substack{（⑤の複利年金現価率）\\39.196}}{}}$ =	⑬	（定期借地権等の評価額） 3,502,757 円

（注）保証金等の返還の時期が、借地契約の終了のとき以外の場合の⑩欄の計算方法は、税務署にお尋ねください。

○定期借地権等の目的となっている宅地の評価

一般定期借地 権の目的となっ ている宅地 〔裏面1の Ⓐに該当 するもの〕	（課税時期における自 用地としての価額） ③ _____ 円 -	（課税時期における自 用地としての価額） ③ _____ 円×	（底地割合 （裏面3参照）） $\left(1-\text{_____}\right)$×	（⑥の複利年 金現価率） $\dfrac{⑥の複利年}{⑤の複利年金現価率}$ =	⑭	（一般定期借地権の目的と なっている宅地の評価額） _____ 円
上記以外の定 期借地権等の 目的となって いる宅地 〔裏面1の Ⓑに該当 するもの〕	（課税時期における自 用地としての価額） ③ _____ 円 -	（定期借地権等の評価額） ⑬ _____ 円 = ⑮			⑰	（上記以外の定期借地権 等の目的となっている 宅地の評価額 （⑮と⑯のいずれ か低い金額） _____ 円
	（課税時期における自 用地としての価額） ③ _____ 円 ×	$\left(1-\underset{\substack{残存期間年数に応じた\\割合（裏面4参照）}}{\text{_____}}\right)=⑯$ _____ 円				

（資4-80-1-A4統一）

⑷　**地上権**（相法23）

　借地借家法に規定する借地権（定期借地権を含みます。）及び民法第269条の２第1項に規定する地上権（区分地上権）に該当するものを除きます。

| 自用地価額 | × | 残存期間に応ずる地上権割合※ | = | 評価額 |

　※　地上権割合は相続税法第23条に定められています。

| 自 用 地 価 額 |

自用地価額の求め方については、40ページから247ページを参照してください。

　　　自用地価額＝　　100,000,000円

| 残存期間に応ずる地上権割合 |

地上権の設定契約書等から課税時期における残存期間を調べ、地上権の割合を求めます（相法23）。

　　　残存期間21年３か月→地上権割合30％

残　存　期　間	地上権割合	残　存　期　間	地上権割合
10年以下	5％	30年超　35年以下	50％
10年超　15年以下	10％	35年超　40年以下	60％
15年超　20年以下	20％	40年超　45年以下	70％
20年超　25年以下	30％	45年超　50年以下	80％
25年超　30年以下及び存続期間の定めのないもの	40％	50年超	90％

| 評 価 額 の 計 算 |

自用地価額に地上権割合を乗じて地上権の評価額を計算します。

　　　　　自用地価額　　　地上権割合　地上権の評価額
　　　100,000,000円×　　30％　　＝　30,000,000円

土地及び土地の上に存する権利の評価明細書（第2表）

		記号	（令和六年分以降用）
セットバックを必要とする宅地の評価額	（自用地の評価額）　　　　（自用地の評価額）　　　　（該当地積） 　　　　　円　－　（　　　　　円　×　$\dfrac{㎡}{（総地積）　㎡}$　×　0.7　）	（自用地の評価額） 　　　　　円　　N	
都市計画道路予定地の区域内にある宅地の評価額	（自用地の評価額）　　　　（補正率） 　　　　　円　×　0.	（自用地の評価額） 　　　　　円　　O	
大規模工場用地等の評価額	○　大規模工場用地等 　　（正面路線価）　　（地積）　　（地積が20万㎡以上の場合は0.95） 　　　　　円　×　　　　㎡　× ○　ゴルフ場用地等　　　　　　　　　　　（1㎡当たりの造成費） 　　（宅地とした場合の価額）（地積） 　　（　　　　円　×　　　㎡×0.6）－（　　　円×　　　　㎡）	円　　P 　　　　　円　　Q	
区分所有財産に係る敷地利用権の評価額	（自用地の評価額）　　　　（敷地利用権（敷地権）の割合） 　　　　　円　×　―――――――――	（自用地の評価額） 　　　　　円　　R	
	居住用の区分所有財産の場合（自用地の評価額）　　　　（区分所有補正率） 　　　　　円　×　　.	（自用地の評価額） 　　　　　円　　S	

総額計算による価額	利用区分	算　　　　式	総　　額	記号
	貸宅地	（自用地の評価額）　　　　（借地権割合） 　　　　　円　×　(1－　0.　　)	円	T
	貸家建付地	（自用地の評価額又はV）　（借地権割合）（借家権割合）（賃貸割合） 　　　　円　×　(1－　0.　　×0.　　×$\dfrac{㎡}{㎡}$)	円	U
	目的となっている土地（権利の）	（自用地の評価額）　　　　（　　　割合） 　　　　円　×　(1－　0.　　)	円	V
	借地権	（自用地の評価額）　　　　（借地権割合） 　　　　円　×　0.	円	W
	貸家建付借地権	（W,ADのうちの該当記号）（借家権割合）（賃貸割合） （　） 　　　　円　×　(1－　0.　　×$\dfrac{㎡}{㎡}$)	円	X
	転貸借地権	（W,ADのうちの該当記号）（借地権割合） （　） 　　　　円　×　(1－　0.　　)	円	Y
	転借権	（W,X,ADのうちの該当記号）（借地権割合） （　） 　　　　円　×　0.	円	Z
	借家人の有する権利	（W,Z,ADのうちの該当記号）（借家権割合）（賃借割合） （　） 　　　　円　×　0.　　×$\dfrac{㎡}{㎡}$	円	AA
	地上権	（自用地の評価額）　　　　（地上権割合） 　100,000,000 円　×　0.9	30,000,000	AB
	権利が競合する場合の土地	（T,Vのうちの該当記号）（　　　割合） （　） 　　　　円　×　(1－　0.　　)	円	AC
	他の権利と競合する場合の権利	（W,ABのうちの該当記号）（　　　割合） （　） 　　　　円　×　(1－　0.　　)	円	AD
備考				

（注）　区分地上権と区分地上権に準ずる地役権とが競合する場合については、備考欄等で計算してください。

（資4－25－2－A4統一）

⑸　**区分地上権**（評基通27-4）

自用地価額	×	区分地上権の割合	=	評価額

自 用 地 価 額

自用地価額の求め方については、40ページから247ページを参照してください。

> 自用地価額＝　100,000,000円

区 分 地 上 権 の 割 合

区分地上権の設定契約書等から、区分地上権の設定に伴う制限の内容を確認します。

また、制限がないものとした場合の最有効階層を都市計画図等から調べます。

> （区分地上権の設定契約の内容）
> 1　地下10m～30mの間に地下鉄のトンネルの設置を目的とするもので、地下2階以下は利用できない。
> 2　荷重制限のため、5階建ての建物しか建築できない。
> 3　上記の制限がないとした場合には、最有効階層が8階の店舗、事務所用ビルが建築できる。

区分地上権の割合は、区分地上権の設定契約の内容に応じた土地利用制限率を基とした割合によります。

土地利用制限率については798ページを参照してください。

	（階層別利用率）	（阻害部分）
8 F	32.9	32.9
7 F	33.0	33.0
6 F	36.9	36.9
5 F	40.1	
4 F	42.8	
3 F	44.1	
2 F	61.5	
1 F	100.0	
B 1	55.7	
B 2	33.1	33.1
計	480.1	135.9

（土地利用制限率の計算）

$$\frac{阻害部分の階層別利用率の計 \quad 135.9}{階層別利用率の計 \quad 480.1} = 28.3\%$$

評 価 額 の 計 算

自用地価額に区分地上権の割合を乗じて区分地上権の評価額を計算します（地下鉄等のトンネルの所有を目的として設定した区分地上権を評価するときにおける区分地上権の割合は、30％とすることができます。）。

> 　　自用地価額　　区分地上権の割合　　評価額
> 100,000,000円×　　28.3％　　＝28,300,000円

土地及び土地の上に存する権利の評価明細書（第2表）

（令和六年分以降用）

項目	算式	自用地の評価額	記号
セットバックを必要とする宅地の評価額	（自用地の評価額）　　　（自用地の評価額）　　　（該当地積） 　　円　－　（　　　円　×　㎡／（総地積）㎡　×　0.7　）	（自用地の評価額） 円	N
都市計画道路予定地の区域内にある宅地の評価額	（自用地の評価額）　　　（補正率） 　　円　×　0.	（自用地の評価額） 円	O

| 大規模工場用地等の評価額 | ○　大規模工場用地等
　　（正面路線価）　　　（地積）　　　（地積が20万㎡以上の場合は0.95）
　　　円　×　（　地積　）㎡　× | 円 | P |
| | ○　ゴルフ場用地等
　　（宅地とした場合の価額）（地積）　（1㎡当たりの造成費）　　（地積）
　（　　円　×　　㎡×0.6）　－（　　円×　　㎡） | 円 | Q |

| 区分所有財産に係る敷地利用権の評価額 | （自用地の評価額）　　　（敷地利用権（敷地権）の割合）
　　円　×　──────── | （自用地の評価額）
円 | R |
| | 居住用の区分所有財産の場合　（自用地の評価額）　　　（区分所有補正率）
　　円　×　. | （自用地の評価額）
円 | S |

	利用区分	算　　　　式	総　　額	記号
総額計算による価額	貸宅地	（自用地の評価額）　　　（借地権割合） 　　円　×　(1－　0.　　)	円	T
	貸家建付地	（自用地の評価額又はV）（借地権割合）（借家権割合）（賃貸割合） 　　円　×　(1－　0.　×0.　×㎡／㎡)	円	U
	目的となっている土地の権利（〜）	（自用地の評価額）　　　（　　割合） 　　円　×　(1－　0.　　)	円	V
	借地権	（自用地の評価額）　　　（借地権割合） 　　円　×　0.	円	W
	貸家建付借地権	（W,ADのうちの該当記号）（借家権割合）　（賃貸割合） 　（　） 　　円　×　(1－　0.　×㎡／㎡)	円	X
	転貸借地権	（W,ADのうちの該当記号）（借地権割合） 　（　） 　　円　×　(1－　0.　　)	円	Y
	転借権	（W,X,ADのうちの該当記号）（借地権割合） 　（　） 　　円　×　0.	円	Z
	借家人の有する権利	（W,Z,ADのうちの該当記号）（借家権割合）　（賃借割合） 　（　） 　　円　×　0.　×㎡／㎡	円	AA
	区分地上権	（自用地の評価額）　　　（区分地上権割合） 　100,000,000円　×　0.283	28,300,000	AB
	権利が競合する場合の土地の権利	（T,Vのうちの該当記号）（　　割合） 　（　） 　　円　×　(1－　0.　　)	円	AC
	他の権利と競合する場合の権利	（W,ABのうちの該当記号）（　　割合） 　（　） 　　円　×　(1－　0.　　)	円	AD
備考				

（注）　区分地上権と区分地上権に準ずる地役権とが競合する場合については、備考欄等で計算してください。

（資4－25－2－A4統一）

(6)　区分地上権に準ずる地役権（評基通27−5）

自用地価額	×	区分地上権に準ずる地役権の割合	＝	評価額

自　用　地　価　額

自用地価額の求め方については、40ページから247ページを参照してください。

自用地価額＝　100,000,000円

区分地上権に準ずる地役権の割合

区分地上権に準ずる地役権の設定契約書等から、区分地上権に準ずる地役権の設定に伴う制限の内容を確認します。

また、制限がないものとした場合の最有効階層を都市計画図等から調べます。

区分地上権に準ずる地役権の割合は、区分地上権に準ずる地役権の設定契約の内容に応じた土地利用制限率を基とした割合によります。

土地利用制限率については798ページを参照してください。

（土地利用制限率の計算）
$$\frac{\text{阻害部分の階層別利用率の計}\quad 135.9}{\text{階層別利用率の計}\quad 480.1} ≒ 28.3\%$$
※264ページと同じ事例です。

ただし、区分地上権に準ずる地役権の割合は、次に掲げるその承役地に係る制限の内容の区分に従い、それぞれ次に掲げる割合とすることができます。

(1)　家屋の建築が全くできない場合　50％又はその区分地上権に準ずる地役権が借地権であるとした場合にその承役地に適用される借地権割合のいずれか高い割合

(2)　家屋の構造、用途等に制限を受ける場合　30％

評　価　額　の　計　算

自用地価額に区分地上権に準ずる地役権の割合を乗じて区分地上権の評価額を計算します。

　　自用地価額　　区分地上権に準ずる地役権の割合　　評価額
　100,000,000円×　　　　　28.3％　　　　＝28,300,000円

土地及び土地の上に存する権利の評価明細書（第2表）

セットバックを必要とする宅地の評価額	（自用地の評価額） 円 －	（自用地の評価額） 円 × $\dfrac{㎡（該当地積）}{㎡（総地積）}$ × 0.7		（自用地の評価額） 円	N
都市計画道路予定地の区域内にある宅地の評価額	（自用地の評価額） 円 × 0.	（補正率）		（自用地の評価額） 円	O
大規模工場用地等の評価額	○ 大規模工場用地等 （正面路線価） 　　　　円 × （地積）　㎡	（地積が20万㎡以上の場合は0.95）		円	P
	○ ゴルフ場用地等 （宅地とした場合の価額）（地積） （　　　　円 × 　　㎡×0.6） － （	$\binom{1㎡当たり}{の造成費}$ 　　　円× （地積）㎡）		円	Q
区分所有財産に係る敷地利用権の評価額	（自用地の評価額） 円 ×	（敷地利用権（敷地権）の割合） ———————		（自用地の評価額） 円	R
	居住用の区分所有財産の場合（自用地の評価額） 円 ×	（区分所有補正率） .		（自用地の評価額） 円	S

	利用区分	算　式	総　額	記号
総額計算による価額	貸宅地	（自用地の評価額）　　　　　　（借地権割合） 円 × （1－ 0.　）	円	T
	貸家建付地	（自用地の評価額又はV）（借地権割合）（借家権割合）（賃貸割合） 円 × （1－ 0.　×0.　×$\dfrac{㎡}{㎡}$）	円	U
	目的となっている土地（　）権の	（自用地の評価額）　　　　　　（　　割合） 円 × （1－ 0.　）	円	V
	借地権	（自用地の評価額）　　　　　　（借地権割合） 円 × 0.	円	W
	貸家建付借地権	（W, AD のうちの該当記号）（借家権割合）（賃貸割合） （　） 円 × （1－ 0.　×$\dfrac{㎡}{㎡}$）	円	X
	転貸借地権	（W, AD のうちの該当記号）（借地権割合） （　） 円 × （1－ 0.　）	円	Y
	転借権	（W, X, AD のうちの該当記号）（借地権割合） （　） 円 × 0.	円	Z
	借家人の有する権利	（W, Z, AD のうちの該当記号）（借家権割合）（賃借割合） （　） 円 × 0.　×$\dfrac{㎡}{㎡}$	円	AA
	区分地上権に準ずる地役権	（自用地の評価額）$\binom{区分地上権に準ずる}{地役権の}$割合 100,000,000 円 × ０.283	円 28,300,000	AB
	土地の権利が競合する場合の他の権利と競合する場合	（T, V のうちの該当記号）（　割合） （　） 円 × （1－ 0.　）	円	AC
		（W, AB のうちの該当記号）（　割合） （　） 円 × （1－ 0.　）	円	AD
備考				

（注） 区分地上権と区分地上権に準ずる地役権とが競合する場合については、備考欄等で計算してください。

（資4-25-2-A4統一）

チェックポイント24

区分地上権に準ずる地役権

　財産評価基本通達上の区分地上権に準ずる地役権とは、特別高圧架空電線の架設、高圧のガスを通ずる導管の敷設、飛行場の設置、建築物の建築その他の目的のため、地下又は空中について上下の範囲を定めて設定された地役権で、建造物の設置を制限するものをいい、登記の有無は問いません。

3　土地の上に存する権利が競合する場合の借地権等の評価例

⑴　借地権とトンネルの所有を目的とする区分地上権とが競合している場合の借地権
　の価額（評基通27－6⑴）

| 自用地価額 | × | 借地権割合 | ×（1－ | 区分地上権の割合 | ）＝ | 評価額（権利調整後の借地権の価額） |

自　用　地　価　額

　自用地価額の求め方については、40ページから247ページを参照してください。

自用地価額＝　　100,000,000円

借　地　権　割　合

　路線価図には路線価の後に次の記号で、評価倍率表には割合で表示されています。

記　　号	A	B	C	D	E	F	G
借地権割合	90%	80%	70%	60%	50%	40%	30%

区　分　地　上　権　の　割　合

　区分地上権の割合は、区分地上権の設定契約の内容に応じた土地利用制限率を基とした割合によります。

　土地利用制限率については798ページを参照してください。

区分地上権による制限

　トンネルの所有を目的とする区分地上権の割合は30％とすることができます（評基通27－4）。

| 権利調整後の借地権価額 | 次の算式により権利調整後の借地権価額を計算します。

> 　　自用地価額　　借地権割合　　　区分地上権の割合
> 100,000,000円　×　60%　×　（1 －　30%　　　）＝42,000,000円

参考図

チェックポイント25

倍率地域にある区分地上権の目的となっている宅地の評価

　区分地上権の目的となっている宅地を倍率方式で評価する場合において、その宅地の固定資産税評価額が地下鉄のトンネルの設置に基づく利用価値の低下を考慮したものであるときには、自用地としての価額は、その宅地の利用価値の低下はないものとして評価した価額とします（評基通25－2）。

土地及び土地の上に存する権利の評価明細書（第2表）

項目	算式	自用地の評価額	記号
セットバックを必要とする宅地の評価額	（自用地の評価額）　　　（自用地の評価額）　　　（該当地積） 　　円　－　（　　　　円　×　㎡／（総地積）㎡　×　0.7　）	円	N
都市計画道路予定地の区域内にある宅地の評価額	（自用地の評価額）　　　　（補正率） 　　円　×　0.	円	O
大規模工場用地等の評価額	○　大規模工場用地等 （正面路線価）　　　（地積）　　　（地積が20万㎡以上の場合は0.95） 　　円　×　（　　㎡）× ○　ゴルフ場用地等　　　　　　　　　（1㎡当たりの造成費） （宅地とした場合の価額）（地積）　　　　　　　　　　　（地積） （　　円　×　㎡×0.6）　－　（　　円×　㎡）	円 円	P Q
区分所有財産に係る敷地利用権の評価額	（自用地の評価額）　　　（敷地利用権（敷地権）の割合） 　　円　×　――――――― 居住用の区分所有財産の場合（自用地の評価額）　　　（区分所有補正率） 　　円　×　.	円 円	R S

	利用区分	算式	総額	記号
総額計算による価額	貸宅地	（自用地の評価額）　　　（借地権割合） 　　円　×　（1－　0.　）	円	T
	貸家建付地	（自用地の評価額又はV）　（借地権割合）（借家権割合）（賃貸割合） 　　円　×　（1－　0.　×0.　×㎡／㎡）	円	U
	目的となっている土地の権利（地上権）	（自用地の評価額）　　　（　割合） 　　円　×　（1－　0.　）	円	V
	借地権	（自用地の評価額）　　　（借地権割合） 　100,000,000　円　×　0.6	円 60,000,000	W
	貸家建付借地権	（W, ADのうちの該当記号）（借家権割合）（賃貸割合） （　） 　　円　×　（1－　0.　×㎡／㎡）	円	X
	転貸借地権	（W, ADのうちの該当記号）（借地権割合） （　） 　　円　×　（1－　0.　）	円	Y
	転借権	（W, X, ADのうちの該当記号）（借地権割合） （　） 　　円　×　0.	円	Z
	借家人の有する権利	（W, Z, ADのうちの該当記号）（借家権割合）（賃借割合） （　） 　　円　×　0.　×㎡／㎡	円	AA
	（権利）	（自用地の評価額）　　　（　割合） 　　円　×　0.	円	AB
	権利が競合する場合の土地に関する権利	（T, Vのうちの該当記号）　（　割合） （　） 　　円　×　（1－　0.　）	円	AC
	他の権利と競合する場合の区分地上権	（W, ABのうちの該当記号）（区分地上権割合） （U） 　60,000,000　円　×　（1－　0.3　）	円 42,000,000	AD
備考				

（注）　区分地上権と区分地上権に準ずる地役権とが競合する場合については、備考欄等で計算してください。

（資4－25－2－A4統一）

(2)　**借地権とトンネルの所有を目的とする区分地上権とが競合している場合の区分地上権の価額**

借地権のような調整計算はしません。

$$\boxed{\text{自用地価額}} \times \boxed{\text{区分地上権の割合※}} = \boxed{\begin{array}{c}\text{評価額}\\\text{（区分地上権の価額）}\end{array}}$$

※　トンネルの所有を目的とする区分地上権の割合は30％とすることができます（評基通27－4）。

(注)　区分地上権の評価については、264ページを参照してください。

⑶　区分地上権に準ずる地役権と借地権とが競合している場合の借地権の価額（評基通27−6⑵）

$$\boxed{自用地価額} \times \boxed{借地権割合} \times \left(1 - \boxed{\begin{array}{c}区分地上権に準ず\\る地役権の割合\end{array}}\right) = \boxed{\begin{array}{c}評価額\\（権利調整後の\\借地権の価額）\end{array}}$$

自　用　地　価　額

自用地価額の求め方については、40ページから247ページを参照してください。

自用地価額＝　　100,000,000円

借　地　権　割　合

路線価図には路線価の後に次の記号で、評価倍率表には割合で表示されています。

記　　号	A	B	C	D	E	F	G
借地権割合	90%	80%	70%	60%	50%	40%	30%

区分地上権に準ずる地役権の割合

区分地上権に準ずる地役権の割合は、地役権の設定による土地利用制限率を基に計算しますが、次の割合によることができます（評基通27−5）。

土地利用制限率については798ページを参照してください。

> 1　家屋の建築が全くできない場合……50％と承役地に適用される借地権割合とのいずれか高い割合
> 2　家屋の構造、用途等に制限を受ける場合……30％
>
> 総面積　200㎡
>
> 地役権の
> 対象部分50㎡

（参考）

$$\underset{自用地価額}{100,000,000円} \times \underset{\begin{array}{c}区分地上権に準ず\\る地役権の割合\end{array}}{30\%} \times \underset{\begin{array}{c}地役権の設定され\\ている部分の地積\\\hline 全体の地積\end{array}}{\dfrac{50㎡}{200㎡}} = \underset{\begin{array}{c}区分地上権に準ず\\る地役権の価額\end{array}}{7,500,000円}$$

地役権が宅地の一部に設定されている場合は、地役権の目的となっている部分に対応する自用地としての価額を基に計算します。

| 権利調整後の借地権価額 |

次の算式により権利調整後の借地権価額を計算します。

$$
\underset{\text{自用地価額}}{100,000,000\text{円}} \times \underset{\text{借地権割合}}{60\%} \times \left(1 - 30\% \times \frac{50\text{㎡}}{200\text{㎡}}\right) = 55,500,000\text{円}
$$

（区分地上権に準ずる地役権の割合）

チェックポイント26

倍率地域にある区分地上権に準ずる地役権の目的となっている宅地の評価

　区分地上権に準ずる地役権の目的となっている承役地である宅地を倍率方式で評価する場合の自用地としての価額は、その宅地の固定資産税評価額が地役権の設定に基づく利用価値の低下を考慮したものである場合には、その宅地の利用価値の低下はないものとして評価した価額とします（評基通25-2）。

参考図

土地及び土地の上に存する権利の評価明細書（第2表）

<table>
<tr><td rowspan="2">セットバックを必要とする宅地の評価額</td><td>（自用地の評価額）</td><td>（自用地の評価額）　　　　　　　（該当地積）
円 － （　　　　円 × $\frac{㎡}{（総地積）㎡}$ × 0.7 ）</td><td>（自用地の評価額）
円</td><td>N</td></tr>
</table>

<table>
<tr><td rowspan="2">都市計画道路予定地の区域内にある宅地の評価</td><td>（自用地の評価額）　　　　（補正率）
円 × 0.</td><td>（自用地の評価額）
円</td><td>O</td></tr>
</table>

<table>
<tr><td rowspan="2">大規模工場用地等の評価額</td><td>○ 大規模工場用地等
（正面路線価）　　　（ 地　積 ）　　　（地積が20万㎡以上の場合は0.95）
円 ×　　　　㎡　×</td><td>円</td><td>P</td></tr>
<tr><td>○ ゴルフ場用地等
（宅地とした場合の価額）（地積）　　（1 ㎡当たりの造成費）　　（地積）
（　　　円 ×　　　㎡×0.6 ） － （　　　円×　　　㎡）</td><td>円</td><td>Q</td></tr>
</table>

<table>
<tr><td rowspan="2">区分所有財産に係る敷地利用権の評価額</td><td>（自用地の評価額）　　　（敷地利用権（敷地権）の割合）
円 ×　_____</td><td>（自用地の評価額）
円</td><td>R</td></tr>
<tr><td>居住用の区分所有財産の場合
（自用地の評価額）　　　　（区分所有補正率）
円 × ．</td><td>（自用地の評価額）
円</td><td>S</td></tr>
</table>

	利用区分	算　　　　　　　　　式	総　　　　額	記号
総額計算による価額	貸宅地	（自用地の評価額）　　　　（借地権割合） 円 × （1－ 0.　　　）	円	T
	貸家建付地	（自用地の評価額又はV）　（借地権割合）（借家権割合）（賃貸割合） 円 × （1－ 0.　×0.　×$\frac{㎡}{㎡}$）	円	U
	目的となっている土地（権利の）	（自用地の評価額）　　　（　　割合） 円 × （1－ 0.　　　）	円	V
	借地権	（自用地の評価額）　　　　（借地権割合） 100,000,000 円 × 0. 6	60,000,000　円	W
	貸家建付借地権	（W,ADのうちの該当記号）　（借家権割合）　（賃貸割合） （　） 円 × （1－ 0.　×$\frac{㎡}{㎡}$）	円	X
	転貸借地権	（W,ADのうちの該当記号）　（借地権割合） （　） 円 × （1－ 0.　）	円	Y
	転借権	（W,X,ADのうちの該当記号）　（借地権割合） （　） 円 × 0.	円	Z
	借家人の有する権利	（W,Z,ADのうちの該当記号）　（借家権割合）　（賃借割合） （　） 円 × 0.　×$\frac{㎡}{㎡}$	円	AA
	（　　権）	（自用地の評価額）　　　（　　割合） 円 × 0.	円	AB
	権利が競合する場合の他の権利と競合する場合 土地	（T,Vのうちの該当記号）　（　　割合） （　） 円 × （1－ 0.　）	円	AC
		（W,ABのうちの該当記号）　（区分地上権割合）（区分地上権に準ずる地役権の） （ U ） 60,000,000 円 × （1－ 0.3×$\frac{50 ㎡}{200 ㎡}$）	55,500,000　円	AD
備考				

（注）　区分地上権と区分地上権に準ずる地役権とが競合する場合については、備考欄等で計算してください。

（資4－25－2－A4統一）

⑷　**区分地上権に準ずる地役権と借地権とが競合している場合の区分地上権に準ずる地役権の価額**

借地権のような調整計算はしません。

※　実際は、地役権の設定されている部分の地積を乗じて評価します。

（注）　区分地上権に準ずる地役権の評価については、266ページを参照してください。

第5　貸家建付地・貸宅地等の評価

1　貸家建付地（アパート等の敷地）（評基通26）

$$\boxed{\text{自用地価額}} \times (\ 1 - \boxed{\text{借地権割合}} \times \boxed{\text{借家権割合}} \times \boxed{\text{賃貸割合}}\ ) = \boxed{\text{評　価　額}}$$

自　用　地　価　額

　　自用地価額の求め方については、40ページから247ページを参照してください。

自用地価額 =	100,000,000円

借　地　権　割　合

　　路線価図には次の記号で、評価倍率表には割合で、それぞれ表示されています。

記　　　号	A	B	C	D	E	F	G
借地権割合	90%	80%	70%	60%	50%	40%	30%

借　家　権　割　合

　　各国税局ごとに定められており、東京国税局管内については、30%としています。

借家権割合 =	30%

評　価　額　の　計　算

次の算式により評価額を計算します。

```
　　自用地価額　　　　　借地権割合　借家権割合　　賃貸割合　　　　　　　評価額
100,000,000円 × （ 1 － 60% × 30% × 200㎡/200㎡ ） = 82,000,000円
```

土地及び土地の上に存する権利の評価明細書（第2表）

	記号	

項目	算式	自用地の評価額	記号
セットバックを必要とする宅地の評価額	（自用地の評価額） 　　　　円　－（（自用地の評価額）円　×　該当地積 ㎡／（総地積）㎡　× 0.7 ）	（自用地の評価額） 　　　　　　　円	N
都市計画道路予定地の区域内にある宅地の評価額	（自用地の評価額）　　　　（補正率） 　　　　円　×　0.	（自用地の評価額） 　　　　　　　円	O
大規模工場用地等の評価額	○　大規模工場用地等 　（正面路線価）　　（地積）　　（地積が20万㎡以上の場合は0.95） 　　　円　×　　　　㎡　×	円	P
	○　ゴルフ場用地等 　（宅地とした場合の価額）（地積）（1㎡当たりの造成費）（地積） （　　　円　×　㎡×0.6）－（　　　円×　　㎡）	円	Q
区分所有財産に係る敷地利用権の評価額	（自用地の評価額）　　　（敷地利用権（敷地権）の割合） 　　　円　×　────────	（自用地の評価額） 　　　　　　　円	R
居住用の区分所有財産の場合	（自用地の評価額）　　　（区分所有補正率） 　　　円　×　　.	（自用地の評価額） 　　　　　　　円	S

	利用区分	算　　　　　式	総　　　額	記号
総額計算による価額	貸宅地	（自用地の評価額）　　　　（借地権割合） 　　　円　×（1－　0.　　）	円	T
	貸家建付地	（自用地の評価額又はV）（借地権割合）（借家権割合）（賃貸割合） 100,000,000円　×（1－　0.6　×0.3　×200㎡／200㎡）	82,000,000 円	U
	目的となっている土地の権利	（自用地の評価額）　　　（　　割合） 　　　円　×（1－　0.　　）	円	V
	借地権	（自用地の評価額）　　　（借地権割合） 　　　円　×　0.	円	W
	貸家建付借地権	（W,ADのうちの該当記号）（借家権割合）（賃貸割合） （　）　　円　×（1－　0.　　×　㎡／㎡）	円	X
	転貸借地権	（W,ADのうちの該当記号）（借地権割合） （　）　　円　×（1－　0.　　）	円	Y
	転借権	（W,X,ADのうちの該当記号）（借地権割合） （　）　　円　×　0.	円	Z
	借家人の有する権利	（W,Z,ADのうちの該当記号）（借家権割合）（賃借割合） （　）　　円　×　0.　　×　㎡／㎡	円	AA
	権利	（自用地の評価額）　　　（　　割合） 　　　円　×　0.	円	AB
	権利が競合する場合の土地	（T,Vのうちの該当記号）（　　割合） （　）　　円　×（1－　0.　　）	円	AC
	他の権利と競合する場合の権利	（W,ABのうちの該当記号）（　　割合） （　）　　円　×（1－　0.　　）	円	AD
備考			

（注）　区分地上権と区分地上権に準ずる地役権とが競合する場合については、備考欄等で計算してください。

（資4－25－2－A4統一）

1　賃貸割合

　家屋の全部又は一部が貸し付けられているかどうかの判定は、課税時期における現況に基づいて行います。

　家屋が一棟のアパートやビルなど（この１において、以下「アパート等」といいます。）の場合で、その一部について、課税時期において現実に貸し付けられていない部分があるときには、その現実に貸し付けられていない部分に対応する敷地部分については、貸家建付地としての減額を行わないこととなります。

　そこで、課税時期におけるその家屋のうち現実に貸し付けられている部分の割合を、「賃貸割合」として求めることとされています。この賃貸割合は、その貸家に各独立部分がある場合に、その各独立部分の賃貸の状況に基づいて、次の算式により計算した割合によることとされています。

（算式）

$$\frac{\text{Aのうち課税時期において賃貸されている各独立部分の床面積の合計}}{\text{当該家屋の各独立部分の床面積の合計(A)}}$$

※１　「各独立部分」とは、家屋の構成部分である隔壁、扉、階層（天井及び床）等によって他の部分と完全に遮断されている部分で、独立した出入口を有するなど独立して賃貸その他の用に供することができるものをいいます。したがって、例えば、障子、ベニヤ板等の堅固でないものによって仕切られている部分及び階層で区分されていても、独立した出入口を有しない部分は「各独立部分」には該当しません。

　　なお、外部に接する出入口を有しない部分であっても、共同で使用すべき廊下、階段、エレベーター等の共用部分のみを通って外部と出入りすることができる構造となっているものは、「独立した出入口を有する」ものに該当します。

※２　「賃貸されている各独立部分」には、継続的に賃貸されていた各独立部分で、課税時期において、一時的に賃貸されていなかったと認められるものを含むものとして差し支えありません。

　　なお、課税時期においてアパート等の一部に空室がある場合のその空室部分が、「継続的に賃貸されてきたもので、課税時期において、一時的に賃貸されていなかったと認められるもの」に該当するかどうかは、その部分が、①各独立部分が課税時期前に継続的に賃貸されてきたものかどうか、②賃借人の退去後速やかに新たな賃借人の募集が行われたかどうか、③空室の期間、他の用途に供されていないかどうか、④空室の期間が課税時期の前後の例えば１か月程度であるなど一時的な期間であったかどうか、⑤課税時期後の賃貸が一時的なものではないかどうかなどの事実関係から総合的に判断します。

2　借家人が立ち退いた後空き家となっている家屋（独立家屋）の敷地

　貸家建付地として評価をする宅地は、借家権の目的となっている家屋の敷地の用に供されているものに限られます。したがって、以前は貸家であっても、課税時期において空き家となっている家屋の敷地の用に供されている宅地は、自用地として評価します。

　また、その家屋が専ら賃貸用として新築されたものであっても、課税時期において現

実に貸し付けられていない家屋の敷地については、自用地として評価します。

（理由）

　　家屋の賃借人（借家人）は、家屋に対する権利を有するほか、その家屋の敷地についても、家屋の賃借権に基づいて、家屋の利用の範囲内である程度支配権を有していると認められ、逆にその範囲において、地主は、利用についての受忍義務を負うこととなっています。そこで、貸家の敷地である貸家建付地の価額は、その宅地の自用地としての価額から、その価額にその宅地に係る借地権割合とその貸家に係る借家権割合との相乗積を乗じて計算した価額を控除した価額によって評価することとされています。

　　しかし、たとえその家屋が専ら賃貸用として建築されたものであっても、課税時期において現実に貸し付けられていない家屋の敷地については、土地に対する制約がなく、貸家建付地としての減価を考慮する必要がないことから、自用地として評価します。

3　従業員社宅の敷地

　　社宅は、通常社員の福利厚生施設として設けられているものであり、一般の家屋の賃貸借と異なり賃料が極めて低廉であるなど、その使用関係は従業員の身分を保有する期間に限られる特殊の契約関係であるとされています。このことから、社宅については、一般的に借地借家法の適用はないとされています。

　　したがって、社宅の敷地の用に供されている宅地については、貸家建付地として評価しません。

4　賃貸している構築物の敷地

　　建物の賃貸借については、借地借家法の適用があり、財産評価基本通達では借家人がその借家の敷地である宅地等に有する権利の評価方法を定めています（ただし、その権利が権利金の名称をもって取引される慣行のない地域にあるものについては、評価しないこととされています。）。

　　しかし、野球場、ゴルフ練習場、プール等の構築物の賃貸借については法律上の特別の保護を与えられたものでないことから、原則として、賃借人の構築物の敷地に対する権利は評価しません。

　　したがって、貸し付けられている構築物の敷地の価額は、自用地として評価します。

誤りやすい事例　2

使用借権が設定されている貸家の敷地の評価

1　使用貸借で借り受けている土地に建物を建築し、他人に賃貸していた。その後、その建物の敷地の贈与を受けた場合の土地評価

　　正　　自用地として評価する。

　　誤　　貸家建付地として評価する。

2　他人に賃貸している父所有の建物の贈与を受け、その建物の敷地は父から使用貸借で借り受けていた。その後、その建物の敷地の贈与を受けた場合の土地評価

　　正　　貸家建付地として評価する。

　　誤　　自用地として評価する。

解　説　　一般に、使用貸借により借り受けた土地の上に建物が建築され、その建物が賃貸借により貸し付けられている場合の賃借人の敷地利用権は、建物所有者（土地使用借権者）の敷地利用権から独立したものでなく、建物所有者の敷地利用権に従属し、その範囲内において行使されるにすぎないものと解されています。

　したがって、1の場合は、土地の使用借権者である建物所有者の敷地利用権の価額は、零として取り扱うこととされていますので、土地の価額は、自用地価額により評価することになります。

　ただし、2の場合は、建物の賃貸借契約が父と建物賃借人との間に締結されたものであり、建物賃借人は、土地所有権者の権能に属する土地の使用権を有していると解されていますから、賃貸されている建物の所有者に異動があり、新たな建物所有者の敷地利用権が使用貸借に基づくものであったとしても、それ以前に有していた建物賃借人の敷地利用権の権能には変動がないと考えられますので、貸家建付地として評価することになります。

　なお、建物の贈与を受けた後、子が新たに新賃借人と、賃貸借契約を締結した場合は、1の場合のとおり、自用地価額により評価することになります。

```
誤りやすい事例　3
```

貸家の目的で建築中の家屋の敷地の評価

正　　自用地として評価する。

誤　　貸家建付地として評価する。

解　説　　貸家の用に供されている宅地について、いわゆる貸家建付地評価（自用地の価額×（1－借地権割合×借家権割合×賃貸割合））を行うこととされているのは、借家人には、借地借家法によって借家権が認められ、その敷地である宅地に対しても建物の利用の範囲内である程度の支配権を有するので、その宅地の経済的価値が自用地に比べて低くなることを考慮しているからです。

　一方、貸家の目的で建築中の家屋については、将来的に貸家の用に供されることが建築構造上確実と見込まれる場合であっても、課税時期において、その敷地は、財産評価基本通達26《貸家建付地の評価》に定める「貸家の敷地の用に供されている」ものではありませんので自用地として評価します。

　ただし、貸家の用に供していた家屋を建て替える場合で、旧家屋の借家人が引き続いて新家屋に入居する契約となっており、立退料等の支払がなく、また、家屋の建替期間中は、貸主の責任において一時的な仮住居を保証しているようなときは、引き続き貸家の敷地の用に供されているものとして貸家建付地として評価して差し支えないものと考えられます。

2 貸宅地

⑴ 普通借地権の目的となっている宅地（評基通25⑴）

| 自用地価額 | × （ 1 － | 借地権割合 | ） ＝ | 貸宅地の評価額 |

※ 国税局長が貸宅地割合を定めている地域においては、自用地価額に貸宅地割合を乗じて評価します。

※ 相当の地代を収受している場合等の貸宅地（借地権の目的となっている宅地）の評価については252ページを参照してください。

| 自 用 地 価 額 |

自用地価額の求め方については、40ページから247ページを参照してください。

| 自用地価額＝ | 100,000,000円 |

| 借 地 権 割 合 |

路線価図には次の記号で、評価倍率表には割合で、それぞれ表示されています。

記　号	A	B	C	D	E	F	G
借地権割合	90%	80%	70%	60%	50%	40%	30%

| 評 価 額 の 計 算 |

次の算式により評価額を計算します。

```
        自用地価額      借地権割合        評価額
     100,000,000円×（ 1 － 70%）＝   30,000,000円
```

土地及び土地の上に存する権利の評価明細書（第2表）

セットバックを必要とする宅地の評価額	（自用地の評価額） 円 － (	（自用地の評価額） 円 ×	（該当地積） ㎡ ─────── × 0.7 （総地積）　㎡	)	（自用地の評価額） 円	N
都市計画道路予定地の区域内にある宅地の評価額	（自用地の評価額） 円 × 0.	（補正率）			（自用地の評価額） 円	O

（令和六年分以降用）

大規模工場用地等の評価額	○ 大規模工場用地等 　（正面路線価）　　　（地積）　　　（地積が20万㎡以上の場合は0.95） 　　円 × 　　㎡ ×	円	P
	○ ゴルフ場用地等 　（宅地とした場合の価額）（地積）　（1㎡当たりの造成費）　　（地積） 　（　　円 × 　㎡×0.6） － （　　円× 　㎡）	円	Q
区分所有財産に係る評価額	敷地利用権の評価額 （自用地の評価額）　　（敷地利用権（敷地権）の割合） 　　円 × ───────	（自用地の評価額） 円	R
	居住用の区分所有財産の場合 （自用地の評価額）　　（区分所有補正率） 　　円 × 　．	（自用地の評価額） 円	S

	利用区分	算　式	総　額	記号
総額計算による価額	貸宅地	（自用地の評価額）　　（借地権割合） 100,000,000 円 × (1－ 0.7)	30,000,000 円	T
	貸家建付地	（自用地の評価額又はV）　（借地権割合）（借家権割合）（賃貸割合） 円 × (1－ 0. ×0. × ㎡/㎡)	円	U
	目的となっている土地の権利（　）	（自用地の評価額）　　（　割合） 円 × (1－ 0.)	円	V
	借地権	（自用地の評価額）　　（借地権割合） 円 × 0.	円	W
	貸家建付借地権	（W,ADのうちの該当記号）（借家権割合）（賃貸割合） （　） 円 × (1－ 0. × ㎡/㎡)	円	X
	転貸借地権	（W,ADのうちの該当記号）（借地権割合） （　） 円 × (1－ 0.)	円	Y
	転借権	（W,X,ADのうちの該当記号）（借地権割合） （　） 円 × 0.	円	Z
	借家人の有する権利	（W,Z,ADのうちの該当記号）（借家権割合）（賃借割合） （　） 円 × 0. × ㎡/㎡	円	AA
	権利が競合する場合の権利	（自用地の評価額）　　（　割合） 円 × 0.	円	AB
	他の権利と競合する場合の土地の権利	（T,Vのうちの該当記号）（　割合） （　） 円 × (1－ 0.)	円	AC
	他の権利と競合する場合の権利	（W,ABのうちの該当記号）（　割合） （　） 円 × (1－ 0.)	円	AD
備考				

（注）区分地上権と区分地上権に準ずる地役権とが競合する場合については、備考欄等で計算してください。

（資4-25-2-A4統一）

⑵　一般定期借地権の目的となっている宅地（普通借地権の割合が30%～70%の地域にあって**課税上弊害のない場合**）（個別通達）

$$\boxed{\text{自用地価額}} - \boxed{\text{自用地価額}} \times (1 - \boxed{\text{底地割合}}) \times \boxed{\text{逓減率}※} = \boxed{\text{評　価　額}}$$

※　逓減率$\left(\dfrac{\text{残存期間の複利年金現価率}}{\text{設定期間の複利年金現価率}}\right)$は、財産評価基本通達4－4に定められている基準年利率を基に算出します。課税時期が令和5年分、令和6年分の場合は基準年利率の複利表（647～658ページ）に定める複利年金現価率によります。

自　用　地　価　額

自用地価額の求め方については、40ページから247ページを参照してください。

自用地価額＝　　80,000,000円

底　地　割　合

路線価図等に表示されている借地権割合に応ずる底地割合を平成10年8月25日付課評2－8ほか「一般定期借地権の目的となっている宅地の評価に関する取扱いについて」個別通達で確認します。

	借　地　権　割　合		底　地　割　合
	路　線　価　図	評　価　倍　率　表	
地域区分	C	70%	55%
	D	60%	60%
	E	50%	65%
	F	40%	70%
	G	30%	75%

残存期間年数に応ずる複利年金現価率

　複利表から課税時期における残存期間に応ずる年1.00％の複利年金現価率を求めます。

借 地 権 設 定 日：平成26年5月1日
設 定 期 間：50年
課 税 時 期：令和6年3月1日
経 過 期 間：9年10か月
残 存 期 間：40年2か月≒40年

年1.00％の複利年金現価率 | 32.835

　残存期間に1年未満の端数がある場合には、その期間が6か月以上のときには1年、6か月未満のときには切り捨てます。

設定期間年数に応ずる複利年金現価率

　複利表から設定期間に応ずる年1.00％の複利年金現価率を求めます。

設 定 期 間：50年
年1.00％の複利年金現価率 | 39.196

評 価 額 の 計 算

　次の算式により評価額を計算します。

自用地価額　　　　自用地価額　　　　　底地割合　　残存期間40年の複利年金現価率　評価額

$$80,000,000円 - 80,000,000円 \times (1 - 55\%) \times \frac{32.835}{39.196} = 49,842,330円$$

設定期間50年の複利年金現価率

定 期 借 地 権 等 の 評 価 明 細 書

（住居表示） 所 在 地 番	（○○区××1−36−2） ○○区××1−36	（地 積） 200 ㎡	設定年月日	(平成) 令和 26年5月1日	設定期間年数	⑦	50 年
			課税時期	令和6年3月1日	残存期間年数	⑧	40 年

定期借地権 等 の 種 類	(一 般 定 期 借 地 権) ・ 建物譲渡特約付借地権 ・ 事業用定期借地権等	設定期 間年数 に応ず る基準 年利率 による	複利現価率	④	

定期 借地 権等 の設 定時	自用地としての価額	①	（1㎡当たりの価額　　　　　　円） 　　　　　　　　　　　　　　　　円	複利年金現価率	⑤	39.196
	通 常 取 引 価 額	②	（通常の取引価額又は①／0.8） 　　　　　　　　　　　　　　　　円			

課税 時期	自用地としての価額	③	（1㎡当たりの価額　400,000 円） 80,000,000 円	残存期間年数に応ずる 基準年利率による 複利年金現価率	⑥	32.835

（注1）居住用の区分所有財産における定期借地権等を評価する場合の③の自用地としての価額は、令和5年9月28日付課評2−
74ほか1課共同「居住用の区分所有財産の評価について」（法令解釈通達）の適用後の価額を記載します。

（注2）④及び⑤に係る設定期間年数又は⑥に係る残存期間年数について、その年数に1年未満の端数があるときは6か月以上を
切り上げ、6か月未満を切り捨てます。

○定期借地権等の評価

経済的利益の額の計算	権利金 等の授 受があ る場合	（権利金等の金額） (A)　　　　　円　＝⑨	［権利金・協力金・礼金等の名称のいかんを問わず、借地契約の終了のときに返還を要しないとされる金銭等の額の合計を記載します。]	権利金等の授受による経済的利益の金額 　⑨　　　　　円

保証金
等の授
受があ
る場合

（保証金等の額に相当する金額）
(B)　　　　円

［保証金・敷金等の名称のいかんを問わず、借地契約の終了のときに返還を要するものとされる金銭等（保証金等）の預託があった場合において、その保証金等につき基準年利率未満の約定利率の支払いがあるとき又は無利息のときに、その保証金等の金額を記載します。]

保証金等の授受による経済的利益の金額
⑩　　　　円

（保証金等の授受による経済的利益の金額の計算）

$$(B) - \left[(B) \times \begin{matrix}（④の複利現価率）\\ \underline{\quad\quad}\end{matrix}\right] - \left[(B) \times \begin{matrix}\binom{基準年利率未満}{の\ 約\ 定\ 利\ 率}\\ \underline{\quad\quad}\end{matrix} \times \begin{matrix}（⑤の複利年金現価率）\\ \underline{\quad\quad}\end{matrix}\right] = ⑩$$

$$\begin{matrix}\binom{権利金等の授受によ}{る経済的利益の金額}\\ ⑨\quad\quad 円\end{matrix} + \begin{matrix}\binom{保証金等の授受によ}{る経済的利益の金額}\\ ⑩\quad\quad 円\end{matrix} + \begin{matrix}\binom{贈与を受けたと認められ}{る差額地代の額がある場}{合の経済的利益の金額}\\ ⑪\quad\quad 円\end{matrix} = \begin{matrix}（経済的利益の総額）・\\ ⑫\quad\quad 円\end{matrix}$$

（注）⑪欄は、個々の取引の事情・当事者間の関係等を総合勘案し、実質的に贈与を受けたと認め
られる差額地代の額がある場合に記載します（計算方法は、裏面2参照。）。

評価額の計算	$$\begin{matrix}\binom{課税時期における自}{用地としての価額}\\ ③\quad 円\end{matrix} \times \frac{\begin{matrix}（経済的利益の総額）\\ ⑫\quad 円\end{matrix}}{\begin{matrix}（設定時の通常取引価額）\\ ②\quad 円\end{matrix}} \times \begin{matrix}（⑥の複利年金現価率）\\ \underline{\quad} \\ （⑤の複利年金現価率）\end{matrix} = ⑬$$	（定期借地権等の評価額） ⑬　　　　円

（注）保証金等の返還の時期が、借地契約の終了のとき以外の場合の⑩欄の計算方法は、税務署にお尋ねください。

○定期借地権等の目的となっている宅地の評価

一般定期借地権の目的となっている宅地 ［裏面1の Ⓐに該当 するもの］	$$\begin{matrix}\binom{課税時期における自}{用地としての価額}\\ ③\\ 80,000,000\ 円\end{matrix} - \begin{matrix}\binom{課税時期における自}{用地としての価額}\\ ③\\ 80,000,000\ 円\end{matrix} \times \left[1 - \begin{matrix}\binom{底地割合}{（裏面3参照）}\\ 0.55\end{matrix}\right] \times \frac{\begin{matrix}\binom{⑥の複利年}{金現価率}\\ 32.835\end{matrix}}{\begin{matrix}\binom{⑤の複利年}{金現価率}\\ 39.196\end{matrix}} = ⑭$$	一般定期借地権の目的となっている宅地の評価額 ⑭　　　　円 49,842,330

上記以外の定期借地権等の目的となっている宅地 ［裏面1の Ⓑに該当 するもの］	$$\begin{matrix}\binom{課税時期における自}{用地としての価額}\\ ③\quad 円\end{matrix} - \begin{matrix}（定期借地権等の評価額）\\ ⑬\quad 円\end{matrix} = ⑮$$ $$\begin{matrix}\binom{課税時期における自}{用地としての価額}\\ ③\quad 円\end{matrix} \times \left[1 - \begin{matrix}\binom{残存期間年数に応じた}{割合（裏面4参照）}\\ \underline{\quad}\end{matrix}\right] = ⑯$$	上記以外の定期借地権等の目的となっている宅地の評価額 （⑮と⑯のいずれか低い金額） ⑰　　　　円

（資4−80−1−A4統一）

1　定期借地権等の種類と評価方法の一覧

定期借地権の種類	定期借地権等の評価方法	定期借地権等の目的となっている宅地の評価方法
一般定期借地権 （借地借家法第22条）	財産評価基本通達27－2に定める評価方法による	平成10年8月25日付課評2－8・課資1－13「一般定期借地権の目的となっている宅地の評価に関する取扱いについて」に定める評価方法による　Ⓐ ※
事業用定期借地権等 （借地借家法第23条）		財産評価基本通達25⑵に定める評価方法による　Ⓑ
建物譲渡特約付借地権 （借地借家法第24条）		

（注）※印部分は、一般定期借地権の目的となっている宅地のうち、普通借地権の借地権割合の地域区分A・B地域及び普通借地権の取引慣行が認められない地域に存するものが該当します。

2　実質的に贈与を受けたと認められる差額地代の額がある場合の経済的利益の金額の計算

	同種同等地代の年額（C）	円	実際地代の年額（D）	円	設定期間年数に応ずる基準年利率による年賦償還率	⑱	

差額地代（設定時）

（前払地代に相当する金額）　　　　　　　　　（実際地代の年額（D））　（実質地代の年額（E））

〔（権利金等⑨）　（⑱の年賦償還率）　（保証金等⑩）　（⑱の年賦償還率）〕

〔　＿＿＿＿円　×　＿＿＿＿　＋　＿＿＿＿円　×　＿＿＿＿〕　＋　＿＿＿＿円　＝　＿＿＿＿円

（差額地代の額）　　　　　　　　　　　（⑤の複利年金現価率）

（同種同等地代の年額（C））　（実質地代の年額（E））　　　　　　　　　　　　　　　贈与を受けたと認められる差額地代の額がある場合の経済的利益の金額

（　＿＿＿＿円　－　＿＿＿＿円）　×　＿＿＿＿　＝　⑪　　＿＿＿＿円

（注）「同種同等地代の年額」とは、同種同等の他の定期借地権等における地代の年額をいいます。

3　一般定期借地権の目的となっている宅地を評価する場合の底地割合

借 地 権 割 合			底地割合
	路線価図	評価倍率表	
地域区分　C	70%	55%
D	60%	60%
E	50%	65%
F	40%	70%
G	30%	75%

4　定期借地権等の目的となっている宅地を評価する場合の残存期間年数に応じた割合

残 存 期 間 年 数	割 合
5年以下の場合	5%
5年を超え10年以下の場合	10%
10年を超え15年以下の場合	15%
15年を超える場合	20%

（注）残存期間年数の端数処理は行いません。

（資4－80－2－A4統一）

誤りやすい事例　4

一般定期借地権の目的となっている宅地の評価

　平成10年8月25日付課評2-8外「一般定期借地権の目的となっている宅地の評価に関する取扱いについて」個別通達に定める底地割合の適用について、財産評価基本通達25《貸宅地の評価》(2)に定める原則的評価方法と選択適用できるか。

正　　選択適用できない。

誤　　選択適用できる。

| 解　説 | 　個別通達における一般定期借地権の目的となっている宅地の評価方法は、納税者の便宜を考慮して定めたものであり、評価の安全性にも配慮したもので、財産評価基本通達25(2)の原則的評価に代えて適用することとしたものですから、原則的評価方法との選択をすることはできません。

　例えば、普通借地権割合のE（借地権割合50％）地域にある一般定期借地権の目的となっている宅地（底地）について、実際の保証金等の割合が2割であっても、その底地については80％をベースとして評価することはできず、65％をベース（底地割合）として評価することになります。

　なお、これは、一般定期借地権の目的となっている宅地について物納申請を行う場合であっても同様です。

(3)　定期借地権〔権利金等の授受がある場合〕の目的となっている宅地（普通借地権の割合が30％～70％の地域以外の場合又は課税上弊害がある場合(注)）（評基通25(2)）

```
┌─────────┐   ┌──────────────┐
│自用地価額│ － │定期借地権価額│
└─────────┘   └──────────────┘  ┐
                                  ├  ┌─────────────────┐   ┌─────┐
┌─────────┐      ┌──────────────┐│  │いずれか低い方の価額│ ＝ │評価額│
│自用地価額│×（1－│残存期間に応ずる割合│）┘  └─────────────────┘   └─────┘
└─────────┘      └──────────────┘
```

（注）　**課税上弊害がある場合**とは、

　　　　一般定期借地権の設定等の行為が専ら税負担回避を目的としたものである場合をいうほか、この取扱いによって評価することが著しく不適当と認められる場合をいいます。

　　　　また、一般定期借地権の借地権者と借地権設定者とが下表のとおり、親族等の一定の範囲にある場合は、課税上弊害がある場合に該当します（個別通達）。

(1)	①　6親等内の血族 ②　配偶者　　　　　　　親族※ ③　3親等内の姻族　　　　　　　　　　　　　　　　　　　　　　　　※　民法第725条参照
(2)	①　借地権設定者とまだ婚姻の届出をしないが事実上婚姻関係と同様の事情にある者 ②　①の親族でその者と生計を一にしているもの
(3)	①　借地権設定者の使用人 ②　借地権設定者の使用人以外の者で借地権設定者から受ける金銭その他の財産によって生計を維持しているもの ③　①又は②の親族でその者と生計を一にしているもの
(4)	○　借地権設定者が会社役員となっている場合の当該会社。この場合の会社役員とは、次の①又は②の者をいう。 ①　取締役、執行役、会計参与、監査役、理事、監事及び清算人 ②　①以外の者で法人の経営に従事している者のうち、次に掲げる者（法人税法施行令7） 　イ　法人の使用人以外の者でその法人の経営に従事しているもの（法基通9－2－1参照） 　　⇨　相談役、顧問その他これらに類する者で、その法人内における地位及び職務等からみて他の役員と同様に実質的に法人の経営に従事している者 　　⇨　使用人としての職制上の地位のみを有する営業所長、支配人、主任等は含まれない。 　ロ　同族会社の使用人のうち、特定株主に該当する場合 　※　上記法人は、②ロ以外は、同族、非同族を問わない。
(5)	○　借地権設定者、その親族、上記(2)及び(3)に掲げる者並びにこれらの者と特殊の関係にある法人を判定の基礎とした場合に「同族会社」に該当する法人（法人税法施行令4②）
(6)	○　上記(4)又は(5)に掲げる法人の会社役員又は使用人
(7)	借地権設定者が、借地借家法第15条（自己借地権）の規定により、自ら一般定期借地権を有することとなる場合（次の①及び②の場合に該当） ①　借地権設定者が、自己を借地人として借地権を設定する場合（他人とともに借地人となる場合に限られる。） ②　借地権設定者が、他にも土地所有者以外の借地権者が存する場合で、後発的に借地権者となった場合（既に設定されている定期借地権を取得した場合）

| 自　用　地　価　額 |

自用地価額の求め方については、40ページから247ページを参照してください。

| 自用地価額（令和6年分）＝ | 80,000,000円 |

| 権　利　金　等　の　額 |

定期借地契約書等から権利金等の額を調べます。

| 権利金等の額＝ | 8,000,000円 |

| 設定時の通常の取引価額 |

設定時（平成26年分）の通常の取引価額を調べます。明確でない場合には、借地権を設定した年分の路線価等から求めた自用地価額を0.8で割り戻した価額によって差し支えありません。

設定時（平成26年分）のその宅地の自用地価額

| 48,000,000円 | ÷0.8＝ | 60,000,000円 |

| 残存期間に応ずる複利年金現価率 |

複利表から課税時期における残存期間に応ずる年1.00％の複利年金現価率（注）を求めます。

借地権設定日：平成26年5月1日
設　定　期　間：50年
課　税　時　期：令和6年3月1日
経　過　期　間：9年10か月
残　存　期　間：40年2か月≒40年

年1.00％の複利年金現価率　| 32.835 |

　残存期間に1年未満の端数がある場合には、その期間が6か月以上のときには1年、6か月未満のときには切り捨てます。

| 設定期間に応ずる複利年金現価率 |

複利表から設定期間に応ずる年1.00％の複利年金現価率（注）を求めます。

設　定　期　間：50年
年1.00％の複利年金現価率　| 39.196 |

（注）　課税時期が令和5年分、令和6年分の場合には基準年利率の複利表（647～658ページ）に定める複利年金現価率によります。

| 定期借地権の価額の計算 |

次の算式により定期借地権の価額を計算します。

経済的利益　残存期間40年の　　定期借地
の総額　　　複利年金現価率　　権の価額

$$80{,}000{,}000円 \times \frac{8{,}000{,}000円}{60{,}000{,}000円} \times \frac{32.835}{39.196} = 8{,}935{,}605円$$

設定時の通常　設定期間50年の
の取引価額　　複利年金現価率

| 残存期間に応ずる価額 |

定期借地権の残存期間に応ずる価額を計算します。

自用地価額　　残存期間に
　　　　　　　応ずる割合　　　　┌B─
$$80{,}000{,}000円 \times (1 - 20\%) = \boxed{64{,}000{,}000円}$$

残 存 期 間	割　　　合
5 年以下	100分の5
5 年超10年以下	100分の10
10年超15年以下	100分の15
15年超	100分の20

| 評　価　額　の　計　算 |

「自用地価額－定期借地権の価額」と残存期間に応ずる割合により求めた価額を比較し、低い方の価額で評価します。

自用地価額　　　定期借地権の価額　　┌A─
$$80{,}000{,}000円 - 8{,}935{,}605円 = \boxed{71{,}064{,}395円}$$

残存期間に応ずる価額　　　　＝　┌B─
　　　　　　　　　　　　　　　　$64{,}000{,}000円$

┌A─　　　　　┌B─
$71{,}064{,}395円$ ＞ $64{,}000{,}000円$

したがって、評価額は64,000,000円とします。

定 期 借 地 権 等 の 評 価 明 細 書

（住居表示） 所在地番	（○○区××5－6－3） （○○区××5－6	（地積） 200㎡	設定年月日	平成 令和 26年5月1日	設定期間年数	⑦	50年
			課税時期	令和6年3月1日	残存期間年数	⑧	40年

定期借地権等の種類	一般定期借地権 ・ 建物譲渡特約付借地権 ・ 事業用定期借地権等	設定期間年数に応ずる基準年利率による	複利現価率	④	
定期借地権等の設定時	自用地としての価額 ① （1㎡当たりの価額　240,000円） 48,000,000 円		複利年金現価率	⑤	39.196
	通常取引価額 ② （通常の取引価額又は①／0.8） 60,000,000 円				
課税時期	自用地としての価額 ③ （1㎡当たりの価額　400,000円） 80,000,000 円	残存期間年数に応ずる基準年利率による複利年金現価率		⑥	32.835

（注1）居住用の区分所有財産における定期借地権等を評価する場合の③の自用地としての価額は、令和5年9月28日付課評2－74ほか1課共同「居住用の区分所有財産の評価について」（法令解釈通達）の適用後の価額を記載します。

（注2）④及び⑤に係る設定期間年数又は⑥に係る残存期間年数について、その年数に1年未満の端数があるときは6か月以上を切り上げ、6か月未満を切り捨てます。

○定期借地権等の評価

経済的利益の額の計算	権利金等の授受がある場合	（権利金等の金額） （A） 8,000,000 円 ＝ ⑨	権利金・協力金・礼金等の名称のいかんを問わず、借地契約の終了のときに返還を要しないとされる金銭等の額の合計を記載します。	⑨ 権利金等の授受による経済的利益の金額 8,000,000 円
	保証金等の授受がある場合	（保証金等の額に相当する金額） （B）　　　円 _____	保証金・敷金等の名称のいかんを問わず、借地契約の終了のときに返還を要するものとされる金銭等（保証金等）の預託があった場合において、その保証金等につき基準年利率未満の約定利率の支払いがあるとき又は無利息のときに、その保証金等の金額を記載します。	⑩ 保証金等の授受による経済的利益の金額 円

（保証金等の授受による経済的利益の金額の計算）

$$（B）-\left[（B）×\underset{（④の複利現価率）}{_____}\right]-\left[（B）×\underset{\substack{基準年利率未満\\の約定利率}}{\_\_\_\_\_}×\underset{（⑤の複利年金現価率）}{_____}\right]＝⑩$$

（権利金等の授受による経済的利益の金額） ⑨ 8,000,000 円	＋	（保証金等の授受による経済的利益の金額） ⑩　　　円	＋	贈与を受けたと認められる差額地代の額がある場合の経済的利益の金額 ⑪　　　円	＝	（経済的利益の総額） ⑫ 8,000,000 円

（注）⑪欄は、個々の取引の事情・当事者間の関係等を総合勘案し、実質的に贈与を受けたと認められる差額地代の額がある場合に記載します（計算方法は、裏面2参照。）。

評価額の計算	（課税時期における自用地としての価額） ③ 80,000,000 円	×	（経済的利益の総額） ⑫ 8,000,000 円 ―――――――― （設定時の通常取引価額） ② 60,000,000 円	×	（⑥の複利年金現価率） 32.835 ―――――― （⑤の複利年金現価率） 39.196	＝	（定期借地権等の評価額） ⑬ 8,935,605 円

（注）保証金等の返還の時期が、借地契約の終了のとき以外の場合の⑩欄の計算方法は、税務署にお尋ねください。

○定期借地権等の目的となっている宅地の評価

一般定期借地権の目的となっている宅地 ［裏面1の ④に該当 するもの］	（課税時期における自用地としての価額） ③　　　円 _____	－	（課税時期における自用地としての価額） ③　　　円 ×［ 1 － 底地割合 （裏面3参照） × $\frac{⑥の複利年金現価率}{⑤の複利年金現価率}$ ］ ＝	⑭ 一般定期借地権の目的となっている宅地の評価額 円
上記以外の定期借地権等の目的となっている宅地 ［裏面1の ⑧に該当 するもの］	（課税時期における自用地としての価額） ③ 80,000,000 円	－	（定期借地権等の評価額） ⑬ 8,935,605 円 ＝ ⑮ 71,064,395 円	⑰ 上記以外の定期借地権等の目的となっている宅地の評価額 （⑮と⑯のいずれか低い金額） 64,000,000 円
	（課税時期における自用地としての価額） ③ 80,000,000 円	×	［ 1 － 残存期間年数に応じた割合（裏面4参照） 0.2 ］ ＝ ⑯ 64,000,000 円	

（資4－80－1－A4統一）

第1章　土地及び土地の上に存する権利

1　定期借地権等の種類と評価方法の一覧

定期借地権の種類	定期借地権等の評価方法	定期借地権等の目的となっている宅地の評価方法	
一般定期借地権 （借地借家法第22条）	財産評価基本通達27－2に定める評価方法による	平成10年8月25日付課評2－8・課資1－13「一般定期借地権の目的となっている宅地の評価に関する取扱いについて」に定める評価方法による	Ⓐ
		※	
事業用定期借地権等 （借地借家法第23条）		財産評価基本通達25⑵に定める評価方法による	Ⓑ
建物譲渡特約付借地権 （借地借家法第24条）			

（注）※印部分は、一般定期借地権の目的となっている宅地のうち、普通借地権の借地権割合の地域区分A・B地域及び普通借地権の取引慣行が認められない地域に存するものが該当します。

2　実質的に贈与を受けたと認められる差額地代の額がある場合の経済的利益の金額の計算

差額地代（設定時）	同種同等地代の年額（C）	円	実際地代の年額（D）	円	設定期間年数に応ずる基準年利率による年賦償還率	⑱	

（前払地代に相当する金額）　　　　　　　　（実際地代の年額(D)）　（実質地代の年額(E)）

（権利金等⑨）　（⑱の年賦償還率）（保証金等⑩）　（⑱の年賦償還率）

$$\left\{ \frac{\quad\quad 円\quad\quad}{} \times \quad\quad + \frac{\quad\quad 円\quad\quad}{} \times \quad\quad \right\} + \quad\quad 円 = \quad\quad 円$$

（差額地代の額）　　　　　　　（⑤の複利年金現価率）

（同種同等地代の年額（C））　（実質地代の年額（E））

$$(\quad\quad 円 - \quad\quad 円) \times \frac{\quad\quad\quad}{} = \quad\quad ⑪\quad$$ 　　贈与を受けたと認められる差額地代の額がある場合の経済的利益の金額　　　　円

（注）「同種同等地代の年額」とは、同種同等の他の定期借地権等における地代の年額をいいます。

3　一般定期借地権の目的となっている宅地を評価する場合の底地割合

借地権割合			底地割合
地域区分	路線価図	評価倍率表	
	C	70%	55%
	D	60%	60%
	E	50%	65%
	F	40%	70%
	G	30%	75%

4　定期借地権等の目的となっている宅地を評価する場合の残存期間年数に応じた割合

残存期間年数	割合
5年以下の場合	5%
5年を超え10年以下の場合	10%
10年を超え15年以下の場合	15%
15年を超える場合	20%

（注）残存期間年数の端数処理は行いません。

（資4－80－2－A4統一）

⑷　**定期借地権〔保証金等の授受がある場合〕の目的となっている宅地（普通借地権の割合が30％～70％の地域以外の場合又は課税上弊害がある場合（注））**（評基通25⑵）

（注）　課税上弊害がある場合については290ページを参照してください。

| 残存期間に応ずる複利年金現価率 | 複利表から課税時期における残存期間に応ずる年1.00%の複利年金現価率を求めます。 |

借地権設定日：平成26年 5 月 1 日
設 定 期 間：50年
課 税 時 期：令和 6 年 3 月 1 日
経 過 期 間： 9 年10か月
残 存 期 間：40年 2 か月 ≒ 40年

年1.00%の複利年金現価率　　32.835

　残存期間に 1 年未満の端数がある場合には、その期間が 6 か月以上のときは 1 年、 6 か月未満のときには切り捨てます。

| 設定期間に応ずる複利年金現価率 | 複利表から設定期間に応ずる年1.00%の複利年金現価率を求めます。 |

設 定 期 間：50年
年1.00%の複利年金現価率　　39.196

| 定期借地権の価額の計算 | 次の算式により定期借地権の価額を計算します。 |

$$80,000,000円 \times \frac{3,136,000円}{60,000,000円} \times \frac{32.835}{39.196} = 3,502,757円$$

自用地価額　　経済的利益の総額　　残存期間40年の複利年金現価率　　定期借地権の価額

設定時の通常の取引価額　　設定期間50年の複利年金現価率

| 残存期間に応ずる価額 | 定期借地権の残存期間に応ずる価額を計算します。 |

自用地価額　　残存期間に応ずる割合

$$80,000,000円 \times (1 - 20\%) = 64,000,000円 \quad B$$

残 存 期 間	割 合
5 年以下	100分の 5
5 年超10年以下	100分の10
10年超15年以下	100分の15
15年超	100分の20

| 評 価 額 の 計 算 | 「自用地価額－定期借地権の価額」と残存期間に応ず |

る割合により求めた価額を比較し、低い方の価額で評価します。

したがって、評価額は64,000,000円とします。

チェックポイント23 参照（258ページ）

定 期 借 地 権 等 の 評 価 明 細 書

（令和六年分以降用）

（住居表示） 所 在 地 番	○○区××1-8-7) ○○区××1-8	（地 積） 200 ㎡	設定年月日	平成 令和 26年5月1日	設定期間年数	⑦	50 年
			課税時期	令和6年3月1日	残存期間年数	⑧	40 年

定期借地権 等 の 種 類	一 般 定 期 借 地 権 ・ 建物譲渡特約付借地権 ・ 事業用定期借地権等	設定期 間年数 に応ず る基準 年利率 による	複 利 現 価 率	④	0.608
定期 借地 権等 の設 定時	自用地としての価額 ①	（1㎡当たりの価額　240,000 円） 48,000,000 円		複利年金現価率	⑤	39.196
	通 常 取 引 価 額 ②	（通常の取引価額又は①／0.8） 60,000,000 円				
課税 時期	自用地としての価額 ③	（1㎡当たりの価額　400,000 円） 80,000,000 円	残存期間年数に応ずる 基準年利率による 複利年金現価率	⑥	32.835

（注1）居住用の区分所有財産における定期借地権等を評価する場合の③の自用地としての価額は、令和5年9月28日付課評2－
74ほか1課共同「居住用の区分所有財産の評価について」（法令解釈通達）の適用後の価額を記載します。

（注2）④及び⑤に係る設定期間年数又は⑥に係る残存期間年数について、その年数に1年未満の端数があるときは6か月以上を
切り上げ、6か月未満を切り捨てます。

○定期借地権等の評価

経済的利益の額の計算	権利金 等の授 受があ る場合	（権利金等の金額） （A）　　　　　円 ＝ ⑨	権利金・協力金・礼金等の名称のいかんを問わず、借 地契約の終了のときに返還を要しないとされる金銭等 の額の合計を記載します。	⑨	（権利金等の授受によ る経済的利益の金額） 円
	保証金 等の授 受があ る場合	（保証金等の額に相当する金額） （B）　　　　　円 8,000,000	保証金・敷金等の名称のいかんを問わず、借地契約の 終了のときに返還を要するものとされる金銭等（保証金 等）の預託があった場合において、その保証金等につき 基準年利率未満の約定利率の支払いがあるとき又は 無利息のときに、その保証金等の金額を記載します。	⑩	（保証金等の授受によ る経済的利益の金額） 3,136,000 円
		（保証金等の授受による経済的利益の金額の計算） 　　　　　（④の複利現価率）　　　（基準年利率未満 　　　　　　　　　　　　　　　　の約定利率）　　（⑤の複利年金現価率） （B）－〔（B）×　0.608　〕－〔（B）×　　　×　　　　〕 ＝ ⑩			
	（権利金等の授受によ る経済的利益の金額） ⑨　　　円 ＋	（保証金等の授受によ る経済的利益の金額） ⑩ 3,136,000 円 ＋	（贈与を受けたと認められ る差額地代の額がある場 合の経済的利益の金額） ⑪　　　円 ＝	⑫	（経済的利益の総額） 円 3,136,000
	（注）⑪欄は、個々の取引の事情・当事者間の関係等を総合勘案し、実質的に贈与を受けたと認め られる差額地代の額がある場合に記載します（計算方法は、裏面2参照）。				
評価額の計算	（課税時期における自 用地としての価額） ③ 80,000,000 円 ×	（経済的利益の総額） ⑫ 3,136,000 円 ────────── （設定時の通常取引価額） ②60,000,000 円	×	（⑥の複利年金現価率） 32.835 ──────── （⑤の複利年金現価率） 39.196	＝ ⑬	（定期借地権等の評価額） 円 3,502,757

（注）保証金等の返還の時期が、借地契約の終了のとき以外の場合の⑩欄の計算方法は、税務署にお尋ねください。

○定期借地権等の目的となっている宅地の評価

一般定期借地 権の目的とな っている宅地 〔裏面1の Ⓐに該当 するもの〕	（課税時期における自 用地としての価額） ③ 　　　　円 －	（課税時期における自 用地としての価額） ③ 　　　　円×	〔1 －	（底地割合 （裏面3参照） ）〕	×	（⑥の複利年 金現価率 ） ──────── （⑤の複利年 金現価率）	＝ ⑭	（一般定期借地権の目的と なっている宅地の評価額） 円
上記以外の定 期借地権等の 目的となって いる宅地 〔裏面1の Ⓑに該当 するもの〕	（課税時期における自 用地としての価額） ③ 80,000,000 円 －	（定期借地権等の評価額） ⑬ 3,502,757 円 ＝	⑮ 76,497,243 円					（上記以外の定期借地権 等の目的となっている 宅地の評価額 ⑮と⑯のいずれ か低い金額 ） 円 64,000,000
	（課税時期における自 用地としての価額） ③ 80,000,000 円 ×	〔1 － 0.2 〕	（残存期間年数に応じた 割合（裏面4参照） ） ＝ ⑯ 64,000,000 円				⑰	

（資4－80－1－A4統一）

1　定期借地権等の種類と評価方法の一覧

定期借地権の種類	定期借地権等の評価方法	定期借地権等の目的となっている宅地の評価方法	
一般定期借地権 （借地借家法第22条）	財産評価基本通達27－2に定める評価方法による	平成10年8月25日付課評2－8・課資1－13「一般定期借地権の目的となっている宅地の評価に関する取扱いについて」に定める評価方法による	Ⓐ
		※	
事業用定期借地権等 （借地借家法第23条）		財産評価基本通達25(2)に定める評価方法による	Ⓑ
建物譲渡特約付借地権 （借地借家法第24条）			

（注）※印部分は、一般定期借地権の目的となっている宅地のうち、普通借地権の借地権割合の地域区分A・B地域及び普通借地権の取引慣行が認められない地域に存するものが該当します。

2　実質的に贈与を受けたと認められる差額地代の額がある場合の経済的利益の金額の計算

差額地代（設定時）	同種同等地代の年額（C）	円	実際地代の年額（D）	円	設定期間年数に応ずる基準年率率による年賦償還率	⑱	

（前払地代に相当する金額）　　　　（実際地代の年額（D））　（実質地代の年額（E））

　（権利金等⑨）　（⑱の年賦償還率）　（保証金等⑩）　（⑱の年賦償還率）

　　　円　×　　　　　＋　　　円　×　　　　　　＋　　　　　　　　　＝　　　　　　　円

（差額地代の額）　　　　　　　（⑤の複利年金現価率）

（同種同等地代の年額（C））　（実質地代の年額（E））

（　　　　　円　－　　　　　円）　×　　　　　　＝　⑪

贈与を受けたと認められる差額地代の額がある場合の経済的利益の金額　　円

（注）「同種同等地代の年額」とは、同種同等の他の定期借地権等における地代の年額をいいます。

3　一般定期借地権の目的となっている宅地を評価する場合の底地割合

	借地権割合		底地割合
	路線価図	評価倍率表	
地域区分	C	70%	55%
	D	60%	60%
	E	50%	65%
	F	40%	70%
	G	30%	75%

4　定期借地権等の目的となっている宅地を評価する場合の残存期間年数に応じた割合

残存期間年数	割合
5年以下の場合	5%
5年を超え10年以下の場合	10%
10年を超え15年以下の場合	15%
15年を超える場合	20%

（注）残存期間年数の端数処理は行いません。

（資4－80－2－A4統一）

⑸　高圧線下の宅地(区分地上権に準ずる地役権の目的となっている承役地)(評基通25⑸)

$$\boxed{自用地価額} - \boxed{区分地上権に準ずる地役権の価額} = \boxed{評価額}$$

$\boxed{\text{自 用 地 価 額}}$　　　自用地価額の求め方については、40ページから247ページを参照してください。

> 自用地価額 ＝ 　　100,000,000円

$\boxed{区分地上権に準ずる地役権の割合}$　区分地上権に準ずる地役権の割合を計算します。

> 　区分地上権に準ずる地役権の割合は、地役権の設定契約の内容に応じた土地利用制限率を基に計算しますが、次の割合によることができます(評基通27－5)。
> 　土地利用制限率については、798ページを参照してください。
> 1　家屋の建築が全くできない場合……50%と承役地に適用される借地権割合とのいずれか高い割合
> 2　家屋の構造、用途等に制限を受ける場合……30%
>
>

$\boxed{区分地上権に準ずる地役権の価額}$　自用地価額に区分地上権に準ずる地役権の割合を乗じて、区分地上権に準ずる地役権の価額を計算します。

> 　　　　　自用地価額　　地役権の設定され　区分地上権に準ず
> 　　　　　　　　　　　　ている部分の地積　る地役権の割合
> $$100,000,000円 \times \frac{50\text{m}^2}{200\text{m}^2} \times 30\% = \boxed{7,500,000円}$$
> 　　　　　　　　　全体の地積
> 　地役権が宅地の一部に設定されている場合のその地役権の価額は、地役権の目的となっている部分の地積に対応する自用地としての価額を基に計算します。
> 　ただし、例えば、宅地全体を1画地とした場合の正面路線に2つの路線価があり、かつ、区分地上権に準ずる地役権が設定されている承役地を1画地とした場合の正面路線が1つの路線価である場合等の区分地上権に準ずる地役権の価額は、承役地を1画地とした自用地としての価額を基に計算します。

| 評 価 額 の 計 算 | 自用地価額から区分地上権に準ずる地役権の価額を控除して評価額を計算します。 |

自用地価額 区分地上権に準ずる地役権の価額 評価額
100,000,000円 － 7,500,000円 ＝ 92,500,000円

チェックポイント28

高圧線の架設による建築制限

　高圧線の架設を目的とする地役権の場合、家屋に対する建築制限の有無は、電力会社との契約によるのではなく、電気設備技術基準により家屋の建築が禁止されているかなどにより判定します。

　この電気設備技術基準によると、送電線から一定の距離（離隔距離）以内には家屋は建築できないこととなっており、図示すると次のようになります。

物件の種類	使用電圧の区分	架空電線の種類	区　　分	離隔距離
建造物	35,000Ｖ以下	ケーブル	上部造営材の上方	1.2m
			その他	0.5m
		特別高圧絶縁電線	上部造営材の上方	2.5m
			人が建造物の外へ手を伸ばす又は身を乗り出すことなどができない部分	1m
			その他	1.5m
		その他	全て	3m
	35,000Ｖを超え170,000Ｖ以下	ケーブル	上部造営材の上方	$(1.2+c)$ m
			その他	$(0.5+c)$ m
		特別高圧絶縁電線	上部造営材の上方	$(2.5+c)$ m
			人が建造物の外へ手を伸ばす又は身を乗り出すことなどができない部分	$(1+c)$ m
			その他	$(1.5+c)$ m
		その他	全て	$(3+c)$ m
	170,000Ｖ超過	ケーブル	上部造営材の上方	$(3.3+d)$ m
			その他	$(2.6+d)$ m
		特別高圧絶縁電線	上部造営材の上方	$(4.6+d)$ m
			人が建造物の外へ手を伸ばす又は身を乗り出すことなどができない部分	$(3.1+d)$ m
			その他	$(3.6+d)$ m
		その他	全て	$(5.1+d)$ m

※　cは、特別高圧架空電線の使用電圧と35,000Ｖの差を10,000Ｖで除した値（小数点以下を切り上げる）に0.15を乗じたもの

※　dは、特別高圧架空電線の使用電圧と170,000Ｖの差を10,000Ｖで除した値（小数

点以下を切り上げる）に0.06を乗じたもの

物件の種類	使用電圧の区分	架空電線の種類	水平離隔距離
建造物	35,000 V 以下	ケーブル	―
		特別高圧 絶縁電線	―
		その他	送電線が建造物の下方に 施設されるときのみ 3 m
	35,000 V を超え 100,000 V 未満	ケーブル	
		その他	送電線が建造物の下方に 施設されるときのみ 3 m
	100,000 V 以上	全て	3 m

※　架空電線の種類がケーブル及び特別高圧絶縁電線以外の場合

・170,000V超の場合　　　・66,000Vの場合

水平離隔距離　　　※　離隔距離の計算

$$\frac{66,000\,V - 35,000\,V}{10,000\,V} = 3.1 \Rightarrow 4$$

$$3m + 4 \times 0.15m = 3.6m$$

倍率地域にある区分地上権に準ずる地役権の目的となっている宅地の評価

　区分地上権に準ずる地役権の目的となっている承役地である宅地を倍率方式で評価する場合の自用地としての価額は、その宅地の固定資産税評価額が高圧架空電線の架設がされていることに基づく利用価値の低下を考慮したものであるときには、その宅地の利用価値の低下はないものとして評価した価額とします（評基通25－2）。

土地及び土地の上に存する権利の評価明細書（第2表）

セットバックを必要とする宅地の評価額	（自用地の評価額） 円 － （	（自用地の評価額） 円 × $\dfrac{（該当地積）㎡}{（総地積）㎡}$ × 0.7 ）	（自用地の評価額） 円	N
都市計画道路予定地の区域内にある宅地の評価額	（自用地の評価額） 円 × 0.	（補正率）	（自用地の評価額） 円	O

大規模工場用地等の評価額	○ 大規模工場用地等 （正面路線価） 円 × （ 地 積 ）㎡ （地積が20万㎡以上の場合は0.95）	円	P
	○ ゴルフ場用地等 （宅地とした場合の価額）（地積）　$\binom{1㎡当たり}{の造成費}$（地積） （　　円 × ㎡×0.6）－（　　円× ㎡）	円	Q

区分所有財産に係る敷地利用権の評価額	（自用地の評価額）　（敷地利用権（敷地権）の割合） 円 × ――――――――	（自用地の評価額） 円	R
	居住用の区分所有財産の場合　（自用地の評価額）　（区分所有補正率） 円 × .	（自用地の評価額） 円	S

	利用区分	算 式	総 額	記号
総額計算による価額	貸宅地	（自用地の評価額）　（借地権割合） 円 × （1－ 0. ）	円	T
	貸家建付地	（自用地の評価額又はV）（借地権割合）（借家権割合）（賃貸割合） 円 × （1－ 0. ×0. × $\dfrac{㎡}{㎡}$ ）	円	U
	目的となっている土地	（自用地の評価額）　$\binom{区分地上権}{に準ずる地役権の}$割合 $100{,}000{,}000$ 円 × （1－ $0.3 \times \dfrac{50㎡}{200㎡}$）	$92{,}500{,}000$	V	W以上... 円	V
	借地権	（自用地の評価額）　（借地権割合） 円 × 0.	円	W
	貸家建付借地権	（W,AD のうちの該当記号）（借家権割合）　（賃貸割合） （ ） 円 × （1－ 0. × $\dfrac{㎡}{㎡}$ ）	円	X
	転貸借地権	（W,AD のうちの該当記号）（借地権割合） （ ） 円 × （1－ 0. ）	円	Y
	転借権	（W,X,AD のうちの該当記号）（借地権割合） （ ） 円 × 0.	円	Z
	借家人の有する権利	（W,Z,AD のうちの該当記号）（借家権割合）　（賃借割合） （ ） 円 × 0. × $\dfrac{㎡}{㎡}$	円	AA
	権利が競合する場合の土地に関する権利	（自用地の評価額）　（ 割合） 円 × 0.	円	AB
	他の権利と競合する場合の権利	（T,V のうちの該当記号）（ 割合） （ ） 円 × （1－ 0. ）	円	AC
		（W,AB のうちの該当記号）（ 割合） （ ） 円 × （1－ 0. ）	円	AD
備考				

（注）　区分地上権と区分地上権に準ずる地役権とが競合する場合については、備考欄等で計算してください。

（資4－25－2－A4統一）

⑹　**地下鉄のトンネルが通っている宅地（区分地上権の目的となっている宅地）**（評基通25⑷）

| 自用地価額 | － | 区分地上権の価額 | ＝ | 評価額 |

自 用 地 価 額

自用地価額の求め方については、40ページから247ページを参照してください。

| 自用地価額＝ | 100,000,000円 |

区 分 地 上 権 の 割 合

区分地上権の割合を計算します。

　区分地上権の割合は、区分地上権の設定契約の内容に応じた土地利用制限率を基とした割合によりますが、地下鉄等のトンネルの所有を目的として設定した区分地上権の割合は、30％とすることができます（評基通27－4）。
　土地利用制限率については798ページを参照してください。

区分地上権による制限

地下鉄のトンネル

区 分 地 上 権 の 価 額

　自用地価額に区分地上権の割合を乗じて、区分地上権の価額を計算します。

　　自用地価額　　区分地上権の割合
100,000,000円×　　　30%　　　＝　30,000,000円

　この場合、区分地上権が宅地の一部に設定されているときは、区分地上権が設定されている部分に対応する自用地価額を基に計算します。

| 評 価 額 の 計 算 | 自用地価額から区分地上権の価額を控除して評価額を計算します。 |

　自用地価額　　区分地上権の価額　　評価額
　100,000,000円－　30,000,000円　＝70,000,000円

チェックポイント29

倍率地域にある区分地上権の目的となっている宅地の評価

　区分地上権の目的となっている宅地を倍率方式で評価する場合の自用地としての価額は、その宅地の固定資産税評価額が地下鉄等のトンネルの設置に基づく利用価値の低下を考慮したものであるときには、その宅地の利用価値の低下はないものとして評価した価額とします（評基通25－2）。

土地及び土地の上に存する権利の評価明細書（第2表）

			記号	
セットバックを必要とする宅地の評価額	（自用地の評価額）　　　　（自用地の評価額）　　　　（該当地積） 円 － （　　　　　　　　円 × $\frac{㎡}{（総地積）㎡}$ × 0.7　）	（自用地の評価額） 円	N	（令和六年分以降用）
都市計画道路予定地の区域内にある宅地の評価額	（自用地の評価額）　　　　（補正率） 円 × 0.	（自用地の評価額） 円	O	
大規模工場用地等の評価額	○ 大規模工場用地等 （正面路線価）　　　（地積）　　　（地積が20万㎡以上の場合は0.95） 円 × （　地積　）㎡ ×	円	P	
	○ ゴルフ場用地等 （宅地とした場合の価額）（地積）　　（1㎡当たりの造成費）　　（地積） （　　　円 × 　㎡×0.6）－（　　　円×　　㎡）	円	Q	
区分所有財産に係る敷地利用権の評価額	（自用地の評価額）　　　（敷地利用権（敷地権）の割合） 円 × ———————	（自用地の評価額） 円	R	
	居住用の区分所有財産の場合　（自用地の評価額）　　　（区分所有補正率） 円 × ．	（自用地の評価額） 円	S	

	利用区分	算　　　　　　式	総　　額	記号
総額計算による価額	貸宅地	（自用地の評価額）　　　　（借地権割合） 円 × （1－ 0.　　）	円	T
	貸家建付地	（自用地の評価額又はV）　（借地権割合）（借家権割合）（賃貸割合） 円 × （1－ 0.　　×0.　　× $\frac{㎡}{㎡}$ ）	円	U
	目的となっている土地（区分地上権）の	（自用地の評価額）　　　（区分地上権割合） 100,000,000 円 × （1－ 0.3　　）	70,000,000 円	V
	借地権	（自用地の評価額）　　　（借地権割合） 円 × 0.	円	W
	貸家建付借地権	（W,ADのうちの該当記号）　（借家権割合）　（賃貸割合） （　　） 円 × （1－ 0.　　× $\frac{㎡}{㎡}$ ）	円	X
	転貸借地権	（W,ADのうちの該当記号）　（借地権割合） （　　） 円 × （1－ 0.　　）	円	Y
	転借権	（W,X,ADのうちの該当記号）　（借地権割合） （　　） 円 × 0.	円	Z
	借家人の有する権利	（W,Z,ADのうちの該当記号）　（借家権割合）　（賃借割合） （　　） 円 × 0.　　× $\frac{㎡}{㎡}$	円	AA
	権利が競合する場合の他の権利と競合する場合（区分地上権に準ずる地役権以外の権利）	（自用地の評価額）　　　（　　割合） 円 × 0.	円	AB
		（T,Vのうちの該当記号）　（　　割合） （　　） 円 × （1－ 0.　　）	円	AC
		（W,ABのうちの該当記号）　（　　割合） （　　） 円 × （1－ 0.　　）	円	AD
備考				

（注）　区分地上権と区分地上権に準ずる地役権とが競合する場合については、備考欄等で計算してください。

（資4－25－2－A4統一）

3 土地の上に存する権利が競合する場合の宅地の評価

⑴ 借地権とトンネルの所有を目的とする区分地上権とが競合する場合（評基通25－
3⑴）

| 自用地価額 | － | 区分地上権の価額 | ＋ | 権利調整後の借地権の価額 | ＝ | 評価額 |

| 自 用 地 価 額 |

自用地価額の求め方については、40ページから247ページを参照してください。

> 自用地価額＝ 100,000,000円

| 区 分 地 上 権 の 割 合 |

区分地上権の割合を計算します。

> 　区分地上権の割合は、区分地上権の設定契約の内容に応じた土地利用制限率を基とした割合によりますが、地下鉄等のトンネルの所有を目的として設定した区分地上権の割合は、30％とすることができます（評基通27－4）。
> 　土地利用制限率については798ページを参照してください。

区分地上権に
よる制限

地下鉄のトンネル

| 区 分 地 上 権 の 価 額 |

自用地価額に区分地上権の割合を乗じて、区分地上権の価額を計算します。

> 　　自用地価額　　区分地上権の割合
> 100,000,000円× 　　30％ 　　＝ 30,000,000円
> 　この場合、区分地上権が宅地の一部に設定されているときは、区分地上権が設定されている部分に対応する自用地価額を基に計算します。

| 権利調整後の借地権価額 |

自用地価額に借地権割合を乗じて借地権価額を計算します。

借地権割合は、路線価図には路線価の後に次の記号で、評価倍率表には割合で、それぞれ表示されています。

記　　　　号	A	B	C	D	E	F	G
借 地 権 割 合	90%	80%	70%	60%	50%	40%	30%

自用地価額　　　借地権割合　　　借地権価額 　100,000,000円×　　60%　　=　60,000,000円

次の算式により権利調整後の借地権価額を計算します。

借地権価額　　　　　区分地上　　　権利調整後の 　　　　　　　　　　　　権の割合　　　借地権価額 　60,000,000円　×（1 -　30%　）=　42,000,000円

| 評 　価 　額 　の 　計 　算 |

自用地価額から区分地上権の価額、権利調整後の借地権価額を控除して評価額を計算します。

自用地価額　　　区分地上権の価額　権利調整後の借地権価額　　　評価額 　100,000,000円 -　30,000,000円　-　　42,000,000円　　=28,000,000円

参考図

建物所有者(丙)

区分所有権者（乙）

借地権者　（丙）

土地所有者　（甲）

| チェックポイント25 |参照（270ページ）

土地及び土地の上に存する権利の評価明細書（第2表）

				記号
セットバックを必要とする宅地の評価額	（自用地の評価額） 円　－　（ （自用地の評価額）円 × （該当地積）㎡ ／（総地積）㎡ × 0. 7 ）		（自用地の評価額）円	N
都市計画道路予定地の区域内にある宅地の評価額	（自用地の評価額）円　×　0. （補正率）		（自用地の評価額）円	O
大規模工場用地等の評価額	○ 大規模工場用地等 （正面路線価）円 × （地積）㎡ × （地積が20万㎡以上の場合は0.95）		円	P
	○ ゴルフ場用地等 （宅地とした場合の価額）（地積）（ 円 × ㎡×0.6 ） － （ （1㎡当たりの造成費）円× （地積）㎡）		円	Q
区分所有財産に係る敷地利用権の評価額	（自用地の評価額）円 × （敷地利用権（敷地権）の割合）——		（自用地の評価額）円	R
	居住用の区分所有財産の場合（自用地の評価額）円 × （区分所有補正率） .		（自用地の評価額）円	S

	利用区分	算　式	総　額	記号
総額計算による価額	貸宅地	（自用地の評価額）円 × (1－ 0.) （借地権割合）	円	T
	貸家建付地	（自用地の評価額又はV）円 × (1－ 0. （借地権割合） ×0. （借家権割合） × ㎡／㎡ ）（賃貸割合）	円	U
	区分地上権の目的となっている土地	（自用地の評価額）100,000,000 円 × (1－ 0. 3) （区分地上権割合）	70,000,000 円	V
	借地権	（自用地の評価額）100,000,000 円 × 0. 6 （借地権割合）	60,000,000 円	W
	貸家建付借地権	（W,AD のうちの該当記号）（ ）円 × (1－ 0. ×（借家権割合） ㎡／㎡ ）（賃貸割合）	円	X
	転貸借地権	（W,AD のうちの該当記号）（ ）円 × (1－ 0.) （借地権割合）	円	Y
	転借権	（W,X,AD のうちの該当記号）（ ）円 × 0. （借地権割合）	円	Z
	借家人の有する権利	（W,Z,AD のうちの該当記号）（ ）円 × 0. （借家権割合） × ㎡／㎡ （賃借割合）	円	AA
	権	（自用地の評価額）円 × 0. （ 割合）	円	AR
	権利が競合する場合の土地	（T,V のうちの該当記号）（ T ）70,000,000 円 × (1－ 0.) （ 割合） (AB)－42,000,000	28,000,000 円	AC
	他の権利と競合する場合の土地	（W,AB のうちの該当記号）（ U ）60,000,000 円 × (1－ 0. 3) （区分地上権割合）	42,000,000 円	AD
備考				

（注）　区分地上権と区分地上権に準ずる地役権とが競合する場合については、備考欄等で計算してください。

（資4−25−2−A4統一）

【設例　18】

区分地上権の目的となっている貸家建付地の評価

（問）　地下鉄のトンネルの所有を目的とする区分地上権が設定されている貸家建付地の価額はどのように評価しますか。

（答）　区分地上権が設定されている貸家建付地の価額は次の算式により評価します（評基通26－2）。

区分地上権の目的となっている宅地の価額	－	区分地上権の目的となっている宅地の価額	×	借地権割合	×	借家権割合	×	賃貸割合

（計算例）

建物所有者（甲）
借家人（丙）

区分地上権者（乙）

土地所有者（甲）

自用地価額　　　　1億円

区分地上権の割合　30%

借地権割合　　　　60%

借家権割合　　　　30%

賃貸割合　　　　　100%

区分地上権の目的となっている宅地の価額

　　自用地価額　　　　区分地上権の割合

　　1億円　×（　1　－　0.3）＝　7,000万円　……………………………………①

区分地上権の目的となっている貸家建付地の価額

　　　①　　　　　　　　①　　　　借地権割合　借家権割合　賃貸割合

7,000万円　－　7,000万円　×　　0.6　×　　0.3　×　1.0　＝　5,740万円

⑵　**高圧線下の宅地（区分地上権に準ずる地役権の目的となっている宅地）で借地権の目的となっている場合**（評基通25－3⑶）

| 自用地価額 | － ［ | 区分地上権に準ずる地役権の価額 | ＋ | 権利調整後の借地権の価額 | ］ ＝ | 評価額 |

| 自　用　地　価　額 |

自用地価額の求め方については、40ページから247ページを参照してください。

> 自用地価額 ＝ 　100,000,000円

| 区分地上権に準ずる地役権の割合 |

区分地上権に準ずる地役権の割合を計算します。

> 　区分地上権に準ずる地役権の割合は、地役権の設定契約の内容に応じた土地利用制限率を基に計算しますが、次の割合によることができます（評基通27－5）。
> 　土地利用制限率については798ページを参照してください。
> 1　家屋の建築が全くできない場合
> 　……50％と承役地に適用される借地権割合とのいずれか高い割合
> 2　家屋の構造、用途等に制限を受ける場合……30％
>
>
>
> 総面積　200㎡
>
> 地役権の
> 対象部分50㎡

| 区分地上権に準ずる地役権の価額 |

自用地価額に区分地上権に準ずる地役権の割合を乗じて、区分地上権に準ずる地役権の価額を計算します。

> 　　　　　　　　地役権の設定され　区分地上権に準ず
> 　自用地価額　　ている部分の地積　る地役権の割合
> 100,000,000円 × $\frac{50㎡}{200㎡}$ × 　30％　 ＝ 　7,500,000円
> 　　　　　　　全体の地積
>
> 　地役権が宅地の一部に設定されている場合のその地役権の価額は、地役権の目的となっている部分の地積に対応する自用地としての価額を基に計算します。

権利調整後の借地権価額

自用地価額に借地権割合を乗じて借地権価額を計算します。

借地権割合は、路線価図には路線価の後に次の記号で、評価倍率表には割合で、それぞれ表示されています。

記　　号	A	B	C	D	E	F	G
借 地 権 割 合	90%	80%	70%	60%	50%	40%	30%

自用地価額　　借地権割合　　　　借地権価額

100,000,000円×　　60%　　＝　　60,000,000円

次の算式により権利調整後の借地権価額を計算します。

借地権価額　　区分地上権に準ず　　権利調整後の
る地役権の割合　　借地権価額

$60,000,000円 × (1 - 30\% \times \dfrac{50\text{m}^2}{200\text{m}^2})$ ＝ 55,500,000円

評　価　額　の　計　算

自用地価額から区分地上権に準ずる地役権の価額及び権利調整後の借地権価額を控除して評価額を計算します。

自用地価額　　区分地上権に準ず　　権利調整後の　　評価額
る地役権の価額　　借地権価額

100,000,000円　－　7,500,000円　－　55,500,000円　＝37,000,000円

チェックポイント28 参照（301ページ）

高圧線下で借地権の目的となっている宅地

参考図

地役権の
対象部分

借地権者（丙）

土地所有者（甲）

土地及び土地の上に存する権利の評価明細書（第2表）

			記号
セットバックを必要とする宅地の評価額	（自用地の評価額） 円 　－　（（自用地の評価額）円　×　$\dfrac{\text{該当地積}}{\text{（総地積）}}\dfrac{㎡}{㎡}$　×　0.7）	（自用地の評価額） 円	N
都市計画道路予定地の区域内にある宅地の評価	（自用地の評価額）　　　　　（補正率） 円　×　0.	（自用地の評価額） 円	O
大規模工場用地等の評価額	○　大規模工場用地等 　（正面路線価）　　　（地積）　　（地積が20万㎡以上の場合は0.95） 　　円　×　　㎡　×	円	P
	○　ゴルフ場用地等 　（宅地とした場合の価額）（地積）　（$1㎡$当たりの造成費）　（地積） 　（　　円　×　㎡×0.6）－（　　円×　㎡）	円	Q
区分所有財産に係る敷地利用権の評価額	（自用地の評価額）　　　（敷地利用権（敷地権）の割合） 円　×　———————	（自用地の評価額） 円	R
	居住用の区分所有財産の場合 （自用地の評価額）　　　　（区分所有補正率） 円　×　．	（自用地の評価額） 円	S

	利用区分	算　　　　　式	総　　　　額	記号
総額計算による価額	貸宅地	（自用地の評価額）　　　　（借地権割合） 円　×　(1－ 0.　　　)	円	T
	貸家建付地	（自用地の評価額又はV）　（借地権割合）（借家権割合）（賃貸割合） 円　×　(1－ 0.　　×0.　　×$\dfrac{㎡}{㎡}$)	円	U
	目的となっている土地 区分地上権 区分地上権に準ずる地役権	（自用地の評価額）　　　$\binom{\text{区分地上権}}{\text{に準ずる}}$割合 $\genfrac{}{}{0pt}{}{}{\text{地役権の}}$ 100,000,000 円　×　(1－ 0.3×$\dfrac{50㎡}{200㎡}$)	92,500,000 円	V
	借地権	（自用地の評価額）　　　　（借地権割合） 100,000,000 円　×　0.6	60,000,000 円	W
	貸家建付借地権	（W，ADのうちの該当記号）（借地権割合）（賃貸割合） （　　） 円　×　(1－ 0.　　×$\dfrac{㎡}{㎡}$)	円	X
	転貸借地権	（W，ADのうちの該当記号）（借地権割合） （　　） 円　×　(1－ 0.　　)	円	Y
	転借権	（W，X，ADのうちの該当記号）（借地権割合） （　　） 円　×　0.	円	Z
	借家人の有する権利	（W，Z，ADのうちの該当記号）（借家権割合）（賃借割合） （　　） 円　×　0.　　×$\dfrac{㎡}{㎡}$	円	AA
	権利	（自用地の評価額）　　　　（　　割合） 円　×　0.	円	AD
	権利が競合する場合の他の権利と競合する場合	（T，Vのうちの該当記号）（　　割合）　　　　（AB） （ T ） 92,500,000 円　×　(1－ 0.　　)　－55,500,000	37,000,000 円	AC
	他の権利と競合する場合	（W，ABのうちの該当記号）$\binom{\text{区分地上権}}{\text{に準ずる}}$割合 （ U ）　$\genfrac{}{}{0pt}{}{}{\text{地役権の}}$ 60,000,000 円　×　(1－ 0.3×$\dfrac{50㎡}{200㎡}$)	55,500,000 円	AD
備考			

(注)　区分地上権と区分地上権に準ずる地役権とが競合する場合については、備考欄等で計算してください。

（資4－25－2－A4統一）

第6　農地及び農地の上に存する権利の評価

農地の評価上の区分と農地法等による区分との関係

※1　「第3種農地」とは、鉄道の駅がおおむね300m以内にある等、市街地の区域内又は市街地化の傾向が著しい区域内にある農地をいいます。
※2　「第2種農地」とは、鉄道の駅がおおむね500m以内にある等、市街地化が見込まれる農地又は生産性の低い小集団の農地をいいます。
※3　「第1種農地」とは、おおむね10ヘクタール以上の規模の一団の農地、土地改良事業等の対象となった農地等良好な営農条件を備えている農地をいいます。
※4　「甲種農地」とは、市街化調整区域内の土地改良事業等の対象となった農地（8年以内）等、特に良好な営農条件を備えている農地をいいます。
※5　「農用地区域内農地」とは、市町村が定める農業振興地域整備計画において農用地区域とされた区域内の農地をいいます。

1　宅地比準方式による評価

⑴　路線価地域内にある農地（評基通40）

$$\boxed{路線価} \times \boxed{奥行価格補正率等（位置・形状等の条件差）} = \boxed{宅地であるとした場合の1㎡当たりの価額}$$

$$\left(\boxed{宅地であるとした場合の1㎡当たりの価額} - \boxed{1㎡当たりの宅地造成費}\right) \times \boxed{地積} = \boxed{評価額}$$

路　　線　　価	路線価図に1㎡当たりの価額が千円単位で表示されています。

路線価図に次の記号で表示されています。

地　区　区　分	記　　　　　号
ビ ル 街 地 区	⬡
高 度 商 業 地 区	⬭
繁 華 街 地 区	⬡
普通商業・併用住宅地区	◯
普 通 住 宅 地 区	無　　　印
中 小 工 場 地 区	◇
大 工 場 地 区	▭

記号	借地権割合	記号	借地権割合
A	90%	E	50%
B	80%	F	40%
C	70%	G	30%
D	60%		

当　図

○○市
（○○署）

令和
6
XXXXX

奥　行　距　離

実測図等から奥行距離を測定します。

奥行価格補正率

地区区分及び奥行距離に応じた奥行価格補正率を奥行価格補正率表から求めます。

| 奥行価格補正率 | 0.97 |

宅地であるとした場合の価額

路線価に奥行価格補正率等を乗じて宅地であるとした場合の1㎡当たりの価額を計算します。

路線価		奥行価格補正率		宅地であるとした場合の1㎡当たりの価額
120,000円	×	0.97	=	116,400円

奥行価格補正率表

地区区分 奥行距離 m	ビル街地区	高度商業地区	繁華街地区	普通商業・併用住宅地区	普通住宅地区	中小工場地区	大工場地区
4 未満	0.80	0.90	0.90	0.90	0.90	0.85	0.85
4 以上 6 未満		0.92	0.92	0.92	0.92	0.90	0.90
6 〃 8 〃	0.84	0.94	0.95	0.95	0.95	0.93	0.93
8 〃 10 〃	0.88	0.96	0.97	0.97	0.97	0.95	0.95
10 〃 12 〃	0.90	0.98	0.99	0.99	1.00	0.96	0.96
12 〃 14 〃	0.91	0.99	1.00	1.00		0.97	0.97
14 〃 16 〃	0.92	1.00				0.98	0.98
16 〃 20 〃	0.93					0.99	0.99
20 〃 24 〃	0.94					1.00	1.00
24 〃 28 〃	0.95				0.97		
28 〃 32 〃	0.96		0.98		0.95		
32 〃 36 〃	0.97		0.96	0.97	0.93		
36 〃 40 〃	0.98		0.94	0.95	0.92		
40 〃 44 〃	0.99		0.92	0.93	0.91		
44 〃 48 〃	1.00		0.90	0.91	0.90		
48 〃 52 〃		0.99	0.88	0.89	0.89		
52 〃 56 〃		0.98	0.87	0.88	0.88		
56 〃 60 〃		0.97	0.86	0.87	0.87		
60 〃 64 〃		0.96	0.85	0.86	0.86	0.99	
64 〃 68 〃		0.95	0.84	0.85	0.85	0.98	
68 〃 72 〃		0.94	0.83	0.84	0.84	0.97	
72 〃 76 〃		0.93	0.82	0.83	0.83	0.96	
76 〃 80 〃		0.92	0.81	0.82			
80 〃 84 〃		0.90	0.80	0.81	0.82	0.93	
84 〃 88 〃		0.88		0.80			
88 〃 92 〃		0.86			0.81	0.90	
92 〃 96 〃	0.99	0.84					
96 〃 100 〃	0.97	0.82					
100 〃	0.95	0.80			0.80		

チェックポイント30

市街地農地等を宅地比準方式で評価する場合の形状による条件差

　路線価地域にある市街地農地を宅地比準方式により評価する場合のその農地と付近の宅地との形状による条件の差については、評価する農地の所在する地区について定められている画地調整率を参考として計算して差し支えありません。また、倍率地域にあるものについては、普通住宅地区の画地調整率を参考とすることができます。市街地周辺農地、市街地山林及び市街地原野の価額を宅地比準方式により評価する場合についても同様です。

| 宅 地 造 成 費 の 金 額 |

「1㎡当たりの宅地造成費の金額」は年分ごとに、各国税局長が定めています。東京国税局では令和6年分の宅地造成費を「平坦地」、「傾斜地」の別に321ページの表のとおりに定めています。

道路との高低差が1mあり、地盤改良を要する田とします。

18m

25m

道路　埋土　　　1m
　　　　　　　　在来の地盤
側面擁壁25m

整　地　費　　800円 ……………………………………①
地盤改良費　2,000円 ……………………………………②
土　盛　費　　7,500円×1m＝7,500円………………③
土　止　費　　82,000円×(25m×1m×2面＋18m×1m)÷450㎡
　　　　　　　＝12,391円…………………………………④
　　　　　　　①＋②＋③＋④＝22,691円

| 評 価 額 の 計 算 |

宅地であるとした場合の1㎡当たりの価額から宅地造成費の金額を控除して、更に地積を乗じて評価額を計算します。

宅地であるとした場合の1㎡当たりの価額	宅地造成費の金額	地積	評価額
（　116,400円	－　　22,691円　）　×	450㎡　＝	42,169,050円

○　平坦地の宅地造成費（令和6年分）

東京国税局管内

費　目		造　成　区　分	単　　位	金　額
整地費	整　地　費	整地を必要とする場合	整地を必要とする面積1平方メートル当たり	800円
	伐採・抜根費	伐採・抜根を必要とする場合	伐採・抜根を必要とする面積1平方メートル当たり	1,000円
	地盤改良費	地盤改良を必要とする場合	地盤改良を必要とする面積1平方メートル当たり	2,000円
土　盛　費		他から土砂を搬入して土盛りを必要とする場合	土盛りを必要とする体積1立方メートル当たり	7,500円
土　止　費		土止めを必要とする場合	土止めを必要とする擁壁の面積1平方メートル当たり	82,000円

〔留意事項〕

1　「整地費」とは、①凹凸がある土地の地面を地ならしするための工事費又は②土盛工事を要する土地について、土盛工事をした後の地面を地ならしするための工事費をいいます。

2　「伐採・抜根費」とは、樹木が生育している土地について、樹木を伐採し、根等を除去するための工事費をいいます。したがって、整地工事によって樹木を除去できる場合には、造成費に本工事費を含めません。

3　「地盤改良費」とは、湿田など軟弱な表土で覆われた土地の宅地造成に当たり、地盤を安定させるための工事費をいいます。

4　「土盛費」とは、道路よりも低い位置にある土地について、宅地として利用できる高さ（原則として道路面）まで搬入した土砂で埋め立て、地上げする場合の工事費をいいます。

5　「土止費」とは、道路よりも低い位置にある土地について、宅地として利用できる高さ（原則として道路面）まで地上げする場合に、土盛りした土砂の流出や崩壊を防止するために構築する擁壁工事費をいいます。

○　傾斜地の宅地造成費（令和6年分）

東京国税局管内

傾　斜　度	金　額
3度超5度以下	21,700円／㎡
5度超10度以下	26,100円／㎡
10度超15度以下	40,900円／㎡
15度超20度以下	57,800円／㎡
20度超25度以下	63,900円／㎡
25度超30度以下	68,900円／㎡

〔留意事項〕

1　「傾斜地の宅地造成費」の金額は、整地費、土盛費、土止費の宅地造成に要するすべての費用を含めて算定したものです。

　　なお、この金額には、伐採・抜根費は含まれていないことから、伐採・抜根を要する土地については、「平坦地の宅地造成費」の「伐採・抜根費」の金額を基に算出し加算します。

2　傾斜度3度以下の土地については、「平坦地の宅地造成費」の額により計算します。

3　傾斜度については、原則として、測定する起点は評価する土地に最も近い道路面の高さとし、傾斜の頂点（最下点）は、評価する土地の頂点（最下点）が奥行距離の最も長い地点にあるものとして判定します。

4　宅地への転用が見込めないと認められる市街地山林については、近隣の純山林の価額に比準して評価する（財産評価基本通達49（市街地山林の評価））こととしています。したがって、宅地であるとした場合の価額から宅地造成費に相当する金額を控除して評価した価額が、近隣の純山林に比準して評価した価額を下回る場合には、経済合理性の観点から宅地への転用が見込めない市街地山林に該当するので、その市街地山林の価額は、近隣の純山林に比準して評価することになります。

（注）1　比準元となる具体的な純山林は、評価対象地の近隣の純山林、すなわち、評価対象地からみて距離的に最も近い場所に所在する純山林とします。

　　　2　宅地比準方式により評価する市街地農地、市街地周辺農地及び市街地原野等についても、市街地山林と同様、経済合理性の観点から宅地への転用が見込めない場合には、宅地への転用が見込めない市街地山林の評価方法に準じて、その価額は、純農地又は純原野の価額により評価することになります。

　　　　なお、市街地周辺農地については、市街地農地であるとした場合の価額の100分の80に相当する金額によって評価する（財産評価基本通達39（市街地周辺農地の評価））ことになっていますが、これは、宅地転用が許可される地域の農地ではあるが、まだ現実に許可を受けていないことを考慮したものですので、純農地の価額に比準して評価する場合には、80％相当額に減額する必要はありません。

市 街 地 農 地 等 の 評 価 明 細 書

市街地農地　　市街地山林
市街地周辺農地　　市街地原野

（平成十八年分以降用）

所　在　地　番		○○市○○166			
現　況　地　目		田	① 地　積	450	㎡
評価の基とした宅地の1平方メートル当たりの評価額	所在地番	○○市○○166			
	② 評価額の計算内容	（路線価）　　　　（奥行価格補正） 120,000　　×　　0.97	③（評価額） 116,400		円
評価する農地等が宅地であるとした場合の1平方メートル当たりの評価額	④ 評価上考慮したその農地等の道路からの距離、形状等の条件に基づく評価額の計算内容		⑤（評価額） 116,400		円

宅地造成費の計算	平地費 坦 地	整地費	（整地を要する面積）　　　（1㎡当たりの整地費） 450 ㎡　×　　　　800 円	⑥	360,000	円
		伐採・抜根費	（伐採・抜根を要する面積）　　（1㎡当たりの伐採・抜根費） ㎡　×　　　　円	⑦		円
		地盤改良費	（地盤改良を要する面積）　　　（1㎡当たりの地盤改良費） 450 ㎡　×　　　2,000 円	⑧	900,000	円
		土盛費	（土盛りを要する面積）（平均の高さ）（1㎡当たりの土盛費） 450 ㎡ ×　1 m ×　7,500 円	⑨	3,375,000	円
		土止費	（擁壁面の長さ）（平均の高さ）（1㎡当たりの土止費） （25m×2面＋ 18m×1面）68 m ×　1 m ×　82,000 円	⑩	5,576,000	円
		合計額の計算	⑥ ＋ ⑦ ＋ ⑧ ＋ ⑨ ＋ ⑩	⑪	10,211,000	円
		1㎡当たりの計算	⑪ ÷ ①	⑫	22,691	円
	傾斜地	傾斜度に係る造成費	（傾斜度）　　　　度	⑬		円
		伐採・抜根費	（伐採・抜根を要する面積）　　（1㎡当たりの伐採・抜根費） ㎡　×　　　　円	⑭		円
		1㎡当たりの計算	⑬ ＋ （⑭ ÷ ①）	⑮		円

市街地農地等の評価額	（⑤ － ⑫ （又は ⑮））× ① （注）市街地周辺農地については、さらに0.8を乗ずる。	42,169,050	円

（注）　1　「②評価額の計算内容」欄には、倍率地域内の市街地農地等については、評価の基とした宅地の固定資産税評価額及び倍率を記載し、路線価地域内の市街地農地等については、その市街地農地等が宅地である場合の画地計算の内容を記載してください。なお、画地計算が複雑な場合には、「土地及び土地の上に存する権利の評価明細書」を使用してください。
　　　2　「④評価上考慮したその農地等の道路からの距離、形状等の条件に基づく評価額の計算内容」欄には、倍率地域内の市街地農地等について、「③評価額」欄の金額と「⑤評価額」欄の金額とが異なる場合に記載し、路線価地域内の市街地農地等については記載の必要はありません。
　　　3　「傾斜地の宅地造成費」に加算する伐採・抜根費は、「平坦地の宅地造成費」の「伐採・抜根費」の金額を基に算出してください。

（資4−26−A4統一）

(2) 倍率地域内にある農地（評基通40）

固定資産税評価額 — 近傍宅地の固定資産税評価額を確認します。

近傍宅地の固定資産税評価額 | 35,000円/㎡

宅地の評価倍率 — 評価倍率表に掲載されています。

宅地の評価倍率 | 1.1倍

近傍宅地の評価額の計算 — 近傍宅地の1㎡当たりの固定資産税評価額に評価倍率を乗じて近傍宅地の1㎡当たりの評価額を計算します。

固定資産税評価額 　評価倍率 　　近傍宅地の評価額
35,000円/㎡ 　×　 1.1 　=　 38,500円/㎡

位置、形状等の条件差 — 近傍宅地と評価しようとする農地の位置、形状等の条件差を求めます。

普通住宅地区の奥行価格補正率等を参考にします。

奥行価格補正率 | 0.97

318ページの図より奥行距離25m

倍 率 表

令和6年分

音順	町（丁目）又は大字名	適用地域名	借地権割合	固定資産税評価額に乗ずる倍率等						
				宅地	田	畑	山林	原野	牧場	池沼
			％	倍	倍	倍	倍	倍	倍	倍
こ	×××町	1 一部	—	路線	比準	比準	比準	比準		
		2 上記以外の地域	60	1.1	比準	比準	比準	比準		
	××	市街化調整区域	50	1.2		中 37	中 66	中 66		
		市街化区域								
		1 一部	—	路線	比準	比準	比準	比準		
		2 上記以外の地域	60	1.2	比準	比準	比準	比準		
さ	××町1～5丁目	全域	—	路線	比準	比準	比準	比準		
	××町	市街化調整区域	50	1.1		中 32	中 52	中 52		

奥行価格補正率表

奥行距離 m ＼ 地区区分	ビル街地区	高度商業地区	繁華街地区	普通商業・併用住宅地区	普通住宅地区	中小工場地区	大工場地区
4未満	0.80	0.90	0.90	0.90	0.90	0.85	0.85
4以上 6未満		0.92	0.92	0.92	0.92	0.90	0.90
6 〃 8 〃	0.84	0.94	0.95	0.95	0.95	0.93	0.93
8 〃 10 〃	0.88	0.96	0.97	0.97	0.97	0.95	0.95
10 〃 12 〃	0.90	0.98	0.99	0.99	1.00	0.96	0.96
12 〃 14 〃	0.91	0.99	1.00	1.00		0.97	0.97
14 〃 16 〃	0.92	1.00				0.98	0.98
16 〃 20 〃	0.93					0.99	0.99
20 〃 24 〃	0.94					1.00	1.00
24 〃 28 〃	0.95				0.97		
28 〃 32 〃	0.96		0.98		0.95		
32 〃 36 〃	0.97		0.96	0.97	0.93		
36 〃 40 〃	0.98		0.94	0.95	0.92		
40 〃 44 〃	0.99		0.92	0.93	0.91		
44 〃 48 〃	1.00		0.90	0.91	0.90		
48 〃 52 〃		0.99	0.88	0.89	0.89		
52 〃 56 〃		0.98	0.87	0.88	0.88		
56 〃 60 〃		0.97	0.86	0.87	0.87		
60 〃 64 〃		0.96	0.85	0.86	0.86	0.99	
64 〃 68 〃		0.95	0.84	0.85	0.85	0.98	
68 〃 72 〃		0.94	0.83	0.84	0.84	0.97	
72 〃 76 〃		0.93	0.82	0.83	0.83	0.96	
76 〃 80 〃		0.92	0.81	0.82			
80 〃 84 〃		0.90	0.80	0.81	0.82	0.93	
84 〃 88 〃		0.88		0.80			
88 〃 92 〃		0.86			0.81	0.00	
92 〃 96 〃	0.99	0.84					
96 〃 100 〃	0.97	0.82					
100 〃	0.95	0.80			0.80		

宅地であるとした場合の価額

　　近傍宅地の評価額から、近傍宅地と評価しようとする農地との位置、形状等の条件差を考慮して、その農地が宅地であるとした場合の価額を計算します。

近傍宅地の評価額　　位置・形状等の条件差　　宅地であるとした場合の1㎡当たりの価額

38,500円/㎡　×　0.97　＝　37,345円

宅 地 造 成 費 の 金 額

　「1㎡当たりの宅地造成費の金額」は年分ごとに、各国税局長が定めています。東京国税局では令和6年分の宅地造成費を「平坦地」、「傾斜地」の別に321ページの表のとおりに定めています。

道路と評価対象地の地面は等高とします。

25m

18m

整地費　　　800円

評 価 額 の 計 算

　宅地であるとした場合の1㎡当たりの価額から宅地造成費の金額を控除して、更に地積を乗じて評価額を計算します。

宅地であるとした場合の1㎡当たりの価額		宅地造成費の金額	地積	評価額
（　37,345円	−	800円　）	×　450㎡	＝　16,445,250円

誤りやすい事例　5

市街地農地等の評価

正　近傍宅地の1㎡当たりの固定資産税評価額 ×宅地の評価倍率×位置・形状等の条件差−宅地造成費

誤　農地の固定資産税評価額に近傍農地の評価倍率を乗じる

チェックポイント31

農地の転用許可を受けた後に贈与された土地の評価

　農地法第4条又は第5条に規定する許可を受けている農地は、市街化調整区域や都市計画区域以外にある場合であっても、評価上の区分は市街地農地となります（評基通36−4(1)）。

　したがって、この場合の農地の価額は、原則として、その農地が宅地であるとした場合の価額からその農地を宅地に転用する場合に通常必要と認められる造成費に相当する金額を控除した価額によって評価します。

市 街 地 農 地 等 の 評 価 明 細 書

市 街 地 農 地　　　市 街 地 山 林
市 街 地 周 辺 農 地　　市 街 地 原 野

（平成十八年分以降用）

所 在 地 番		○○市○○町105			
現 況 地 目		畑	① 地 積	450	㎡
評価の基とした宅地の1平方メートル当たりの評価額	所 在 地 番	○○市○○町110		③（評 価 額）	円
	② 評価額の計算内容	35,000円 × 1.1		38,500	
評価する農地等が宅地であるとした場合の1平方メートル当たりの評価額	④ 評価上考慮したその農地等の道路からの距離、形状等の条件に基づく評価額の計算内容	（③）　　　　　（奥行が長い） 38,500円　　×　　　0.97		⑤（評 価 額） 37,345	円

宅地造成費の計算	平坦地	整地費	整 地 費	（整地を要する面積）　　　　（1㎡当たりの整地費） 450 ㎡ ×　　　　800 円	⑥ 360,000	円
			伐採・抜根費	（伐採・抜根を要する面積）　（1㎡当たりの伐採・抜根費） ㎡ ×　　　円	⑦	円
			地盤改良費	（地盤改良を要する面積）　（1㎡当たりの地盤改良費） ㎡ ×　　　円	⑧	円
		土 盛 費		（土盛りを要する面積）（平均の高さ）（1㎡当たりの土盛費） ㎡ ×　　m ×　　円	⑨	円
		土 止 費		（擁壁面の長さ）（平均の高さ）（1㎡当たりの土止費） （　　）　　m ×　　m ×　　円	⑩	円
		合 計 額 の 計 算		⑥ ＋ ⑦ ＋ ⑧ ＋ ⑨ ＋ ⑩	⑪ 360,000	円
		1㎡当たりの計算		⑪ ÷ ①	⑫ 800	円
	傾斜地	傾斜度に係る造成費		（傾 斜 度）　　　度	⑬	円
		伐採・抜根費		（伐採・抜根を要する面積）　（1㎡当たりの伐採・抜根費） ㎡ ×　　　円	⑭	円
		1㎡当たりの計算		⑬ ＋ （⑭ ÷ ①）	⑮	円

市街地農地等の評価額	（⑤ － ⑫ （又は⑮））×① （注）市街地周辺農地については、さらに0.8を乗ずる。	10,445,250 円

（注） 1　「②評価額の計算内容」欄には、倍率地域内の市街地農地等については、評価の基とした宅地の固定資産税評価額及び倍率を記載し、路線価地域内の市街地農地等については、その市街地農地等が宅地である場合の画地計算の内容を記載してください。なお、画地計算が複雑な場合には、「土地及び土地の上に存する権利の評価明細書」を使用してください。

2　「④評価上考慮したその農地等の道路からの距離、形状等の条件に基づく評価額の計算内容」欄には、倍率地域内の市街地農地等について、「③評価額」欄の金額と「⑤評価額」欄の金額とが異なる場合に記載し、路線価地域内の市街地農地等については記載の必要はありません。

3　「傾斜地の宅地造成費」に加算する伐採・抜根費は、「平坦地の宅地造成費」の「伐採・抜根費」の金額を基に算出してください。

（資4－26－A4統一）

チェックポイント32

「地積規模の大きな宅地の評価」（評基通20－2）の適用対象となる市街地農地等の評価

(1)　適用要件

　　市街地農地については、財産評価基本通達40《市街地農地の評価》の定めにおいて、その農地が宅地であるとした場合を前提として、宅地比準方式により評価することとしています。

　　そのため、開発分譲業者が地積規模の大きな市街地農地を造成し、戸建住宅用地として分割分譲する場合には、地積規模の大きな宅地の場合と同様に、それに伴う減価が生じることになりますので、市街地農地についても、財産評価基本通達20－2に定める「地積規模の大きな宅地の評価」の適用要件（第3の5⒄ロ（159ページ）を参照してください）を満たせば、「地積規模の大きな宅地の評価」を適用して評価することができます(評基通40注書)。他方で、市街地農地等が宅地への転用が見込めない場合は、「地積規模の大きな宅地の評価」の適用対象にはなりませんので注意が必要です。そして、評価対象となる市街地農地が路線価地域に所在する場合には、宅地の場合と同様に、「普通商業・併用住宅地区」又は「普通住宅地区」に所在する市街地農地でなければいけません。

(2)　評価方法

　　「地積規模の大きな宅地の評価」に係る規模格差補正率は、地積規模の大きな宅地を戸建住宅用地として分割分譲する場合に発生する減価のうち、主に地積に依拠する減価要因を反映させたものであるため、宅地造成費相当額は反映されていません。

　　したがって、評価の対象となる市街地農地に「地積規模の大きな宅地の評価」を適用する場合の市街地農地の価額は、「地積規模の大きな宅地の評価」に係る規模格差補正率を適用した後、別途、個々の農地の状況に応じた宅地造成費を控除して評価します。

(3)　市街地周辺農地、市街地山林及び市街地原野を評価する場合の「地積規模の大きな宅地の評価」の適用

　　市街地周辺農地、市街地山林及び市街地原野(以下これらを併せて「市街地山林等」といいます。)についても、市街地農地と同様、その市街地山林等が宅地であるとした場合を前提として、宅地比準方式により評価することとしています（評基通39《市街地周辺農地の評価》、49《市街地山林の評価》及び58－3《市街地原野の評価》)。

　　したがって、上記(1)の「地積規模の大きな宅地の評価」の趣旨を踏まえ、市街地山林等が「地積規模の大きな宅地」の適用要件を満たす場合には、市街地山林等の評価においても「地積規模の大きな宅地の評価」を適用することができます。

【設例 19】

市街地農地の場合

(問) 三大都市圏以外の地域内に所在する面積1,500㎡の畑の評価額はどのように計算しますか。

※1 他の地積規模の大きな宅地の評価の適用要件は満たしています。

※2 宅地造成費として、整地（1㎡当たり800円）を要します。

(計算例)

1 規模格差補正率

$$\frac{1,500㎡ \times 0.90 + 100}{1,500㎡} \times 0.8 = 0.77$$

2 1㎡当たりの価額

  路線価 奥行価格補正率 規模格差補正率 整地費

（100,000円 × 0.89 × 0.77 ）− 800円 = 67,730円

3 市街地農地の評価額

67,730円×1,500㎡＝101,595,000円

※1 規模格差補正率は、小数点以下第2位未満を切り捨てて求めます。

※2 市街地農地等については、「地積規模の大きな宅地の評価」を適用した後、宅地造成費相当額を別途控除して評価します。

2　倍率方式（純農地及び中間農地）による評価（評基通37、38）

固定資産税評価額　×　評価倍率　＝　評価額

固定資産税評価額　　　固定資産評価証明書等から確認します。

固定資産税評価額　　108,000円　◀

評　価　倍　率　　　評価倍率表に掲載されています。

畑の評価倍率　　　107倍　◀

※　「中107」の「中」は対象地の評価上の区分が中間農地で
　　あることを示しています。

評　価　額　の　計　算　　　固定資産税評価額に評価倍率を乗じて評価額を計算し
ます。

固定資産税評価額　　評価倍率　　　　評価額
108,000円　　×　　107　　＝11,556,000円

チェックポイント20　参照（242ページ）

固定資産（土地・家屋）評価証明書

所有者	住　　　所	△△県　○○市　○○　1－1	証明を必要とする理由	税務署へ提出のため	
	氏　　　名（名称）	×　×　×　×			

所　在　等			地　　　目	地積又は床面積㎡	令和XX年度価格（円）
○○市××町１０５番地			登記　畑		
			現況　畑	1,000	108,000

摘	
要	

上記のとおり証明します。

令和○年○月○日
○　○　市　長

倍　率　表

令和××年分

市区町村名：○○市　　　　　　　　　　　　　　　　　　　　　　　　　　　　××× 税務署

音順	町（丁目）又は大字名	適　用　地　域　名	借地権割合	固定資産税評価額に乗ずる倍率等						
				宅地	田	畑	山林	原野	牧場	池沼
か	××町		％	倍	倍	倍	倍	倍	倍	倍
		市街化調整区域								
		1　農業振興地域内の農用地区域			純 53	純 72				
		2　上記以外の地域	50	1.1	中 98	中 107				
		市街化区域	－	路線	比準	比準	比準	比準		
	△△町	市街化調整区域								
		1　農業振興地域内の農用地区域			純 84	純 89				
		2　特別緑地保全地区					中 180			
		3　上記以外の地域	50	1.1	中 98	中 107	中 90			
		市街化区域	－	路線	比準	比準	比準	比準		

3　耕作権の目的となっている農地の評価（評基通41(1)）

| 自用地としての価額 | × | （　1－ | 耕作権割合 | ） | = | 評　価　額 |

固定資産税評価額 — 固定資産評価証明書等から確認します。

固定資産税評価額　108,000円

評価倍率 — 評価倍率表に掲載されています。

畑の評価倍率　28倍

※　「中28」の「中」は、対象地の評価上の区分が中間農地であることを示しています。

自用地としての価額 — 固定資産税評価額に評価倍率を乗じて自用地としての価額を計算します。

| 固定資産税評価額 | 評価倍率 | | 自用地としての価額 |
| 108,000円 | × 28 | = | 3,024,000円 |

耕作権割合 — 東京国税局では、次の表のように農地の評価上の区分別に耕作権割合を定めています。

（令和6年分）

農地の評価上の区分	耕作権割合
純農地	100分の50
中間農地	100分の50
市街地周辺農地	100分の35
市街地農地	100分の35

　市街地周辺農地及び市街地農地の耕作権の価額は、その農地が転用される場合に通常支払われるべき離作料の額、その農地の付近にある宅地に係る借地権の価額等を参酌して評価しますが、東京国税局管内のこれらの農地については、100分の35を乗じて計算した価額により評価しても差し支えありません。

| 評　価　額　の　計　算 | 次の算式により評価額を計算します。 |

自用地としての価額　　　　耕作権割合　　　　評価額
3,024,000円　　×　（　1　－　0.5　）　＝　1,512,000円

固定資産（土地・家屋）評価証明書

| 所有者 | 住　　　所 | 東京都　〇〇市　〇〇　1－1 | 証明を必要とする理由 | 税務署へ提出のため |
| | 氏　　　名（名称） | ×　×　×　× | | |

所　在　等		地　　目	地積又は床面積㎡	令和XX年度価格（円）
〇〇市××町１０５番地	登記　畑			
	現況　畑		1,000	108,000

| 摘 | |
| 要 | |

上記のとおり証明します。

令和〇年〇月〇日
〇　〇　市　長

令和××年分　　　　倍　率　表

市区町村名：〇〇市　　　　　　　　　　　　　　　　　　　　　　　　　　　　　××税務署

音順	町（丁目）又は大　字　名	適　用　地　域　名	借地権割合	固定資産税評価額に乗ずる倍率等						
				宅地	田	畑	山林	原野	牧場	池沼
た	××町	市街化調整区域	％ 50	倍 1.2	倍	倍 中 28	倍 中 38	倍 中 38	倍	倍
		市街化区域	60	1.1	比準	比準	比準	比準		
	×××町	農業振興地域内の農用地区域			純 10	純 24				

4　耕作権の評価（評基通42）

| 自用地としての価額 | × | 耕 作 権 割 合 | = | 評　価　額 |

固 定 資 産 税 評 価 額　　固定資産評価証明書等から確認します。

固定資産税評価額　108,000円

評　価　倍　率　　評価倍率表に掲載されています。

畑の評価倍率　28倍

※　「中28」の「中」は、対象地の評価上の区分が中間農地
であることを示しています。

自 用 地 と し て の 価 額　　固定資産税評価額に評価倍率を乗じて自用地としての価額を計算します。

固定資産税評価額　評価倍率　自用地としての価額
108,000円　×　28　=　3,024,000円

耕　作　権　割　合　　東京国税局では、次の表のように農地の評価上の区分別に耕作権割合を定めています。

（令和6年分）

農地の評価上の区分	耕作権割合
純農地	100分の50
中間農地	100分の50
市街地周辺農地	100分の35
市街地農地	100分の35

　市街地周辺農地及び市街地農地の耕作権の価額は、その農地が転用される場合に通常支払われるべき離作料の額、その農地の付近にある宅地に係る借地権の価額等を参酌して評価しますが、東京国税局管内のこれらの農地については100分の35を乗じて計算した価額により評価しても差し支えありません。

| 評　価　額　の　計　算 | 自用地としての価額に耕作権割合を乗じて評価額を計算します。 |

自用地としての価額　　　耕作権割合　　　　評価額
3,024,000円　　　×　　　0.5　　　＝　1,512,000円

固定資産（土地・家屋）評価証明書

| 所有者 | 住　　所 | 東京都　○○市　○○　1－1 | 証明を必要とする理由 | 税務署へ提出のため |
| | 氏　　名（名称） | ×　×　×　× | | |

所　在　等		地　　目	地積又は床面積㎡	令和XX年度価格（円）
○○市××町１０５番地		登記　畑		
		現況　畑	1,000	108,000

| 摘 | |
| 要 | |

上記のとおり証明します。

令和○年○月○日
○　　○　　市　　長

倍　率　表

令和××年分

市区町村名：○○市　　　　　　　　　　　　　　　　　　　　　　　　　　　　　　××税務署

音順	町（丁目）又は大字名	適　用　地　域　名	借地権割合	固定資産税評価額に乗ずる倍率等						
				宅地	田	畑	山林	原野	牧場	池沼
			％	倍	倍	倍	倍	倍	倍	倍
た	××町	市街化調整区域	50	1.2	中　28	中　28	中　38	中　38		
		市街化区域	60	1.1	比準	比準	比準	比準		
	×××町	農業振興地域内の農用地区域			純　10	純　24				

5　生産緑地の評価（評基通40-3）

生産緑地でないものとした価額

路線価等を基に評価します。

生産緑地でないものとした価額については、316ページから333ページを参照してください。

生産緑地でないものとした価額　＝　72,105,000円

減　額　割　合

課税時期において買取りの申出をすることができることとなる日までの期間に応ずる割合を次の表から確定します。

農林漁業の主たる従事者が死亡した場合に、その相続により取得した生産緑地は、次の(2)の「買取りの申出をすることができる生産緑地」となります。

(1)　課税時期において買取りの申出をすることができない生産緑地

買取りの申出をすることができることとなる日までの期間	割　合	買取りの申出をすることができることとなる日までの期間	割　合
5年以下	10%	15年超20年以下	25%
5年超10年以下	15%	20年超25年以下	30%
10年超15年以下	20%	25年超30年以下	35%

(2)　課税時期において買取りの申出が行われていた生産緑地（買取りの申出を行った日から起算して3か月を経過しているものを除く）又は買取りの申出をすることができる生産緑地　5%

評　価　額　の　計　算

次の算式により評価額を計算します（被相続人が農林漁業の主たる従事者であったものとします。）。

生産緑地でないものとした価額		減額割合	評価額
72,105,000円	× （ 1 － 0.05 ） =		68,499,750円

チェックポイント33

耕作権の目的となっている生産緑地の評価

　耕作権の目的となっている農地が生産緑地に指定されている場合には、次の算式により評価します。

（自用地価額−耕作権の価額）×（1−減額割合）

生産緑地に係る農林漁業の主たる従事者が死亡した場合の生産緑地の評価

　生産緑地に指定されると告示の日から30年間は、原則として建築物の建築、宅地の造成等はできないといういわゆる行為制限が付されることになります（生産緑地法8）。

　また、都市緑地法等の一部を改正する法律により、市町村長は、告示の日から30年を経過する日（このチェックポイントにおいて、以下「申出基準日」といいます。）が近く到来することとなる生産緑地のうち、その周辺の地域における公園、緑地その他の公共空地の整備の状況及び土地利用の状況を勘案して、当該申出基準日以後においてもその保全を確実に行うことが良好な都市環境の形成を図る上で特に有効であると認められるものについて、平成30年4月1日以降、特定生産緑地として指定することができることとなりました。当該特定生産緑地に指定されると告示の日から10年間は、いわゆる行為制限が付されることになります。

　ところで、この買取りの申出は30年間（特定生産緑地の場合は10年間）経過した場合のほか、その生産緑地に係る農林漁業の主たる従事者が死亡したときにもできる（生産

緑地法10、10の5）こととされていることから、主たる従事者が死亡した時の生産緑地の価額は、生産緑地でないものとして評価した価額の95％相当額で評価します。

（参考）　生産緑地法の概要

対象地区	①　市街化区域内の農地等であること ②　公害等の防止、農林漁業と調和した都市環境の保全等の効用を有し、公共施設等の用地に適したものであること ③　用排水等の営農継続可能条件を備えていること
地区面積	500㎡以上（市区町村の条例により300㎡以上）
建築等の制限	宅地造成・建物等の建築等には市町村長の許可が必要（農林漁業を営むために必要である一定の施設及び市民農園に係る施設等以外の場合は原則不許可）
買取り申出	指定から30年経過後又は生産緑地に係る農林漁業の主たる従事者又はそれに準ずる者の死亡等のとき、市町村長へ時価での買取り申出が可能（不成立の場合は、3か月後制限解除）

誤りやすい事例　6

生産緑地の評価と規模格差補正率

　生産緑地に指定されている農地の評価において、戸建住宅用地として分割分譲することを前提とする補正率である規模格差補正を行うことができますか。

正　　地積規模の大きな宅地の評価の適用要件を満たす生産緑地の価額は、奥行価格補正率や不整形地補正率などの各種画地補正率のほか、規模格差補正率を乗じて計算した価額から宅地造成費を控除した価額を求め、更に生産緑地の指定による一定の割合の減額を行って評価することができる。

誤　　生産緑地に指定されている農地については、農地等以外の利用が原則できないことから規模格差補正を行うことができない。

解　説　　生産緑地に指定されると、建築物の建築、宅地造成などの行為が制限され、原則的には農地等以外の利用ができなくなるため、その利用制限によるしんしゃくを行為制限が及ぶ期間に応じて一定の割合で行うこととしています（評基通40-3）。

　一方、「地積規模の大きな宅地の評価」（評基通20-2）は、地積規模の大きな宅地を戸建住宅用地として分割分譲する場合に発生する減価を反映させることを目的としていることから、利用制限のある生産緑地については適用できないのではないかとの疑問が生じます。

　生産緑地の指定は、市街化区域内にある農地等についてなされるものであり、市街地農地の価額は、その農地が宅地であるとした場合の価額を基に評価することとされてい

ること（評基通40）から、生産緑地の価額は、建築物の建築や宅地造成などの行為が制限されているものの、宅地として利用することを前提に形成される価額を基礎として評価することになります。

したがって、生産緑地の評価においても、市街地農地としての評価の基礎となる「宅地であるとした場合の価額」を求める場合には、その土地を宅地として利用することを前提に、その土地の価格に影響を及ぼす要因を加味して評価すべきであり、規模格差補正率についても適用することができます。

第7　山林及び山林の上に存する権利の評価

※　原野及び原野の上に存する権利については、山林及び山林の上に存する権利の評価に準じて評価します。

1　宅地比準方式による評価

(1)　路線価地域内にある山林（評基通49）

$$\boxed{路線価} \times \boxed{奥行価格補正率等(位置・形状等の条件差)} = \boxed{宅地であるとした場合の1\text{m}^2当たりの価額}$$

$$(\;\boxed{宅地であるとした場合の1\text{m}^2当たりの価額} - \boxed{1\text{m}^2当たりの宅地造成費}\;) \times \boxed{地積} = \boxed{評価額}$$

路線価図に1m²当たりの価額が千円単位で表示されています。

路線価図に次の記号で表示されています。

地　区　区　分	記　　　　　号
ビ　ル　街　地　区	⬡
高　度　商　業　地　区	⬭
繁　華　街　地　区	⬡
普通商業・併用住宅地区	○
普　通　住　宅　地　区	無　　印
中　小　工　場　地　区	◇
大　工　場　地　区	▭

記号	借地権 割合	記号	借地権 割合
A	90%	E	50%
B	80%	F	40%
C	70%	G	30%
D	60%		

| 奥　行　距　離 | 実測図等から奥行距離を測定します。 |

15m
375㎡
25m

| 奥 行 価 格 補 正 率 | 地区区分及び奥行距離に応ずる奥行価格補正率を奥行価格補正率表から求めます。 |

奥行価格補正率　　0.97

| 宅地であるとした場合の価額 | 路線価に奥行価格補正率を乗じて宅地であるとした場合の1㎡当たりの価額を計算します。 |

路線価		奥行価格補正率		宅地であるとした場合の1㎡当たりの価額
125,000円	×	0.97	=	121,250円

| 宅 地 造 成 費 の 金 額 | 「1㎡当たりの宅地造成費の金額」は年分ごとに、各国税局長が定めています。東京国税局では令和6年分の宅地造成費を「平坦地」、「傾斜地」の別に321ページの表のとおりに定めています。 |

傾斜度5度

道路　　　　宅地造成費　　21,700円／㎡

高さと傾斜度との関係は347ページ参照

全面積について伐採・抜根を要するものとします。

伐採・抜根費　　1,000円／㎡

奥行価格補正率表

地区区分 奥行距離 m	ビル街地区	高度商業地区	繁華街地区	普通商業・併用住宅地区	普通住宅地区	中小工場地区	大工場地区
4 未満	0.80	0.90	0.90	0.90	0.90	0.85	0.85
4 以上　6 未満		0.92	0.92	0.92	0.92	0.90	0.90
6 〃　8 〃	0.84	0.94	0.95	0.95	0.95	0.93	0.93
8 〃　10 〃	0.88	0.96	0.97	0.97	0.97	0.95	0.95
10 〃　12 〃	0.90	0.98	0.99	0.99	1.00	0.96	0.96
12 〃　14 〃	0.91	0.99	1.00	1.00		0.97	0.97
14 〃　16 〃	0.92	1.00				0.98	0.98
16 〃　20 〃	0.93					0.99	0.99
20 〃　24 〃	0.94					1.00	1.00
24 〃　28 〃	0.95				0.97		
28 〃　32 〃	0.96		0.98		0.95		
32 〃　36 〃	0.97		0.96	0.97	0.93		
36 〃　40 〃	0.98		0.94	0.95	0.92		
40 〃　44 〃	0.99		0.92	0.93	0.91		
44 〃　48 〃	1.00		0.90	0.91	0.90		
48 〃　52 〃		0.99	0.88	0.89	0.89		
52 〃　56 〃		0.98	0.87	0.88	0.88		
56 〃　60 〃		0.97	0.86	0.87	0.87		
60 〃　64 〃		0.96	0.85	0.86	0.86	0.99	
64 〃　68 〃		0.95	0.84	0.85	0.85	0.98	
68 〃　72 〃		0.94	0.83	0.84	0.84	0.97	
72 〃　76 〃		0.93	0.82	0.83	0.83	0.96	
76 〃　80 〃		0.92	0.81	0.82			
80 〃　84 〃		0.90	0.80	0.81	0.82	0.93	
84 〃　88 〃		0.88		0.80			
88 〃　92 〃		0.86			0.81	0.90	
92 〃　96 〃	0.99	0.84					
96 〃　100 〃	0.97	0.82					
100 〃	0.95	0.80			0.80		

（参考）　高さと傾斜度との関係

30度（0.5774）
25度（0.4663）
20度（0.3640）
15度（0.2679）
10度（0.1763）
5度（0.0875）
3度（0.0524）

11.55m
9.33m
7.28m
5.36m
3.53m
1.75m
1.05m

想　定　20m

傾斜度区分の判定表

傾 斜 度	①　高さ÷奥行	②　奥行÷斜面の長さ
3 度超 5 度以下	0.0524超0.0875以下	0.9962以上0.9986未満
5 度超10度以下	0.0875超0.1763以下	0.9848以上0.9962未満
10度超15度以下	0.1763超0.2679以下	0.9659以上0.9848未満
15度超20度以下	0.2679超0.3640以下	0.9397以上0.9659未満
20度超25度以下	0.3640超0.4663以下	0.9063以上0.9397未満
25度超30度以下	0.4663超0.5774以下	0.8660以上0.9063未満

※　①及び②の数値は三角比によります。

評　価　額　の　計　算	宅地であるとした場合の1㎡当たりの価額から宅地造成費の金額を控除して、更に地積を乗じて評価額を計算します。

$$\left\{ \begin{array}{c} \text{宅地であるとした場合} \\ \text{の1㎡当たりの価額} \\ 121,250\text{円} \end{array} - \begin{array}{c} \text{宅地造成費の金額} \\ (21,700\text{円}+1,000\text{円}) \end{array} \right\} \times \begin{array}{c} \text{地積} \\ 375\text{㎡} \end{array} = \begin{array}{c} \text{評価額} \\ 36,956,250\text{円} \end{array}$$

市街地農地等の評価明細書

市 街 地 農 地　　（市 街 地 山 林）
市街地周辺農地　　市 街 地 原 野

（平成十八年分以降用）

所　在　地　番		○○市○○ ／－／／			
現　況　地　目		山　林	① 地　積	375	㎡
評価の基とした宅地の1平方メートル当たりの評価額	② 評価額の計算内容	（路線価）　　（奥行価格補正） 125,000　　×　　　0.97	③（評価額） 121,250		円
評価する農地等が宅地であるとした場合の1平方メートル当たりの評価額	④ 評価上考慮したその農地等の道路からの距離、形状等の条件に基づく評価額の計算内容		⑤（評価額） 121,250		円

宅地造成費の計算	平坦地	整地費	整地費	（整地を要する面積）　　　（1㎡当たりの整地費） 　　　㎡　×　　　　　　円	⑥	円
			伐採・抜根費	（伐採・抜根を要する面積）　（1㎡当たりの伐採・抜根費） 　　　㎡　×　　　　　　円	⑦	円
			地盤改良費	（地盤改良を要する面積）　（1㎡当たりの地盤改良費） 　　　㎡　×　　　　　　円	⑧	円
		土盛費		（土盛りを要する面積）（平均の高さ）（1㎡当たりの土盛費） 　　㎡　×　　　m　×　　　円	⑨	円
		土止費		（擁壁面の長さ）（平均の高さ）（1㎡当たりの土止費） 　　m　×　　　m　×　　　円	⑩	円
		合計額の計算		⑥＋⑦＋⑧＋⑨＋⑩	⑪	円
		1㎡当たりの計算		⑪　÷　　①	⑫	円
	傾斜地	傾斜度に係る造成費		（傾斜度）　　5 度	⑬ 21,700	円
		伐採・抜根費		（伐採・抜根を要する面積）　（1㎡当たりの伐採・抜根費） 　　375 ㎡　×　　　1,000 円	⑭ 375,000	円
		1㎡当たりの計算		⑬　＋　（⑭　÷　①）	⑮ 22,700	円

市街地農地等の評価額	（⑤－⑫（又は⑮））×① (注) 市街地周辺農地については、さらに0.8を乗ずる。	36,956,250	円

(注)　1　「②評価額の計算内容」欄には、倍率地域内の市街地農地等については、評価の基とした宅地の固定資産税評価額及び倍率を記載し、路線価地域内の市街地農地等については、その市街地農地等が宅地である場合の画地計算の内容を記載してください。なお、画地計算が複雑な場合には、「土地及び土地の上に存する権利の評価明細書」を使用してください。
　　　2　「④評価上考慮したその農地等の道路からの距離、形状等の条件に基づく評価額の計算内容」欄には、倍率地域内の市街地農地等について、「③評価額」欄の金額と「⑤評価額」欄の金額とが異なる場合に記載し、路線価地域内の市街地農地等については記載の必要はありません。
　　　3　「傾斜地の宅地造成費」に加算する伐採・抜根費は、「平坦地の宅地造成費」の「伐採・抜根費」の金額を基に算出してください。

（資4－26－A4統一）

(2)　倍率地域内にある市街地山林（評基通49）

| 近傍宅地の1㎡当たりの固定資産税評価額 | × | 宅地の評価倍率 | = | 近傍宅地の1㎡当たりの評価額 |

| 近傍宅地の1㎡当たりの評価額 | × | 位置、形状等の条件差 | = | 宅地であるとした場合の1㎡当たりの価額 |

（ 宅地であるとした場合の1㎡当たりの価額 − 1㎡当たりの宅地造成費 ） × 地積 = 評価額

固定資産税評価額　　近傍宅地の固定資産税評価額を確認します。

近傍宅地の固定資産税評価額　35,000円/㎡

宅地の評価倍率　　評価倍率表に掲載されています。

宅地の評価倍率　1.1倍　◀

近傍宅地の評価額の計算　　近傍宅地の1㎡当たりの固定資産税評価額に評価倍率を乗じて近傍宅地の1㎡当たりの評価額を計算します。

固定資産税評価額　　評価倍率　　近傍宅地の評価額
35,000円/㎡　×　　1.1　=　38,500円/㎡

位置、形状等の条件差　　近傍宅地と評価しようとする山林の位置、形状等の条件差を求めます。

普通住宅地区の奥行価格補正率等を参考にします。

奥行価格補正率　0.97　◀

15m　25m　　　15m　近傍宅地　20m

倍 率 表

音順	町（丁目）又は大字名	適用地域名	借地権割合	固定資産税評価額に乗ずる倍率等						
				宅地	田	畑	山林	原野	牧場	池沼
			％	倍	倍	倍	倍	倍	倍	倍
さ	╳╳町	市街化調整区域	50	1.1		中160	中413	中413		
		市街化区域								
		┌一部	－	路 線	比 準	比 準	比 準	比 準		
		│国道16号線（東京環状線）								
		┤沿いの地域	60	1.0	〃	〃	〃	〃		
		└上記以外の地域	60	1.1	〃	〃	〃	〃		
し	╳町╳╳╳	全	－	路 線	比 準	比 準	比 準	比 準		
		市街化調整区域								
		┌多摩丘陵北部近郊緑地保全区								
		│域	50	1.0	中119	中117	中404	中404		
		└上記以外の地域	50	1.0	〃119	〃117	〃427	〃427		
		市街化区域								
		┌一部	－	路 線	比 準	比 準	比 準	比 準		
		└上記以外の地域	60	1.0	〃	〃	〃	〃		

奥行価格補正率表

奥行距離 m ＼ 地区区分	ビル街地区	高度商業地区	繁華街地区	普通商業・併用住宅地区	普通住宅地区	中小工場地区	大工場地区
4 未満	0.80	0.90	0.90	0.90	0.90	0.85	0.85
4 以上 6 未満		0.92	0.92	0.92	0.92	0.90	0.90
6 〃 8 〃	0.84	0.94	0.95	0.95	0.95	0.93	0.93
8 〃 10 〃	0.88	0.96	0.97	0.97	0.97	0.95	0.95
10 〃 12 〃	0.90	0.98	0.99	0.99	1.00	0.96	0.96
12 〃 14 〃	0.91	0.99	1.00	1.00		0.97	0.97
14 〃 16 〃	0.92	1.00				0.98	0.98
16 〃 20 〃	0.93					0.99	0.99
20 〃 24 〃	0.94					1.00	1.00
24 〃 28 〃	0.95				0.97		
28 〃 32 〃	0.96		0.98		0.95		
32 〃 36 〃	0.97		0.96	0.97	0.93		
36 〃 40 〃	0.98		0.94	0.95	0.92		
40 〃 44 〃	0.99		0.92	0.93	0.91		
44 〃 48 〃	1.00		0.90	0.91	0.90		
48 〃 52 〃		0.99	0.88	0.89	0.89		
52 〃 56 〃		0.98	0.87	0.88	0.88		
56 〃 60 〃		0.97	0.86	0.87	0.87		
60 〃 64 〃		0.96	0.85	0.86	0.86	0.99	
64 〃 68 〃		0.95	0.84	0.85	0.85	0.98	
68 〃 72 〃		0.94	0.83	0.84	0.84	0.97	
72 〃 76 〃		0.93	0.82	0.83	0.83	0.96	
76 〃 80 〃		0.92	0.81	0.82			
80 〃 84 〃		0.90	0.80	0.81	0.82	0.93	
84 〃 88 〃		0.88		0.80			
88 〃 92 〃		0.86			0.81	0.90	
92 〃 96 〃	0.99	0.84					
96 〃 100 〃	0.97	0.82					
100 〃	0.95	0.80			0.80		

宅地であるとした場合の価額

近傍宅地の評価額から、近傍宅地と評価しようとする山林との位置、形状等の条件差を考慮して、その山林が宅地であるとした場合の1㎡当たりの価額を計算します。

近傍宅地の評価額	位置、形状等の条件差	宅地であるとした場合の1㎡当たりの価額
38,500円/m²	× 0.97	= 37,345円/m²

宅 地 造 成 費 の 金 額

「1㎡当たりの宅地造成費の金額」は年分ごとに、各国税局長が定めています。東京国税局では令和6年分の宅地造成費を「平坦地」、「傾斜地」の別に321ページの表のとおりに定めています。

道路　　傾斜度4度

宅地造成費
21,700円/㎡

高さと傾斜度との関係は347ページ参照

全面積について伐採・抜根を要するものとします。
伐採・抜根費　1,000円/㎡

評 価 額 の 計 算

宅地であるとした場合の1㎡当たりの価額から宅地造成費の金額を控除して、更に地積を乗じて評価額を計算します。

宅地であるとした場合の1㎡当たりの価額		宅地造成費の金額	地積	評価額
{ 37,345円	－	(21,700円＋1,000円)}	× 375㎡	＝ 5,491,875円

チェックポイント20 参照（242ページ）

市 街 地 農 地 等 の 評 価 明 細 書

市 街 地 農 地　　(市 街 地 山 林)
市街地周辺農地　　市 街 地 原 野

（平成十八年分以降用）

所 在 地 番		○○市××町2ー10			
現 況 地 目		山 林	① 地 積	375	㎡
評価の基とした宅地の1平方メートル当たりの評価額	所 在 地 番	○○市××町2ー20			
	② 評価額の計算内容	35,000×1.1	③（評価額） 38,500		円
評価する農地等が宅地であるとした場合の1平方メートル当たりの評価額	④ 評価上考慮したその農地等の道路からの距離、形状等の条件に基づく評価額の計算内容	（③） （奥行が長い） 38,500円 × 0.97 37,345	⑤（評価額）		円

宅地造成費の計算	平地坦費	整 地 費	（整地を要する面積） （1㎡当たりの整地費） ㎡ × 円	⑥	円
		伐採・抜根費	（伐採・抜根を要する面積） （1㎡当たりの伐採・抜根費） ㎡ × 円	⑦	円
		地盤改良費	（地盤改良を要する面積） （1㎡当たりの地盤改良費） ㎡ × 円	⑧	円
	土 盛 費		（土盛りを要する面積）（平均の高さ）（1㎡当たりの土盛費） ㎡ × m × 円	⑨	円
	土 止 費		（擁壁面の長さ）（平均の高さ）（1㎡当たりの土止費） m × m × 円	⑩	円
	地	合計額の計算	⑥ + ⑦ + ⑧ + ⑨ + ⑩	⑪	円
		1㎡当たりの計算	⑪ ÷ ①	⑫	円
	傾斜地	傾斜度に係る造成費	（傾 斜 度） 4 度	⑬ 21,700	円
		伐採・抜根費	（伐採・抜根を要する面積） （1㎡当たりの伐採・抜根費） 375㎡ × 1,000円	⑭ 375,000	円
		1㎡当たりの計算	⑬ + （⑭ ÷ ①）	⑮ 22,700	円

市街地農地等の評価額	（③ー⑫（又は⑮））×① (注) 市街地周辺農地については、さらに0.8を乗ずる。	5,491,875	円

(注)　1　「②評価額の計算内容」欄には、倍率地域内の市街地農地等については、評価の基とした宅地の固定資産税評価額及び倍率を記載し、路線価地域内の市街地農地等については、その市街地農地等が宅地である場合の画地計算の内容を記載してください。なお、画地計算が複雑な場合には、「土地及び土地の上に存する権利の評価明細書」を使用してください。
　　　2　「④評価上考慮したその農地等の道路からの距離、形状等の条件に基づく評価額の計算内容」欄には、倍率地域内の市街地農地等について、「③評価額」欄の金額と「⑤評価額」欄の金額とが異なる場合に記載し、路線価地域内の市街地農地等については記載の必要はありません。
　　　3　「傾斜地の宅地造成費」に加算する伐採・抜根費は、「平坦地の宅地造成費」の「伐採・抜根費」の金額を基に算出してください。

（資4－26－A4統一）

2　倍率方式（純山林及び中間山林）による評価（評基通47、48）

固定資産税評価額　×　評　価　倍　率　＝　評　　価　　額

| 固 定 資 産 税 評 価 額 | 固定資産評価証明書から確認します。 |

固定資産税評価額　　23,280円

| 評　価　倍　率 | 評価倍率表に掲載されています。 |

山林の評価倍率　　413倍
※　「中413」の「中」は対象地の評価上の区分が中間山林で
あることを示しています。

| 評 価 額 の 計 算 | 固定資産税評価額に評価倍率を乗じて評価額を計算します。 |

固定資産税評価額　　評価倍率　　　評価額
23,280円　　×　　413　＝9,614,640円

固定資産（土地・家屋）評価証明書

所有者	住　所	東京都　○○市　○○　1－1		証明を必要とする理由	税務署へ提出のため
	氏　名（名称）	×　×　×　×			
所　在　等			地　目	地積又は床面積㎡	令和XX年度価格（円）
○○市××町１０５番地			登記　山林	600	23,280
			現況　山林		
摘					
要					

上記のとおり証明します。

令和○年○月○日
○　○　市　長

倍　率　表

令和××年分

市区町村名：○○市

×××税務署

音順	町（丁目）又は大字名	適用地域名	借地権割合	固定資産税評価額に乗ずる倍率等						
				宅地	田	畑	山林	原野	牧場	池沼
			％	倍	倍	倍	倍	倍	倍	倍
さ	ХХ町	市街化調整区域	50	1.1		中160	中413	中413		
		市街化区域								
		┌一部	－	路　線	比　準	比　準	比　準	比　準		
		│国道１６号線（東京環状線）								
		│沿いの地域	60	1.0	比　準	比　準	比　準	比　準		
		└上記以外の地域	60	1.1	比　準	比　準	比　準	比　準		
し	Ｘ町	全	－	路　線	比　準	比　準	比　準	比　準		
	ХХХ	市街化調整区域								
		┌多摩丘陵北部近郊緑地保全区域	50	1.1	中119	中117	中404	中404		
		└上記以外の地域	50	1.1	中119	中117	中427	中427		
		市街化区域								
		┌一部	－	路　線	比　準	比　準	比　準	比　準		
		└上記以外の地域	60	1.0	比　準	比　準	比　準	比　準		

3　近隣純山林比準方式（評基通49なお書）

　市街地山林とは、市街化区域内にある山林をいい、原則として、近隣の宅地の価額を基に宅地造成費に相当する金額を控除して評価額を計算する「宅地比準方式」により評価します。しかし、市街地山林には、例えば宅地化するには多額の造成費を要するものや宅地化が見込めない急傾斜地（分譲残地等）等のように、宅地比準方式を適用すること自体に合理性が認められないものもあります。このような場合の山林の価額は近隣の純山林の価額に比準して評価します。

　なお、この取扱いは、「宅地への転用が見込めないと認められる場合」に限定して適用することに留意してください。

(1)　宅地化が見込めない市街地山林の判定

　宅地への転用が見込めない市街地山林であるか否かは、①宅地へ転用するには多額の造成費を要する場合のように経済合理性から判断する場合と、②宅地造成が不可能と認められるような急傾斜地等、その形状から判断する場合とが考えられます。

イ　経済合理性から判断する場合

　宅地比準方式により評価した市街地山林の価額が純山林としての価額を下回る場合には、経済合理性の観点から宅地への転用が見込めない市街地山林に該当すると考えられますので、その市街地山林の価額は、純山林としての価額により評価します。

ロ　形状から判断する場合

　宅地造成が不可能と認められるような形状としては、急傾斜地（分譲残地等）等が考えられますが、宅地造成が不可能な急傾斜地等に該当するか否かの判定は、地域の実情に即して判断することになります。

(2)　市街地（周辺）農地、市街地原野等への準用

　市街地農地及び市街地周辺農地については、原則として、宅地比準方式により評価しますが、これらの農地等についても、市街地山林と同様、経済合理性の観点から宅地への転用が見込めない場合、例えば、蓮田等で多額の造成費を要すると見込まれるため、宅地比準方式により評価額を計算するとマイナスとなるような場合が考えられます。このような場合には、宅地への転用が見込めない市街地山林の評価方法に準じて、その価額は、純農地の価額に比準して評価します。

　また、市街地原野についても同様のケースが想定されますが、この場合の価額も純原野の価額に比準して評価します。

（注）　市街地周辺農地について、「市街地農地であるとした場合の価額の100分の80に相当する金額によって評価する」（評基通39）こととしているのは、宅地転用が許可される地域の農地ではあるが、いまだ現実に許可を受けていないことを考慮したものであることから、純農地の価額に比準して評価する場合には、80％相当額で評価することはできません。

（参考）　市街地山林の評価額を図示すれば、次のとおりです。

　　※　宅地価額は100とします。

4　分収林契約に基づいて貸し付けられている山林の評価（評基通52）

自用地としての価額　×　山林所有者の分収割合　＝　A

（ 自用地としての価額　−　地上権又は賃借権の価額 ）×（ 1 −　山林所有者の分収割合 ）＝　B

A　　+　　B　　=　　評　価　額

固定資産税評価額　　固定資産評価証明書から確認します。

固定資産税評価額　　30,000円

評　価　倍　率　　評価倍率表に掲載されています。

山林の評価倍率　　413倍

自 用 地 価 額 の 計 算　　固定資産税評価額に評価倍率を乗じて自用地価額を計算します。

固定資産税評価額　　評価倍率　　　　評価額
30,000円　　×　　413　　=　　12,390,000円

分 収 割 合 の 確 認　　契約書により山林所有者の分収割合を確認します。

山林所有者の分収割合　　25%

地上権又は賃借権の残存期間　　契約書により分収林契約に係る地上権の設定期間又は賃貸借の期間を確認し、課税時期における残存期間を調べ、地上権割合を求めます（相法23）。

残　存　期　間	地上権割合	残　存　期　間	地上権割合
10年以下	5%	30年超　35年以下	50%
10年超　15年以下	10%	35年超　40年以下	60%
15年超　20年以下	20%	40年超　45年以下	70%
20年超　25年以下	30%	45年超　50年以下	80%
25年超　30年以下	40%	50年超	90%

| 地上権又は賃借権の価額 |

自用地としての価額に残存期間に応ずる割合を乗じて、地上権の価額又は賃借権の価額を計算します。

> 自用地としての価額　地上権割合　　地上権の価額
> 12,390,000円　×　40%　=　4,956,000円

| 評　価　額　の　計　算 |

次の算式により評価額を計算します。

山林の自用地価額　山林所有者の分収割合
12,390,000円　×　25%　　　　　　　=　　　　　　3,097,500円 Ａ

山林の自用地価額　　地上権の価額　　　　　　山林所有者
　　　　　　　　　　　　　　　　　　　　　　　の分収割合
（12,390,000円　−　4,956,000円）×（1 −　25%　）=5,575,500円 Ｂ

　　Ａ　　　　　　　Ｂ　　　　　　評価額
3,097,500円　+　5,575,500円　=　8,673,000円

— 359 —

チェックポイント34

分収林契約の意義

　分収林契約とは、次の分収造林契約と分収育林契約をいい、旧公有林野等官行造林法第1条の規定に基づく契約も含まれます（評基通52、所得税法施行令78）。

1　分収造林契約

　分収造林契約その他一定の土地についての造林に関し、その土地の所有者、その土地の所有者以外の者でその土地につき造林を行うもの及びこれらの者以外の者でその造林に関する費用の全部若しくは一部を負担するものの三者又はこれらの者のうちのいずれか二者が当事者となって締結する契約で、その契約条項中において、その契約の当事者がその契約に係る造林による収益を一定の割合により分収することを約定しているもの

2　分収育林契約

　分収育林契約その他一定の土地に生育する山林の保育及び管理に関し、その土地の所有者、その土地の所有者以外の者でその山林につき育林を行うもの及びこれらの者以外の者でその育林に関する費用の全部若しくは一部を負担するものの三者又はこれらの者のうちのいずれか二者が当事者となって締結する契約で、その契約条項中において、その契約の当事者がその契約に係る育林による収益を一定の割合により分収することを約定しているもの

第8 雑種地及び雑種地の上に存する権利の評価

1　比準方式による評価

(1)　路線価地域内にある雑種地（評基通82）

地　区　区　分	記　　　　号
ビ　ル　街　地　区	
高　度　商　業　地　区	
繁　華　街　地　区	
普通商業・併用住宅地区	
普　通　住　宅　地　区	無　　印
中　小　工　場　地　区	
大　工　場　地　区	

奥　行　距　離 — 実測図等から奥行距離を測定します。

奥 行 価 格 補 正 率 — 地区区分及び奥行距離に応じた奥行価格補正率を奥行価格補正率表から求めます。

奥行価格補正率　| 0.97 |

宅地であるとした場合の価額 — 路線価に奥行価格補正率を乗じて宅地であるとした場合の1㎡当たりの価額を計算します。

路線価	奥行価格補正率	宅地であるとした場合の1㎡当たりの価額
130,000円×	0.97	＝ 126,100円

宅 地 造 成 費 の 金 額 — 「1㎡当たりの宅地造成費の金額」は年分ごとに、各国税局長が定めています。東京国税局では令和6年分の「平坦地」の宅地造成費を、321ページのとおりに定めています。

宅地造成費
整地費　800円/㎡

※　駐車場のように宅地造成費が不要と認められるものについては控除しません。

評　価　額　の　計　算 — 宅地であるとした場合の1㎡当たりの価額から宅地造成費の金額を控除して、更に地積を乗じて評価額を計算します。

宅地であるとした場合の1㎡当たりの価額	宅地造成費の金額	地積	評価額
（　126,100円	－　800円　）	×　375㎡	＝　46,987,500円

奥行価格補正率表

奥行距離 m ＼ 地区区分	ビル街地区	高度商業地区	繁華街地区	普通商業・併用住宅地区	普通住宅地区	中小工場地区	大工場地区
4 未満	0.80	0.90	0.90	0.90	0.90	0.85	0.85
4 以上 6 未満		0.92	0.92	0.92	0.92	0.90	0.90
6 〃 8 〃	0.84	0.94	0.95	0.95	0.95	0.93	0.93
8 〃 10 〃	0.88	0.96	0.97	0.97	0.97	0.95	0.95
10 〃 12 〃	0.90	0.98	0.99	0.99	1.00	0.96	0.96
12 〃 14 〃	0.91	0.99	1.00	1.00		0.97	0.97
14 〃 16 〃	0.92	1.00				0.98	0.98
16 〃 20 〃	0.93					0.99	0.99
20 〃 24 〃	0.94					1.00	1.00
24 〃 28 〃	0.95				0.97		
28 〃 32 〃	0.96		0.98		0.95		
32 〃 36 〃	0.97		0.96	0.97	0.93		
36 〃 40 〃	0.98		0.94	0.95	0.92		
40 〃 44 〃	0.99		0.92	0.93	0.91		
44 〃 48 〃	1.00		0.90	0.91	0.90		
48 〃 52 〃		0.99	0.88	0.89	0.89		
52 〃 56 〃		0.98	0.87	0.88	0.88		
56 〃 60 〃		0.97	0.86	0.87	0.87		
60 〃 64 〃		0.96	0.85	0.86	0.86	0.99	
64 〃 68 〃		0.95	0.84	0.85	0.85	0.98	
68 〃 72 〃		0.94	0.83	0.84	0.84	0.97	
72 〃 76 〃		0.93	0.82	0.83	0.83	0.96	
76 〃 80 〃		0.92	0.81	0.82			
80 〃 84 〃		0.90	0.80	0.81	0.82	0.93	
84 〃 88 〃		0.88		0.80			
88 〃 92 〃		0.86			0.81	0.90	
92 〃 96 〃	0.99	0.84					
96 〃 100 〃	0.97	0.82					
100 〃	0.95	0.80			0.80		

(2)　倍率地域内にある雑種地（宅地に状況が類似する場合）（評基通82）

近傍宅地の1㎡当たりの固定資産税評価額　×　宅地の評価倍率　＝　近傍宅地の1㎡当たりの評価額

近傍宅地の1㎡当たりの評価額　×　位置、形状等の条件差　＝　宅地であるとした場合の1㎡当たりの価額

（宅地であるとした場合の1㎡当たりの価額　－　1㎡当たりの宅地造成費）×　地積　＝　評価額

| 固定資産税評価額 | 近傍宅地の固定資産税評価額を確認します。 |

近傍宅地の固定資産税評価額　35,000円/㎡

| 宅地の評価倍率 | 評価倍率表に掲載されています。 |

宅地の評価倍率　1.1倍

| 近傍宅地の評価額の計算 | 近傍宅地の1㎡当たりの固定資産税評価額に評価倍率を乗じて近傍宅地の1㎡当たりの評価額を計算します。 |

固定資産税評価額　評価倍率　近傍宅地の評価額
35,000円/㎡　×　1.1　＝　38,500円/㎡

| 位置、形状等の条件差 | 近傍宅地と評価しようとする雑種地の位置、形状等の条件差を計算します。 |

普通住宅地区の奥行価格補正率等を参考にします。

奥行価格補正率　0.97

15m

25m

15m

近傍宅地

20m

音順	町（丁目）又は大字名	適用地域名	借地権割合	固定資産税評価額に乗ずる倍率等 宅地	田	畑	山林	原野	牧場	池沼
			％	倍	倍	倍	倍	倍	倍	倍
さ	ＸＸ町	市街化調整区域	50	1.1		中160	中413	中413		
		市街化区域								
		一部	－	路線	比準	比準	比準	比準		
		国道16号線（東京環状線）沿いの地域	60	1.0	比準	比準	比準	比準		
		上記以外の地域	60	1.1	比準	比準	比準	比準		
し	Ｘ町 ＸＸＸ	全	－	路線	比準	比準	比準	比準		
		市街化調整区域								
		多摩丘陵北部近郊緑地保全区域	50	1.1	中119	中117	中404	中404		
		上記以外の地域	50	1.1	中119	中117	中427	中427		
		市街化区域								
		一部	－	路線	比準	比準	比準	比準		
		上記以外の地域	60	1.0	〃	〃	〃	〃		

奥行価格補正率表

奥行距離m / 地区区分	ビル街地区	高度商業地区	繁華街地区	普通商業・併用住宅地区	普通住宅地区	中小工場地区	大工場地区
4 未満	0.80	0.90	0.90	0.90	0.90	0.85	0.85
4 以上 6 未満		0.92	0.92	0.92	0.92	0.90	0.90
6 〃 8 〃	0.84	0.94	0.95	0.95	0.95	0.93	0.93
8 〃 10 〃	0.88	0.96	0.97	0.97	0.97	0.95	0.95
10 〃 12 〃	0.90	0.98	0.99	0.99	1.00	0.96	0.96
12 〃 14 〃	0.91	0.99	1.00	1.00		0.97	0.97
14 〃 16 〃	0.92	1.00				0.98	0.98
16 〃 20 〃	0.93					0.99	0.99
20 〃 24 〃	0.94					1.00	1.00
24 〃 28 〃	0.95				0.97		
28 〃 32 〃	0.96		0.98		0.95		
32 〃 36 〃	0.97		0.96	0.97	0.93		
36 〃 40 〃	0.98		0.94	0.95	0.92		
40 〃 44 〃	0.99		0.92	0.93	0.91		
44 〃 48 〃	1.00		0.90	0.91	0.90		
48 〃 52 〃		0.99	0.88	0.89	0.89		
52 〃 56 〃		0.98	0.87	0.88	0.88		
56 〃 60 〃		0.97	0.86	0.87	0.87		
60 〃 64 〃		0.96	0.85	0.86	0.86	0.99	
64 〃 68 〃		0.95	0.84	0.85	0.85	0.98	
68 〃 72 〃		0.94	0.83	0.84	0.84	0.97	
72 〃 76 〃		0.93	0.82	0.83	0.83	0.96	
76 〃 80 〃		0.92	0.81	0.82			
80 〃 84 〃		0.90	0.80	0.81	0.82	0.93	
84 〃 88 〃		0.88		0.80			
88 〃 92 〃		0.86			0.81	0.90	
92 〃 96 〃	0.99	0.84					
96 〃 100 〃	0.97	0.82					
100 〃	0.95	0.80			0.80		

| 宅地であるとした場合の価額 |

近傍宅地の評価額から、近傍宅地と評価しようとする雑種地との位置、形状等の条件差を考慮して、その雑種地が宅地であるとした場合の1㎡当たりの価額を計算します。

近傍宅地の評価額	位置、形状等の条件差	宅地であるとした場合の1㎡当たりの価額
38,500円	× 0.97	= 37,345円

| 宅 地 造 成 費 の 金 額 |

「1㎡当たりの宅地造成費の金額」は、年分ごとに各国税局長が定めています。東京国税局では令和6年分の宅地造成費を「平坦地」、「傾斜地」の別に321ページのとおりに定めています。

宅地造成費
整地費　800円/㎡

※　駐車場のように宅地造成費が不要と認められるものについては控除しません。

| 評 価 額 の 計 算 |

宅地であるとした場合の価額から宅地造成費の金額を控除して、更に地積を乗じて評価額を計算します。

宅地であるとした場合の1㎡当たりの価額	宅地造成費の金額	地積	評価額
（ 37,345円	－ 800円 ）	× 375㎡	= 13,704,375円

チェックポイント35

市街化調整区域内の雑種地

　市街化調整区域内の雑種地を評価する場合における比準地目の判定及び宅地の価額を基として評価する際に考慮する法的規制等に係るしんしゃく割合は次のとおりです。

周囲（地域）の状況	比準地目	しんしゃく割合
弱 ① 　純農地、純山林、純原野	宅地化の期待益を含まない 農地比準、山林比準、原野比準（※1）	
② 　①と③の地域の中間（周囲の状況により判定）	宅地化の可能性あり	しんしゃく割合50%
③ 　店舗等の建築が可能な幹線道路沿いや市街化区域との境界付近（※2）（※3） 強	宅地比準	しんしゃく割合30%
	宅地価格と同等の取引実態が認められる地域（郊外型店舗が建ち並ぶ地域等）	しんしゃく割合０%

（市街化の影響度：弱↑↓強）

※1　農地等の価額を基として評価する場合で、評価対象地が資材置場、駐車場等として利用されているときは、その土地の価額は、原則として、財産評価基本通達24-5《農業用施設用地の評価》に準じて農地等の価額に造成費相当額を加算した価額により評価するのが相当と考えられます（ただし、その価額は宅地の価額を基として評価した価額を上回りません。）。

※2　③の地域は、線引き後に沿道サービス施設が建設される可能性のある土地（都市計画法34九、43②）や、線引き後に日常生活に必要な物品の小売業等の店舗として開発又は建築される可能性のある土地（都市計画法34一、43②）の存する地域をいいます。

※3　都市計画法第34条第11号に規定する区域内については、全ての土地について都市計画法上の規制は一律となることから、雑種地であっても宅地と同一の法的規制を受けることになります。したがって、同じ区域内の宅地の価額を基とすれば、法的規制によるしんしゃくを考慮する必要がなくなると考えられますが、経過措置が設けられているなど、過渡期にあることから、上記の表によらず、個別に判定するのが相当と考えられます。

2　ゴルフ場用地等の評価

	ゴルフ場の地域		評価方法	宅地とした場合の1㎡当たりの価額
(1)	市街化区域及びそれに近接する地域	路線価地域	宅地比準方式	ゴルフ場用地の周囲の路線価をそのゴルフ場用地に接する距離により加重平均した金額
		倍率地域	宅地比準方式	1㎡当たりの固定資産税評価額に倍率を乗じる
(2)	(1)以外の地域		倍率方式	────

　評価対象地であるゴルフ場用地の評価方法がいずれの方式に該当するかは、「財産評価基準書」で確認します。

(1)　市街化区域及びそれに近接する地域にあるゴルフ場用地等（評基通83(1)）

| 宅地であるとした場合の1㎡当たりの価額 | × | 地　積 | × 60% | = | A |

| A | － | ゴルフ場用地の1㎡当たりの宅地造成費 | × | 地　積 | = | 評価額 |

(例)　ゴルフ場用地が倍率地域にある場合

| 固定資産税評価額 |

ゴルフ場用地の固定資産税評価額を確認します。

| ゴルフ場用地の固定資産税評価額 | 27,000円/㎡ |

| 評　価　倍　率 |

財産評価基準書（評価倍率表）に宅地の倍率とは別に掲載されています。

| ゴルフ場の評価倍率 | 1.7倍 |

| 宅地であるとした場合の価額 |

固定資産税評価額に評価倍率を乗じて宅地であるとした場合の1㎡当たりの価額を計算します。

| 固定資産税評価額 | 評価倍率 | 宅地であるとした場合の価額 |
| 27,000円/㎡ | × 1.7 = | 45,900円/㎡ |

　ゴルフ場用地が宅地であるとした場合の1㎡当たりの価額は、路線価地域にあるものについてはゴルフ場用地の周囲に付された路線価をそのゴルフ場用地に接する距離により加重平均することにより、また、倍率地域にあるものについてはそのゴルフ場の1㎡当たりの固定資産税評価額にそのゴルフ場用地ごとに定められた倍率（この倍率は財産評価基準書に記されています。）を乗ずることにより計算することができます。

A の 価 額

宅地であるとした場合の価額　　地積
45,900円/㎡　　×850,000㎡　×　60%

＝　|　23,409,000,000円

宅 地 造 成 費 の 金 額

「ゴルフ場用地の1㎡当たりの宅地造成費」の額は、市街地農地等の評価に係る宅地造成費の金額を用いて算定することとされています。

宅地造成費の金額は、年分ごとに各国税局長が定めており、東京国税局の令和6年分については、321ページのとおり定めています。

〈傾斜地の宅地造成費、傾斜度5度超10度以下の場合〉
　　　　　　　　　地積　　　　　宅地造成費
26,100円/㎡×850,000㎡＝22,185,000,000円

評 価 額 の 計 算

次の算式により評価額を計算します。

宅地であるとした場合の価額　　　宅地造成費の金額　　　　　評価額
23,409,000,000円　　　－　22,185,000,000円　＝　1,224,000,000円

令和6年分

評価倍率表（ゴルフ場用地等用）　　　　　　（○○○）

市街化区域及びそれに近接する地域にあるゴルフ場用地等の倍率

音順	ゴ ル フ 場 用 地 等 の 名 称	固定資産税評価額に乗ずる倍率
あ	○○カントリークラブ	倍 1.7
か	○○○○○○○○○（遊園地）	1.8
	○○○○○○カントリークラブ	3.0
さ	○○○○ランド（遊園地）	2.9

※　路線価地域にあるゴルフ場用地等については、路線価により評価します。

チェックポイント36

ゴルフ場用地の評価

　そのゴルフ場用地が宅地であるとした場合の価額に100分の60を乗ずることとしているのは、ゴルフ場用地の評価の基となる価額を周囲の宅地の価額すなわちゴルフ場用地を宅地に造成するとした場合の価額として求めていることから、大規模な宅地造成工事を行う場合に通常必要とされる公共施設用地等の面積に相当する部分を除いた有効宅地面積に相当する面積で評価するようにしたものです。

(2)　その他のゴルフ場用地等（倍率方式）（評基通83(2)）

$$\boxed{\text{固定資産税評価額}} \times \boxed{\text{評 価 倍 率(※)}} = \boxed{\text{評 価 額}}$$

※　ゴルフ場用地、大規模遊園地等用地の評価倍率については、評価倍率表に宅地等の評価倍率とは別に掲載されています。

固定資産税評価額　　固定資産評価証明書から確認します。

固定資産税評価額	30,000,000,000円

評 価 倍 率　　評価倍率表に宅地の倍率とは別に掲載されています。

ゴルフ場の評価倍率	2.0倍

評 価 額 の 計 算　　固定資産税評価額に評価倍率を乗じて評価額を計算します。

固定資産税評価額　評価倍率　　　　評価額
30,000,000,000円× 　2.0　 = 　60,000,000,000円

3　雑種地の賃借権の評価

(1)　地上権に準ずる賃借権 （評基通87(1)）

自用地としての価額	×	法定地上権割合又は借地権割合のいずれか低い割合	=	評価額

```
自用地としての価額
```

自用地としての価額の求め方については362ページから368ページを参照してください。

自用地としての価額	64,150,000円

```
賃 借 権 の 割 合
```

賃借権の残存期間に応ずる法定地上権割合を次の表から求めます。

残存期間　18年 ⇒ 20%

法定地上権割合（相法23）

残　　存　　期　　間	地上権割合	残　　存　　期　　間	地上権割合
10年以下	5%	30年超　35年以下	50%
10年超　15年以下	10%	35年超　40年以下	60%
15年超　20年以下	20%	40年超　45年以下	70%
20年超　25年以下	30%	45年超　50年以下	80%
25年超　30年以下	40%	50年超	90%
期間の定めのないもの	40%		

借地権割合は、路線価図には次の記号で、評価倍率表には割合でそれぞれ表示されています。

記　　　号	A	B	C	D	E	F	G
借地権割合	90%	80%	70%	60%	50%	40%	30%

法定地上権割合と借地権割合とを比較し、いずれか低い割合を賃借権割合とします。

法定地上権割合		借地権割合
20%	＜	60%

```
評 価 額 の 計 算
```

自用地としての価額に賃借権割合を乗じて評価額を計算します。

自用地価額　　賃借権割合　　評価額
64,150,000円×　20%　＝12,830,000円

(2)　地上権に準ずる賃借権以外の賃借権 （評基通87(2)）

$$\boxed{\text{自用地としての価額}} \times \boxed{\text{法定地上権割合} \times \frac{1}{2}} = \boxed{\text{評　価　額}}$$

| 自用地としての価額 |

自用地としての価額の求め方については、362ページから368ページを参照してください。

| 自用地としての価額 | 64,150,000円 |

| 賃　借　権　の　割　合 |

賃借権の残存期間に応じ、その賃借権が地上権であるとした場合に適用される法定地上権割合の2分の1に相当する割合を賃借権割合とします。

残存期間　11年　⇒　$10\% \times \frac{1}{2} = 5\%$

法定地上権割合（相法23）

残　　存　　期　　間	地上権割合	残　　存　　期　　間	地上権割合
10年以下	5%	30年超　35年以下	50%
10年超　15年以下	10%	35年超　40年以下	60%
15年超　20年以下	20%	40年超　45年以下	70%
20年超　25年以下	30%	45年超　50年以下	80%
25年超　30年以下	40%	50年超	90%
期間の定めのないもの	40%		

| 評　価　額　の　計　算 |

自用地としての価額に賃借権割合を乗じて評価額を計算します。

自用地価額　　　賃借権割合　　　評価額
64,150,000円　×　5%　=　3,207,500円

チェックポイント37

契約期間が1年以下の賃借権や臨時的な使用に係る賃借権の評価

　賃貸借の契約期間が1年以下の賃借権（賃借権の利用状況に照らし賃貸借契約の更新が見込まれるものを除きます。）及び臨時的な使用に係る賃借権については、その経済的価値が極めて小さいものと考えられることから、このような賃借権の価額は評価しません。

　また、この場合の賃借権の目的となっている雑種地の価額は自用地価額で評価します。

4　貸し付けられている雑種地の評価

(1)　地上権に準ずる賃借権が設定されている雑種地　（評基通86(1)イ）

$\boxed{自用地としての価額} \times (1 - \boxed{\begin{array}{l}法定地上権割合又は借地権\\割合のいずれか低い割合\end{array}})$

$\boxed{自用地としての価額} \times (1 - \boxed{残存期間に応ずる割合})$

$\boxed{\begin{array}{l}いずれか低\\い方の価額\end{array}} = \boxed{評価額}$

$\boxed{\textbf{自 用 地 と し て の 価 額}}$

　　　自用地としての価額の求め方については、362ページから368ページを参照してください。

自用地としての価額	64,150,000円

$\boxed{\textbf{賃 借 権 の 割 合}}$

　　　賃借権の残存期間に応ずる法定地上権割合を次の表から求めます。

残存期間　14年　⇒　10%

法定地上権割合　（相法23）

残　存　期　間	地上権割合	残　存　期　間	地上権割合
10年以下	5%	30年超　35年以下	50%
10年超　15年以下	10%	35年超　40年以下	60%
15年超　20年以下	20%	40年超　45年以下	70%
20年超　25年以下	30%	45年超　50年以下	80%
25年超　30年以下	40%	50年超	90%
期間の定めのないもの	40%		

　　　借地権割合は、路線価図には次の記号で、評価倍率表には割合でそれぞれ表示されています。

記　号	A	B	C	D	E	F	G
借地権割合	90%	80%	70%	60%	50%	40%	30%

　　　法定地上権割合と借地権割合とを比較し、いずれか低い割合を賃借権割合とします。

法定地上権割合		借地権割合
10%	<	60%

| 残存期間に応ずる割合 | 　残存期間に応ずる割合は、財産評価基本通達86(1)イに定める割合から求めます。 |

─ 財産評価基本通達86(1)に定める割合 ─

　　　残存期間　14年　⇒　15%　◀

(イ)　残存期間が 5 年以下のもの　100分の 5
(ロ)　残存期間が 5 年を超え10年以下のもの　100分の10
(ハ)　残存期間が10年を超え15年以下のもの　100分の15
(ニ)　残存期間が15年を超えるもの　100分の20

| 評 価 額 の 計 算 | 　賃借権の価額を控除した金額と残存期間に応ずる割合を基に評価した金額とのいずれか低い金額により評価します。 |

　　　　自用地価額　　　　　賃借権割合
　　　64,150,000円　×　（1　－　10%）　=　57,735,000円　…………A

　　　　自用地価額　　　　　残存期間に
　　　　　　　　　　　　　　応ずる割合
　　　64,150,000円　×　（1 －　15%　）　=　54,527,500円　…………B

　　　A ＞ B　よって　評価額　=　54,527,500円

チェックポイント38

賃借人が造成工事を行っている場合の貸し付けられているゴルフ場用地の評価

　ゴルフ場用地として貸し付けられている雑種地については、そのほとんどは賃借人が造成工事を行っています。

　このような場合に、ゴルフ場用地として造成された後の価額を基として貸し付けられている雑種地の価額を評価すると、造成費相当額だけ高くなっている雑種地の価額から賃借権の価額を控除することになり不合理な結果となります。

　そこで、このような場合には、雑種地の自用地としての価額を、造成工事が行われていないものとして近傍の土地の価額に比準して求め、その価額から、その価額を基に評価した賃借権等の価額を控除して評価します。

　雑種地の価額は、その雑種地と状況が類似する土地（地目）を、その雑種地の周囲の状況等を考慮して判定し、この土地の価額に比準して評価した価額を基に評価することとなります。

　周囲の状況が山林であるゴルフ場用地の場合の評価方法は、次のとおりです。

（例）　ゴルフ場用地としての評価額　　　100,000千円

　　　　山林としての評価額　　　　　　　15,000千円

　　　　賃借権の割合　　　　　　　　　　40％

　　　　（賃借権の割合は、契約内容、残存期間等に応じて判定することになりますが、計算上40％と仮定しました。）

　　　　（賃借人が造成を行っている場合の貸付地の評価額）

　　　　15,000千円×（1－0.4）＝9,000千円

（注）　土地の所有者が造成工事を行っている場合の貸付地の評価額は、

　　　　　100,000千円×（1－0.4）＝60,000千円　となります。

　　　　また、賃借権の評価額は、いずれの場合にも、

　　　　　100,000千円×0.4＝40,000千円　となります。

⑵　地上権に準ずる賃借権以外の賃借権が設定されている雑種地 （評基通86⑴ロ）

$$\left.\begin{array}{l} \boxed{自用地としての価額} \times \left(1 - \boxed{法定地上権割合} \times \dfrac{1}{2}\right) \\[2em] \boxed{自用地としての価額} \times \left(1 - \boxed{残存期間に応ずる割合} \times \dfrac{1}{2}\right) \end{array}\right\} \boxed{\begin{array}{c}いずれか低\\い方の価額\end{array}} = \boxed{評価額}$$

$\boxed{\text{自 用 地 と し て の 価 額}}$　　自用地としての価額の求め方については、362ページから368ページを参照してください。

自用地としての価額	64,150,000円

$\boxed{\text{賃 借 権 の 割 合}}$　　賃借権の残存期間に応じ、その賃借権が地上権であるとした場合に適用される法定地上権割合の2分の1に相当する割合を賃借権割合とします。

残存期間11年　⇒　$10\% \times \dfrac{1}{2} = 5\%$

法定地上権割合 （相法23）

残　　存　　期　　間	地上権割合	残　　存　　期　　間	地上権割合
10年以下	5%	30年超　35年以下	50%
10年超　15年以下	10%	35年超　40年以下	60%
15年超　20年以下	20%	40年超　45年以下	70%
20年超　25年以下	30%	45年超　50年以下	80%
25年超　30年以下	40%	50年超	90%
期間の定めのないもの	40%		

| 残存期間に応ずる割合 | 残存期間に応ずる割合の2分の1に相当する割合を求めます。 |

┌─ 財産評価基本通達86(1)に定める割合 ─┐

残存期間 11年 ⇒ 15% × $\dfrac{1}{2}$ = 7.5%

(イ) 残存期間が5年以下のもの 100分の5
(ロ) 残存期間が5年を超え10年以下のもの 100分の10
(ハ) 残存期間が10年を超え15年以下のもの 100分の15
(ニ) 残存期間が15年を超えるもの 100分の20

| 評 価 額 の 計 算 | 自用地価額から賃借権の価額を控除した金額と自用地価額から自用地価額に残存期間に応ずる割合の2分の1の割合を乗じた金額を控除した金額とのいずれか低い金額で評価します。 |

　　　　自用地価額　　　　賃借権割合
64,150,000円×（1－　5％　）＝60,942,500円‥‥‥‥‥‥‥‥‥‥‥A
　　　　自用地価額　　　残存期間に応ずる割合
64,150,000円×（1－　7.5％　）＝59,338,750円 ‥‥‥‥‥‥‥B

A ＞ B よって 評価額＝59,338,750円

チェックポイント39

土地の所有者が、その土地を月極め等の貸駐車場として利用している場合

　土地の所有者が貸駐車場を経営することは、その土地で一定の期間、自動車を保管することを引き受けることであり、このような自動車を保管することを目的とする契約は、土地そのものの利用を目的とした賃貸借契約とは本質的に異なる契約関係となることから、この場合の駐車場の利用権は、その契約期間に関係なく、その土地自体に及ぶものではないと考えられます。

　したがって、その土地の自用地としての価額により評価します。

第2章　家屋及び構築物の評価

第
2
章

1　自用の家屋の評価（評基通89）

| 固定資産税評価額 | × 1.0 = | 評　価　額 |

固 定 資 産 税 評 価 額　　　固定資産評価証明書から確認します。

| 固定資産税評価額 | 17,000,000円 |

評　価　倍　率　　　家屋の評価倍率は1.0です。

| 家屋の評価倍率 | 1.0 |

評 価 額 の 計 算　　　固定資産税評価額に1.0を乗じて評価額を計算します。

固定資産税評価額　評価倍率　　　評価額
17,000,000円　×　1.0　＝　17,000,000円

— 381 —

固定資産（土地・家屋）評価証明書

所有者	住　　所 氏　　名 （名称）	東京都○○区○○１－１ ××××	証明を必 要とする 理由	税務署へ提出のため
所　在　等			地積又は床面積㎡	令和XX年度価格（円）
家屋番号		○○区○○１丁目１番地１ ○○区○○１丁目１番地２ １－１	登記床面積 　　　　390.000 現況床面積 　　　　390.000	 17,000,000
摘 要				

上記のとおり証明します。

令和○年○月○日
東京都○○都税事務所長

2　貸家の評価（評基通93）

固定資産税評価額 × （1 － 借家権割合 ※ × 賃貸割合） ＝ 評　価　額

| 固 定 資 産 税 評 価 額 | 固定資産評価証明書から確認します。 |

| | 固定資産税評価額 | 17,000,000円 |

| 借 家 権 の 割 合 | ※　東京国税局管内の借家権割合（令和6年分）は30％です。 |

| | 借家権割合 | 30％ |

| 評 価 額 の 計 算 | 次の算式により評価額を計算します。 |

固定資産税評価額　　　　　借家権割合　賃貸割合　　　評価額
17,000,000円　×　（　1　－　30％　×　100％　）＝11,900,000円

チェックポイント40

課税価格に算入しない借家権

　借家権の価額は、その権利が権利金等の名称をもって取引される慣行のない地域にあるものについては、評価しないこととされています（評基通94）。

構築物の賃借人の権利の評価

　建物の賃貸借については、借地借家法の適用があり、借家人には、特別の保護が与えられていることから、財産評価基本通達では借家人がその借家の敷地である宅地等に有する権利を評価することとし、その評価方法を定めています（ただし、その権利が権利金等の名称をもって取引される慣行のない地域にあるものについては、評価しないこととされています。）。

　しかし、構築物の賃貸借については建物の賃貸借の場合のような法律上の特別の保護を与えられたものではないこと等から、原則として、構築物の賃借人の権利は評価しません。

固定資産（土地・家屋）評価証明書

所有者	住　　所	東京都○○区○○１－１ ××××	証明を必要とする理由	税務署へ提出のため
	氏　　名 （名称）			

所　在　等			地積又は床面積㎡	令和XX年度価格（円）
家屋番号	○○区○○１丁目１番地１ ○○区○○１丁目１番地２ 　　１－１		登記床面積 　　　　390.000 現況床面積 　　　　390.000	17,000,000

摘 要	

上記のとおり証明します。

　　　　　　　　　　　　　　　　令和○年○月○日

　　　　　　　　　　　　　　　　東京都○○都税事務所長

チェックポイント41

増改築等に係る家屋の状況に応じた固定資産税評価額が付されていない家屋の評価

　課税時期において、増改築等に係る家屋の状況に応じた固定資産税評価額が付されていない家屋の価額については、増改築等に係る部分以外の部分に対応する固定資産税評価額に、当該増改築等に係る部分の価額として、当該増改築等に係る家屋と状況の類似した付近の家屋の固定資産税評価額を基として、その付近の家屋との構造、経過年数、用途等の差を考慮して評定した価額（ただし、状況の類似した付近の家屋がない場合には、その増改築等に係る部分の再建築価額から課税時期までの間における償却費相当額を控除した価額の100分の70に相当する金額）を加算した価額（課税時期から申告期限までの間に、その家屋の課税時期の状況に応じた固定資産税評価額が付された場合には、その固定資産税評価額）に基づき財産評価基本通達89（家屋の評価）又は93（貸家の評価）の定めにより評価します。

（注）1　**再建築価額**

　　　課税時期において、その資産を新たに建築又は設備するために要する費用の額の合計額をいいます。

　　2　**償却費相当額**

　　　文化財建造物である家屋の評価（評基通89－2⑵）の評価方法の定めを準用して、以下の算式で計算した金額とします。

$$再建築価額×（1-0.1）×経過年数^{※1}／その建物の耐用年数^{※2}$$

　※1　経過年数
　　　増改築等の時から課税時期までの期間に相当する年数（その期間に1年未満の端数があるときは、その端数は1年とします。）
　※2　その建物の耐用年数
　　　減価償却資産の耐用年数等に関する省令（昭和40年大蔵省令第15号）に規定する耐用年数とします。

3　建築中の家屋の評価（評基通91）

| 課税時期までに投下された費用現価の額 | × 0.7 = | 評　価　額 |

| 課税時期までに投下された費用現価 |
| ↓ |
| 評　価　額　の　計　算 |

　　課税時期までに投下された費用現価の額を請負契約書、領収書から確認します。

　　課税時期までに投下された費用現価の額に0.7を乗じて評価額を計算します。

| 費用現価の額 | 100,000,000円 |

費用現価の額　　　　　　　　　評価額
100,000,000円　×　0.7　＝　70,000,000円

4　附属設備等の評価

(1)　家屋と構造上一体となっている設備（評基通92(1)）

家屋の価額に含めて評価します。

> **家屋と構造上一体となっている設備**とは、家屋の所有者が有する電気設備（ネオンサイン、投光器、スポットライト、電話機、電話交換機及びタイムレコーダー等を除きます。）、ガス設備、衛生設備、給排水設備、温湿度調整設備、消火設備、避雷針設備、昇降設備、じんかい処理設備等で、その家屋に取り付けられ、その家屋と構造上一体となっているものをいいます。
>
> 　なお、これらの附属設備は、固定資産税における家屋の価額を評価する場合の評点数の付設上「建築設備」として算入されることになっています（「固定資産評価基準」昭和38年12月25日自治省告示第158号）。

(参考)　固定資産評価基準（抜粋）

第2章　家屋

第1節　通則

七　建築設備の評価

　　家屋の所有者が所有する電気設備、ガス設備、給水設備、排水設備、衛生設備、冷暖房設備、空調設備、防災設備、運搬設備、清掃設備等の建築設備で、家屋に取り付けられ、家屋と構造上一体となって、家屋の効用を高めるものについては、家屋に含めて評価するものとする。

(2)　門、塀等の設備（評基通92(2)）

課税時期においてその資産を新たに建築又は設備するために要する費用の合計額です。

償却方法は、定率法によるものとし、その耐用年数は減価償却資産の耐用年数等に関する省令によります。

(3) 庭園設備（庭木、庭石、あずまや、庭池等）（評基通92(3)）

課税時期においてその財産を
その財産の現況により取得す
る場合の価額（庭先への搬入
費、据付費を含む。）

5 構築物 （評基通96、97）

課税時期においてそ
の資産を新たに建築
又は設備するために
要する費用の合計額

償却方法は、定率法による
ものとし、その耐用年数は
減価償却資産の耐用年数等
に関する省令によります。

チェックポイント42

構築物の例

　構築物には、ガソリンスタンド、橋、トンネル、広告塔、運動場、野球場のスタンド、
プール等があり、土地又は家屋と一括して評価するものは除かれます。

第3章　居住用の区分所有財産の評価

第1　居住用の区分所有財産の評価の新設の背景

　相続税・贈与税における財産の価額は、相続税法第22条《評価の原則》の規定により、「財産の取得の時における時価による」こととされており、この「時価」について、国税庁では財産評価基本通達に各種財産の具体的な評価方法を定め、内部的な取扱いを統一するとともに、これを公開することにより、課税の適正・公平を図るとともに、納税者の申告・納税の便にも供されているところです。

　しかしながら、居住用の区分所有財産（いわゆる分譲マンション）については、近年、相続税評価額と売買実例価額とが大きく乖離するケースも把握されており、また、不動産の相続税評価額と市場価格とに大きな乖離がある事例について、財産評価基本通達6《この通達の定めにより難い場合の評価》の適用が争われた最高裁令和4年4月19日判決以降、このような乖離に対する批判の高まりや、取引の手控えによる市場への影響を懸念する向きも見られたところです。

　また、令和5年度与党税制改正大綱（令和4年12月16日決定）に、「マンションについては、市場での売買価格と通達に基づく相続税評価額とが大きく乖離しているケースが見られる。現状を放置すれば、マンションの相続税評価額が個別に判断されることもあり、納税者の予見可能性を確保する必要もある。このため、相続税におけるマンションの評価方法については、相続税法の時価主義の下、市場価格との乖離の実態を踏まえ，適正化を検討する。」旨が記載されました。

　そこで、居住用の区分所有財産の相続税評価額について、市場価格との乖離の実態を踏まえた上で適正化を検討することとされ、令和6年1月1日以後に相続、遺贈又は贈与により取得した財産について、次の第2のとおり評価する「居住用の区分所有財産の評価」が新設されました（令和5年9月28日付課評2－74ほか1課共同「居住用の区分所有財産の評価について」（法令解釈通達）（付録参照）（以下「区分所有財産通達」といいます。））。

第2　居住用の区分所有財産の評価

1　概要

　一棟の区分所有建物に存する居住の用に供する専有部分一室に係る区分所有権及び敷地利用権（以下「一室の区分所有権等」といいます。）については、次の算式のとおり、その一室の区分所有権等に係る敷地利用権（土地部分）の「自用地としての価額」及び区分所有権（家屋部分）の「自用家屋としての価額」のそれぞれに「区分所有補正率」を乗じて計算した価額を、その「自用地としての価額」及びその「自用家屋としての価額」とみなして財産評価基本通達を適用して計算した価額によって評価します。

　ただし、評価水準が0.6以上1以下の場合は、区分所有補正率を乗じて計算せず、従来の評価額で評価します。

【算式】
①　一室の区分所有権等に係る敷地利用権の「自用地としての価額」
　　従来の自用地としての価額（路線価方式又は倍率方式）× 区分所有補正率
②　一室の区分所有権等に係る区分所有権の「自用家屋としての価額」
　　従来の自用家屋としての価額（固定資産税評価額×1.0）× 区分所有補正率

チェックポイント43

一棟の区分所有建物

　「一棟の区分所有建物」とは、区分所有者が存する家屋（次のA及びBに掲げるものを除きます。）で、「居住の用に供する専有部分」のあるものをいいます。

　この場合において、「区分所有者が存する家屋」かどうかは、区分建物の登記がされているかどうかにより判定します。

　A　地階（※）を除く階数が2以下のもの

　　（※）　地階とは、「地下階」をいい、登記簿上の「地下」の記載により判断します。

　B　居住の用に供する専有部分一室の数が3以下（※1）であってその全てを区分所有者又はその親族の居住の用に供するもの（※2）

　　（※1）　「専有部分一室の数が3以下」とは、一棟の家屋に存する（居住の用に供する）専有部分の数が3以下の場合をいい、一の専有部分に存する部屋そのものの数をいうものではありません。

　　（※2）　「その全てを区分所有者又はその親族の居住の用に供するもの」とは、区

分所有者が上記の「居住の用に供する専有部分」の全てを区分所有者又はその親族（以下「区分所有者等」といいます。）の居住の用に供する目的で所有しているものをいい、居住の用以外の用又はその区分所有者等以外の者の利用を目的とすることが明らかな場合（これまで一度も区分所有者等の居住の用に供されていなかった場合（居住の用に供されていなかったことについて合理的な理由がある場合を除きます。）など）を除き、これに該当するものとして差し支えないこととされています。

居住の用に供する専有部分

　「居住の用に供する専有部分」とは、構造上、主として居住の用途に供することができる専有部分をいい、原則として、登記簿上の種類に「居宅」を含むものがこれに該当します。

たな卸商品等に該当するもの

　たな卸商品等に該当する区分所有権及び敷地利用権には、区分所有財産通達の適用はありません。

借地権付分譲マンションの敷地の用に供されている「貸宅地（底地）」の評価

　借地権付分譲マンションの敷地の用に供されている「貸宅地（底地）」の評価をする場合には、区分所有財産通達の適用はありません。

2　「区分所有補正率」

　区分所有補正率は、評価乖離率に基づく評価水準に応じて計算することとされており、具体的には、次の「(1)評価乖離率」、「(2)評価水準」及び「(3)区分所有補正率」の順に計算します。

(1)　評価乖離率

【算式】

> 評価乖離率　＝　A　＋　B　＋　C　＋　D　＋　3.220

A…一棟の区分所有建物の築年数(※)　×　△0.033
　(※)　建築の時から課税時期までの期間（1年未満の端数は1年）
B…一棟の区分所有建物の総階数指数(※)　×　0.239（小数点以下第4位切捨て）
　(※)　総階数（地階を含みません。）を33で除した値（小数点以下第4位切捨て、1を超える場合は1）
C…一室の区分所有権等に係る専有部分の所在階(※)　×　0.018
　(※)　専有部分がその一棟の区分所有建物の複数階にまたがる場合（いわゆるメゾネットタイプの場合）には、階数が低い方の階

　　なお、専有部分の所在階が地階である場合には、零階とし、Cの値は零

D…一室の区分所有権等に係る敷地持分狭小度（※1）　×　△1.195（小数点以下第4位切上げ）

　（※1）　　　　敷地持分狭小度　　　　　＝敷地利用権の面積（※2）÷専有部分の面積（床面積）
　　　　　（小数点以下第4位切上げ）

　（※2）　敷地利用権の面積は、次の区分に応じた面積（小数点以下第3位切上げ）

　　　　①　一棟の区分所有建物に係る敷地利用権が敷地権である場合
　　　　　　一棟の区分所有建物の敷地の面積　×　敷地権の割合

　　　　②　上記①以外の場合
　　　　　　一棟の区分所有建物の敷地の面積　×　敷地の共有持分の割合（チェックポイント44参照）

㊟　評価乖離率が零又は負数の場合には、区分所有権及び敷地利用権（区分所有者が一棟の区分所有建物に存する全ての専有部分及び一棟の区分所有建物の敷地のいずれも単独で所有している場合の敷地利用権を除きます。）の価額は評価しません。

チェックポイント44

敷地利用権が賃借権又は地上権である場合の「敷地の共有持分の割合」

　敷地利用権が賃借権又は地上権である場合は、その賃借権又は地上権の準共有持分の割合を一棟の区分所有建物の敷地の面積に乗じて一室の区分所有権等に係る敷地利用権の面積を計算します。

一棟の区分所有建物の複数の専有部分を所有している場合の「敷地の共有持分の割合」

　一棟の区分所有建物に係る敷地利用権が敷地権である場合以外の場合において、区分所有者がその一棟の区分所有建物の複数の専有部分を所有しているときは、その複数の各専有部分に対応する敷地の共有持分の割合を合計した割合が、その区分所有者の敷地の共有持分の割合として土地の登記簿上表示されますが、区分所有財産通達の適用に当たっては、専有部分一室に対応する敷地の共有持分の割合（それぞれの専有部分に応じた共有持分の割合）を一棟の区分所有建物の敷地の面積に乗じて一室の区分所有権等に係る敷地利用権の面積を計算します。

一の専有部分を共有している場合の「敷地の共有持分の割合」

　一棟の区分所有建物に係る敷地利用権が敷地権である場合以外の場合において、その一棟の区分所有建物の一の専有部分を共有しているときは、その専有部分に対応する敷地の共有持分の割合に専有部分の共有持分の割合を乗じた割合が、その者の敷地の共有持分の割合として土地の登記簿上表示されますが、区分所有財産通達の適用に当たっては、その専有部分一室に対応する敷地の共有持分の割合（各共有者の共有持分の割合を合計した割合）を一棟の区分所有建物の敷地の面積に乗じて一室の区分所有権等に係る敷地利用権の面積を計算します。

(2)　評価水準

> 【算式】
>
> 評価水準（評価乖離率の逆数）　＝　1　÷評価乖離率

(3)　区分所有補正率

> 【算式】
>
> | 区　　分 | 区分所有補正率 |
> | --- | --- |
> | 評価水準　＜　0.6 | 評価乖離率　×　0.6 |
> | 0.6　≦　評価水準　≦　1 | 補正なし（従来の評価額で評価） |
> | 1　＜　評価水準 | 評価乖離率 |
>
> (注)　区分所有者が一棟の区分所有建物に存する全ての専有部分及び一棟の区分所有建物の敷地のいずれも単独で所有している場合には、敷地利用権に係る区分所有補正率は1を下限とします（区分所有権に係る区分所有補正率には下限はありません。）。

【設例　20】

居住用の区分所有財産の評価

○　**事例**

・課税時期：令和6（2024）年7月1日

・種類：居宅

・新築年月日：平成22（2010）年4月1日

・総階数：11階

・所在階：3階

・専有部分の面積：59.69㎡

・敷地の面積：3,630.30㎡

・敷地権の割合：1,150,000分の6,319

・従来の敷地利用権の価額（自用地としての価額）：10,000,000円

・従来の区分所有権の価額（自用家屋としての価額）：5,000,000円

○　**計算**

(1)　評価乖離率の計算

①　Aの計算

A　＝　15年　×　△0.033　＝　△0.495

②　Bの計算

総階数指数　＝　11階　÷　33　＝　0.333

B　＝　0.333　×　0.239　＝　0.079

③　Cの計算

C　＝　3階　×　0.018　＝　0.054

④　Dの計算

敷地利用権の面積　＝　3,630.30㎡　×　6,319/1,150,000　＝　19.95㎡

敷地持分狭小度　＝　19.95㎡　÷　59.69㎡　＝　0.335

D　＝　0.335　×　△1.195　＝　△0.401

⑤　評価乖離率の計算

評価乖離率　＝　A　＋　B　＋　C　＋　D　＋　3.220

　　　　　　＝　△0.495　＋　0.079　＋0.054　＋　△0.401　＋　3.220

　　　　　　＝　2.457

(2)　評価水準の計算

評価水準　＝　1　÷　2.457

　　　　　　＝　0.4070004070…

(3)　区分所有補正率の計算

評価水準（0.4070004070…）　＜　0.6

区分所有補正率　＝　評価乖離率　×　0.6

　　　　　　　　＝　2.457　×　0.6

　　　　　　　　＝　1.4742

(4)　区分所有財産通達の適用後の価額の計算

①　区分所有財産通達の適用後の敷地利用権の自用地としての価額

（自用地としての価額）　　（区分所有補正率）　　（自用地としての価額）
10,000,000円　　　×　　1.4742　　＝　　14,742,000円

②　区分所有財産通達の適用後の区分所有権の自用家屋としての価額

（自用家屋としての価額）　　（区分所有補正率）　（自用家屋としての価額）
5,000,000円　　　×　　1.4742　　＝　7,371,000円

居住用の区分所有財産の評価に係る区分所有補正率の計算明細書

（住居表示）	（○○市××町2-123	）
所　在　地　番	○○市××町2-123	
家　屋　番　号	312	

（令和六年一月一日以降用）

区分所有補正率の計算	A	① 築年数（注1） 15　年			①×△0.033 △0.495
	B	② 総階数（注2） 11　階	③ 総階数指数（②÷33） （小数点以下第4位切捨て、1を超える場合は1） 0.333		③×0.239 （小数点以下第4位切捨て） 0.079
	C	④ 所在階（注3） 3　階			④×0.018 0.054
	D	⑤ 専有部分の面積 59.69　㎡	⑥ 敷地の面積 3,630.30　㎡	⑦ 敷地権の割合（共有持分の割合） 6,319／1,150,000	
		⑧ 敷地利用権の面積（⑥×⑦） （小数点以下第3位切上げ） 19.95　㎡	⑨ 敷地持分狭小度（⑧÷⑤） （小数点以下第4位切上げ） 0.335		⑨×△1.195 （小数点以下第4位切上げ） △0.401
	⑩ 評価乖離率（A＋B＋C＋D＋3.220）				2.457
	⑪ 評価水準（1÷⑩）				0.4070004070
	⑫ 区分所有補正率（注4・5）				1.4742
	備考				

（注1）　「① 築年数」は、建築の時から課税時期までの期間とし、1年未満の端数があるときは1年として計算します。

（注2）　「② 総階数」に、地階（地下階）は含みません。

（注3）　「④ 所在階」について、一室の区分所有権等に係る専有部分が複数階にまたがる場合は階数が低い方の階とし、一室の区分所有権等に係る専有部分が地階（地下階）である場合は0とします。

（注4）　「⑫ 区分所有補正率」は、次の区分に応じたものになります（補正なしの場合は、「⑫ 区分所有補正率」欄に「補正なし」と記載します。）。

区　　　分	区 分 所 有 補 正 率※
評 価 水 準　＜　0.6	⑩　×　0.6
0.6　≦　評 価 水 準　≦　1	補正なし
1　＜　評 価 水 準	⑩

　　※　区分所有者が一棟の区分所有建物に存する全ての専有部分及び一棟の区分所有建物の敷地のいずれも単独で所有（以下「全戸所有」といいます。）している場合には、敷地利用権に係る区分所有補正率は1を下限とします。この場合、「備考」欄に「敷地利用権に係る区分所有補正率は1」と記載します。

　　　　ただし、全戸所有している場合であっても、区分所有権に係る区分所有補正率には下限はありません。

（注5）　評価乖離率が0又は負数の場合は、区分所有権及び敷地利用権の価額を評価しないこととしていますので、「⑫ 区分所有補正率」欄に「評価しない」と記載します（全戸所有している場合であっても、評価乖離率が0又は負数の場合であっても、敷地利用権に係る区分所有補正率は1となります。）。

（資4-25-4-A4統一）

土地及び土地の上に存する権利の評価明細書（第2表）

セットバックを必要とする宅地の評価額	（自用地の評価額） 　　　　　　円 － (（自用地の評価額） 円 × $\frac{㎡}{（総地積）㎡}$ ×　0.7)	（自用地の評価額） 円	N
都市計画道路予定地の区域内にある宅地の評価額	（自用地の評価額）　　　　　（補正率） 　　　　　　円 × 0.	（自用地の評価額） 円	O

大規模工場用地等の評価額	○　大規模工場用地等 　　（正面路線価）　　　（地積）　　　（地積が20万㎡以上の場合は0.95） 　　　　円 ×　　　　　㎡ ×	円	P
	○　ゴルフ場用地等 　（宅地とした場合の価額）（地積）　　$\binom{1㎡当たり}{の造成費}$　　　（地積） 　（　　　円 ×　　㎡×0.6）－（　　　円×　　㎡）	円	Q

区分所有財産に係る敷地利用権の評価額	（自用地の評価額）　　　（敷地利用権（敷地権）の割合） 　　　円 ×　──────　〔省略〕	（自用地の評価額） 10,000,000　円	R
居住用の区分所有財産の場合	（自用地の評価額）　　　　　（区分所有補正率） 10,000,000 円 ×　　1.4742	（自用地の評価額） 14,742,000　円	S

	利用区分	算　　　　　式	総　　額	記号
総額計算による価額	貸宅地	（自用地の評価額）　　　　（借地権割合） 円 × (1－ 0.　　)	円	T
	貸家建付地	（自用地の評価額又はV）　（借地権割合）（借家権割合）（賃貸割合） 円 × (1－ 0.　×0.　×$\frac{㎡}{㎡}$)	円	U
	（　　）目的となっている土地の権利	（自用地の評価額）　　　　（　割合） 円 × (1－ 0.　　)	円	V
	借地権	（自用地の評価額）　　　　（借地権割合） 円 × 0.	円	W
	貸家建付借地権	（W, ADのうちの該当記号）（借家権割合）　（賃貸割合） （　　） 円 × (1－ 0.　　×$\frac{㎡}{㎡}$)	円	X
	転貸借地権	（W, ADのうちの該当記号）（借地権割合） （　　） 円 × (1－ 0.　　)	円	Y
	転借権	（W, X, ADのうちの該当記号）（借地権割合） （　　） 円 × 0.	円	Z
	借家人の有する権利	（W, Z, ADのうちの該当記号）（借家権割合）（賃借割合） （　　） 円 ×　　　0.　×$\frac{㎡}{㎡}$	円	AA
	（　　）権	（自用地の評価額）　　　　（　割合） 円 × 0.	円	AB
	権利が競合する場合の土地	（T, Vのうちの該当記号）　（　割合） （　　） 円 × (1－ 0.　　)	円	AC
	他の権利と競合する場合の権利	（W, ABのうちの該当記号）　（　割合） （　　） 円 × (1－ 0.　　)	円	AD
備考				

（注）　区分地上権と区分地上権に準ずる地役権とが競合する場合については、備考欄等で計算してください。

（資4－25－2－A4統一）

○　居住用の区分所有財産の評価方法のフローチャート（概要）

令和6年1月1日以後に相続、遺贈又は贈与により取得した財産に該当しますか。　　　いいえ

はい↓

「一棟の区分所有建物」に存する区分所有権及び敷地利用権に該当しますか。

その一棟の建物（家屋）は、区分建物の登記がされたもので、居住の用（※1）に供する専有部分のあるものに該当しますか。　　　いいえ

はい↓

その一棟の建物（家屋）の地階を除く階は2以下ですか。　　　はい

いいえ↓

その一棟の建物（家屋）に存する居住の用（※1）に供する専有部分一室の数は3以下ですか。　　　はい　　　その全てが区分所有者又はその親族の居住の用に供するものですか。　　　はい

いいえ　　　　　　　　　　いいえ

居住の用（※1）に供する専有部分一室に係る区分所有権及び敷地利用権に該当しますか。　　　いいえ

（注）　たな卸商品等に該当するものは、評価基本通達133（（たな卸商品等の評価））により評価します。

はい↓

次の算式により評価乖離率を計算します。

評価乖離率＝A＋B＋C＋D＋3.220

A　築年数　　　×△0.033
B　総階数指数×　0.239
C　所在階　　　×　0.018
D　敷地持分狭小度×△1.195

【概要等】
○　築年数は、1年未満の端数は1年
○　総階数指数＝総階数（地階を含まない）÷33（1超の場合は1）
○　所在階は、複数階にまたがる場合は階数が低い方の階、地階である場合は零階
○　敷地持分狭小度＝敷地利用権の面積÷専有部分の面積

次の算式により評価水準を計算します。

評価水準＝1÷評価乖離率

0.6≦評価水準≦1
（補正なし）

評価水準＜0.6　　　　　　1＜評価水準

区分所有補正率＝評価乖離率×0.6　　　　区分所有補正率（※2）＝評価乖離率

○　敷地利用権の自用地としての価額（従来の価額）×区分所有補正率
　　　　＝　本通達適用後の敷地利用権の自用地としての価額

○　区分所有権の自用家屋としての価額（従来の価額）×区分所有補正率
　　　　＝　本通達適用後の区分所有権の自用家屋としての価額

本通達適用前（従来）の価額で評価

（※1）　原則として、登記簿上の建物の種類に「居宅」を含むものが該当します。
（※2）　一棟の区分所有建物に存する全ての専有部分及び一棟の区分所有建物の敷地のいずれも単独で所有している場合には、敷地利用権に係る区分所有補正率は「1」を下限とします。

第4章　株式及び出資の評価

財産評価基本通達では、株式、株式に関する権利、出資に区分して、評価します。

第1　株式の評価の概要

株式評価上の区分

株式評価の概要

評価上の区分	定　義　・　判　定　基　準
上　場　株　式 （評基通168(1)、169）	金融商品取引所に上場されている株式
気配相場等のある株式　登録銘柄・店頭管理銘柄 　　（評基通168(2)イ、174(1)）	登録銘柄──日本証券業協会の内規によって登録銘柄として登録されている株式 店頭管理銘柄──日本証券業協会の内規によって店頭管理銘柄として指定されている株式
気配相場等のある株式　公開途上にある株式 　　（評基通168(2)ロ、174(2)）	金融商品取引所が株式の上場を承認したことを明らかにした日から上場の日の前日までのその株式（登録銘柄を除きます。）及び日本証券業協会が株式を登録銘柄として登録することを明らかにした日から登録の日の前日までのその株式（店頭管理銘柄を除きます。）
取引相場のない株式 （評基通168(3)）	上場株式及び気配相場等のある株式以外の株式
一般の評価会社の株式	特定の評価会社の株式以外の株式
特定の評価会社の株式　比準要素数1の会社の株式 　　（評基通189(1)、189-2）	直前期末を基準とした比準要素（Ⓑ、Ⓒ、Ⓓ）のうち、いずれか2が0で、かつ、直前々期末を基準とした比準要素のうち、いずれか2以上が0である会社
特定の評価会社の株式　株式等保有特定会社の株式 　　（評基通189(2)、189-3）	○大会社・中会社・小会社　$\dfrac{株式等の価額の合計額（相続税評価額）}{総資産価額（相続税評価額）} \geqq 50\%$
特定の評価会社の株式　土地保有特定会社の株式 　　（評基通189(3)、189-4）	○大会社　$\dfrac{土地等の価額の合計額（相続税評価額）}{総資産価額（相続税評価額）} \geqq 70\%$ ○中会社　$\dfrac{土地等の価額の合計額（相続税評価額）}{総資産価額（相続税評価額）} \geqq 90\%$ ○小会社 ・大会社の基準に該当する総資産価額のある会社 　$\dfrac{土地等の価額の合計額（相続税評価額）}{総資産価額（相続税評価額）} \geqq 70\%$ ・中会社の基準に該当する総資産価額のある会社 　$\dfrac{土地等の価額の合計額（相続税評価額）}{総資産価額（相続税評価額）} \geqq 90\%$ ・上記以外の小会社は土地保有特定会社には該当しません。
特定の評価会社の株式　開業後3年未満の会社等の株式 　　（評基通189(4)、189-4）	○開業後3年未満の会社（「開業」とは、評価会社がその目的とする事業活動を開始することにより収益（収入）が生じることをいい、会社の設立とは異なります。） ○直前期末を基準として、比準要素（Ⓑ、Ⓒ、Ⓓ）のいずれもが0の会社
特定の評価会社の株式　開業前又は休業中の会社の株式 　　（評基通189(5)、189-5）	○開業前の会社（目的とする事業活動を開始する前の会社） ○休業中の会社（課税時期において相当長期間にわたって休業中である会社をいい、最近に始まった一時的な休業で、近く事業が再開されるようなものは該当しません。）
特定の評価会社の株式　清算中の会社の株式 　　（評基通189(6)、189-6）	課税時期において清算手続に入っている会社

※　**特定の評価会社の株式の判定**は、①清算中の会社の株式⇨②開業前又は休業中の会社の株式⇨③開業後3年未満の会社等の株式⇨④土地保有特定会社の株式⇨⑤株式等保有特定会社の株式⇨⑥比準要素数1の会社の株式の順に行います。
　　なお、評価会社が2以上の特定の評価会社に該当する場合には、前の番号の特定の評価会社に該当することとなります。

評　価　方　法　の　概　要　等
①課税時期の最終価格、②課税時期の属する月の月中平均、③課税時期の属する月の前月の月中平均、④課税時期の属する月の前々月の月中平均のうち最も低い価格 （特例）負担付贈与等による取得については、課税時期の最終価格
①課税時期の取引価格、②課税時期の属する月の月中平均、③課税時期の属する月の前月の月中平均、④課税時期の属する月の前々月の月中平均のうち最も低い価格 （特例）負担付贈与等による取得については、課税時期の取引価格
公募・売出しが行われる場合には公開価格 公募・売出しが行われない場合には課税時期以前の取引価格等を勘案
類似業種比準方式、純資産価額方式、併用方式 （同族株主以外の株主等が取得した場合）配当還元方式
純資産価額方式、併用方式（Lの割合0.25） （同族株主以外の株主等が取得した場合）配当還元方式
純資産価額方式、（$S_1 + S_2$）方式 　（同族株主以外の株主等が取得した場合)配当還元方式 株式等とは──株式、出資及び新株予約権付社債をいい、所有目的又は所有期間のいかんを問いません（投資有価証券として計上されている株式、外国株式、株式形態のゴルフ会員権等も含まれます。）。 　また、法人税法12条の規定により評価会社が信託財産を有するものとみなされている場合（評価会社が明らかに当該信託財産の収益の受益権のみを有している場合を除きます。）において、その信託財産に株式等が含まれているときには、当該株式等を評価会社が所有しているものとみなします。 　なお、出資は法人に対する出資をいい、民法上の組合、匿名組合に対する出資は含まれず、新株予約権付社債は、会社法第2条第22号に規定するものをいいます。
純資産価額方式 　（同族株主以外の株主等が取得した場合）配当還元方式 土地等とは──土地及び土地の上に存する権利をいい、たな卸資産に該当する土地及び土地の上に存する権利も含まれます。 　なお、土地等の価額は、原則として、課税時期現在の相続税評価額によりますが、たな卸資産についてはたな卸資産の評価により、課税時期前3年以内に取得した土地等については課税時期における通常の取引価額によります。 　また、直前期末の資産を基にする場合においても、課税時期現在の価額によることに注意してください。
純資産価額方式 　（同族株主以外の株主等が取得した場合）配当還元方式
純資産価額方式
清算分配見込金に基づき評価 　ただし、分配を行わず長期にわたり清算中のままになっている会社については、清算の分配を受ける見込みの金額や分配を受けると見込まれる日までの期間の算定が困難であると見込まれることから、純資産価額で評価することとしています。

第2　上場株式の評価

1　原則的な評価方法

課　税　時　期　の　最　終　価　格　（　終　値　）
課税時期の属する月の毎日の最終価格(終値)の月平均額
課税時期の属する月の前月の毎日の最終価格(終値)の月平均額
課税時期の属する月の前々月の毎日の最終価格(終値)の月平均額

最も低い価額　＝　評価額

課　税　時　期　の　終　値　　日刊新聞等から確認します。

課税時期の最終価格（終値）	A　149円

※　課税時期が休日等で最終価格がない場合等の最終価格の
　　特例については406ページから407ページを参照してください。

月　　中　　平　　均　　各金融商品取引所発行の統計月報又は日本証券新聞で
課税時期の属する月、前月、前々月の最終価格の月平均
額を調べます。

課税時期の属する月の毎日の最終価格の月平均額	B　146円
課税時期の属する月の前月の毎日の最終価格の月平均額	C　134円
課税時期の属する月の前々月の毎日の最終価格の月平均額	D　142円

　最終価格の月平均額の特例については、407ページか
ら411ページを参照してください。

評　価　額　の　計　算　　A・B・C・Dのうち最も低い価額で評価します。

| C　134円 | < | D　142円 | < | B　146円 | < | A　149円 | よって　評価額＝ | 134円 |

※　1円未満の端数がある場合は、切り捨てます。

【●年 4 月●日株式相場表】（見本）

その日の最後の取引値（1株当たり、円）をいい、この価格が「最終価格」です。

立会市場普通取引
Auction Trades Regular Way

コード Code	売買単位 Trading Unit	銘柄名 Issues	午前 (The morning trading session)				午後 (The afternoon trading session)				最終気配 Final special quote	前日比 Net Change	売買高加重平均価格 VWAP	売買高 Trading Volume	売買代金 Trading Value
			始値 Open	高値 High	安値 Low	終値 Close	始値 Open	高値 High	安値 Low	終値 Close					
			円[¥]	円[¥]	円[¥]	円[¥]	円[¥]	円[¥]	円[¥]	円[¥]	円[¥]	円[¥]	円[¥]	千株 [thous.shs.] 千口／千個 [thous.units.]	千円 [¥thous.]

内国株式
Domestic Stock

プライム市場
Prime Market

水産・農林業 Fishery,Agriculture & Forestry

1301	100	極洋 KYOKUYO CO.,LTD.	3,325.00	3,385.00	3,325.00	3,385.00	3,390.00	3,395.00	3,370.00	3,395.00	–	65.00	3,371.3699	14.6	49,222
1332	100	日水 Nippon Suisan Kaisha,Ltd.	530.00	545.00	530.00	543.00	542.00	546.00	539.00	545.00	–	24.00	539.9416	2,256.6	1,218,432.200
1333	100	マルハニチロ Maruha Nichiro Corporation	2,240.00	2,311.00	2,239.00	2,307.00	2,307.00	2,308.00	2,285.00	2,290.00	–	57.00	2,288.7928	345.1	789,862.400
1375	100	雪国まいたけ YUKIGUNI MAITAKE CO.,LTD.	856.00	867.00	853.00	865.00	867.00	869.00	863.00	868.00	–	17.00	862.8296	374.9	323,474.800
1377	100	サカタのタネ SAKATA SEED CORPORATION	4,460.00	4,600.00	4,445.00	4,570.00	4,575.00	4,635.00	4,570.00	4,600.00	–	170.00	4,569.8942	335.6	1,533,656.500
1379	100	ホクト HOKUTO CORPORATION	1,913.00	1,934.00	1,913.00	1,934.00	1,934.00	1,937.00	1,926.00	1,937.00	–	32.00	1,929.7838	55.5	107,103

【月間相場表】（見本）

〈●年 4 月〉

年月 Year/ Month	銘柄コード Code	銘柄名称	始値 Open 円(¥)	日付 Date	高値 High 円(¥)	日付 Date	安値 Low 円(¥)	日付 Date	終値 Close 円(¥)	日付 Date	終値平均 Average Closing Price 円(¥)
●/04	1301	極洋　普通株式	3,110.00	4	3,160.00	26	3,055.00	11	3,150.00	31	3,102.63
●/04	1332	日本水産　普通株式	553.00	4	561.00	6	520.00	19	535.00	31	541.79
●/04	1333	マルハニチロ　普通株式	2,414.00	4	2,465.00	12	2,336.00	21	2,446.00	31	2,416.84
●/04	1375	雪国まいたけ　普通株式	1,220.00	4	1,249.00	18	1,136.00	27	1,165.00	31	1,200.42
●/04	1376	カネコ種苗　普通株式	1,464.00	4	1,569.00	14	1,440.00	13	1,501.00	31	1,486.95

〈●年 5 月〉

年月 Year/ Month	銘柄コード Code	銘柄名称	始値 Open 円(¥)	日付 Date	高値 High 円(¥)	日付 Date	安値 Low 円(¥)	日付 Date	終値 Close 円(¥)	日付 Date	終値平均 Average Closing Price 円(¥)
●/05	1301	極洋　普通株式	3,155.00	1	3,270.00	4	3,135.00	25	3,265.00	28	3,216.67
●/05	1332	日本水産　普通株式	535.00	1	572.00	17	520.00	7	544.00	28	545.67
●/05	1333	マルハニチロ　普通株式	2,447.00	1	2,663.00	8	2,413.00	1	2,515.00	28	2,562.00
●/05	1375	雪国まいたけ　普通株式	1,166.00	1	1,258.00	14	1,118.00	4	1,201.00	28	1,205.56
●/05	1376	カネコ種苗　普通株式	1,501.00	1	1,581.00	18	1,482.00	2	1,570.00	28	1,539.44

〈●年 6 月〉

年月 Year/ Month	銘柄コード Code	銘柄名称	始値 Open 円(¥)	日付 Date	高値 High 円(¥)	日付 Date	安値 Low 円(¥)	日付 Date	終値 Close 円(¥)	日付 Date	終値平均 Average Closing Price 円(¥)
●/06	1301	極洋　普通株式	3,270.00	1	3,575.00	28	3,200.00	14	3,330.00	31	3,330.23
●/06	1332	日本水産　普通株式	545.00	1	584.00	28	497.00	9	548.00	31	551.23
●/06	1333	マルハニチロ　普通株式	2,515.00	1	2,567.00	28	2,330.00	9	2,397.00	31	2,471.64
●/06	1375	雪国まいたけ　普通株式	1,211.00	1	1,224.00	1	1,092.00	9	1,141.00	31	1,168.00
●/06	1376	カネコ種苗　普通株式	1,570.00	1	1,650.00	15	1,480.00	9	1,597.00	31	1,577.45

※　上記相場表は東京証券取引所ホームページを参考に見本として作成したものです。

上 場 株 式 の 評 価 明 細 書

銘　　柄	取引所等の名称	課税時期の最終価格		最終価格の月平均額			評価額	増資による権利落等の修正計算その他の参考事項
		月　日	①価額	課税時期の属する月②11月	課税時期の属する月の前月③10月	課税時期の属する月の前々月④9月	①の金額又は①から④までのうち最も低い金額	
○○○	東P	11/17	円149	円146	円134	円142	円134	

　記載方法等
1　「取引所等の名称」欄には、課税時期の最終価格等について採用した金融商品取引所名及び市場名を記載します（例えば、東京証券取引所のプライム市場の場合は「東Ｐ」、名古屋証券取引所のメイン市場の場合は「名Ｍ」など）。
2　「課税時期の最終価格」の「月日」欄には、課税時期を記載します。ただし、課税時期に取引がない場合等には、課税時期の最終価格として採用した最終価格についての取引月日を記載します。
3　「最終価格の月平均額」の「②」欄、「③」欄及び「④」欄には、それぞれの月の最終価格の月平均額を記載します。ただし、最終価格の月平均額について増資による権利落等の修正計算を必要とする場合には、修正計算後の最終価格の月平均額を記載するとともに、修正計算前の最終価格の月平均額をかっこ書きします。
4　「評価額」欄には、負担付贈与又は個人間の対価を伴う取引により取得した場合には、「①」欄の金額を、その他の場合には、「①」欄から「④」欄までのうち最も低い金額を記載します。
5　各欄の金額は、各欄の表示単位未満の端数を切り捨てます。

チェックポイント45

２以上の金融商品取引所に上場されている銘柄の株式を評価する場合の金融商品取引所の選択

　上場株式の評価において、２以上の金融商品取引所に上場されている場合の金融商品取引所の選択は、「納税義務者が選択した金融商品取引所」となります（評基通169）。

　なお、この取扱いは、納税者の選択に委ねるといっても、他の金融商品取引所に「課税時期の最終価格」及び「最終価格の月平均額」があるにもかかわらず、それらのない金融商品取引所の選択を認めることではありません。

2　負担付贈与又は個人間の対価を伴う取引により取得した場合

課税時期の最終価格（終値）	=	評　　価　　額

　負担付贈与又は個人間の対価を伴う取引により取得した上場株式の評価額は、その取得の時（課税時期）における最終価格によって評価することとされていますので、上記1の**原則的な評価方法**である課税時期の属する月以前3か月間の月中平均額の最も低い価額により評価する方法によらないことになります（評基通169(2)）。

3　課税時期の最終価格の特例

⑴　課税時期が権利落等の日から株式の割当て等の基準日までの間にある場合

（設例）

		（権利落等の日の前日）		（課税時期・権利落等の日）		（株式の割当て等の基準日）
1日	27日	28日		29日		30日
	↑	↑		↑		↑
	1,505円	1,500円		1,090円		1,086円

　課税時期が権利落又は配当落（この第3章において、以下「権利落等」といいます。）の日（設例では29日）から株式の割当て、株式の無償交付又は配当金交付（この第3章において、以下「株式の割当て等」といいます。）の基準日（設例では30日）までの間にあるときは、その権利落等の日の前日（設例では28日）以前の最終価格のうち、課税時期に最も近い日の最終価格をもって課税時期の最終価格とします（評基通170）。

　したがって、設例の場合の最終価格は、権利落等の日の前日（28日）の1,500円となります。仮に28日に最終価格がないときには、27日の1,505円を課税時期の最終価格とします。

　権利落の場合には、最終価格の月平均額の特例（評基通172）の適用があることに注意してください（407ページ参照）。

(2)　課税時期に最終価格がない場合

　課税時期にその株式の取引がなく、価格が付かなかった場合や、課税時期が土曜日又は休日である場合のように課税時期の最終価格がないときには、原則として、課税時期の前日以前の最終価格又は翌日以後の最終価格のうち、課税時期に最も近い日の最終価格を課税時期の最終価格とします。

　また、課税時期に最も近い日の最終価格が、課税時期の前日以前と翌日以後の双方にあるときは、その平均額となります（評基通171(1)）。

　したがって、設例の場合の課税時期の最終価格は、課税時期に最も近い18日の600円とします。

(3)　課税時期が権利落等の日の前日以前で、課税時期に取引がなく、かつ、課税時期に最も近い日の最終価格が権利落等の日以後のものである場合

　課税時期の前日以前の最終価格のうち、課税時期に最も近い日の最終価格を課税時期の最終価格とします（評基通171(2)）。

　したがって、設例の場合には、19日の400円の方が11日の500円より課税時期に近い日の最終価格となりますが、19日は権利落等の日以後ですので、課税時期の前日以前の最終価格のうち課税時期に最も近い11日の500円を課税時期の最終価格とします。

⑷　**課税時期が株式の割当て等の基準日の翌日以後で、課税時期に取引がなく、かつ、課税時期に最も近い日の最終価格が権利落等の日の前日以前のものである場合**

　課税時期の翌日以後の最終価格のうち、課税時期に最も近い日の最終価格を課税時期の最終価格とします（評基通171⑶）。

　したがって、設例の場合には、18日の600円の方が28日の450円より課税時期に近い日の最終価格となりますが、18日は権利落等の日の前日以前ですので、株式の割当て等の基準日の翌日以後の最終価格のうち、課税時期に最も近い28日の450円を課税時期の最終価格とします。

4　権利落があった場合の最終価格の月平均額の特例（配当落には適用がありません。（413ページ参照））

⑴　**課税時期の属する月に権利落があり、課税時期がその株式の割当て等の基準日以前である場合**

　課税時期が株式の割当て等の基準日以前にありますので、課税時期の属する月の最終価格の月平均額は、その月の初日から権利落の日の前日までの毎日の最終価格

の平均額を採用することになります（評基通172(1)）。

　したがって、設例の場合には、課税時期の属する月以前3か月間の各月の最終価格の月平均額は、次のとおりとなります。

1　課税時期の属する月

　　月の初日から権利落の日の前日までの毎日の最終価格の平均額　900円

2　課税時期の属する月の前月

　　前月中の月平均額　880円

3　課税時期の属する月の前々月

　　前々月中の月平均額　860円

⑵　**課税時期の属する月の初日以前に権利落があり、課税時期がその株式の割当て等の基準日以前である場合**

　課税時期の属する月には、権利落前の価額がありませんので、課税時期の属する月の最終価格の月平均額は次の算式により計算します（評基通172(2)）。

$$課税時期の属する月の最終価格の月平均額 \times \left(1 + る割当株式数又は交付株式数\right) - 割当てを受けた株式1株につき払い込むべき金額 \times 株式1株に対する割当株式数$$

　また、課税時期の属する月の前月中に権利落がありますので、前月の月平均額は、月の初日から権利落の日の前日までの毎日の最終価格の平均額によります。

　したがって、設例の場合には、課税時期の属する月以前3か月間の各月の最終価格の月平均額は、次のとおりとなります。

1　課税時期の属する月　325円

（計算）　262円×（1＋0.3）－50円×0.3≒325円（1円未満切捨て）

2　課税時期の属する月の前月

月の初日から権利落等の日の前日までの毎日の最終価格の平均額　330円

3　課税時期の属する月の前々月

前々月中の月平均額　321円

(3)　課税時期の属する月に権利落があり、課税時期がその株式の割当て等の基準日の翌日以後である場合

課税時期が株式の割当て等の基準日の翌日以後にありますので、最終価格の月平均額は、権利落後の価額を採用しますが、課税時期の属する月の前月及び前々月には権利落後の価格がありませんので、前月及び前々月の最終価格の月平均額は、次の算式により計算します（評基通172(4)）。

$$\left(\begin{array}{l}\text{その月の最終価}\\\text{格の月平均額}\end{array}+\begin{array}{l}\text{割当てを受けた株}\\\text{式1株につき払い}\\\text{込むべき金額}\end{array}\times\begin{array}{l}\text{株式1株に}\\\text{対する割当}\\\text{株式数}\end{array}\right)\div\left(1+\begin{array}{l}\text{株式1株に対す}\\\text{る割当株式数又}\\\text{は交付株式数}\end{array}\right)$$

また、課税時期の属する月の最終価格の平均額は、権利落の日からその月の末日までの毎日の最終価格の平均額によります（評基通172(3)）。

したがって、設例の場合には、課税時期の属する月以前3か月間の各月の最終価格の平均額は、次のとおりとなります。

1　課税時期の属する月

権利落の日からその月の末日までの毎日の最終価格の平均額　230円

2　課税時期の属する月の前月　219円

（計算）　（270円＋50円×0.3）÷（1＋0.3）≒219円（1円未満切捨て）

3　課税時期の属する月の前々月　223円

（計算）　（275円＋50円×0.3）÷（1＋0.3）≒223円（1円未満切捨て）

⑷　**課税時期の前月中又は前々月中に権利落があり、課税時期がその株式の割当て等の基準日の翌日以後の場合**

課税時期が株式の割当て等の基準日の翌日以後にありますので、最終価格の月平均額は、権利落の価額を採用することになります。課税時期の属する月の前月又は前々月で権利落の価格がない月については、最終価格の月平均額は、次の算式により計算します（評基通172⑷）。

$$\left(\begin{array}{c}その月の最\\終価格の月\\平均額\end{array}+\begin{array}{c}割当てを受けた株\\式1株につき払い×\\込むべき金額\end{array}\begin{array}{c}株式1株に対す\\る割当株式数\end{array}\right)÷\left(1+\begin{array}{c}株式1株に対する\\割当株式数又は交\\付株式数\end{array}\right)$$

また、権利落の日の属する月の最終価格の平均額は、権利落の日からその月の末日までの毎日の最終価格の平均額によります。

したがって、設例の場合には、課税時期の属する月以前3か月間の各月の最終価格の平均額は次のとおりとなります。

1　課税時期の属する月

その月の月平均額　321円

2　課税時期の属する月の前月

権利落の日からその月の末日までの毎日の最終価格の平均額　338円

3　課税時期の属する月の前々月　330円

（計算）　（471円＋50円×0.5）÷（1＋0.5）≒330円（1円未満切捨て）

「月中終値平均」の見方

次の表は東京証券取引所上場銘柄のX年3月の「最終価格の月平均額」を抜粋したものです。

21 川岸工 288	6393 油研工 321	6794 フォスター 2117	7260 富士機工 173	7752 リコー 1579	8088 岩谷産 275
22 那須鉄 409	6395 タダノ 1021	6796 クラリオン 246	7261 マツダ 375	7756 電産コバル 1162	8089 すてきN 232
23 高田機工 223	6396 宇野鉄 225	6798 SMK 541	7262 ダイハツ 1116	7757 電産サンキョ 815	8090 昭光通商 124
29 三和HD 449	6406 フジテック 538	6800 ヨコオ 664	7263 愛知機 180	7758 セコニック 279	8091 ニチモウ 153
30 文化シヤ 328	6407 CKD 643	6801 東光 229	7266 今仙電機 1205	7762 シナノHD 868	8092 富士通シス 1116
31 川田工 136	6409B キトー 170	6803 ティアック 88	7267 ホンダ 2952	7765 リコーエレ 736	8093 極東貿易 235
33 アルインコ 328	6412 平和 1025	6804 ホシデン 1842	7269 スズキ 2544	7768 ジェコー 294	8095 イワキ 179
36 洋シヤタ 1034	6413 理想科学 1392	6806 ヒロセ 11181	7270 SUBARU 417	7769 リズム時 109	8096 兼松エレ 696
38 住生活G 1506	6417 SANKYO 5935	6807 航空電子 858	7272 ヤマハ発 1861	ニホンフラッシュ 611	8097 三愛石 381
40 不二サッシ 83	6418 日金銭 862	6809 TOA 798	7273 イクヨ 156	7821 前田工繊 1657	8098 稲畑産 507
42 フイルコン 498	6419 マース 1690	6810 マクセル 1075	7274 ショーワ 869	7822 永大産業 238	8101 GSIクレオス 109
43 ノーリツ 1196	6420 福島工業 948	6815 ユニデン 623	7276 小糸製 1297	7825B SBIスポーツ 126	8103 明和産 205
44 日立冶金 679	6421 キヤノンFT 1354	6817 アルパイン 1103	7277 TBK 414	7829B サマンサJP 117	8105 堀田丸正 67
46 長府製 1999	6423 ABILIT 194	6817 スミダ 1274	7278 エクセディ 2799	7831 ウイルコ 136	8111 ゴルドウイン 203
47 リンナイ 3309	6428 オーイズミ 313	6818 島田理化 207	7280 ミツバ 446	7832 バンナムHD 1325	8112 東スタイル 961
49 ユニプレス 951	6435 ダイコク電 905	6820 アイコム 2510	7282 豊合成 3633	7833B IFIS 61.3	8113 ユニチカ 7362
51 ダイニチ工 493	6436 アマノ 1076	6823 リオン 622	7283 愛三工 1040	7838 共立印刷 288	8114 デサント 565
56 トーソー 205	6437 三条機 504	6825 パトライト 1234	7284 盟和産 267	7839 SHOEI 1842	8127 ヤマトインター 537
57 日東精 401	6440 JUKI 373	6826 本多通信 317	7287 日本精機 1276	7840 フラベッド 136	8129 東邦薬品 2277
58 三洋工 186	6443 洋製作 159	6832 アオイ電子 1168	7291 日プラスト 556	7844B マーベラス 33.4	8130 サンゲツ 2150
59 岡部 356	6444 サンデン 440	6835 アライドHD 81	7292 村上開明 792	7846B パイロット 179	8131 ミツウロコ 586
63 日立ツル 1083	6445 蛇の目 91	6836B ブラット 114	7294 ヨロズ 1335	7853B YAMATO 3948	8132 シナネン 411
64 洋刃物 155	6448 ブラザー 1011	6839 船井電機 2950	7296 FCC 1235	7856 萩原工業 827	8133 エネクス 576
65 フジマック 370	6453 シルバー 26	6841 横河電 982	7299 フジオーゼ 373	7859 アルメディオ 604	8134 TOKAI 407
74 中国工 98	6454 マックス 1120	6842 ユニパルス 465	7301 宮田 131	7860 エイベックス 1107	8136 サンリオ 890
75 東プレ 926	6455 モリタ 456	6844 新電元 202	7305 新家工 236	7862 トッパンフォ 1027	8137 サンワテクノス 600
76 ネツレン 993	6457 グローリー 2124	6845 山武 2549	7309 シマノ 4516	7864 フジシール 1392	8139 ナガホリ 297
77 STECHXIV 2331	6459 大和冷機 442	6848 東亜DKK 392	7311B カワムラC 94.0	7867 タカラトミー 765	8140 リョーサン 2248
81 東京綱 164	6460 セガサミーHD 1090	6849 日本光電 2138	7312 タカタ 2224	7868 広済堂 595	8141 新光商 936
82 マルゼン 410	6461 日ビス 155	6850 チノー 259	73XX ザイキョウ 3568	7873 アーク 331	8142 トーホー 306
84 兼房 890	6462 リケン 416	6853 共和電 305	73XX □ 3326	7874 スルガ 1403	8143 ラビーヌ 127
88 バイオラックス 2079	6463 TPR 902	6855 電子材料 812	7404 昭和飛 860	7879 ノダ 304	8146 小杉産 26

ザイキョウ	3568
□	3326

ザイキョウは3月30日権利落（株式割当ての基準日は3月31日）しました。

ザイキョウは、権利落前までの毎日の終値の平均額が、3,568円であり、「□　3,326」は3月30日の権利落の日以後、月末までの毎日の終値の平均額が3,326円であることを示します。

※　上記の表は参考であり、実際のものとは異なります。

チェックポイント46

最終価格の月平均額の特例の概要

		課税時期の属する月の前々月	課税時期の属する月の前月	課税時期の属する月
課税時期が株式の割当て等の基準日以前である場合	① 権利落等の日が課税時期の属する月（評基通172(1)）	月平均額	月平均額	平均額（配当落の場合は、月平均額）
	② 権利落等の日が課税時期の属する月の初日以前（評基通172(2)）	月平均額	平均額（配当落の場合は、月平均額）	月平均額（増資権利含みの水準に修正）
課税時期が株式の割当て等の基準日の翌日以後である場合	③ 権利落等の日の属する月（評基通172(3)）	平均額（配当落の場合は、月平均額）	月平均額	月平均額
	④ 権利落等の日の属する月の前月以前の各月（評基通172(4)）	月平均額（増資権利落後の水準に修正）	月平均額（増資権利落後の水準に修正）	平均額（配当落の場合は、月平均額）

（●：課税時期　○：権利落等の日　◎：株式の割当て等の基準日）

誤りやすい事例　7

配当落があった場合の最終価格の月平均額

正　　配当落があった場合は、株式の割当ての権利落の場合とは異なり、課税時期がその配当金交付の基準日以前にある場合又は翌日以後にある場合でも、その月の初日から月末までの毎日の最終価格の月平均額によることとされており、権利落があった場合のような修正計算はしない。

誤　　配当落があった場合は、その配当落のあった月の毎日の最終価格の月平均額を権利落があった場合と同じように修正計算する。

解　説　配当落があった場合におけるその配当金を受け取る権利は、株式とは別に配当期待権として独立して課税対象となりますので、その株式の価額は、権利落の場合と同様に月平均額を修正すべきです。

　しかしながら、①そのような修正計算は極めて煩雑になり実務的でないこと、②上場会社の配当の利回りは低率で、株価に与える影響はごくわずかであること、③金融商品取引所が月平均額を算出する場合、配当落については、その前後を区分計算していないことなどから、権利落のような最終価格の月平均額を修正しないこととなります（評基通172(1)～(4)かっこ書）。

第3　気配相場等のある株式の評価

　気配相場等のある株式とは、①日本証券業協会において、登録銘柄として登録された株式及び店頭管理銘柄として指定された株式、②公開途上にある株式をいいます。

　なお、登録銘柄及び店頭管理銘柄については、平成16年12月13日に㈱ジャスダック証券取引所が創設されたことに伴い、原則として、取引所上場有価証券に移行されました。

　したがって、現在は、登録銘柄及び店頭管理銘柄に該当するものはありません。

1　登録銘柄・店頭管理銘柄の評価

⑴　原則的な評価方法（評基通174⑴イ）

| 課税時期の取引価格 |
| 課税時期の属する月の毎日の取引価格の月平均額 |
| 課税時期の属する月の前月の毎日の取引価格の月平均額 |
| 課税時期の属する月の前々月の毎日の取引価格の月平均額 |

最も低い価額 ＝ **評価額**

課税時期の取引価格　日刊新聞等により確認します。

課税時期の取引価格	A　1,650円

※　日本証券業協会の公表する取引価格に高値と安値がある場合には、その平均額によります。
　　また、課税時期が休日等で取引価格がない場合などの取引価格の特例については、416ページから417ページを参照してください。

月　中　平　均　日本証券業協会で発行している証券業報で課税時期の属する月、前月、前々月の月平均額を調べます。

課税時期の属する月の毎日の取引価格の月平均額	B　1,700円
課税時期の属する月の前月の毎日の取引価格の月平均額	C　1,400円
課税時期の属する月の前々月の毎日の取引価格の月平均額	D　1,560円

　取引価格の月平均額の特例については、上場株式に準じて取り扱います（407ページから412ページ参照）。

| 評 価 額 の 算 出 | A・B・C・Dのうち最も低い価額で評価します。 |

C 1,400円　＜　D 1,560円　＜　A 1,650円　＜　B 1,700円

よって、評価額　＝　1,400円

⑵　**負担付贈与又は個人間の対価を伴う取引により取得した場合**

| 課税時期の取引価格 | ＝ | 評 価 額 |

　負担付贈与又は個人間の対価を伴う取引により取得した登録銘柄及び店頭管理銘柄の価額は、日本証券業協会の公表する課税時期の取引価格によって評価することとされています。

　したがって、上記⑴の**原則的な評価方法**である課税時期の属する月以前3か月間の月平均額の最も低い価額により評価することはできません（評基通174⑴ロ）。

⑶　**課税時期の取引価格の特例**

　イ　**課税時期が権利落等の日から株式の割当て等の基準日までの間にある場合**

　課税時期が、権利落等の日（設例では18日）から株式の割当て等の基準日（設例では19日）までの間にある場合は、その権利落等の日の前日（設例では17日）以前の取引価格（課税時期の属する月以前3か月以内のものに限ります。）のうち、課税時期に最も近い日の取引価格を課税時期の取引価格とします（評基通175）。

　したがって、設例の場合の取引価格は、権利落等の日の前日（17日）の取引価格294円となります。

ロ　課税時期に取引価格がない場合（下記ハ以外）

　課税時期にその株式の取引がなく価格が付かない場合や、課税時期が土曜日又は休日である場合のように、課税時期に取引価格がない場合には、原則として、課税時期の前日以前の取引価格（課税時期の属する月以前3か月以内のものに限ります。）のうち、課税時期に最も近い日の取引価格を課税時期の取引価格とします（評基通176⑴）。

　したがって、設例の場合の取引価格は、課税時期の前日以前の取引価格で課税時期に最も近い日（12日）の500円となります。

ハ　課税時期に取引がなく、課税時期が株式の割当て等の基準日の翌日以後で、かつ、課税時期の前日以前の取引価格のうち課税時期に最も近い日の取引価格（課税時期の属する月以前3か月以内のものに限ります。）がその基準日に係る権利落等の日の前日以前のものである場合

①　課税時期の前日以前の取引価格のうち課税時期に最も近い日の取引価格が権利落の日の前日以前のものである場合（評基通176⑵イ）

　課税時期の前日以前の取引価格のうち課税時期に最も近い日（22日）の取引価格は、権利落の日の前日の取引価格ですので、その取引価格を次の算式により権利落後の価格に修正します。

$$\left(\begin{array}{l}\text{課税時期に}\\\text{最も近い日}\\\text{の取引価格}\end{array}+\begin{array}{l}\text{割当てを受けた株}\\\text{式1株につき払い}\\\text{込むべき金額}\end{array}\times\begin{array}{l}\text{株式1株に対す}\\\text{る割当株式数}\end{array}\right)\div\left(1+\begin{array}{l}\text{株式1株に対する}\\\text{割当株式数又は交}\\\text{付株式数}\end{array}\right)$$

　（423円＋50円×0.5）÷（1＋0.5）≒298円（1円未満切捨て）

　したがって、設例の場合の課税時期の取引価格は、298円となります。

②　課税時期の前日以前の取引価格のうち課税時期に最も近い日の取引価格が配当落の日の前日以前のものである場合（評基通176(2)ロ）

（設例）

1日	課税時期に最も近い日の取引価格 13日	配当落の日 14日	配当金交付基準日 15日	課税時期 17日	31日
	↑210円		←---------- 取引なし ----------→		

予想配当の金額1株当たり　5円

　次の算式により配当落後の価格に修正します。

　課税時期に最も近い日の取引価格－株式1株に対する予想配当の金額

　210円－5円＝205円

　したがって、設例の場合の課税時期の取引価格は、205円となります。

二　取引価格の月平均額の特例

　課税時期の属する月以前3か月間に権利落がある場合の取引価格の月平均額については、上場株式に準じて取り扱いますので407ページから412ページを参照してください（評基通177－2）。

> | チェックポイント47 |
>
> **1　登録銘柄**
>
> 　登録銘柄とは、日本証券業協会の内規によって「登録銘柄」として登録されている株式をいいます。登録銘柄として登録されるためには、その株式の発行会社の発行済株式数などが日本証券業協会が定める一定の基準を満たしていることが必要で、協会員の申請に基づき、日本証券業協会の理事会の承認により、登録銘柄として登録されます。
>
> **2　店頭管理銘柄**
>
> 　店頭管理銘柄とは、上場廃止となった銘柄や登録銘柄だったものが登録取消しとなった銘柄などのうち、売買が継続されている株式について、日本証券業協会が「店頭管理銘柄」として指定したものをいいます。

2　公開途上にある株式の評価

(1)　**株式の上場等に際して公募等が行われる場合**（評基通174(2)イ）

　　| 公開価格 |　＝　| 評　価　額 |

(2)　**株式の上場等に際して公募等が行われない場合**（評基通174(2)ロ）

　　| 課税時期以前の取引価格等を勘案した価額 |　＝　| 評　価　額 |

第4　取引相場のない株式の評価

1　取引相場のない株式の評価上の区分と評価方式の判定

2　株主の判定

⑴　同族株主のいる会社、同族株主のいない会社の区分

　　同族株主とは、課税時期におけるその株式の発行会社の株主のうち、株主の１人（納税義務者に限りません。）及びその同族関係者（注）の有する議決権の合計数がその会社の議決権総数の30％以上（株主の１人及びその同族関係者の有する議決権の合計数が最も多いグループ（筆頭株主グループ）の有する議決権の合計数がその会社の議決権総数の50％超である場合は、50％超）である場合におけるその株主及びその同族関係者をいいます（評基通188⑴）。

　（注）　同族関係者とは、法人税法施行令第４条《同族関係者の範囲》に規定する特殊の関係のある個人又は法人をいいます。

	内　　　　容
同族関係者	1　個人たる同族関係者（法人税法施行令４①） 　⑴　株主等の親族（親族とは、配偶者、６親等内の血族及び３親等内の姻族をいいます。） 　⑵　株主等と婚姻の届出をしていないが事実上婚姻関係と同様の事情にある者 　⑶　個人である株主等の使用人 　⑷　上記に掲げる者以外の者で個人である株主等から受ける金銭その他の資産によって生計を維持しているもの 　⑸　上記⑵、⑶及び⑷に掲げる者と生計を一にするこれらの者の親族 2　法人たる同族関係者（法人税法施行令４②〜④、⑥） 　⑴　株主等の１人が他の会社（同族会社かどうかを判定しようとする会社以外の会社。以下同じ。）を支配している場合における当該他の会社【例１参照】 　　　ただし、同族関係会社であるかどうかの判定の基準となる株主等が個人の場合は、その者及び上記１の同族関係者が他の会社を支配している場合における当該他の会社（以下、⑵及び⑶において同じ。）。 　⑵　株主等の１人及びこれと特殊の関係のある⑴の会社が他の会社を支配している場合における当該他の会社【例２参照】 　⑶　株主等の１人並びにこれと特殊の関係のある⑴及び⑵の会社が他の会社を支配している場合における当該他の会社【例３参照】 　（注）1　上記⑴から⑶に規定する「他の会社を支配している場合」とは、次に掲げる場合のいずれかに該当する場合をいいます。 　　　　イ　他の会社の発行済株式又は出資（自己の株式又は出資を除きます。）の総数又は総額の50％超の数又は金額の株式又は出資を有する場合 　　　　ロ　他の会社の次に掲げる議決権のいずれかにつき、その総数（当該議決権を行使することができない株主等が有する当該議決権の

同族関係者	数を除きます。）の50％超の数を有する場合 ① 事業の全部若しくは重要な部分の譲渡、解散、継続、合併、分割、株式交換、株式移転又は現物出資に関する決議に係る議決権 ② 役員の選任及び解任に関する決議に係る議決権 ③ 役員の報酬、賞与その他の職務執行の対価として会社が供与する財産上の利益に関する事項についての決議に係る議決権 ④ 剰余金の配当又は利益の配当に関する決議に係る議決権 ハ 他の会社の株主等（合名会社、合資会社又は合同会社の社員（当該他の会社が業務を執行する社員を定めた場合にあっては、業務を執行する社員）に限ります。）の総数の半数を超える数を占める場合 2 個人又は法人との間で当該個人又は法人の意思と同一の内容の議決権を行使することに同意している者がある場合には、当該者が有する議決権は当該個人又は法人が有するものとみなし、かつ、当該個人又は法人（当該議決権に係る会社の株主等であるものを除きます。）は当該議決権に係る会社の株主等であるものとみなして、他の会社を支配しているかどうかを判定します【例4参照】。 (4) 上記(1)から(3)の場合に、同一の個人又は法人の同族関係者である2以上の会社が判定しようとする会社の株主等（社員を含みます。）である場合には、その同族関係者である2以上の会社は、相互に同族関係者であるものとみなされます。

（例1）

　Aが甲社の議決権割合の50％超（60％）を所有していることから、甲社は株主Aの同族関係者に該当します。

（例2）

　Aが直接所有する乙社の議決権割合は50％以下（30％）ですが、甲社の議決権割合（30％）と合算すると60％となることから、乙社は株主Aの同族関係者に該当します。

（例3）

　　Aが直接所有する丙社の議決権割合は50％以下（10％）ですが、甲社及び乙社の議決権割合（20％＋30％）を合算すると60％となることから丙社は株主Aの同族関係者に該当します。

（例4）

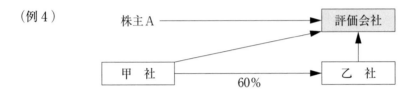

※　甲社は、乙社に対する議決権の行使に当たり、株主Aの意思と同一の内容の議決権を行使することに同意しています。

　　Aは、乙社の議決権を直接所有していませんが、甲社が所有する乙社に対する議決権割合60％はAが所有するものとみなされ、Aが乙社の株主とみなされます。

　　したがって、乙社はAの同族関係者に該当します。

親族の範囲

※1　肩書数字のアラビア数字は血族の親等、漢数字は姻族の親等を、（偶）は配偶者を、それぞれ示しています。

※2　**親族の範囲**……親族とは①配偶者、②6親等内の血族、③3親等内の姻族をいいます。

※3　**養親族関係**……養子と養親及びその血族との間においては、養子縁組の日から血族と同一の親族関係が生じます。

(2)　同族株主のいる会社の株主及び評価方式の判定

区分		株 主 の 態 様			評 価 方 式
同族株主のいる会社	同族株主	取得後の議決権割合が5％以上の株主			原 則 的 評 価 方 式
		取得後の議決権割合が5％未満の株主	中心的な同族株主がいない場合		
			中心的な同族株主がいる場合	中心的な同族株主	
				役員である株主又は役員となる株主	
				その他の株主	配当還元方式
	同 族 株 主 以 外 の 株 主				

チェックポイント48

中心的な同族株主の定義

　中心的な同族株主とは、同族株主のいる会社の株主で、課税時期において同族株主の
１人並びにその株主の配偶者、直系血族、兄弟姉妹及び１親等の姻族（これらの者と特
殊の関係にある会社（法人税法施行令第４条第２項及び第３項に掲げる会社をいいま
す。）のうち、これらの者が有する議決権の合計数がその会社の議決権総数の25％以上
である会社を含みます。）の有する議決権の合計数がその会社の議決権総数の25％以上
である場合におけるその株主をいいます（評基通188(2)）。

　なお、株式取得者が「中心的な同族株主」になるかどうかについては、「同族株主」
になるかどうかを判定する場合のようにグループとして判定するのではなく、評価しよ
うとする個々の株式取得者を基準として判定することにしていますので、株式取得者が
他の同族株主の中心的な同族株主の判定の基礎に含まれる場合であっても、その株式取
得者を基準にして判定した場合には、中心的な同族株主とならないケースがあることに
なります。

役員の定義

　社長、理事長並びに法人税法施行令第71条第１項第１号、第２号及び第４号に掲げる
者をいいます（評基通188(2)）。

(注)　法人税法施行令第71条第１項（抜粋）

　　　第１号　代表取締役、代表執行役、代表理事及び清算人
　　　第２号　副社長、専務、常務その他これらに準ずる職制上の地位を有する役員
　　　第４号　取締役（指名委員会等設置会社の取締役及び監査等委員である取締役に限
　　　　　る。）、会計参与及び監査役並びに監事

中心的な同族株主判定の基礎となる株主グループの範囲（網かけ部分）
—— 株主Aについて判定する場合 ——

※1　肩書数字のアラビア数字は血族の親等、漢数字は姻族の親等を、（偶）は配偶者を、それぞ
　　れ示しています。
※2　**親族の範囲**……親族とは①配偶者、②6親等内の血族、③3親等内の姻族をいいます。
※3　**養親族関係**……養子と養親及びその血族との間においては、養子縁組の日から血族と同一の
　　　　　　　親族関係が生じます。

(3)　同族株主のいない会社の株主及び評価方式の判定

区分	株　主　の　態　様			評価方式
同族株主のいない会社	議決権割合の合計が15％以上の株主グループに属する株主※	取得後の議決権割合5％以上の株主		原 則 的評価方式
		取得後の議決権割合が5％未満の株主	中心的な株主がいない場合	
			中心的な株主がいる場合　役員である株主又は役員となる株主	
			その他の株主	配 当還元方式
	議決権割合の合計が15％未満の株主グループに属する株主			

※　この「議決権割合の合計が15％以上の株主グループに属する株主」を「同族株主」と併せて、以下「同族株主等」といいます。

チェックポイント49

中心的な株主の定義

　同族株主のいない会社の株主で、課税時期において株主の1人及びその同族関係者の有する議決権の合計数がその会社の議決権総数の15％以上である株主グループのうち、いずれかのグループに単独でその会社の議決権総数の10％以上の議決権を有している株主がいる場合におけるその株主をいいます（評基通188(4)）。

⑷　同族株主及び評価方式の判定例

イ　同族株主のいる会社──筆頭株主グループの議決権割合が50％超の場合

株　　主	Aとの続柄	議決権数	割　　合
A	本　　　人	30,000	30％
B	Aの配偶者	11,000	11％
C	A の 長 男	5,000	5 ％
D	A の 長 女	5,000	5 ％
E	A の 友 人	25,000	25％
F	E の 長 男	12,000	12％
G	E の 次 男	12,000	12％
合　　　　　計		100,000	100％

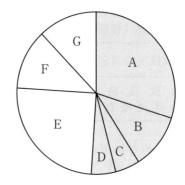

【判　定】

1　A、B、C及びDは、そのグループの議決権の合計数（51,000個）が議決権総数（100,000個）の50％超（51％）となっていますので、同族株主となります。

2　E、F及びGは、そのグループの議決権の合計数（49,000個）が議決権総数（100,000個）の30％以上（49％）となっていますが、株主Aのグループの議決権割合が50％超ですので、同族株主以外の株主となります。

ロ　同族株主のいる会社──筆頭株主グループの議決権割合が30％以上50％以下の場合

株　　主	Aとの続柄	議決権数	割　　合
A	本　　　人	5,000	5 ％
B	Aの配偶者	15,000	15％
C	A の 長 男	15,000	15％
D	A の 長 女	5,000	5 ％
E	Cの配偶者	5,000	5 ％
F	A の 友 人	15,000	15％
G	Fの配偶者	5,000	5 ％
H	F の 友 人	20,000	20％
I	Hの配偶者	15,000	15％
合　　　　　計		100,000	100％

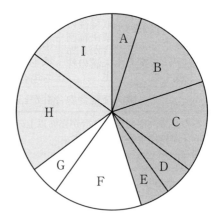

【判　定】

　筆頭株主グループである株主Aのグループの議決権の合計数（45,000個）は、議決権総数（100,000個）の50％以下（45％）ですから、30％以上の議決権割合の株主グループに属する株主が同族株主となります。

　したがって、株主Aのグループに属する株主A、B、C、D及びEは同族株主

となります。また、株主Hのグループの議決権割合も30％以上（35％）となっていますので、株主H及びIも同族株主となります。

株主Fのグループの議決権割合は30％未満（20％）ですので、株主F及びGは同族株主以外の株主となります。

ハ　同族株主のいない会社

株　　　主	Aとの続柄	議決権数	割　　合
A	本　　　　人	15,000	15％
B	Aの配偶者	5,000	5％
C	A の 長 男	5,000	5％
D	A の 友 人	10,000	10％
E	Dの配偶者	5,000	5％
F	D の 長 男	5,000	5％
G	A の 友 人	15,000	15％
H	Gの配偶者	5,000	5％
I	D の 友 人	15,000	15％
J	G の 友 人	10,000	10％
K	I の 友 人	10,000	10％
合　　　　計		100,000	100％

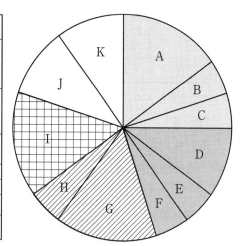

【判　定】

議決権割合が30％以上となるグループがおらず、同族株主のいない会社になりますので、議決権割合の合計が15％以上となるグループに属する株主が同族株主等と判定され、それ以外の株主は同族株主等以外の株主となります。

したがって、株主Aのグループ（A、B及びC）、株主Dのグループ（D、E及びF）、株主Gのグループ（G及びH）及び株主Iについては、各議決権割合の合計が15％以上ですので、これらのグループに属する株主は同族株主等となり、また、株主J及びKが同族株主等以外の株主となります。

二　同族株主のいる会社──少数株主の評価方式の判定(1)(中心的な同族株主のいる場合)

株　　主	Aとの続柄	議決権数	割　　合
A	本　　　人	16,000	16%
B	Aの配偶者	10,000	10%
C	A　の　長　男	11,000	11%
D	A　の　父	3,000	3%
E	A　の　弟	3,000	3%
F	E　の　長　男	4,000	4%
G	A　の　従兄	4,000	4%
H	A　の　友　人	25,000	25%
I	A　の　友　人	24,000	24%
合　　　計		100,000	100%

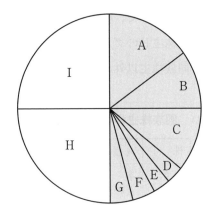

※　役員はAのみとします。

【判　定】

1　株主Aとその同族関係者で議決権総数の50%超（51%）の議決権を有しているので、株主A〜Gは同族株主となります。

2　A、B及びCは同族株主グループに属し、議決権割合が5％以上ですので、原則的評価方式により評価します。株主H及びIは、同族株主のいる会社の同族株主以外の株主ですので、配当還元方式により評価します。

3　次に、D、E、F及びGは、同族株主グループに属しますが、議決権割合が5％未満ですので、中心的な同族株主になるか否かを判定する必要があります。

　　中心的な同族株主になるか否かは、評価しようとする個々の株式取得者を基準として判定します。

(1)　Dの場合

　　株主Dを中心としてみると、株主A、B、C、D、E及びFが中心的な同族株主の判定の基礎となる株主グループとなります。

株主A	16%
株主B	10%
株主C	11%
株主D	3%
株主E	3%
株主F	4%
合　計　47%	≧　25%

したがって、Dは中心的な同族株主に該当しますので原則的評価方式で評価します。

(2)　Eの場合

　株主Eを中心としてみると、株主A、D、E及びFが中心的な同族株主の判定の基礎となる株主グループとなります。

株主A　16％
株主D　3％
株主E　3％
株主F　4％
合　計　26％　≧　25％

　したがって、Eは中心的な同族株主に該当しますので原則的評価方式で評価します。

(3)　Fの場合

　株主Fを中心としてみると、株主D、E及びFが中心的な同族株主の判定の基礎となる株主グループとなります。

株主D　3％
株主E　3％
株主F　4％
合　計　10％　＜　25％

　したがって、Fは中心的な同族株主に該当せず、役員でもないので、配当還元方式で評価します。

⑷　Gの場合

　株主Gを中心としてみると、中心的な同族株主の判定の基礎となる株主はGのみであり、Gは中心的な同族株主に該当せず、役員でもないので、配当還元方式により評価します。

ホ　同族株主のいる会社──少数株主の評価方式の判定⑵（中心的な同族株主のいない場合）

株　　主	Aとの続柄	議決権数	割　合
A	本　　人	10,000	10%
B	Aの配偶者	3,000	3 %
C	Aの長男	3,000	3 %
D	A　の　兄	8,000	8 %
E	A　の　甥	4,000	4 %
F	A　の　叔父	4,000	4 %
その他少数株主		68,000	68%
合　　　　計		100,000	100%

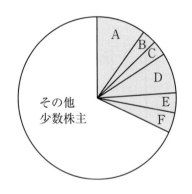

　※　Aは代表取締役、Fは専務取締役とします。

【判　定】

1　株主Aとその同族関係者で議決権総数の30％以上（32％）の議決権を有しているので、株主A～Fは同族株主となります。

2　A及びDは同族株主グループに属し、議決権割合が5％以上ですので、原則的評価方式により評価します。

　その他少数株主（A～F以外の者）は、同族株主のいる会社の同族株主以外の株主ですので、配当還元方式

により評価します。

3　B、C、E及びFは、同族株主グループに属しますが、議決権割合が5％未満ですので、中心的な同族株主になるか否かを判定する必要があります。

　中心的な同族株主になるか否かは、評価しようとする個々の株式取得者を基準として判定します。

4　株主Aのグループ内には、A～Fのいずれを基準にしても議決権割合が25％以上となる者がいない（議決権割合の最も多いグループ（Aを基準としたグループ）の議決権割合は25％未満（24％））ため、この会社は中心的な同族株主のいない会社となります。

```
株主A　10％
株主B　 3 ％
株主C　 3 ％
株主D　 8 ％
合　計　24％　＜　25％
```

5　同族株主グループの中に中心的な同族株主がいない場合には、同族株主グループに属する全ての株主の取得した株式は原則的評価方式によって評価しますので、B、C、E及びFは、原則的評価方式で評価します。

ヘ　同族株主のいる会社──少数株主の評価方式の判定⑶（同族株主グループが2以上あり、そのうちのいずれかのグループに中心的な同族株主がいる場合）

株　　主	Aとの続柄	議決権数	割　　合
A	本　　　人	10,000	10％
B	Aの配偶者	8,000	8 ％
C	Aの長男	7,000	7 ％
D	Aの次男	5,000	5 ％
E	Aの叔父	7,000	7 ％
F	Aの甥	3,000	3 ％
株主甲とその同族関係者		20,000	20％
株主乙とその同族関係者		10,000	10％
K	本　　　人	8,000	8 ％
L	Kの父	5,000	5 ％
M	Kの長男	8,000	8 ％
N	Kの弟	3,000	3 ％
P	Kの叔父の妻	3,000	3 ％
Q	Kの従兄	3,000	3 ％
合　　　　　計		100,000	100％

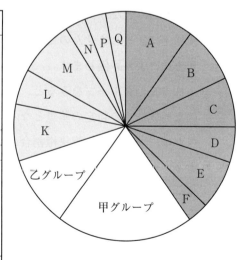

【判　定】

1　株主Aとその同族関係者で議決権総数の30％以上（40％）の議決権を有して

いるので、株主A〜Fは同族株主となります。また、株主Kとその同族関係者も議決権総数の30％以上（30％）の議決権を有しているので、株主K〜Qは同族株主となります。

2　A、B、C、D、E、K、L及びMは同族株主グループに属し、議決権割合が5％以上ですので、原則的評価方式により評価します。株主甲及びその同族関係者並びに株主乙及びその同族関係者は、同族株主のいる会社の同族株主以外の株主ですので、配当還元方式により評価します。

3　F、N、P及びQは、同族株主グループに属しますが、議決権割合が5％未満ですので、中心的な同族株主になるか否かを判定する必要があります。

　中心的な同族株主になるか否かは、評価しようとする個々の株式取得者を基準として判定します。

4　株主Aのグループでは、株主A、B、C及びDのいずれからみても4人で25％以上（30％）の議決権を有していますので、中心的な同族株主のいる会社に該当します。

　株主Fを基準にしてみると、中心的な同族株主の判定の基礎となる株主はFのみとなり、Fは中心的な同族株主に該当しませんので、配当還元方式により評価します。

5　株主Kのグループをみると、中心的な同族株主の判定の基礎となる株主グループのうち、議決権割合の最も多いグループ（Kを基準としたグループ）の議決権割合は25％未満（24％）ですから、Kのグループには中心的な同族株主はいません。

　しかし、株主Aのグループに中心的な同族株主がいますので、N、P及びQは配当還元方式によって評価します。

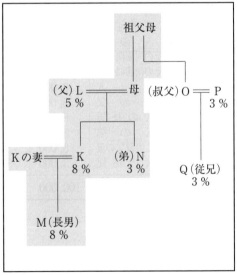

ト　同族株主のいない会社──少数株主の評価方式の判定⑴（中心的な株主のいる場合）

株　　主	Aとの続柄	議決権数	割　　合
A	本　　　　人	14,000	14%
B	Aの配偶者	5,000	5%
C	Aの長男	3,000	3%
D	A　の　甥	3,000	3%
その他少数株主		75,000	75%
合　　　　　計		100,000	100%

※　役員はAのみとします。

【判　定】

1　筆頭株主グループである株主Aのグループは、議決権割合が30％未満（25％）ですので、同族株主のいない会社になりますが、議決権割合が15％以上ですので同族株主等に該当します。したがって、議決権割合が5％以上である株主A及びBは、原則的評価方式で評価することになります。

2　C及びDは、議決権割合が15％以上のグループに属していますが、議決権割合が5％未満ですので、中心的な株主がいるか否かを判定する必要があります。

3　株主Aは単独で10％以上の議決権を有していますので、中心的な株主となります。また、C及びDは役員ではありません。したがって、C及びDは、配当還元方式で評価します。

チ　同族株主のいない会社──少数株主の評価方式の判定⑵（中心的な株主のいない場合）

株　　主	Aとの続柄	議決権数	割　　合
A	社　　　　長	8,000	8%
B	Aの配偶者	6,000	6%
C	Aの長男	3,000	3%
D	A　の　甥	3,000	3%
E	副　社　長	7,000	7%
F	Eの配偶者	5,000	5%
G	Eの長男	5,000	5%
H	Eの次男	3,000	3%
その他少数株主		60,000	60%
合　　　　　計		100,000	100%

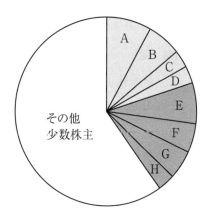

【判　定】

1　筆頭株主グループである株主Aのグループ及びEのグループの議決権割合が30％未満（20％）ですので、同族株主のいない会社になります。

同族株主のいない会社であっても、株主Aのグループ及びEのグループの議決権割合は、15%以上ですから、いずれのグループも同族株主等となります。したがって、議決権割合が5%以上である株主A、B、E、F及びGは、原則的評価方式で評価することになります。

2　C、D及びHは、議決権割合が15%以上のグループに属していますが、議決権割合が5%未満なので、中心的な株主がいるか否かを判定する必要があります。

3　単独で10%以上の議決権を有している株主（中心的な株主）がいませんので、議決権割合が5%未満の株主C、D及びHについても、原則的評価方式で評価します。

リ　同族株主のいない会社──少数株主の評価方式の判定(3)（株主グループのいずれかに中心的な株主がいる場合）

株　　主	Aとの続柄	議決権数	割　　合
A	社　　　長	12,000	12%
B	Aの配偶者	5,000	5％
C	A の 長 男	3,000	3％
D	A の 甥	3,000	3％
E	副　社　長	8,000	8％
F	Eの配偶者	6,000	6％
G	E の 長 男	4,000	4％
H	E の 次 男	4,000	4％
その他少数株主		55,000	55％
合　　　計		100,000	100％

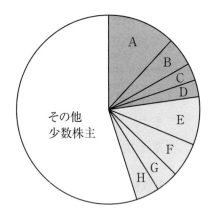

※　役員はA及びEのみとします。

【判　定】

1　筆頭株主グループである株主Aのグループの議決権割合が30%未満（23%）なので、同族株主のいない会社になります。

同族株主のいない会社で、議決権割合が15%以上の株主Aのグループ及び株主Eのグループは、いずれも同族株主等となります。したがって、議決権割合が5%以上である株主A、B、E及びFは、原則的評価方式で評価することになります。

2　C、D、G及びHは、議決権割合が15%以上のグループに属していますが、議決権割合が5%未満ですので、中心的な株主がいるか否かを判定する必要があります。

3　株主Aは単独で10%以上の議決権を有していますので、中心的な株主となります。

　また、Ｃ、Ｄ、Ｇ及びＨは役員ではありません。したがって、Ｃ、Ｄ、Ｇ及び
Ｈは配当還元方式で評価します。

チェックポイント50

議決権

　平成13年、14年の商法改正により、単元株制度の創設及び株式の多様化（種類株式ご
とに単元を定めることができます。）が認められることになり、株主が有する株式の数
と議決権の数が必ずしも一致しなくなりました。そこで、株主が有する「株式数」又は
評価会社の「発行済株式数」を基とした持株割合による株主の判定では、会社支配の実
態と異なる株主区分となることがあるため、「議決権割合」を基にして、「同族株主のいる
会社」、「同族株主のいない会社」の区分を判定することとなりました。

（参考）　単元株制度

　単元株制度は、会社が一定の数の株式をもって、一単元の株式とする旨を定める（た
だし、一単元の株式の数は1,000株及び発行済株式数の200分の１を超えることはできま
せん。）ことにより、一単元の株式につき１個の議決権を与えることとする制度です。
なお、単元未満株式については議決権がありません。また、会社が会社法第108条《異
なる種類の株式》に定める種類株式を発行するときは、株式の種類ごとに一単元の株式
の数を定款により定めなければなりません（会社法188①③）。

　平成13年６月の商法改正（同年10月施行）により、株式の大きさに関する規制が撤廃
され、会社が自由に株式の大きさを決めることができることになり、資金調達の便宜が
図られました。これにより、昭和56年に株式の額面金額を原則５万円と定めたことに伴
って暫定的かつ過渡的な制度として導入された単位株制度が廃止され、単元株制度が創
設されました。

ヌ　所有株式数の割合と議決権の数の割合とで同族株主判定が異なる場合

- 普通株式の一単元の株式の数は100株とします。

- 株主甲は、株主乙の同族関係者ではありません。

- 株主乙の所有する種類株式の一単元の株式の数は25株とします。

- 「その他」は、株主甲又は株主乙の同族関係者にならない少数株主です。

株主	株式の種類	所有株式数	割合	同族株主判定	議決権の数	割合	同族株主判定
		株	％		個	％	
甲	普通株式	5,500	55.0	○	55	37.9	×
乙	普通株式	2,000	20.0	×	20	13.8	○
	種類株式	1,500	15.0		60	41.4	
その他	普通株式	1,000	10.0	×	10	6.9	×
合　計		10,000	100.0		145	100.0	

【判　定】

　同族株主は「議決権割合」により判定します。したがって、所有株式数の割合により判定すると、株主甲の持株割合が55.0％となるため、甲が同族株主となりますが、議決権の数の割合で判定すると、株主乙の議決権の数の議決権総数に占める割合が55.2％（＝13.8％＋41.4％）となりますので、議決権割合が50％超である株主乙が同族株主となります。

(5)　**議決権制限株式等の種類株式を発行している場合の議決権総数等**

　議決権制限株式については、議決権制限株式ごとにその議決権を行使できる事項によって評価会社の支配の度合いを判定すべきですが、制限された範囲内で会社経営に関与することも可能であり、議決権を行使できる事項によって支配に影響する度合いを区別することが困難である場合が多いと考えられるので、会社法における親子会社の判定（会社法2三）と同様に、普通株式と同様の議決権があるものとし、その議決権の数を「株主の有する議決権の数」及び「評価会社の議決権総数」に含めます（評基通188－5）。

（参考１）　株式の多様化

　　平成13、14年の商法改正において、「ベンチャー企業が支配権を維持しながら資金調達をしたい」又は「企業の特定部門や子会社の業績に対して配当が連動（トラック）する、いわゆるトラッキング・ストックを発行したい」とのニーズがあることに配慮し、一定の範囲で権利内容が異なる株式の発行が拡大されました。換言すれば、株式による資金調達の多様化と支配関係の多様化の機会が会社に与えられることとなりました。

（商法改正前）　「利益もしくは利息の配当、残余財産の分配、株式の買受又は利益をもってする株式の消却」についてのみ、権利内容の異なる株式（種類株式）を認め、利益配当優先株式に付随する性質のものとして無議決権株式の発行を認め、優先配当がなかった場合には、議決権が法律上強制的に復活することとされていました。

（商法改正後）　従来の種類株式に加え、株主総会における全て又は一部の事項について議決権を行使できない議決権制限株式や種類株主総会での取締役・監査役の選解任（株式譲渡制限のある非公開会社のみ）ができる株式の発行ができるようになりました。

（参考2）　種類株式の内容（商法と会社法との比較）

　株式会社は、平成13年から平成14年にかけて行われた商法改正に伴い、株式の発行の多様化が認められ、普通株式に内容が極めて近い株式から配当優先の無議決権株式に至るまで、様々な種類の株式を発行することができるようになり、このことは平成18年に施行された会社法にも引き継がれています。

商法	会社法	変更内容等
○優先株式・劣後株式（222①一、二） 　利益の配当又は残余財産の分配につき異なる種類の株式	○優先株式・劣後株式（108①一、二） 　剰余金の配当又は残余財産の分配につき異なる種類の株式	○内容に変更なし
○償還株式（222①三、四） 　会社の買受け又は利益による消却が予定されている株式 ○転換予約権付株式（222ノ2①） 　株主が他の種類の株式への転換請求権を有する株式 ○強制転換条項付株式（222ノ8） 　会社が他の種類の株式への転換請求権を有する株式	○取得請求権付株式（108①五） 　株主が会社に対して、取得を請求できる株式 ○取得条項付株式（108①六） 　一定事由の発生を条件として、会社が取得することができる株式	○名称変更 　償還又は転換請求権が株主にあるもの 　　商　法⇒（義務）償還株式、転換予約権付株式 　　会社法⇒取得請求権付株式 　償還又は転換請求権が会社にあるもの 　　商　法⇒（強制）償還株式、強制転換条項付株式 　　会社法⇒取得条項付株式 ○対価の柔軟化 　　商　法⇒取得対価は、償還株式は金銭、転換株式は株式に限定 　　会社法⇒取得対価の限定なし（金銭、株式のほか、社債、その他財産等も可能）
○議決権制限株式（222①五） 　議決権が制限されている株式	○議決権制限株式（108①三） 　議決権が制限されている株式	○発行限度の撤廃 　　商　法⇒発行済株式数の2分の1が限度（222⑤）。 　　会社法⇒公開会社（株式の全部又は一部について譲渡制限がない株式を発行する会社）は発行済株式数の2分の1が限度（115） 　　非公開会社（株式の全部につき譲渡制限がされた会社）は発行限度なし

○種類株主総会での取締役等の選任権の付された株式（222①六） 　取締役又は監査役を株主総会ではなく種類株主総会で選任できる株式	○種類株主総会での取締役等の選任権の付された株式（108①九） 　取締役又は監査役を株主総会ではなく種類株主総会で選任できる株式	○内容に変更なし （参考） 　商法・会社法⇒非公開会社が発行可能
○株主総会決議のほか、種類株主総会決議を必要とする旨の定め（222⑨） 　いわゆる「拒否権付株式」	○株主総会決議のほか、種類株主総会決議を必要とする旨の定め（108①八） 　いわゆる「拒否権付株式」	○内容に変更なし
―	○全部取得条項付種類株式（108①七） 　会社が株主総会の決議によって、その全部を取得することができる株式	○新　設 （参考）　任意整理型の企業再生の円滑化に資するため新設 　例えば、100％減資及び新株発行を法的再生手続（民事再生手続等）によらず円滑に行うことが可能
（譲渡制限株式は、株式譲渡自由の原則の例外として認められていた（204ただし書）。）	○譲渡制限株式（108①四） 　譲渡による株式の取得について、会社の承認を要する株式	○対象とする株式 　商　法⇒全ての株式を譲渡制限株式とする必要あり 　会社法⇒株式の種類ごとに、譲渡制限株式とすることが可能

※　上記のほか、会社法においては、株主平等原則（会社は、株主を、株式の内容及び数に応じて平等に取り扱わなければなりません（会社法109①）。）の例外として、非公開会社が①剰余金の配当を受ける権利、②残余財産の分配を受ける権利、又は③株主総会における議決権について、株主ごとに異なる取扱いを行う旨を定款で定めた場合には、当該株主が有する株式を「種類株式」とみなすこととしています（会社法109②③）。

（参考3）　種類株式の変遷

	明32制定	昭13改正	昭25改正	平13、14改正（商法）	平17制定（18.5施行）会社法
		無議決権株式		議決権制限株式 ※　発行済株式数の1/2が限度	議決権制限株式 ※　全部譲渡制限会社は発行限度を撤廃
			無議決権株式（優先配当の場合のみ）	配当優先株式（優先株式）	配当優先株式（優先株式）
	配当優先株式（優先株式）				
		劣後株式		劣後株式	劣後株式
			残余財産分配優先株式（優先株式）	残余財産分配優先株式（優先株式）	残余財産分配優先株式（優先株式）
			償還株式	買受、償還株式	（取得請求権付株式又は取得条項付株式へ）
		転換株式		転換予約権付株式	取得請求権付株式（※1）
				強制転換条項付株式	取得条項付株式（※2）
					全部取得条項付株式（※3）
				種類株主総会での取締役等の選任権の付された株式	種類株主総会での取締役等の選任権の付された株式
				拒否権付株式	拒否権付株式（※4）

※1　「取得請求権付株式」とは、株主が会社に対してその取得を請求できる株式をいいます。
　2　「取得条項付株式」とは、会社が一定の事由が生じたときに取得できる株式をいいます。
　3　「全部取得条項付株式」とは、会社が株主総会の決議によってその全部を取得する株式をいいます。
　4　「拒否権付株式」とは、株主総会決議事項のうち、その種類株式の種類株主総会の決議をも必要とする（株主総会決議を種類株主総会決議で拒否することができます。）株式をいいます。

3　会社規模（Lの割合）の判定

従業員70人以上 → 大　会　社

従業員70人未満 → 「卸売業」、「小売・サービス業」、「卸売業、小売・サービス業以外」の区分 → 下の表で会社規模とLの割合を判定

判定基準	⑴　直前期末以前1年間における従業員数に応ずる区分				70人以上の会社は、大会社（㋭及び㋺は不要）				
					70人未満の会社は、㋭及び㋺により判定				
	㋭　直前期末の総資産価額（帳簿価額）及び直前期末以前1年間における従業員数に応ずる区分				㋺　直前期末以前1年間の取引金額に応ずる区分			会社規模とLの割合（中会社）の区分	
	総資産価額（帳簿価額）			従業員数	取　引　金　額				
	卸売業	小売・サービス業	卸売業、小売・サービス業以外		卸売業	小売・サービス業	卸売業、小売・サービス業以外		
	20億円以上	15億円以上	15億円以上	35人超	30億円以上	20億円以上	15億円以上	大　会　社	
	4億円以上20億円未満	5億円以上15億円未満	5億円以上15億円未満	35人超	7億円以上30億円未満	5億円以上20億円未満	4億円以上15億円未満	0.90	中会社
	2億円以上4億円未満	2億5,000万円以上5億円未満	2億5,000万円以上5億円未満	20人超35人以下	3億5,000万円以上7億円未満	2億5,000万円以上5億円未満	2億円以上4億円未満	0.75	
	7,000万円以上2億円未満	4,000万円以上2億5,000万円未満	5,000万円以上2億5,000万円未満	5人超20人以下	2億円以上3億5,000万円未満	6,000万円以上2億5,000万円未満	8,000万円以上2億円未満	0.60	
	7,000万円未満	4,000万円未満	5,000万円未満	5人以下	2億円未満	6,000万円未満	8,000万円未満	小　会　社	

・「会社規模とLの割合（中会社）の区分」は、㋭欄の区分（「総資産価額（帳簿価額）」と「従業員数」のいずれか下位の区分）と㋺欄の区分とのいずれか上位の区分により判定します。

判定	大　会　社	中　会　社			小　会　社
		L　の　割　合			
		0.90	0.75	0.60	

① いずれか下位の区分

② いずれか上位の区分

(1)　**従業員数の定義**

イ　**従業員の範囲**

　　従業員は、勤務時間の長短又は常時使用される者であるか否かにかかわらず、評価会社において使用される個人で賃金を支払われる者をいいますが、評価会社の役員（社長、理事長並びに法人税法施行令第71条《使用人兼務役員とされない役員》第1項第1号、第2号及び第4号に掲げる者をいいます。）は従業員に含まれません（評基通178(注)）。

ロ　**従業員数の判定**

　　評価会社の従業員数は、課税時期の直前期末以前1年間における評価会社の従業員の労働時間を考慮して判定します。

　　従業員は、その雇用形態により、1年間を通じて継続勤務する従業員と、日々雇い入れる者や中途入退社する者など継続勤務しない従業員とに区分することができます。また、1年間を通じて継続勤務する従業員のうちにも就業規則等で定める所定労働時間の長短により、通常の者と、定時社員（パートタイマー）のように通常の者の所定労働時間に比して短い従業員とに区分することができます。

　　そこで、評価会社の従業員数は、判定期間である課税時期の直前期末以前1年間を通じてその期間継続して評価会社に勤務していた従業員のうち、就業規則等で定められた1週間当たりの労働時間が30時間以上である従業員（このロにおいて、以下「継続勤務従業員」といいます。）についてはその従業員それぞれを従業員数1として換算することとし、課税時期の直前期末以前1年間においてその評価会社に勤務していた他の従業員については、これらの従業員のその1年間の労働時間の合計時間数を従業員1人当たりの平均的な労働時間数である1,800時間で除した数値を従業員数に換算することとされています。

　　すなわち、評価会社の従業員数は、次の算式のとおり、継続勤務従業員の人数に継続勤務従業員以外の従業員の合計労働時間数を1,800時間で除して得た数値を加算して計算した数とされています（評基通178(2)）。

┌──（算式）─────────────────────────────┐

$$\text{直前期末以前1年間の継続勤務従業員の数} + \frac{\text{継続勤務従業員以外の従業員の直前期末以前1年間における労働時間の合計時間数}}{1,800\text{時間}}$$

└─────────────────────────────────────┘

チェックポイント51

従業員数の判定の留意事項

1　上記算式により評価会社の従業員数を求め、例えば5.1人となる場合には、従業員数「5人超」に、4.9人となる場合は従業員数「5人以下」に該当します。

2　課税時期とは、相続等によりその株式を取得した日をいいます。

3　直前期末とは、課税時期の直前に終了した事業年度の末日をいいます。これを図示すると次のとおりです。

(2)　総資産価額（帳簿価額）の定義

　課税時期の直前期末における評価会社の各資産の帳簿価額の合計額をいいます（評基通178(1)）。

　なお、評価会社が固定資産の償却額の計算を間接法によって表示している場合には、その帳簿価額の合計額から減価償却累計額を控除すること（ただし、法人税の申告書において「減価償却超過額」があっても加算しません。）、売掛金・受取手形・貸付金等に対する貸倒引当金は控除しないことに留意してください。

(3)　取引金額の定義

　課税時期の直前期末以前1年間における評価会社が目的とする事業による収入金額（売上高）をいいます。

　なお、金融業・証券業については収入利息及び収入手数料を収入金額とします（評基通178(3)）。

⑷　「卸売業」、「小売・サービス業」又は「卸売業、小売・サービス業以外」の業種
　　の判定

　　評価会社が「卸売業」、「小売・サービス業」又は「卸売業、小売・サービス業以
外」のいずれの業種に該当するかは、上記⑶の直前期末以前 1 年間における取引金
額に基づいて判定します（評基通178⑷前段）。

　　なお、当該取引金額のうちに 2 以上の業種に係る取引金額が含まれている場合に
は、それらの取引金額のうち最も多い取引金額に係る業種によって判定します（評
基通178⑷後段）。

　　評価会社がどの業種に該当するかについては、「日本標準産業分類の分類項目と
類似業種比準価額計算上の業種目との対比表」（734ページ以降参照）を参考にして
ください。

チェックポイント52

日本標準産業分類

　「日本標準産業分類」は、統計調査の結果を産業別に表示する場合の統計基準として、
事業所において行われる財及びサービスの生産又は提供に係る全ての経済活動を分類す
るものであり、統計の正確性と客観性を保持し統計の相互比較性と利用の向上を図るこ
とを目的として、総務大臣が公示しています。

　なお、「日本標準産業分類」は、総務省のホームページ（www.soumu.go.jp）で閲覧
することができます。

4　大会社の株式の評価

　類似業種比準方式（450〜465ページ参照）により評価します（評基通179⑴）。

　　類似業種比準価額

$$A \times \left(\dfrac{\dfrac{Ⓑ}{B} + \dfrac{Ⓒ}{C} + \dfrac{Ⓓ}{D}}{3} \right) \times 0.7$$

> A＝類似業種の株価
> Ⓑ＝評価会社の1株当たりの配当金額
> Ⓒ＝評価会社の1株当たりの利益金額
> Ⓓ＝評価会社の1株当たりの純資産価額（帳簿価額によって計算した金額）
> B＝課税時期の属する年の類似業種の1株当たりの配当金額
> C＝課税時期の属する年の類似業種の1株当たりの年利益金額
> D＝課税時期の属する年の類似業種の1株当たりの純資産価額（帳簿価額によって計算した金額）

　ただし、納税義務者の選択により純資産価額方式（466～484ページ参照）によって評価することができます。

> 1株当たりの純資産価額※
> （相続税評価額によって計算した金額）

※1　この場合の純資産価額は、議決権割合が50％以下の同族株主グループに属する株主であっても80％評価（評基通185ただし書）の適用はありません。
※2　純資産価額方式を選択しない場合には、1株当たりの純資産価額（相続税評価額によって計算した金額）を計算する必要はありません。

チェックポイント53

Ⓑ、Ⓒ、Ⓓが端数処理で0円となる場合

　年平均配当金額（特別配当等の名称による配当金額のうち、将来毎期継続することが予想できない金額を除きます。）、差引利益金額又は純資産価額（帳簿価額によって計算した金額）が正数の場合であっても、1株当たりの金額とした場合に端数処理により0円となるときには、比準要素は0円として「比準要素数1の会社の株式」及び「開業後3年未満の会社等の株式」の判定を行います。

　1株当たりの金額の計算に当たっては、円未満の端数（1株当たりの年配当金額の計算に当たっては10銭未満の端数）を切り捨てることに注意してください。

Ⓒ、Ⓓが負数の場合

　Ⓒ、Ⓓの金額が負数の場合は0とします。

5　中会社の株式の評価

　類似業種比準方式（450～465ページ参照）と純資産価額方式（466～484ページ参照）との併用方式により、次の算式によって評価します（評基通179(2)）。

443ページ参照

　「80％評価可」とは、財産評価基本通達185ただし書の適用があることを示します。

　類似業種比準価額は次の算式により評価します。

$$
A \ \times \ \left(\frac{\dfrac{Ⓑ}{B} + \dfrac{Ⓒ}{C} + \dfrac{Ⓓ}{D}}{3} \right) \ \times \ 0.6
$$

> A＝類似業種の株価
>
> Ⓑ＝評価会社の1株当たりの配当金額
>
> Ⓒ＝評価会社の1株当たりの利益金額
>
> Ⓓ＝評価会社の1株当たりの純資産価額（帳簿価額によって計算した金額）
>
> B＝課税時期の属する年の類似業種の1株当たりの配当金額
>
> C＝課税時期の属する年の類似業種の1株当たりの年利益金額
>
> D＝課税時期の属する年の類似業種の1株当たりの純資産価額（帳簿価額によって計算した金額）

　ただし、納税義務者の選択により、併用方式の算式中の類似業種比準価額を1株当たりの純資産価額（相続税評価額によって計算した金額）によって計算することができます。

　※　この場合の1株当たりの純資産価額（相続税評価額によって計算した金額）は、議決権割合が50％以下の同族株主グループに属する株主であっても80％評価の適用はありません。

6　小会社の株式の評価

純資産価額方式（466〜484ページ参照）によって評価します（評基通179(3)）。

$$\begin{pmatrix} 1\text{株当たりの純資産価額} \\ \text{相続税評価額によって計算} \\ \text{した金額：80％評価可} \end{pmatrix}$$

ただし、納税義務者の選択により次の算式で評価することができます。

$$\boxed{\text{類似業種比準価額}} \times 0.5 + \begin{pmatrix} 1\text{株当たりの純資産価額} \\ \text{相続税評価額によって計算} \\ \text{した金額：80％評価可} \end{pmatrix} \times (1-0.5)$$

「80％評価可」とは、財産評価基本通達185ただし書の適用があることを示します。

類似業種比準価額（450〜465ページ参照）は次の算式により評価します。

$$A \times \left(\frac{\dfrac{Ⓑ}{B} + \dfrac{Ⓒ}{C} + \dfrac{Ⓓ}{D}}{3} \right) \times 0.5$$

> A ＝類似業種の株価
>
> Ⓑ＝評価会社の1株当たりの配当金額
>
> Ⓒ＝評価会社の1株当たりの利益金額
>
> Ⓓ＝評価会社の1株当たりの純資産価額（帳簿価額によって計算した金額）
>
> B ＝課税時期の属する年の類似業種の1株当たりの配当金額
>
> C ＝課税時期の属する年の類似業種の1株当たりの年利益金額
>
> D ＝課税時期の属する年の類似業種の1株当たりの純資産価額（帳簿価額によって計算した金額）

※　類似業種比準方式と純資産価額方式の併用方式を選択しない場合には、類似業種比準価額を計算する必要はありません。

7　類似業種比準価額

$$A \times \left(\cfrac{\cfrac{Ⓑ}{B} + \cfrac{Ⓒ}{C} + \cfrac{Ⓓ}{D}}{3} \right) \times しんしゃく率※$$

※　しんしゃく率は、大会社0.7、中会社0.6、小会社0.5です。

A ＝類似業種の株価

Ⓑ＝評価会社の１株当たりの配当金額

Ⓒ＝評価会社の１株当たりの利益金額

Ⓓ＝評価会社の１株当たりの純資産価額（帳簿価額によって計算した金額）

B ＝課税時期の属する年の類似業種の１株当たりの配当金額

C ＝課税時期の属する年の類似業種の１株当たりの年利益金額

D ＝課税時期の属する年の類似業種の１株当たりの純資産価額（帳簿価額によって計算した金額）

Ⓑ　の　金　額

株主資本等変動計算書から直前期末以前２年間の年配当金額を調べ、次の算式により、１株（50円）当たりの配当金額を計算します。

直前期の配当金額		直前々期の配当金額		直前期末の資本金等の額		
6,000千円	＋	6,000千円	÷	60,000千円	＝	Ⓑ　5円

（分母：2　　　　分母：50円）

（10銭未満の端数切捨て）

※　特別配当、記念配当等の名称による配当金額のうち、将来毎期継続することが予想できないものは除きます。

Ⓒ　の　金　額

法人税申告書別表四の所得金額等から、１株（50円）当たりの利益金額を計算します。

法人税の課税所得金額(別表四の「52の①」)		左のうち非経常的な利益金額
イ　　345,819千円	－	ロ　　0円

※　非経常的な利益金額とは、固定資産売却益、保険差益等をいいます。

株主資本等変動計算書

	資　本　金	資　　　本準　備　金	利　　　益準　備　金	任　　　意積　立　金	繰越利益剰　余　金
前　期　末　残　高	××	××	××	××	××
当　期　変　動　額					
剰　余　金　の　配　当			600,000		△6,600,000
任意積立金の積立					
当　期　純　利　益					××
当　期　期　末　残　高				××	××

直前期末の1株当たりの配当金額50円
（配　当　金　6,000,000円）
（発行済株式数　　120,000株）

所得の金額の計算に関する明細書
（法人税申告書別表四）

当初配賦欠損金控除額の益金算入額（別表七(二)付表一「23の計」） 42			※	
差　　　引　　　計（39）＋（40）±（41）＋（42） 43	345,819,407	279,332,311	外※	△ 3,881,416 70,368,512
欠　損　金　等　の　当　期　控　除　額（別表七(一)「4の計」)＋(別表七(四)「10」) 44 △			※	△
総　　　　　計（43）＋（44） 45	345,819,407	279,332,311	外※	△ 3,881,416 70,368,512
新鉱床探鉱費又は海外新鉱床探鉱費の特別控除額（別表十(三)「43」) 46 △			※	△
農業経営基盤強化準備金積立額の損金算入額（別表十二(十四)「10」) 47 △		△		
農用地等を取得した場合の圧縮額の損金算入額（別表十二(十四)「43の計」) 48 △		△		
関西国際空港用地整備準備金積立額、中部国際空港整備準備金積立額又は再投資等準備金積立額の損金算入額（別表十二(十一)「15」、別表十二(十二)「10」又は別表十二(十五)「12」) 49 △		△		
特定事業活動として特別新事業開拓事業者の株式の取得をした場合の特別勘定繰入額の損金算入額又は特別勘定取崩額の益金算入額（別表十(六)「21」－「11」) 50			※	
残余財産の確定の日の属する事業年度に係る事業税及び特別法人事業税の損金算入額 51 △		△		
所　得　金　額　又　は　欠　損　金　額 52	345,819,407	279,332,311	外※	△ 3,881,416 70,368,512

　　類似業種比準方式は、上場会社の事業内容を基として定められている類似業種比準価額計算上の業種目のうち、評価会社の事業内容と類似するものを選び、その類似業種の株価、1株（50円）当たりの「配当金額」、「年利益金額」及び「純資産価額（帳簿価額によって計算した金額）」を基とし、評価会社の1株（50円）当たりの「配当金額」、「利益金額」及び「純資産価額（帳簿価額によって計算した金額)」を比準要素として、株式の価額を計算する方法です。

　　なお、類似業種比準方式による株式の価額は、株式の様々な価格形成要因のうちの基本的な3要素を比準要素としていること及び現実の取引市場を有していない株式の評価であることなどから、評価の安全性を図るために、比準価額に70％のしんしゃく率（中会社60％、小会社50％）を乗じて評価することとされています（評基通180(2)）。

別表四の「14の①」から受取配当等の益金不算入額を計算します。また、これに対応する所得税額を控除します。

受取配当等の益金不算入額(別表四の「14の①」)	左の所得税額
ハ　　3,881千円　　－	ニ　　　792千円

別表四の「44の①」から損金算入した繰越欠損金の控除額を求めます。

損金算入した繰越欠損金(別表四の「44の①」)
ホ　　　　0円

課税所得金額等から差引利益金額を計算します。

$$\boxed{イ\ \ 345,819千円} - \boxed{ロ\ \ 0円} + \boxed{ハ\ \ 3,881千円}$$
$$- \boxed{ニ\ \ 792千円} + \boxed{ホ\ \ 0円} = \boxed{直前期の差引利益金額\ ①\ 348,908千円}$$

直前々期の課税所得金額等を基に上記と同様に、直前々期の差引利益金額を計算します。

$$\boxed{イ\ \ 325,070千円} - \boxed{ロ\ \ 0円} + \boxed{ハ\ \ 3,764千円}$$
$$- \boxed{ニ\ \ 768千円} + \boxed{ホ\ \ 0円} = \boxed{直前々期の差引利益金額\ ②\ 328,066千円}$$

直前期の差引利益金額と直前々期の差引利益金額により、差引利益金額の平均額を計算します。

$$\frac{\boxed{直前期の差引利益金額\ ①348,908千円} + \boxed{直前々期の差引利益金額\ ②328,066千円}}{2} = \boxed{③338,487千円}$$

直前期末以前1年間の利益金額（①）と直前期末以前2年間の年平均利益金額（③）とのいずれか低い金額を1株当たりの資本金等の額を50円とした場合の発行済株式数で除して©の金額を計算します。

所得の金額の計算に関する明細書
（法人税申告書別表四）

			小　　　計	11			外※	
減 価 償 却 超 過 額 の 当 期 認 容 額				12				
納 税 充 当 金 か ら 支 出 し た 事 業 税 等 の 金 額				13	17,724,168	17,724,168		
受 取 配 当 等 の 益 金 不 算 入 額（別表八（一）「5」）				14	3,881,416		※	3,881,416
外国子会社から受ける剰余金の配当等の益金不算入額（別表八（二）「26」）				15			※	
受 贈 益 の 益 金 不 算 入 額				16			※	
適 格 現 物 分 配 に 係 る 益 金 不 算 入 額				17			※	
法 人 税 等 の 中 間 納 付 額 及 び 過 誤 納 に 係 る 還 付 金 額				18			※	

　「⑭左の所得税額」欄は、法人税申告書別表六㈠の「12」、「19」又は「21」の金額のうち、同別表八㈠に記載された株式等に係る金額（「9」、「16」、「26」、「33」の金額）の合計額に対応する金額を記載します。

　ただし、その金額が「⑬受取配当等の益金不算入額」を超えるときは、⑬の金額を限度とします。

① 348,908千円	>	③ 338,487千円

$$③\ 338,487千円 \div \frac{\overset{\text{直前期末の資本金等の額}}{60,000千円}}{50円} = ⓒ\ 282円$$

（欠損のときは 0 ）
（円未満の端数切捨て）

Ⓓ　の　金　額

　直前期末における資本金額等から、1株（50円）当たりの純資産価額（帳簿価額によって計算した金額）を計算します。

$$\overset{\text{資本金等の額}}{60,000千円} + \overset{\text{利益積立金額}}{370,401千円} = \overset{\text{純資産価額}}{④430,401千円}$$

$$\overset{\text{純資産価額}}{①\ 430,401千円} \div \frac{\overset{\text{直前期末の資本金等の額}}{60,000千円}}{50円} = Ⓓ\ 358円$$

（円未満の端数切捨て）

※1　資本金等の額は、別表五㈠のⅡ資本金等の額の計算に関する明細書「36の④」の金額です。この金額が負数の場合は負数のまま計算します。

※2　利益積立金額は、別表五㈠のⅠ利益積立金額の計算に関する明細書「31の④」の金額です。この金額が負数の場合は負数のままで計算します。

※3　Ⓓの金額が負数のときは0とします。

比　準　割　合

　B、C、Dは、「類似業種比準価額計算上の業種目及び業種目別株価等について」の通達（国税庁ホームページ（www.nta.go.jp）で確認することができます。）で定められています。

B	C	D
3.8円	46円	223円

※　B、C及びDは、年分ごとに定められています（458ページ参照）。

　それぞれの要素ごとの比準割合を求め、更に、比準割合の平均を計算します。

$\dfrac{Ⓑ}{B}$ =	1.31	$\dfrac{ⓒ}{C}$ =	6.13	$\dfrac{Ⓓ}{D}$ =	1.60

※　各要素ごとに小数点以下2位未満の端数は切り捨てます。

利益積立金額及び資本金等の額の計算に
関する明細書

事業年度	5・5・1 6・4・30	法人名	築地工業株式会社

別表五(一)

I 利益積立金額の計算に関する明細書

区　　分		期首現在利益積立金額 ①	当期の増減 減 ②	当期の増減 増 ③	差引翌期首現在利益積立金額 ①-②+③ ④
利益準備金	1	20,592,000 円	円	1,200,000 円	21,792,000 円
別途積立金	2	106,000,000		140,000,000	246,000,000
	3				
	24				
繰越損益金(損は赤)	25	54,182,051	54,182,051	56,590,173	56,590,173
納税充当金	26	86,871,300	86,871,300	89,558,000	89,558,000
未納法人税及び未納地方法人税(附帯税を除く。)	27	△ 77,696,600	△ 152,215,500	中間 △ 74,518,900 確定 △ 71,117,200	△ 71,117,200
未払通算税効果額(附帯税の額に係る部分の金額を除く。)	28			中間 確定	
未納道府県民税(均等割額を含む。)	29	△ 16,073,500	△ 32,229,708	中間 △ 16,156,208 確定 △ 13,840,600	△ 13,840,600
未納市町村民税(均等割額を含む。)	30	△	△	中間 △ 確定 △	△
差引合計額	31	266,701,973	11,367,102	115,066,505	370,401,376

II 資本金等の額の計算に関する明細書

区　　分		期首現在資本金等の額 ①	当期の増減 減 ②	当期の増減 増 ③	差引翌期首現在資本金等の額 ①-②+③ ④
資本金又は出資金	32	60,000,000 円	円	円	60,000,000 円
資本準備金	33	0			0
	34				
	35				
差引合計額	36	60,000,000			60,000,000

法 0301－0501

| 比 準 割 合 の 平 均 | 次の算式で比準割合を計算します。 |

$$\frac{\dfrac{Ⓑ}{B}=1.31 + \dfrac{Ⓒ}{C}=6.13 + \dfrac{Ⓓ}{D}=1.60}{3}$$

≒3.01（小数点以下2位未満切捨て）

| 類 似 業 種 の 株 価 | 類似業種の株価は、「類似業種比準価額計算上の業種目及び業種目別株価等について」の通達（国税庁ホームページ（www.nta.go.jp）で確認することができます。）で定められています。なお、評価会社の業種目の判定に当たっては460ページ以降を参照してください。 |

課税時期の属する月	371円	
課税時期の属する月の前月	353円	
課税時期の属する月の前々月	342円	最も低いもの
前年平均株価	257円	A　257円
課税時期の属する月以前2年間の平均株価	284円	

| 評 価 額 の 計 算 | 次の算式により類似業種比準価額を計算します。 |

$$\underset{A\ 257円}{\boxed{類似業種の株価}} \times \underset{3.01}{\boxed{比準割合}} \times \underset{0.6}{しんしゃく率※} \times \frac{\underset{500円}{1株当たりの資本金等の額}}{50円} = 4,641円$$

※　しんしゃく率は、大会社の株式を評価する場合には0.7、中会社の株式を評価する場合には0.6、小会社の株式を評価する場合には0.5とします。

チェックポイント54

1株当たりの配当金額（Ⓑ）

○　株主優待券等による経済的利益相当額

　株主優待券等については、法人の利益の有無にかかわらず供与されるなど、株式又は出資に対する剰余金の配当とは認め難いので、評価会社の年配当金額に加算しません。

1株当たりの利益金額（Ⓒ）

○　事業年度を変更している場合

　「1株当たりの利益金額（Ⓒ）」は、財産評価基本通達183《評価会社の1株当たりの配当金額等の計算》(2)に定めるところにより、直前期末以前1年間（下の図の場合は、令和4年4月1日から令和5年3月31日まで）における法人税の課税所得金額を基に計算することとなります。

　下の図の場合、令和4年4月1日から令和4年5月31日までの2か月間（図の②）における利益金額の算定が困難なときは、②の期間に対応する利益金額に相当する金額を次により計算して差し支えありません。

$$\begin{array}{c}\text{直前々期末に終了した事業年度}\\(\text{図の①の12か月})\text{の利益金額}\end{array} \times \dfrac{2\text{か月}}{12\text{か月}} = \begin{array}{c}②\text{の期間に対応する利益}\\\text{金額に相当する金額}\end{array}$$

直後期末の方が課税時期に近い場合

　類似業種比準価額を算定する場合の比準数値について、課税時期の直前期末の数値によって評価することと定めているのは、財産の価額は課税時期における時価による（相法22）と規定されていることを前提として、標本会社と評価会社の比準要素をできる限り同一の基準で算定することが、より適正な比準価額の算定を可能にすると考えられることのほか、課税時期後における影響要因を排除することをも考慮しているからです。

　したがって、仮に直後期末の方が課税時期に近い場合であっても、直前期末の比準数値によることになります。

（参考）　「類似業種比準価額計算上の業種目及び業種目別株価等」の通達の利用の仕方

業　種　目				B （配当金額）	C （利益金額）	D （簿価純資産価額）
大　分　類						
	中　分　類	番号	内　　　容			
		小　分　類				
建　設　業		1		*5.7*	*46*	*333*
	総　合　工　事　業	2		5.0	46	307
		建築工事業（木造建築工事業を除く） 3	鉄骨鉄筋コンクリート造建築物、鉄筋コンクリート造建築物、無筋コンクリート造建築物及び鉄骨造建築物等の完成を請け負うもの	5.2	60	279
		その他の総合工事業 4	総合工事業のうち、3に該当するもの以外のもの	5.0	42	314
	職　別　工　事　業	5	下請として工事現場において建築物又は土木施設等の工事目的物の一部を構成するための建設工事を行うもの	6.5	41	323
	設　備　工　事　業	6		6.8	48	390
		電　気　工　事　業 7		4.9	41	377

大分類と中分類がある業種目ではどちらか有利となる分類を選択することができます。

中分類と小分類がある業種目ではどちらか有利となる分類を選択することができます。

評価しようとする会社の業種目に該当するものを選びます。業種目の番号は、113（令和6年分）あります。

（単位：円）

	令和 (X-1)年 平均		9月分	10月分	11月分	12月分
	314		275 301	286 300	302 299	314 298
	291		250 278	261 276	277 275	289 274
	㉜302		㉛251	263	294 ㉕280	321 279
			284	281		
	288		250 276	260 275	273 274	281 273
	352		281 331	290 329	296 326	305 322
	351		326 341	335 341	355 341	366 341
	297		256 284	264 283	275 281	281 280

$$\dfrac{\left(\begin{array}{c}\text{直前期の剰余}\\\text{金の配当金額}\end{array}+\begin{array}{c}\text{直前々期の剰余}\\\text{金の配当金額}\end{array}\right)\div2}{\begin{array}{c}1\text{株当たりの資本金等の額を50円}\\\text{とした場合の発行済株式数}\end{array}}$$

$$\dfrac{\begin{array}{c}\text{法人税の課税所得金額（受取}\\\text{配当等の益金不算入額、損金算}\\\text{入した繰越欠損金の控除額を加}\\\text{算します。）}\end{array}}{\begin{array}{c}1\text{株当たりの資本金等の額を50}\\\text{円とした場合の発行済株式数}\end{array}}$$

$$\dfrac{\text{資本金等の額＋利益積立金額}}{\begin{array}{c}1\text{株当たりの資本金等の額を50}\\\text{円とした場合の発行済株式数}\end{array}}$$

相続開始の日を令和X年11月とするとこのうち最も低い金額である251円

$$\begin{array}{c}\text{類似業種}\\\text{比準価額}\end{array}=A\times\left[\dfrac{\dfrac{Ⓑ}{B}+\dfrac{Ⓒ}{C}+\dfrac{Ⓓ}{D}}{3}\right]\times\begin{array}{l}0.7\text{大会社}\\0.6\text{中会社}\\0.5\text{小会社}\end{array}$$

（B、C、Dの金額は1年間同じものを使います。）

※「類似業種比準価額計算上の業種目及び業種目別
　株価等」の通達については、国税庁ホームページ
　（www.nta.go.jp）等でご確認ください。

誤りやすい事例　8

類似業種比準方式で株式を評価する場合の「A（株価）」の適用について

　令和 5 年分の「類似業種比準価額計算上の業種目及び業種目別株価等」に記載されている令和 5 年11月及び12月の業種目別株価と令和 6 年分のそれに記載されている令和 5 年11月及び12月の業種目別株価が異なっていますが、令和 6 年 1 月の相続によって取得した株式を類似業種比準方式で評価する場合は、いずれの業種目別株価を使って評価するのですか。

正　　課税時期が令和 6 年 1 月に取得した株式を評価する場合における令和 5 年11月及び12月のA（株価）は、令和 6 年分の「類似業種比準価額計算上の業種目及び業種目別株価等」に記載されている令和 5 年の11月及び12月分の業種目別株価を使用する。

誤　　課税時期が令和 6 年 1 月に取得した株式を評価する場合における令和 5 年11月及び12月のA（株価）は、令和 5 年分及び令和 6 年分の「類似業種比準価額計算上の業種目及び業種目別株価等」のうち、いずれか低い年分の業種目別株価を使用する。

解　説　「A（株価）」は、業種目ごとに各年分の標本会社の株価を基に計算しているため、令和 5 年11月分及び12月分の業種目別株価等は、令和 5 年分と令和 6 年分とでは異なりますので留意してください。

8　評価会社の業種目の判定

　業種目は、国税庁において「類似業種比準価額計算上の業種目及び業種目別株価等」として通達を定めて公表していますので、評価会社の事業がどの業種目に該当するかは、これにより判定することになります。

　該当する業種目が小分類に区分されている場合には、小分類の業種目を、また、その業種目が小分類に区分されていない業種目にあっては、中分類の業種目をそれぞれ評価会社の類似業種とします。

　ただし、納税義務者の選択により、該当する業種目が小分類の業種目である場合には、その業種目の属する中分類の業種目を、その業種目が中分類の業種目である場合には、その業種目の属する大分類の業種目を、それぞれ類似業種とすることができます（評基通181）。

　業種目の判定に当たっては、「日本標準産業分類の分類項目と類似業種比準価額計算上の業種目との対比表」（734ページ以降参照）を参考にしてください。

　なお、評価会社が複数の業種目を兼業している場合には、次によります。

$\dfrac{\text{単独の業種目の取引金額}}{\text{総取引金額}} > 50\%$		取引金額が50%超の業種目
$\dfrac{\text{単独の業種目の取引金額}}{\text{総取引金額}} < 50\%$		
	①　1つの中分類の業種目中に2以上の類似する小分類の業種目が属し、その取引金額の合計の総取引金額に対する割合が50%超の場合	その中分類の中にある類似する小分類の「その他の○○業」
	②　1つの中分類の業種目中に2以上の類似しない小分類の業種目が属し、その取引金額の合計の総取引金額に対する割合が50%超の場合（上記①に該当する場合を除きます。）	その中分類の業種目
	③　1つの大分類の業種目中に2以上の類似する中分類の業種目が属し、その取引金額の合計の総取引金額に対する割合が50%超の場合	その大分類の中にある類似する中分類の「その他の○○業」
	④　1つの大分類の業種目中に2以上の類似しない中分類の業種目が属し、その取引金額の合計の総取引金額に対する割合が50%超の場合（上記③に該当する場合を除きます。）	その大分類の業種目
	⑤　上記以外の場合	大分類の業種目の中の「その他の産業」

※　上記判定の際、小分類又は中分類の業種目中「その他の○○業」が存在する場合には、原則として、同一の上位業種目に属する業種目はそれぞれ類似する業種目となります。ただし、「無店舗小売業」（中分類）については、「小売業」（大分類）に属する他の中分類の業種目とは類似しない業種目であることから、他の中分類の業種目の割合と合計することにより50%を超える場合は、上記④により「小売業」となります。

（事例1）

　　1つの中分類の業種目中に2以上の類似する小分類の業種目が属し、その取引金額の合計の総取引金額に対する割合が50％超の場合

⇨　その中分類の中にある類似する小分類の「その他の○○業」とします。

○　評価会社の業種目と業種目別の割合

業　　種　　目	業種目別の割合
有機化学工業製品製　　造　　業	45％
医薬品製造業	30％
不動産賃貸業・管　　理　　業	25％

（45％＋30％）＞50％

［評価会社の事業が該当する業種目］

○　類似業種比準価額計算上の業種目

大　　　分　　　類		
	中　　分　　類	
		小　　分　　類

製　　　造　　　業

化　　学　　工　　業

有機化学工業製品製　　造　　業

油脂加工製品・石けん・合成洗剤・界面活性剤・塗料製造業

医　薬　品　製　造　業

その他の化学工業

（事例2）

　　1つの中分類の業種目中に2以上の類似しない小分類の業種目が属し、その取引金額の合計の総取引金額に対する割合が50％超の場合（事例1に該当する場合を除きます。）

⇨　その中分類の業種目とします。

○　評価会社の業種目と業種目別の割合

業　　種　　目	業種目別の割合
ソフトウェア業	45％
情報処理・提供サ　ー　ビ　ス　業	35％
娯　　楽　　業	20％

（45％＋35％）＞50％

［評価会社の事業が該当する業種目］

○　類似業種比準価額計算上の業種目

大　　　分　　　類		
	中　　分　　類	
		小　　分　　類

情　報　通　信　業

情　報　サ　ー　ビ　ス　業

ソ　フ　ト　ウ　ェ　ア　業

情　報　処　理　・　提　供サ　ー　ビ　ス　業

（事例3）

　　1つの大分類の業種目中に2以上の類似する中分類の業種目が属し、その取引金額の合計の総取引金額に対する割合が50％超の場合

⇨　その大分類の中にある類似する中分類の「その他の○○業」とします。

○　評価会社の業種目と業種目別の割合

業　　種　　目	業種目別の割合
プラスチック製品製　　造　　業	45％
ゴム製品製造業	35％
不動産賃貸業・管　　理　　業	20％

○　類似業種比準価額計算上の業種目

（45％＋35％）＞50％

〔評価会社の事業が該当する業種目〕

（事例4）

　　1つの大分類の業種目中に2以上の類似しない中分類の業種目が属し、その取引金額の合計の総取引金額に対する割合が50％超の場合（事例3に該当する場合を除きます。）

⇨　その大分類の業種目とします。

○　評価会社の業種目と業種目別の割合

業　　種　　目	業種目別の割合
専門サービス業	45％
広　　告　　業	35％
物品賃貸業	20％

○　類似業種比準価額計算上の業種目

（45％＋35％）＞50％

〔評価会社の事業が該当する業種目〕

（事例5）

上記の設例以外の場合

⇨　大分類の業種目の中の「その他の産業」とします。

○　評価会社の業種目と業種目別の割合

業　種　目	業種目別の割合
通　信　業	30%
各種商品小売業	20%
無店舗小売業	25%
飲　食　店	25%

○　類似業種比準価額計算上の業種目

大　　分　　類		
	中　　分　　類	
		小　　分　　類
情　報　通　信　業		
	～　（　中　略　）　～	
	その他の情報通信業	
小　　　売　　　業		
	各　種　商　品　小　売　業	
	～　（　中　略　）　～	
	無　店　舗　小　売　業	
宿泊業、飲食サービス業		
	飲　　食　　店	
		～　（　中　略　）　～
	その他の宿泊業、飲食サービス業	
その　他　の　産　業		

30%＜50% ◀

(20%＋25%)＜50% ◀

25%＜50% ◀

〔評価会社の業種目〕──▶

チェックポイント55

類似業種比準価額の修正

　類似業種比準価額は、評価会社の直前期の1株当たりの配当金額（Ⓑ）、利益金額（Ⓒ）及び純資産価額（Ⓓ）により計算することとしていますが、直前期末の翌日から課税時期までの間に、配当金交付の効力が発生した場合には、その配当金は未収配当金として評価の対象とされることになるので、配当落の価額に修正する必要があります。

　また、株式の割当てに係る払込期日の経過又は株式無償交付の効力の発生により、株式の割当て等の効力が発生した場合（増資が行われた場合）には、課税時期の発行済株式数は直前期末の発行済株式数よりも増加していることになるので増資後の価額に修正する必要があります（評基通184）。

　これらの場合の修正は、配当金の交付が確定した場合又は増資があった場合に応じ、次に掲げる算式によって計算します。

イ　直前期末の翌日から課税時期までの間に配当金交付の効力が発生した場合

$$\begin{pmatrix} \text{類似業種比準価額の計算} \\ \text{式によって計算した金額} \end{pmatrix} - \text{株式1株に対して受けた配当金額} = \text{修正比準価額}$$

ロ　直前期末の翌日から課税時期までの間に株式の割当て等の効力が発生した場合

$$\left(\begin{array}{l} \text{類似業種比準価額の計} \\ \text{算式によって計算した} \\ \text{金額（上記イにより修} \\ \text{正した場合には、その} \\ \text{修正後の金額）} \end{array} + \begin{array}{l} \text{割当てを受} \\ \text{けた株式1} \\ \text{株につき払} \\ \text{い込んだ金} \\ \text{額} \end{array} \times \begin{array}{l} \text{株式1株} \\ \text{に対する} \\ \text{割当株式} \\ \text{数} \end{array} \right) \div \left(1 + \begin{array}{l} \text{株式1株に} \\ \text{対する割当} \\ \text{株式数又は} \\ \text{交付株式数} \end{array} \right) = \begin{array}{l} \text{修正} \\ \text{比準} \\ \text{価額} \end{array}$$

9　純資産価額

　純資産価額方式とは、評価会社の課税時期現在における資産及び負債を財産評価基本通達の定めによって評価した価額（相続税評価額）に評価替えするなどして、1株当たりの価額を計算する評価方式をいいます。

　したがって、課税時期が事業年度の途中である場合には、課税時期における仮決算により資産及び負債の金額を計算することになります。

　ただし、直前期末から課税時期までの間に資産及び負債について著しく増減がないため評価額の計算に影響が少ないと認められるときは、直前期末の資産及び負債を基として計算しても差し支えないこととされています。

　具体的には、次の算式によって評価します。

※　課税時期が平成28年4月1日以降の場合は37％となります。

　したがって、類似業種比準価額の計算に用いる直前期末における「1株当たりの純資産価額（帳簿価額によって計算した金額）」とは異なります。

相続税評価額による純資産価額	

　課税時期における評価会社の有する各資産及び各負債について、財産評価基本通達の定めにより評価した価額を求め、総資産価額（相続税評価額によって計算した金額）から負債の金額を控除して、純資産価額（相続税評価額によって計算した金額）を計算します。

評価差額に対する法人税額等相当額	

　課税時期における総資産価額（帳簿価額によって計算した金額）から負債の金額を控除して、純資産価額（帳簿価額によって計算した金額）を計算します。

　この場合における資産は、帳簿に資産として計上されていないものであっても、相続税法上の課税財産に該当するもの、例えば、無償で取得した借地権、特許権、営業権等がある場合には、これらを財産評価基本通達の定めるところにより評価する必要があります。一方、財産性のない前払費用、繰延資産、繰延税金資産等については帳簿価額があっても、評価の対象にしません。

　したがって、ここでいう総資産価額は、帳簿価額により計上されている総資産価額とは異なります。

　また、資産のうちに評価会社が課税時期前3年以内に取得又は新築した土地及び土地の上に存する権利並びに家屋及びその附属設備又は構築物があるときには、これらの価額は課税時期の通常の取引価額により評価します（評基通185かっこ書）。

　負債の金額は、相続税法の規定により債務控除の対象となる債務、すなわち確実な債務（相法14）に限られます。

　したがって、貸倒引当金、納税引当金、その他の引当金及び準備金並びに繰延税金負債に相当する金額は、負債として計上できません（評基通186）。

　一方、①課税時期の属する事業年度に係る法人税額（地方法人税額を含みます。）、消費税額（地方消費税額を含みます。）、事業税額（特別法人事業税額を含みます。）、道府県民税額及び市町村民税額のうち、その事業年度開始の日から課税時期までの期間に対応する金額で課税時期において未払いのもの（ただし、この規定は、課税時期において仮決算を行っている場合について適用されるもので、仮決算を行っていない場合には、適用しません。）、②課税時期以前に賦課期日のあった固定資産税及び都市計画税の税額のうち課税時期において未払いの金額、③被相続人の死亡により、相続税法第3条《相続又は遺贈により取得したものとみなす場合》第1項第2号に規定する相続人その他の者に支給することが確定した退職手当金、功労金その他これらに準ずる給与、④未納公租公課、未払利息等の簿外負債の金額については、帳簿価額に負債としての記載がない場合であっても、負債として計上します。

　帳簿価額によって計算した総資産価額は、上記相続税評価額の計算に当たり基礎とした各資産の税務計算上の帳簿価額の合計額を記載します。
1　減価償却資産の帳簿価額は、その資産の取得価額から減価償却累計額及び特別償却準備金を控除した後の金額によります。
2　税務計算上その帳簿価額を加算又は減算する必要がある資産については、その加算又は減算後の価額、つまり税務計算上の帳簿価額によります。
3　固定資産で圧縮記帳に係る引当金が設けられているものの帳簿価額は、その資産の帳簿価額から圧縮記帳に係る引当金を控除した後の金額によります。
4　財産性のない前払費用や繰延資産等の帳簿価額は、ないものとして計算します。

　帳簿価額によって計算した総資産価額から控除する各負債の金額は、相続税評価額による各負債の金額に対応する税務計算上の帳簿価額の合計額をいいます。

　一般的には、定期借地権を設定させたことによる預り保証金がある場合等を除き、相続税評価額による負債の金額とそれに対応する帳簿価額による負債の金額は同一になります。

　　純資産価額（相続税評価額によって計算した金額）か
ら純資産価額（帳簿価額によって計算した金額）を控除
して、評価差額を計算します。

　　評価差額に37％※を乗じて評価差額に対する法人税額
等相当額を計算します。

※　課税時期が、平成28年4月1日以降の場合は37％となります。

1株当たりの純資産価額

　　純資産価額（相続税評価額によって計算した金額）か
ら評価差額に対する法人税額等相当額を控除した金額を
課税時期における発行済株式数で除して1株当たりの純
資産価額（相続税評価額によって計算した金額）を計算
します。

| 相続税評価額による
純資産価額
A　712,143千円 | − | 法人税額等
相当額
D　242,650千円 | ÷ | （※1）
発行済株式数
120,000株 | = | （※2）
1株当たりの
純資産価額
3,912円 |

※1　課税時期における発行済株式数は、券面金額が50円であるかどうかにかかわらず課税時
　　期における実際の発行済株式数（自己株式を有している場合には、その自己株式の数を控
　　除した株式数）によります。
　　　したがって、類似業種比準価額計算上の直前期末の発行済株式数と異なる場合がありま
　　す。
※2　議決権割合が50％以下である同族株主グループに属する株主が取得した中会社又は小会
　　社の株式については、上記の1株当たりの純資産価額に80％を乗じた価額で評価します（評
　　基通185ただし書）。

評価会社が取引相場のない株式（財産評価基本通達197－5(3)ロを含みます。）を所有している場合において、所有する当該株式の1株当たりの純資産価額（相続税評価額によって計算した金額）を計算するときには、法人税額等相当額は控除しません（評基通186－3注書）。

また、評価会社の有する資産の中に、現物出資若しくは合併により著しく低い価額で受け入れた資産又は株式交換、株式移転若しくは株式交付により著しく低い価額で受け入れた株式がある場合には、その現物出資等の時のその資産の相続税評価額とその現物出資等による受入価額との差額に対する法人税額等相当額は控除しないこととされています（評基通186－2(2)かっこ書）。

ただし、課税時期における総資産価額（相続税評価額）に占める現物出資等受入れ資産の価額（原則として、財産評価基本通達の定めるところにより評価した価額）の割合が20％以下の場合には、この取扱いの適用はありません（評基通186－2(2)注3。チェックポイント56（次ページ）参照）。

チェックポイント56

著しく低額で受け入れた現物出資等

　評価会社の有する資産の中に、現物出資若しくは合併により著しく低い価額で受け入れた資産又は会社法第2条第31号の規定による株式交換、会社法第2条第32号の規定による株式移転若しくは会社法第2条第32号の2の規定による株式交付により著しく低い価額で受け入れた株式（このチェックポイントにおいて、以下「現物出資等受入れ資産」といいます。）があるときは、原則として、その現物出資等の時のその現物出資等受入れ資産の価額（相続税評価額）とその現物出資等による受入れ価額（帳簿価額）との差額（このチェックポイントにおいて、以下「現物出資等受入れ差額」といいます。）（※1）に対する法人税額等に相当する金額は、1株当たりの純資産価額（相続税評価額によって計算した金額）の計算上控除しないこととされています（評基通186-2(2)かっこ書、※2）。

※1　「現物出資等受入れ差額」＝現物出資等の時の価額（相続税評価額）
　　　　　　　　　　　　　　　　－受入れ価額（帳簿価額）

　　　ただし、現物出資等受入れ資産の現物出資等の時の相続税評価額が、課税時期における相続税評価額を上回る場合には、課税時期における相続税評価額と受入れ価額（帳簿価額）との差額とされています。したがって、上記の算式は次のようになります。

　　　「現物出資等受入れ差額」＝課税時期における相続税評価額
　　　　　　　　　　　　　　　　－受入れ価額（帳簿価額）

　　　また、現物出資等受入れ資産が合併により著しく低い価額で受け入れた資産（このチェックポイントにおいて、以下「合併受入れ資産」といいます。）である場合において、合併の時におけるその資産の相続税評価額が、合併受入れ資産に係る被合併会社の帳簿価額を上回るときにおける、「現物出資等受入れ差額」は、被合併会社の帳簿価額から評価会社の帳簿価額を控除した金額とされています。したがって、上記の算式は次のようになります。

　　　「現物出資等受入れ差額」＝合併の時における被合併会社の帳簿価額
　　　　　　　　　　　　　　　　－受入れ価額（帳簿価額）

　2　課税時期における評価会社の総資産価額（相続税評価額）に占める現物出資等受入れ資産の価額（課税時期において財産評価基本通達の定めるところにより評価した価額）の合計額の割合が20％以下である場合には、現物出資等受入れ差額に対する法人税額等に相当する金額を控除することができることとされています。

チェックポイント57

純資産価額の算定

1　前払費用

保険料、賃借料等の前払費用を資産に計上すべきか否かは、課税時期において、これらの費用に財産的価値があるかどうかによって判断することとなります。例えば、その前払費用を支出する基因となった契約を課税時期において解約したとする場合に返還される金額があるときには、その前払費用に財産的価値があると考えられるので、資産に計上することとなります。

なお、取引相場のない株式（出資）の評価明細書（この第4において、以下「評価明細書」といいます。）第5表の記載に当たって、評価の対象とならない（財産性のない）前払費用については、「帳簿価額」欄にも計上しません。

2　借家権

借家権の価額は、有償取得したものであってもその権利が権利金等の名称をもって取引される慣行のある地域にあるものを除き、相続税又は贈与税の課税価格に算入しないので、1株当たりの純資産価額（相続税評価額によって計算した金額）の計算に当たっても、その借家権が権利金等の名称をもって取引される慣行のある地域にあるものを除き、相続税評価額は0円となります。

なお、評価明細書第5表の記載に当たっては、相続税評価額が0円となる場合であっても、評価会社が有償取得した借家権を資産に計上している場合には、「帳簿価額」欄に評価会社の帳簿上の価額をそのまま記載します。

3　営業権

営業権は、評価の対象となる資産ですから、評価明細書第5表の記載に当たっては、次のとおりとなります。

⑴　帳簿価額がない場合であっても、評価会社の営業権の相続税評価額が算出されるときには、その評価額を「相続税評価額」欄に記載し、「帳簿価額」欄には「0」と記載します。

⑵　有償取得した営業権の帳簿価額がある場合において、評価会社の営業権の相続税評価額が算出されるときには、「相続税評価額」欄にその価額を記載し、評価会社の営業権の相続税評価額が算出されないときには「相続税評価額」欄に「0」と記載し、その帳簿価額を「帳簿価額」欄に記載します。

⑶　評価会社の帳簿価額に営業権の記載がなく、評価会社の営業権の相続税評価額が算出されない場合には、「相続税評価額」欄及び「帳簿価額」欄ともに記載を要しません。

4　繰延資産

　　繰延資産については、個々に財産的価値の有無を判断して資産に計上すべきか否か
を判定することになりますが、例えば、創立費、株式交付費等については、財産的価
値が認められませんので「資産の部」に計上する必要はありません。

　　なお、評価明細書第5表の記載に当たっては、財産的価値のない（評価の対象とな
らない）繰延資産については、「帳簿価額」欄にも計上しません。

（注）　繰延資産とは、法人が支出した費用でその支出の効果が1年以上に及ぶものを
　　　いう（法法2二十四）こととされており、法人税法では会計上の繰延資産に加え、
　　　資産を賃借するための権利金等（資産の取得価額に算入される費用及び前払費用
　　　を除きます。）が該当するものとされています。具体的には、法人税法施行令第
　　　14条を参照してください。

5　生命保険契約に関する権利

　　1株当たりの純資産価額（相続税評価額によって計算した金額）を計算する場合に
おいて、評価会社が保険契約者となっている生命保険契約は、生命保険契約に関する
権利として財産評価基本通達214の定めにより評価した金額を資産として計上します。

6　評価会社が受け取った生命保険金

⑴　被相続人の死亡が保険事故であった場合に、評価会社が受け取った生命保険金は、
　保険事故発生によりその請求権が具体的に確定するものですから、生命保険金請求
　権として資産に計上することになります（評価明細書第5表の記載に当たっては、
　「相続税評価額」欄及び「帳簿価額」欄のいずれにも記載します。）。この場合、そ
　の保険料（掛金）が資産計上されているときは、その金額を資産から除外します。

　　また、その受け取った生命保険金を原資として被相続人に係る死亡退職金を支払
　った場合には、その支払退職金の額を負債に計上するとともに、支払退職金を控除
　した後の保険差益について課されることとなる法人税額等についても負債に計上し
　ます。

⑵　評価会社が仮決算を行っていないため、課税時期の直前期末における資産及び負
　債を基として1株当たりの純資産価額（相続税評価額によって計算した金額）を計
　算する場合における保険差益に対応する法人税額等は、この保険差益によって課税
　所得金額が算出される場合のその課税所得の37％（注）相当額によって差し支えあり
　ません。

　（注）　課税時期が、平成28年4月1日以降の場合は37％となります。

⑶　欠損法人である評価会社が被相続人を被保険者として保険料を負担していた生命
　保険契約について、被相続人の死亡により生命保険金を受け取った場合には、保険
　差益の額から欠損金の額を控除した上で法人税額等を計算します。

7　繰延税金資産、繰延税金負債

　税効果会計の適用により貸借対照表に計上される繰延税金資産は、将来の法人税等の支払を減額する効果を有し、法人税等の前払額に相当するため、資産としての性格を有するものと考えられており、また、繰延税金負債は、将来の法人税等の支払を増額する効果を有し、法人税等の未払額に相当するため、負債としての性格を有するものと考えられています。

　しかし、税法上、繰延税金資産の額は、これを還付請求できる性格のものではなく、他に財産的価値を有するものではなく、また、繰延税金負債は、繰り延べられた法人税等の額を示すものであり、引当金と同様に確実な債務ということはできません。

　したがって、1株当たりの純資産価額（相続税評価額によって計算した金額）の計算上、繰延税金資産及び繰延税金負債は、資産及び負債として計上しません。

　また、これにより評価差額に対する法人税額等相当額を計算する場合の純資産価額（帳簿価額によって計算した金額）の計算においても、繰延税金資産及び繰延税金負債は計上しません。

8　評価会社が支払った弔慰金の取扱い

　被相続人の死亡に伴い評価会社が相続人に対して支払った弔慰金については、相続税法第3条《相続又は遺贈により取得したものとみなす場合》第1項第2号により退職手当金等に該当するものとして相続税の課税価格に算入されることとなる金額に限り、株式の評価上、負債に該当するものとして1株当たりの純資産価額（相続税評価額によって計算した金額）の計算上控除します。したがって、同号の規定により退職手当金等とみなされない弔慰金については、1株当たりの純資産価額（相続税評価額によって計算した金額）の計算上、負債に計上しません。

（参考）

相続税評価額及び帳簿価額の具体的な計算要領

〈資産の部〉

貸借対照表上の価額	科　目	相続税評価額	帳簿価額	相続税評価額及び帳簿価額の計算要領
千円		千円	千円	
900	現　　　金	900	900	
15,000	預　　　金	15,480	15,000	〔相続税評価額〕 課税時期現在における既経過利子の額から源泉徴収されるべき所得税の額に相当する金額を控除した金額 　　480千円　　　　　（評基通203） 15,000千円＋480千円＝15,480千円
9,000	受 取 手 形	8,910	9,000	〔相続税評価額〕 受取手形の評価減　90千円 　　　　　　　　　（評基通206(2)） 9,000千円－90千円＝8,910千円
10,000	売 掛 金	8,500	10,000	〔相続税評価額〕 課税時期現在における回収不能のもの　1,500千円　　　　（評基通205） 10,000千円－1,500千円＝8,500千円
500	未 収 入 金	420	500	〔相続税評価額〕 課税時期現在における回収不能のもの　80千円　　　　　（評基通205） 500千円－80千円＝420千円
1,000	貸 付 金	1,010	1,000	〔相続税評価額〕 課税時期現在における既経過利息の額　50千円　　　　　（評基通204） 課税時期現在における回収不能のもの　40千円　　　　　（評基通205） 1,000千円＋50千円－40千円＝1,010千円
100	前 渡 金	100	100	
200	仮 払 金	200	200	
50	前 払 費 用	—	—	課税時期において返還を受けることができない損害保険料の未経過分であり、財産性がないので相続税評価額、帳簿価額ともに記載しません。
3,400	製　　　品	3,400	3,400	
380	半 製 品	380	380	
200	仕 掛 品	200	200	たな卸商品等として評価します。
2,000	原 材 料	2,000	2,000	（評基通133）
80	貯 蔵 品	80	80	

貸借対照表上の価額	科　　目	相続税評価額	帳簿価額	相続税評価額及び帳簿価額の計算要領
千円 12,000	土　　地	千円 24,500	千円 10,800	〔相続税評価額〕 　課税時期の属する年分の財産評価基準（路線価又は倍率）により評価します。 路線価を基にして計算した評価額 　24,500千円 〔帳簿価額〕 買換資産の帳簿価額を減額し又は積立金として積み立てた額（土地圧縮記帳引当金の額）　2,000千円 （法人税申告書別表十三㈤の「21」の金額） 土地圧縮限度超過額　800千円 （法人税申告書別表十三㈤の「28」の金額） 12,000千円－2,000千円＋800千円 　＝10,800千円
0	借　地　権	18,500	0	〔相続税評価額〕 路線価を基として計算した借地権の評価額　18,500千円 〔帳簿価額〕 　無償取得による借地権の場合には、帳簿価額は「0」と記載します。
5,200	建　　物	7,500	4,460	〔相続税評価額〕 建物の固定資産税評価額　7,500千円 7,500千円×1.0倍＝7,500千円 　　　　　　　　　　（評基通89） 〔帳簿価額〕 建物減価償却累計額　750千円 建物減価償却超過額　10千円 （法人税申告書別表十六㈠の「41」の金額） 5,200千円－750千円＋10千円 　＝4,460千円
800	構　築　物	650	550	〔相続税評価額〕 650千円　　　　　　　　（評基通97） 〔帳簿価額〕 構築物減価償却累計額　250千円

貸借対照表上の価額	科　目	相続税評価額	帳簿価額	相続税評価額及び帳簿価額の計算要領
千円		千円	千円	800千円－250千円＝550千円
500	借　家　権	0	500	〔相続税評価額〕 　借家権は、権利金等の名称をもって取引される慣行のある地域にあるものを除き、評価しません。 （評基通94） 〔帳簿価額〕 　財産性のあるものは評価額が「0」であっても帳簿価額を記載します。
550	車両運搬具	400	400	〔相続税評価額〕 400千円　　　　　　（評基通129） 〔帳簿価額〕 車両運搬具減価償却累計額　150千円 550千円－150千円＝400千円
200	什　器　備　品	150	150	〔相続税評価額〕 150千円　　　　　　（評基通129） 〔帳簿価額〕 什器備品減価償却累計額　50千円 200千円－50千円＝150千円
3,500	機　械　装　置	3,260	2,260	〔相続税評価額〕 3,260千円　　　　　　（評基通129） 〔帳簿価額〕 機械装置圧縮記帳引当金　1,000千円 （法人税申告書別表十三㈤の「21」の金額） 機械装置圧縮限度超過額　60千円 （法人税申告書別表十三㈤の「28」の金額） 機械装置減価償却累計額　300千円 3,500千円－1,000千円＋60千円 　　－300千円＝2,260千円
3,000	重要産業用機械	2,600	2,000	〔相続税評価額〕 2,600千円　　　　　　（評基通129） 〔帳簿価額〕 重要産業用機械減価償却累計額 400千円

貸借対照表上の価額	科　　目	相続税評価額	帳　簿価　額	相続税評価額及び帳簿価額の計算要領
千円		千円	千円	重要産業用機械特別償却準備金 600千円 3,000千円－400千円－600千円 　＝2,000千円
3,000	有価証券	5,000	3,000	〔相続税評価額〕 株式及び出資について評価替えした 金額　5,000千円（評基通168～196）
2,800	ゴルフ会員権	17,500	2,800	〔相続税評価額〕 25,000千円（取引相場）×70％ 　＝17,500千円　　　（評基通211）
2,000	特　許　権	—	—	①権利者が自ら特許発明を実施 している場合の特許権、意匠権、 商標権及び②出版権、漁業権は、 営業権として一括評価するため、 相続税評価額及び帳簿価額は記載 しません。（評基通145、154、163）
600	意　匠　権	—	—	
800	商　標　権	—	—	
0	営　業　権	2,000	3,400	〔相続税評価額〕 2,000千円　　　　　（評基通165） 〔帳簿価額〕 　特許権から商標権までの合計額を 記載します。 　なお、営業権の評価額が「0」で あっても帳簿価額は記載します。
200	電話加入権	15	200	〔相続税評価額〕 売買実例価額、精通者意見価格等を 参酌した評価額 1,500円×10回線＝15千円 　　　　　　　　　　　（評基通161）
150	創　立　費	—	—	評価の対象とならない財産性の ない繰延資産及び繰延税金資産の 帳簿価額は、決算上の帳簿価額が ある場合であっても相続税評価額 及び帳簿価額の双方とも記載しま せん。
50	開　業　費	—	—	
60	株式発行費	—	—	
1,500	開　発　費	—	—	
800	試験研究費	—	—	
80,520	合　　計	123,655	73,280	

〈負債の部〉

貸借対照表上の価額	科　目	相続税評価額	帳簿価額	相続税評価額及び帳簿価額の計算要領
千円		千円	千円	
1,400	支払手形	1,400	1,400	
3,000	買掛金	2,900	3,000	〔相続税評価額〕 課税時期現在において事実上支払を要しないもの　100千円 3,000千円−100千円＝2,900千円
9,000	短期借入金	9,000	9,000	
7,000	無利息借入金	6,335	7,000	〔相続税評価額〕 　無利息の長期借入金（10年後一括返済）があるので帳簿価額から経済的利益の金額を差し引いた残額を相続税評価額とします。 7,000千円×(1−0.905(※))＝665千円 　　　　　　（経済的利益の金額） 7,000千円−665千円＝6,335千円 ※　期間10年に応ずる基準年利率（1％）の場合の複利現価率 （基準年利率は、3か月ごとに個別通達として公表されます。）
100	未払金	100	100	
500	未払配当金	500	500	｝課税時期において確定している金額のうち、未払いとなっているものを記載します。
500	未払役員賞与	500	500	
50	未払費用	50	50	
60	前受金	60	60	
15	仮受金	15	15	
30	預り金	30	30	
500	保証金	500	500	
100	前受収益	100	100	
1,000	割賦販売引当金※ （繰延割賦売上利益）	—	—	
500	貸倒引当金	—	—	
250	返品調整引当金	—	—	これらの準備金、引当金等は、純資産価額及び評価差額の計算上負債にはなりませんので、相続税評価額及び帳簿価額ともに記載しません。　　（評基通186） ※　割賦販売引当金についてはチェックポイント56（470ページ）参照
900	賞与引当金	—	—	
860	特別修繕引当金	—	—	
470	製品保証等引当金	—	—	
1,800	納税引当金	—	—	
300	債権償却特別勘定	—	—	

貸借対照表上の価額	科　　目	相続税評価額	帳簿価額	相続税評価額及び帳簿価額の計算要領
千円 2,000	土地圧縮記帳引当金	千円 —	千円 —	土地12,000千円の圧縮記帳分であってこの金額は「資産の部」の土地の帳簿価額から控除しますので、相続税評価額及び帳簿価額ともに記載しません。
1,000	機械装置圧縮記帳引当金	—	—	機械装置3,200千円（3,500千円−300千円）の圧縮記帳分であって、この金額は「資産の部」の機械装置の帳簿価額から控除しますので、相続税評価額及び帳簿価額ともに記載しません。
600	特別償却準備金	—	—	重要産業用機械2,600千円（3,000千円−400千円）の特別償却分であって、この金額は「資産の部」の重要産業用機械の帳簿価額から控除しますので、相続税評価額及び帳簿価額ともに記載しません。
750	建物減価償却累計額	—	—	これらの減価償却累計額は、それぞれ対応する各資産の帳簿価額から控除しますので、相続税評価額及び帳簿価額ともに記載しません。
250	構築物減価償却累計額	—	—	
150	車両運搬具減価償却累計額	—	—	
50	什器備品減価償却累計額	—	—	
300	機械装置減価償却累計額	—	—	
400	重要産業用機械減価償却累計額	—	—	
230	輸入製品国内市場開拓準備金	—	—	相続税評価額による純資産価額及び評価差額の計算上、負債にはなりませんので、相続税評価額及び帳簿価額ともに記載しません。 （評基通186）
80	海外投資等損失準備金	—	—	

貸借対照表 上の価額	科　　目	相続税 評価額	帳　簿 価　額	相　続　税　評　価　額　及　び 帳　簿　価　額　の　計　算　要　領
千円		千円	千円	
3,000	資　本　金	―	―	
100	資本積立金	―	―	
3,485	利益準備金	―	―	
4,500	別途積立金	―	―	相続税評価額及び帳簿価額ともに記載しません。
1,200	退職給与積立金	―	―	
850	前期繰越利益	―	―	
3,100	当期利益	―	―	
	未納法人税	900	900	会計上の帳簿価額に負債として記載のない次の金額は、負債として「相続税評価額」及び「帳簿価額」のいずれにも同一の金額を記載します。
	未納消費税	200	200	
	未納都民税	215	215	
	未納事業税	560	560	

（仮決算を行っている場合）
　次の金額のうち、課税時期において未払いとなっている金額及び課税時期の属する事業年度に係る次の税額のうち、その事業年度開始の日から課税時期までの期間に対応する金額の合計額（課税時期において未払いのものに限ります。）
　①　法人税額（地方法人税額を含む。）（法人税申告書別表五（二）「4の⑥」の金額）
　②　消費税額（消費税申告書「㉖消費税及び地方消費税の合計」の金額）
　③　道府県民税額（法人税申告書別表五（二）「9の⑥」の金額）
　④　市町村民税額（法人税申告書別表五（二）「14の⑥」の金額）
　⑤　事業税額（特別法人事業税額を含みます。）（法人税申告書別表五（二）「18の⑥」の金額と事業税申告書「第六号様式の㊵及び�55」の金額の合計額）
（仮決算を行っていない場合）
　直前期の事業年度に係る次の金額

貸借対照表上の価額	科　目	相続税評価額	帳簿価額	相続税評価額及び帳簿価額の計算要領
千円		千円	千円	①　法人税額（地方法人税額を含みます。）（法人税申告書別表五（二）「4の⑥」の金額） ②　消費税額（消費税申告書「㉖消費税及び地方消費税の合計」の金額） ③　道府県民税額（法人税申告書別表五（二）「9の⑥」の金額） ④　市町村民税額（法人税申告書別表五（二）「14の⑥」の金額） ⑤　事業税額（特別法人事業税額を含みます。）（法人税申告書別表五（二）「18の⑥」の金額と事業税申告書「第六号様式の㊵及び�555」の金額の合計額）
	未納固定資産税	85	85	（仮決算を行っている場合） 　課税時期以前に賦課期日のあった固定資産税及び都市計画税の税額のうち、課税時期において未払いとなっている税額 （仮決算を行っていない場合） 　直前期末以前に賦課期日のあった固定資産税及び都市計画税の税額のうち、直前期末において未払いとなっている金額
	未払退職金	2,300	2,300	被相続人の死亡に伴い、相続人に対し支給することが確定した退職手当金、功労金等の金額2,000千円、弔慰金のうち、相続税法第3条第1項第2号に規定する退職手当金に該当する部分の300千円 2,000千円＋300千円＝2,300千円
50,380	合　計	25,750	26,515	

チェックポイント58

割賦販売引当金（繰延割賦売上利益）

　割賦販売による売買は、その代金を回収するまでに相当の期間を要することから、法人が割賦販売基準を適用して収益の分割計上の経理を行った場合には、法人税の課税上、未実現利益の控除が認められています（割賦販売引当金が負債計上されます。）。

　しかし、次の①から③により、株式の評価上、当該金額を負債として控除することはできません。

① 　割賦販売は、契約と同時にその効力が生じるものであり、その商品等を引き渡した時に収益が実現しているものであること

② 　割賦販売基準は、法人税の課税上特例として認められているものであり、相続税における株式の評価に係る純資産価額の計算についてまで認められているものではないこと

③ 　取引相場のない株式又は出資の時価を純資産価額方式により評価するに当たっては、相続開始時において、その法人に帰属している経済的価値を純資産として評価すべきものであるから、総資産価額から控除されるのは、支払先の確定した対外負債であること

チェックポイント59

評価差額に対する法人税額等相当額の計算

　評価明細書第5表「2．評価差額に対する法人税額等相当額の計算」の「帳簿価額による純資産価額」欄及び「評価差額に相当する金額」欄が負数となる場合は、「0」と記載します。

誤りやすい事例　9

評価会社が有する取引相場のない株式

　評価会社が有する取引相場のない株式を純資産価額方式によって計算する場合（評基通186−3（注））

正　　評価差額に対する法人税額等に相当する金額を控除することはできない。

誤　　評価差額に対する法人税額等に相当する金額を控除することができる。

誤りやすい事例　10

「無償返還届出書」を提出している場合の評価

　被相続人が同族関係者となっている同族会社が「無償返還届出書」を提出して（相当地代を支払って）被相続人所有の土地を借り受けている場合における同族会社の株式の評価上、純資産価額に算入する借地権の金額について

正　　自用地としての価額の20％相当額で評価する。

誤　　評価しない。

解説　借地権の設定されている土地について、法人税の取扱いによる無償返還届出書が提出されている場合の価額は、その土地の自用地としての価額の100分の80に相当する金額によって評価します。

　これは、無償返還届出書が提出されている土地についても、借地借家法等の制約を受けること及びその土地が相続等の時に無償返還されるわけではないことを勘案すれば、現在、借地権の取引慣行のない地域についても20％の借地権相当額の控除を認容していることとの権衡上、その土地に係る貸宅地の評価についても20％を控除することが適当であるとの考えによるものです。

　なお、この場合においても被相続人が同族関係者となっている同族会社にその土地を貸し付けているときには、同族会社の株式又は出資の評価上、その土地の自用地としての価額の20％に相当する金額を純資産価額に算入して計算することとしています（昭和43年10月28日付直資3－22ほか「相当の地代を収受している貸宅地の評価について」個別通達）。

　この理由は、その土地の価額が個人と法人を通じて100％顕現することが課税の公平上適当と考えられることによるものです。

　ただし、同じ無償返還届出書が提出されている場合でも、その貸借が使用貸借であるときのその土地に係る貸宅地の価額は、その土地の自用地としての価額によって評価します。

```
誤りやすい事例　11
```

課税時期前3年以内に取得等した土地建物等の評価

　純資産価額方式において課税時期前3年以内に取得等した土地等の評価（評基通185かっこ書）について

正　　資産のうちに評価会社が課税時期前3年以内に取得又は新築した土地及び土地の上に存する権利並びに家屋及びその附属設備又は構築物があるときには、これらの価額は課税時期の通常の取引価額により評価する。

誤　　相続税評価額で評価する。

（注）　当該土地等又は当該家屋等に係る帳簿価額が課税時期の通常の取引価額に相当すると認められる場合には、当該帳簿価額によって評価することができます。

```
チェックポイント60
```

自己株式を有している場合の1株当たりの純資産価額の計算

　評価会社が自己株式を有している場合であっても、現行の会計処理基準では、自己株式は、資産の部に計上されるのではなく、純資産の部の控除項目として取り扱われることから、評価会社の有する資産には該当しないこととなります。

　また、1株当たりの純資産価額（相続税評価額によって計算した金額）は、課税時期における各資産を財産評価基本通達に定めるところにより評価した価額の合計額から課税時期における各負債の金額の合計額及び評価差額に対する法人税額等に相当する金額を控除した金額を課税時期における発行済株式数で除して計算した金額とします。この場合における課税時期における発行済株式数については、評価会社が自己株式を有する場合には、当該自己株式の数を控除した株式数によるものとされています。

　なお、1株当たりの純資産価額（相続税評価額によって計算した金額）の計算に当たり、株式の取得者とその同族関係者の議決権割合が50%以下の場合には、会社に対する支配力に基づいて格差を設けるという考え方から、純資産価額の80%で評価することとしていますが、この場合の議決権割合を計算するときの議決権総数については、自己株式に係る議決権の数は0として計算した議決権の数をもって評価会社の議決権総数とします。

10　特定の評価会社

(1)　比準要素数1の会社の株式

イ　比準要素数1の会社

　　類似業種比準方式は、評価会社の直前期末等を基とした1株当たりの「配当金額」、「利益金額」及び「純資産価額（帳簿価額によって計算した金額）」の3つの要素について、評価会社に外形的な事業内容ばかりでなく資産の保有状況や営業の状態等も類似している上場会社の平均的な1株当たりの配当金額等の額を比準して株式の価格を評価するものです。

　　比準要素数1の会社とは、直前期末を基とした場合の3つの比準要素のうち、いずれか2つが0であり、かつ、直前々期末を基とした場合の3つの比準要素についてもいずれか2つ以上が0である会社をいいます（下記(2)ないし(5)の会社に該当する場合を除きます。評基通189(1)）。

ロ　比準要素数1の会社の判定

〔例1〕

　　発行済株式数は、1株50円換算で100,000株とします（以下同じ。）。

		配当金額	利益金額	純資産価額
直　　　前　　　期		0千円	0千円	0千円
直　　前　　々　　期		0千円	0千円	1,000千円
直　前　々　期　の　前　期		0千円	400千円	(1,000千円)（※7）
判定要素	直前期末を基準	Ⓑⱼ（※1） 0円00銭	Ⓒⱼ（※3） 0円 0円	Ⓓⱼ（※5） 0円
	直前々期末を基準	Ⓑ₂（※2） 0円00銭	Ⓒ₂（※4） 0円 2円	Ⓓ₂（※6） 10円

※1　直前期末以前2年間における評価会社の剰余金の配当金額の合計額の2分の1に相当する金額を、直前期末における発行済株式数で除した金額

　2　直前々期末以前2年間における評価会社の剰余金の配当金額の合計額の2分の1に相当する金額を、直前期末における発行済株式数で除した金額

　3　直前期末以前1年間における評価会社の利益金額を、直前期末における発行済株式数で除した金額［上段］又は直前期末以前2年間における評価会社の利益金額の合計額の2分の1に相当する金額を、直前期末における発行済株式数で除した金額［下段］

　4　直前々期末以前1年間における評価会社の利益金額を、直前期末における発行済株式数で除した金額［上段］又は直前々期末以前2年間における評価会社の利益金額の合計額の2分の1に相当する金額を、直前期末における発行済株式数で除した金額［下段］

　5　直前期末における評価会社の資本金等の額及び利益積立金額に相当する金額の合計額を、直前期末における発行済株式数で除した金額

　6　直前々期末における評価会社の資本金等の額及び利益積立金額に相当する金額の合計額を、直前期末における発行済株式数で除した金額

　7　※5及び※6のとおり、「比準要素数1の会社」及び「比準要素数0の会社」の判定

には、直前々期の前期末の金額は考慮しませんので、括弧書とします。

〔解説〕

　直前期末を基とした判定要素Ⓑ₁、Ⓒ₁及びⒹ₁のいずれも0であるので「比準要素数0の会社」に該当します。

　したがって、「比準要素数1の会社」の判定は必要ありません。

〔ポイント〕

　「比準要素数0の会社」に該当する会社は「比準要素数1の会社」から除かれますので、まず、①評価会社が「比準要素数0の会社」に該当するか否かを、直前期末を基とした判定要素により判定した上で、②「比準要素数1の会社」に該当するか否かを、直前期末及び直前々期末を基とした判定要素により判定します。

〔例2〕

		配当金額	利益金額	純資産価額
直　　前　　期		0千円	0千円	0千円
直　前　々　期		0千円	1,000千円	0千円
直　前　々　期　の　前　期		0千円	0千円	(1,000千円)
判定要素	直前期末を基準	Ⓑ₁ 0円00銭	Ⓒ₁ 0円 5円	Ⓓ₁ 0円
	直前々期末を基準	Ⓑ₂ 0円00銭	Ⓒ₂ 10円 5円	Ⓓ₂ 0円

〔解説〕

1　直前期末を基とした判定要素Ⓒ₁が0ではありません〔直前期末以前2年間の実績による場合（下段：5円）〕ので、「比準要素数0の会社」に該当しません。

2　直前期末を基とした判定要素Ⓑ₁及びⓄ₁が0であり、かつ、直前々期末を基とした判定要素Ⓑ₂及びⓄ₂が0ですので、「比準要素数1の会社」に該当します。

〔ポイント〕

1　判定要素Ⓑ₁又はⒷ₂は、剰余金の配当金額について、①直前期末以前2年間又は②直前々期末以前2年間のそれぞれの合計額の2分の1に相当する金額を基とするものです（例1の※1及び2）。

2　判定要素Ⓒ₁又はⒸ₂は、利益金額について、①(a)直前期末以前1年間の金額又は(b)直前期末以前2年間の合計額の2分の1に相当する金額と、②(a)直前々期末以前1年間の金額又は(b)直前々期末以前2年間の合計額の2分の1に相当する金額の、いずれか選択した金額を基とするものです（例1の※3及び4）。

3　これらに対し、判定要素Ⓓ₁又はⒹ₂は、資本金等の額及び利益積立金額に相当する金額の合計額について、①直前期末又は②直前々期末における各金額を基とするものです。判定上、直前々期の前期末の金額（設例の場合1,000千円）は影響しないため、Ⓓ₂は0となります（例1の※5、6及び7）。

　　なお、例3以下においては判定に影響しないため、斜線とします。

〔例3〕

		配当金額	利益金額	純資産価額
直　　前　　期		0千円	0千円	10,000千円
直　　前　　々　　期		10千円	50千円	10,000千円
直　前　々　期　の　前　期		0千円	0千円	
判定要素	直前期末を基準	ⓑ₁ 0円00(05)銭	ⓒ₁ 0円 0 (0.25)円	ⓓ₁ 100円
	直前々期末を基準	ⓑ₂ 0円00(05)銭	ⓒ₂ 0 (0.50)円 0 (0.25)円	ⓓ₂ 100円

※　括弧書は、端数処理前の金額です。

〔解説〕

1　直前期末を基とした判定要素ⓓ₁が0ではありませんので、「比準要素数0の会社」に該当しません。

2　直前期末を基とした判定要素ⓑ₁及びⓒ₁が0であり、かつ、直前々期末を基とした判定要素ⓑ₂及びⓒ₂が0となり、「比準要素数1の会社」に該当します。

〔ポイント〕

1　各判定要素については、次のとおり端数処理を行った金額により判定します。

　⑴　判定要素ⓑ₁及びⓑ₂は、10銭未満の端数を切り捨てます。

　⑵　判定要素ⓒ₁及びⓒ₂並びにⓓ₁及びⓓ₂は、円未満の端数を切り捨てます。

2　判定要素ⓑ₁及びⓑ₂は、計算値（5銭）が10銭未満であり、端数処理の結果0となり、判定要素ⓒ₁及びⓒ₂も、計算値（25銭及び50銭又は25銭）が1円未満ですから、端数処理の結果0となります。

〔例4〕

	配当金額	利益金額	純資産価額
直　　前　　期	0千円	0千円	0千円
直　前　々　期	0千円	2,000千円	0千円
直前々期の前期	500千円	10,000千円	
判定要素　直前期末を基準	Ⓑ₁　0円00銭	Ⓒ₁　0円／10円	Ⓓ₁　0円
判定要素　直前々期末を基準	Ⓑ₂　2円50銭	Ⓒ₂　20円／60円	Ⓓ₂　0円

〔解説〕

1　直前期末を基とした判定要素Ⓒ₁が0ではありません〔直前期末以前2年間の実績による場合（下段：10円）〕ので、「比準要素数0の会社」に該当しません。

2　直前期末を基とした判定要素Ⓑ₁及びⓄ₁は0ですが、直前々期末を基とした判定要素Ⓑ₂及びⒸ₂が0ではありませんので、「比準要素数1の会社」に該当しません。

〔例5〕

	配当金額	利益金額	純資産価額
直　　前　　期	500千円	0千円	0千円
直　前　々　期	0千円	0千円	0千円
直前々期の前期	500千円	1,000千円	
判定要素　直前期末を基準	Ⓑ₁　2円50銭	Ⓒ₁　0円／0円	Ⓓ₁　0円
判定要素　直前々期末を基準	Ⓑ₂　2円50銭	Ⓒ₂　0円／5円	Ⓓ₂　0円

〔解説〕

1　直前期末を基とした判定要素Ⓑ₁が0ではありませんので、「比準要素数0の会社」に該当しません。

2　直前期末を基とした判定要素Ⓒ₁及びⓄ₁は0ですが、直前々期末を基とした判定要素Ⓑ₂及びⒸ₂が0ではありませんので、「比準要素数1の会社」に該当しません。

ハ　比準要素数1の会社の株式の評価額の計算

純資産価額方式により評価します（評基通189－2）。

$$
\boxed{
\begin{array}{c}
1株当たりの純資産価額 \\
\left(
\begin{array}{l}
相続税評価額によって計算 \\
した金額：80\%評価可（※1）
\end{array}
\right)
\end{array}
}
$$

466〜484ページ参照

ただし、納税義務者の選択により次の算式（併用方式）で評価することができます。

$$
\boxed{類似業種比準価額（※2）} \times 0.25 +
\boxed{
\begin{array}{c}
1株当たりの純資産価額 \\
\left(
\begin{array}{l}
相続税評価額によって計算 \\
した金額：80\%評価可（※1）
\end{array}
\right)
\end{array}
}
\times（1-0.25）
$$

※1　「80%評価可」とは、財産評価基本通達185ただし書の適用があることを示します。
※2　類似業種比準価額は次の算式により評価します。

① 比準要素が配当金額のみの場合

$$
A \times \dfrac{\dfrac{Ⓑ}{B}}{3} \times しんしゃく率※
$$

② 比準要素が利益金額のみの場合

$$
A \times \dfrac{\dfrac{Ⓒ}{C}}{3} \times しんしゃく率※
$$

③ 比準要素が純資産価額（帳簿価額によって計算した金額）のみの場合

$$
A \times \dfrac{\dfrac{Ⓓ}{D}}{3} \times しんしゃく率※
$$

※　上記各算式中のしんしゃく率は、大会社については「0.7」、中会社については「0.6」、小会社については「0.5」とします。

A＝類似業種の株価

B＝課税時期の属する年の類似業種の1株当たりの配当金額

C＝課税時期の属する年の類似業種の1株当たりの年利益金額

D＝課税時期の属する年の類似業種の1株当たりの純資産価額（帳簿価額によって計算した金額）

Ⓑ＝評価会社の1株当たりの配当金額

Ⓒ＝評価会社の1株当たりの利益金額

Ⓓ＝評価会社の1株当たりの純資産価額（帳簿価額によって計算した金額）

同族株主等以外の株主等が取得した場合（評基通189－2なお書）

　1　同族株主等以外の株主等（いわゆる少数株主）が取得した株式については、配当
　　　還元方式によって評価することとされています。
　2　配当還元方式によって評価した価額（配当還元価額）が、純資産価額方式又は併
　　　用方式による評価額を超える場合には純資産価額方式又は併用方式による価額によ
　　　って評価することになります。

チェックポイント61

ⓒ₁＞0でⓒ＝0の場合

　「比準要素数1の会社の株式」及び「開業後3年未満の会社等の株式」の判定に当た
って、ⓒ₁の金額が算出されるように選択した場合であっても、類似業種比準価額を計
算する場合のⓒの計算に当たっては、直前期の差引利益金額を基に計算した金額と直前
期と直前々期の差引利益金額の平均額を基に計算した金額のいずれか低い方の金額によ
ります。

Ⓑ、ⓒ、Ⓓが端数処理で0円となる場合

　年配当金額（特別配当等の名称による配当金額のうち、将来毎期継続することが予想
できない金額を除きます。）、差引利益金額又は純資産価額（帳簿価額によって計算した
金額）が正数の場合であっても、1株当たりの金額とした場合に端数処理により0円と
なるときには、比準要素は0円として「比準要素数1の会社の株式」及び「開業後3年
未満の会社等の株式」の判定を行います。

　1株当たりの金額の計算に当たっては、円未満の端数（1株当たりの年配当金額の計
算に当たっては10銭未満の端数）を切り捨てます。

(2)　株式等保有特定会社の株式

イ　株式等保有特定会社

　　　会社の資産構成が、類似業種比準方式における標本会社（上場会社）に比して
　　著しく株式、出資及び新株予約権付社債（この(2)において、以下「株式等」とい
　　います。）に偏っている会社が見受けられますが、このような会社の株価は、そ
　　の保有する株式等の価値に依存する割合が高いものと考えられ、一般の評価会社
　　に適用される類似業種比準方式を適用して適正な株価の算定を行うことは適当で
　　はないものと考えられます。そこで、課税時期における評価会社の総資産に占め
　　る株式等の保有割合が下記ロの基準に該当する会社を「株式等保有特定会社」と
　　し、その株式の評価方法については一般の評価会社と区別して特別の方法による
　　こととしています。

ロ　**株式等保有特定会社の判定**（評基通189(2)）

会社の規模	大　会　社	中　会　社	小　会　社
株式等の保有割合	50%以上		

※1　「株式等の保有割合」は、評価会社の有する各資産の価額（相続税評価額により計算）の合計額のうちに占める株式等の価額（相続税評価額により計算）の割合をいいます。
　　　なお、評価会社が、株式等保有特定会社に該当する会社であるか否かを判定する場合において、課税時期前において合理的な理由もなく評価会社の資産構成に変動があり、その変動が株式等保有特定会社に該当する会社であると判定されることを免れるためのものと認められるときには、その変動はなかったものとしてその判定を行うこととされています（評基通189なお書）。
※2　下記(3)ないし(5)の会社に該当する場合を除きます。

ハ　**株式等保有特定会社の株式の評価額の計算**

純資産価額方式によって評価します（評基通189−3）。

$$\boxed{\begin{array}{c} 1株当たりの純資産価額 \\ \left(\begin{array}{c}相続税評価額によって計算 \\ した金額：80\%評価可（※）\end{array}\right) \end{array}}$$

466〜484ページ参照

※　「80%評価可」とは財産評価基本通達185ただし書の適用があることを示します。

　ただし、納税義務者の選択により次の「S₁＋S₂」方式で評価することができます。

○　**「S₁＋S₂」方式の計算**

「S₁＋S₂」方式の概念図

「S₂の金額」
＝株式等保有特定会社が有する株式等について、純資産価額方式により評価した価額（評価差額に対する法人税額等相当額を控除します。）

「S₁の金額」
＝株式等保有特定会社が有する株式等と当該株式等に係る受取配当、剰余金分配及び利息（この(2)において、以下「受取配当金等」といいます。）がなかったとした場合の同社株式の原則的評価方法による評価額

㈠　S₁の金額の計算

　　S₁の金額は、株式等保有特定会社が保有する株式等及びその株式等に係る受取配当金等の収入がなかったとした場合のその株式等保有特定会社の株式を、会社の規模に応じて原則的評価方式により評価した金額をいいます。

　　なお、この場合の規模区分の判定は、一般の評価会社と同様に判定します（株式等の帳簿価額を控除するなどの方法は行いません。）（評基通189－3⑴）。

㋑　**原則的評価方式が類似業種比準方式である場合**

　　原則的評価方式が類似業種比準方式である場合のS₁の金額は、次のように計算します。

$$A \times \left(\cfrac{\dfrac{Ⓑ-ⓑ}{B} + \dfrac{Ⓒ-ⓒ}{C} + \dfrac{Ⓓ-ⓓ}{D}}{3} \right) \times 0.7※$$

※　「0.7」は、中会社については「0.6」、小会社については「0.5」とします。

A＝類似業種の株価 B＝課税時期の属する年の類似業種の 　　1株当たりの配当金額 C＝課税時期の属する年の類似業種の 　　1株当たりの年利益金額 D＝課税時期の属する年の類似業種の 　　1株当たりの純資産価額（帳簿価 　　額によって計算した金額） Ⓑ＝評価会社の1株当たりの配当金額 Ⓒ＝評価会社の1株当たりの利益金額 Ⓓ＝評価会社の1株当たりの純資産価 　　額（帳簿価額によって計算した金額）	財産評価基本通達180《類似業種比準価額》の定めによります。

ⓑ＝Ⓑ×「受取配当金等収受割合※」
ⓒ＝Ⓒ×「受取配当金等収受割合※」
ⓓ＝㈑＋㈒〔Ⓓを限度とします。〕

財産評価基本通達180－3《株式等保有特定会社の株式の評価》の定めによります。

$$㈑＝Ⓓ \times \frac{評価会社の保有する株式等の価額（帳簿価額）}{評価会社の総資産価額（帳簿価額）}$$

$$㈒＝\begin{matrix}評価会社の1株（50円）\\当たりの利益積立金額\end{matrix} \times 「受取配当金等収受割合※」$$

　　○　利益積立金額が負数の場合は、0とします。

$$※　\begin{matrix}受取配当金等\\収　受　割　合\end{matrix}＝\frac{直前期末以前2年間の受取配当金等の合計額}{\begin{matrix}直前期末以前2年間の\\受取配当金等の合計額\end{matrix}＋\begin{matrix}直前期末以前2年間の\\営業利益の金額の合計額\end{matrix}}$$

○　受取配当金等収受割合は、1を限度とし、小数点以下第3位未満の端数を切り捨てます。

○　「営業利益」とは、会社計算規則第90条《営業損益金額》に定める「営業利益」をいい、評価会社の事業目的によって受取配当金等が営業利益に含まれているような場合には、受取配当金等の額を営業利益の金額から控除します。

○　受取配当金等の額を超える営業損失がある場合（分母が負数となる場合）は、受取配当金等収受割合を1とします。

㋺　原則的評価方式が純資産価額方式である場合

原則的評価方式が純資産価額方式である場合のS_1の金額は、次のようになります。

なお、この場合の1株当たりの純資産価額（相続税評価額によって計算した金額）は、財産評価基本通達185ただし書（80％評価）の適用はありません。

$$\frac{\left(\begin{array}{c}\text{課税時期における各資産}\\\text{（株式等を除きます。）の}\\\text{合計額（相続税評価額）}\end{array}\right) - \left(\begin{array}{c}\text{課税時期に}\\\text{おける各負}\\\text{債の合計額}\end{array}\right) - \left(\begin{array}{c}\text{評価差額に対す}\\\text{る法人税額等相}\\\text{当額（※1）}\end{array}\right)}{\text{課税時期における発行済株式数（※2）}}$$

※1　評価差額に対する法人税額等相当額

$$= \left\{ \left(\begin{array}{c}\text{純資産価額（相続}\\\text{税評価額によって}\\\text{計算した金額）（株}\\\text{式等を除きます。）}\end{array}\right) - \left(\begin{array}{c}\text{純資産価額（帳簿価額に}\\\text{よって計算した金額）}\\\text{（株式等を除きます。）}\end{array} + \begin{array}{c}\text{株式等以外に係}\\\text{る現物出資等受}\\\text{入れ差額（※ⅰ）}\end{array}\right) \right\}$$

$\times 37\%$（※ⅱ）

※ⅰ　現物出資等受入れ差額については、470ページを参照してください。

※ⅱ　課税時期が、平成28年4月1日以降の場合は37％となります。

※2　課税時期における発行済株式数は、自己株式の数を控除します。

以上の㋑及び㋺について会社規模に応じて整理すると次のようになります。

①　大会社の場合

修正類似業種比準価額
又は（納税義務者の選択により）
修正純資産価額（80％評価不可）

②　中会社の場合

$$
\boxed{\begin{array}{l}\text{修正類似業種比準価額}\\\text{又は（納税義務者の選択に}\\\text{より）修正純資産価額}\\\text{（80\%評価不可）}\end{array}}\times L + \dfrac{\text{修正純資産価額}}{\text{（80\%評価不可）}}\times(1-L)
$$

③　小会社の場合

$$
\begin{array}{c}\text{修正純資産価額（80\%評価不可）}\\\text{又は（納税義務者の選択により）}\\\text{修正類似業種比準価額}\times 0.50 + \dfrac{\text{修正純資産価額}}{\text{（80\%評価不可）}}\times(1-0.50)\end{array}
$$

※1　「修正類似業種比準価額」又は「修正純資産価額」は、上記④又は⑪により計算した価額をいいます。

※2　「80%評価不可」とは、財産評価基本通達185ただし書の定めの適用がないことを示します。

㈥　比準要素数1の会社にも該当する場合

　株式等保有特定会社が「比準要素数1の会社」にも該当する場合には、会社の規模にかかわらず比準要素数1の会社の評価の定めに準じて計算することになりますので、S_1の金額は次のようになります。

$$
\begin{array}{c}\text{修正純資産価額（80\%評価不可）}\\\text{又は（納税義務者の選択により）}\\\text{修正類似業種比準価額}\times 0.25 + \dfrac{\text{修正純資産価額}}{\text{（80\%評価不可）}}\times(1-0.25)\end{array}
$$

※1　「修正類似業種比準価額」又は「修正純資産価額」は、上記④又は⑪により計算した価額をいいます。

※2　「80%評価不可」とは、財産評価基本通達185ただし書の定めの適用がないことを示します。

㈦　S_2の金額の計算

　S_2の金額は、株式等保有特定会社が保有する株式等のみを評価会社の資産としてとらえ、次の算式による1株当たりの純資産価額に相当する金額（相続税評価額により計算した金額）によって計算した金額をいいます（評基通189—3(2)）。

　なお、この場合の純資産価額には、財産評価基本通達185ただし書(80%評価)の適用はありません。

$$\frac{\left(\begin{array}{l}課税時期における株式等\\の合計額（相続税評価額）\end{array}\right) - \left(\begin{array}{l}株式等に係る評価差額\\に対する法人税額等相当額（※1）\end{array}\right)}{課税時期における発行済株式数（※2）}$$

※1　株式等に係る評価差額に対する法人税額等相当額

$$= \left\{\begin{array}{l}株式等の合計額\\（相続税評価額）\end{array} - \left(\begin{array}{l}株式等の合計額\\（帳簿価額）\end{array} + \begin{array}{l}株式等に係る現物出\\資等受入れ差額（※i）\end{array}\right)\right\} ×37\%（※ ii）$$

なお、

「$\begin{array}{l}株式等の合計額\\（相続税評価額）\end{array} - \left(\begin{array}{l}株式等の合計額\\（帳簿価額）\end{array} + \begin{array}{l}株式等に係る現物出\\資等受入れ差額（※i）\end{array}\right)$」

が負数の場合には、これを0とし、S_2の金額は、株式等の合計額（相続税評価額）を上記の発行済株式数で除して計算した金額になります。

※i　現物出資等受入れ差額については、470ページを参照してください。

※ii　課税時期が、平成28年4月1日以降の場合は37％となります。

※2　課税時期における発行済株式数は、自己株式の数を控除します。

同族株主等以外の株主等が取得した場合（評基通189-3なお書）

1　同族株主等以外の株主等（いわゆる少数株主）が取得した株式については、配当還元方式によって評価することとされています。

2　配当還元方式によって評価した価額（配当還元価額）が、純資産価額方式又は「S_1＋S_2」方式による評価額を超える場合には純資産価額方式又は「S_1＋S_2」方式による価額によって評価することになります。

【設例　21】

株式、出資及び新株予約権付社債の範囲

（問）　次のものは、株式等保有特定会社の株式に該当するかどうかの判定の基礎となる「株式、出資及び新株予約権付社債」（株式等）に含まれますか。

① 金融商品取引業者（証券会社）が保有する商品としての株式

② 外国株式

③ 株式制のゴルフ会員権

④ 匿名組合の出資

⑤ 証券投資信託の受益証券

（答）　株式等には、①から③が含まれ、④及び⑤は含まれません。

1　株式等保有特定会社の株式に該当するかどうかの判定の基礎となる株式等とは、所有目的又は所有期間のいかんにかかわらず評価会社が有する株式（株式会社の社員たる地位）の全て、評価会社の法人に対する出資（法人の社員たる地位）及び法人に対して行使することにより当該法人の株式の交付を受ける権利（新株予約権）

が付された社債の全てをいいます。

2　①から⑤までの事例については、具体的には次のとおりとなります。

①　金融商品取引業者（証券会社）が保有する商品としての株式

　商品であっても、株式会社の社員たる地位を取得することに変わりがなく、たな卸資産として保有する株式等についても判定の基礎となる株式等に該当します。

（注）　株式等保有特定会社に該当するかどうかを判定する場合において、評価会社が金融商品取引業を営む会社であるときには、評価会社の有する株式等の価額には「保管有価証券勘定」に属する株式等の価額は含まれません。

②　外国株式

　外国株式であっても、外国法人の社員たる地位を取得することに変わりがなく、判定の基礎となる株式等に該当します。

③　株式制のゴルフ会員権

　ゴルフ会員権については、株式形態のものと預託金形態のものがありますが、株式形態のゴルフ会員権はゴルフ場経営法人等の株主であることを前提としているものですので、判定の基礎となる株式等に該当します。

④　匿名組合の出資

　「匿名組合」とは、商法における匿名組合契約に基づくもので「共同出資による企業形態」の一種であり、出資者（匿名組合員）が営業者の営業に対して出資を行い、営業者はその営業から生ずる利益を匿名組合員に分配することを要素とするものです。

　匿名組合契約により出資したときは、その出資は、営業者の財産に帰属するものとされており（商法536①）、匿名組合員の有する権利は、利益分配請求権と契約終了時における出資金返還請求権が一体となった匿名組合契約に基づく債権的権利ということにならざるを得ません。

　したがって、判定の基礎となる株式等に該当するものとはいえません。

⑤　証券投資信託の受益証券

　「証券投資信託」とは、不特定多数の投資家から集めた小口資金を大口資金にまとめ、運用の専門家が投資家に代わって株式や公社債など有価証券に分散投資し、これから生じる運用収益を出資口数に応じて分配する制度であり、出資者は、運用収益の受益者の立場に止まることから、証券投資信託の受益証券は、判定の基礎となる株式等に該当するものとはいえません。

　なお、例えば、「特定金銭信託」は、運用方法や運用先、金額、期間、利率などを委託者が特定できる金銭信託であることから、評価会社が実質的に信託財産を構成している株式を所有していると認められます。したがって、判定の基礎とな

> る株式等に含まれます。

(3)　土地保有特定会社の株式

イ　土地保有特定会社

上記(2)のイ「株式等保有特定会社」（491ページ）と同様の理由により、課税時期における評価会社の総資産に占める土地及び土地の上に存する権利（この(3)において、以下「土地等」といいます。）の保有割合が下記ロの基準に該当する会社を「土地保有特定会社」とし、その株式の評価方法は一般の評価会社と区別して特別の評価方法によることとしています（下記(4)及び(5)の会社に該当する場合を除きます。）（評基通189(3)）。

ロ　土地保有特定会社の判定

会社区分	総資産価額（帳簿価額）基準	土地等の保有割合
大　会　社	①　卸売業……………………………20億円以上 ②　小売・サービス業………………15億円以上 ③　①、②以外の業種………………15億円以上	70％以上 （土地保有特定会社）
小　会　社	大会社の総資産価額基準に該当するもの	土地保有特定会社には該当しません。
	大・中会社の総資産価額基準に該当しないもの	
	中会社の総資産価額基準に該当するもの	
中　会　社	①　卸売業　……………………………7,000万円 　　　　　　　　　　　　　　　　　～20億円未満 ②　小売・サービス業　………………4,000万円 　　　　　　　　　　　　　　　　　～15億円未満 ③　①、②以外の業種　………………5,000万円 　　　　　　　　　　　　　　　　　～15億円未満	90％以上 （土地保有特定会社）

※　「土地等の保有割合」は、評価会社の有する各資産の価額（相続税評価額により計算）の合計額のうちに占める土地等の価額（相続税評価額により計算）の割合をいいます。

　　なお、評価会社が、土地保有特定会社に該当する会社であるか否かを判定する場合において、課税時期前において合理的な理由もなく評価会社の資産構成に変動があり、その変動が土地保有特定会社に該当する会社であると判定されることを免れるためのものと認められるときには、その変動はなかったものとしてその判定を行うこととされています（評基通189なお書）。

ハ　土地保有特定会社の株式の評価額の計算

純資産価額方式によって評価します（評基通189－4）。

```
┌─────────────────────────┐
│    １株当たりの純資産価額    │
│  (相続税評価額によって計算  ) │
│  (した金額：80％評価可    ) │
└─────────────────────────┘
```

466〜484ページ参照

※　「80％評価可」とは、財産評価基本通達185ただし書の定めの適用があることを示します。

┄┄┄ **同族株主等以外の株主等**が取得した場合（評基通189─4なお書）┄┄┄
　1　同族株主等以外の株主等（いわゆる少数株主）が取得した株式については、配当
　　還元方式によって評価することとされています。
　2　配当還元方式によって評価した価額（配当還元価額）が、純資産価額方式による
　　価額を超える場合には純資産価額方式による価額によって評価します。
┄┄┄

┌───┐
│ │チェックポイント62│   │
│ **土地保有特定会社の株式に該当するかどうかの判定を行う場合において不動産販売会社** │
│ **がたな卸資産として所有する土地等の取扱い**   │
│　判定の基礎となる土地等は、所有目的や所有期間のいかんにかかわらず、評価会社が │
│ 有している全てのものを含むこととしているので、たな卸資産に該当する土地等も含ま │
│ れることになります。   │
│　なお、たな卸資産に該当する土地等の価額は、財産評価基本通達4−2（不動産のう │
│ ちたな卸資産に該当するものの評価）の定めにより同132《評価単位》及び同133《たな │
│ 卸商品等の評価》により評価します。   │
└───┘

(4)　**開業後3年未満の会社等の株式**

　イ　**開業後3年未満の会社等**

　　　類似業種比準方式は、正常な営業活動を行っている状態にあることを前提とし
　　て標本会社（上場会社）と評価会社とを比較して評価額を計算するものであるた
　　め、その前提を欠くと認められる次のロの①又は②に該当する会社を「開業後3
　　年未満の会社」又は「比準要素数0の会社」とし、その株式の評価は、原則とし
　　て、純資産価額方式により評価することとされています（下記(5)の会社に該当す
　　る場合を除きます。）（評基通189(4)、189−4）。

　ロ　**開業後3年未満の会社等の判定**

　　①　課税時期において開業後3年未満の会社

　　②　直前期末を基とした1株当たりの「配当金額」、「利益金額」及び「純資産価

額（帳簿価額によって計算した金額)」がいずれも0である会社

(注)　「配当金額」及び「利益金額」については、直前期末以前2年間の実績を反映して判定することになり、「比準要素数1の会社」の判定（直前々期の前期を含めた3年間）とは異なります。

ハ　開業後3年未満の会社等の株式の評価額の計算

純資産価額方式によって評価します（評基通189－4）。

> 1株当たりの純資産価額
> （相続税評価額によって計算
> した金額：80％評価可)

※　「80％評価可」とは、財産評価基本通達185ただし書の適用があることを示します。

> ┌─ **同族株主等以外の株主等が取得した場合**（評基通189—4なお書）─┐
> 1　同族株主等以外の株主等（いわゆる少数株主）が取得した株式については、配当還元方式によって評価することとされています。
> 2　配当還元方式によって評価した価額（配当還元価額）が、純資産価額方式による価額を超える場合には純資産価額方式による価額によって評価します。

(5)　開業前、休業中又は清算中の会社の株式

イ　開業前、休業中又は清算中の会社等

類似業種比準方式は、評価会社が事業活動を行っていることを前提とし、その事業活動の成果である1株当たりの配当金額等を基に評価することとされています。したがって、課税時期において、評価会社がまだ開業するに至っていない場合、休業中である場合又は既に清算手続に入っている場合には、配当金額や利益金額などの数値を求められませんので、その会社の株式を類似業種比準方式又は配当還元方式によって評価することはできません。そこで、評価会社がこのような特殊な場合における株式については、それぞれの株式の実態に応じた評価方法が定められています。

ロ　開業前又は休業中の会社の判定

開業前又は休業中とは、それぞれ次の場合をいいます。

①　開業前とは、会社設立の登記は完了したが、現に事業活動を開始するまでに至っていない場合をいいます。

②　休業中とは、課税時期の前後において相当長期間にわたり休業している場合をいいます。したがって、その休業が一時的なもので、近く事業が再開される

ことが見込まれる場合には、「休業中の会社」には該当しないこととなります。

ハ　開業前、休業中の会社の株式等の評価額の計算

開業前又は休業中である会社の株式の価額は、純資産価額方式によって計算した金額（課税時期における１株当たりの純資産価額（相続税評価額によって計算した金額））によって評価します（下記ニの会社に該当する場合を除きます。）（評基通189(5)、189－５）。開業前の会社の株式については、株式１株当たりの払込金額によって評価する方法も考えられますが、課税時期が会社設立後、相当の期間を経過した後にある場合も予想されます。この場合には、開業準備の状況や課税時期までの間における財産価額等の変動状況によっては、課税時期における評価会社の財産価額と払込金額とが必ずしも一致するとは限りませんので、払込金額によって評価することは適当ではありません。

なお、この場合の純資産価額方式による価額には、財産評価基本通達185ただし書（80％評価）の適用はありません。

> １株当たりの純資産価額
> （相続税評価額によって計算
> した金額：80％評価不可）

※　評価会社が課税時期前３年以内に取得又は新築した土地等及び家屋等を有する場合（評基通185かっこ書）、評価会社が取引相場のない株式等を保有する場合（評基通186－３）の取扱いが適用されます。

同族株主等以外の株主等が取得した場合

同族株主等以外の株主等（いわゆる少数株主）が取得した株式についても、配当還元方式によらず、純資産価額方式によって評価することとされています。

ニ　清算中の会社の株式の価額

清算中の会社の株式の価額は、清算の結果分配を受けると見込まれる金額を基として評価することとされています（評基通189(6)、189－６）。

つまり、清算の結果分配を受けると見込まれる金額（２回以上にわたり分配を受ける見込みの場合は、そのそれぞれの金額）の課税時期から分配を受けると見込まれるまでの期間（その期間が１年未満であるとき又はその期間に１年未満の端数があるときは、これを１年とします。）に応ずる基準年利率による複利現価の額（２回以上にわたり分配を受ける見込みの場合には、その合計額）によって

評価します。

　課税時期と清算分配金の交付時期が一致しない場合には、分配を受けると見込まれる金額を課税時期の価額に換算する必要があることから、基準年利率による複利現価の額によって評価します。

　これを算式で示すと次のようになります。

$$\begin{matrix}\text{課税時期の価額によって}\\\text{換算した価額（現在価値）}\end{matrix} = \text{a 円（分配見込額）} \times \begin{matrix}\text{期間 n 年に応ずる}\\\text{r ％の複利現価率}\end{matrix}$$

$$= \text{a} \times \frac{1}{(1+r)^n}$$

　したがって、清算中の会社の株式価額は、次のようになります。

$$\left(\text{予想分配金の額} \times \begin{matrix}\text{課税時期から交付見込日までの期間に}\\\text{応ずる基準年利率による複利現価率}\end{matrix}\right)\text{の合計額}$$

　※　清算による分配を2回以上にわたり受ける見込みの場合には、そのそれぞれの金額について上記の方法により計算し、その計算した金額の合計額により評価します（評基通189－6）。

　なお、清算分配見込額や分配を受けると見込まれる時までの期間の算定が困難な場合等には、1株当たりの純資産価額（相続税評価額によって計算した金額）によって評価します。

--- **同族株主等以外の株主等が取得した場合** ---

　同族株主等以外の株主等（いわゆる少数株主）が取得した株式についても、配当還元方式によらず、清算分配金を基とする評価方式又は純資産価額方式によって評価することとされています。

【設例　22】

長期間清算中の会社

（**問**）　分配を行わず長期にわたり清算中のままになっているような会社の株式の価額は、どのように評価するのでしょうか。

（**答**）　1株当たりの純資産価額（相続税評価額によって計算した金額）によって評価します。

　　清算中の会社の株式は、財産評価基本通達189－6《清算中の会社の株式の評価》の定めにより、清算の結果、分配を受ける見込みの金額の課税時期から分配を受けると見込まれる日までの期間に応ずる基準年利率による複利現価の額によって評価することとされています。

（n年後に分配を受ける見込みの金額×n年に応ずる基準年利率による複利現価率）

　　しかし、分配を行わず長期にわたり清算中のままになっているような会社については、清算の結果、分配を受ける見込みの金額や分配を受けると見込まれる日までの期間の算定が困難であると認められることから、1株当たりの純資産価額（相続税評価額によって計算した金額）によって評価します。

チェックポイント63

特定の評価会社の判定の順序

（会社の区分）		（評　価　方　式）
清　算　中　の　会　社	⇒	清算分配見込金額（評基通189－6）
開業前又は休業中の会社	⇒	純資産価額方式（評基通189－5）
開業後3年未満の会社 又は 比準要素数0の会社	⇒	純資産価額方式（評基通189－4） ・配当還元方式（少数株主）
土　地　保　有　特　定　会　社	⇒	純資産価額方式（評基通189－4） ・配当還元方式（少数株主）
株　式　等　保　有　特　定　会　社 （注）　比準要素数1の会 　　　社である株式等保有 　　　特定会社を含みます。	⇒	純資産価額方式（評基通189－3） ・S_1＋S_2方式の選択可 ・配当還元方式（少数株主）
比　準　要　素　数　1　の　会　社	⇒	純資産価額方式（評基通189－2） ・L＝0.25とする類似業種比準方式と純資産価額方式との併用方式の選択可 ・配当還元方式（少数株主）
一　般　の　評　価　会　社 （大会社、中会社、小会社）		

11　配当還元方式

　同族株主等以外の株主及び同族株主等のうち少数株主が取得した株式については、その株式の発行会社が大会社であるか、中会社であるか、又は小会社であるかの会社規模にかかわらず、次に掲げる算式（配当還元方式）により計算した金額（配当還元価額）によって評価します（評基通178本文ただし書、188、188－2）。

　ただし、その金額が財産評価基本通達179に定める原則的評価方式により計算した金額を超える場合には、原則的評価方式により計算した金額によって評価します。

$$\frac{その株式に係る年配当金額}{10\%} \times \frac{その株式の1株当たりの資本金等の額}{50円} = \boxed{評価額}$$

　※1　上記算式中の「その株式に係る年配当金額」は1株当たりの資本金等の額を50円とした場合の金額ですので、評価会社の1株当たりの資本金等の額が50円以外の場合には、算式中において、評価会社の直前期末における1株当たりの資本金等の額の50円に対する倍数を乗じて調整した金額により計算することとしています。
　※2　上記算式中の「その株式に係る年配当金額」が2円50銭未満のもの及び無配のものにあっては2円50銭とします。

　株式の発行会社が比準要素数1の会社、株式等保有特定会社、土地保有特定会社又は開業後3年未満の会社等に該当する場合であっても、同族株主等以外の株主等が取得した株式については、配当還元方式によって評価します（評基通189－2なお書、189－3なお書、189－4なお書）。

　ただし、「開業前又は休業中の会社の株式」及び「清算中の会社の株式」については、この配当還元方式の適用はありません（評基通189－5、189－6）。

1株（50円）当たりの年平均配当金額

　株主資本等変動計算書から直前期末以前2年間の年配当金額を調べ、次の算式により、年平均配当金額を求めます。
　そして、その年平均配当金額を1株当たりの資本金等の額を50円とした場合の株式数で除して、1株（50円）当たりの年平均配当金額を求めます。

直前期末の資本金等の額　6,000万円

直前期末の発行済株式数　120,000株

| 評 価 額 の 計 算 | 1株（50円）当たりの年平均配当金額を基に次の算式により評価額を計算します。 |

配当還元方式による価額が原則的評価方式による価額を超える場合には、原則的評価方式により計算した価額とします。

誤りやすい事例　12

配当還元方式

1．**無配の場合の1株当たりの配当金額**（前ページの算式中の「その株式に係る配当金額」）

正　　2円50銭とする（評基通188－2）。

誤　　0円とする。

2．**配当還元方式によって計算した金額が原則的評価方式によって計算した金額を超える場合**

正　　原則的評価方式によって計算した金額によって評価する（評基通188－2）。

誤　　配当還元方式によって計算した金額によって評価する。

チェックポイント64

配当金額の計算

　特別配当、記念配当等の名称による配当金額のうち、将来毎期継続することが予想できないものは除きます（評基通188－2、183(1)）。

チェックポイント65

株式の割当てを受ける権利等の発生している株式の価額の修正

　取引相場のない株式を①類似業種比準方式、②純資産価額方式又は③これらの方式の併用方式によって評価する場合において、評価する株式について課税時期に配当期待権、株式の割当てを受ける権利、株主となる権利又は株式無償交付期待権が発生しているときは、その権利の価額を別に評価することになっているため、その株式の価額からその権利の価額を控除します。

　そこで、それらの株式が次に掲げるものである場合は、それぞれに掲げる算式により株式の価額を修正することになります（評基通187、189－7）。

1　配当期待権の発生している株式

　課税時期が配当金交付の基準日の翌日から配当金交付の効力が発生する日までの間にある場合

（取引相場のない株式の評価額　－　株式1株に対して受ける予想配当の金額）

2　株式の割当てを受ける権利等の発生している株式

　課税時期が株式の割当ての基準日、株式の割当てのあった日又は株式無償交付の基準日のそれぞれ翌日から、これらの新株式の効力が発生する日までの間にある場合

$$\left(\begin{array}{l}取引相場の\\ない株式の\\評価額\end{array}+\begin{array}{l}割当てを受けた株\\式1株につき払い\\込むべき金額\end{array}\times\begin{array}{l}株式1株に\\対する割当\\株式数\end{array}\right)\div\left(1+\begin{array}{l}株式1株に対す\\る割当株式数又\\は交付株式数\end{array}\right)$$

　※　取引相場のない株式の価額を配当還元方式によって評価する場合においては、課税時期において株式の割当てを受ける権利等が発生していてもその株式の価額の修正は行いません。

12　種類株式に関する具体的な評価方法

　種類株式には、多種多様な類型が認められますが、ここでは、活用例が多いと思われる3類型の種類株式（配当優先の無議決権株式、社債類似株式、拒否権付株式）についての具体的な評価方法を説明します。

【配当優先の無議決権株式の評価】

(1)　配当優先株式の評価

> 　配当について優先・劣後のある株式を発行している会社の株式を①類似業種比準方式により評価する場合には、株式の種類ごとにその株式に係る配当金（資本金等の額の減少によるものを除きます。以下同じ。）によって評価し、②純資産価額方式により評価する場合には、配当優先の有無にかかわらず、従来どおり財産評価基本通達185《純資産価額》の定めにより評価します。

イ　類似業種比準方式

　配当について優先・劣後のある株式を発行している会社の株式の評価に当たっては、配当金の多寡は、比準要素のうち「1株当たりの配当金額（Ⓑ）」に影響するので、「1株当たりの配当金額（Ⓑ）」は、株式の種類ごとにその株式に係る実際の配当金により計算します。

> **《類似業種比準方式の計算例》**
>
> ①　発行済株式数　　　　　　　　61,000株
>
> 　　内　配当優先株式　　　　　　21,000株（自己株式数1,000株）
>
> 　　　　普通株式（配当劣後株式）　40,000株（自己株式数0株）
>
> ②　資本金等の額　　　　　　　　30,000千円
>
> ③　1株当たりの資本金等の額　　　500円（30,000千円÷60,000株）
>
> ④　1株当たりの資本金等の額を50円とした場合の発行済株式数
>
> 　　　　　　　　　　　　　　　　600,000株（30,000千円÷50円）
>
> ⑤　年配当金額
>
> 　　直前期　　配当優先株式　　　　1,000千円
>
> 　　　　　　　普通株式　　　　　　1,800千円

　　　　直前々期　　配当優先株式　　　　　1,000千円

　　　　　　　　　　普通株式　　　　　　　　1,800千円

⑥　年利益金額　　　　　　　　24,000千円

⑦　利益積立金額　　　　　　　60,000千円

⑧　類似業種比準株価等

　　　　A＝488円　　　　　　C＝　31円

　　　　B＝4.4円　　　　　　D＝285円

【計算】

1　1株当たりの年配当金額（Ⓑ）の計算

　(1)　配当優先株式

　（1,000千円＋1,000千円）÷2÷（600,000株×20,000株÷60,000株）＝5円00銭

　(2)　普通株式

　（1,800千円＋1,800千円）÷2÷（600,000株×40,000株÷60,000株）＝4円50銭

2　1株当たりの年利益金額（Ⓒ）の計算

　　24,000千円÷600,000株＝40円

3　1株当たりの純資産価額（Ⓓ）の計算

　　（30,000千円＋60,000千円）÷600,000株＝150円

4　類似業種比準価額の計算

　(1)　配当優先株式

　　イ　比準割合

$$\frac{\dfrac{5.0}{4.4}+\dfrac{40}{31}+\dfrac{150}{285}}{3}=0.98（小数点以下2位未満切捨て）$$

　　ロ　1株（50円）当たりの比準価額

　　　488円×0.98×0.7（※）≒334.70円（10銭未満切捨て）

　　ハ　1株当たりの比準価額

　　　334.70円×500円÷50円＝3,347円

　(2)　普通株式

　　イ　比準割合

$$\frac{\dfrac{4.5}{4.4}+\dfrac{40}{31}+\dfrac{150}{285}}{3}=0.94（小数点以下2位未満切捨て）$$

　　ロ　1株（50円）当たりの比準価額

　　　488円×0.94×0.7（※）≒321.10円（10銭未満切捨て）

ハ　1株当たりの比準価額

321.10円×500円÷50円＝3,211円

※　発行法人は大会社であるものとします。

ロ　純資産価額方式

純資産価額方式で評価する場合には、配当金の多寡は評価の要素としていないことから、配当優先の有無にかかわらず、財産評価基本通達185《純資産価額》の定めにより評価します。

ハ　評価明細書の記載方法

(イ)　類似業種比準方式（評価明細書第4表）

種類株式ごとに以下のとおり記載します。記載例は次ページを参照してください。

A　「1．1株当たりの資本金等の額等の計算」

種類株式ごとに区分せず資本金等の額又は株式数を記載します。この場合、「②　直前期末の発行済株式数」欄及び「③　直前期末の自己株式数」欄については、評価する種類株式の株式数を内書きします。

B　「2．比準要素等の金額の計算」

(A)　「1株（50円）当たりの年配当金額」

種類株式ごとに記載します。この場合、「1株（50円）当たりの年配当金額⑧（⑧₁、⑧₂)」を計算する場合の株式数は、「1．1株当たりの資本金等の額等の計算」の「⑤　1株当たりの資本金等の額を50円とした場合の発行済株式数」欄の株式数に、発行済株式の総数（自己株式数控除後）に占める各種類株式数（自己株式数控除後）の割合を乗じたものとします。

(B)　「1株（50円）当たりの年利益金額」及び「1株（50円）当たりの純資産価額」

種類株式ごとに区分せず記載します。

(ロ)　純資産価額方式（評価明細書第5表）

種類株式ごとに区分せず記載します。

(ハ)　配当還元方式（評価明細書第3表）

「2．配当還元方式による価額」については、上記(イ)のA及びBの(A)に準じて記載します。

第4表　類似業種比準価額等の計算明細書

会社名　　(株)X社

<table>
<tr><td rowspan="2">1.1株当たりの資本金
等の額等の計算</td><td>直前期末の
資本金等の額</td><td>直前期末の
発行済株式数</td><td>直前期末の
自己株式数</td><td>1株当たりの資本金等の額
(①÷(②-③))</td><td>1株当たりの資本金等の額を50
円とした場合の発行済株式数
(①÷50円)</td></tr>
<tr><td>① 30,000 千円</td><td>② 内 21,000株
61,000</td><td>③ 内 1,000株
1,000</td><td>④ 500 円</td><td>⑤ 600,000 株</td></tr>
</table>

2 比準要素等の金額の計算

<table>
<tr><td rowspan="2">1株(50円)当たりの年配当金額</td><td colspan="4">直前期末以前2(3)年間の年平均配当金額</td><td colspan="3">比準要素数1の会社・比準要素数0
の会社の判定要素の金額</td></tr>
<tr><td>事業年度</td><td>⑥ 年配当金額</td><td>⑦ 左のうち
非経常的な
配当金額</td><td>⑧ 差引経常的な年
配当金額(⑥-⑦)</td><td colspan="2">⑨/⑤</td><td>Ⓑ 5 円 0 銭</td></tr>
</table>

	年平均配当金額	
直前期	⑥ 1,000千円	⑦ 千円	⑧ 1,000千円	⑨(⑦+回)÷2 1,000千円
直前々期	1,000千円	千円	1,000千円	⑩/⑤ Ⓑ 円 銭
直前々期 の前期	千円	千円		⑩(回+ハ)÷2 千円

1株(50円)当たりの年配当金額　Ⓑ 5 円 0 銭

<table>
<tr><td rowspan="2">1株(50円)当たりの年利益金額</td><td colspan="6">直前期末以前2(3)年間の利益金額</td><td colspan="3">比準要素数1の会社・比準要素数0
の会社の判定要素の金額</td></tr>
<tr><td>事業年度</td><td>⑪法人税の課
税所得金額</td><td>⑫非経常的な
利益金額</td><td>⑬受取配当等の
益金不算入額</td><td>⑭左の所得税
額</td><td>⑮損金算入した
繰越欠損金の
控除額</td><td>⑯差引利益金額
(⑪-⑫+⑬
-⑭+⑮)</td><td>ⓒ ⑯ 又は ⑯/⑤ 40 円</td></tr>
</table>

直前期	⑪ 24,000千円	⑫ 千円	⑬ 千円	⑭ 千円	⑮ 千円	⊖ 24,000千円	⑰ 又は(回+回)÷2 ⑰/⑤ ⓒ 円
直前々期	千円	千円	千円	千円	千円	⊘ 千円	1株(50円)当たりの年利益金額
直前々期 の前期	千円	千円	千円	千円	千円	⊜ 千円	ⓒ 40 円

<table>
<tr><td rowspan="2">1株(50円)当たりの純資産価額</td><td colspan="3">直前期末(直前々期末)の純資産価額</td><td colspan="2">比準要素数1の会社・比準要素数0
の会社の判定要素の金額</td></tr>
<tr><td>事業年度</td><td>⑰ 資本金等の額</td><td>⑱ 利益積立金額</td><td>⑲ 純資産価額
(⑰+⑱)</td><td>⑰/⑤ ⑰ 150 円</td></tr>
</table>

直前期	⑰ 30,000千円	⑱ 60,000千円	⊘ 90,000千円	⑰/⑤ ⑱ 円
直前々期	千円	千円	⊖ 千円	1株(50円)当たりの純資産価額 (⑰の金額) ⑪ 150 円

3 類似業種比準価額の計算

類似業種と業種目番号　○○○産業 (No.○○○)

<table>
<tr><td rowspan="5">1株(50円)当たりの株価</td><td>課税時期の
属する月</td><td>4月</td><td>⑨ 499 円</td><td rowspan="5">比準割合の計算</td><td>区分</td><td>1株(50円)当たり
の年配当金額</td><td>1株(50円)当たり
の年利益金額</td><td>1株(50円)当たり
の純資産価額</td><td>1株(50円)当たりの
比準価額</td></tr>
<tr><td>課税時期の
属する月の前月</td><td>3月</td><td>⑩ 492 円</td><td>評価
会社</td><td>Ⓑ 5 円 0 銭</td><td>ⓒ 40 円</td><td>⑪ 150 円</td><td rowspan="2">⑳ × ㉒ × 0.7
※
中会社は0.6
小会社は0.5
とします。</td></tr>
<tr><td>課税時期の
属する月の前々月</td><td>2月</td><td>⑪ 495 円</td><td>類似
業種</td><td>B 4 円 4 銭</td><td>C 31 円</td><td>D 285 円</td></tr>
<tr><td>前年平均株価</td><td></td><td>⑫ 488 円</td><td>要素別
比準割合</td><td>Ⓑ/B 1.13</td><td>ⓒ/C 1.29</td><td>⑪/D 0.52</td><td rowspan="2">㉒ 334 円 7 銭</td></tr>
<tr><td>課税時期の属する月
以前2年間の平均株価</td><td></td><td>⑬ 493 円</td><td>比準
割合</td><td colspan="3">Ⓑ/B + ⓒ/C + ⑪/D ÷ 3 = ㉑ 0.98</td></tr>
</table>

A (⑨,⑩,⑪,⑫及び⑬の
うち最も低いもの) ⑳ 488 円

類似業種と業種目番号　(No.)

<table>
<tr><td rowspan="5">1株(50円)当たりの株価</td><td>課税時期の
属する月</td><td>月</td><td>⑦ 円</td><td rowspan="5">比準割合の計算</td><td>区分</td><td>1株(50円)当たり
の年配当金額</td><td>1株(50円)当たり
の年利益金額</td><td>1株(50円)当たり
の純資産価額</td><td>1株(50円)当たりの
比準価額</td></tr>
<tr><td>課税時期の
属する月の前月</td><td>月</td><td>⑨ 円</td><td>評価
会社</td><td>円 銭</td><td>円</td><td>円</td><td rowspan="2">㉓ × ㉒ × 0.7
※
中会社は0.6
小会社は0.5
とします。</td></tr>
<tr><td>課税時期の
属する月の前々月</td><td>月</td><td>⑩ 円</td><td>類似
業種</td><td>B 円 銭</td><td>C 円</td><td>D 円</td></tr>
<tr><td>前年平均株価</td><td></td><td>⑪ 円</td><td>要素別
比準割合</td><td>/B</td><td>/C</td><td>/D</td><td rowspan="2">㉔ 円 銭</td></tr>
<tr><td>課税時期の属する月
以前2年間の平均株価</td><td></td><td>⑫ 円</td><td>比準
割合</td><td colspan="3">/B + /C + /D ÷ 3 = ㉓</td></tr>
</table>

A (⑦,⑨,⑩,⑪及び⑫の
うち最も低いもの) ㉓ 円

1株当たりの比準価額	比準価額 (㉒と㉔とのいずれか低い方の金額) × ④の金額/50円	㉕ 3,347 円

比準価額の修正

<table>
<tr><td>直前期末の翌日から課税時
期までの間に配当金交付の
効力が発生した場合</td><td>比準価額
(㉕の金額)</td><td>1株当たりの
配当金額
— 円 銭</td><td>修正比準価額
㉖ 円</td></tr>
<tr><td>直前期末の翌日から課税時
期までの間に株式の割当て
等の効力が発生した場合</td><td>比準価額
㉕(㉖があるときは㉖)の金額 +</td><td>割当株式1株当
たりの払込金額
円 銭 × 1株当たりの
割当株式数
株 ÷ (1株+ 1株当たりの割当株
式数又は交付株式数
株)</td><td>修正比準価額
㉗ 円</td></tr>
</table>

(2)　無議決権株式の評価

> ### イ　無議決権株式及び議決権のある株式の評価（原則）
>
> 　　無議決権株式を発行している会社の無議決権株式及び議決権のある株式については、原則として、議決権の有無を考慮せずに評価します。
>
> ### ロ　無議決権株式及び議決権のある株式の評価（選択適用）
>
> 　　同族株主が無議決権株式を相続又は遺贈により取得した場合には、次の全ての条件を満たす場合に限り、上記(1)（配当優先株式の評価）又は原則的評価方式により評価した価額から、その価額に5％を乗じて計算した金額を控除した金額により評価するとともに、当該控除した金額を当該相続又は遺贈により同族株主が取得した当該会社の議決権のある株式の価額に加算して申告することを選択することができます（以下、この方式による計算を「調整計算」といいます。）。
>
> ### 【条件】
>
> ①　当該会社の株式について、相続税の法定申告期限までに、遺産分割協議が確定していること。
>
> ②　当該相続又は遺贈により、当該会社の株式を取得した全ての同族株主から、相続税の法定申告期限までに、「無議決権株式の評価の取扱いに係る選択届出書」（514ページ参照）が所轄税務署長に提出されていること。
>
> ③　当該相続税の申告に当たり、評価明細書に、調整計算の算式に基づく無議決権株式及び議決権のある株式の評価額の算定根拠を適宜の様式に記載し、添付していること。

(注)　無議決権株式を相続又は遺贈により取得した同族株主間及び議決権のある株式を相続又は遺贈により取得した同族株主間では、それぞれの株式の1株当たりの評価額は同一となります。

（調整計算の算式）

$$\text{無議決権株式の評価額（単価）} = A \times 0.95$$

$$\text{議決権のある株式への加算額} = \left[A \times \frac{\text{無議決権株式の株式総数（※1）}}{} \times 0.05 \right] = X$$

$$\text{議決権のある株式の評価額（単価）} = \left[B \times \text{議決権のある株式の株式総数（※1）} + X \right] \div \text{議決権のある株式の株式総数（※1）}$$

A…調整計算前の無議決権株式の1株当たりの評価額

B…調整計算前の議決権のある株式の1株当たりの評価額

※1　「株式総数」は、同族株主が当該相続又は遺贈により取得した当該株式の総数をいいます（配当還元方式により評価する株式及び【社債類似株式の評価】に掲げる社債類似株式（516ページ以降参照）を除きます。）。

※2　「A」及び「B」の計算において、当該会社が社債類似株式を発行している場合は、【社債類似株式の評価】に掲げる社債類似株式（516ページ以降参照）を社債として議決権のある株式及び無議決権株式を評価した後の評価額となります。

《調整計算の計算例》

①　評価する会社の株式の通常の（「調整計算」を適用しない場合の）評価額

　　　　普通株式（議決権のある株式）　3,500円

　　　　配当優先の無議決権株式　　　　3,600円

②　発行済株式数　　　　　　　　　　60,000株（被相続人所有）

　　内　普通株式（議決権のある株式）　20,000株

　　　　配当優先の無議決権株式　　　　40,000株

　　※　自己株式はないものとします。

③　上記株式の相続の状況

　　長男Aが普通株式20,000株を相続、二男B、三男Cが配当優先の無議決権株式をそれぞれ20,000株ずつ相続

【計算】

1　配当優先の無議決権株式の評価額（単価）

　　3,600円×0.95＝3,420円

2　議決権のある株式への加算額

　　3,600円×40,000株×0.05＝7,200,000円

3　議決権のある株式の評価額（単価）

　　（3,500円×20,000株＋7,200,000円）÷20,000株＝3,860円

（参考）　無議決権株式を発行している場合の同族株主の判定

　　同族株主に該当するか否かの判定は、持株割合ではなく議決権割合により行うことから、同族株主グループに属する株主であっても、中心的な同族株主以外の株主で議決権割合が5％未満の役員でない株主等は、無議決権株式の所有の多寡にかかわらず同族株主に該当しないこととなるので、その株主等が所有する株式は財産評価基本通達188-2《同族株主以外の株主等が取得した株式の評価》により配当還元方式を適用して評価します。

（別　紙）

（　　枚中の　　枚目）

無議決権株式の評価の取扱いに係る選択届出書

平成　　年　　月　　日

_____税務署長　殿

住　所_____

氏　名_____

住　所_____

氏　名_____

住　所_____

氏　名_____

（被相続人氏名）

平成___年___月___日に相続開始した被相続人_____に係る相続

（法人名）

税の申告において、相続又は遺贈により同族株主が取得した_____の

発行する無議決権株式の価額について、この評価減の取扱いを適用する前の評価額からそ

の価額に5パーセントを乗じて計算した金額を控除した金額により評価するとともに、当

該控除した金額を当該相続又は遺贈により同族株主が取得した当該会社の議決権のある株

式の価額に加算して申告することを選択することについて届出します。

（　　枚中の　　枚目）

無議決権株式の評価の取扱いに係る選択届出書（続）

住　　所＿＿＿＿＿＿＿＿＿＿＿＿＿＿＿＿＿＿

氏　　名＿＿＿＿＿＿＿＿＿＿＿＿＿＿＿＿＿＿

住　　所＿＿＿＿＿＿＿＿＿＿＿＿＿＿＿＿＿＿

氏　　名＿＿＿＿＿＿＿＿＿＿＿＿＿＿＿＿＿＿

住　　所＿＿＿＿＿＿＿＿＿＿＿＿＿＿＿＿＿＿

氏　　名＿＿＿＿＿＿＿＿＿＿＿＿＿＿＿＿＿＿

住　　所＿＿＿＿＿＿＿＿＿＿＿＿＿＿＿＿＿＿

氏　　名＿＿＿＿＿＿＿＿＿＿＿＿＿＿＿＿＿＿

住　　所＿＿＿＿＿＿＿＿＿＿＿＿＿＿＿＿＿＿

氏　　名＿＿＿＿＿＿＿＿＿＿＿＿＿＿＿＿＿＿

住　　所＿＿＿＿＿＿＿＿＿＿＿＿＿＿＿＿＿＿

氏　　名＿＿＿＿＿＿＿＿＿＿＿＿＿＿＿＿＿＿

【社債類似株式の評価】

次の条件を満たす株式（この12において、以下「社債類似株式」といいます。）については、財産評価基本通達197－2《利付公社債の評価》の(3)に準じて発行価額により評価します。

また、社債類似株式を発行している会社の社債類似株式以外の株式の評価に当たっては、社債類似株式を社債であるものとして計算します。

【条件】

① 配当金については優先して分配する。

また、ある事業年度の配当金が優先配当金に達しないときは、その不足額は翌事業年度以降に累積することとするが、優先配当金を超えて配当しない。

② 残余財産の分配については、発行価額を超えて分配は行わない。

③ 一定期日において、発行会社は本件株式の全部を発行価額で償還する。

④ 議決権を有しない。

⑤ 他の株式を対価とする取得請求権を有しない。

(1)　**社債類似株式の評価**

社債類似株式は、その経済的実質が社債に類似していると認められることから、財産評価基本通達197－2の(3)に準じて発行価額により評価します。

なお、株式であることから既経過利息に相当する配当金の加算は行いませんが、別途、配当期待権の評価（558ページ）については検討が必要です。

(2)　**社債類似株式を発行している会社の社債類似株式以外の株式の評価**

社債類似株式を発行している会社の社債類似株式以外の株式を評価するに当たっては、当該社債類似株式を社債として、次のイ及びロのとおり、類似業種比準方式又は純資産価額方式により計算をします。

イ　類似業種比準方式

(イ)　1株当たりの資本金等の額等の計算

社債類似株式に係る資本金等の額及び株式数はないものとして計算します。

(ロ)　1株（50円）当たりの年配当金額（Ⓑ）

社債類似株式に係る配当金はないものとして計算します。

(ハ)　1株（50円）当たりの年利益金額（Ⓒ）

社債類似株式に係る配当金を費用として利益金額から控除して計算します。

(ニ)　1株（50円）当たりの純資産価額（Ⓓ）

社債類似株式の発行価額は負債として簿価純資産価額から控除して計算します。

《類似業種比準方式の計算例》

① 発行済株式数 　　　　　　　　　　50,000株

　　内　普通株式 　　　　　　　　　　45,000株

　　　　社債類似株式 　　　　　　　　 5,000株

② 資本金等の額 　　　　　　　　　　96,000千円

　　内　普通株式 　　　　　　　　　　36,000千円

　　　　社債類似株式（発行価額） 　　60,000千円

③ 年配当金額

　　直前期　　普通株式 　　　　　　　 1,000千円

　　　　　　　社債類似株式 　　　　　 6,000千円※

　　直前々期　普通株式 　　　　　　　 2,000千円

　　　　　　　社債類似株式 　　　　　 6,000千円※

　　※　発行価額の10%を優先して配当

④ 年利益金額 　　　　　　　　　　　24,000千円

⑤ 利益積立金額 　　　　　　　　　　30,000千円

⑥ 類似業種比準株価等

　　A＝488円

　　B＝4.4円

　　C＝　31円

　　D＝285円

【計算】

1　1株当たりの年配当金額（Ⓑ）の計算

　　（1,000千円＋2,000千円）÷2÷（36,000千円÷50円）÷2円00銭（10銭未満切捨て）

2　1株当たりの年利益金額（Ⓒ）の計算

　　（24,000千円－6,000千円（※））÷（36,000千円÷50円）＝25円

　　※　社債類似株式に係る配当金額は費用として利益金額から控除します。

3　1株当たりの純資産価額（Ⓓ）の計算

　　（96,000千円＋30,000千円－60,000千円（※））÷（36,000千円÷50円）≒91円

　　　　　　　　　　　　　　　　　　　　　　（1円未満切捨て）

　　※　社債類似株式の発行価額の総額は、負債として簿価純資産価額から控除します。

4　類似業種比準価額の計算

(1)　比準割合

$$\left(\frac{2.0}{4.4}+\frac{25}{31}+\frac{91}{285}\right)\div 3 = 0.52$$

(2)　1株（50円）当たりの比準価額

488円×0.52×0.7（※）≒177.60円（10銭未満切捨て）

　※　発行法人は大会社であるものとします。

(3)　1株当たりの比準価額

177.60円×（36,000千円÷45,000株）÷50円≒2,841円（1円未満切捨て）

ロ　純資産価額方式

(イ)　社債類似株式の発行価額の総額を負債（相続税評価額及び帳簿価額）に計上します。

(ロ)　社債類似株式の株式数は発行済株式数から除外します。

《純資産価額方式の計算例》

①　発行済株式数　普通株式　　　3,000株

　　　　　　　　　　社債類似株式　　　10株

②　資産及び負債の金額

　　資産の部　相続税評価額　200,000千円

　　　　　　　帳簿価額　　　120,000千円

　　負債の部　相続税評価額　70,000千円

　　　　　　　帳簿価額　　　70,000千円

③　社債類似株式の発行価額　　30,000千円

【計算】

1　相続税評価額による純資産価額

　200,000千円－（70,000千円＋30,000千円）＝100,000千円

2　帳簿価額による純資産価額

　120,000千円－（70,000千円＋30,000千円）＝20,000千円

3　評価差額に相当する金額

　100,000千円－20,000千円＝80,000千円

4　評価差額に対する法人税額等相当額

80,000千円×37％（※）＝29,600千円

※　課税時期が、平成28年4月1日以降の場合は37％となります。

5　課税時期現在の純資産価額（相続税評価額）

100,000千円－29,600千円＝70,400千円

6　課税時期現在の1株当たりの純資産価額（相続税評価額によって計算した金額）

70,400千円÷3,000株（※）≒23,466円（1円未満切捨て）

※　社債類似株式の株式数を除きます。

(3)　社債類似株式を発行している会社の社債類似株式以外の株式の評価明細書の記載方法

イ　類似業種比準方式（評価明細書第4表）

(イ)　「1．1株当たりの資本金等の額等の計算」の各欄は次により記載します。

A　「①　直前期末の資本金等の額」欄は、社債類似株式に係る発行価額の総額を控除した金額を記載し、当該控除した金額を外書きします。

B　「②　直前期末の発行済株式数」欄及び「③　直前期末の自己株式数」欄は、社債類似株式に係る株式数を控除した株式数を記載し、当該控除した株式数を外書きします。

(ロ)　「2．比準要素等の金額の計算」の各欄は次により記載します。

A　「1株（50円）当たりの年配当金額」

「⑥　年配当金額」欄は、社債類似株式に係る配当金額を控除した金額を記載し、当該控除した配当金額を外書きします。

B　「1株（50円）当たりの年利益金額」

「⑪　法人税の課税所得金額」欄は、社債類似株式に係る配当金額を控除した金額を記載し、当該控除した配当金額を外書きします。

C　「1株（50円）当たりの純資産価額」

「⑰　資本金等の額」欄は、社債類似株式の発行価額の総額を控除した金額を記載し、当該控除した金額を外書きします。記載例は521ページを参照してください。

ロ　純資産価額方式（評価明細書第5表）

(イ)　「1．資産及び負債の金額（課税時期現在)」の「負債の部」に、社債類似株

式を計上します。この場合、「科目」欄には「社債類似株式」と記載し、「相続税評価額」欄及び「帳簿価額」欄に当該社債類似株式に係る発行価額の総額を記載します。

㈑　「3．1株当たりの純資産価額の計算」の「⑩　課税時期現在の発行済株式数」欄は、社債類似株式に係る発行済株式数を控除して記載します。記載例は522ページを参照してください。

第4表　類似業種比準価額等の計算明細書

会社名　　**Y社(株)**

〈令和六年一月一日以降用〉

1. 1株当たりの資本金等の額等の計算

	直前期末の資本金等の額	直前期末の発行済株式数	直前期末の自己株式数	1株当たりの資本金等の額（①÷（②−③））	1株当たりの資本金等の額を50円とした場合の発行済株式数（①÷50円）
1. 1株当たりの資本金等の額等の計算	① 外 60,000千円　36,000	② 外 5,000株　45,000	③ 株	④ 800 円	⑤ 720,000 株

2. 比準要素等の金額の計算

1株(50円)当たりの年配当金額

直前期末以前2(3)年間の年平均配当金額

事業年度	⑥ 年配当金額	⑦ 左のうち非経常的な配当金額	⑧ 差引経常的な年配当金額（⑥−⑦）	年平均配当金額
直前期	外 6,000千円　1,000	千円	㋑ 1,000	⑨（㋑+㋺）÷2　1,500千円
直前々期	外 6,000千円　2,000	千円	㋺ 2,000千円	⑩（㋺+㋩）÷2　千円
直前々期の前期	千円	千円	㋩ 千円	

比準要素数1の会社・比準要素数0の会社の判定要素の金額
- ⑨/⑤ ⑱ 2 円 0 銭
- ⑩/⑤ ⑲ 円 銭

1株(50円)当たりの年配当金額（⑧の金額）　⑱　**2円0銭**

1株(50円)当たりの年利益金額

直前期末以前2(3)年間の利益金額

事業年度	⑪法人税の課税所得金額	⑫非経常的な利益金額	⑬受取配当等の益金不算入額	⑭左の所得税額	⑮損金算入した繰越欠損金の控除額	⑯差引利益金額（⑪−⑫+⑬−⑭+⑮）
直前期	外 6,000千円　18,000	千円	千円	千円	千円	18,000
直前々期	千円	千円	千円	千円	千円	千円
直前々期の前期	千円	千円	千円	千円	千円	千円

比準要素数1の会社・比準要素数0の会社の判定要素の金額
- ㋬ ⑯/⑤ 又は（⑯+㋭）÷2　Ⓑ 25 円
- ㋭ ⑯/⑤ 又は（㋬+㋭）÷2　円

1株(50円)当たりの年利益金額（⑯/⑤ 又は（⑯+㋭）÷2 の金額）　ⓒ **25 円**

1株(50円)当たりの純資産価額

直前期末（直前々期末）の純資産価額

事業年度	⑰ 資本金等の額	⑱ 利益積立金額	⑲ 純資産価額（⑰+⑱）
直前期	外 60,000千円　36,000	30,000 千円	㋑ 66,000 千円
直前々期	千円	千円	㋺ 千円

比準要素数1の会社・比準要素数0の会社の判定要素の金額
- ㋑/⑤ ⓓ1 91 円
- ㋺/⑤ ⓓ2 円

1株(50円)当たりの純資産価額（㋑/⑤ の金額）　ⓓ **91 円**

3. 類似業種比準価額の計算

	類似業種と業種目番号	○○○産業（No.○○○）		区分	1株(50円)当たりの年配当金額	1株(50円)当たりの年利益金額	1株(50円)当たりの純資産価額	1株(50円)当たりの比準価額
	課税時期の属する月	4月	499円	評価会社	⑱ 2 円 0 銭	ⓒ 25	ⓓ 91 円	⑳ ⑱×㉑×0.7
	課税時期の属する月の前月	3月	492円	類似業種 B	4 円 4 銭	C 31	D 285 円	※中会社は0.6 小会社は0.5 とします。
類似業種の株価	課税時期の属する月の前々月	2月	495円	要素別比準割合	⑱/B 0.45	ⓒ/C 0.80	ⓓ/D 0.31	
	前年平均株価	㋥ 488円		比準割合	（⑱/B + ⓒ/C + ⓓ/D）/3 = ㉑ 0.52			㉒ 177 円 6 銭
	課税時期の属する月以前2年間の平均株価	㋭ 493円						
	A（㋑、㋺、㋩、㋥及び㋭のうち最も低いもの）	⑳ 488円						

	類似業種と業種目番号	（No. ）		区分	1株(50円)当たりの年配当金額	1株(50円)当たりの年利益金額	1株(50円)当たりの純資産価額	1株(50円)当たりの比準価額
	課税時期の属する月	月	㋑ 円	評価会社	⑱ 円 銭	ⓒ	ⓓ 円	㉓ ⑱×㉔×0.7
	課税時期の属する月の前月	月	㋺ 円	類似業種 B	円 銭 0	C	D 円	※中会社は0.6 小会社は0.5 とします。
類似業種の株価	課税時期の属する月の前々月	月	㋩ 円	要素別比準割合	⑱/B ・	ⓒ/C ・	ⓓ/D ・	
	前年平均株価	㋥ 円		比準割合	（⑱/B + ⓒ/C + ⓓ/D）/3 = ㉔ ・			㉕ 円 銭 0
	課税時期の属する月以前2年間の平均株価	㋭ 円						
	A（㋑、㋺、㋩、㋥及び㋭のうち最も低いもの）	⑳ 円						

1株当たりの比準価額の計算

1株当たりの比準価額	比準価額（㉒と㉕とのいずれか低い方の金額）　× ④の金額/50円	㉖ 2,841 円

比準価額の修正

直前期末の翌日から課税時期までの間に配当金交付の効力が発生した場合	比準価額（㉖の金額）	1株当たりの配当金額 − 円 銭	修正比準価額 ㉗ 円
直前期末の翌日から課税時期までの間に株式の割当て等の効力が発生した場合	比準価額（㉖（㉗があるときは㉗）の金額）＋ 割当株式1株当たりの払込金額 円 銭 × 1株当たりの割当株式数 株 ÷（1株＋ 1株当たりの割当株式数又は交付株式数 株）		修正比準価額 ㉘ 円

第5表　1株当たりの純資産価額（相続税評価額）の計算明細書　　会社名　　Y社（株）

（取引相場のない株式（出資）の評価明細書）

1. 資産及び負債の金額（課税時期現在）

資産の部				負債の部			
科　目	相続税評価額	帳簿価額	備考	科　目	相続税評価額	帳簿価額	備考
現　金	千円 900	千円 900		支払手形	千円 1,400	千円 1,400	
預　金	15,505	15,000		買掛金	3,000	3,000	
受取手形	8,910	9,000		短期借入金	9,000	9,000	
売掛金	8,500	10,000		未払金	100	100	
	略				略		
ゴルフ会員権	17,500	2,800		死亡退職金	20,000	20,000	
電話加入権	15	200		社債類似株式	30,000	30,000	
合　計	① 200,000	② 120,000		合　計	③ 100,000	④ 100,000	
株式等の価額の合計額	㋑	㊁					
土地等の価額の合計額	㋺						
現物出資等受入れ資産の価額の合計額	㋩	㋭					

2. 評価差額に対する法人税額等相当額の計算

相続税評価額による純資産価額　（①－③）	⑤	100,000	千円
帳簿価額による純資産価額　（（②＋㋩－㋭－④）、マイナスの場合は0）	⑥	20,000	千円
評価差額に相当する金額　（⑤－⑥、マイナスの場合は0）	⑦	80,000	千円
評価差額に対する法人税額等相当額　（⑦×37%）	⑧	29,600	千円

3. 1株当たりの純資産価額の計算

課税時期現在の純資産価額（相続税評価額）　（⑤－⑧）	⑨	70,400	千円
課税時期現在の発行済株式数　（（第1表の1の①）－自己株式数）	⑩	3,000	株
課税時期現在の1株当たりの純資産価額（相続税評価額）　（⑨÷⑩）	⑪	23,466	円
同族株主等の議決権割合（第1表の1の⑤の割合）が50%以下の場合　（⑪×80%）	⑫		円

ハ　配当還元方式（評価明細書第3表）

　「2．配当還元方式による価額」については、上記イの(イ)及び(ロ)のAに準じて記載します。

第3表　一般の評価会社の株式及び株式に関する権利の価額の計算明細書　　会社名　Y社(株)

	1株当たりの価額の計算の基となる金額	類似業種比準価額 (第4表の㉖、㉗又は㉘の金額)	1株当たりの純資産価額 (第5表の⑪の金額)	1株当たりの純資産価額の80%相当額（第5表の⑫の記載がある場合のその金額）
		① 円	② 円	③ 円

〔取引相場のない〕〔令和六年一月〕

		1株当たりの資本金等の額、発行済株式数等	⑨ 資本金等の額 外 60,000千円 36,000	⑩ 発行済株式数 外 5,000株 45,000	⑪ 自己株式数 　　株	⑫ 1株当たりの資本金等の額を50円とした場合の発行済株式数（⑨÷50円） 720,000株	⑬ 1株当たりの資本金等の額（⑨÷(⑩−⑪)） 800円
2　配当還元方式による価額	直前期末以前2年間の配当金額	事業年度	⑭ 年配当金額	⑮ 左のうち非経常的な配当金額	⑯ 差引経常的な年配当金額（⑭−⑮）		年平均配当金額
		直前期	外 6,000千円 1,000	千円	⑰ 1,000千円		⑰ (イ+ロ)÷2 千円 1,500
		直前々期	外 6,000千円 2,000	千円	㋺ 2,000千円		
	1株(50円)当たりの年配当金額	年平均配当金額（⑰の金額）÷⑫の株式数 =		⑱ 2円50銭		この金額が2円50銭未満の場合は2円50銭とします。	
	配当還元価額	⑱の金額/10% × ⑬の金額/50円 =	⑲ 400円	⑳ 400円		⑲の金額が、原則的評価方式により計算した価額を超える場合には、原則的評価方式により計算した価額とします。	

【拒否権付株式の評価】

　拒否権付株式については、普通株式と同様に評価します。

※　拒否権付株式とは、会社法第108条《異なる種類の株式》第1項第8号に規定する株主総会の決議に対して拒否権の行使が認められた株式をいいます。

13　取引相場のない株式（出資）の評価明細書の記載方法等

【令和6年1月1日以降用】

　取引相場のない株式（出資）の評価明細書は、相続、遺贈又は贈与により取得した取引相場のない株式及び持分会社の出資等並びにこれらに関する権利の価額を評価するために使用します。

　なお、この明細書は、第1表の1及び第1表の2で納税義務者である株主の態様の判定及び評価会社の規模（Lの割合）の判定を行い、また、第2表で特定の評価会社に該当するかどうかの判定を行い、それぞれについての評価方式に応じて、第3表以下を記載し作成します。

　また、この明細書は、各表の記載方法等に定めるところにより記載するものとし、各欄の金額は、各表の記載方法等に定めがあるものを除き、各欄の表示単位未満の端数を切り捨てて記載します。

（注）1　各欄の金額の記載に当たっては、上記に定めるもののほか、次のことに留意してください。

　　⑴　各欄の金額のうち、他の欄から転記するものについては、転記元の金額をそのまま記載します。

　　⑵　各欄の金額のうち、各表の記載方法等において、表示単位未満の端数を切り捨てることにより0となる場合に、次のイ又はロ（各表の記載方法等には、これらを区分して表記しています。）により記載することとされているものについては、当該端数を切り捨てず、分数により記載します。ただし、納税義務者の選択により、当該金額については、小数により記載することができます。

　　　当該金額を小数により記載する場合には、小数点以下の金額のうち、次のイ又はロの区分に応じ、それぞれイ又はロに掲げる株式数の桁数に相当する数の位未満の端数を切り捨てたものを当該各欄に記載します（端数処理の例参照）。

　　イ　分数等（課税時期基準）

　　　課税時期現在の発行済株式数（第1表の1の「1.　株主及び評価方式の判定」の「評価会社の発行済株式又は議決権の総数」欄の①の株式数（評価会社が課税時期において自己株式を有する場合には、その自己株式の数を控除したもの）をいいます。）

　　ロ　分数等（直前期末基準）

　　　直前期末の発行済株式数（第4表の「1.　1株当たりの資本金等の額等の計算」の「直前期末の発行済株式数」欄の②の株式数（評価会社が直前期末において自己株式を有する場合には、その自己株式の数を控除したもの）をいいます。）

（端数処理の例）第4表の④の金額を計算する場合

1．1株当たりの資本金等の額等の計算	直前期末の資本金等の額		直前期末の発行済株式数		直前期末の自己株式数		1株当たりの資本金等の額（①÷（②−③））	
	①	千円	②	株	③	株	④	円
	3,000		4,500,000		0		0.6666666	

　④の金額の計算　3,000千円 ÷ （4,500,000株−0株） ＝ 0.666666666……

　　この場合、発行済株式数（②−③ ＝ 4,500,000株）が7桁であるため、その桁数（小数点以下7位）未満の端数を切り捨てた金額を④の金額として記載します。

2　評価会社が一般の評価会社(特定の評価会社に該当しない会社をいいます。)である場合には、第6表以下を記載する必要はありません。

3　評価会社が「清算中の会社」に該当する場合には、適宜の様式により計算根拠等を示してください。

第1表の1　評価上の株主の判定及び会社規模の判定の明細書

| | | | | 整理番号 | |

（令和六年一月一日以降用）

（取引相場のない株式（出資）の評価明細書）

会　社　名	（電話　　　　　　　）	本店の所在地	
代表者氏名		事業内容	取扱品目及び製造、卸売、小売等の区分 / 業種目番号 / 取引金額の構成比
課税時期	年　　　月　　　日		％
直前期	自　　年　　　月　　　日 至　　年　　　月　　　日		

1．株主及び評価方式の判定

判定要素（課税時期現在の株式等の所有状況）

氏名又は名称	続柄	会社における役職名	⑦ 株式数 （株式の種類）	⑩ 議決権数	⑪ 議決権割合 （⑩/④）
	納税義務者		株	個	％
自己株式					
納税義務者の属する同族関係者グループの議決権の合計数			②	⑤	(②/④)
筆頭株主グループの議決権の合計数			③	⑥	(③/④)
評価会社の発行済株式又は議決権の総数			①	④	100

判定基準：納税義務者の属する同族関係者グループの議決権割合（⑤の割合）を基として、区分します。

区分基準	筆頭株主グループの議決権割合（⑥の割合）			株主の区分
	50％超の場合	30％以上50％以下の場合	30％未満の場合	
⑤の割合	50％超	30％以上	15％以上	同族株主等
	50％未満	30％未満	15％未満	同族株主等以外の株主

判定	同族株主等 （原則的評価方式等）	同族株主等以外の株主 （配当還元方式）

「同族株主等」に該当する納税義務者のうち、議決権割合（⑪の割合）が5％未満の者の評価方式は、「2．少数株式所有者の評価方式の判定」欄により判定します。

2．少数株式所有者の評価方式の判定

判定要素	項　目	判　定　内　容
	氏　名	
㋑	役　員	である（原則的評価方式等）・でない（次の㋺へ）
㋺ 納税義務者が	中心的な同族株主	である（原則的評価方式等）・でない（次の㋩へ）
㋩ 納税義務者以	外に中心的な同族株主（又は株主）	がいる（配当還元方式）・がいない（原則的評価方式等） （氏名　　　　　　　　　）
判　定		原則的評価方式等　・　配当還元方式

第1表の1　評価上の株主の判定及び会社規模の判定の明細書

1　この表は、評価上の株主の区分及び評価方式の判定に使用します。評価会社が「開業前又は休業中の会社」に該当する場合には、「1．株主及び評価方式の判定」欄及び「2．少数株式所有者の評価方式の判定」欄を記載する必要はありません。

　　なお、この表のそれぞれの「判定基準」欄及び「判定」欄は、該当する文字を○で囲んで表示します。

2　「事業内容」欄の「取扱品目及び製造、卸売、小売等の区分」欄には、評価会社の事業内容を具体的に記載します。「業種目番号」欄には、別に定める類似業種比準価額計算上の業種目の番号を記載します（類似業種比準価額を計算しない場合は省略しても差し支えありません。）。「取引金額の構成比」欄には、評価会社の取引金額全体に占める事業別の構成比を記載します。

（注）「取引金額」は直前期末以前1年間における評価会社の目的とする事業に係る収入金額（金融業・証券業については収入利息及び収入手数料）をいいます。

3　「1．株主及び評価方式の判定」の「判定要素（課税時期現在の株式等の所有状況）」の各欄は、次により記載します。

⑴　「氏名又は名称」欄には、納税義務者が同族株主等の原則的評価方式等（配当還元方式以外の評価方式をいいます。）を適用する株主に該当するかどうかを判定するために必要な納税義務者の属する同族関係者グループ（株主の1人とその同族関係者のグループをいいます。）の株主の氏名又は名称を記載します。

　　この場合における同族関係者とは、株主の1人とその配偶者、6親等内の血族及び3親等内の姻族等をいいます（付表「同族関係者の範囲等」参照）。

⑵　「続柄」欄には、納税義務者との続柄を記載します。

⑶　「会社における役職名」欄には、課税時期又は法定申告期限における役職名を、社長、代表取締役、副社長、専務、常務、会計参与、監査役等と具体的に記載します。

⑷　「㋑　株式数（株式の種類）」の各欄には、相続、遺贈又は贈与による取得後の株式数を記載します（評価会社が会社法第108条第1項に掲げる事項について内容の異なる2以上の種類の株式（以下「種類株式」といいます。）を発行している場合には、次の⑸のニにより記載します。なお、評価会社が種類株式を発行していない場合には、株式の種類の記載を省略しても差し支えありません。）。

　　「㋺　議決権数」の各欄には、各株式数に応じた議決権数（個）を記載します（議決権数は㋑株式数÷1単元の株式数により計算し、1単元の株式数に満たない株式に係る議決権数は切り捨てて記載します。なお、会社法第188条に規定する単元株制度を採用していない会社は、1株式＝1議決権となります。）。

　　「㋩　議決権割合（㋺／④）」の各欄には、評価会社の議決権の総数（④欄の議決権の総数）に占める議決権数（それぞれの株主の㋺欄の議決権数）の割合を1％未満の端数を切り捨てて記載します（「納税義務者の属する同族関係者グループの議決権の合計数（⑤（②／④））」欄及び「筆頭株主グループの議決権の合計数（⑥（③／④））」欄は、各欄において、1％未満の端数を切り捨てて記載します。なお、これらの割合が50％超から51％未満までの範囲内にある場合には、1％未満の端数を切り上げて「51％」と記載します。）。

⑸　次に掲げる場合には、それぞれ次によります。

イ　相続税の申告書を提出する際に、株式が共同相続人及び包括受遺者の間において分割されていない場合

「㋑　株式数（株式の種類）」欄には、納税義務者が有する株式（未分割の株式を除きます。）の株式数の上部に、未分割の株式の株式数を㋐と表示の上、外書で記載し、納税義務者が有する株式の株式数に未分割の株式の株式数を加算した数に応じた議決権数を「㋺　議決権数」に記載します。また、「納税義務者の属する同族関係者グループの議決権の合計数（⑤（②／④））」欄には、納税義務者の属する同族関係者グループが有する実際の議決権数（未分割の株式に応じた議決権数を含みます。）を記載します。

ロ　評価会社の株主のうちに会社法第308条第1項の規定によりその株式につき議決権を有しないこととされる会社がある場合

「氏名又は名称」欄には、その会社の名称を記載します。

「㋑　株式数（株式の種類）」欄には、議決権を有しないこととされる会社が有する株式数を㋬と表示の上、記載し、「㋺　議決権数」欄及び「㋩　議決権割合（㋺／④）」欄は、「－」で表示します。

ハ　評価会社が自己株式を有する場合

「㋑　株式数（株式の種類）」欄に会社法第113条第4項に規定する自己株式の数を記載します。

ニ　評価会社が種類株式を発行している場合

評価会社が種類株式を発行している場合には、次のとおり記載します。

「㋑　株式数（株式の種類）」欄の各欄には、納税義務者が有する株式の種類ごとに記載するものとし、上段に株式数を、下段に株式の種類を記載します（記載例参照）。

「㋺　議決権数」の各欄には、株式の種類に応じた議決権数を記載します（議決権数は㋑株式数÷その株式の種類に応じた1単元の株式数により算定し、1単元に満たない株式に係る議決権数は切り捨てて記載します。）。

「㋩　議決権割合（㋺／④）」の各欄には、評価会社の議決権の総数（④欄の議決権の総数）に占める議決権数（それぞれの株主の㋺欄の議決権数で、2種類以上の株式を所有している場合には、記載例のように、各株式に係る議決権数を合計した数）の割合を1％未満の端数を切り捨てて記載します（「納税義務者の属する同族関係者グループの議決権の合計数（⑤（②／④））」欄及び「筆頭株主グループの議決権の合計数（⑥（③／④））」欄は、各欄において、1％未満の端数を切り捨てて記載します。なお、これらの割合が50％超から51％未満までの範囲内にある場合には、1％未満の端数を切り上げて「51％」と記載します。）。

（記載例）

氏名又は名称	続柄	会社における役職名	㋑株式数（株式の種類）	㋺議決権数	㋩議決権割合（㋺／④）
財務　一郎	納税義務者	社長	㋐ 10,000,000 （普通株式）	個 10,000	％ 14
〃	〃	〃	2,000,000 （種類株式A）	4,000	

4　「1．株主及び評価方式の判定」の「判定基準」欄及び「判定」欄の各欄は、該当する文字を○で囲んで表示します。

なお、「判定」欄において、「同族株主等」に該当した納税義務者のうち、議決権割合（㋩の割合）

が5％未満である者については、「２．少数株式所有者の評価方式の判定」欄により評価方式の判定を行います。

　また、評価会社の株主のうちに中小企業投資育成会社がある場合は、財産評価基本通達188-6（（投資育成会社が株主である場合の同族株主等））の定めがありますので、留意してください。

5　「２．少数株式所有者の評価方式の判定」欄は、「判定要素」欄に掲げる項目の「㊀　役員」、「㊁　納税義務者が中心的な同族株主」及び「㊂　納税義務者以外に中心的な同族株主（又は株主）」の順に次により判定を行い、それぞれの該当する文字を○で囲んで表示します（「判定内容」欄の括弧内は、それぞれの項目の判定結果を表します。）。

　なお、「役員」、「中心的な同族株主」及び「中心的な株主」については、付表「同族関係者の範囲等」を参照してください。

⑴　「㊀　役員」欄は、納税義務者が課税時期において評価会社の役員である場合及び課税時期の翌日から法定申告期限までに役員となった場合に「である」とし、その他の者については「でない」として判定します。

⑵　「㊁　納税義務者が中心的な同族株主」欄は、納税義務者が中心的な同族株主に該当するかどうかの判定に使用しますので、納税義務者が同族株主のいない会社（⑥の割合が 30％未満の場合）の株主である場合には、この欄の判定は必要ありません。

⑶　「㊂　納税義務者以外に中心的な同族株主（又は株主）」欄は、納税義務者以外の株主の中に中心的な同族株主（納税義務者が同族株主のいない会社の株主である場合には、中心的な株主）がいるかどうかを判定し、中心的な同族株主又は中心的な株主がいる場合には、下段の氏名欄にその中心的な同族株主又は中心的な株主のうち1人の氏名を記載します。

第1表の2　評価上の株主の判定及び会社規模の判定の明細書（続）　　会社名

（取引相場のない株式（出資）の評価明細書）

3．会社の規模（Lの割合）の判定

判定要素	項　目	金　額	項　目	人　数
	直前期末の総資産価額 （帳簿価額）	千円	直前期末以前1年間における従業員数	人
	直前期末以前1年間の取引金額	千円		〔従業員数の内訳〕 〔継続勤務従業員数〕　〔継続勤務従業員以外の従業員の労働時間の合計時間数〕 （　　人）＋ （　　　時間）／1,800時間

㋑　直前期末以前1年間における従業員数に応ずる区分	70人以上の会社は、大会社（㋺及び㋩は不要） 70人未満の会社は、㋺及び㋩により判定

判定基準	㋺　直前期末の総資産価額（帳簿価額）及び直前期末以前1年間における従業員数に応ずる区分				㋩　直前期末以前1年間の取引金額に応ずる区分			会社規模とLの割合（中会社）の区分	
	総資産価額（帳簿価額）			従業員数	取引金額				
	卸売業	小売・サービス業	卸売業、小売・サービス業以外		卸売業	小売・サービス業	卸売業、小売・サービス業以外		
	20億円以上	15億円以上	15億円以上	35人超	30億円以上	20億円以上	15億円以上	大会社	
	4億円以上 20億円未満	5億円以上 15億円未満	5億円以上 15億円未満	35人超	7億円以上 30億円未満	5億円以上 20億円未満	4億円以上 15億円未満	0.90	中会社
	2億円以上 4億円未満	2億5,000万円以上 5億円未満	2億5,000万円以上 5億円未満	20人超 35人以下	3億5,000万円以上 7億円未満	2億5,000万円以上 5億円未満	2億円以上 4億円未満	0.75	
	7,000万円以上 2億円未満	4,000万円以上 2億5,000万円未満	5,000万円以上 2億5,000万円未満	5人超 20人以下	2億円以上 3億5,000万円未満	6,000万円以上 2億5,000万円未満	8,000万円以上 2億円未満	0.60	
	7,000万円未満	4,000万円未満	5,000万円未満	5人以下	2億円未満	6,000万円未満	8,000万円未満	小会社	

・「会社規模とLの割合（中会社）の区分」欄は、㋺欄の区分（「総資産価額（帳簿価額）」と「従業員数」とのいずれか下位の区分）と㋩欄（取引金額）の区分とのいずれか上位の区分により判定します。

判定	大会社	中会社			小会社	
		Lの割合				
		0.90	0.75	0.60		

4．増（減）資の状況その他評価上の参考事項

第１表の２　評価上の株主の判定及び会社規模の判定の明細書　（続）

1　「３．会社の規模（Ｌの割合）の判定」の「判定要素」の各欄は、次により記載します。なお、評価会社が「開業前又は休業中の会社」に該当する場合及び「開業後３年未満の会社等」に該当する場合には、「3.　会社の規模（Ｌの割合）の判定」欄を記載する必要はありません。

⑴　「直前期末の総資産価額（帳簿価額）」欄には、直前期末における各資産の確定決算上の帳簿価額の合計額を記載します。

　（注）1　固定資産の減価償却累計額を間接法によって表示している場合には、各資産の帳簿価額の合計額から減価償却累計額を控除します。

　　　　2　売掛金、受取手形、貸付金等に対する貸倒引当金は控除しないことに留意してください。

　　　　3　前払費用、繰延資産、税効果会計の適用による繰延税金資産など、確定決算上の資産として計上されている資産は、帳簿価額の合計額に含めて記載します。

　　　　4　収用や特定の資産の買換え等の場合において、圧縮記帳引当金勘定に繰り入れた金額及び圧縮記帳積立金として積み立てた金額並びに翌事業年度以降に代替資産等を取得する予定であることから特別勘定に繰り入れた金額は、帳簿価額の合計額から控除しないことに留意してください。

⑵　「直前期末以前１年間における従業員数」欄には、直前期末以前１年間においてその期間継続して評価会社に勤務していた従業員（就業規則等で定められた１週間当たりの労働時間が 30 時間未満である従業員を除きます。以下「継続勤務従業員」といいます。）の数に、直前期末以前１年間において評価会社に勤務していた従業員（継続勤務従業員を除きます。）のその１年間における労働時間の合計時間数を従業員１人当たり年間平均労働時間数(1,800 時間)で除して求めた数を加算した数を記載します。

　（注）1　上記により計算した評価会社の従業員数が、例えば5.1人となる場合は従業員数「５人超」に、4.9人となる場合は従業員数「５人以下」に該当します。

　　　　2　従業員には、社長、理事長並びに法人税法施行令第71条((使用人兼務役員とされない役員))第１項第１号、第２号及び第４号に掲げる役員は含まないことに留意してください。

⑶　「直前期末以前１年間の取引金額」欄には、直前期の事業上の収入金額（売上高）を記載します。この場合の事業上の収入金額とは、その会社の目的とする事業に係る収入金額（金融業・証券業については収入利息及び収入手数料）をいいます。

　（注）　直前期の事業年度が１年未満であるときには、課税時期の直前期末以前１年間の実際の収入金額によることとなりますが、実際の収入金額を明確に区分することが困難な期間がある場合は、その期間の収入金額を月数あん分して求めた金額によっても差し支えありません。

⑷　評価会社が「卸売業」、「小売・サービス業」又は「卸売業、小売・サービス業以外」のいずれの業種に該当するかは、直前期末以前１年間の取引金額に基づいて判定し、その取引金額のうちに２以上の業種に係る取引金額が含まれている場合には、それらの取引金額のうち最も多い取引金額に係る業種によって判定します。

⑸　「会社規模とＬの割合（中会社）の区分」欄は、㋑欄の区分（「総資産価額（帳簿価額）」と「従業員数」とのいずれか下位の区分）と㋺欄（取引金額）の区分とのいずれか上位の区分により判定します。

　（注）　大会社及びＬの割合が 0.90 の中会社の従業員数はいずれも「35 人超」のため、この場合の㋑欄の区分は、「総資産価額（帳簿価額）」欄の区分によります。

2　「４．増（減）資の状況その他評価上の参考事項」欄には、次のような事項を記載します。

⑴　課税時期の直前期末以後における増（減）資に関する事項

　　例えば、増資については、次のように記載します。

　　　増資年月日　　　　　令和○年○月○日

　　　増資金額　　　　　　○○○　　　千円

　　　増資内容　　　　　　1 ： 0.5（1株当たりの払込金額50円、株主割当）

　　　増資後の資本金額　　○○○　　　千円

⑵　課税時期以前3年間における社名変更、増（減）資、事業年度の変更、合併及び転換社債型新株予約権付社債（財産評価基本通達197⑷に規定する転換社債型新株予約権付社債、以下「転換社債」といいます。）の発行状況に関する事項

⑶　種類株式に関する事項

　　例えば、種類株式の内容、発行年月日、発行株式数等を、次のように記載します。

　　　種類株式の内容　　　議決権制限株式

　　　発行年月日　　　　　令和○年○月○日

　　　発行株式数　　　　　○○○○○株

　　　発行価額　　　　　　1株につき○○円（うち資本金に組み入れる金額○○円）

　　　1単元の株式の数　　○○○株

　　　議決権　　　　　　　○○の事項を除き、株主総会において議決権を有しない。

　　　転換条項　　　　　　令和○年○月○日から令和○年○月○日までの間は株主からの請求により普通株式への転換可能（当初の転換価額は○○円）

　　　償還条項　　　　　　なし

　　　残余財産の分配　　　普通株主に先立ち、1株につき○○円を支払う。

⑷　剰余金の配当の支払いに係る基準日及び効力発生日

⑸　剰余金の配当のうち、資本金等の額の減少に伴うものの金額

⑹　その他評価上参考となる事項

第2表　特定の評価会社の判定の明細書　　会社名＿＿＿＿＿＿＿＿＿＿

（取引相場のない株式（出資）の評価明細書）

（令和六年一月一日以降用）

1．比準要素数1の会社

判　定　要　素						判定基準	(1)欄のいずれか2の判定要素が0であり、かつ、(2)欄のいずれか2以上の判定要素が0	
（1)直前期末を基とした判定要素			（2)直前々期末を基とした判定要素				である（該当）・でない（非該当）	
第4表の⑬₁の金額	第4表の⑪₁の金額	第4表の⑩₁の金額	第4表の⑬₂の金額	第4表の⑪₂の金額	第4表の⑩₂の金額	判定	該　当	非該当
円　銭 0	円	円	円　銭 0	円	円			

2．株式等保有特定会社

判　定　要　素			判定基準	③の割合が50%以上である	③の割合が50%未満である
総資産価額（第5表の①の金額）	株式等の価額の合計額（第5表の⑦の金額）	株式等保有割合（②／①）			
① 千円	② 千円	③ ％	判定	該　当	非該当

3．土地保有特定会社

判　定　要　素			
総資産価額（第5表の①の金額）	土地等の価額の合計額（第5表の⑧の金額）	土地保有割合（⑤／④）	会社の規模の判定（該当する文字を○で囲んで表示します。）
④ 千円	⑤ 千円	⑥ ％	大会社・中会社・小会社

判定基準	会社の規模	大　会　社	中　会　社	小　会　社（総資産価額（帳簿価額）が次の基準に該当する会社）	
				・卸売業　20億円以上 ・小売・サービス業　15億円以上 ・上記以外の業種　15億円以上	・卸売業　7,000万円以上20億円未満 ・小売・サービス業　4,000万円以上15億円未満 ・上記以外の業種　5,000万円以上15億円未満
	⑥の割合	70%以上　70%未満	90%以上　90%未満	70%以上　70%未満	90%以上　90%未満
判定		該当　非該当	該当　非該当	該当　非該当	該当　非該当

4．開業後3年未満の会社等

(1) 開業後3年未満の会社

判　定　要　素		判定基準	課税時期において開業後3年未満である	課税時期において開業後3年未満でない
開業年月日	年　月　日	判定	該　当	非該当

(2) 比準要素数0の会社

判定要素	直前期末を基とした判定要素			判定基準	直前期末を基とした判定要素がいずれも0	
	第4表の⑬₁の金額	第4表の⑪₁の金額	第4表の⑩₁の金額		である（該当）・でない（非該当）	
	円　銭 0	円	円	判定	該　当	非該当

5．開業前又は休業中の会社

開業前の会社の判定		休業中の会社の判定		6．清算中の会社	判　定	
該　当	非該当	該　当	非該当		該　当	非該当

7．特定の評価会社の判定結果

1．比準要素数1の会社　　　　　　2．株式等保有特定会社

3．土地保有特定会社　　　　　　　4．開業後3年未満の会社等

5．開業前又は休業中の会社　　　　6．清算中の会社

［　該当する番号を○で囲んでください。なお、上記の「1．比準要素数1の会社」欄から「6．清算中の会社」欄の判定において2以上に該当する場合には、後の番号の判定によります。　］

第2表　特定の評価会社の判定の明細書

1　この表は、評価会社が特定の評価会社に該当するかどうかの判定に使用します。

　　評価会社が特定の評価会社に明らかに該当しないものと認められる場合には、記載する必要はありません。また、配当還元方式を適用する株主について、原則的評価方式等の計算を省略する場合（原則的評価方式等により計算した価額が配当還元価額よりも高いと認められる場合）には、記載する必要はありません。

　　なお、この表のそれぞれの「判定基準」欄及び「判定」欄は、該当する文字を○で囲んで表示します。

2　「1.　比準要素数1の会社」欄は、次により記載します。

　　なお、評価会社が「3.　土地保有特定会社」から「6.　清算中の会社」のいずれかに該当する場合には、記載する必要はありません。

　⑴　「判定要素」の「⑴　直前期末を基とした判定要素」及び「⑵　直前々期末を基とした判定要素」の各欄は、当該各欄が示している第4表の「2.　比準要素等の金額の計算」の各欄の金額を記載します。

　⑵　「判定基準」欄は、「⑴　直前期末を基とした判定要素」欄の判定要素のいずれか2が0で、かつ、「⑵　直前々期末を基とした判定要素」欄の判定要素のいずれか2以上が0の場合に、「である（該当）」を○で囲んで表示します。

　（注）　「⑴　直前期末を基とした判定要素」欄の判定要素がいずれも0である場合は、「4.　開業後3年未満の会社等」欄の「⑵　比準要素数0の会社」に該当することに留意してください。

3　「2.　株式等保有特定会社」及び「3.　土地保有特定会社」の「総資産価額」欄等には、課税時期における評価会社の各資産を財産評価基本通達の定めにより評価した金額（第5表の①の金額等）を記載します。ただし、1株当たりの純資産価額（相続税評価額）の計算に当たって、第5表の記載方法等の2の⑷により直前期末における各資産及び各負債に基づいて計算を行っている場合には、当該直前期末において計算した第5表の当該各欄の金額により記載することになります（これらの場合、株式等保有特定会社及び土地保有特定会社の判定時期と純資産価額及び株式等保有特定会社のS₂の計算時期を同一とすることに留意してください。）。

　　なお、「2.　株式等保有特定会社」欄は、評価会社が「3.　土地保有特定会社」から「6.　清算中の会社」のいずれかに該当する場合には記載する必要はなく、「3.　土地保有特定会社」欄は、評価会社が「4.　開業後3年未満の会社等」から「6.　清算中の会社」のいずれかに該当する場合には、記載する必要はありません。

　（注）　「2.　株式等保有特定会社」の「株式等保有割合」欄の③の割合及び「3.　土地保有特定会社」の「土地保有割合」欄の⑥の割合は、1％未満の端数を切り捨てて記載します。

4　「4.　開業後3年未満の会社等」の「⑵　比準要素数0の会社」の「判定要素」の「直前期末を基とした判定要素」の各欄は、当該各欄が示している第4表の「2.　比準要素等の金額の計算」の各欄の金額（第2表の「1.　比準要素数1の会社」の「判定要素」の「⑴　直前期末を基とした判定要素」の各欄の金額と同一となります。）を記載します。

　　なお、評価会社が「⑴　開業後3年未満の会社」に該当する場合には、「⑵　比準要素数0の会社」の各欄は記載する必要はありません。

　　また、評価会社が「5.　開業前又は休業中の会社」又は「6.　清算中の会社」に該当する場合には、「4.　開業後3年未満の会社等」の各欄は、記載する必要はありません。

5　「5.　開業前又は休業中の会社」の各欄は、評価会社が「6.　清算中の会社」に該当する場合には、記載する必要はありません。

第3表　一般の評価会社の株式及び株式に関する権利の価額の計算明細書　　会社名

（取引相場のない株式（出資）の評価明細書）

			類似業種比準価額 （第4表の㉖、㉗又は㉘の金額）	1株当たりの純資産価額 （第5表の⑪の金額）	1株当たりの純資産価額の80％相当額（第5表の⑫の記載がある場合のその金額）
1 **原則的評価方式による価額**	1株当たりの価額の計算	1株当たりの価額の計算の基となる金額	①　　　　　円	②　　　　　円	③　　　　　円

区　分	1株当たりの価額の算定方法	1株当たりの価額
大会社の株式の価額	次のうちいずれか低い方の金額（②の記載がないときは①の金額） イ　①の金額 ロ　②の金額	④　　　　　円
中会社の株式の価額	（①と②とのいずれか低い方の金額 × Lの割合 0.）＋（②の金額（③の金額があるときは③の金額）×（1－Lの割合 0.））	⑤　　　　　円
小会社の株式の価額	次のうちいずれか低い方の金額 イ　②の金額（③の金額があるときは③の金額） ロ　（①の金額 × 0.50）＋（イの金額 × 0.50）	⑥　　　　　円

株式の価額の修正	課税時期において配当期待権の発生している場合	株式の価額 ［④、⑤又は⑥の金額］　－　1株当たりの配当金額　円　銭	修正後の株式の価額 ⑦　　　　　円
	課税時期において株式の割当てを受ける権利、株主となる権利又は株式無償交付期待権の発生している場合	株式の価額 （（④、⑤又は⑥（⑦があるときは⑦）の金額）＋　割当株式1株当たりの払込金額　円　×　1株当たりの割当株式数　株）÷（1株＋割当株式数又は交付株式数　株）	修正後の株式の価額 ⑧　　　　　円

2 **配当還元方式による価額**	1株当たりの資本金等の額、発行済株式数等	直前期末の資本金等の額 ⑨　　　千円	直前期末の発行済株式数 ⑩　　　株	直前期末の自己株式数 ⑪　　　株	1株当たりの資本金等の額を50円とした場合の発行済株式数 （⑨÷50円） ⑫　　　株	1株当たりの資本金等の額 （⑨÷（⑩－⑪）） ⑬　　　円

	直前期末以前2年間の配当金額	事業年度	⑭　年配当金額	⑮　左のうち非経常的な配当金額	⑯　差引経常的な年配当金額（⑭－⑮）	年平均配当金額
		直前期	千円	千円	㋑　　千円	⑰　㋑＋㋺ ÷2　千円
		直前々期	千円	千円	㋺　　千円	

1株（50円）当たりの年配当金額	年平均配当金額（⑰の金額）÷⑫の株式数＝	⑱　　　円　銭	この金額が2円50銭未満の場合は2円50銭とします。

配当還元価額	⑱の金額／10%　×　⑬の金額／50円　＝　⑲　　　円	⑳　　　円	⑳の金額が、原則的評価方式により計算した価額を超える場合には、原則的評価方式により計算した価額とします。

3 **（1及び2に共通）株式に関する権利の価額**	配当期待権	1株当たりの予想配当金額（　円　銭）－源泉徴収されるべき所得税相当額（　円　銭）	㉑　　円　銭	**4．株式及び株式に関する権利の価額** （1．及び2．に共通）
	株式の割当てを受ける権利 （割当株式1株当たりの価額）	⑧（配当還元方式の場合は⑳）の金額　割当株式1株当たりの払込金額　円	㉒　　円	株式の評価額　　　円
	株主となる権利 （割当株式1株当たりの価額）	⑧（配当還元方式の場合は⑳）の金額（課税時期後にその株主となる権利につき払い込むべき金額があるときは、その金額を控除した金額）	㉓　　円	株式に関する権利の評価額 （　円　銭）円
	株式無償交付期待権 （交付される株式1株当たりの価額）	⑧（配当還元方式の場合は⑳）の金額	㉔　　円	

第3表　一般の評価会社の株式及び株式に関する権利の価額の計算明細書

1　この表は、一般の評価会社の株式及び株式に関する権利の評価に使用します（特定の評価会社の株式及び株式に関する権利の評価については、「第6表　特定の評価会社の株式及び株式に関する権利の価額の計算明細書」を使用します。）。

2　「1.　原則的評価方式による価額」の各欄は、次により記載します。

⑴　「1株当たりの価額の計算」欄の⑤及び⑥の各金額について、表示単位未満の端数を切り捨てることにより0となる場合は、分数等（課税時期基準）により記載します。

⑵　「株式の価額の修正」の各欄は、次により記載します。

イ　「課税時期において配当期待権の発生している場合」欄の⑦及び「課税時期において株式の割当てを受ける権利、株主となる権利又は株式無償交付期待権の発生している場合」欄の⑧の各金額について、表示単位未満の端数を切り捨てることにより0となる場合は、分数等（課税時期基準）により記載します。

ロ　「1株当たりの割当株式数」及び「1株当たりの割当株式数又は交付株式数」は、1株未満の株式数を切り捨てずに実際の株式数を記載します。

3　「2.　配当還元方式による価額」欄は、第1表の1の「1.　株主及び評価方式の判定」欄又は「2.少数株式所有者の評価方式の判定」欄の判定により納税義務者が配当還元方式を適用する株主に該当する場合に、次により記載します。

⑴　「1株当たりの資本金等の額、発行済株式数等」の各欄は、次により記載します。

イ　「直前期末の資本金等の額」欄の⑨の金額は、法人税申告書別表五（一）（（利益積立金額及び資本金等の額の計算に関する明細書））（以下「別表五（一）」といいます。）の「差引翌期首現在資本金等の額」の「差引合計額」欄の金額を記載します。

ロ　「1株当たりの資本金等の額」欄の⑬の金額について、表示単位未満の端数を切り捨てることにより0となる場合は、分数等（直前期末基準）により記載します。

⑵　「直前期末以前2年間の配当金額」欄は、評価会社の年配当金額の総額を基に、第4表の記載方法等の3の⑴に準じて記載します。

⑶　「配当還元価額」の各欄は、次により記載します。

イ　⑲の金額について、表示単位未満の端数を切り捨てることにより0となる場合は、分数等（直前期末基準）により記載します。

ロ　⑳の金額の記載に当たっては、原則的評価方式により計算した価額が配当還元価額よりも高いと認められる場合には、「1.　原則的評価方式による価額」欄の計算を省略しても差し支えありません。

4　「3.　株式に関する権利の価額」欄の㉒及び㉓の各金額について、表示単位未満の端数を切り捨てることにより0となる場合は、分数等（課税時期基準）により記載します。

5　「4.　株式及び株式に関する権利の価額」の各欄は、次により記載します。

⑴　「株式の評価額」欄には、「①」欄から「⑳」欄までにより計算したその株式の価額を記載します。

⑵　「株式に関する権利の評価額」欄には、「㉑」欄から「㉔」欄までにより計算した株式に関する権利の価額を記載します。

なお、株式に関する権利が複数発生している場合には、それぞれの金額ごとに別に記載します（配当期待権の価額は、円単位で円未満2位（銭単位）により記載します。）。

第4表　類似業種比準価額等の計算明細書

会社名

（令和六年一月一日以降用）

（取引相場のない株式（出資）の評価明細書）

1. 1株当たりの資本金等の額等の計算

	直前期末の資本金等の額	直前期末の発行済株式数	直前期末の自己株式数	1株当たりの資本金等の額（①÷（②－③））	1株当たりの資本金等の額を50円とした場合の発行済株式数（①÷50円）
	① 千円	② 株	③ 株	④ 円	⑤ 株

2. 比準要素等の金額の計算

1株(50円)当たりの年配当金額

直前期末以前2（3）年間の年平均配当金額					比準要素数1の会社・比準要素数0の会社の判定要素の金額		
事業年度	⑥年配当金額	⑦左のうち非経常的な配当金額	⑧差引経常的な年配当金額（⑥－⑦）	年平均配当金額	$\frac{⑨}{⑤}$	⑧ 円 銭	
直前期	千円	千円	㋑	⑨（㋑＋㋺）÷2 千円	$\frac{⑩}{⑤}$	⑧₂ 円 銭	
直前々期	千円	千円	㋺		1株（50円）当たりの年配当金額		
直前々期の前期	千円	千円	㋩	⑩（㋺＋㋩）÷2 千円	⑤（⑧の金額）		
					⑧	円 銭	

1株(50円)当たりの年利益金額

直前期末以前2（3）年間の利益金額						比準要素数1の会社・比準要素数0の会社の判定要素の金額	
事業年度	⑪法人税の課税所得金額	⑫非経常的な利益金額	⑬受取配当等の益金不算入額	⑭左の所得税額	⑮損金算入した繰越欠損金の控除額	⑯差引利益金額（⑪－⑫＋⑬－⑭＋⑮）	
						$\frac{⑯}{⑤}$又は$\frac{⑯＋㋥}{⑤}$÷2	ⓒ 円
直前期	千円	千円	千円	千円	千円	㋥	$\frac{⑯}{⑤}$又は$\frac{⑯＋㋭}{⑤}$÷2	ⓒ₂ 円
直前々期	千円	千円	千円	千円	千円	㋭		
直前々期の前期	千円	千円	千円	千円	千円	㋬	1株（50円）当たりの年利益金額	
							$\left[\frac{ⓒ}{⑤}$又は$\frac{ⓒ＋㋭}{⑤}÷2\right]$の金額	ⓒ 円

1株(50円)当たりの純資産価額

直前期末（直前々期末）の純資産価額			比準要素数1の会社・比準要素数0の会社の判定要素の金額	
事業年度	⑰資本金等の額	⑱利益積立金額	⑲純資産価額（⑰＋⑱）	$\frac{⑲}{⑤}$ ⓓ 円
直前期	千円	千円	㋣	$\frac{⑲}{⑤}$ ⓓ₂ 円
直前々期	千円	千円	㋠	1株（50円）当たりの純資産価額（ⓓの金額）ⓓ 円

3. 類似業種比準価額の計算

1株(50円)当たりの比準価額の計算

類似業種と業種目番号		(No.)	区分	1株（50円）当たりの年配当金額	1株（50円）当たりの年利益金額	1株（50円）当たりの純資産価額	1株（50円）当たりの比準価額
類似業種の株価	課税時期の属する月	㋑月 ⑰円	比準割合の計算	評価会社	⑧ 円 銭 0	ⓒ 円	ⓓ 円	㉒ × ㉓ × 0.7 ㉔ 円 銭 0
	課税時期の属する月の前月	㋺月 ⑱円		類似業種 B	円	C 円	D 円	〔中会社は0.6小会社は0.5とします。〕
	課税時期の属する月の前々月	㋩月 ⑲円		要素別比準割合	$\frac{⑧}{B}$	$\frac{ⓒ}{C}$	$\frac{ⓓ}{D}$	
	前年平均株価	㉑円						
	課税時期の属する月以前2年間の平均株価	㉒円		比準割合	$\frac{\frac{⑧}{B}＋\frac{ⓒ}{C}＋\frac{ⓓ}{D}}{3}＝$ ㉓			㉔ 円 銭 0
	A（⑰、⑱、⑲及び㉑のうち最も低いもの）㉒円							

1株(50円)当たりの比準価額の計算

類似業種と業種目番号		(No.)	区分	1株（50円）当たりの年配当金額	1株（50円）当たりの年利益金額	1株（50円）当たりの純資産価額	1株（50円）当たりの比準価額
類似業種の株価	課税時期の属する月	㉒月 ㉓円	比準割合の計算	評価会社	⑧ 円 銭 0	ⓒ 円	ⓓ 円	㉗ × ㉓ × 0.7 ㉙ 円 銭
	課税時期の属する月の前月	㉓月 ㉔円		類似業種 B	円 銭 0	C 円	D 円	〔中会社は0.6小会社は0.5とします。〕
	課税時期の属する月の前々月	㉕月 ㉖円		要素別比準割合	$\frac{⑧}{B}$	$\frac{ⓒ}{C}$	$\frac{ⓓ}{D}$	
	前年平均株価	㉗円						
	課税時期の属する月以前2年間の平均株価	㉘円		比準割合	$\frac{\frac{⑧}{B}＋\frac{ⓒ}{C}＋\frac{ⓓ}{D}}{3}＝$ ㉚			㉛ 円 銭 0
	A（㉓、㉔、㉖及び㉗のうち最も低いもの）㉙円							

比準価額の計算

1株当たりの比準価額	比準価額（㉔と㉛とのいずれか低い方の金額）× $\frac{④の金額}{50円}$	㉜ 円

比準価額の修正

直前期末の翌日から課税時期までの間に配当金交付の効力が発生した場合	比準価額（㉜の金額）－ 1株当たりの配当金額　円　銭	修正比準価額 ㉝ 円
直前期末の翌日から課税時期までの間に株式の割当て等の効力が発生した場合	比準価額（㉜（㉝があるときは㉝）の金額）＋ 割当株式1株当たりの払込金額　円　銭 × 1株当たりの割当株式数　株 ÷ （1株＋　株）	修正比準価額 ㉞ 円

第4表　類似業種比準価額等の計算明細書

1　この表は、評価会社の「類似業種比準価額」の計算を行うために使用します。

2　「1.　1株当たりの資本金等の額等の計算」の「1株当たりの資本金等の額」欄の④の金額について、表示単位未満の端数を切り捨てることにより0となる場合は、分数等（直前期末基準）により記載します。

3　「2.　比準要素等の金額の計算」の各欄は、次により記載します。

⑴　「1株（50円）当たりの年配当金額」の「直前期末以前2（3）年間の年平均配当金額」欄は、評価会社の剰余金の配当金額を基に次により記載します。

　イ　「⑥　年配当金額」欄には、各事業年度中に配当金交付の効力が発生した剰余金の配当（資本金等の額の減少によるものを除きます。）の金額を記載します。

　ロ　「⑦　左のうち非経常的な配当金額」欄には、剰余金の配当金額の算定の基となった配当金額のうち、特別配当、記念配当等の名称による配当金額で、将来、毎期継続することが予想できない金額を記載します。

　ハ　「直前期」欄の記載に当たって、1年未満の事業年度がある場合には、直前期末以前1年間に対応する期間に配当金交付の効力が発生した剰余金の配当金額の総額を記載します。

　　　なお、「直前々期」及び「直前々期の前期」の各欄についても、これに準じて記載します。

⑵　「1株（50円）当たりの年配当金額」の「Ⓑ」欄は、「比準要素数1の会社・比準要素数0の会社の判定要素の金額」の「Ⓑ」欄の金額を記載します。

⑶　「1株（50円）当たりの年利益金額」の「直前期末以前2（3）年間の利益金額」欄は、次により記載します。

　イ　「⑫　非経常的な利益金額」欄には、固定資産売却益、保険差益等の非経常的な利益の金額を記載します。この場合、非経常的な利益の金額は、非経常的な損失の金額を控除した金額（負数の場合は0）とします。

　ロ　「直前期」欄の記載に当たって、1年未満の事業年度がある場合には、直前期末以前1年間に対応する期間の利益の金額を記載します。この場合、実際の事業年度に係る利益の金額をあん分する必要があるときは、月数により行います。

　　　なお、「直前々期」及び「直前々期の前期」の各欄についても、これに準じて記載します。

⑷　「1株（50円）当たりの年利益金額」の「比準要素数1の会社・比準要素数0の会社の判定要素の金額」の「Ⓒ」欄及び「Ⓒ₂」欄は、それぞれ次により記載します。

　イ　「Ⓒ」欄は、㊀の金額（ただし、納税義務者の選択により、㊀の金額と㊉の金額との平均額によることができます。）を⑤の株式数で除した金額を記載します。

　ロ　「Ⓒ₂」欄は、㊉の金額（ただし、納税義務者の選択により、㊉の金額と㊁の金額との平均額によることができます。）を⑤の株式数で除した金額を記載します。

　（注）　1　Ⓒ又はⒸ₂の金額が負数のときは、0とします。

　　　　　2　「直前々期の前期」の各欄は、上記のロの計算において、㊉の金額と㊁の金額との平均額によらない場合には記載する必要はありません。

⑸　「1株（50円）当たりの年利益金額」の「Ⓒ」欄には、㊀の金額を⑤の株式数で除した金額を記載します。ただし、納税義務者の選択により、直前期末以前2年間における利益金額を基として計算した金額（（㊀＋㊉）÷2）を⑤の株式数で除した金額をⒸの金額とすることができます。

（注）　ⓒの金額が負数のときは、0とします。

⑹　「1株（50円）当たりの純資産価額」の「直前期末（直前々期末）の純資産価額」の「⑰　資本金等の額」欄は、第3表の記載方法等の3の⑴のイに基づき記載します。また、「⑱　利益積立金額」欄には、別表五（一）の「差引翌期首現在利益積立金額」の「差引合計額」欄の金額を記載します。

⑺　「1株（50円）当たりの純資産価額」の「比準要素数1の会社・比準要素数0の会社の判定要素の金額」の『ⓓ₁』欄及び『ⓓ₂』欄は、それぞれⓗ及びⓠの金額を⑤の株式数で除した金額を記載します。

（注）　ⓓ₁及びⓓ₂の金額が負数のときは、0とします。

⑻　「1株（50円）当たりの純資産価額」の「ⓓ」欄は、「比準要素数1の会社・比準要素数0の会社の判定要素の金額」の『ⓓ₁』欄の金額を記載します。

4　「3.　類似業種比準価額の計算」の各欄は、次により記載します。

⑴　「類似業種と業種目番号」欄には、第1表の1の「事業内容」欄に記載された評価会社の事業内容に応じて、別に定める類似業種比準価額計算上の業種目及びその番号を記載します。

この場合において、評価会社の事業が該当する業種目は直前期末以前1年間の取引金額に基づいて判定した業種目とします。

なお、直前期末以前1年間の取引金額に2以上の業種目に係る取引金額が含まれている場合の業種目は、業種目別の割合が50%を超える業種目とし、その割合が50%を超える業種目がない場合は、次に掲げる場合に応じたそれぞれの業種目とします。

イ　評価会社の事業が一つの中分類の業種目中の2以上の類似する小分類の業種目に属し、それらの業種目別の割合の合計が50%を超える場合

その中分類の中にある類似する小分類の「その他の○○業」

ロ　評価会社の事業が一つの中分類の業種目中の2以上の類似しない小分類の業種目に属し、それらの業種目別の割合の合計が50%を超える場合（イに該当する場合は除きます。）

その中分類の業種目

ハ　評価会社の事業が一つの大分類の業種目中の2以上の類似する中分類の業種目に属し、それらの業種目別の割合の合計が50%を超える場合

その大分類の中にある類似する中分類の「その他の○○業」

ニ　評価会社の事業が一つの大分類の業種目中の2以上の類似しない中分類の業種目に属し、それらの業種目別の割合の合計が50%を超える場合（ハに該当する場合を除きます。）

その大分類の業種目

ホ　イからニのいずれにも該当しない場合

大分類の業種目の中の「その他の産業」

（注）

$$業種目別の割合　＝　\frac{業種目別の取引金額}{評価会社全体の取引金額}$$

また、類似業種は、業種目の区分の状況に応じて、次によります。

業種目の区分の状況	類　似　業　種
上記により判定した業種目が小分類に区分されている業種目の場合	小分類の業種目とその業種目の属する中分類の業種目とをそれぞれ記載します。
上記により判定した業種目が中分類に区分されている業種目の場合	中分類の業種目とその業種目の属する大分類の業種目とをそれぞれ記載します。

上記により判定した業種目が大分類に区分されている業種目の場合	大分類の業種目を記載します。

⑵　「**類似業種の株価**」及び「**比準割合の計算**」の各欄には、別に定める類似業種の株価Ａ、１株（50円）当たりの年配当金額Ｂ、１株（50円）当たりの年利益金額Ｃ及び１株（50円）当たりの純資産価額Ｄの金額を記載します。

⑶　「**比準割合の計算**」欄の要素別比準割合及び比準割合は、それぞれ小数点以下２位未満を切り捨てて記載します。

⑷　「**比準割合の計算**」の「**比準割合**」欄の比準割合（㉑及び㉔）は、「１株（50円）当たりの年配当金額」、「１株（50円）当たりの年利益金額」及び「１株（50円）当たりの純資産価額」の各欄の要素別比準割合を基に、次の算式により計算した割合を記載します。

$$比準割合　=　\frac{\dfrac{Ⓑ}{B} + \dfrac{Ⓒ}{C} + \dfrac{Ⓓ}{D}}{3}$$

⑸　「**１株（50円）当たりの比準価額**」欄は、評価会社が第１表の２の「**3.　会社の規模（Ｌの割合）の判定**」欄により、中会社に判定される会社にあっては算式中の「０．７」を「０．６」、小会社に判定される会社にあっては算式中の「０．７」を「０．５」として計算した金額を記載します。

⑹　「**１株当たりの比準価額**」欄の㉖の金額について、表示単位未満の端数を切り捨てることにより０となる場合は、分数等（直前期末基準）により記載します。

⑺　「**比準価額の修正**」の各欄は、次により記載します。

イ　「**直前期末の翌日から課税時期までの間に配当金交付の効力が発生した場合**」欄の㉗の金額について、表示単位未満の端数を切り捨てることにより０となる場合は、分数等（直前期末基準）により記載します。

ロ　「**直前期末の翌日から課税時期までの間に株式の割当て等の効力が発生した場合**」欄の㉘の金額について、表示単位未満の端数を切り捨てることにより０となる場合は、分数等（課税時期基準）により記載します。

ハ　「**１株当たりの割当株式数**」及び「**１株当たりの割当株式数又は交付株式数**」は、１株未満の株式数を切り捨てずに実際の株式数を記載します。

（注）　⑴の類似業種比準価額計算上の業種目及びその番号、並びに、⑵の類似業種の株価Ａ、１株（50円）当たりの年配当金額Ｂ、１株（50円）当たりの年利益金額Ｃ及び１株（50円）当たりの純資産価額Ｄの金額については、該当年分の「令和○年分の類似業種比準価額計算上の業種目及び業種目別株価等について（法令解釈通達）」で御確認の上記入してください。

なお、当該通達については、国税庁ホームページ【https://www.nta.go.jp】上で御覧いただけます。

第5表　1株当たりの純資産価額（相続税評価額）の計算明細書　　会社名 _____

1. 資産及び負債の金額（課税時期現在）

資産の部				負債の部			
科　目	相続税評価額	帳簿価額	備考	科　目	相続税評価額	帳簿価額	備考
	千円	千円			千円	千円	
合　計	①	②		合　計	③	④	
株式等の価額の合計額	㋑	㋺					
土地等の価額の合計額	㋩						
現物出資等受入れ資産の価額の合計額	㋥	㋭					

2. 評価差額に対する法人税額等相当額の計算			3. 1株当たりの純資産価額の計算		
相続税評価額による純資産価額 （①－③）	⑤	千円	課税時期現在の純資産価額 （相続税評価額）　　　　（⑤－⑧）	⑨	千円
帳簿価額による純資産価額 （（②＋㋭－㋥－④）、マイナスの場合は0）	⑥	千円	課税時期現在の発行済株式数 （（第1表の1の①）－自己株式数）	⑩	株
評価差額に相当する金額 （⑤－⑥、マイナスの場合は0）	⑦	千円	課税時期現在の1株当たりの純資産価額 （相続税評価額）　　　　（⑨÷⑩）	⑪	円
評価差額に対する法人税額等相当額 （⑦×37%）	⑧	千円	同族株主等の議決権割合（第1表の1の⑤の割合）が50%以下の場合　　（⑪×80%）	⑫	円

第5表　1株当たりの純資産価額（相続税評価額）の計算明細書

1　この表は、「1株当たりの純資産価額（相続税評価額）」の計算のほか、株式等保有特定会社及び土地保有特定会社の判定に必要な「総資産価額」、「株式等の価額の合計額」及び「土地等の価額の合計額」の計算にも使用します。

2　「1.　資産及び負債の金額（課税時期現在）」の各欄は、課税時期における評価会社の各資産及び各負債について、次により記載します。

(1)　「資産の部」の「相続税評価額」欄には、課税時期における評価会社の各資産について、財産評価基本通達の定めにより評価した価額（以下「相続税評価額」といいます。）を次により記載します。

イ　課税時期前3年以内に取得又は新築した土地及び土地の上に存する権利（以下「土地等」といいます。）並びに家屋及びその附属設備又は構築物（以下「家屋等」といいます。）がある場合には、当該土地等又は家屋等の相続税評価額は、課税時期における通常の取引価額に相当する金額（ただし、その土地等又は家屋等の帳簿価額が課税時期における通常の取引価額に相当すると認められる場合には、その帳簿価額に相当する金額）によって評価した価額を記載します。この場合、その土地等又は家屋等は、他の土地等又は家屋等と「科目」欄を別にして、「課税時期前3年以内に取得した土地等」などと記載します。

ロ　取引相場のない株式、出資又は転換社債（財産評価基本通達197-5（(転換社債型新株予約権付社債の評価)）の(3)のロに定めるものをいいます。）の価額を純資産価額（相続税評価額）で評価する場合には、評価差額に対する法人税額等相当額の控除を行わないで計算した金額を「相続税評価額」として記載します（なお、その株式などが株式等保有特定会社の株式などである場合において、納税義務者の選択により、「S₁＋S₂」方式によって評価する場合のS₂の金額の計算においても、評価差額に対する法人税額等相当額の控除は行わないで計算することになります。）。この場合、その株式などは、他の株式などと「科目」欄を別にして、「法人税額等相当額の控除不適用の株式」などと記載します。

ハ　評価の対象となる資産について、帳簿価額がないもの（例えば、借地権、営業権等）であっても相続税評価額が算出される場合には、その評価額を「相続税評価額」欄に記載し、「帳簿価額」欄には0と記載します。

ニ　評価の対象となる資産で帳簿価額のあるもの（例えば、借家権、営業権等）であっても、その課税価格に算入すべき相続税評価額が算出されない場合には、「相続税評価額」欄に0と記載し、その帳簿価額を「帳簿価額」欄に記載します。

ホ　評価の対象とならないもの（例えば、財産性のない創立費、新株発行費等の繰延資産、繰延税金資産）については、記載しません。

ヘ　「株式等の価額の合計額」欄の⑦の金額は、評価会社が有している（又は有しているとみなされる）株式、出資及び新株予約権付社債（会社法第2条第22号に規定する新株予約権付社債をいいます。）（以下「株式等」といいます。）の相続税評価額の合計額を記載します。この場合、次のことに留意してください。

(イ)　所有目的又は所有期間のいかんにかかわらず、全ての株式等の相続税評価額を合計します。

(ロ)　法人税法第12条（(信託財産に属する資産及び負債並びに信託財産に帰せられる収益及び費用の帰属)）の規定により評価会社が信託財産を有するものとみなされる場合（ただし、評価会社が明らかに当該信託財産の収益の受益権のみを有している場合を除きます。）において、その信託財産に株式等が含まれているときには、評価会社が当該株式等を所有しているもの

とみなします。

(ハ)　「出資」とは、「法人」に対する出資をいい、民法上の組合等に対する出資は含まれません。

ト　「土地等の価額の合計額」欄の⑥の金額は、上記のヘに準じて評価会社が所有している（又は所有しているとみなされる）土地等の相続税評価額の合計額を記載します。

チ　**「現物出資等受入れ資産の価額の合計額」**欄の⊖の金額は、各資産の中に、現物出資、合併、株式交換、株式移転又は株式交付により著しく低い価額で受け入れた資産（以下「現物出資等受入れ資産」といいます。）がある場合に、現物出資、合併、株式交換、株式移転又は株式交付の時におけるその現物出資等受入れ資産の相続税評価額の合計額を記載します。ただし、その相続税評価額が、課税時期におけるその現物出資等受入れ資産の相続税評価額を上回る場合には、課税時期におけるその現物出資等受入れ資産の相続税評価額を記載します。

また、現物出資等受入れ資産が合併により著しく低い価額で受け入れた資産（以下「合併受入れ資産」といいます。）である場合に、合併の時又は課税時期におけるその合併受入れ資産の相続税評価額が、合併受入れ資産に係る被合併会社の帳簿価額を上回るときは、その帳簿価額を記載します。

(注)　「相続税評価額」の「合計」欄の①の金額に占める課税時期における現物出資等受入れ資産の相続税評価額の合計の割合が20％以下の場合には、「現物出資等受入れ資産の価額の合計額」欄は、記載しません。

(2)　**「資産の部」**の**「帳簿価額」**欄には、「資産の部」の「相続税評価額」欄に評価額が記載された各資産についての課税時期における税務計算上の帳簿価額を記載します。

(注)1　固定資産に係る減価償却累計額、特別償却準備金及び圧縮記帳に係る引当金又は積立金の金額がある場合には、それらの金額をそれぞれの引当金等に対応する資産の帳簿価額から控除した金額をその固定資産の帳簿価額とします。

2　営業権に含めて評価の対象となる特許権、漁業権等の資産の帳簿価額は、営業権の帳簿価額に含めて記載します。

(3)　**「負債の部」**の**「相続税評価額」**欄には、評価会社の課税時期における各負債の金額を、**「帳簿価額」**欄には、「負債の部」の「相続税評価額」欄に評価額が記載された各負債の税務計算上の帳簿価額をそれぞれ記載します。この場合、貸倒引当金、退職給与引当金、納税引当金及びその他の引当金、準備金並びに繰延税金負債に相当する金額は、負債に該当しないものとします。

なお、次の金額は、帳簿に負債としての記載がない場合であっても、課税時期において未払いとなっているものは負債として「相続税評価額」欄及び「帳簿価額」欄のいずれにも記載します。

イ　未納公租公課、未払利息等の金額

ロ　課税時期以前に賦課期日のあった固定資産税及び都市計画税の税額

ハ　被相続人の死亡により、相続人その他の者に支給することが確定した退職手当金、功労金その他これらに準ずる給与の金額

ニ　課税時期の属する事業年度に係る法人税額（地方法人税額を含みます。）、消費税額（地方消費税額を含みます。）、事業税額（特別法人事業税額を含みます。）、道府県民税額及び市町村民税額のうち、その事業年度開始の日から課税時期までの期間に対応する金額

(4)　1株当たりの純資産価額（相続税評価額）の計算は、上記(1)から(3)の説明のとおり課税時期における各資産及び各負債の金額によることとしていますが、評価会社が課税時期において仮決算を行っていないため、課税時期における資産及び負債の金額が明確でない場合において、直前期末から課税時期までの間に資産及び負債について著しく増減がないため評価額の計算に影響が少ないと認められるときは、課税時期における各資産及び各負債の金額は、次により計算しても差

し支えありません。このように計算した場合には、第2表の「2.　株式等保有特定会社」欄及び「3.　土地保有特定会社」欄の判定における総資産価額等についても、同様に取り扱われることになりますので、これらの特定の評価会社の判定時期と純資産価額及び株式等保有特定会社のS_2の計算時期は同一となります。

イ　「**相続税評価額**」欄については、直前期末の資産及び負債の課税時期の相続税評価額

ロ　「**帳簿価額**」欄については、直前期末の資産及び負債の帳簿価額

(注)1　イ及びロの場合において、帳簿に負債としての記載がない場合であっても、次の金額は、負債として取り扱うことに留意してください。

　　　⑴　未納公租公課、未払利息等の金額

　　　⑵　直前期末日以前に賦課期日のあった固定資産税及び都市計画税の税額のうち、未払いとなっている金額

　　　⑶　直前期末日後から課税時期までに確定した剰余金の配当等の金額

　　　⑷　被相続人の死亡により、相続人その他の者に支給することが確定した退職手当金、功労金その他これらに準ずる給与の金額

　　2　被相続人の死亡により評価会社が生命保険金を取得する場合には、その生命保険金請求権（未収保険金）の金額を「資産の部」の「相続税評価額」欄及び「帳簿価額」欄のいずれにも記載します。

3　「2.　評価差額に対する法人税額等相当額の計算」欄の「帳簿価額による純資産価額」及び「評価差額に相当する金額」がマイナスとなる場合は、0と記載します。

4　「3.　1株当たりの純資産価額の計算」の各欄は、次により記載します。

　⑴　「課税時期現在の発行済株式数」欄は、課税時期における発行済株式の総数を記載しますが、評価会社が自己株式を有している場合には、その自己株式の数を控除した株式数を記載します。

　⑵　「課税時期現在の1株当たりの純資産価額（相続税評価額）」欄及び「同族株主等の議決権割合（第1表の1の⑤の割合）が50%以下の場合」欄の各金額について、表示単位未満の端数を切り捨てることにより0となる場合は、分数等（課税時期基準）により記載します。

　⑶　「同族株主等の議決権割合（第1表の1の⑤の割合）が50%以下の場合」欄は、納税義務者が議決権割合（第1表の1の⑤の割合）50%以下の株主グループに属するときにのみ記載します。

　　(注)　納税義務者が議決権割合50%以下の株主グループに属するかどうかの判定には、第1表の1の記載方法等の3の⑤に留意してください。

第6表　特定の評価会社の株式及び株式に関する権利の価額の計算明細書　　会社名

（令和六年一月一日以降用）

〈取引相場のない株式（出資）の評価明細書〉

			1株当たりの価額の計算の基となる金額	類似業種比準価額（第4表の㉖、㉗又は㉘の金額）	1株当たりの純資産価額（第5表の⑪の金額）	1株当たりの純資産価額の80％相当額（第5表の⑫の記載がある場合のその金額）
				① 　　　　　円	② 　　　　　円	③ 　　　　　円

1　純資産価額方式等による価額

1株当たりの価額の計算

株式の区分	1株当たりの価額の算定方法等	1株当たりの価額
比準要素数1の会社の株式	次のうちいずれか低い方の金額 イ　②の金額（③の金額があるときは③の金額） ロ　（①の金額 × 0.25）＋（イの金額 × 0.75）	④ 　　　円
株式等保有特定会社の株式	（第8表の㉗の金額）	⑤ 　　　円
土地保有特定会社の株式	（②の金額（③の金額があるときはその金額））	⑥ 　　　円
開業後3年未満の会社等の株式	（②の金額（③の金額があるときはその金額））	⑦ 　　　円
開業前又は休業中の会社の株式	（②の金額）	⑧ 　　　円

株式の価額の修正

	株式の価額	1株当たりの配当金額	修正後の株式の価額
課税時期において配当期待権の発生している場合	（④、⑤、⑥、⑦又は⑧の金額）	－ 　　　円　　　銭	⑨ 　　　円

	株式の価額	割当株式1株当たりの払込金額	1株当たりの割当株式数	1株当たりの割当株式数又は交付株式数	修正後の株式の価額
課税時期において株式の割当てを受ける権利、株主となる権利又は株式無償交付期待権の発生している場合	（④、⑤、⑥、⑦又は⑧（⑨があるときは⑨）の金額）	＋　　　円 ×	株	÷（1株＋　　　株）	⑩ 　　　円

2　配当還元方式による価額

1株当たりの資本金等の額、発行済株式数等	直前期末の資本金等の額	直前期末の発行済株式数	直前期末の自己株式数	1株当たりの資本金等の額を50円とした場合の発行済株式数（⑪÷50円）	1株当たりの資本金等の額（⑪÷（⑫－⑬））
	⑪ 　　千円	⑫ 　　株	⑬ 　　株	⑭ 　　株	⑮ 　　円

直前期末以前2年間の配当金額	事業年度	⑯ 年配当金額	⑰ 左のうち非経常的な配当金額	⑱ 差引経常的な年配当金額（⑯－⑰）	年平均配当金額
	直前期	千円	千円	㋑ 　　　千円	⑲ （㋑＋㋺）÷2
	直前々期	千円	千円	㋺ 　　　千円	千円

1株（50円）当たりの年配当金額	年平均配当金額（⑲の金額）÷⑭の株式数 ＝	⑳ 　　　円　　　銭	この金額が2円50銭未満の場合は2円50銭とします。

配当還元価額	⑳の金額/10% × ⑮の金額/50円 ＝	㉑ 　　　円	㉒ 　　　円	㉒の金額が、純資産価額方式等により計算した価額を超える場合には、純資産価額方式等により計算した価額とします。

3　株式に関する権利の価額（1.及び2.に共通）

配当期待権	1株当たりの予想配当金額（　円　銭）－ 源泉徴収されるべき所得税相当額（　円　銭）	㉓ 　　円　　銭
株式の割当てを受ける権利（割当株式1株当たりの価額）	⑩（配当還元方式の場合は㉒）の金額 － 割当株式1株当たりの払込金額（　　円）	㉔ 　　円
株主となる権利（割当株式1株当たりの価額）	⑩（配当還元方式の場合は㉒）の金額（課税時期後にその株主となる権利につき払い込むべき金額があるときは、その金額を控除した金額）	㉕ 　　円
株式無償交付期待権（交付される株式1株当たりの価額）	⑩（配当還元方式の場合は㉒）の金額	㉖ 　　円

4　株式及び株式に関する権利の価額（1.及び2.に共通）

株式の評価額	円
株式に関する権利の評価額	円（　円　銭）

第6表　特定の評価会社の株式及び株式に関する権利の価額の計算明細書

1　この表は、特定の評価会社の株式及び株式に関する権利の評価に使用します（一般の評価会社の株式及び株式に関する権利の評価については、「第3表　一般の評価会社の株式及び株式に関する権利の価額の計算明細書」を使用します。）。

2　「1.　純資産価額方式等による価額」の各欄は、次により記載します。

　(1)　「1株当たりの価額の計算」欄の④の金額について、表示単位未満の端数を切り捨てることにより0となる場合は、分数等（課税時期基準）により記載します。

　(2)　「株式の価額の修正」の各欄は、次により記載します。

　　イ　「課税時期において配当期待権の発生している場合」欄の⑨及び「**課税時期において株式の割当てを受ける権利、株主となる権利又は株式無償交付期待権の発生している場合**」欄の⑩の各金額について、表示単位未満の端数を切り捨てることにより0となる場合は、分数等（課税時期基準）により記載します。

　　ロ　「1株当たりの割当株式数」及び「1株当たりの割当株式数又は交付株式数」は、第3表の記載方法等の2の(2)のロに準じて記載します。

3　「2.　配当還元方式による価額」欄は、第1表の1の「1.　株主及び評価方式の判定」欄又は「2.少数株式所有者の評価方式の判定」欄の判定により納税義務者が配当還元方式を適用する株主に該当する場合に、次により記載します。

　(1)　「1株当たりの資本金等の額、発行済株式数等」の「1株当たりの資本金等の額」欄の⑮の金額について、表示単位未満の端数を切り捨てることにより0となる場合は、分数等（直前期末基準）により記載します。

　(2)　「直前期末以前2年間の配当金額」欄は、第4表の記載方法等の3の(1)に準じて記載します。

　(3)　「配当還元価額」の各欄は、次により記載します。

　　イ　㉑の金額について、表示単位未満の端数を切り捨てることにより0となる場合は、分数等（直前期末基準）により記載します。

　　ロ　㉒の金額の記載に当たっては、純資産価額方式等により計算した価額が配当還元価額よりも高いと認められる場合には、「1.　純資産価額方式等による価額」欄の計算を省略しても差し支えありません。

4　「3.　株式に関する権利の価額」欄の㉔及び㉕の各金額について、表示単位未満の端数を切り捨てることにより0となる場合は、分数等（課税時期基準）により記載します。

5　「4.　株式及び株式に関する権利の価額」の各欄は、第3表の記載方法等の5に準じて記載します。

第7表　株式等保有特定会社の株式の価額の計算明細書

会社名

（令和六年一月一日以降用）

1．S₁の金額

受取配当金等収受割合の計算	事業年度	① 直前期	② 直前々期	合計（①＋②）	受取配当金等収受割合 （㋦÷（㋦＋㋧）） ※小数点以下3位未満切り捨て
	受取配当金等の額	千円	千円	㋦ 千円	
	営業利益の金額	千円	千円	㋧ 千円	

ⓑ－ⓒの金額	1株（50円）当たりの年配当金額（第4表のⓑ）	ⓑの金額 （③×㋦）	ⓑ－ⓒの金額 （③－④）
	③ 円 銭 0	④ 円 銭 0	⑤ 円 銭 0

ⓒ－ⓓの金額	1株（50円）当たりの年利益金額（第4表のⓒ）	ⓒの金額 （⑥×㋦）	ⓒ－ⓓの金額 （⑥－⑦）
	⑥ 円	⑦ 円	⑧ 円

ⓓ－㋾の金額	（イ）の金額	1株（50円）当たりの純資産価額（第4表のⓓ）	直前期末の株式等の帳簿価額の合計額（帳簿価額）	直前期末の総資産価額（帳簿価額）	（イ）の金額 （⑨×（⑩÷⑪））
		⑨ 円	⑩ 千円	⑪ 千円	⑫ 円
	（ロ）の金額	利益積立金額 （第4表の⑱の「直前期」欄の金額）	1株当たりの資本金等の額を50円とした場合の発行済株式数（第4表の⑤の株式数）	（ロ）の金額 （（⑬÷⑭）×㋦）	
		⑬ 千円	⑭ 株	⑮ 円	
	ⓓの金額 （⑫＋⑮）	ⓓ－㋾の金額 （⑨－⑯）	（注）　1　㋦の割合は、1を上限とします。 2　⑯の金額は、ⓓの金額（⑨の金額）を上限とします。		
	⑯ 円	⑰ 円			

（類似業種比準価額等の計算）

1株50円当たりの比準価額の計算

類似業種と業種目番号		（No.　　）	比準割合の計算	区分	1株(50円)当たりの年配当金額	1株(50円)当たりの年利益金額	1株(50円)当たりの純資産価額	1株(50円)当たりの比準価額
類似業種の株価	課税時期の属する月	㋩ 月 円		評価会社	⑸ 円 銭	⑻ 円	⑰ 円	⑱ × ⑲ × 0.7 ※ 中会社は0.6 小会社は0.5 とします。
	課税時期の属する月の前月	㋥ 月 円		類似業種 B	円 銭	C 円	D 円	
	課税時期の属する月の前々月	㋭ 月 円		要素別比準割合	⑸／B	⑻／C	⑰／D	
	前年平均株価	㋬ 円		比準割合	\frac{⑸／B ＋ ⑻／C ＋ ⑰／D}{3} ＝			
	課税時期の属する月以前2年間の平均株価	㋣ 円						⑳ 円 銭 0
	A（㋩、㋥、㋭、㋬及び㋣のうち最も低いもの）	⑱ 円						

比準価額の修正計算

類似業種と業種目番号		（No.　　）	比準割合の計算	区分	1株(50円)当たりの年配当金額	1株(50円)当たりの年利益金額	1株(50円)当たりの純資産価額	1株(50円)当たりの比準価額
類似業種の株価	課税時期の属する月	㋠ 月 円		評価会社	⑸ 円 銭	⑻ 円	⑰ 円	㉑ × ㉒ × 0.7 ※ 中会社は0.6 小会社は0.5 とします。
	課税時期の属する月の前月	㋷ 月 円		類似業種 B	円 銭	C 円	D 円	
	課税時期の属する月の前々月	㋦ 月 円		要素別比準割合	⑸／B	⑻／C	⑰／D	
	前年平均株価	㋭ 円		比準割合	\frac{⑸／B ＋ ⑻／C ＋ ⑰／D}{3} ＝			
	課税時期の属する月以前2年間の平均株価	㋱ 円						㉓ 円 銭 0
	A（㋠、㋷、㋦、㋭及び㋱のうち最も低いもの）	㉑ 円						

1株当たりの比準価額	比準価額 （⑳と㉓とのいずれか低い方の金額）	×	第4表の④の金額 ÷ 50円	㉔ 円

比準価額の修正	直前期末の翌日から課税時期までの間に配当金交付の効力が発生した場合	比準価額 （㉔の金額） －	1株当たりの配当金額 円 銭	修正比準価額 ㉕ 円
	直前期末の翌日から課税時期までの間に株式の割当て等の効力が発生した場合	［比準価額 （㉔（㉕があるときは㉕）の金額）］ ＋	割当株式1株当たりの払込金額 円 銭 ×	1株当たりの割当株式数（　株）÷（1株＋ 1株当たりの割当株式数又は交付株式数 株）	修正比準価額 ㉖ 円

第7表　株式等保有特定会社の株式の価額の計算明細書

1　この表は、評価会社が株式等保有特定会社である場合において、その株式の価額を「S$_1$＋S$_2$」方式によって評価するときにおいて、「S$_1$」における類似業種比準価額の修正計算を行うために使用します。

2　「1.　S$_1$の金額（類似業種比準価額の修正計算）」の各欄は、次により記載します。

⑴　「受取配当金等収受割合の計算」の各欄は、次により記載します。

イ　「受取配当金等の額」欄は、直前期及び直前々期の各事業年度における評価会社の受取配当金等の額（法人から受ける剰余金の配当（株式又は出資に係るものに限るものとし、資本金等の額の減少によるものを除きます。）、利益の配当、剰余金の分配（出資に係るものに限ります。）及び新株予約権付社債に係る利息の額をいいます。）の総額を、それぞれの各欄に記載し、その合計額を「合計」欄に記載します。

ロ　「営業利益の金額」欄は、イと同様に、各事業年度における評価会社の営業利益の金額（営業利益の金額に受取配当金等の額が含まれている場合には、受取配当金等の額を控除した金額）について記載します。

ハ　「①　直前期」及び「②　直前々期」の各欄の記載に当たって、1年未満の事業年度がある場合には、第4表の記載方法等の3の⑴のハに準じて記載します。

ニ　「受取配当金等収受割合」欄は、小数点以下3位未満の端数を切り捨てて記載します。

⑵　「直前期末の株式等の帳簿価額の合計額」欄の⑩の金額は、直前期末における株式等の税務計算上の帳簿価額の合計額を記載します（第5表を直前期末における各資産に基づいて作成しているときは、第5表の◎の金額を記載します。）。

⑶　「1株（50円）当たりの比準価額の計算」欄、「1株当たりの比準価額」欄及び「比準価額の修正」欄は、第4表の記載方法等の4に準じて記載します。

第８表　株式等保有特定会社の株式の価額の計算明細書（続）　会社名

（取引相場のない株式（出資）の評価明細書）

（令和六年一月一日以降用）

純資産価額（相続税評価額）の修正計算	相続税評価額による純資産価額 （第５表の⑤の金額）	課税時期現在の株式等の価額の合計額　（第５表の⑦の金額）	差　　引 （①－②）
	①　　　　　　千円	②　　　　　　千円	③　　　　　　千円
	帳簿価額による純資産価額 （第５表の⑥の金額）	株式等の帳簿価額の合計額 （第５表の⑦＋（⊜－⊛）の金額）（注）	差　　引 （④－⑤）
	④　　　　　　千円	⑤　　　　　　千円	⑥　　　　　　千円
	評価差額に相当する金額 （③－⑥）	評価差額に対する法人税額等相当額 （⑦×37%）	課税時期現在の修正純資産価額 （相続税評価額）　　　（③－⑧）
	⑦　　　　　　千円	⑧　　　　　　千円	⑨　　　　　　千円
	課税時期現在の発行済株式数 （第５表の⑩の株式数）	課税時期現在の修正後の１株当たりの 純資産価額（相続税評価額）（⑨÷⑩）	（注）第５表の⊜及び⊛の金額に株式等以外の資産に係る金額が含まれている場合には、その金額を除いて計算します。
	⑩　　　　　　株	⑪　　　　　　円	

１株当たりのS₁の金額の計算の基となる金額	修正後の類似業種比準価額 （第７表の④、⑳又は㉑の金額）	修正後の１株当たりの純資産価額 （相続税評価額）　（⑪の金額）	
	⑫　　　　　　円	⑬　　　　　　円	

１株当たりのS₁の金額の計算

区　　分		１株当たりのS₁の金額の算定方法	１株当たりのS₁の金額
比準要素数１である会社のS₁の金額		次のうちいずれか低い方の金額 イ　⑬の金額 ロ　（⑫の金額 × 0.25）＋（⑬の金額 × 0.75）	⑭　　　　　円
上記以外の会社	大会社のS₁の金額	次のうちいずれか低い方の金額（⑬の記載がないときは⑫の金額） イ　⑫の金額 ロ　⑬の金額	⑮　　　　　円
	中会社のS₁の金額	（⑫と⑬とのいずれか　×　Lの割合）＋（　⑬の金額　×（1－　Lの割合））	⑯　　　　　円
	小会社のS₁の金額	次のうちいずれか低い方の金額 イ　⑬の金額 ロ　（⑫の金額 × 0.50）＋（⑬の金額 × 0.50）	⑰　　　　　円

２．S₂の金額

課税時期現在の株式等の価額の合計額 （第５表の⑦の金額）	株式等の帳簿価額の合計額 （第５表の⑦＋（⊜－⊛）の金額）（注）	株式等に係る評価差額に相当する金額 （⑱－⑲）	⑳の評価差額に対する法人税額等相当額 （⑳×37%）
⑱　　　　　　千円	⑲　　　　　　千円	⑳　　　　　　千円	㉑　　　　　　千円

S₂の純資産価額相当額 （⑱－㉑）	課税時期現在の発行済株式数 （第５表の⑩の株式数）	S₂の金額 （㉒÷㉓）	（注）第５表の⊜及び⊛の金額に株式等以外の資産に係る金額が含まれている場合には、その金額を除いて計算します。
㉒　　　　　　千円	㉓　　　　　　株	㉔　　　　　　円	

３．株式等保有特定会社の株式の価額

１株当たりの純資産価額（第５表の⑪の金額（第５表の⑫の金額があるときはその金額））	S₁の金額とS₂の金額との合計額 （（⑭、⑮、⑯又は⑰）＋㉔）	株式等保有特定会社の株式の価額 （㉕と㉖とのいずれか低い方の金額）
㉕　　　　　　円	㉖　　　　　　円	㉗　　　　　　円

第8表　株式等保有特定会社の株式の価額の計算明細書（続）

1　この表は、評価会社が株式等保有特定会社である場合において、その株式の価額を「S_1+S_2」方式によって評価するときのS_1における純資産価額の修正計算及び1株当たりのS_1の金額の計算並びにS_2の金額の計算を行うために使用します。

2　「1. S_1の金額（続）」の各欄は、次により記載します。

　⑴　「**純資産価額（相続税評価額）の修正計算**」の「課税時期現在の修正後の1株当たりの純資産価額（相続税評価額）」欄の⑪の金額について、表示単位未満の端数を切り捨てることにより0となる場合は、分数等（課税時期基準）により記載します。

　⑵　「**1株当たりのS_1の金額の計算**」欄の⑭、⑯及び⑰の各金額について、表示単位未満の端数を切り捨てることにより0となる場合は、分数等（課税時期基準）により記載します。

3　「**2.　S_2の金額**」の各欄は、次により記載します。

　⑴　「**課税時期現在の株式等の価額の合計額**」欄の⑱の金額は、課税時期における株式等の相続税評価額を記載しますが、第5表の記載方法等の2の⑴のロに留意するほか、同表の記載方法等の2の⑷により株式等保有特定会社の判定時期と純資産価額の計算時期が直前期末における決算に基づいて行われている場合には、S_2の計算時期も同一とすることに留意してください。

　⑵　「**株式等に係る評価差額に相当する金額**」欄の⑳の金額は、株式等の相続税評価額と帳簿価額の差額に相当する金額を記載しますが、その金額が負数のときは、0と記載することに留意してください。

　⑶　「**S_2の金額**」欄の㉔の金額について、表示単位未満の端数を切り捨てることにより0となる場合は、分数等（課税時期基準）により記載します。

4　「**3.　株式等保有特定会社の株式の価額**」欄の㉖の金額について、表示単位未満の端数を切り捨てることにより0となる場合は、分数等（課税時期基準）により記載します。

［付　表］　同族関係者の範囲等

項　　目		内　　　　　容
同族株主等の判定	同族関係者	1　個人たる同族関係者（法人税法施行令第４条第１項） 　⑴　株主等の親族（親族とは、配偶者、６親等内の血族及び３親等内の姻族をいう。） 　⑵　株主等と婚姻の届出をしていないが事実上婚姻関係と同様の事情にある者 　⑶　個人である株主等の使用人 　⑷　上記に掲げる者以外の者で個人である株主等から受ける金銭その他の資産によって生計を維持しているもの 　⑸　上記⑵、⑶及び⑷に掲げる者と生計を一にするこれらの者の親族 2　法人たる同族関係者（法人税法施行令第４条第２項〜第４項、第６項） 　⑴　株主等の１人が他の会社(同族会社かどうかを判定しようとする会社以外の会社。以下同じ。)を支配している場合における当該他の会社 　　　ただし、同族関係会社であるかどうかの判定の基準となる株主等が個人の場合は、その者及び上記１の同族関係者が他の会社を支配している場合における当該他の会社（以下、⑵及び⑶において同じ。）。 　⑵　株主等の１人及びこれと特殊の関係のある⑴の会社が他の会社を支配している場合における当該他の会社 　⑶　株主等の１人並びにこれと特殊の関係のある⑴及び⑵の会社が他の会社を支配している場合における当該他の会社 　(注) １　上記⑴から⑶に規定する「他の会社を支配している場合」とは、次に掲げる場合のいずれかに該当する場合をいう。 　　　　イ　他の会社の発行済株式又は出資（自己の株式又は出資を除く。）の総数又は総額の50％超の数又は金額の株式又は出資を有する場合 　　　　ロ　他の会社の次に掲げる議決権のいずれかにつき、その総数（当該議決権を行使することができない株主等が有する当該議決権の数を除く。）の50％超の数を有する場合 　　　　　①　事業の全部若しくは重要な部分の譲渡、解散、継続、合併、分割、株式交換、株式移転又は現物出資に関する決議に係る議決権 　　　　　②　役員の選任及び解任に関する決議に係る議決権 　　　　　③　役員の報酬、賞与その他の職務執行の対価として会社が供与する財産上の利益に関する事項についての決議に係る議決権 　　　　　④　剰余金の配当又は利益の配当に関する決議に係る議決権 　　　　ハ　他の会社の株主等（合名会社、合資会社又は合同会社の社員（当該他の会社が業務を執行する社員を定めた場合にあっては、業務を執行する社員）に限る。）の総数の半数を超える数を占める場合 　　　　２　個人又は法人との間で当該個人又は法人の意思と同一の内容の議決権を行使することに同意している者がある場合には、当該者が有する議決権は当該個人又は法人が有するものとみなし、かつ、当該個人又は法人（当該議決権に係る会社の株主等であるものを除く。）は当該議決権に係る会社の株主等であるものとみなして、他の会社を支配しているかどうかを判定する。 　⑷　上記⑴から⑶の場合に、同一の個人又は法人の同族関係者である２以上の会社が判定しようとする会社の株主等（社員を含む。）である場合には、その同族関係者である２以上の会社は、相互に同族関係者であるものとみなされる。

項　　目		内　　　　　容
少数株式所有者の評価方法の判定	役　　員	社長、理事長のほか、次に掲げる者（法人税法施行令第71条第1項第1号、第2号、第4号） ⑴　代表取締役、代表執行役、代表理事 ⑵　副社長、専務、常務その他これらに準ずる職制上の地位を有する役員 ⑶　取締役（指名委員会等設置会社の取締役及び監査等委員である取締役に限る。）、会計参与及び監査役並びに監事
	中心的な同族株主	同族株主のいる会社の株主で、課税時期において同族株主の1人並びにその株主の配偶者、直系血族、兄弟姉妹及び1親等の姻族（これらの者の同族関係者である会社のうち、これらの者が有する議決権の合計数がその会社の議決権総数の25％以上である会社を含む。）の有する議決権の合計数がその会社の議決権総数の25％以上である場合におけるその株主
	中心的な株　　主	同族株主のいない会社の株主で、課税時期において株主の1人及びその同族関係者の有する議決権の合計数がその会社の議決権総数の15％以上である株主グループのうち、いずれかのグループに単独でその会社の議決権総数の10％以上の議決権を有している株主がいる場合におけるその株主

第5　出資の評価

1　持分会社の出資の評価（評基通194）

　持分会社（会社法575①）に対する出資の価額は、財産評価基本通達に定める取引相場のない株式の評価方法に準じて評価します。

⑴　持分の払戻しを受ける場合

　持分の払戻しを受ける場合には、課税財産は持分の払戻請求権となりますので、その評価額は、原則として、課税時期における1口当たりの純資産価額を基に評価します。

　これは、会社法第611条《退社に伴う持分の払戻し》第2項において持分の払戻しについては、「退社した社員と持分会社との間の計算は、退社の時における持分会社の財産の状況に従ってしなければならない。」とされていることによるものです。

⑵　持分を承継する場合

　定款に相続人が社員の地位を承継できる旨の定めがあり持分を承継する場合には、取引相場のない株式の評価方法に準じて持分の価額を評価します。

2　医療法人の出資の評価

⑴　分類

> 　医療法人は、医療法第39条の規定により設立される法人で
> ①　財団たる医療法人
> ②　社団たる医療法人で持分の定めのないもの
> ③　社団たる医療法人で持分の定めのあるもの
> に分類されます。

> ①　財団たる医療法人は、「財団」法人であって、その財団に法人格が認められます。したがって、財団たる医療法人には、出資持分の概念はありません。
> ②　社団たる医療法人で持分の定めのないものは、民法の社団法人に類似しており、各社員は、その出資について何らの持分権を有しません。
> ③　社団たる医療法人で持分の定めのあるものは、会社等と同様、各社員は社員権として出資に対する持分権を有しており、その持分は、通常、自由に譲渡又は質入れすることができます。また、相続等の対象にもなります。

（参考）　医療法人の種類

(2)　**出資の評価方法**

　上記(1)③の社団たる医療法人で持分の定めのあるものの評価は、取引相場のない株式の評価方式に準じて評価します。すなわち、医療法人の規模により、類似業種比準方式、類似業種比準方式と純資産価額方式との併用方式又は純資産価額方式により評価することとされています（評基通194－2）。

　また、医療法人であっても、その法人が比準要素数1の会社、株式等保有特定会社、土地保有特定会社、開業後3年未満の会社等又は開業前又は休業中の会社に該当する場合は、それらの特定の評価会社の株式の評価方法に準じて評価することとなります（評基通194－2）。

　なお、医療法人は剰余金の配当が禁止されているなどの特色を有していますので、一般の取引相場のない株式の評価方法と異なる部分があります。

イ　原則的評価方式が類似業種比準方式の場合

　医療法人は剰余金の配当が禁止されていますので、財産評価基本通達180《類似業種比準価額》の定めを準用する場合の算式は、「1株当たりの配当金額」の要素を除外するため、次の算式によって計算します。

$$A \times \left(\dfrac{\dfrac{ⓒ}{C} + \dfrac{ⓓ}{D}}{2} \right) \times 0.7（※）$$

A：類似業種の株価

C：課税時期の属する年の類似業種の1株当たりの年利益金額

D：課税時期の属する年の類似業種の1株当たりの純資産価額（帳簿価額によって計算した金額）

ⓒ：医療法人の1株当たりの利益金額

ⓓ：医療法人の1株当たりの純資産価額（帳簿価額によって計算した金額）

　また、株式等保有特定会社の株式の評価をする「S₁＋S₂」方式を準用する場合の算式は、同様の理由により次のとおりとなります。

$$A \times \left(\dfrac{\dfrac{ⓒ - ⓒ}{C} + \dfrac{ⓓ - ⓓ}{D}}{2} \right) \times 0.7（※）$$

　※　上記各算式中の「0.7」は、中会社に相当する医療法人については「0.6」、小会社に相当する医療法人については「0.5」となります。

ロ　原則的評価方式が純資産価額方式の場合

$$\left(\begin{array}{c}\text{相続税評価額に}\\\text{よる純資産価額}\end{array} - \begin{array}{c}\text{評価差額に対する}\\\text{法人税額等相当額}\end{array}\right) \div \begin{array}{c}\text{課税時期現在の}\\\text{発行済出資口数}\end{array} = \begin{array}{c}\text{1口当たりの}\\\text{純資産価額}\end{array}$$

チェックポイント66

医療法人に対する出資の評価

1　社員の判定と評価方式の区分

　　医療法人に対する出資の評価は、①剰余金の配当が禁止されているので配当還元方式がなじまないこと、②各社員（必ずしも出資を義務付けられてはいません。）は議決権を平等に有しているので評価方式を異にする理由がないこと等により、同族株主等の判定をする必要はありません。

2　規模の判定等とそれによる評価方式

　　規模の判定等とそれによる評価方式の区分は、「小売・サービス業」の基準により取引相場のない株式と同様の方法で行います。

3　業種の判定

　　医療法人の出資の評価において、類似業種比準価額を計算する場合の業種目は、「その他の産業」とします。

　　「その他の産業」は、大分類だけですので、財産評価基本通達181《類似業種》のただし書（中分類又は大分類の選択）の適用はありません。

4　純資産価額

　　取引相場のない株式を評価する場合の純資産価額（相続税評価額によって計算した金額）については、株式の取得者とその同族関係者の有する株式に係る議決権の合計数が議決権総数の50％以下である場合は、財産評価基本通達185《純資産価額》のただし書により80％を乗じて計算することになっています。しかし、医療法人では、各社員の議決権が平等であることから、その出資の評価においては、この20％の評価減は適用がありません。

5　比準要素数0の会社の判定

　　医療法人は配当が禁止されていることから、比準要素数0の会社の判定は、直前期末における比準要素（利益金額及び純資産価額）のいずれもが0であれば、比準要素数0の会社に該当することになります。

6　株式の割当てを受ける権利等が発生している場合

　　医療法人の出資については、配当がありませんので、配当期待権が発生している場合の出資金額の修正はありませんが、株式の割当てを受ける権利が発生している場合の修正は行います。

第6　株式等に関する権利の評価

1　株式の割当てを受ける権利の評価（評基通190）

　株式の割当てを受ける権利とは、株式の割当基準日の翌日から株式の割当て（引受け）の日までの間における株式の割当てを受ける権利をいいます（評基通168(4)）。

(1)　一般の場合

(2)　上場株式で新株式について発行日決済取引が行われている場合

2　株主となる権利の評価（評基通191）

　株主となる権利とは、株式の申込みに対して割当てがあった日の翌日（会社の設立に際し発起人が引受けをする株式にあっては、その引受けの日）から払込期日（会社の設立の場合は、設立登記の前日）までの間における株式の引受けに係る権利をいいます（評基通168(5)）。

(1) 会社設立の場合

| 株式1株につき払い込んだ金額 | = | 株主となる権利の価額 |

(2) 上記(1)以外の場合

イ 一般の場合

| 財産評価基本通達の定めにより評価したその株式の評価額 | − | 課税時期の翌日以後に割当て株式1株につき払い込むべき金額 | = | 株主となる権利の価額 |

ロ 上場株式で課税時期において発行日決済取引が行われている場合

| 上場株式の評価の定めによって評価したその株式の評価額 | − | 課税時期の翌日以後に払い込むべき金額 | = | 株主となる権利の価額 |

3 株式無償交付期待権の評価 （評基通192）

　株式無償交付期待権とは、株式の無償交付の基準日の翌日から株式の無償交付の効力が発生する日までの間における株式の無償交付を受けることができる権利をいいます（評基通168(6)）。

(1) 一般の場合

| 財産評価基本通達の定めにより評価したその株式の評価額 | = | 株式無償交付期待権の価額 |

(2) 上場株式で課税時期において発行日決済取引が行われている場合

| 上場株式の評価の定めによって評価したその株式の評価額 | = | 株式無償交付期待権の価額 |

4　配当期待権の評価（評基通193）

　配当期待権とは、配当金交付の基準日の翌日から配当金交付の効力が発生する日（配当金交付に関する株主総会等の決議において定められた日）までの間における配当金を受けることができる権利をいいます（評基通168(7)）。

【例】

（注）　配当金交付に関する株主総会の決議のあった後、配当金を受け取るまでの間は未収配当金となります。

　※　特別徴収されるべき道府県民税の額に相当する金額を含みます。

（参考）　配当所得に係る源泉徴収について

1　上場株式等の配当等の場合

(1)　平成21年1月1日から平成24年12月31日までの間に支払を受けるべき上場株式等の配当等については、7％（他に地方税3％）の軽減税率により所得税が源泉徴収されます。

(2)　平成25年1月1日から平成25年12月31日までの間に支払を受けるべき上場株式等の配当等については、7.147％（他に地方税3％）の軽減税率により所得税及び復興特別所得税が源泉徴収されます。

(3)　平成26年1月1日以後に支払を受けるべき上場株式等の配当等については、15.315％（他に地方税5％）の税率により所得税及び復興特別所得税が源泉徴収されます。

　　（注)1　発行済株式の総数等の3％以上（平成23年10月1日前に支払を受けるべき配当等については5％以上）に相当する数又は金額の株式等を有する個人が支払を受ける上場株式等の配当等については、この軽減税率適用の対象となりませんので、次の2（上場株式等以外の配当等の場合）により源泉徴収されます。

　　　　　2　平成25年1月1日から令和19年12月31日までの間に支払を受ける配当等については、所得税とともに復興特別所得税が源泉徴収されます。

2　上場株式等以外の配当等の場合

(1)　平成24年12月31日以前に支払を受ける場合

　　　20％（地方税なし）の税率により所得税が源泉徴収されます。

(2)　平成25年1月1日以後に支払を受ける場合

　　20.42%（地方税なし）の税率により所得税及び復興特別所得税が源泉徴収されます。

```
┌─────────────────────────────────────────────────────────────┐
│ チェックポイント67                                           │
│                                                              │
│ 課税時期と配当期待権等の評価との関係                         │
│        課税時期              課税時期              課税時期   │
│    △───□───○───────□────────△───────□───────△─▶   │
│   直前    株式割当て、配当金      配当金交付の効力発生    配当金 │
│   期末    交付等の基準日等        株式の割当ての日        受領日 │
│                                   株式無償交付の効力発生      │
│                                                              │
│                                                              │
│              ──────── 評基通187 ─────── ─── 評基通184 ───   │
│                                                              │
│                 株式　＋　配当期待権       株式＋（配当金相当の現預金 │
│     株　　式     株式　＋　株式引受権            又は未収配当金） │
│                 株式　＋　株式無償交付期待権 株式（旧株）＋株式（新株） │
│                                                              │
└─────────────────────────────────────────────────────────────┘
```

5　ストックオプションの評価（評基通193-2）

　ストックオプションとは、会社法第2条《定義》第21号に規定する新株予約権が無償で付与されたものをいい（次ページの上場新株予約権に該当するものを除きます。）、会社の取締役、従業員等が自社の株式を、あらかじめ定められた価額（権利行使価額）で、将来のある一定時期に購入することができる権利をいいます（評基通168⑻）。

ストックオプションの付与から課税時期までの株価の推移等（イメージ）

　※1　上記算式中の「課税時期における株式の価額」については、財産評価基本通達の定めに基づいて株式（上場株式及び気配相場等のある株式）の価額を評価することとなります（402～418ページ参照）。
　※2　「権利行使価額」については、発行会社により定められた金額によります。
　※3　ストックオプションの価額が負数になる場合は0とします。

> **チェックポイント68**
>
> **ストックオプションの評価の適用範囲**
>
> 　ストックオプションを付与された会社の役員等は、権利行使によって取得した株式を譲渡してはじめて利益が実現できることから、ストックオプションを付与する会社は、一般的には株式を自由に譲渡できる環境にある会社、換言すれば公開会社又は公開予定会社であると考えられます。このようなことから、財産評価基本通達に定める上場株式、気配相場等のある株式を目的とするストックオプションが、上記5の算式の評価方法の適用対象となります。
>
> 　なお、ストックオプションの目的たる株式が上場株式又は気配相場等のある株式であっても課税時期が権利行使可能期間内にない場合には、株価及び権利行使できるまでの期間等を考慮に入れて個別に評価することになります。
>
> 　また、非上場会社が発行するストックオプションの価額についても、その発行内容等を勘案して個別に評価することになります。

6　上場新株予約権の評価（評基通193-3）

　上場新株予約権とは、新株予約権無償割当て（会社法277）により、株主に割り当てられた新株予約権のうち、①金融商品取引所に上場されているもの及び②上場廃止後権利行使可能期間内にあるものをいいます（評基通168⑼）。

⑴　新株予約権が上場期間内にある場合

　イ　下記ロ以外

　※　課税時期に金融商品取引所の公表する最終価格がない場合には、課税時期前の最終価格のうち、課税時期に最も近い日の最終価格とします。下記ロにおいて同じです。

ロ　負担付贈与又は個人間の対価を伴う取引により取得した場合

（2）　上場廃止後権利行使可能期間内にあるものの場合

イ　下記ロ以外の場合

　　　※　上場株式の評価の定めにより評価します。

ロ　権利行使可能期間内に権利行使されなかった新株予約権について、発行法人が事前に定められた算定式に基づく価額により取得する旨の条項が付されている場合

上記イの定めにより評価した価額		
取得条項に基づく取得価額	いずれか低い価額 ＝	評価額（負の場合は０）

（参考）　新株予約権の上場の概要

　新株予約権の上場は、一般的に、上場会社がライツ・オファリングと呼ばれる新株予約権を利用した資金調達方法を採用する場合に行われます。

　ライツ・オファリングとは、上場会社である発行会社が、既存株主全員に対して新株予約権無償割当てを行い、割当てを受けた既存株主が新株予約権を行使して所定の権利行使価額を払い込むことにより発行会社から上場株式の交付を受け、この払い込まれた金銭が発行会社の調達資金となる仕組みによる資金調達方法です。また、この新株予約権が上場されることから、新株予約権の割当てを受けた既存株主は、新株予約権を行使する代わりに、これを市場で売却することによってその対価を取得することもできます。

〈ライツ・オファリングの概要図〉

第5章　公社債等の評価

1　公社債等の評価方法の概要

区　　　　　分			評 価 方 法 の 概 要 等
公社債	利付公社債	(1)　上場利付公社債（評基通197－2(1)）	金融商品取引所の公表する課税時期の最終価格を基として評価します（売買参考統計値公表銘柄である場合には、日本証券業協会の公表する課税時期の平均値を基として評価した価額とのいずれか低い方の価額により評価します。）。
		(2)　売買参考統計値公表銘柄（上場利付公社債を除きます。）（評基通197－2(2)）	日本証券業協会の公表する課税時期の平均値を基として評価します。
		(3)　上記以外のもの（評基通197－2(3)）	発行価額を基として評価します。
	割引発行の公社債	(1)　上場されているもの（評基通197－3(1)）	金融商品取引所の公表する課税時期の最終価格を基として評価します。
		(2)　売買参考統計値公表銘柄（上場されているものを除きます。）（評基通197－3(2)）	日本証券業協会の公表する課税時期の平均値を基として評価します。
		(3)　上記以外のもの（評基通197－3(3)）	発行価額を基として評価します。
	元利均等償還が行われる公社債（評基通197－4）		相続税法第24条第1項第1号に規定する有期定期金の評価方法に準じて評価します。
	転換社債型新株予約権付社債	(1)　上場転換社債（評基通197－5(1)）	金融商品取引所の公表する課税時期の最終価格を基として評価します。
		(2)　店頭転換社債（評基通197－5(2)）	日本証券業協会の公表する課税時期の最終価格を基として評価します。
		(3)　上記以外のもの（評基通197－5(3)）　株式の価額が転換価格を超えない場合	発行価額を基として評価します。
		(3)　上記以外のもの（評基通197－5(3)）　株式の価額が転換価格を超える場合	株式の価額※×$\dfrac{100円}{その転換社債の転換価格}$ ※　その株式が取引相場のない株式である場合には、転換社債の全てが一時に株式に転換したものとして修正した金額によります。
貸付信託受益証券（評基通198）			受託者（信託銀行）が課税時期において受益者から買い取るとした場合における金額を基として評価します。
証券投資信託受益証券	(1)　日々決算型のもの（中期国債ファンド、MMF等）（評基通199(1)）		課税時期において解約（買取）請求により支払を受けることができる金額を基として評価します。
	(2)　上場されているもの（評基通199(2)(注)）		上場株式に準じて評価します。
	(3)　上記以外のもの（評基通199(2)）		課税時期において解約（買取）請求により支払を受けることができる金額を基として評価します。
上場不動産投資信託証券（評基通213）			上場株式に準じて評価します。

2　利付公社債の評価

　利付公社債とは、定期的に利子が支払われる債券で、利払いは年間の一定期日に行われます。償還期限の比較的長いものは利付きの形態をとることが多いようです。

⑴　**金融商品取引所に上場されている利付公社債**（評基通197−2⑴）

利息を含まない価格で公表されています。

　※1　「公社債店頭売買参考統計値」が公表される銘柄である場合には、金融商品取引所の公表する課税時期の最終価格と日本証券業協会の公表する課税時期の「公社債店頭売買参考統計値」の平均値とのいずれか低い方の金額
　※2　特別徴収されるべき道府県民税の額に相当する金額及び復興特別所得税の額に相当する金額を含みます（⑵及び⑶において同じです。）。

⑵　**日本証券業協会において「公社債店頭売買参考統計値」が公表される利付公社債（上場されているものを除きます。）**（評基通197−2⑵）

利息を含まない価格で公表されています。

　※　課税時期の「公社債店頭売買参考統計値」の平均値

⑶　**その他の利付公社債**（評基通197−2⑶）

3 割引発行の公社債の評価

　割引発行の公社債とは、券面額を下回る価額（利子相当分を割り引いた価額）で発行される債券であり、事実上、券面額と発行価額との差額（償還差益といいます。）が利子に代えられているもので、利付公社債に比べて償還期限の短いものが多いようです。

　割引発行の公社債には、割引国債、割引金融債等の種類があります。

(1) 金融商品取引所に上場されている割引発行の公社債 （評基通197－3(1)）

既経過償還差益の額含みの金額として公表されています。

(2) 日本証券業協会において「公社債店頭売買参考統計値」が公表される割引発行の公社債 （上場されているものを除きます。） （評基通197－3(2)）

既経過償還差益の額含みの金額として公表されています。

　※　課税時期の「公社債店頭売買参考統計値」の平均値

(3) その他の割引発行されている公社債 （評基通197－3(3)）

　課税時期において割引発行の公社債の差益金額につき源泉徴収されるべき所得税の額に相当する金額がある場合には、上記(1)から(3)により評価した金額からその差益金額につき源泉徴収されるべき所得税の額に相当する金額を控除した金額によって評価します。

4　個人向け国債の評価

　個人向け国債は、原則として、個人のみが保有できる国債で、発行から一定の期間
（原則 1 年）が経過すると、いつでも中途換金できることが法令により担保されており、
かつ、その時の中途換金の額がいくらになるかが把握できるという状態にあります。
このように、常に中途換金が可能であるという特徴を有する個人向け国債については、
金融商品取引所に上場されている利付公社債等について、金融商品取引所で成立する
取引価格等が把握できる状態と実質的に異なるものではないと考えられることから、
中途換金の額により評価します。

（算式）

　　※　中途換金調整額は、個人向け国債の種類等に応じて次ページの表のとおり、課税時期に
　　　より異なります。
　　　　また、中途換金ができない発行後一定の期間内での中途換金は、相続又は遺贈の場合に
　　　限って認められていますが、原則として、発行後 1 年未満の個人向け国債を贈与により取
　　　得した場合であっても、中途換金の額により評価しても差し支えありません。
　　　　なお、上記の算式及び次ページの表における経過利子相当額、各利子相当額及び初回の
　　　利子の調整額相当額は、いずれも源泉所得税相当額控除前（税引前）のものです。

（参考）

　中途換金のシミュレーションは、財務省ホームページ【www.mof.go.jp】で行うこともで
きます。

個人向け国債の種類	課税時期と利子支払期日の区分	中途換金調整額				
		課税時期が平成20年4月14日以前の場合	課税時期が平成20年4月15日以後平成22年5月31日以前の場合	課税時期が平成22年6月1日以後平成24年4月14日以前の場合	課税時期が平成24年4月15日以後平成25年1月9日以前の場合	課税時期が平成25年1月10日以後の場合
個人向け国債（変動・10年）	課税時期が第3期利子支払期日以後である場合（発行から1年半以上経過の場合）	中途換金日の直前2回分の各利子相当額	中途換金日の直前2回分の各利子相当額×0.79685	中途換金日の直前2回分の各利子相当額×0.79685	中途換金日の直前2回分の各利子相当額×0.79685	中途換金日の直前2回分の各利子相当額×0.79685
	課税時期が第2期利子支払期日から第3期利子支払期日到来前である場合（発行から1年以上1年半未満の場合）			中途換金日の直前2回分の各利子相当額×0.79685（－初回の利子の調整額相当額※1）	中途換金日の直前2回分の各利子相当額×0.79685（－初回の利子の調整額相当額※1）	中途換金日の直前2回分の各利子相当額×0.79685（－初回の利子の調整額相当額※1）
	課税時期が初回の利子支払期日から第2期利子支払期日到来前である場合（発行から半年以上1年未満の場合）	初回の利子相当額＋経過利子相当額	初回の利子相当額×0.79685＋経過利子相当額	初回の利子相当額×0.79685＋経過利子相当額（－初回の利子の調整額相当額※1）	初回の利子相当額×0.79685＋経過利子相当額（－初回の利子の調整額相当額※1）	初回の利子相当額×0.79685＋経過利子相当額（－初回の利子の調整額相当額※1）
	課税時期が初回の利子支払期日到来前である場合（発行から半年未満の場合）	経過利子相当額	経過利子相当額	経過利子相当額（－初回の利子の調整額相当額※1）	経過利子相当額（－初回の利子の調整額相当額※1）	経過利子相当額（－初回の利子の調整額相当額※1）
個人向け国債（固定・5年）	課税時期が第5期利子支払期日以後である場合（発行から2年半以上経過の場合）	直前4回分の各利子相当額	直前4回分の各利子相当額×0.79685	直前4回分の各利子相当額×0.79685	中途換金日の直前2回分の各利子相当額×0.79685	中途換金日の直前2回分の各利子相当額×0.79685
	課税時期が第4期利子支払期日から第5期利子支払期日到来前である場合（発行から2年以上2年半未満の場合）			直前4回分の各利子相当額×0.79685（－初回の利子の調整額相当額※1）		
	課税時期が第3期利子支払期日から第4期利子支払期日到来前である場合（発行から1年半以上2年未満の場合）	直前1～3回分の各利子相当額※2＋経過利子相当額	直前1～3回分の各利子相当額※2×0.79685＋経過利子相当額	直前1～3回分の各利子相当額※2×0.79685＋経過利子相当額（－初回の利子の調整額相当額※1）		
	課税時期が第2期利子支払期日から第3期利子支払期日到来前である場合（発行から1年以上1年半未満の場合）				中途換金日の直前2回分の各利子相当額×0.79685（－初回の利子の調整額相当額※1）	中途換金日の直前2回分の各利子相当額×0.79685（－初回の利子の調整額相当額※1）
	課税時期が初回の利子支払期日から第2期利子支払期日到来前である場合（発行から半年以上1年未満の場合）				初回の利子相当額×0.79685＋経過利子相当額（－初回の利子の調整額相当額※1）	初回の利子相当額×0.79685＋経過利子相当額（－初回の利子の調整額相当額※1）
	課税時期が初回の利子支払期日到来前である場合（発行から半年未満の場合）	経過利子相当額	経過利子相当額	経過利子相当額（－初回の利子の調整額相当額※1）	経過利子相当額（－初回の利子の調整額相当額※1）	経過利子相当額（－初回の利子の調整額相当額※1）

個人向け国債（固定・3年）						
個人向け国債（固定・3年）	課税時期が第3期利子支払期日以後である場合（発行から1年半以上経過の場合）	–	–	中途換金日の直前2回分の各利子相当額×0.79685	中途換金日の直前2回分の各利子相当額×0.79685	中途換金日の直前2回分の各利子相当額×0.79685
	課税時期が第2期利子支払期日から第3期利子支払期日到来前である場合（発行から1年以上1年半未満の場合）	–	–	中途換金日の直前2回分の各利子相当額×0.79685（－初回の利子の調整額相当額※1）	中途換金日の直前2回分の各利子相当額×0.79685（－初回の利子の調整額相当額※1）	中途換金日の直前2回分の各利子相当額×0.79685（－初回の利子の調整額相当額※1）
	課税時期が初回の利子支払期日から第2期利子支払期日到来前である場合（発行から半年以上1年未満の場合）	–	–	初回の利子相当額×0.79685＋経過利子相当額（－初回の利子の調整額相当額※1）	初回の利子相当額×0.79685＋経過利子相当額（－初回の利子の調整額相当額※1）	初回の利子相当額×0.79685＋経過利子相当額（－初回の利子の調整額相当額※1）
	課税時期が初回の利子支払期日前である場合（発行から半年未満の場合）	–	–	経過利子相当額（－初回の利子の調整額相当額※1）	経過利子相当額（－初回の利子の調整額相当額※1）	経過利子相当額（－初回の利子の調整額相当額※1）

※1　購入時に初回の利子の調整額の払込みが必要となる銘柄は、中途換金調整額から初回の利子の調整額相当額が差し引かれます。

　　平成18年1月以後に発行される「個人向け国債」の利払いは、毎年の発行月及び発行月の半年後の15日（平成18年1月前までに発行されたものは10日）に、一律に半年分の利子が支払われますが、発行日が土曜日などの銀行休業日に当たる場合には、その翌営業日が発行日となるため、発行日から初回の利子支払日までの期間が半年に満たない場合があります。その場合には、利子計算期間（6か月間）に満たない日数の利子相当額を購入時に払い込むことにより調整することになります。この額を「初回の利子の調整額」といいます。

　　なお、平成28年5月16日以降に発行された個人向け国債については「初回の利子の調整額相当額」は差し引きません。

※2　個人向け国債（固定・5年）の直前1から3回分の各利子相当額
　　　発行から1年半以上2年未満の場合　直前3回分の各利子相当額
　　　発行から1年以上1年半未満の場合　直前2回分の各利子相当額
　　　発行から半年以上1年未満の場合　直前1回分の利子相当額

　なお、上記の算式及び表における経過利子相当額、各利子相当額及び初回の利子の調整額相当額は、いずれも源泉所得税相当額控除前（税引前）のものです。

個人向け国債の評価の具体的計算

　被相続人甲（令和6年2月15日相続開始）は、次の(1)から(3)の個人向け国債3口（額面はいずれも10,000千円）を保有していたが、当該個人向け国債の評価額は、それぞれ1口当たりいくらとなるか。

　なお、いずれも、募集価格は額面金額100円につき100円であり、利払日は毎年4月15日及び10月15日の年2回である。

(1)　**平成27年4月15日発行第60回個人向け国債(変動・10年；償還期日：令和7年4月15日)**

　　　　額　面　金　額　　　経過利子相当額　　　中途換金調整額　　　　評価額
　　　10,000,000円　＋　14,490円（※1）　－　19,522円（※2）　＝　9,994,968円

　　　　※1　経過利子相当額
　　　　　　額面金額　　　　適用利率　　　経過日数／年日数　　　経過利子相当額
　　　　10,000,000円　×　0.43%　×　　　123／365　　　＝　　　14,490円
　　　　※2　中途換金調整額
　　　　　　　　　　　額面金額　　　　適用利率　　　計算期間　　　　金額
　　　前々回　10,000,000円　×　0.16%　×　　1／2　＝　8,000円……①
　　　　　　　　　　　額面金額　　　　適用利率　　　計算期間　　　　金額
　　　前　回　10,000,000円　×　0.33%　×　　1／2　＝　16,500円……②
　　　①　×　0.79685＋　②　×　0.79685　＝　19,522円

(2)　**平成31年4月15日発行第96回個人向け国債(固定・5年；償還期日：令和6年4月15日)**

　　　　額面金額　　　　経過利子相当額　　　中途換金調整額　　　　評価額
　　　10,000,000円　＋　1,684円（※1）　－　3,984円（※2）　＝　9,997,700円

　　　　※1　経過利子相当額
　　　　　　額面金額　　　　適用利率　　　経過日数／年日数　　　経過利子相当額
　　　　10,000,000円　×　0.05%　×　　　123／365　　　＝　　　1,684円
　　　　※2　中途換金調整額
　　　　　　額面金額　　　　適用利率　　　計算期間　　　金額
　　　10,000,000円　×　0.05%　×　　1／2　＝　2,500円……①
　　　①　×　0.79685　×　2　＝　3,984円

(3)　**令和3年4月15日発行第130回個人向け国債(固定・3年；償還期日：令和6年4月15日)**

　　　　額面金額　　　　経過利子相当額　　　中途換金調整額　　　　評価額
　　　10,000,000円　＋　1,684円（※1）　－　3,984円（※2）　＝　9,997,700円

　　　　※1　経過利子相当額
　　　　　　額面金額　　　　適用利率　　　経過日数／年日数　　　経過利子相当額
　　　　10,000,000円　×　0.05%　×　　　123／365　　　＝　　　1,684円

※ 2　中途換金調整額

額面金額　　　適用利率　　計算期間　　　金額
10,000,000円　×　0.05%　×　1／2　＝　2,500円……①
①　×　0.79685　×　2　＝　3,984円

5 転換社債型新株予約権付社債の評価

転換社債型新株予約権付社債（この5において、以下「転換社債」といいます。）とは、一定の転換条件の下に転換社債の発行会社の株式に自由に転換できる権利を付与されている社債をいいます。

転換条件は、①転換価格、②転換により発行する株式の内容、③転換できる期間、が主なものです。

転換価格とは、転換社債を株式に転換（交換）する場合に、株式1株に要する転換社債の券面額をいいます。

⑴ **金融商品取引所に上場されている転換社債**（評基通197－5⑴）

利息を含まない価格で公表されています。

※ 特別徴収されるべき道府県民税の額に相当する金額及び復興特別所得税の額に相当する金額を含みます（⑵及び⑶において同じです。）。

⑵ **店頭転換社債として登録された転換社債**（評基通197－5⑵）

利息を含まない価格で公表されています。

⑶ **その他の転換社債**（評基通197－5⑶）

イ 株式の価額が転換価格を超えない場合

ロ　株式の価額が転換価格を超える場合

$$\left(\boxed{\text{株式の価額(※1)}} \times \frac{100円}{\begin{array}{c}\text{その転換社債の転換価格}\\(\text{券面額100円当たりの価額})\end{array}} \right) \times \frac{\text{券面額}}{100円} = \boxed{\text{評　価　額}}$$

※1　株式の価額は、その株式が上場株式又は気配相場等のある株式である場合には、財産評価基本通達の定めにより評価した価額によりますが、取引相場のない株式である場合には、次の算式で修正した金額によります。

（算式）

$$\frac{\begin{array}{c}\text{財産評価基本通達の定めによって評価した発行会}\\\text{社の課税時期における1株当たりの株式の価額}\end{array} + \text{転換価格} \times \begin{array}{c}\text{増資割合}\\(※2)\end{array}}{1+\text{増資割合}(※2)}$$

※2　増資割合は、次の算式によって計算した未転換社債の全てが株式に転換されたものとした場合の増資割合によります。

（算式）

$$\frac{\dfrac{\text{課税時期において株式に転換されていない転換社債の券面総額}}{\text{転　換　価　格}}}{\text{課税時期における発行済株式数}}$$

6 　元利均等償還が行われる公社債の評価 （評基通197 − 4 ）

　元利均等償還が行われる公社債とは、元本と利息が毎年均等額で償還される公社債で、「遺族国庫債券」及び「引揚者国庫債券」がこれに該当します。

相続税法第24条《定期金に関する権利の評価》第1項第1号の規定を準用して計算した金額（※）	＝	評 価 額

　※ 　具体的な評価方法については、596ページを参照してください。

7 　貸付信託受益証券の評価 （評基通198）

　貸付信託受益証券とは、貸付信託法第2条《定義》第1項に基づく信託で、信託財産を運用することによって得られた利益を受けることができる権利（受益権）を表示した有価証券をいいます。

　貸付信託受益証券には、信託期間が2年のものと5年のものとがあり、その募集期間は前月21日からその月5日までとその月6日からその月20日までで、それぞれの最終日（5日と20日）を設定日といいます。募集の最低申込単位は1万円で、収益計算は設定日から6か月ごとの年2回行われることになっています。

　※ 　特別徴収されるべき道府県民税の額に相当する金額及び復興特別所得税の額に相当する金額を含みます。

8　証券投資信託受益証券の評価

　証券投資信託受益証券とは、投資信託及び投資法人に関する法律の規定に基づく証券投資信託で、不特定多数の投資家から集めた資金を、投資信託会社が株式や公社債などの有価証券に分散投資し、その運用によって得た利益を受けることができる権利を表示した有価証券をいい、主たる投資対象が何かによって、株式投資信託、公社債投資信託、転換社債投資信託などに分けられています。また、一部解約の可否によって、オープンエンド型とクローズドエンド型に、更に、追加設定の有無によって追加型（オープン型）と単位型（ユニット型）に分類されます。

(1)　日々決算型のもの（中期国債ファンド、MMF 等）（評基通199(1)）

　※1　特別徴収されるべき道府県民税の額に相当する金額及び復興特別所得税の額に相当する金額を含みます（(3)においても同じです。）。
　※2　消費税額に相当する額を含みます（(3)においても同じです。）。

(2)　金融商品取引所に上場されている証券投資信託（評基通199(2)(注)）

　　上場株式に準じて評価します（402ページ参照）。

(3)　その他（評基通199(2)）

9　上場不動産投資信託証券の評価（評基通213）

　不動産投資信託（J-REIT）とは、投資法人又は投資信託委託業者等が多くの投資家から集めた資金を、不動産を中心とする資産に投資して運用し、賃料や売却益等の収益を投資家に分配する商品をいい、この投資証券又は受益証券を不動産投資信託証券といいます。

　そして、株式と同様に金融商品取引所に上場された不動産投資信託証券については、市場を通じて自由に売買することができます。

（注）1　上場不動産投資信託証券は1口ごとに評価します。

　　　2　負担付贈与等で取得した上場不動産投資信託証券の評価額は、金融商品取引所の公表する課税時期の最終価格により評価します。

　　　3　不動産投資信託証券には、株式に係る株式無償交付期待権又は配当期待権と同様に、不動産投資信託証券に係る投資口の分割等に伴う無償交付期待権又は金銭分配期待権（利益超過分配金の額を含みます。）があることから、これらの価額（金銭分配期待権については、利益超過分配金の額も含みます。）は、財産評価基本通達192《株式無償交付期待権の評価》又は、同193《配当期待権の評価》に準じて評価します。

　　　4　非上場の不動産投資信託証券の評価方法については、財産評価基本通達に具体的な定めがありませんので、「純資産価値、配当利回り、キャッシュフロー等に着目して個別にその価値を測定することになると考えられます。

(参考)

　不動産投資信託は、その仕組みから会社型と契約型（信託型）に大別されますが、現在、東京証券取引所に上場されているものは、全て会社型（その概要は、次の図のとおり）となっています。

　なお、会社型不動産投資信託とは、資産運用を目的とした投資法人を設立し、投資家から集めた資金で不動産等を運用するファンドです。実際の不動産の選定や投資判断は投資信託委託業者が行い、投資法人が取得した不動産は資産保管会社によって保管されます。

第6章　その他の財産の評価

1　預貯金の評価（評基通203）

※　特別徴収されるべき道府県民税の額に相当する金額及び復興特別所得税を含みます。

> **チェックポイント69**
>
> **既経過利子の額を算定する場合の利率等**
>
> 1　期限前解約利率の定めのあるものについては、課税時期現在における期限前解約利率により計算します。
>
> 2　中間支払利息が支払われているものについては、預入日から課税時期の前日までの期間について所定の期限前解約利率によって計算した既経過利子の額から中間支払利息を差し引いた金額が、既経過利子の額となります。
>
> 3　定期預金（定期郵便貯金及び定額郵便貯金を含みます。）以外の預貯金で、課税時期現在の既経過利子の額が少額なものは、課税時期現在の預入高によって評価します（評基通203ただし書）。

2　貸付金債権の評価（評基通204）

　貸付金、売掛金、未収入金、預け金（預貯金以外）、仮払金、その他これらに類するものについては、次のとおり評価します。

（注）　貸付金債権等の評価を行う場合に、その債権金額の全部又は一部について、課税時期において一定の事実が発生しているときその他その回収が不可能又は著しく困難であると見込まれるときには、それらの金額は元本の価額に算入しないこととされています（評基通205）。

3 ゴルフ会員権の評価 （評基通211）

(1) 取引相場のある会員権

| 通常の取引価格 | × | 70% | + | 取引価格に含まれない預託金等 | = | 評 価 額 |

　課税時期から一定の期間を経過した後に返還を受けることができる預託金等については、ゴルフクラブの規約等に基づいて返還を受けることができる金額の課税時期から返還を受けることができる日までの期間に応じる基準年利率による複利現価の額により評価します。期間が1年未満であるとき又は1年未満の端数があるときは、これを1年とします。

(2) 取引相場のない会員権

① 預託金制会員権

| 預託金等の額 | = | 評 価 額 |

　返還を受けることができる預託金等について、返還時期に応じて上記(1)の「取引価格に含まれない預託金等」と同様の方法によって評価します。

② 株式制会員権

| 株式の価額 | = | 評 価 額 |

　取引相場のない株式の評価方法の定めによって評価します。

③　株式と預託金の併用制会員権

| 株式の価額 | ＋ | 預託金等の額 | ＝ | 評　価　額 |

取引相場のない株式の評価方法の定めによって評価します。

返還を受けることができる預託金等については、返還時期に応じて上記(1)の「取引価格に含まれない預託金等」と同様の方法によって評価します。

チェックポイント70

評価しないゴルフ会員権

　株式の所有を必要とせず、かつ、譲渡できない会員権で、返還を受けることができる預託金等のないもの（ゴルフ場施設を利用して、単にプレーができるだけのもの）については評価しません（評基通211なお書）。

　また、同一銘柄のゴルフ会員権であっても、取得の時期や形態によって、異なった価額で取引されているものがあります（例：追加預託金の支払があるゴルフ会員権、預託金の償還に代替して分割措置がとられているゴルフ会員権）。したがって、評価に当たっては、会員権の形態等を確認し、その形態等に見合った取引相場を把握する必要があります。

（参考）

4 抵当証券の評価 （評基通212）

(1) 金融商品取引業者等の販売する抵当証券

$$\boxed{\begin{array}{c}\text{元本の額}\\\text{※1}\end{array}} + \boxed{\begin{array}{c}\text{既経過利息}\\\text{の額}\end{array}} - \boxed{\begin{array}{c}\text{源泉所得税}\\\text{相当額※2}\end{array}} - \boxed{\text{解約手数料}} = \boxed{\text{評価額}}$$

> ※1 金融商品取引業者又は金融商品仲介業者（この4において、以下「金融商品取引業者等」といいます。）が課税時期において買い戻す価額を別に定めている場合はその金額によります。
> ※2 特別徴収されるべき道府県民税の額及び復興特別所得税に相当する金額を含みます。

(2) 金融商品取引業者等の販売する抵当証券以外の抵当証券

貸付金債権の評価（評基通204、205。579ページ参照）に準じて評価します。

チェックポイント71

金融商品取引業者等が破綻した場合

　金融商品取引業者等が破綻したものについては、その抵当証券の買戻しや元利金の支払が履行されませんので、財産評価基本通達204《貸付金債権の評価》及び205《貸付金債権等の元本価額の範囲》を準用して評価することとなります。

　なお、破綻した金融商品取引業者等の系列の親会社がその抵当証券を買い取ることがありますが、課税時期において買取りが確実となっている場合には、債権の回収可能額が明らかですので、その金額を基に評価することとなります。

---

5 生命保険契約に関する権利の評価 （評基通214）

　生命保険契約で、その契約に関する権利を取得した時において、保険事故が発生していないものに関する権利の価額は、当該契約を解約するとした場合に支払われることとなる解約返戻金の額（解約返戻金のほかに支払われることとなる前納保険料の金額、剰余金の分配額等がある場合にはこれらの金額を加算し、解約返戻金の額につき源泉徴収されるべき所得税の額に相当する金額がある場合には当該金額を減算した金額）によって評価します。

6　果樹等の評価

(1)　評価単位（評基通98）

　　果樹その他これに類するもの（この６において、以下「果樹等」といいます。）の価額は、樹種ごとに、幼齢樹（成熟樹に達しない樹齢のものをいいます。）及び成熟樹（その収穫物による収支が均衡する程度の樹齢に達したものをいいます。）に区分し、それらの区分に応ずる樹齢ごとに評価します。

(2)　評価方法（評基通99、110）

イ　幼齢樹

$$\boxed{\begin{array}{c}\text{植樹の時から課税時期までの}\\\text{期間に要した苗木代、肥料代、}\\\text{薬剤費等の現価の合計額※}\end{array}} \times \frac{70}{100} = \boxed{\text{評価額}}$$

　　※　収支内訳書（農業所得用）又は青色申告決算書（農業所得用）における「果樹・牛馬等の育成費用の計算」欄の「㋺翌年への繰越額」欄の金額を基とすることなどが考えられます。

ロ　成熟樹

$$\left(\boxed{\begin{array}{c}\text{植樹の時から成熟の時}\\\text{までの期間に要した苗}\\\text{木代、肥料代、薬剤費}\\\text{等の現価の合計額}\end{array}} - \boxed{\begin{array}{c}\text{成熟の時から課税時期}\\\text{までの期間（※１）の}\\\text{償却費の額の合計額}\\\text{（※２）}\end{array}}\right)^{※3} \times \frac{70}{100} = \boxed{\text{評価額}}$$

　　※１　その期間に１年未満の端数があるときは、その端数は１年とします。
　　※２　償却方法は、所得税法施行令第120条の２第１項第１号又は法人税法施行令第48条の２第１項第１号に規定する定額法によるものとし、その耐用年数は減価償却資産の耐用年数等に関する省令に規定する耐用年数によります。
　　※３　収支内訳書（農業所得用）又は青色申告決算書（農業所得用）における「減価償却費の計算」欄の「㋬未償却残高」欄の金額を基とすることなどが考えられます。

ハ　屋敷内にある果樹等及び畑の境界にある果樹等（評基通110）

$$\boxed{\begin{array}{c}\text{その数量が少なく、かつ、}\\\text{収益を目的として所有する}\\\text{ものでないもの}\end{array}} \rightarrow \text{評価しません}$$

7 立竹木の評価

次に掲げる区分に従い評価します（評基通111）。

評価上の区分	評　価　方　法	評価通達
森林の立木（樹種及び樹齢を同じくする一団地の立木）	1ha当たりの標準価額×地味級×立木度×地利級×地積 　ただし、樹齢15年以上で立木の材積が明らかな場合には次の算式により評価します。 1ha当たりの標準価額×$\dfrac{その森林の1ha当たりの立木材積}{1ha当たりの標準立木材積}$×地利級×地積 ※1　森林の地積の中に岩石、がけ崩れ等による不利用地があるときは、その不利用地の地積を除外した地積をもってその森林の地積とします。 ※2　相続又は遺贈（包括遺贈及び被相続人からの相続人に対する遺贈に限る。）により取得した立木については、これにより評価した価額に85％を乗じた価額で評価します（相法26）。	113・120
森林の立木以外の立木（庭園にあるものを除きます。）	売買実例価額、精通者意見価格等を参酌して評価します。	122
立竹（庭園にあるものを除きます。）	売買実例価額、精通者意見価格等を参酌して評価します。	124
庭園にある立竹木	調達価額×$\dfrac{70}{100}$（庭園設備と一括評価）	125

(1)　森林の主要樹種の立木の評価（評基通113）

| 1ha当たりの標準価額 | × | 地味級 | × | 立木度 | × | 地利級 | × | 地　積 | = | 評 価 額 |

立木の搬出の良否

　地利級判定表（590ページの別表2参照）により判定します。

立木の密度

　植林した森林……………おおむね密

（不利用地が散在していて、その地積を除外できない場合には中庸）

　自然林………………………おおむね中庸

（不利用地が散在していて、その地積を除外できない場合には疎）

地味の肥せき

　樹種ごとに定められた地味級判定表（589ページの別表1参照）により樹齢に応ずる立木材積により地味級を判定します。

　小出し距離（立木を伐倒し、ケーブルを架設して搬出することを想定した場合におけるケーブルの起点から終点（集材場所）までの距離）が約300m、小運搬距離（集材場所から最寄りの原木市場又は製材工場等までの距離）が約30kmの地点にあって、地味級が中級、立木度が密である標準状態にある森林の立木の標準価額をいい、林業地帯ごとに定められています（森林の立木の標準価額については、財産評価基本通達の別表2で確認することができます。）。

(2) **樹齢15年以上で立木の材積が明らかな森林の立木の評価** （評基通120）

| 1 ha 当たりの標準価額 | × | その森林の1ha当たりの立木材積 / 1 ha 当たりの標準立木材積 | × | 地利級 | × | 地 積 | = | 評 価 額 |

立木の搬出の良否

地利級判定表(590ページの別表2)により判定します。

数値は0.05刻みとし、0.05未満の端数は切捨てます。

なお、「1 ha 当たりの標準立木材積」は標準立木材積表（591ページの別表3）に定められています。

小出し距離が約300m、小運搬距離が約30kmの地点にあって、地味級が中級、立木度が密である標準状態にある森林の立木の標準価額をいい、林業地帯ごとに定められています。

(3) **保安林等の立木の評価** （評基通123）

| 立木の評価額 | × | （ 1 − 控 除 割 合 ） | = | 評 価 額 |

法令に基づき定められた伐採関係の区分	一部皆伐	択　　伐	単木選伐	禁　　伐
控　除　割　合	0.3	0.5	0.7	0.8

(4) **特別緑地保全地区内にある立木の評価** （評基通123−2）

| 立木の評価額 | × | （1−0.8） | = | 評 価 額 |

⑸　**分収林契約に係る造林者の有する立木の評価**（評基通126）

立木※の評価額	×	造林者の分収割合	=	評　価　額

　※　分収林契約でその造林に係る立木の全部を造林者（その者が2人以上である場合には、
　　それら全ての者）が所有する旨が約されているもの

⑹　**分収林契約に係る費用負担者及び土地所有者の分収期待権の評価**（評基通127）

立木の評価額※	×	費用負担者 　　　又は　　の分収割合 土地所有者	=	評　価　額

　※　相続又は遺贈（包括遺贈及び被相続人からの相続人に対する遺贈に限ります。）により取
　　得した場合には、85％を乗じた価額で評価します（相法26）。

別表 1　地味級判定表

(1)　杉の平均 1 本当たりの立木材積による地味級判定表

樹齢　地味級	上　級	中　級		下　級
年	㎥超	㎥以下	㎥以上	㎥未満
15　（14〜17）	0.07	0.07〜0.05		0.05
20　（18〜22）	0.13	0.13〜0.09		0.09
25　（23〜27）	0.20	0.20〜0.14		0.14
30　（28〜32）	0.27	0.27〜0.19		0.19
35　（33〜37）	0.34	0.34〜0.24		0.24
40　（38〜42）	0.41	0.41〜0.29		0.29
45　（43〜47）	0.48	0.48〜0.34		0.34
50　（48〜52）	0.54	0.54〜0.38		0.38
55　（53〜57）	0.60	0.60〜0.42		0.42
60　（58〜62）	0.65	0.65〜0.46		0.46
65　（63〜67）	0.70	0.70〜0.49		0.49
70　（68〜70）	0.74	0.74〜0.52		0.52
地味級の割合	1.3	1.0		0.6

(2)　ひのきの平均 1 本当たりの立木材積による地味級判定表

樹齢　地味級	上　級	中　級		下　級
年	㎥超	㎥以下	㎥以上	㎥未満
15　（14〜17）	0.05	0.05〜0.03		0.03
20　（18〜22）	0.10	0.10〜0.07		0.07
25　（23〜27）	0.16	0.16〜0.11		0.11
30　（28〜32）	0.22	0.22〜0.15		0.15
35　（33〜37）	0.27	0.27〜0.19		0.19
40　（38〜42）	0.32	0.32〜0.22		0.22
45　（43〜47）	0.37	0.37〜0.26		0.26
50　（48〜52）	0.41	0.41〜0.29		0.29
55　（53〜57）	0.45	0.45〜0.31		0.31
60　（58〜62）	0.48	0.48〜0.33		0.33
65　（63〜67）	0.51	0.51〜0.36		0.36
70　（68〜70）	0.54	0.54〜0.38		0.38
地味級の割合	1.3	1.0		0.6

別表2　地利級判定表

地 利 級 判 定 表（平成14年分以降用）

（距離単位：キロメートル）

小出し距離＼小運搬距離	10以内	20以内	30以内	40以内	50以内	60以内	70以内	80以内	90以内	100以内	100超
0.1以内	1級(1.2)					3級(1.0)					
0.2以内	2級(1.1)								5級(0.8)		
0.3以内	3級(1.0)			4級(0.9)						6級(0.7)	
0.4以内	5級(0.8)			6級(0.7)					8級(0.5)		
0.5以内	6級(0.7)			7級(0.6)			8級(0.5)		9級(0.4)		
0.6以内	7級(0.6)					9級(0.4)					
0.7以内	8級(0.5)			9級(0.4)			10級(0.3)			11級(0.2)	
0.8以内	9級(0.4)			10級(0.3)			11級(0.2)				
0.8超				12級(0.1)							

（総合等級表）（平成14年分以降用）

地味級＼立木度＼地利級	密			庸			疎		
	上	中	下	上	中	下	上	中	下
1	1.56	1.20	0.72	1.24	0.96	0.57	0.93	0.72	0.43
2	1.43	1.10	0.66	1.14	0.88	0.52	0.85	0.66	0.39
3	1.30	1.00	0.60	1.04	0.80	0.48	0.78	0.60	0.36
4	1.17	0.90	0.54	0.93	0.72	0.43	0.70	0.54	0.32
5	1.04	0.80	0.48	0.83	0.64	0.38	0.62	0.48	0.28
6	0.91	0.70	0.42	0.72	0.56	0.33	0.54	0.42	0.25
7	0.78	0.60	0.36	0.62	0.48	0.28	0.46	0.36	0.21
8	0.65	0.50	0.30	0.52	0.40	0.24	0.39	0.30	0.18
9	0.52	0.40	0.24	0.41	0.32	0.19	0.31	0.24	0.14
10	0.39	0.30	0.18	0.31	0.24	0.14	0.23	0.18	0.10
11	0.26	0.20	0.12	0.20	0.16	0.09	0.15	0.12	0.07
12	0.13	0.10	0.06	0.10	0.08	0.04	0.07	0.06	0.03

※　財産評価基本通達120《立木材積が明らかな森林の地味級及び立木度》の定め
を適用する場合には、上の表によらず、次の算式により計算した総合指数が
総合等級となるものであるから留意を要する。

$$\left(\frac{\text{実地調査による1 ha}}{\text{当たりの立木材積}} \div \frac{\text{1 ha 当たりの}}{\text{標準立木材積}}\right) \times \text{地利級} = \text{総合指数}$$

別表3 標準立木材積表

樹種	杉			ひのき	
標準伐期	60年	65年	70年	70年	75年
樹齢(年)	㎥	㎥	㎥	㎥	㎥
15	73	57	34	22	20
16	90	72	47	32	29
17	106	86	60	42	38
18	121	100	72	52	46
19	136	113	84	62	54
20	151	126	96	71	62
21	165	139	108	80	70
22	179	151	120	89	78
23	193	163	131	98	86
24	206	175	142	107	94
25	219	187	153	116	102
26	232	198	164	125	110
27	245	209	175	134	118
28	257	220	185	143	126
29	269	231	195	152	133
30	281	242	205	160	140
31	293	252	215	168	147
32	304	262	225	176	154
33	315	272	235	184	161
34	326	282	244	192	168
35	337	292	253	200	175
36	346	301	262	208	182
37	355	310	271	216	189
38	364	319	280	224	196
39	373	328	289	232	203
40	382	337	297	240	210
41	391	345	305	248	217
42	400	353	313	256	224
43	409	361	321	264	231
44	418	369	329	272	238
45	427	377	337	280	245
46	436	385	344	286	252
47	445	393	351	292	259
48	454	401	358	298	266
49	463	409	365	304	273
50	472	417	372	310	280
51	481	424	379	316	285
52	490	431	386	322	290
53	499	438	393	328	295
54	508	445	400	334	300
55	517	452	407	340	305
56	525	459	414	346	310
57	533	466	421	352	315
58	541	473	428	358	320
59	549	480	435	364	325
60	557	487	442	370	330

樹種	杉			ひのき	
標準伐期	60年	65年	70年	70年	75年
樹齢(年)	㎥	㎥	㎥	㎥	㎥
61	564	493	448	376	335
62	571	499	454	382	340
63	578	505	460	388	345
64	585	511	465	394	350
65	592	517	472	400	355
66	599	523	478	406	360
67	606	529	484	412	365
68	613	535	490	418	370
69	620	541	496	424	375
70	627	547	502	430	380
71	633	553	508	436	385
72	639	559	514	442	390
73	645	565	520	448	395
74	651	571	526	454	400
75	657	577	532	460	405
76	662	583	537	466	410
77	667	588	542	472	415
78	672	593	547	478	420
79	677	598	552	484	425
80	682	603	557	490	430
81	687	608	562	496	435
82	692	613	567	502	440
83	697	618	572	508	445
84	702	623	577	514	450
85	707	628	582	519	455
86	712	633	587	524	460
87	717	638	592	529	465
88	722	643	597	534	470
89	727	648	602	539	475
90	731	652	606	544	480
91	735	656	610	549	485
92	739	660	614	554	490
93	743	664	618	559	494
94	747	668	622	564	498
95	751	672	626	569	502
96	755	676	630	574	506
97	759	680	634	579	510
98	763	684	638	584	514
99	767	688	642	589	518
100	771	692	646	594	522
101	775	695	650	599	526
102	779	698	653	603	530
103	782	701	656	607	534
104	786	704	659	611	538
105	789	707	662	615	542
106	793	710	665	619	546

樹種	杉			ひのき	
標準伐期	60年	65年	70年	70年	75年
樹齢(年)	㎥	㎥	㎥	㎥	㎥
107	796	712	668	623	550
108	799	714	671	627	554
109	803	716	674	631	558
110	806	718	677	635	562
111	809	721	680	639	566
112	812	724	683	643	570
113	815	727	686	647	574
114	818	730	689	651	578
115	821	733	692	655	582
116	824	736	695	658	586
117	827	739	698	661	590
118	829	742	701	664	594
119	832	744	704	667	598
120	835	747	707	670	602
121		750	709	673	605
122		752	712	677	608
123		755	715	681	611
124		757	717	684	614
125		760	720	688	617
126		762	722	691	621
127		764	725	695	624
128		767	727	699	627
129		769	729	702	630
130		771	732	705	633
131			734	709	636
132			736	712	639
133			739	716	643
134			741	719	646
135			743	722	649
136			745	725	652
137			747	729	655
138			750	732	658
139			752	735	661
140			754	738	664
141					667
142					670
143					673
144					675
145					678
146					681
147					684
148					687
149					689
150					692

8　特許権、実用新案権、意匠権及び商標権の評価

⑴　特許権

　　特許権及びその実施権とは、特許法（昭和34年法律第121号）の規定に基づく特許権及び実施権をいいます。

　　特許権の経済的価値は、その権利の行使に伴い、特許権者にもたらされる利益の額によって定まるものといえますが、利益をもたらす方法には、特許権者以外の者にその特許権を実施させ、特許権者はその対価として相当の金額の支払を受ける場合と、特許権者が自ら特許発明を実施する場合とがあります。

イ　特許権者と実施権者が異なる場合

㈠　原　則（評基通140、141）

　　※　「1年目」及び「1年後」とは、それぞれ、課税時期の翌日から1年を経過する日まで及びその1年を経過した日の翌日をいいます。

㈡　特例的取扱い

　　課税時期後において取得すると見込まれる補償金の額の合計額が50万円に満たないと認められる特許権については、評価しないこととされています（評基通144）。

ロ　特許権者が自ら特許発明を実施している場合

　　その者の営業権の価額に含めて評価します（評基通145）。

　（注）　特許権の存続期間は、特許出願の日から20年をもって終了すると定められています（特許法67①）。

⑵　実用新案権、意匠権及び商標権

　　実用新案権、意匠権及び商標権とそれらの実施権及び使用権の価額は特許権の評価方法に準じて評価します（評基通146、147）。

9 著作権の評価

　著作権とは、文書、演述、図画、建築、彫刻、模型、写真、演奏、歌唱その他文芸学術若しくは美術、音楽の範囲に属する著作物の著作者が、その著作物を独占的に利用することのできる権利をいい、この権利は、著作権法（昭和45年法律第48号）により保護されます。

　著作権の経済的価値は、特許権等の場合と同様に、その権利の行使に伴い著作権者にもたらされる利益の額によって測定されますが、利益をもたらす方法には、複製頒布、翻訳、興行、上映、放送などがあります。

　著作権の価額は、原則として、著作者の別に一括して次の算式によって計算した金額によって評価します（評基通148）。

| 年平均印税収入の額 | × 0.5 × | 評　価　倍　率 | ＝ | 評　　価　　額 |

年平均印税収入の額 ← 課税時期の属する年の前年以前３年間の印税収入の額の年平均額です。

0.5 ← 評価の安全性を図るためのしんしゃく率です。

評価倍率 ← 課税時期後における各年の印税収入の額が「年平均印税収入の額」であるものとして、著作物に関し精通している者の意見等を基として推算したその印税収入期間に応ずる基準年利率（※）による複利年金現価率です。

　※　基準年利率は、令和５年分及び令和６年分の基準年利率の複利表（647～658ページ）に定められています。

（注）　個々の著作物ごとに上記の算式により評価することもできます。

10　営業権の評価（評基通165、166）

　営業権とは、通常、暖簾（のれん）や老舗（しにせ）と呼ばれている企業財産の一種で、「企業が持つ好評、愛顧、信認、顧客関係その他の諸要因によって期待される将来の超過収益力を資本化した価値」であると考えられることから、次の算式によって計算した金額によって評価します。

※　平均利益金額が5,000万円以下の場合は、標準企業者報酬額が平均利益金額の2分の1以上の金額となるので、営業権の価額は算出されないことに留意してください。

営 業 権 の 評 価 明 細 書

	被相続人等の氏名		相続開始等の年月日	・ ・

事業所所在地又は本店所在地		事業の内容		商号又は屋号		（平成二十年分以降用）
氏名又は法人名						

平均利益金額の計算

	年分又は事業年度	① 事業所得の金額又は所得の金額（繰越欠損金の控除額を加算した金額）	② 非経常的な損益の額	③ 支払利子等の額	④ 青色事業専従者給与額等又は損金に算入された役員給与の額	⑤ （①±②＋③＋④）
						円
						㋑
						㋺
	前年分又は直前事業年度					㋩

（㋑＋㋺＋㋩）× $\frac{1}{3}$ ＝ 　　　　　円 … ⑥ 　　　 平均利益金額 （㋩の金額と⑥の金額のうちいずれか低い方の金額） ＝ 　　　　　円 … ⑦

標準企業者報酬額の計算

標準企業者報酬額 （標準企業者報酬額表に掲げる平均利益金額の区分に応じ、同表に掲げる算式により計算した金額）

（⑦の金額）

　　　　　円 × 0.　　　 ＋ 　　　　　,000,000 円

＝ 　　　　　円 … ⑧

【標準企業者報酬額表】

平均利益金額の区分	標準企業者報酬額の算式
1億円以下	平均利益金額×0.3＋10,000,000円
1億円超 3億円以下	平均利益金額×0.2＋20,000,000円
3億円超 5億円以下	平均利益金額×0.1＋50,000,000円
5億円超	平均利益金額×0.05＋75,000,000円

総資

科 目	相 続 税 評 価 額	科 目	相 続 税 評 価 額
	円		円

チェックポイント72

評価しない営業権 （評基通165（注））

　医師、弁護士等のようにその者の技術、手腕又は才能等を主とする事業で、その事業者の死亡とともに消滅すると認められるものの営業権は評価しません。

チェックポイント73

超過利益金額の算式における「⑦平均利益金額」欄及び「⑨総資産価額」欄

1　平均利益金額の算定において、「手形割引料」は、加算しません。

　なお、「③支払利子等の額」欄には、借入金、社債、預り金、保証金等に対する支払利子及び社債発行差金の償却費が含まれます。

2　平均利益金額の算定において、「準備金勘定又は引当金勘定に繰り入れた金額」は、所得金額に加算しないことに留意してください。

3　平均利益金額の基となる所得金額（「①事業所得の金額又は所得の金額」）は、法人税法第22条第1項に規定する所得の金額に損金に算入された繰越欠損金の控除額を加算した金額です。

11　定期金に関する権利の評価

　定期金に関する権利とは、個人年金保険など、契約（定期金給付契約）により、ある期間、定期的に金銭その他の給付を受けることを目的とする債権をいいます。相続税法では、定期金給付契約でその権利を取得した時において、定期金給付事由が発生しているもの（相法24）と、定期金給付契約（生命保険契約を除きます。）でその権利を取得した時において、定期金給付事由が発生していないもの（相法25）について、それぞれ評価方法を定めています。また、評価方法の具体的な内容については、相続税法基本通達及び財産評価基本通達で定めています。

　なお、年金の方法により支払又は支給を受ける生命保険契約若しくは損害保険契約に係る保険金又は退職手当金等の額についても、相続税法第24条の評価方法により計算した金額となります（相基通24－2）。

(1)　定期金給付事由が発生しているもの（相法24）

　定期金給付事由が発生している定期金に関する権利については、①解約返戻金の金額、②定期金に代えて一時金の給付を受けることができる場合には当該一時金の金額又は③給付を受けるべき金額の1年当たりの平均額を基に一定の方法で計算した金額のうち、いずれか多い金額により評価します。

　なお、有期定期金、無期定期金、終身定期金の種類に応じた評価方法は次のとおりです。

イ　有期定期金

ロ　無期定期金

解約返戻金の金額
定期金に代えて一時金の給付を受けることができる場合には、当該一時金の金額
$\left(\begin{array}{l}給付を受けるべき金額\\の1年当たりの平均額\end{array}\right) \div$ 予定利率

いずれか多い金額 ⇒ 評価額

ハ　終身定期金

解約返戻金の金額
定期金に代えて一時金の給付を受けることができる場合には、当該一時金の金額
$\left(\begin{array}{l}給付を受けるべき金額\\の1年当たりの平均額\end{array}\right) \times \left(\begin{array}{l}終身定期金に係る定期金給付契約の目的とされた者の平均余命に応ずる予定利率による複利年金現価率\end{array}\right)$

いずれか多い金額 ⇒ 評価額

(2)　**定期金給付事由が発生していないもの**（相法25）

　　定期金給付事由が発生していない定期金に関する権利（生命保険契約を除きます。）については、原則として解約返戻金の金額により評価します。

$$\boxed{\begin{array}{l}解約返戻金の金額\\※\quad チェックポイント74（598\\ページ）参照\end{array}} = \boxed{評価額}$$

　　なお、解約返戻金を支払う旨の定めのない場合の評価方法は次のとおりです。

　(イ)　掛金（保険料）が一時払いの場合

$$\left(\begin{array}{l}経過期間につき、掛金（保険料）の払込金額に対し、\\予定利率の複利による計算をして得た元利合計額\end{array}\right) \times 0.9 = \boxed{評価額}$$

　　※　予定利率の複利による計算をして得た元利合計額の算出方法を算式で示すと次のとおりです。

　　　（定期金給付契約に係る掛金又は保険料の金額）× 複利終価率

　(ロ)　掛金（保険料）が一時払い以外の場合

$$\left(\begin{array}{l}経過期間に払い込まれた\\掛金（保険料）の金額の\\1年当たりの平均額\end{array}\right) \times \left(\begin{array}{l}経過期間に応ずる\\予定利率による複\\利年金終価率\end{array}\right) \times 0.9 = \boxed{評価額}$$

チェックポイント74

解約返戻金

　解約返戻金の金額は、定期金給付契約に関する権利を取得した時において定期金給付契約を解約するとした場合に支払われることとなる解約返戻金に、当該解約返戻金とともに支払われることとなる剰余金の分配額等がある場合にはこれらの金額を加算し、解約返戻金の金額につき源泉徴収されるべき所得税の額に相当する金額がある場合には当該金額を減算した金額をいいます（相基通24−3）。

　なお、評価に必要な解約返戻金の金額については、契約している各保険会社等に確認する必要があります。

予定利率

　「予定利率」は、定期金給付契約に関する権利を取得した時における当該契約に係る「予定利率」をいい、端数処理を行いません（評基通200−6）。

　なお、評価に必要な予定利率については、契約している各保険会社等に確認する必要があります。

平均余命

　定期金に関する権利の評価で使用する「平均余命」は、厚生労働省が男女別、年齢別に作成する完全生命表(注)に掲載されている「平均余命」（1年未満の端数は切り捨てます。）によります。この場合、完全生命表に当てはめる終身定期金に係る定期金給付契約の目的とされた者の年齢は、定期金に関する権利を取得した時点での満年齢です。

　なお、完全生命表は、定期金給付契約に関する権利を取得した時の属する年の1月1日現在において公表されている最新のものによります。

(注)　「完全生命表」は厚生労働省が国勢調査等を基に5年ごとに作成しているもので、厚生労働省ホームページ（www.mhlw.go.jp）に公表されています。

(参考)　第23回完全生命表（抜粋）

（単位：歳、年）

年齢	平均余命		年齢	平均余命	
	男	女		男	女
0	81.56	87.71	50	33.04	38.75
10	71.78	77.93	60	24.12	29.42
20	61.90	68.01	70	16.09	20.45
30	52.18	58.17	80	9.34	12.25
40	42.50	48.37	90	4.49	5.85

複利年金現価率

「複利年金現価率」とは、毎期末に一定金額を一定期間受け取れる年金の現在価値を求める際に用いられる率をいいます。なお、小数点以下3位未満の端数があるときは、これを四捨五入します。

（算式）

$$\frac{1 - \dfrac{1}{(1+r)^n}}{r}$$

n：権利取得日から最終の年金受取日までの期間に係る年数（1年未満の端数は切り上げます。）

r：予定利率

（注） 複利年金現価率表については次ページを参照してください。

複利年金終価率

「複利年金終価率」とは、毎期末に預託された一定金額を一定期間運用した場合に受け取ることができる金額の総額を求める際に用いられる率をいいます。なお、小数点以下3位未満の端数があるときは、これを四捨五入します。

（算式）

$$\frac{(1+r)^n - 1}{r}$$

n：定期金給付契約に係る掛金（保険料）の払込開始の日から当該契約の権利を取得した日までの年数（1年未満の端数は切り上げます。）

r：予定利率

複利終価率

「複利終価率」とは、元金を年利率rでn年間にわたって複利計算したn年末の元利合計を求める際に用いられる率をいいます。

（算式）

$$(1+r)^n$$

r：定期金給付契約に係る予定利率

n：定期金給付契約に係る掛金又は保険料の払込開始の時から当該契約に関する権利を取得した時までの期間の年数（その年数に1年未満の端数があるときは、その端数は、切り捨てます。）

（参考）　複利年金現価率表

（小数点以下３位未満四捨五入）

予定利率(%) 年	0.5	1	1.5	2	2.5	3	3.5	4	4.5	5
1	0.995	0.990	0.985	0.980	0.976	0.971	0.966	0.962	0.957	0.952
2	1.985	1.970	1.956	1.942	1.927	1.913	1.900	1.886	1.873	1.859
3	2.970	2.941	2.912	2.884	2.856	2.829	2.802	2.775	2.749	2.723
4	3.950	3.902	3.854	3.808	3.762	3.717	3.673	3.630	3.588	3.546
5	4.926	4.853	4.783	4.713	4.646	4.580	4.515	4.452	4.390	4.329
6	5.896	5.795	5.697	5.601	5.508	5.417	5.329	5.242	5.158	5.076
7	6.862	6.728	6.598	6.472	6.349	6.230	6.115	6.002	5.893	5.786
8	7.823	7.652	7.486	7.325	7.170	7.020	6.874	6.733	6.596	6.463
9	8.779	8.566	8.361	8.162	7.971	7.786	7.608	7.435	7.269	7.108
10	9.730	9.471	9.222	8.983	8.752	8.530	8.317	8.111	7.913	7.722
11	10.677	10.368	10.071	9.787	9.514	9.253	9.002	8.760	8.529	8.306
12	11.619	11.255	10.908	10.575	10.258	9.954	9.663	9.385	9.119	8.863
13	12.556	12.134	11.732	11.348	10.983	10.635	10.303	9.986	9.683	9.394
14	13.489	13.004	12.543	12.106	11.691	11.296	10.921	10.563	10.223	9.899
15	14.417	13.865	13.343	12.849	12.381	11.938	11.517	11.118	10.740	10.380
16	15.340	14.718	14.131	13.578	13.055	12.561	12.094	11.652	11.234	10.838
17	16.259	15.562	14.908	14.292	13.712	13.166	12.651	12.166	11.707	11.274
18	17.173	16.398	15.673	14.992	14.353	13.754	13.190	12.659	12.160	11.690
19	18.082	17.226	16.426	15.678	14.979	14.324	13.710	13.134	12.593	12.085
20	18.987	18.046	17.169	16.351	15.589	14.877	14.212	13.590	13.008	12.462
21	19.888	18.857	17.900	17.011	16.185	15.415	14.698	14.029	13.405	12.821
22	20.784	19.660	18.621	17.658	16.765	15.937	15.167	14.451	13.784	13.163
23	21.676	20.456	19.331	18.292	17.332	16.444	15.620	14.857	14.148	13.489
24	22.563	21.243	20.030	18.914	17.885	16.936	16.058	15.247	14.495	13.799
25	23.446	22.023	20.720	19.523	18.424	17.413	16.482	15.622	14.828	14.094

生存条件付の定期金に関する権利の評価方法（相法24③）

　権利者に対して一定期間、かつ、その権利者の生存期間中定期金を給付するもの

有期定期金として計算した金額		
終身定期金として計算した金額	いずれか 少ない金額 ⇨	評価額

保証期間付の終身定期金に関する権利の評価方法（相法24④）

　権利者に対して権利者の生存期間中定期金を給付し、かつ、その権利者が死亡した場合には、その遺族等に対して継続して定期金を給付するもの

有期定期金として計算した金額		
終身定期金として計算した金額	いずれか 多い金額 ⇨	評価額

12　一般動産の評価

　一般動産の価額は、原則として、1個又は1組ごとに評価することになっています（評基通128～130）。

13　たな卸商品等の評価

　たな卸商品等（商品、原材料、半製品、仕掛品、製品、生産品その他これらに準ずる動産）の価額は、原則として次に掲げる4つの区分に従い、それぞれ次に掲げるところにより評価します。

　ただし、個々の評価額を算定し難いたな卸商品等の評価は、所得税法施行令第99条《棚卸資産の評価の方法》又は法人税法施行令第28条《棚卸資産の評価の方法》に定める方法のうち、その企業が所得の金額の計算上選定している方法によることができます（評基通132、133）。

(1) 商品の評価（評基通133(1)）

その商品の販売業者が課税時期において販売する場合の価額

－（ 販売価額に含まれる適正利潤の額 ＋ 予定経費の額 ＋ 納付すべき消費税の額 ） ＝ 評 価 額

課税時期後、販売の時までに、その販売業者が負担すると認められる経費をいいます。

地方消費税額を含みます。下記(4)において同じです。

(2) 原材料の評価（評基通133(2)）

課税時期において、製造業者がその原材料を購入する場合の仕入価額 ＋ その原材料の引取り等に要する運賃その他の経費の額 ＝ 評 価 額

(3) 半製品及び仕掛品の評価（評基通133(3)）

課税時期において、製造業者がその半製品又は仕掛品の原材料を購入する場合における仕入価額 ＋ その原材料の引取り、加工等に要する運賃、加工費その他の経費の額 ＝ 評 価 額

(4) 製品及び生産品の評価（評基通133(4)）

製造業者又は生産業者が課税時期においてこれを販売する場合における販売価額

－（ 販売価額に含まれる適正利潤の額 ＋ 予定経費の額 ＋ 納付すべき消費税の額 ） ＝ 評 価 額

14　牛馬等の評価

　牛、馬、犬、鳥、魚等（この14において、以下「牛馬等」といいます。）の評価は、販売業者が販売の目的をもって有するものとそれ以外のものとに区分して評価します（評基通134）。

(1)　牛馬等の販売業者が販売の目的をもって有するもの

　たな卸商品として評価します。

(2)　上記(1)以外の牛馬等

　売買実例価額、精通者意見価格等を参酌して評価します。

15　書画骨とう品の評価

　書画骨とう品の価額は、販売業者の所有するものとそれ以外のものとに区分して評価します（評基通135）。

(1)　書画骨とう品の販売業者が所有するもの

　たな卸商品として評価します。

(2)　上記(1)以外の書画骨とう品

　売買実例価額、精通者意見価格等を参酌して評価します。

16　船舶の評価

(1)　原則（評基通136）

　売買実例価額、精通者意見価格等を参酌して評価します。

(2)　売買実例価額、精通者意見価格等が明らかでない船舶（評基通136ただし書）

同種同型の船舶（※1）を課税時期において新造する場合の価額	－	その船舶の建造の時から課税時期までの期間（※2）の償却費の額の合計額又は減価の額（※3）	＝	評価額

　※1　同種同型の船舶がない場合は、その評価する船舶に最も類似する船舶とします。
　※2　その期間に1年未満の端数があるときは、その端数は1年とします。
　※3　償却方法は、定率法によるものとし、その耐用年数は減価償却資産の耐用年数等に関する省令に規定する耐用年数によります。

17　配偶者居住権等の評価（相法23の２）

　民法及び家事事件手続法の一部を改正する法律（平成30年法律第72号）第２条の規定による民法の改正により、被相続人の配偶者は、被相続人の財産に属した建物に相続開始の時に居住していた場合において、遺産の分割（遺産の分割の協議、調停及び審判を含みます。以下同じ。）によって配偶者居住権を取得するものとされたとき等は、その居住していた建物の全部について無償で使用及び収益をする権利（配偶者居住権）を取得することとされ、配偶者の終身の間又は遺産の分割若しくは遺言に別段の定めがあるとき等においてはその定めるところまで存続することとされました（民法1028等）。

　相続税法では、配偶者居住権のほか、居住建物、敷地利用権及び居住建物の敷地の用に供される土地（土地の上に存する権利を含みます。以下同じ。）について、それぞれ評価方法を定めています。

　これらの評価方法を算式で示せば、次のとおりです。

(1)　配偶者居住権（相法23の２①）

――（算式）――

$$居住建物の時価（注） - 居住建物の時価（注） \times \frac{耐用年数 - 経過年数 - 存続年数}{耐用年数 - 経過年数} \times 存続年数に応じた法定利率による複利現価率$$

　（注）　ここでいう「時価」は、相続税法第22条に規定する時価をいいます。
　　　　ただし、居住建物の一部が賃貸の用に供されている場合又は被相続人が相続開始の直前において居住建物をその配偶者と共有していた場合には、次の算式により計算した金額となります（相法23の２①一）。

$$居住建物が賃貸の用に供されておらず、かつ、共有でないものとした場合の時価 \times \frac{賃貸の用に供されている部分以外の部分の床面積}{居住建物の床面積} \times 被相続人が有していた持分割合$$

(2)　居住建物（相法23の２②）

――（算式）――

居住建物の時価（注） - 配偶者居住権の価額

　（注）　ここでいう「時価」は、相続税法第22条に規定する時価をいいます。

(3) 配偶者居住権に基づく敷地利用権（相法23の2③）

─── （算式） ───

居住建物の敷地 ─ 居住建物の敷地 × 存続年数に応じた法定
の時価（注）　　　の時価（注）　　　利率による複利現価率

（注）　ここでいう「時価」は、相続税法第22条に規定する時価をいいます。

　　　　ただし、居住建物の一部が賃貸の用に供されている場合又は被相続人が相続開始の直前において居住建物の敷地を他の者と共有し、若しくは居住建物をその配偶者と共有していた場合には、次の算式により計算した金額となります（相法23の2③一）。

居住建物が賃貸の用に
供されておらず、かつ、
居住建物の敷地が共有　×　居住建物の賃貸の用に供されて
でないものとした場合　　いる部分以外の部分の床面積　×　被相続人が有していた
の居住建物の敷地の時　　───────────────　　居住建物の敷地の持分
価　　　　　　　　　　　居住建物の床面積　　　　割合と当該建物の持分
　　　　　　　　　　　　　　　　　　　　　　　　割合のうちいずれか低
　　　　　　　　　　　　　　　　　　　　　　　　い割合

(4) 居住建物の敷地の用に供される土地（相法23の2④）

─── （算式） ───

土地の時価（注）─ 敷地利用権の価額

（注）　ここでいう「時価」は、相続税法第22条に規定する時価をいいます。

チェックポイント76

耐用年数

　「耐用年数」は、居住建物の全部が住宅用であるものとした場合におけるその居住建物に係る減価償却資産の耐用年数等に関する省令（耐用年数省令）に定める耐用年数に1.5を乗じて計算した年数（6月以上の端数は1年とし、6月に満たない端数は切り捨てます。）をいいます。

経過年数

　「経過年数」は、居住建物が建築された日（新築時）から配偶者居住権が設定された時までの年数をいいます。

　なお、居住建物が相続開始前に増改築された場合であっても、増改築部分を区分することなく、新築時から配偶者居住権が設定された時までの年数をいいます。

存続年数

　「存続年数」は、配偶者居住権が存続する年数をいいます。具体的には、次に掲げる

場合の区分に応じ、それぞれに定める年数（6月以上の端数は1年とし、6月に満たない端数は切り捨てます。）となります。

A　配偶者居住権の存続期間が配偶者の終身の間とされている場合

　　その配偶者居住権が設定された時におけるその配偶者の平均余命

B　Aに掲げる場合以外の場合

　　遺産分割の協議・審判又は遺言により定められた配偶者居住権の存続年数（その年数がその配偶者居住権が設定された時における配偶者の平均余命を超える場合には、その平均余命とします。）

平均余命

配偶者居住権等の評価で、「耐用年数」及び「存続年数に応じた法定利率による複利現価率」並びに「存続年数」の判定に使用する配偶者の「平均余命」は、完全生命表（注）に掲載されている平均余命（6月以上の端数は切り上げ、6月未満の端数は切り捨てた年数）となります。

なお、完全生命表は、配偶者居住権が設定された時の属する年の1月1日現在において公表されている最新のものによります。

（注）「完全生命表」については、598ページを参照してください。

存続年数に応じた法定利率による複利現価率

「存続年数に応じた法定利率による複利現価率」とは、次の算式により算出した率（小数点以下3位未満の端数があるときは四捨五入した率）をいいます。

（算式）

$$\frac{1}{(1 + r)^n}$$

　r：民法の法定利率

　n：配偶者居住権の存続年数

法定利率

相続税法第23条の2第1項第3号の「法定利率」は、民法第404条《法定利率》の規定に基づく利率をいいます。また、法定利率については、3年ごとに見直されることとされていますが、配偶者居住権等の評価においては、配偶者居住権が設定された時における法定利率、すなわち、配偶者居住権が設定された日に適用される法定利率を用います。

チェックポイント77

一次相続等で居住建物等を取得した相続人が亡くなり、二次相続等により当該相続人の相続人が居住建物等を取得した場合の評価方法（相基通23の2－6）

　二次相続等により取得した居住建物等の価額は、「一次相続に係る配偶者居住権」が設定されていないものとした場合の居住建物等の価額から、既に設定されている配偶者居住権又は敷地利用権の価額を控除して計算します。

　なお、この場合の配偶者居住権又は敷地利用権の価額については、二次相続等により居住建物等を取得した時に配偶者居住権の設定があったものとして計算します。

【設例 24】

配偶者居住権の評価

○事実関係

2013年12月1日	被相続人が居住用建物（1階（100㎡）を居住用、2階（100㎡）を賃貸用とする賃貸併用住宅）を新築し、2階2室[※]のうち1室を第三者Aへ、1室を第三者Bへ賃貸
2018年5月30日	2階2室[※]のうち1室から第三者Bが退去し、以後、被相続人が物置（自用）として使用
2023年10月1日	相続開始
2024年3月20日	遺産分割協議が成立し、配偶者が配偶者居住権を取得

	事実関係の詳細
相続開始前 （2013年12月1日）	建 物 所 有 者：被相続人 土 地 所 有 者：被相続人 賃 貸 の 状 況：第三者A及びBへ賃貸（2階2室[※]のうち2室）
相続開始前 （2018年5月30日）	建 物 所 有 者：被相続人 土 地 所 有 者：被相続人 賃 貸 の 状 況：第三者Aへ賃貸（2階2室[※]のうち1室）
相続開始時 （2023年10月1日）	相続税評価額：建物2,000万円（自用）、土地6,000万円（自用） 借 家 権 割 合：30% 借 地 権 割 合：40% 賃 貸 の 状 況：第三者Aへ賃貸（2階2室[※]のうち1室） 建 物 建 築 日：2013年12月1日 建 物 構 造：木造
遺産分割時 （2024年3月20日）	建 物 相 続 人：長男 土 地 相 続 人：長男 賃 貸 の 状 況：第三者Aへ賃貸（2階2室[※]のうち1室） 配偶者の年齢：80歳10カ月 平 均 余 命：12.25年 配偶者居住権の存続期間：終身 法 定 利 率：3%

※　2階2室は各室とも同一床面積です。

○相続時の評価

【配偶者居住権の価額】

$$\begin{bmatrix}\text{自用・単独所有}\\\text{居住建物の時価}\end{bmatrix} \times \begin{bmatrix}\text{賃貸以外の床面積}\\ \diagup\text{居住建物の床面積}\end{bmatrix} = \begin{bmatrix}\text{配偶者居住権の評価の基礎}\\\text{となる居住建物の時価}\end{bmatrix}$$

2,000万円　　×　　　150㎡／200㎡^{（注）}　　＝　　1,500万円

(注)　2階2室のうち物置として使用している1室については、過去に賃貸の用に供していたとしても、相続開始日において自用家屋であるため、当該部分は「賃貸以外の床面積」に含めて評価します。

$$\begin{pmatrix}\text{配偶者居住}\\\text{権の評価の}\\\text{基礎となる}\\\text{居住建物の}\\\text{時価}\end{pmatrix} - \begin{pmatrix}\text{配偶者居住}\\\text{権の評価の}\\\text{基礎となる}\\\text{居住建物の}\\\text{時価}\end{pmatrix} \times \frac{\overset{\text{(耐用年数)(経過年数)(存続年数)}}{33\text{年}-10\text{年}-12\text{年}}}{\underset{\text{(耐用年数)(経過年数)}}{33\text{年}-10\text{年}}} \times \overset{\text{(複利現価率)}}{0.701}$$

$$1{,}500\text{万円} - 1{,}500\text{万円}$$

$$\overset{\text{(配偶者居住権の価額)}}{=\quad \underline{9{,}971{,}087\text{円}}}$$

（参考）耐　用　年　数：33年（22年×1.5）
　　　　経　過　年　数：10年（2013年12月1日～2024年3月20日：10年3か月）
　　　　存　続　年　数：12年（第23回生命表に基づく平均余命12.25年）
　　　　複　利　現　価　率：0.701（端数処理前0.7014）

【居住建物の価額】

$$\overset{\text{(居住建物の時価)}}{1{,}850\text{万円}^{\text{(注)}}} - \overset{\text{(配偶者居住権の価額)}}{9{,}971{,}087\text{円}} = \overset{\text{(居住建物の価額)}}{\underline{8{,}528{,}913\text{円}}}$$

（注）　ここでいう「居住建物の時価」とは、賃貸部分も含めた建物全体の価額（相続税評価額）を指します。
　　　　自用家屋部分の評価額：2,000万円×150㎡／200㎡＝1,500万円
　　　　貸家部分の評価額：2,000万円×50㎡／200㎡＝500万円
　　　　　　　　　　　　　　500万円－500万円×0.3＝350万円
　　　　居住建物の時価：1,500万円＋350万円＝1,850万円

【敷地利用権の価額】

$$\begin{pmatrix}\text{自用・単独所有居住}\\\text{建物の敷地の時価}\end{pmatrix} \times \begin{pmatrix}\text{賃貸以外の床面積}\\\text{／居住建物の床面積}\end{pmatrix} = \begin{pmatrix}\text{敷地利用権の評価の基礎と}\\\text{なる居住建物の敷地の時価}\end{pmatrix}$$

$$6{,}000\text{万円} \times 150\text{㎡}／200\text{㎡}^{\text{(注)}} = 4{,}500\text{万円}$$

（注）　2階2室のうち物置として使用している1室については、過去に賃貸の用に供していたとしても、相続開始日において自用家屋であるため、当該部分は「賃貸以外の床面積」に含めて評価します。

$$\begin{pmatrix}\text{敷地利用権の}\\\text{評価の基礎と}\\\text{なる居住建物}\\\text{の敷地の時価}\end{pmatrix} - \begin{pmatrix}\text{敷地利用権の}\\\text{評価の基礎と}\\\text{なる居住建物}\\\text{の敷地の時価}\end{pmatrix} \times \overset{\text{(複利現価率)}}{0.701} = \overset{\text{(敷地利用権の価額)}}{\underline{13{,}455{,}000\text{円}}}$$

$$4{,}500\text{万円} - 4{,}500\text{万円}$$

【居住建物の敷地の価額】

$$\overset{\text{(居住建物の敷地の時価)}}{5{,}820\text{万円}^{\text{(注)}}} - \overset{\text{(敷地利用権の価額)}}{13{,}455{,}000\text{円}} = \overset{\text{(居住建物の敷地の価額)}}{\underline{44{,}745{,}000\text{円}}}$$

（注）　ここでいう「居住建物の敷地の時価」とは、賃貸部分も含めた敷地全体の価額（相続税評価額）を指します。

自用地部分の評価額：6,000万円×150㎡／200㎡＝4,500万円

貸家建付地部分の評価額：6,000万円×50㎡／200㎡＝1,500万円

　　　　　　　　　　　　　1,500万円－1,500万円×0.4×0.3＝1,320万円

居住建物の敷地の時価：4,500万円＋1,320万円＝5,820万円

（配偶者居住権等の評価明細書）

配偶者居住権等の評価明細書

<table>
<tr><td rowspan="2">所有者</td><td>建物</td><td>（被相続人氏名）
○○○○</td><td>① 持分割合 1/1</td><td colspan="2">（配偶者氏名）</td><td>持分割合</td><td>所在地番
（住居表示）</td><td colspan="2">○○市○○町1-1
（　○○市○○町1-1　）</td><td rowspan="9">（令和二年四月一日以降用）</td></tr>
<tr><td>土地</td><td>（被相続人氏名）
○○○○</td><td>② 持分割合 1/1</td><td colspan="2">（共有者氏名）</td><td>持分割合</td><td>（共有者氏名）</td><td colspan="2">持分割合</td></tr>
</table>

居住建物の内容	建物の耐用年数	（建物の構造）※裏面《参考1》参照　　木造	33 年 ③
	建築後の経過年数	（建築年月日）2013年12月1日　から　（配偶者居住権が設定された日）2024年3月20日　… 10年　〔6月以上の端数は1年 6月未満の端数は切捨て〕	10 年 ④
	建物の利用状況等	建物のうち賃貸の用に供されている部分以外の部分の床面積の合計	150.00 ㎡ ⑤
		建物の床面積の合計	200.00 ㎡ ⑥

配偶者居住権の存続年数等	〔存続期間が終身以外の場合の存続年数〕 （配偶者居住権が設定された日）___年___月___日　から　（存続期間満了日）___年___月___日 …Ⓐ ___年　〔6月以上の端数は1年 6月未満の端数は切捨て〕	存続年数Ⓒ 12 年 ⑦
	〔存続期間が終身の場合の存続年数〕 （配偶者居住権が設定された日における配偶者の満年齢）80歳（生年月日1943年5月20日、性別 女）… Ⓑ 12年　（平均余命）Ⓑ ※裏面《参考2》参照　Ⓒ〔ⒶとⒷのいずれか短い年数とし、Ⓐがない場合はⒷの年数〕 12年	複利現価率 ※裏面《参考3》参照 0.701 ⑧

評価の基礎となる価額	建物	賃貸の用に供されておらず、かつ、共有でないものとした場合の相続税評価額	20,000,000 円 ⑨
		共有でないものとした場合の相続税評価額	18,500,000 円 ⑩
		相続税評価額　（⑩の相続税評価額）18,500,000 円 × （①持分割合）1/1	18,500,000 円 ⑪（円未満切捨て）
	土地	建物が賃貸の用に供されておらず、かつ、土地が共有でないものとした場合の相続税評価額	60,000,000 円 ⑫
		共有でないものとした場合の相続税評価額	58,200,000 円 ⑬
		相続税評価額　（⑬の相続税評価額）58,200,000 円 × （②持分割合）1/1	58,200,000 円 ⑭（円未満切捨て）

○配偶者居住権の価額

（⑨の相続税評価額）20,000,000 円	×	（⑤賃貸以外の床面積）150.00㎡ / （⑥居住建物の床面積）200.00㎡	×	（①持分割合）1/1	15,000,000 円 ⑮（円未満四捨五入）
（⑨の金額）15,000,000 円 − （⑮の金額）15,000,000円	×	（③耐用年数−④経過年数−⑦存続年数）/（③耐用年数−④経過年数）（注）分子又は分母が零以下の場合は零。 33 − 10 − 12 / 33 − 10	× 0.701（⑧複利現価率）	（配偶者居住権の価額）9,971,087 円 ⑯（円未満四捨五入）

○居住建物の価額

（⑪の相続税評価額）18,500,000 円 − （⑯配偶者居住権の価額）9,971,087 円	8,528,913 円 ⑰

○配偶者居住権に基づく敷地利用権の価額

（⑭の相続税評価額）60,000,000 円	×	（⑤賃貸以外の床面積）150.00㎡ / （⑥居住建物の床面積）200.00㎡	×	（①と②のいずれか低い持分割合）1/1	45,000,000 円 ⑱（円未満四捨五入）
（⑭の金額）45,000,000 円 − （⑱の金額）45,000,000 円	×	0.701（⑧複利現価率）			（敷地利用権の価額）13,455,000 円 ⑲（円未満四捨五入）

○居住建物の敷地の用に供される土地の価額

（⑭の相続税評価額）58,200,000 円 − （⑲敷地利用権の価額）13,455,000 円	44,745,000 円 ⑳

備考	

（注）土地には、土地の上に存する権利を含みます。

第7章　災害が発生した場合の財産評価

第1　特定土地等及び特定株式等に係る相続税及び贈与税の課税価格の計算の特例

1　特例の概要

⑴　相続税

　特定非常災害発生日以後に相続税の申告期限の到来する者が、当該特定非常災害発生日前に相続若しくは遺贈（この第6章において、以下「相続等」といいます。）により取得した特定土地等若しくは特定株式等又は贈与により取得した特定土地等若しくは特定株式等で当該特定非常災害発生日において所有していたものの相続税の課税価格に算入すべき価額は、その財産の取得の時における時価によらず、「特定非常災害の発生直後の価額として租税特別措置法施行令第40条の2の3第3項で定めるものの金額」（この第6章において、以下「特定非常災害の発生直後の価額（特定非常災害発生後を基準とした価額）」といいます。）によることができます（措法69の6①）。

チェックポイント78

贈与により取得した特定土地等又は特定株式等

　贈与により取得した特定土地等又は特定株式等は、当該特定非常災害発生日の属する年（当該特定非常災害発生日が1月1日から特定非常災害発生日の属する年分の前年分の贈与税の申告期限までの間にある場合には、その前年）の1月1日から当該特定非常災害発生日の前日までの間に取得したもので、相続税法第19条（相続開始前7年以内に贈与があった場合の相続税額）又は第21条の9（相続時精算課税の選択）第3項の規定の適用を受けるものに限ります（措通69の6－1）。

---

(2)　**贈与税**

　　特定非常災害発生日の属する年（当該特定非常災害発生日が1月1日から当該特定非常災害発生日の属する年分の前年分の贈与税の申告期限までの間にある場合には、その前年）の1月1日から当該特定非常災害発生日の前日までの間に贈与により取得した特定土地等又は特定株式等で、当該特定非常災害発生日において所有していたものの贈与税の課税価格に算入すべき価額については、その財産の取得の時における時価によらず、「特定非常災害の発生直後の価額（特定非常災害発生後を基準とした価額）」によることができます（措法69の7①、措通69の7－1）。

チェックポイント79

特定非常災害

　　租税特別措置法第69条の6《特定土地等又は特定株式等に係る相続税の課税価格の計算の特例》に規定する特定非常災害のことをいい、具体的には特定非常災害の被害者の権利利益の保全等を図るための特別措置に関する法律第2条《特定非常災害及びこれに対し適用すべき措置の指定》第1項の規定により特定非常災害として指定された非常災害をいいます。これまでに適用された災害は、「阪神・淡路大震災」、「平成16年新潟県中越地震」、「東日本大震災」、「平成28年熊本地震」、「平成30年7月豪雨」、「令和元年台風第19号（令和元年東日本台風）」、「令和2年7月豪雨」及び「令和6年能登半島地震」の8件です。

特定非常災害の発生直後の価額

　　「特定非常災害の発生直後の価額（特定非常災害発生後を基準とした価額）」とは、特定非常災害後において最も状況が悪化し、最低となった価額です。

①　特定土地等の当該価額

　　特定土地等の課税時期における現況が、特定非常災害の発生直後も継続していたものとみなして、当該特定土地等を評価した価額をいいます。

　　この場合、特定土地等の評価の基準となる地目や評価単位、借地権等の権利関係、土地の形状などについては、課税時期の現況によります。

　　したがって、相続等によりその特定土地等を取得した時（課税時期）から特定非常災害の発生直後までの間に区画形質の変更や権利関係等の変更があった場合でも、これらの事由は考慮しません（措通69の6・69の7共－2）。

②　特定株式等の当該価額

　　課税時期においてその特定株式等に係る法人が保有していた特定地域内にある動産（金銭及び有価証券は除きます。）、不動産、不動産の上に存する権利及び立木（この

第6章において、以下「動産等」といいます。）（その法人が特定非常災害発生日において保有していたものに限ります。）の課税時期における状況が、特定非常災害の発生直後の現況にあったものとみなして、その課税時期におけるその特定株式等の価額として評価した額に相当する金額とされています。

　すなわち、特定株式等に係る法人が課税時期において保有していた資産のうち特定地域内にあったもので特定非常災害の発生時において保有していたものについては、課税時期において既に特定非常災害による損害を被った状態で存していたものとして、その特定株式等を評価することになります。

2　特定土地等

　「特定土地等」とは、特定地域内に存する土地又は借地権などの土地の上に存する権利をいいます。

　また、特定地域とは、特定非常災害により被災者生活再建支援法第3条《被災者生活再建支援金の支給》第1項の規定の適用を受ける地域（この規定の適用がない場合には、その特定非常災害により相当な損害を受けた地域として財務大臣が指定する地域）のことをいいます。

⑴　特定土地等の「特定非常災害の発生直後の価額（特定非常災害発生後を基準とした価額）」の具体的計算方法

イ　宅地

㈪　路線価地域の宅地

　　　特定土地等に該当する宅地が路線価地域内に存する場合の「特定非常災害の発生直後の価額（特定非常災害発生後を基準とした価額）」は、特定非常災害発生日の属する年分の路線価に調整率（※）を乗じた金額を評価対象地のその年分の路線価（調整率適用後の路線価）として評価することができます（措通69の6・69の7共−2）。

特定非常災害発生日の属する年分の路線価	×	調　整　率	=	調整率適用後の路線価

　　※　調整率とは、特定地域内の一定の地域ごとに特定土地等の特定非常災害の発生直後の価額を算出するために、不動産鑑定士等の意見を基に国税局長（沖縄国税事務所長を含みます。）が別途定めた率（この第6章において、以下「調整率」といいます。）のことをいいます。

【設例　25】

一方の路線に面する宅地の場合

なお、調整率（宅地）は、0.90の地域とします。

（調整率表）

調 整 率 表

市区町村名：○○市　　　　　　　　　　　　　　　　　　　　　　　　　　　○○税務署

音順	町(丁目)又は大字名	適 用 地 域 名	路線価及び評価倍率に乗ずる調整率						
			宅地	田	畑	山林	原野	牧場	池沼
あ	○○1〜7丁目	全域	0.60						
	○○1〜4丁目	全域	0.60						
	○○1〜6丁目	全域	0.60						
か	○○1・2丁目	全域	0.60						
	○○1〜4丁目	全域	0.90		比準				
た	○○1〜9丁目	全域	0.60						
	○○		0.70						
	○○1〜8丁目	全域	0.70						
	○○○1〜5丁目	全域							
	○○1〜4丁目	全域	0.60						
	○○1〜6丁目	全域	0.90		比準				
ま	○○	全域	0.70						
	○○2・3丁目	全域	0.60						
	○	全域	0.70						
	○○1〜5丁目	全域	0.60						

（土地及び土地の上に存する権利の評価明細書）

土地及び土地の上に存する権利の評価明細書（第1表）

		○○ 局(所)○○ 署	6 年分 ×××ページ

（住居表示）	○○市○○1-2-3	所有者	住所（所在地）	○○市○○1-2-3	使用者	住所（所在地）	同左
所在地番	○○市○○1-234		氏名（法人名）	○○ ○○		氏名（法人名）	同左

（令和六年分以降用）

地目	（宅地）山林 田 畑 雑種地（　）	地積 375 ㎡	路線価				地形図及び参考事項
			正面 100,000×0.90 90,000	側方	側方	裏面	← 100D → 25m ←15m→

間口距離 15 m	利用区分	自用地 貸家建付地 借地権	私道 貸家建付借地権	地区区分	ビル街地区 高度商業地区 繁華街地区 普通商業・併用住宅地区	（普通住宅地区） 中小工場地区 大工場地区
奥行距離 25 m		貸宅地 転貸借地権（　）				

自用地1平方メートル当たりの価額	**1　一路線に面する宅地** （正面路線価）　　　　　（奥行価格補正率） 90,000 円 × 0.97	（1㎡当たりの価額）円 87,300	A
	2　二路線に面する宅地 （A）　　［側方・裏面 路線価］（奥行価格補正率）［側方・二方 路線影響加算率］ 　　　円 ＋ （　　　円 × ． × 0.　　）	（1㎡当たりの価額）円	B
	3　三路線に面する宅地 （B）　　［側方・裏面 路線価］（奥行価格補正率）［側方・二方 路線影響加算率］ 　　　円 ＋ （　　　円 × ． × 0.　　）	（1㎡当たりの価額）円	C
	4　四路線に面する宅地 （C）　　［側方・裏面 路線価］（奥行価格補正率）［側方・二方 路線影響加算率］ 　　　円 ＋ （　　　円 × ． × 0.　　）	（1㎡当たりの価額）円	D
	5-1　間口が狭小な宅地等 （AからDまでのうち該当するもの）（間口狭小補正率）（奥行長大補正率） 　　　円 × （ ． × ． ）	（1㎡当たりの価額）円	E
	5-2　不整形地 （AからDまでのうち該当するもの）　不整形地補正率※ 　　　円 × 0. ※不整形地補正率の計算 （想定整形地の間口距離）（想定整形地の奥行距離）（想定整形地の地積） 　　m × 　　m ＝ 　　㎡ （想定整形地の地積）（不整形地の地積）（想定整形地の地積）（かげ地割合） （ 　　㎡ － 　　㎡ ）÷ 　　㎡ ＝ 　　% （不整形地補正率表の補正率）（間口狭小補正率）（小数点以下2位未満切捨て） 0. × ． ＝ 0. ① ［不整形地補正率 ①、②のいずれか低い率、0.6を下限とする。］ （奥行長大補正率）（間口狭小補正率） ． × ． ＝ 0. ②	（1㎡当たりの価額）円	F
	6　地積規模の大きな宅地 （AからFまでのうち該当するもの）　規模格差補正率※ 　　　円 × 0. ※規模格差補正率の計算 （地積（Ⓐ））（Ⓑ）（Ⓒ）（地積（Ⓐ））（小数点以下2位未満切捨て） ｛（ 　　㎡× ＋ ）÷ 　　㎡｝× 0.8 ＝ 0.	（1㎡当たりの価額）円	G
	7　無道路地 （F又はGのうち該当するもの）　　　　　（※） 　　　円 × （ 1 － 0. ） ※割合の計算（0.4を上限とする。） （正面路線価）（通路部分の地積）（F又はGのうち該当するもの）（評価対象地の地積） （ 　　円 × 　　㎡ ）÷（ 　　円 × 　　㎡ ）＝ 0.	（1㎡当たりの価額）円	H
	8-1　がけ地等を有する宅地　［ 南 、 東 、 西 、 北 ］ （AからHまでのうち該当するもの）（がけ地補正率） 　　　円 × 0.	（1㎡当たりの価額）円	I
	8-2　土砂災害特別警戒区域内にある宅地 （AからHまでのうち該当するもの）　特別警戒区域補正率※ 　　　円 × 0. ※がけ地補正率の適用がある場合の特別警戒区域補正率の計算（0.5を下限とする。） （特別警戒区域補正率表の補正率）（がけ地補正率）（小数点以下2位未満切捨て）［ 南、東、西、北 ］ 0. × 0. ＝ 0.	（1㎡当たりの価額）円	J
	9　容積率の異なる2以上の地域にわたる宅地 （AからJまでのうち該当するもの）（控除割合（小数点以下3位未満四捨五入）） 　　　円 × （ 1 － 0. ）	（1㎡当たりの価額）円	K
	10　私道 （AからKまでのうち該当するもの） 　　　円 × 0.3	（1㎡当たりの価額）円	L

自用地の評価額	自用地1平方メートル当たりの価額 （AからLまでのうちの該当記号）（A） 円 87,300	地積 ㎡ 375	総額 （自用地1㎡当たりの価額）×（地積） 円 32,737,500	M

（注）1　5-1の「間口が狭小な宅地等」と5-2の「不整形地」は重複して適用できません。
2　5-2の「不整形地」の「AからDまでのうち該当するもの」欄の価額について、AからDまでの欄で計算できない場合には、（第2表）の「備考」欄等で計算してください。
3　「がけ地等を有する宅地」であり、かつ、「土砂災害特別警戒区域内にある宅地」である場合については、8-1の「がけ地等を有する宅地」欄ではなく、8-2の「土砂災害特別警戒区域内にある宅地」欄で計算してください。

（資4-25-1-A4統一）

【設例　26】

二方の路線に面する宅地の場合

なお、調整率（宅地）は、0.90の地域とします。

（調整率）

調整率表

市区町村名：△△市　　　　　　　　　　　　　　　　　　　△△税務署

音順	町(丁目)又は大字名	適用地域名	路線価及び評価倍率に乗ずる調整率						
			宅地	田	畑	山林	原野	牧場	池沼
あ	△△1～7丁目	全域	0.60						
い	△△1～4丁目	全域	0.60						
た	△△1～9丁目	全域	0.60						
ち	△△	全域	0.70						
て	△△△△1～3丁目	全域	0.70						
と	△△△1～3丁目	全域	0.90						
	△△1～4丁目	全域							
ね	△△1丁目		0.60			比準			
	～6丁目	全域	0.90			比準			
ま	△△	全域							
	△△2・3丁目	全域	0.60						
み	△	全域	0.70						
	△△1～5丁目	全域	0.60						

（土地及び土地の上に存する権利の評価明細書）

(ロ) 倍率地域の宅地

　特定土地等に該当する宅地が倍率地域内に存する場合の「特定非常災害の発生直後の価額（特定非常災害発生後を基準とした価額）」は、特定非常災害発生日の属する年分の評価倍率に調整率を乗じたものを同年度固定資産税評価額に乗じて評価します。

特定非常災害発生日の属する年分の評価倍率	×	調整率	×	同年度固定資産税評価額	=	評価額

【設例　27】

倍率地域に存する宅地の評価

○　令和6年分評価倍率　　1.1

○　調整率　　0.75

○　令和6年度固定資産税評価額　　5,000,000円

　　評価倍率　　　　　調整率　　　　調整率適用後の評価倍率
　　　1.1　　　×　　0.75　　＝　　　　　0.825

　　固定資産税評価額　　　　調整率適用後の評価倍率　　　　評価額
　　　5,000,000円　　　×　　　　　0.825　　　　＝　4,125,000円

（倍率表）

令和6年分　　　　**倍　率　表**

市区町村名：○○市　　　　　　　　　　　　　　　　　　○○税務署

音順	町（丁目）又は大字名	適　用　地　域　名	借地権割合	宅地	田	畑	山林	原野	牧場	池沼
			%						%	%
あ	○○○	全域		1.1	純 2.2	純 3.1	純 2.0	純 2.0		
	○○○○1～3丁目	一部	—	路線	比準	比準	比準	比準		
		上記以外の地域	30	1.1	純 2.0	純 2.6	純 1.9	純 1.9		
	○○	全域	—	路線	比準	比準	比準	比準		
	○○○	○○○を冠する字の全域		1.1	純 2.0	純 2.6	純 1.9	純 1.9		
	○○○○	全域		1.1	純 2.0	純 2.8	純 1.9	純 1.9		
	○○○	○○○を冠する字の全域		1.1	純 2.0	純 2.8	純 1.9	純 1.9		

(調整率表)

<h1 style="text-align:center">調 整 率 表</h1>

市区町村名：○○市　　　　　　　　　　　　　　　　○○税務署

音順	町(丁目)又は大字名	適 用 地 域 名	宅地	田	畑	山林	原野	牧場	池沼
			路線価及び評価倍率に乗ずる調整率						
あ	○○○	全域	0.60	0.75	0.80	0.85	0.85		
	○○○○1～3丁目	路線価地域	0.75	比準	比準	比準	比準		
		上記以外の地域	0.75	比準	比準	比準	比準		
	○○	全域	0.60	比準	比準	比準	比準		
	○○○（注）	○○○を冠する字の地域							
		1　別紙13-47のAの地域	0.30	0.55	0.55	0.55	0.85		
		2　別紙13-47のCの地域	0.60	0.75	0.80	0.85	0.85		
		3　上記以外の地域	0.75	0.90	0.90	0.90	0.90		
	○○○○（注）	別紙13-44、48、49のAの地域	0.30	0.55	0.55	0.85	0.85		
		上記以外の地域	0.75	0.90	0.90	0.90	0.90		
	○○○（注）	○○○を冠する字の全域							

(固定資産（土地・家屋）評価証明書)

<h2 style="text-align:center">固定資産（土地・家屋）評価証明書</h2>

所有者	住 所	○○県　○○市　○○町　1－1	証明を必要とする理由	税務署へ提出のため
	氏 名（名称）	× × × ×		

所 在 等		地 目	地積又は床面積㎡	令和6年度価格（円）
○○市○○○○1－105番地		登記 宅地	500	5,000,000
		現況 宅地		

摘要	

上記のとおり証明します。

令和○年○月○日
○　○　市　長

ロ　農地・山林

　市街地農地等を評価する場合、その農地が宅地であるとした場合の1㎡当たりの価額（その付近にある宅地の1㎡当たりの価額を基とし、その宅地とその農地等との位置、形状等の条件の差を考慮して評価した価額）を基に評価することから、特定土地等に該当する市街地農地及び市街地山林については、宅地の評価方法に準じて評価します。

【設例　28】

路線価地域に存する農地等の評価

　調整率（宅地）は、0.90の地域とし、傾斜度が4度とします。

（市街地農地等の評価明細書）

市 街 地 農 地 等 の 評 価 明 細 書

市街地農地　　市街地山林
市街地周辺農地　　市街地原野

（平成十八年分以降用）

所　在　地　番		□□市□□町4－567		
現　況　地　目		畑	① 地積	375　㎡
評価の基とした宅地の1平方メートル当たりの評価額	所在地番			
	② 評価額の計算内容	（令和6年分正面路線価）（調整率）（奥行25mに対応する奥行価格補正率） 100,000円　×　0.90　×　0.97　=	③（評価額） 87,300	円
評価する農地等が宅地であるとした場合の1平方メートル当たりの評価額	④ 評価上考慮したその農地等の道路からの距離、形状等の条件に基づく評価額の計算内容		⑤（評価額） 87,300	円

地の計算	地	合計額の計算	（整地を要する面積）（1㎡当たりの整地費） 　㎡　×　　　円	⑥	円
		1㎡当たりの計算	⑪ （1㎡当たりの伐採・抜根費） 円	⑦	円
	傾斜地	傾斜度に係る造成費	（傾斜度）　　4度	⑬ 21,700	円
		伐採・抜根費	（伐採・抜根を要する面積）（1㎡当たりの伐採・抜根費） 　㎡　×　　　円	⑭	円
		1㎡当たりの計算	⑬　＋　（⑭ ÷ ①）	⑮ 21,700	円

市街地農地等の評価額	（⑤ － ⑫（又は⑮））×① （注）市街地周辺農地については、さらに0.8を乗ずる。	24,600,000	円

(注) 1　「②評価額の計算内容」欄には、倍率地域内の市街地農地等については、評価の基とした宅地の固定資産税評価額及び倍率等を記載し、路線価地域内の市街地農地等については、その市街地農地等が宅地である場合の画地計算の内容を記載してください。なお、画地計算が複雑な場合には、「土地及び土地の上に存する権利の評価明細書」を使用してください。

2　「④評価上考慮したその農地等の道路からの距離、形状等の条件に基づく評価額の計算内容」欄には、倍率地域内の市街地農地等について、「③評価額」欄と「⑤評価額」欄の金額が異なる場合に記載し、路線価地域内の市街地農地等については記載の必要はありません。

3　「傾斜地の宅地造成費」に加算する伐採・抜根費は、「平坦地の宅地造成費」の「伐採・抜根費」の金額を基に算出してください。

(審4-26-A4統一)

（傾斜地の宅地造成費）

令和6年分
（○○県）

表2　傾斜地の宅地造成費

傾　斜　度	金　　額
3度超　5度以下	21,700円/㎡
5度超　10度以下	26,100円/㎡
10度超　15度以下	40,900円/㎡
15度超　20度以下	57,800円/㎡
20度超　25度以下	63,900円/㎡
25度超　30度以下	68,900円/㎡

（留意事項）

（1）「傾斜地の宅地造成費」の金額は、整地費、土盛費、土止費の宅地造成に要するすべての費用を含めて算定したものです。

　　なお、この金額には、伐採・抜根費は含まれていないことから、伐採・抜根を要する土地については、「平坦地の宅地造成費」の「伐採・抜根費」の金額を基に算出し加算します。

　　　　　　　　　　　　いては、「平坦地の宅地造成費」の額により計算します。

　　　　　　　　　する起点は評価する土地に最も近い

(2)　物理的な損失が生じた特定土地等の評価方法

　特定土地等及び特定株式等に係る相続税（贈与税）の課税価格の計算の特例（この第6章において、以下「特定非常災害に係る特例」といいます。）の適用を受ける特定土地等については、特定非常災害発生日の属する年分の路線価及び評価倍率に、原則として、特定地域内の一定の地域ごとに定めた「調整率」を乗じたものを路線価及び評価倍率として評価することができますが、次に掲げる物理的な損失が生じた場合の評価方法等は、次のとおりです。

イ　地割れ等が生じた特定土地等の評価

　特定非常災害により、地割れ等が生じたことによって土地そのものの形状が変わったことに伴う損失（物理的な損失）が生じ、一定の要件に該当する場合については、災害被害者に対する租税の減免、徴収猶予等に関する法律（以下「災害減免法」といいます。）第6条による相続税又は贈与税の減免措置の対象となります。この場合においては、物理的な損失に係る原状回復費用の見積額（保険金、

損害賠償金等により補填された金額を除きます。）の100分の80に相当する金額を、災害減免法第6条における土地等の「被害を受けた部分の価額」として差し支えありません。

(注)1　上記の一定の要件に該当する場合とは、①相続税又は贈与税の課税価格の計算の基礎となった財産の価額（相続税については債務控除後の価額）のうちに被害を受けた部分の価額の占める割合が10分の1以上であること又は②相続税又は贈与税の課税価格の計算の基礎となった動産（金銭及び有価証券を除きます。）、不動産（土地及び土地の上に存する権利を除きます。）及び立木の価額のうちにこれらの財産について被害を受けた部分の価額の占める割合が10分の1以上であることのいずれかに該当する場合です。

2　物理的な損失が生じた特定土地等について、上記（注1）の要件に該当する場合には、災害減免法第6条と特定非常災害に係る特例の両方が適用されるときがあり、このときには、特定非常災害に係る特例を適用して特定非常災害発生日の属する年分の路線価及び評価倍率に「調整率」を乗じたものを基に計算した価額から災害減免法第6条を適用して「被害を受けた部分の価額」を控除して計算します。

3　災害減免法の詳細については、平成23年4月27日付資産課税課情報第8号・資産評価企画官情報第1号「東日本大震災により被害を受けた場合の相続税・贈与税・譲渡所得・登録免許税の取扱い」について（情報）の「3　災害減免法関係」を参照してください（国税庁ホームページ（www.nta.go.jp））。

なお、災害減免法第4条の規定による土地等の「被害を受けた部分の価額」の計算における「被害割合」は、本文なお書による「物理的な損失に係る原状回復費用の見積額（保険金、損害賠償金等により補填された金額を除きます。）の100分の80に相当する金額」を特定非常災害発生日の属する年分の路線価及び評価倍率により求めた価額で除して計算して差し支えありません。

--- **【物理的な損失と経済的な損失】** ---

特定土地等についての災害減免法第6条及び特定非常災害に係る特例の対象となる被害の具体例は以下のとおりです。

災害減免法	特定非常災害に係る特例
物理的な損失 →　土地そのものの形状が変わったことに伴う損失 　　具体例 　　・地割れ、亀裂 　　・陥没 　　・隆起 　　・海没	経済的な損失 →　左記以外の損失（地価下落） 　　具体例 　　・街路の破損 　　・鉄道交通の支障 　　・ライフラインの停止 　　・周囲の建物の倒壊 　　・がれきの堆積 　　・塩害

ロ　津波被害を受けた特定土地等の評価

　　津波被害を受けた特定土地等のうち、海面下に没した（水没した）特定土地等については、物理的な損失が生じていると考えられますので、その状態が一時的なものである場合を除いて、水没した特定土地等の価額の全額（保険金、損害賠償金等により補塡された金額を除きます。）が災害減免法第6条における土地等の「被害を受けた部分の価額」に該当します。

ハ　液状化現象により被害を受けた特定土地等の評価

　　液状化現象により、庭の陥没等の被害を受けた特定土地等については、物理的な損失が生じていると考えられますので、陥没等に係る原状回復費用の見積額（保険金、損害賠償金等により補塡された金額を除きます。）の100分の80に相当する金額が、災害減免法第6条における土地等の「被害を受けた部分の価額」に該当します。

　（注）　液状化現象により傾いた家屋を水平にするための費用等は、家屋の原状回復費用と考えられますので、当該原状回復費用の見積額（保険金、損害賠償金等により補塡された金額を除きます。）を、災害減免法第6条の「被害を受けた部分の価額」の計算における家屋の「被害額」として差し支えありません（下記「⑷　液状化現象により被害を受けた家屋の評価」参照）。

【液状化現象により被害を受けた場合の特定非常災害に係る特例と災害減免法第6条の適用関係等】

被害の区分	特定非常災害に係る特例と災害減免法第6条の適用関係等
土地等の物理的な損失 （庭の陥没等）	一定の要件に該当する場合については、災害減免法第6条により土地等の課税財産価額が減額されます。
土地等の経済的な損失 （地価下落）	特定非常災害に係る特例を適用して、特定非常災害発生日の属する年分の路線価及び評価倍率に「調整率」を乗じて計算します。
家屋が傾いたこと等による被害	一定の要件に該当する場合については、災害減免法第6条により家屋の課税財産価額が減額されます。

※　表中の一定の要件に該当する場合とは、①相続税又は贈与税の課税価格の計算の基礎となった財産の価額（相続税については債務控除後の価額）のうちに被害を受けた部分の価額の占める割合が10分の1以上であること又は②相続税又は贈与税の課税価格の計算の基礎となった動産（金銭及び有価証券を除きます。）、不動産（土地及び土地の上に存する権利を除きます。）及び立木の価額のうちにこれらの財産について被害を受けた部分の価額の占める割合が10分の1以上であることのいずれかに該当する場合です。

⑶　特定土地等の「特定非常災害の発生直後の価額（特定非常災害発生後を基準とした価額）」の判定

　　特定非常災害に係る特例の適用を受ける特定土地等の「特定非常災害の発生直後

の価額（特定非常災害発生後を基準とした価額）」については、特定土地等の課税
時期における現況が特定非常災害の発生直後も継続していたものとみなしてその特
定土地等を評価した価額となりますので、特定土地等に係る区画形質や権利関係等
は、課税時期の現況によります（措通69の6・69の7共－2）。

イ　貸家が滅失した場合の貸家建付地の判定

特定非常災害により貸家が滅失した場合であっても、課税時期に貸家建付地で
あれば、貸家建付地として評価します。

ロ　通行不能の状態にある場合の側方路線影響加算等

特定非常災害により路線の形状が崩れたり、がれきが堆積したこと等により、
通行不能の状態となったとしても、側方路線影響加算、二方路線影響加算、三方
又は四方路線影響加算を行います。

ハ　通行不能の状態にある場合の無道路地の判定

特定非常災害により路線の形状が崩れたり、がれきが堆積したこと等により、
通行不能の状態となったとしても、無道路地として評価することはできません。

(4) 液状化現象により被害を受けた家屋の評価

特定非常災害に係る特例が適用される財産は、特定土地等及び特定株式等であり、
家屋は特定非常災害に係る特例が適用される財産ではありませんので、課税時期の
現況により評価します。

ただし、一定の要件に該当する場合については、災害減免法第6条による相続税
又は贈与税の減免措置の対象となります。

災害減免法第6条の対象となる場合は、液状化現象により傾いた家屋を水平にす
るため等の原状回復費用の見積額（保険金、損害賠償金等により補填された金額を
除きます。）を、災害減免法第6条の「被害を受けた部分の価額」の計算における
家屋の「被害額」として差し支えありません（上記(2)の「ハ　液状化現象により被
害を受けた特定土地等の評価」参照）。

(注)1　上記の一定の要件に該当する場合とは、①相続税又は贈与税の課税価格の計算
の基礎となった財産の価額（相続税については債務控除後の価額）のうちに被害
を受けた部分の価額の占める割合が10分の1以上であること又は②相続税又は贈
与税の課税価格の計算の基礎となった動産（金銭及び有価証券を除きます。）、不
動産（土地及び土地の上に存する権利を除きます。）及び立木の価額のうちにこれ
らの財産について被害を受けた部分の価額の占める割合が10分の1以上であるこ
とのいずれかに該当する場合です。

2　災害減免法の詳細については、平成23年4月27日付資産課税課情報第8号・資

産評価企画官情報第1号「東日本大震災により被害を受けた場合の相続税・贈与税・譲渡所得・登録免許税の取扱い」について（情報）の「3　災害減免法関係」を参照してください（国税庁ホームページ（www.nta.go.jp））。

3　特定株式等

「特定株式等」とは、特定地域内にあった動産等の価額が保有資産の合計額の10分の3以上である法人の株式又は出資（上場株式、店頭売買有価証券に該当する株式等及び公開途上にある株式を除きます。この3において、以下「株式等」といいます。）をいいます。

チェックポイント80

特定株式等の判定

　評価対象法人の株式等が、特定株式等に該当するかどうかは、評価対象法人が課税時期に保有していた各資産を、課税時期において財産評価基本通達の定めるところにより評価した価額に基づき判定することとなります（措通69の6・69の7共−3）。なお、この場合の特定地域内にあった動産等の価額には、評価対象法人が課税時期に保有していた特定地域内にあった動産等の価額のうち、特定非常災害発生日に保有していないものの価額も含まれます。

⑴　**特定株式等を評価する場合における各種判定**

　イ　**特定株式等を評価する場合における評価上の区分**

　　　特定株式等を評価する場合における評価対象法人の規模等は、特定非常災害の発生直後の状況により判定するのではなく、財産評価基本通達178《取引相場のない株式の評価上の区分》の定めにより、課税時期における評価対象法人の現況で判定します。

【会社規模の判定の例】

ロ　特定株式等を評価する場合における同族株主等の判定

　　特定株式等を評価する場合において、同族株主に該当するかどうかは、特定非常災害の発生直後の状況により判定するのではなく、財産評価基本通達188《同族株主以外の株主等が取得した株式》、同188－3《評価会社が自己株式を有する場合の議決権総数》、同188－4《議決権を有しないこととされる株式がある場合の議決権総数等》、同188－5《種類株式がある場合の議決権総数等》及び同188－6《投資育成会社が株主である場合の同族株主等》の定めにより、課税時期における評価対象法人の現況で判定します。

【株主の態様による評価方式の判定の例】

《課税時期》

原則的評価方式
①　類似業種比準方式
②　純資産価額方式
③　類似業種比準方式と純資産価額方式の併用方式

贈与・譲渡等により株主構成割合が変化

《特定非常災害発生直後》

特例的評価方式

（配当還元方式）

財産評価基本通達188、188－3、188－4、188－5及び188－6の定めにより、課税時期の現況で判定します。

ハ　特定株式等が特定の評価会社の株式等に該当するかどうかの判定

　　特定株式等が、財産評価基本通達189《特定の評価会社の株式》の(1)から(6)のいずれの株式等に該当するかどうかは、特定非常災害の発生直後の状況により判定するのではなく、同189の定めにより、課税時期における評価対象法人の現況で判定します（措通69の6・69の7共－5）。

【特定の評価会社に該当するかどうかの判定の例】

《課税時期》

・通常の会社

○株式、出資及び新株予約権付社債以外の資産の価額の減少等
○比準要素数の減少

《特定非常災害発生直後》

・株式等保有特定会社

・比準要素数1の会社

財産評価基本通達189の定めにより、課税時期の現況で判定します。

⑵　特定株式等の評価方法

　　特定非常災害に係る特例の適用を受ける特定株式等の価額は、課税時期の時価によらず、「特定非常災害の発生直後の価額（特定非常災害発生後を基準とした価額）」によることができます。

イ　類似業種比準方式

　⑴　計算方法

　　　特定株式等を類似業種比準方式により評価する場合には、その法人の見積利益金額を比準要素（配当金額、利益金額、純資産価額）に反映させて計算することができます。

　　　具体的には、類似業種比準方式により評価する特定株式等の「特定非常災害の発生直後の価額（特定非常災害発生後を基準とした価額）」については、財産評価基本通達183《評価会社の1株当たりの配当金額等の計算》に定める評価対象法人の「1株当たりの配当金額」、「1株当たりの利益金額」及び「1株当たりの純資産価額（帳簿価額によって計算した金額）」を次に掲げるところにより計算した金額によって評価した1株当たりの特定株式等の価額にその特定株式等の数を乗じて計算します（措通69の6・69の7共－4⑴）。

　　A　「1株当たりの配当金額」

　　　　次のBにより計算した「1株当たりの利益金額」に次に掲げる割合（直前期末以前2年間の平均配当率）を乗じて計算した金額

$$\frac{財産評価基本通達183(1)に定めるところにより計算した直前期末以前2年間の評価対象法人の剰余金の配当金額の合計額}{財産評価基本通達183(2)に定めるところにより計算した直前期末以前2年間の評価対象法人の法人税の課税所得金額を基として計算した利益金額の合計額}$$

　　B　「1株当たりの利益金額」

　　　　財産評価基本通達183⑵に定めるところにより計算した「1株当たりの利益金額」と特定非常災害の発生直後の状況に基づいて合理的に見積もった特定非常災害発生日の属する事業年度の末日以前1年間における所得金額を基として計算した利益金額の見積額（この第6章において、以下「見積利益金額」といいます。）を直前期末における発行済株式数（1株当たりの資本金等の額が50円以外の金額である場合には、直前期末における資本金等の額を50円で除して計算した数によります。）で除して計算した金額との合計額（そ

の金額が負数のときは０とします。）の２分の１に相当する金額

C　「１株当たりの純資産価額（帳簿価額によって計算した金額)」

　　財産評価基本通達183(3)に定める「１株当たりの純資産価額（帳簿価額によって計算した金額)」

　　ただし、見積利益金額が欠損となる場合には、直前期末における資本金等の額及び利益積立金額の合計額からその見積利益金額（欠損額の絶対値）を控除することによる調整を行うことができます。

（注）　１株当たりの資本金等の額等の計算は、特定非常災害の発生直後の状況により行うのではなく、課税時期の現況により行います。

チェックポイント81

類似業種比準価額の評価方式

【財産評価基本通達の評価方法】

$$
\underset{\substack{\text{類似業種}\\\text{平均株価}}}{A} \times \left[\dfrac{\dfrac{\underset{\text{配当}}{ⓑ}}{B} + \dfrac{\underset{\text{利益}}{ⓒ}}{C} + \dfrac{\underset{\text{簿価純資産}}{ⓓ}}{D}}{3}\right] \times \underset{\substack{\text{評価の安全性の}\\\text{しんしゃく率}}}{0.7}
$$

[ⓑ、ⓒ及びⓓは評価対象法人の１株当たりの金額　B、C及びDは類似業種の１株当たりの金額]　[中会社0.6　小会社0.5]

【財産評価基本通達の評価方法と特定非常災害の発生直後の価額（特定非常災害発生後を基準とした価額）の評価方法の比較】

<table>
<tr><td rowspan="2">配当金額</td><td>財産評価基本通達
↓</td><td colspan="2">$\dfrac{直前期末以前2年間の配当金額}{2}$</td></tr>
<tr><td>特定非常災害の発生直後の価額</td><td>$\dfrac{\left(\begin{array}{l}直前期末以前1年間\\の利益金額（又は2\\年間の平均利益金額）\end{array} + \begin{array}{l}特定非常災害発生\\日の属する事業年\\度の見積利益金額\end{array}\right)}{2}$</td><td>$\begin{array}{l}直前期末以\\前2年間の\\平均配当率\end{array}$</td></tr>
<tr><td rowspan="2">利益金額</td><td>財産評価基本通達
↓</td><td colspan="2">直前期末以前1年間の利益金額（又は2年間の平均利益金額）</td></tr>
<tr><td>特定非常災害の発生直後の価額</td><td colspan="2">$\dfrac{\left(\begin{array}{l}直前期末以前1年間の\\利益金額（又は2年間\\の平均利益金額）\end{array} + \begin{array}{l}特定非常災害発生\\日の属する事業年\\度の見積利益金額\end{array}\right)}{2}$</td></tr>
<tr><td rowspan="2">簿価純資産価額</td><td>財産評価基本通達
↓</td><td colspan="2">$\begin{array}{l}直前期末現在の\\資本金等の額\end{array} + \begin{array}{l}直前期末現在の\\利益積立金額\end{array}$</td></tr>
<tr><td>特定非常災害の発生直後の価額</td><td colspan="2">$\begin{array}{l}直前期末現在の\\資本金等の額\end{array} + \begin{array}{l}直前期末現在の\\利益積立金額\end{array} - \begin{array}{l}見積利益金額（欠\\損額の絶対値（※））\end{array}$
※　見積利益金額が欠損となる場合のみ</td></tr>
</table>

（吹き出し）$\dfrac{直前期末以前2年間の剰余金の配当金額の合計額}{直前期末以前2年間の利益金額の合計額}$

㈁　見積利益金額の具体的な計算方法

　　見積利益金額とは、特定非常災害の発生直後の状況に基づいて合理的に見積もった特定非常災害発生日の属する事業年度の末日以前 1 年間における所得金額を基として計算した利益金額の見積額をいい、具体的には、次のとおり計算します。

　A　評価対象法人が相続税又は贈与税の申告期限までに決算を了している場合

　　　特定非常災害発生日の属する事業年度の末日以前 1 年間（この㈁において、以下「被災事業年度」といいます。）の所得金額を基として計算した利益金額の実績によります。

　　（注）　ここでいう申告期限は、租税特別措置法第69条の 8 《相続税及び贈与税の

申告書の提出期限の特例》の規定により延長された場合には、その延長された期限をいいます（次のBにおいて同じです。）。

B　評価対象法人が相続税又は贈与税の申告期限までに決算を了していない場合

　合理的に見積もった被災事業年度（１年間）の所得金額を基として計算した利益金額とします。この場合、評価明細書に見積利益金額の計算過程の分かる書類を添付してください。

　例えば、被災事業年度における法人税法第72条《仮決算をした場合の中間申告書の記載事項等》第１項に規定する所得の金額又は欠損金額（この(ロ)において、以下「中間所得金額」といいます。）がある場合は、被災事業年度の所得金額を被災事業年度の前の事業年度における確定決算に基づく所得金額に、その事業年度における中間所得金額に対する被災事業年度における中間所得金額の割合を乗じて計算した金額とする方法等が考えられます。

　これを算式で示せば、次のとおりです。

──（算式）────────────────────────

$$\text{被災事業年度の前の事業年度における所得金額} \times \frac{\text{被災事業年度の中間所得金額}}{\text{被災事業年度の前の事業年度における中間所得金額}} = \text{被災事業年度の所得金額}$$

ロ　純資産価額方式

(イ)　計算方法

　特定株式等を純資産価額方式により評価する場合には、相続等又は贈与により株式等を取得した時において法人が保有していた各資産のうち、特定非常災害発生日において保有していた特定地域内にあった動産等について、その動産等の課税時期の状況が特定非常災害の発生直後の現況にあったものとみなして評価した価額により総資産価額を計算することができます。

　具体的には、純資産価額方式により評価する特定株式等の「特定非常災害の発生直後の価額（特定非常災害発生後を基準とした価額）」については、課税時期における評価対象法人の各資産を特定非常災害発生日において保有していた特定地域内にあった動産等とそれ以外の資産に区分し、特定地域内にあった動産等についてのみ、その状況が特定非常災害の発生直後の現況にあったものとみなして、課税時期の相続税評価額を特定非常災害の発生直後における価額

（この口において、以下「直後価額」といいます。）に置き換えて財産評価基本通達185《純資産価額》に定めるところにより評価した1株当たりの特定株式等の価額にその特定株式等の数を乗じて計算します（措通69の6・69の7共－4(2)）。

(注)1　評価対象法人が課税時期前3年以内に取得又は新築した特定地域内にあった土地等並びに家屋及びその附属設備又は構築物の価額は、課税時期における通常の取引価額に相当する金額ではなく、「直後価額」によります。

2　評価対象法人が課税時期に保有していた動産等を特定非常災害発生日前に売却している場合には、その動産等の価額は、原則どおり課税時期における相続税評価額によりますが、特定非常災害により滅失した動産等の価額については、特定非常災害発生日に保有していたと認められますので、「直後価額」によることになります。

3　特定非常災害により動産等が滅失又は毀損したことによって損害保険金請求権が発生した場合には、動産等は「直後価額」によって評価したものを純資産価額に計上し、その損害保険金請求権は純資産価額に計上しません。

【設例　29】

特定株式等の純資産価額方式による評価

（前提）評価対象法人の課税時期における資産等の状況

（単位：万円）

科　　　目	資　　　産			負　　　債	
	相続税評価額		帳簿価額	相続税評価額	帳簿価額
	課税時期	特定非常災害発生直後			
現金預貯金	1,000	1,000	1,000	（内訳は省略）	
土地（特定地域内）	7,000	5,000	2,000		
土地（特定地域外）	3,000	3,000	1,000		
建物（特定地域内）	5,000	2,000	2,000		
その他	1,000	1,000	1,000		
合　　　計	17,000	① 12,000	② 7,000	③ 2,000	④ 2,000

※　課税時期は令和6年2月15日
　　課税時期現在の発行済株式数10,000株
　　資産は全て特定非常災害発生日（令和6年5月4日）においても保有

（計算）

1　評価差額に対する法人税額等相当額の計算

　　　（①－③）　　（②－④）
　　（10,000万円－5,000万円）×0.37＝1,850万円……⑤

2　1株当たりの純資産価額の計算

　　　　（①）　　　　（③）　　　　（⑤）
　　（12,000万円－2,000万円－1,850万円）÷10,000株＝8,150円

㈣　純資産価額方式における「直後価額」

　　特定株式等を純資産価額方式により評価する場合の特定地域内にあった動産
等の価額は「直後価額」によりますが、このうち、土地等及び家屋の「直後価
額」は、具体的には次のとおり計算します。

　A　土地等

　　　土地等の「直後価額」は、特定土地等と同様に特定非常災害発生日の属す
　る年分の路線価及び評価倍率に、原則として、特定地域内の一定の地域ごと
　に定めた「調整率」を乗じたものを路線価及び評価倍率として計算すること

ができます。ただし、租税特別措置法施行令の規定によれば、特定株式等を純資産価額方式で評価する場合における評価対象法人が保有していた特定地域内の土地等の「直後価額」と特定土地等の「特定非常災害の発生直後の価額（特定非常災害発生後を基準とした価額)」とでは、評価単位や特定非常災害による物理的な損失の取扱い等が異なります。

両者の具体的な異同は次表のとおりです。

	特定株式等を純資産価額方式で評価する場合における評価対象法人が保有していた特定地域内の土地等の評価（直後価額）（※1）	特定土地等の評価（※1）（特定非常災害の発生直後の価額）
評価単位	特定非常災害発生直後の状況	課税時期の現況（特定非常災害前）
権利関係	特定非常災害発生直後の状況	課税時期の現況（特定非常災害前）
課税時期から特定非常災害までの区画形質の変更	変更後（特定非常災害発生直後）の状況により評価	考慮しないで評価
路線価等（路線価及び評価倍率）	特定非常災害発生日の属する年分の路線価等×調整率	特定非常災害発生日の属する年分の路線価等×調整率
特定非常災害による物理的な損失	土地等の評価で個別に減額（※2）	災害減免法第6条により減額

※1　特定非常災害発生日に保有していたものに限ります。
※2　表中の「土地等の評価で個別に減額」の具体的な計算は、課税時期が特定非常災害発生日以後である場合の取扱いに準じて行います（下記第2の2「(1)　地割れ等が生じた土地等の評価」参照）。

B　家屋

家屋の「直後価額」は、課税時期が特定非常災害発生日以後である場合の取扱いに準じて評価します（下記第2の3「(1)　被災家屋の評価」参照）。

ハ　配当還元方式

特定株式等を配当還元方式により評価する場合には、「その株式に係る年配当金額」を上記イの見積利益金額を反映させた配当金額（その金額が2円50銭未満のものにあっては、2円50銭とします。）によって計算することができます。

具体的には、配当還元方式により評価する特定株式等の「特定非常災害の発生直後の価額（特定非常災害発生後を基準とした価額)」は、財産評価基本通達188－2《同族株主以外の株主等が取得した株式の評価》に定める評価対象法人の「そ

の株式に係る年配当金額」を628ページ（上記イ(イ)）の「１株当たりの配当金額」（その金額が２円50銭未満のものにあっては、２円50銭とします。）とすることができます（措通69の６・69の７共－４(3)）。

二　類似業種比準方式及び純資産価額方式の併用方式

　　類似業種比準方式及び純資産価額方式の併用方式により評価する特定株式等の「特定非常災害の発生直後の価額（特定非常災害発生後を基準とした価額）」は、上記イ(イ)及び上記ロ(イ)に基づき計算することができます。

　　ただし、純資産価額方式による価額を「特定非常災害の発生直後の価額（特定非常災害発生後を基準とした価額）」により評価した場合は、類似業種比準方式による価額も「特定非常災害の発生直後の価額（特定非常災害発生後を基準とした価額）」により評価することとなります。

第2　課税時期が特定非常災害発生日以降である場合の取扱い

1　特定地域内にある土地等の評価

　特定非常災害発生日から同日の属する年の12月31日までの間に相続等又は贈与により取得した特定地域内にある土地等については、特定土地等の「特定非常災害の発生直後の価額（特定非常災害発生後を基準とした価額）」の評価方法に準じて、特定非常災害発生日の属する年分の路線価及び評価倍率に、原則として、特定地域内の一定の地域ごとに定めた「調整率」を乗じたものを路線価及び評価倍率として評価することができます（特定非常災害通達2）。

　なお、特定非常災害に係る特例の適用を受ける特定土地等の評価方法との異同は次表のとおりです。

	特定非常災害に係る特例の適用を受ける特定土地等	特定非常災害発生日以後に取得	
		特定地域内の土地等	特定地域外の土地等
地　　目 評価単位 権利関係	課税時期の現況 （特定非常災害発生日前）	課税時期の現況 （特定非常災害発生日以後）	
路線価等 （路線価及び評価倍率）	特定非常災害発生日の属する年分の路線価等×調整率	特定非常災害発生日の属する年分の路線価等×調整率	特定非常災害発生日の属する年分の路線価等
特定非常災害による物理的な損失	災害減免法第6条により減額	土地等の評価で個別に減額（※）	

　※　表中の「土地等の評価で個別に減額」の具体的な計算については、下記2の「(1)　地割れ等が生じた土地等の評価」を参照してください。

2　物理的な損失が生じている土地等に係る評価方法等

(1)　地割れ等が生じた土地等の評価

　特定非常災害により、地割れ等が生じたことによって、土地そのものの形状が変わったことに伴う損失（物理的な損失）が生じている土地等については、通常、一定の費用を投下することで特定非常災害前の状態に復帰するため、特定非常災害による物理的な損失がないものとした場合の土地等の価額から原状回復費用相当額（①原状回復費用の見積額の100分の80に相当する金額又は②市街地農地等

を宅地に転用する場合において通常必要とされる宅地造成費相当額から算定した金額）を控除して差し支えありません（特定非常災害通達2注書）。

⑵　津波被害を受けた土地等の評価

　特定非常災害により、海面下に没した（水没した）土地等については、その状態が一時的なものである場合を除いて、評価の安全性を考慮し、評価しないこととします（特定非常災害通達3）。

⑶　液状化現象により被害を受けた土地等の評価

　液状化現象により、庭の陥没等が生じた土地等については、一定の費用を投下することで特定非常災害前の状態に復帰するため、庭の陥没等の被害がないものとした場合の土地等の価額から原状回復費用相当額（①原状回復費用の見積額の100分の80に相当する金額又は②市街地農地等を宅地に転用する場合において通常必要とされる宅地造成費相当額から算定した金額）を控除して差し支えありません。

(注)1　液状化現象により傾いた家屋を水平にするための費用等は、家屋の原状回復費用と考えられますので、土地等の価額からは控除しません。
　　　　　なお、液状化現象により被害を受けた家屋の評価方法については下記3の「⑶　液状化現象により被害を受けた家屋の評価」を参照してください。
　　2　液状化現象により被害を受けた特定地域外にある土地等についても、上記と同様に、原状回復費用相当額を控除して差し支えありません。

⑷　通行不能の状態にある場合の側方路線影響加算等

　特定非常災害により路線の形状が崩れたり、がれきが堆積したこと等により、課税時期において通行不能の状態となっていたとしても、通常、その状態は一時的なものであり、がれきの撤去等により、路線として復旧するものと考えられるため、側方路線影響加算、二方路線影響加算、三方又は四方路線影響加算を行います。

⑸　通行不能の状態にある場合の無道路地の判定

　特定非常災害により路線の形状が崩れたり、がれきが堆積したこと等により、課税時期において通行不能の状態となっていたとしても、通常、その状態は一時的なものであり、がれきの撤去等により、路線として復旧するものと考えられ、

無道路地とはいえないことから、無道路地として評価することはできません。

⑹　**被災した造成中の宅地の評価**

　　造成中の宅地の価額は、造成工事着手直前の地目により評価した土地の価額に造成に係る費用現価の100分の80に相当する金額を加算して評価することとされていますが（評基通24－3）、被災したため工事のやり直しを要するなど特定非常災害により被災した造成中の宅地の価額を評価する場合における財産評価基本通達24－3《造成中の宅地の評価》に定める「その宅地の造成に係る費用現価」は、次に掲げる額の合計額として計算した金額によって評価します（特定非常災害通達4）。

　　イ　特定非常災害の発生直前までに投下したその宅地の造成に係る費用現価のうち、被災後においてなおその効用を有すると認められる金額に相当する額

　　ロ　特定非常災害の発生直後から課税時期までに投下したその宅地の造成に係る費用現価

　　上記による被災した造成中の宅地の価額の評価方法を算式で示せば、次のとおりです。

> ──（算式）──────────────────────
>
> $$\left(\begin{array}{l}\text{造成工事着手}\\\text{直前の地目に}\\\text{より評価した}\\\text{課税時期にお}\\\text{ける土地の価}\\\text{額}\end{array} + \begin{array}{l}\text{特定非常災害の発生直前}\\\text{までに投下したその宅地}\\\text{の造成に係る費用現価の}\\\text{うち、被災後においてな}\\\text{おその効用を有すると認め}\\\text{られる金額に相当する額}\end{array} + \begin{array}{l}\text{特定非常災害の}\\\text{発生直後から課}\\\text{税時期までに投}\\\text{下したその宅地}\\\text{の造成に係る費}\\\text{用現価}\end{array}\right) \times \frac{80}{100}$$
>
> ＝特定非常災害により被災した造成中の宅地の価額

⑺　**応急仮設住宅の敷地の用に供する土地として使用貸借により貸し付けられている土地の評価**

　　特定非常災害の被災者に対し、災害救助法第2条《救助の対象》の規定に基づく救助として供与される同法第4条《救助の種類等》第1項第1号の応急仮設住宅の敷地の用に供する土地として関係都道府県知事又は関係市町村長に使用貸借により貸し付けられている土地の価額は、その土地の自用地としての価額から、その価額にその使用貸借に係る使用権の残存期間が財産評価基本通達25《貸宅地の評価》⑵のイからニまでの残存期間のいずれに該当するかに応じてそれぞれに定める割合を乗じて計算した金額を控除した金額によって評価します（特定非常

災害通達5）。

　これを算式で示せば、次のとおりです。

```
─── （算式） ──────────────────────────────

　　応急仮設住宅の敷地の用に供す　　　　　　財産評価基本通達25⑵の
　　る土地として貸し付けられてい　×　 1 －　イからニまでに定める残
　　る土地の自用地としての価額　　　　　　　存期間に応じる割合

　　　応急仮設住宅の敷地の用に供する土地として使用貸借により
　＝　貸し付けられている土地の価額

─────────────────────────────────────────
```

3　被災した家屋等

⑴　被災家屋の評価

　家屋の価額は、固定資産税評価額の1.0倍で評価することとされていますが、特定非常災害により被災した家屋（この3において、以下「被災家屋」といいます。）について、被災後の現況に応じた固定資産税評価額の改定が行われていない場合には、財産評価基本通達89《家屋の評価》の定めにより評価した特定非常災害の発生直前の家屋の価額から、その価額に地方税法第367条《固定資産税の減免》の規定に基づき条例に定めるところによりその被災家屋に適用された固定資産税の軽減又は免除の割合を乗じて計算した金額を控除した金額によって評価することができます（特定非常災害通達6）。

　これを算式で示せば、次のとおりです。

(注)1　例えば、東日本大震災の場合には、旧地方税法附則第55条《東日本大震災に係る津波により被害を受けた土地及び家屋に係る平成23年度分及び平成24年度分の固定資産税及び都市計画税の課税免除》及び同法附則第55条の2《東北地方太平洋沖地震に伴う原子力発電所の事故に関して警戒区域設定指示等の対象となった区域内の土地及び家屋に係る平成23年度分の固定資産税及び都市計画税の課税免除》等の規定が措置されました。

　　　2　被災家屋について修理、改良等を行っている場合の評価については、下記「⑵　被災家屋について修理、改良等を行っている場合の評価」を参照してください。

```
─── （算式） ──────────────────────────────

　　その家屋の特定非常災害の発生　　　　　　　　被災家屋に係る固定資産
　　直前の固定資産税評価額（A）　× 1.0倍　－　（A）×　税の軽減又は免除の割合

　＝　被災家屋の価額

─────────────────────────────────────────
```

　なお、地方公共団体において家屋の固定資産税の減免を行っていない場合など、上記の取扱いの対象とならない場合であっても、被災家屋について、特定非常災害の発生直前の固定資産税評価額によって家屋を評価することが適当でないと認められる場合には、被害の状況を反映して評価することとなります。例えば、その家屋の損害の程度に応じて「災害被害者に対する地方税の減免措置等について（平成12年自治省事務次官通知）」に定める家屋の固定資産税の軽減又は免除の割合を乗じて計算した金額を控除することなどが考えられます。

（参考）

「災害被害者に対する地方税の減免措置等について（平成12年自治省事務次官通知）」に定める家屋の固定資産税の軽減又は免除の割合

	（損害の程度）	（軽減又は免除の割合）
①	全壊、流失、埋没、復旧不能等……………………	全部
②	10分の6以上の価値減…………………………	10分の8
③	10分の4以上10分の6未満の価値減…………	10分の6
④	10分の2以上10分の4未満の価値減…………	10分の4

---

(2)　被災家屋について修理、改良等を行っている場合の評価

　特定非常災害の発生後においても固定資産税評価額が改定されていない被災家屋について、特定非常災害の発生直後から課税時期までの間に修理、改良等が行われている場合のその家屋の価額は、上記「(1)　被災家屋の評価」により計算した金額に特定非常災害の発生直後から課税時期までに投下したその修理、改良等に係る費用現価の100分の70に相当する金額を加算して評価します（特定非常災害通達6(2)）。

　これを算式で示せば、次のとおりです。

（算式）

$$上記(1)により計算した金額 + \left[特定非常災害の発生直後から課税時期までに投下したその修理、改良等に係る費用現価 \times \frac{70}{100}\right] = 被災家屋について修理、改良等を行っている場合の家屋の価額$$

※1　上記「(1)　被災家屋の評価」により計算した金額と修理、改良等（その価値を増すような工事（増改築等）を除きます。）に係る費用現価の100分の70に相当する金額の合計額が、特定非常災害の発生直前の家屋の価額を超える場合は、特定非常災害の発生直前の固定資産税評価額により評価して差し支えありません。
※2　ただし、特定非常災害により被災した家屋の修理に併せて、その価値を増すような

> 工事（増改築等）を行っている場合については、その工事の費用現価の100分の70に相当する金額を上記（※1を含みます。）により計算した価額に加算します。

　なお、被災家屋について修理、改良等が行われている場合であっても、その現況に応じた固定資産税評価額の改定が行われている場合には、その改定後の固定資産税評価額を基として評価することとなります。

【設例　30】

被災家屋について修理、改修等を行っている場合の家屋の評価

（前提）

特定非常災害の発生直前の固定資産税評価額　3,000千円

被災家屋に適用された固定資産税の軽減の割合　10分の4

修理、改良等に係る費用現価　4,000千円

　うち、増改築等に該当する部分　1,000千円

（計算）

1　上記「(1)　被災家屋の評価」により計算した金額

　　3,000千円 × 1.0倍 － （3,000千円 × 0.4） ＝ 1,800千円

2　修理・改良等の費用

　　4,000千円 × 0.7 ＝ 2,800千円

　①　増改築等に該当しない部分

　　　（4,000千円 － 1,000千円） × 0.7 ＝ 2,100千円

　②　①以外の部分（増改築等に該当する部分）

　　　1,000千円 × 0.7 ＝ 700千円

3　被災家屋について修理、改良等を行っている場合の家屋の価額

　（限度額の計算）

　　1,800千円 ＋ 2,100千円 ＝ 3,900千円

　　3,900千円 ＞ 3,000千円（特定非常災害の発生直前の家屋の価額を限度とします。）

　（価額）

　　3,000千円 × 1.0倍 ＋ 700千円 ＝ 3,700千円

---

(3)　**液状化現象により被害を受けた家屋の評価**

　液状化現象により被害を受けた家屋は上記「(1)　被災家屋の評価」のとおり評価します。

　なお、液状化現象により傾いた家屋を水平にするための工事等を特定非常災害の発生直後から課税時期までの間に行っている場合、その原状回復費用相当額は、家屋の修理費用として、上記「(2)　被災家屋について修理、改良等を行っている場合の評価」における「特定非常災害の発生直後から課税時期までに投下したその修理、改良等に係る費用現価」のうち「修理」に該当しますので、被災家屋の価額にその工事費用の100分の70に相当する金額を加算して評価します。

(注)　上記(1)により計算した金額と工事費用の100分の70に相当する金額の合計額が、特定非常災害の発生直前の家屋の価額を超える場合は、特定非常災害の発生直前の固定資産税評価額により評価して差し支えありません。

(4)　**被災した建築中の家屋の評価**

　建築中の家屋の価額は、その家屋の費用現価の100分の70に相当する金額によって評価することとされていますが、特定非常災害により被災した建築中の家屋につき工事のやり直しを要する場合の家屋の価額は、財産評価基本通達91《建築中の家屋の評価》に定める「その家屋の費用現価」を次に掲げる額の合計額として計算した金額によって評価します（特定非常災害通達7）。

イ　特定非常災害の発生直前までに投下したその家屋の費用現価のうち、被災後においてなおその効用を有すると認められる金額に相当する額

ロ　特定非常災害の発生直後から課税時期までに投下したその家屋の費用現価

　上記による被災した建築中の家屋の価額の評価方法を算式で示せば、次のとおりです。

```
── （算式）─────────────────────────────

 イ　課税時期において被災した現況のままにある場合の建築中の家屋の価額

  特定非常災害の発生直前までに投下したその家
  屋の費用現価のうち、被災後においてなおその     × 70/100 = 被災した建築中
  効用を有すると認められる金額に相当する額                  の家屋の価額

 ロ　特定非常災害の発生直後から課税時期までに工事を再開している場合の建築
    中の家屋の価額

                 ⎧ 特定非常災害の発生直後          ⎫
  上記イの金額  ＋ ⎨ から課税時期までに投下  × 70/100 ⎬ = 被災した建築中
                 ⎩ したその家屋の費用現価          ⎭     の家屋の価額
```

⑸　被災した構築物の評価

　　構築物の価額は、その構築物の再建築価額から、建築の時から課税時期までの期間の償却費の額の合計額又は減価の額を控除した金額の100分の70に相当する金額によって評価することとされていますが、特定非常災害により被害を受けた構築物を評価する場合の再建築価額は、被災後においてなおその効用を有すると認められる部分に係る再建築価額によることとして差し支えありません。

　　また、その構築物について、課税時期までの間に修理、改良等が行われている場合には、上記により計算した金額に特定非常災害の発生直後から課税時期までに投下した修理、改良等に係る費用現価の100分の70に相当する金額を加算して評価します。

　　これを算式で示せば、次のとおりです。

（算式）

　イ　課税時期において被災した現況のままにある場合

$$\left[\begin{array}{l}\text{被災後においてなお効用}\\\text{を有すると認められる部}\\\text{分に係る再建築価額（A）}\end{array} - \begin{array}{l}\text{（A）に係る取得の時期から課税}\\\text{時期までの期間に応ずる償却費}\\\text{の額の合計額又は減価の額}\end{array}\right] \times \frac{70}{100}$$

　＝　課税時期において被災した現況のままにある場合の構築物の価額

　ロ　課税時期までに修理、改良等が行われている場合

$$\text{上記イの金額} + \left[\begin{array}{l}\text{特定非常災害の発生直後から}\\\text{課税時期までに投下した修理、} \times \frac{70}{100}\\\text{改良等に係る費用現価}\end{array}\right]$$

　＝　課税時期までに修理、改良等が行われている場合の構築物の価額

4　特定地域内に保有する資産の割合が高い法人の株式等

　　特定地域内に保有する資産の割合が高い法人の株式等とは、特定非常災害発生日において保有していた資産の特定非常災害の発生直前の価額（特定非常災害の発生直前における時価（相続税評価額））の合計額のうちに占める特定地域内にあった動産等の価額の合計額の割合が10分の3以上である法人の株式等をいいます。

⑴　特定地域内に保有する資産の割合が高い法人の株式等における類似業種比準価額の計算方法

　　特定地域内に保有する資産の割合が高い法人の株式等を、特定非常災害発生日か

ら同日を含むその法人の事業年度末までの間に取得した場合において、その株式等の価額を類似業種比準方式で評価する場合には、財産評価基本通達183《評価会社の１株当たりの配当金額等の計算》に定める評価対象法人の「１株当たりの配当金額」、「１株当たりの利益金額」及び「１株当たりの純資産価額（帳簿価額によって計算した金額）」は次によることができます（特定非常災害通達８）。

イ　「１株当たりの配当金額」は、次のロにより計算した「１株当たりの利益金額」に次に掲げる割合（直前期末以前２年間の平均配当率）を乗じて計算した金額

$$\frac{\text{財産評価基本通達183(1)に定めるところにより計算した直前期末以前２年間の評価対象法人の剰余金の配当金額の合計額}}{\text{財産評価基本通達183(2)に定めるところにより計算した直前期末以前２年間の評価対象法人の法人税の課税所得金額を基として計算した利益金額の合計額}}$$

ロ　「１株当たりの利益金額」は、財産評価基本通達183(2)に定めるところにより計算した「１株当たりの利益金額」と特定非常災害の発生直後の状況に基づいて合理的に見積もった見積利益金額を直前期末における発行済株式数（１株当たりの資本金等の額が50円以外の金額である場合には、直前期末における資本金等の額を50円で除して計算した数によります。）で除して計算した金額との合計額（その金額が負数のときは０とします。）の２分の１に相当する金額

ハ　「１株当たりの純資産価額（帳簿価額によって計算した金額）」は、財産評価基本通達183(3)に定める「１株当たりの純資産価額（帳簿価額によって計算した金額）」。ただし、見積利益金額が欠損となる場合には、直前期末における資本金等の額及び利益積立金額の合計額からその見積利益金額（欠損額の絶対値）を控除することによる調整を行うことができます。

(注)１　この場合において、特定の評価会社の株式等に該当するかどうかの判定は、上記イからハの金額によらず、財産評価基本通達189《特定の評価会社の株式》の定めにより行います。

　　　２　見積利益金額の具体的な計算方法については、630ページの「(ロ)　見積利益金額の具体的な計算方法」を参照してください。

(2)　**純資産価額の計算における３年以内に取得又は新築した特定地域内の土地等及び家屋等の価額**

評価対象法人の株式等を純資産価額方式により評価する場合において、評価対象法人の各資産のうちに評価対象法人が課税時期前３年以内に取得又は新築した特定地域内の土地等並びに家屋及びその附属設備又は構築物（この(2)において、以下「家

屋等」といいます。）で、かつ、評価対象法人が特定非常災害発生日前に取得又は新築したものがあるときには、課税時期が特定非常災害発生日から起算して3年を経過する日までの間にあるときに限り、その土地等及び家屋等の価額については、財産評価基本通達185《純資産価額》のかっこ書の定めを適用しないことができます（特定非常災害通達9）。

(3) 配当還元価額の計算方法

特定地域内に保有する資産の割合が高い法人の株式等を、特定非常災害発生日から同日を含むその法人の事業年度末までの間に取得した場合において、その株式等の価額を配当還元方式で評価する場合には、財産評価基本通達188-2《同族株主以外の株主等が取得した株式の評価》に定める評価対象法人の「その株式に係る年配当金額」を643ページの「(1) 特定地域内に保有する資産の割合が高い法人の株式等における類似業種比準価額の計算方法」の「1株当たりの配当金額」（その金額が2円50銭未満のものにあっては、2円50銭とします。）とすることができます（特定非常災害通達10）。

(4) 特定非常災害により休業している会社の判定

財産評価基本通達189《特定の評価会社の株式》(5)に定める「休業中の会社」とは、課税時期において相当長期間にわたって休業中である会社をいいますので、特定非常災害により一時的に休業していても、近く事業が再開されるような場合はこれに該当しません。

通　達

課評　2　—　1

令和 6 年 1 月 10 日

各 国 税 局 長
　　　　　　　　殿
沖縄国税事務所長

国 税 庁 長 官

（ 官 印 省 略 ）

「令和 5 年分の基準年利率について」の一部改正について（法令解釈通達）

令和 5 年 6 月 8 日付課評 2 −39「令和 5 年分の基準年利率について」（法令解釈通達）について、令和 5 年10月分から12月分の基準年利率を定め、下記のとおり改正したから、これによられたい。

記

○　基準年利率

（単位：％）

区分	年数又は期間	令和5年1月	2月	3月	4月	5月	6月	7月	8月	9月	10月	11月	12月
短期	1年	0.01	0.01	0.01	0.01	0.01	0.01	0.01	0.01	0.01	0.01	0.05	0.01
	2年												
中期	3年	0.25	0.10	0.10	0.10	0.05	0.05	0.05	0.10	0.10	0.25	0.50	0.25
	4年												
	5年												
	6年												
長期	7年以上	1.00	1.00	0.75	0.75	0.50	0.75	0.50	0.75	0.75	1.00	1.00	1.00

（注）　課税時期の属する月の年数又は期間に応ずる基準年利率を用いることに留意する。

通

達

通　　達

〔参考１〕

複　利　表 （令和5年1・10・12月分）

区分	年数	年0.01%の複利年金現価率	年0.01%の複利現価率	年0.01%の年賦償還率	年1.5%の複利終価率
短期	1	1.000	1.000	1.000	1.015
	2	2.000	1.000	0.500	1.030

区分	年数	年0.25%の複利年金現価率	年0.25%の複利現価率	年0.25%の年賦償還率	年1.5%の複利終価率
中期	3	2.985	0.993	0.335	1.045
	4	3.975	0.990	0.252	1.061
	5	4.963	0.988	0.202	1.077
	6	5.948	0.985	0.168	1.093

区分	年数	年1%の複利年金現価率	年1%の複利現価率	年1%の年賦償還率	年1.5%の複利終価率
長期	7	6.728	0.933	0.149	1.109
	8	7.652	0.923	0.131	1.126
	9	8.566	0.914	0.117	1.143
	10	9.471	0.905	0.106	1.160
	11	10.368	0.896	0.096	1.177
	12	11.255	0.887	0.089	1.195
	13	12.134	0.879	0.082	1.213
	14	13.004	0.870	0.077	1.231
	15	13.865	0.861	0.072	1.250
	16	14.718	0.853	0.068	1.268
	17	15.562	0.844	0.064	1.288
	18	16.398	0.836	0.061	1.307
	19	17.226	0.828	0.058	1.326
	20	18.046	0.820	0.055	1.346
	21	18.857	0.811	0.053	1.367
	22	19.660	0.803	0.051	1.387
	23	20.456	0.795	0.049	1.408
	24	21.243	0.788	0.047	1.429
	25	22.023	0.780	0.045	1.450
	26	22.795	0.772	0.044	1.472
	27	23.560	0.764	0.042	1.494
	28	24.316	0.757	0.041	1.517
	29	25.066	0.749	0.040	1.539
	30	25.808	0.742	0.039	1.563
	31	26.542	0.735	0.038	1.586
	32	27.270	0.727	0.037	1.610
	33	27.990	0.720	0.036	1.634
	34	28.703	0.713	0.035	1.658
	35	29.409	0.706	0.034	1.683

区分	年数	年1%の複利年金現価率	年1%の複利現価率	年1%の年賦償還率	年1.5%の複利終価率
	36	30.108	0.699	0.033	1.709
	37	30.800	0.692	0.032	1.734
	38	31.485	0.685	0.032	1.760
	39	32.163	0.678	0.031	1.787
	40	32.835	0.672	0.030	1.814
	41	33.500	0.665	0.030	1.841
	42	34.158	0.658	0.029	1.868
	43	34.810	0.652	0.029	1.896
	44	35.455	0.645	0.028	1.925
	45	36.095	0.639	0.028	1.954
	46	36.727	0.633	0.027	1.983
	47	37.354	0.626	0.027	2.013
	48	37.974	0.620	0.026	2.043
	49	38.588	0.614	0.026	2.074
	50	39.196	0.608	0.026	2.105
長期	51	39.798	0.602	0.025	2.136
	52	40.394	0.596	0.025	2.168
	53	40.984	0.590	0.024	2.201
	54	41.569	0.584	0.024	2.234
	55	42.147	0.579	0.024	2.267
	56	42.720	0.573	0.023	2.301
	57	43.287	0.567	0.023	2.336
	58	43.849	0.562	0.023	2.371
	59	44.405	0.556	0.023	2.407
	60	44.955	0.550	0.022	2.443
	61	45.500	0.545	0.022	2.479
	62	46.040	0.540	0.022	2.517
	63	46.574	0.534	0.021	2.554
	64	47.103	0.529	0.021	2.593
	65	47.627	0.524	0.021	2.632
	66	48.145	0.519	0.021	2.671
	67	48.659	0.513	0.021	2.711
	68	49.167	0.508	0.020	2.752
	69	49.670	0.503	0.020	2.793
	70	50.169	0.498	0.020	2.835

（注）　1　複利年金現価率、複利現価率及び年賦償還率は小数点以下第4位を四捨五入により、複利終価率は小数点以下第4位を切捨てにより作成している。

　　　2　複利年金現価率は、定期借地権等、著作権、営業権、鉱業権等の評価に使用する。

　　　3　複利現価率は、定期借地権等の評価における経済的利益（保証金等によるもの）の計算並びに特許権、信託受益権、清算中の会社の株式及び無利息債務等の評価に使用する。

　　　4　年賦償還率は、定期借地権等の評価における経済的利益（差額地代）の計算に使用する。

　　　5　複利終価率は、標準伐期齢を超える立木の評価に使用する。

通　　達

〔参考２〕

複　利　表 （令和5年2月分）

区分	年数	年0.01%の複利年金現価率	年0.01%の複利現価率	年0.01%の年賦償還率	年1.5%の複利終価率	区分	年数	年1%の複利年金現価率	年1%の複利現価率	年1%の年賦償還率	年1.5%の複利終価率
短期	1	1.000	1.000	1.000	1.015		36	30.108	0.699	0.033	1.709
	2	2.000	1.000	0.500	1.030		37	30.800	0.692	0.032	1.734
							38	31.485	0.685	0.032	1.760

区分	年数	年0.1%の複利年金現価率	年0.1%の複利現価率	年0.1%の年賦償還率	年1.5%の複利終価率		年数				
							39	32.163	0.678	0.031	1.787
							40	32.835	0.672	0.030	1.814
中期	3	2.994	0.997	0.334	1.045						
	4	3.990	0.996	0.251	1.061		41	33.500	0.665	0.030	1.841
	5	4.985	0.995	0.201	1.077		42	34.158	0.658	0.029	1.868
	6	5.979	0.994	0.167	1.093		43	34.810	0.652	0.029	1.896
							44	35.455	0.645	0.028	1.925

区分	年数	年1%の複利年金現価率	年1%の複利現価率	年1%の年賦償還率	年1.5%の複利終価率		年数				
							45	36.095	0.639	0.028	1.954
	7	6.728	0.933	0.149	1.109		46	36.727	0.633	0.027	1.983
	8	7.652	0.923	0.131	1.126		47	37.354	0.626	0.027	2.013
	9	8.566	0.914	0.117	1.143		48	37.974	0.620	0.026	2.043
	10	9.471	0.905	0.106	1.160		49	38.588	0.614	0.026	2.074
							50	39.196	0.608	0.026	2.105
	11	10.368	0.896	0.096	1.177						
	12	11.255	0.887	0.089	1.195		51	39.798	0.602	0.025	2.136
	13	12.134	0.879	0.082	1.213	長	52	40.394	0.596	0.025	2.168
	14	13.004	0.870	0.077	1.231		53	40.984	0.590	0.024	2.201
	15	13.865	0.861	0.072	1.250		54	41.569	0.584	0.024	2.234
	16	14.718	0.853	0.068	1.268		55	42.147	0.579	0.024	2.267
	17	15.562	0.844	0.064	1.288		56	42.720	0.573	0.023	2.301
	18	16.398	0.836	0.061	1.307	期	57	43.287	0.567	0.023	2.336
長	19	17.226	0.828	0.058	1.326		58	43.849	0.562	0.023	2.371
	20	18.046	0.820	0.055	1.346		59	44.405	0.556	0.023	2.407
	21	18.857	0.811	0.053	1.367		60	44.955	0.550	0.022	2.443
	22	19.660	0.803	0.051	1.387		61	45.500	0.545	0.022	2.479
期	23	20.456	0.795	0.049	1.408		62	46.040	0.540	0.022	2.517
	24	21.243	0.788	0.047	1.429		63	46.574	0.534	0.021	2.554
	25	22.023	0.780	0.045	1.450		64	47.103	0.529	0.021	2.593
							65	47.627	0.524	0.021	2.632
	26	22.795	0.772	0.044	1.472						
	27	23.560	0.764	0.042	1.494		66	48.145	0.519	0.021	2.671
	28	24.316	0.757	0.041	1.517		67	48.659	0.513	0.021	2.711
	29	25.066	0.749	0.040	1.539		68	49.167	0.508	0.020	2.752
	30	25.808	0.742	0.039	1.563		69	49.670	0.503	0.020	2.793
							70	50.169	0.498	0.020	2.835
	31	26.542	0.735	0.038	1.586						
	32	27.270	0.727	0.037	1.610						
	33	27.990	0.720	0.036	1.634						
	34	28.703	0.713	0.035	1.658						
	35	29.409	0.706	0.034	1.683						

(注)　1　複利年金現価率、複利現価率及び年賦償還率は小数点以下第4位を四捨五入により、複利終価率は小数点以下第4位を切捨てにより作成している。

　　　2　複利年金現価率は、定期借地権等、著作権、営業権、鉱業権等の評価に使用する。

　　　3　複利現価率は、定期借地権等の評価における経済的利益（保証金等によるもの）の計算並びに特許権、信託受益権、清算中の会社の株式及び無利息債務等の評価に使用する。

　　　4　年賦償還率は、定期借地権等の評価における経済的利益（差額地代）の計算に使用する。

　　　5　複利終価率は、標準伐期齢を超える立木の評価に使用する。

通　　達

〔参考3〕

複　　利　　表（令和5年3・4・8・9月分）

区分	年数	年0.01%の複利年金現価率	年0.01%の複利現価率	年0.01%の年賦償還率	年1.5%の複利終価率	区分	年数	年0.75%の複利年金現価率	年0.75%の複利現価率	年0.75%の年賦償還率	年1.5%の複利終価率
短期	1	1.000	1.000	1.000	1.015		36	31.447	0.764	0.032	1.709
	2	2.000	1.000	0.500	1.030		37	32.205	0.758	0.031	1.734
							38	32.958	0.753	0.030	1.760
区分	年数	年0.1%の複利年金現価率	年0.1%の複利現価率	年0.1%の年賦償還率	年1.5%の複利終価率		39	33.705	0.747	0.030	1.787
	3	2.994	0.997	0.334	1.045		40	34.447	0.742	0.029	1.814
中期	4	3.990	0.996	0.251	1.061		41	35.183	0.736	0.028	1.841
	5	4.985	0.995	0.201	1.077		42	35.914	0.731	0.028	1.868
	6	5.979	0.994	0.167	1.093		43	36.639	0.725	0.027	1.896
							44	37.359	0.720	0.027	1.925
区分	年数	年0.75%の複利年金現価率	年0.75%の複利現価率	年0.75%の年賦償還率	年1.5%の複利終価率		45	38.073	0.714	0.026	1.954
	7	6.795	0.949	0.147	1.109		46	38.782	0.709	0.026	1.983
	8	7.737	0.942	0.129	1.126		47	39.486	0.704	0.025	2.013
	9	8.672	0.935	0.115	1.143		48	40.185	0.699	0.025	2.043
	10	9.600	0.928	0.104	1.160		49	40.878	0.693	0.024	2.074
	11	10.521	0.921	0.095	1.177		50	41.566	0.688	0.024	2.105
	12	11.435	0.914	0.087	1.195		51	42.250	0.683	0.024	2.136
	13	12.342	0.907	0.081	1.213	長	52	42.928	0.678	0.023	2.168
	14	13.243	0.901	0.076	1.231		53	43.601	0.673	0.023	2.201
	15	14.137	0.894	0.071	1.250		54	44.269	0.668	0.023	2.234
	16	15.024	0.887	0.067	1.268		55	44.932	0.663	0.022	2.267
	17	15.905	0.881	0.063	1.288		56	45.590	0.658	0.022	2.301
長	18	16.779	0.874	0.060	1.307	期	57	46.243	0.653	0.022	2.336
	19	17.647	0.868	0.057	1.326		58	46.891	0.648	0.021	2.371
	20	18.508	0.861	0.054	1.346		59	47.535	0.643	0.021	2.407
	21	19.363	0.855	0.052	1.367		60	48.173	0.639	0.021	2.443
	22	20.211	0.848	0.049	1.387		61	48.807	0.634	0.020	2.479
期	23	21.053	0.842	0.047	1.408		62	49.437	0.629	0.020	2.517
	24	21.889	0.836	0.046	1.429		63	50.061	0.625	0.020	2.554
	25	22.719	0.830	0.044	1.450		64	50.681	0.620	0.020	2.593
	26	23.542	0.823	0.042	1.472		65	51.296	0.615	0.019	2.632
	27	24.359	0.817	0.041	1.494		66	51.907	0.611	0.019	2.671
	28	25.171	0.811	0.040	1.517		67	52.513	0.606	0.019	2.711
	29	25.976	0.805	0.038	1.539		68	53.115	0.602	0.019	2.752
	30	26.775	0.799	0.037	1.563		69	53.712	0.597	0.019	2.793
	31	27.568	0.793	0.036	1.586		70	54.305	0.593	0.018	2.835
	32	28.356	0.787	0.035	1.610						
	33	29.137	0.781	0.034	1.634						
	34	29.913	0.776	0.033	1.658						
	35	30.683	0.770	0.033	1.683						

（注）　1　複利年金現価率、複利現価率及び年賦償還率は小数点以下第4位を四捨五入により、複利終価率は小数点以下第4位
を切捨てにより作成している。
　　　　2　複利年金現価率は、定期借地権等、著作権、営業権、鉱業権等の評価に使用する。
　　　　3　複利現価率は、定期借地権等の評価における経済的利益（保証金等によるもの）の計算並びに特許権、信託受益権、
清算中の会社の株式及び無利息債務等の評価に使用する。
　　　　4　年賦償還率は、定期借地権等の評価における経済的利益（差額地代）の計算に使用する。
　　　　5　複利終価率は、標準伐期齢を超える立木の評価に使用する。

〔参考4〕

複　利　表 （令和5年5・7月分）

区分	年数	年0.01%の複利年金現価率	年0.01%の複利現価率	年0.01%の年賦償還率	年1.5%の複利終価率
短期	1	1.000	1.000	1.000	1.015
	2	2.000	1.000	0.500	1.030

区分	年数	年0.05%の複利年金現価率	年0.05%の複利現価率	年0.05%の年賦償還率	年1.5%の複利終価率
中期	3	2.997	0.999	0.334	1.045
	4	3.995	0.998	0.250	1.061
	5	4.993	0.998	0.200	1.077
	6	5.990	0.997	0.167	1.093

区分	年数	年0.5%の複利年金現価率	年0.5%の複利現価率	年0.5%の年賦償還率	年1.5%の複利終価率
長期	7	6.862	0.966	0.146	1.109
	8	7.823	0.961	0.128	1.126
	9	8.779	0.956	0.114	1.143
	10	9.730	0.951	0.103	1.160
	11	10.677	0.947	0.094	1.177
	12	11.619	0.942	0.086	1.195
	13	12.556	0.937	0.080	1.213
	14	13.489	0.933	0.074	1.231
	15	14.417	0.928	0.069	1.250
	16	15.340	0.923	0.065	1.268
	17	16.259	0.919	0.062	1.288
	18	17.173	0.914	0.058	1.307
	19	18.082	0.910	0.055	1.326
	20	18.987	0.905	0.053	1.346
	21	19.888	0.901	0.050	1.367
	22	20.784	0.896	0.048	1.387
	23	21.676	0.892	0.046	1.408
	24	22.563	0.887	0.044	1.429
	25	23.446	0.883	0.043	1.450
	26	24.324	0.878	0.041	1.472
	27	25.198	0.874	0.040	1.494
	28	26.068	0.870	0.038	1.517
	29	26.933	0.865	0.037	1.539
	30	27.794	0.861	0.036	1.563
	31	28.651	0.857	0.035	1.586
	32	29.503	0.852	0.034	1.610
	33	30.352	0.848	0.033	1.634
	34	31.196	0.844	0.032	1.658
	35	32.035	0.840	0.031	1.683

区分	年数	年0.5%の複利年金現価率	年0.5%の複利現価率	年0.5%の年賦償還率	年1.5%の複利終価率
	36	32.871	0.836	0.030	1.709
	37	33.703	0.831	0.030	1.734
	38	34.530	0.827	0.029	1.760
	39	35.353	0.823	0.028	1.787
	40	36.172	0.819	0.028	1.814
	41	36.987	0.815	0.027	1.841
	42	37.798	0.811	0.026	1.868
	43	38.605	0.807	0.026	1.896
	44	39.408	0.803	0.025	1.925
	45	40.207	0.799	0.025	1.954
	46	41.002	0.795	0.024	1.983
	47	41.793	0.791	0.024	2.013
	48	42.580	0.787	0.023	2.043
	49	43.364	0.783	0.023	2.074
	50	44.143	0.779	0.023	2.105
長期	51	44.918	0.775	0.022	2.136
	52	45.690	0.772	0.022	2.168
	53	46.457	0.768	0.022	2.201
	54	47.221	0.764	0.021	2.234
	55	47.981	0.760	0.021	2.267
	56	48.738	0.756	0.021	2.301
	57	49.490	0.753	0.020	2.336
	58	50.239	0.749	0.020	2.371
	59	50.984	0.745	0.020	2.407
	60	51.726	0.741	0.019	2.443
	61	52.463	0.738	0.019	2.479
	62	53.197	0.734	0.019	2.517
	63	53.928	0.730	0.019	2.554
	64	54.654	0.727	0.018	2.593
	65	55.377	0.723	0.018	2.632
	66	56.097	0.720	0.018	2.671
	67	56.813	0.716	0.018	2.711
	68	57.525	0.712	0.017	2.752
	69	58.234	0.709	0.017	2.793
	70	58.939	0.705	0.017	2.835

(注)　1　複利年金現価率、複利現価率及び年賦償還率は小数点以下第4位を四捨五入により、複利終価率は小数点以下第4位を切捨てにより作成している。

　　　2　複利年金現価率は、定期借地権等、著作権、営業権、鉱業権等の評価に使用する。

　　　3　複利現価率は、定期借地権等の評価における経済的利益（保証金等によるもの）の計算並びに特許権、信託受益権、清算中の会社の株式及び無利息債務等の評価に使用する。

　　　4　年賦償還率は、定期借地権等の評価における経済的利益（差額地代）の計算に使用する。

　　　5　複利終価率は、標準伐期齢を超える立木の評価に使用する。

〔参考５〕

複　利　表（令和5年6月分）

区分	年数	年0.01%の 複利年金現価率	年0.01%の 複利現価率	年0.01%の 年賦償還率	年1.5%の 複利終価率	区分	年数	年0.75%の 複利年金現価率	年0.75%の 複利現価率	年0.75%の 年賦償還率	年1.5%の 複利終価率
短期	1	1.000	1.000	1.000	1.015		36	31.447	0.764	0.032	1.709
	2	2.000	1.000	0.500	1.030		37	32.205	0.758	0.031	1.734
							38	32.958	0.753	0.030	1.760

区分	年数	年0.05%の 複利年金現価率	年0.05%の 複利現価率	年0.05%の 年賦償還率	年1.5%の 複利終価率		39	33.705	0.747	0.030	1.787
中期	3	2.997	0.999	0.334	1.045		40	34.447	0.742	0.029	1.814
	4	3.995	0.998	0.250	1.061		41	35.183	0.736	0.028	1.841
	5	4.993	0.998	0.200	1.077		42	35.914	0.731	0.028	1.868
	6	5.990	0.997	0.167	1.093		43	36.639	0.725	0.027	1.896
							44	37.359	0.720	0.027	1.925

区分	年数	年0.75%の 複利年金現価率	年0.75%の 複利現価率	年0.75%の 年賦償還率	年1.5%の 複利終価率		45	38.073	0.714	0.026	1.954
	7	6.795	0.949	0.147	1.109		46	38.782	0.709	0.026	1.983
	8	7.737	0.942	0.129	1.126		47	39.486	0.704	0.025	2.013
	9	8.672	0.935	0.115	1.143		48	40.185	0.699	0.025	2.043
	10	9.600	0.928	0.104	1.160		49	40.878	0.693	0.024	2.074
							50	41.566	0.688	0.024	2.105
	11	10.521	0.921	0.095	1.177						
	12	11.435	0.914	0.087	1.195		51	42.250	0.683	0.024	2.136
	13	12.342	0.907	0.081	1.213	長	52	42.928	0.678	0.023	2.168
	14	13.243	0.901	0.076	1.231		53	43.601	0.673	0.023	2.201
	15	14.137	0.894	0.071	1.250		54	44.269	0.668	0.023	2.234
							55	44.932	0.663	0.022	2.267
	16	15.024	0.887	0.067	1.268						
	17	15.905	0.881	0.063	1.288		56	45.590	0.658	0.022	2.301
長	18	16.779	0.874	0.060	1.307	期	57	46.243	0.653	0.022	2.336
	19	17.647	0.868	0.057	1.326		58	46.891	0.648	0.021	2.371
	20	18.508	0.861	0.054	1.346		59	47.535	0.643	0.021	2.407
							60	48.173	0.639	0.021	2.443
	21	19.363	0.855	0.052	1.367						
期	22	20.211	0.848	0.049	1.387		61	48.807	0.634	0.020	2.479
	23	21.053	0.842	0.047	1.408		62	49.437	0.629	0.020	2.517
	24	21.889	0.836	0.046	1.429		63	50.061	0.625	0.020	2.554
	25	22.719	0.830	0.044	1.450		64	50.681	0.620	0.020	2.593
							65	51.296	0.615	0.019	2.632
	26	23.542	0.823	0.042	1.472						
	27	24.359	0.817	0.041	1.494		66	51.907	0.611	0.019	2.671
	28	25.171	0.811	0.040	1.517		67	52.513	0.606	0.019	2.711
	29	25.976	0.805	0.038	1.539		68	53.115	0.602	0.019	2.752
	30	26.775	0.799	0.037	1.563		69	53.712	0.597	0.019	2.793
							70	54.305	0.593	0.018	2.835
	31	27.568	0.793	0.036	1.586						
	32	28.356	0.787	0.035	1.610						
	33	29.137	0.781	0.034	1.634						
	34	29.913	0.776	0.033	1.658						
	35	30.683	0.770	0.033	1.683						

（注）　1　複利年金現価率、複利現価率及び年賦償還率は小数点以下第4位を四捨五入により、複利終価率は小数点以下第4位
を切捨てにより作成している。

2　複利年金現価率は、定期借地権等、著作権、営業権、鉱業権等の評価に使用する。

3　複利現価率は、定期借地権等の評価における経済的利益（保証金等によるもの）の計算並びに特許権、信託受益権、
清算中の会社の株式及び無利息債務等の評価に使用する。

4　年賦償還率は、定期借地権等の評価における経済的利益（差額地代）の計算に使用する。

5　複利終価率は、標準伐期齢を超える立木の評価に使用する。

通　　達

[参考６]

複　　利　　表 （令和5年11月分）

区分	年数	年0.05%の複利年金現価率	年0.05%の複利現価率	年0.05%の年賦償還率	年1.5%の複利終価率
短期	1	1.000	1.000	1.001	1.015
	2	1.999	0.999	0.500	1.030

区分	年数	年0.5%の複利年金現価率	年0.5%の複利現価率	年0.5%の年賦償還率	年1.5%の複利終価率
中期	3	2.970	0.985	0.337	1.045
	4	3.950	0.980	0.253	1.061
	5	4.926	0.975	0.203	1.077
	6	5.896	0.971	0.170	1.093

区分	年数	年1%の複利年金現価率	年1%の複利現価率	年1%の年賦償還率	年1.5%の複利終価率
長期	7	6.728	0.933	0.149	1.109
	8	7.652	0.923	0.131	1.126
	9	8.566	0.914	0.117	1.143
	10	9.471	0.905	0.106	1.160
	11	10.368	0.896	0.096	1.177
	12	11.255	0.887	0.089	1.195
	13	12.134	0.879	0.082	1.213
	14	13.004	0.870	0.077	1.231
	15	13.865	0.861	0.072	1.250
	16	14.718	0.853	0.068	1.268
	17	15.562	0.844	0.064	1.288
	18	16.398	0.836	0.061	1.307
	19	17.226	0.828	0.058	1.326
	20	18.046	0.820	0.055	1.346
	21	18.857	0.811	0.053	1.367
	22	19.660	0.803	0.051	1.387
	23	20.456	0.795	0.049	1.408
	24	21.243	0.788	0.047	1.429
	25	22.023	0.780	0.045	1.450
	26	22.795	0.772	0.044	1.472
	27	23.560	0.764	0.042	1.494
	28	24.316	0.757	0.041	1.517
	29	25.066	0.749	0.040	1.539
	30	25.808	0.742	0.039	1.563
	31	26.542	0.735	0.038	1.586
	32	27.270	0.727	0.037	1.610
	33	27.990	0.720	0.036	1.634
	34	28.703	0.713	0.035	1.658
	35	29.409	0.706	0.034	1.683

区分	年数	年1%の複利年金現価率	年1%の複利現価率	年1%の年賦償還率	年1.5%の複利終価率
長期	36	30.108	0.699	0.033	1.709
	37	30.800	0.692	0.032	1.734
	38	31.485	0.685	0.032	1.760
	39	32.163	0.678	0.031	1.787
	40	32.835	0.672	0.030	1.814
	41	33.500	0.665	0.030	1.841
	42	34.158	0.658	0.029	1.868
	43	34.810	0.652	0.029	1.896
	44	35.455	0.645	0.028	1.925
	45	36.095	0.639	0.028	1.954
	46	36.727	0.633	0.027	1.983
	47	37.354	0.626	0.027	2.013
	48	37.974	0.620	0.026	2.043
	49	38.588	0.614	0.026	2.074
	50	39.196	0.608	0.026	2.105
	51	39.798	0.602	0.025	2.136
	52	40.394	0.596	0.025	2.168
	53	40.984	0.590	0.024	2.201
	54	41.569	0.584	0.024	2.234
	55	42.147	0.579	0.024	2.267
	56	42.720	0.573	0.023	2.301
	57	43.287	0.567	0.023	2.336
	58	43.849	0.562	0.023	2.371
	59	44.405	0.556	0.023	2.407
	60	44.955	0.550	0.022	2.443
	61	45.500	0.545	0.022	2.479
	62	46.040	0.540	0.022	2.517
	63	46.574	0.534	0.021	2.554
	64	47.103	0.529	0.021	2.593
	65	47.627	0.524	0.021	2.632
	66	48.145	0.519	0.021	2.671
	67	48.659	0.513	0.021	2.711
	68	49.167	0.508	0.020	2.752
	69	49.670	0.503	0.020	2.793
	70	50.169	0.498	0.020	2.835

(注)　1　複利年金現価率、複利現価率及び年賦償還率は小数点以下第4位を四捨五入により、複利終価率は小数点以下第4位を切捨てにより作成している。

　　　2　複利年金現価率は、定期借地権等、著作権、営業権、鉱業権等の評価に使用する。

　　　3　複利現価率は、定期借地権等の評価における経済的利益（保証金等によるもの）の計算並びに特許権、信託受益権、清算中の会社の株式及び無利息債務等の評価に使用する。

　　　4　年賦償還率は、定期借地権等の評価における経済的利益（差額地代）の計算に使用する。

　　　5　複利終価率は、標準伐期齢を超える立木の評価に使用する。

通　達

課評 2 －27
令和6年5月22日

各　国　税　局　長
　　　　　　　　　殿
沖縄国税事務所長

国　税　庁　長　官
（官　印　省　略）

令和6年分の基準年利率について（法令解釈通達）

　令和6年中に相続、遺贈又は贈与により取得した財産を評価する場合における財産評価基本通達（昭和39年4月25日付直資56ほか1課共同）4−4に定める「基準年利率」を下記のとおり定めたから、これによられたい。

　なお、令和6年4月分以降については、基準年利率を定めた都度通達する。

記

○　**基準年利率**

（単位：%）

区分	年数又は期間	令和6年1月	2月	3月	4月	5月	6月	7月	8月	9月	10月	11月	12月
短期	1年	0.01	0.01	0.10									
	2年												
中期	3年	0.10	0.25	0.25									
	4年												
	5年												
	6年												
長期	7年以上	1.00	1.00	1.00									

（注）　課税時期の属する月の年数又は期間に応ずる基準年利率を用いることに留意する。

通　達

〔参考１〕

複　利　表　（令和6年1月分）

区分	年数	年0.01%の複利年金現価率	年0.01%の複利現価率	年0.01%の年賦償還率	年1.5%の複利終価率	区分	年数	年1%の複利年金現価率	年1%の複利現価率	年1%の年賦償還率	年1.5%の複利終価率
短期	1	1.000	1.000	1.000	1.015		36	30.108	0.699	0.033	1.709
	2	2.000	1.000	0.500	1.030		37	30.800	0.692	0.032	1.734
							38	31.485	0.685	0.032	1.760

区分	年数	年0.1%の複利年金現価率	年0.1%の複利現価率	年0.1%の年賦償還率	年1.5%の複利終価率		39	32.163	0.678	0.031	1.787
中期	3	2.994	0.997	0.334	1.045		40	32.835	0.672	0.030	1.814
	4	3.990	0.996	0.251	1.061		41	33.500	0.665	0.030	1.841
	5	4.985	0.995	0.201	1.077		42	34.158	0.658	0.029	1.868
	6	5.979	0.994	0.167	1.093		43	34.810	0.652	0.029	1.896

区分	年数	年1%の複利年金現価率	年1%の複利現価率	年1%の年賦償還率	年1.5%の複利終価率		44	35.455	0.645	0.028	1.925
長期	7	6.728	0.933	0.149	1.109		45	36.095	0.639	0.028	1.954
	8	7.652	0.923	0.131	1.126		46	36.727	0.633	0.027	1.983
	9	8.566	0.914	0.117	1.143		47	37.354	0.626	0.027	2.013
	10	9.471	0.905	0.106	1.160		48	37.974	0.620	0.026	2.043
	11	10.368	0.896	0.096	1.177		49	38.588	0.614	0.026	2.074
	12	11.255	0.887	0.089	1.195		50	39.196	0.608	0.026	2.105
	13	12.134	0.879	0.082	1.213	長期	51	39.798	0.602	0.025	2.136
	14	13.004	0.870	0.077	1.231		52	40.394	0.596	0.025	2.168
	15	13.865	0.861	0.072	1.250		53	40.984	0.590	0.024	2.201
	16	14.718	0.853	0.068	1.268		54	41.569	0.584	0.024	2.234
	17	15.562	0.844	0.064	1.288		55	42.147	0.579	0.024	2.267
	18	16.398	0.836	0.061	1.307		56	42.720	0.573	0.023	2.301
	19	17.226	0.828	0.058	1.326	期	57	43.287	0.567	0.023	2.336
	20	18.046	0.820	0.055	1.346		58	43.849	0.562	0.023	2.371
	21	18.857	0.811	0.053	1.367		59	44.405	0.556	0.023	2.407
期	22	19.660	0.803	0.051	1.387		60	44.955	0.550	0.022	2.443
	23	20.456	0.795	0.049	1.408		61	45.500	0.545	0.022	2.479
	24	21.243	0.788	0.047	1.429		62	46.040	0.540	0.022	2.517
	25	22.023	0.780	0.045	1.450		63	46.574	0.534	0.021	2.554
	26	22.795	0.772	0.044	1.472		64	47.103	0.529	0.021	2.593
	27	23.560	0.764	0.042	1.494		65	47.627	0.524	0.021	2.632
	28	24.316	0.757	0.041	1.517		66	48.145	0.519	0.021	2.671
	29	25.066	0.749	0.040	1.539		67	48.659	0.513	0.021	2.711
	30	25.808	0.742	0.039	1.563		68	49.167	0.508	0.020	2.752
	31	26.542	0.735	0.038	1.586		69	49.670	0.503	0.020	2.793
	32	27.270	0.727	0.037	1.610		70	50.169	0.498	0.020	2.835
	33	27.990	0.720	0.036	1.634						
	34	28.703	0.713	0.035	1.658						
	35	29.409	0.706	0.034	1.683						

（注）　1　複利年金現価率、複利現価率及び年賦償還率は小数点以下第4位を四捨五入により、複利終価率は小数点以下第4位を切捨てにより作成している。

　　　2　複利年金現価率は、定期借地権等、著作権、営業権、鉱業権等の評価に使用する。

　　　3　複利現価率は、定期借地権等の評価における経済的利益（保証金等によるもの）の計算並びに特許権、信託受益権、清算中の会社の株式及び無利息債務等の評価に使用する。

　　　4　年賦償還率は、定期借地権等の評価における経済的利益（差額地代）の計算に使用する。

　　　5　複利終価率は、標準伐期齢を超える立木の評価に使用する。

〔参考２〕

複　利　表 （令和6年2月分）

区分	年数	年0.01%の複利年金現価率	年0.01%の複利現価率	年0.01%の年賦償還率	年1.5%の複利終価率
短期	1	1.000	1.000	1.000	1.015
	2	2.000	1.000	0.500	1.030

区分	年数	年0.25%の複利年金現価率	年0.25%の複利現価率	年0.25%の年賦償還率	年1.5%の複利終価率
中期	3	2.985	0.993	0.335	1.045
	4	3.975	0.990	0.252	1.061
	5	4.963	0.988	0.202	1.077
	6	5.948	0.985	0.168	1.093

区分	年数	年1%の複利年金現価率	年1%の複利現価率	年1%の年賦償還率	年1.5%の複利終価率
長期	7	6.728	0.933	0.149	1.109
	8	7.652	0.923	0.131	1.126
	9	8.566	0.914	0.117	1.143
	10	9.471	0.905	0.106	1.160
	11	10.368	0.896	0.096	1.177
	12	11.255	0.887	0.089	1.195
	13	12.134	0.879	0.082	1.213
	14	13.004	0.870	0.077	1.231
	15	13.865	0.861	0.072	1.250
	16	14.718	0.853	0.068	1.268
	17	15.562	0.844	0.064	1.288
	18	16.398	0.836	0.061	1.307
	19	17.226	0.828	0.058	1.326
	20	18.046	0.820	0.055	1.346
	21	18.857	0.811	0.053	1.367
	22	19.660	0.803	0.051	1.387
	23	20.456	0.795	0.049	1.408
	24	21.243	0.788	0.047	1.429
	25	22.023	0.780	0.045	1.450
	26	22.795	0.772	0.044	1.472
	27	23.560	0.764	0.042	1.494
	28	24.316	0.757	0.041	1.517
	29	25.066	0.749	0.040	1.539
	30	25.808	0.742	0.039	1.563
	31	26.542	0.735	0.038	1.586
	32	27.270	0.727	0.037	1.610
	33	27.990	0.720	0.036	1.634
	34	28.703	0.713	0.035	1.658
	35	29.409	0.706	0.034	1.683

区分	年数	年1%の複利年金現価率	年1%の複利現価率	年1%の年賦償還率	年1.5%の複利終価率
長期	36	30.108	0.699	0.033	1.709
	37	30.800	0.692	0.032	1.734
	38	31.485	0.685	0.032	1.760
	39	32.163	0.678	0.031	1.787
	40	32.835	0.672	0.030	1.814
	41	33.500	0.665	0.030	1.841
	42	34.158	0.658	0.029	1.868
	43	34.810	0.652	0.029	1.896
	44	35.455	0.645	0.028	1.925
	45	36.095	0.639	0.028	1.954
	46	36.727	0.633	0.027	1.983
	47	37.354	0.626	0.027	2.013
	48	37.974	0.620	0.026	2.043
	49	38.588	0.614	0.026	2.074
	50	39.196	0.608	0.026	2.105
	51	39.798	0.602	0.025	2.136
	52	40.394	0.596	0.025	2.168
	53	40.984	0.590	0.024	2.201
	54	41.569	0.584	0.024	2.234
	55	42.147	0.579	0.024	2.267
	56	42.720	0.573	0.023	2.301
	57	43.287	0.567	0.023	2.336
	58	43.849	0.562	0.023	2.371
	59	44.405	0.556	0.023	2.407
	60	44.955	0.550	0.022	2.443
	61	45.500	0.545	0.022	2.479
	62	46.040	0.540	0.022	2.517
	63	46.574	0.534	0.021	2.554
	64	47.103	0.529	0.021	2.593
	65	47.627	0.524	0.021	2.632
	66	48.145	0.519	0.021	2.671
	67	48.659	0.513	0.021	2.711
	68	49.167	0.508	0.020	2.752
	69	49.670	0.503	0.020	2.793
	70	50.169	0.498	0.020	2.835

(注)　1　複利年金現価率、複利現価率及び年賦償還率は小数点以下第4位を四捨五入により、複利終価率は小数点以下第4位を切捨てにより作成している。

2　複利年金現価率は、定期借地権等、著作権、営業権、鉱業権等の評価に使用する。

3　複利現価率は、定期借地権等の評価における経済的利益（保証金等によるもの）の計算並びに特許権、信託受益権、清算中の会社の株式及び無利息債務等の評価に使用する。

4　年賦償還率は、定期借地権等の評価における経済的利益（差額地代）の計算に使用する。

5　複利終価率は、標準伐期齢を超える立木の評価に使用する。

通　達

〔参考３〕

複　利　表 （令和6年3月分）

区分	年数	年0.1%の複利年金現価率	年0.1%の複利現価率	年0.1%の年賦償還率	年1.5%の複利終価率	区分	年数	年1%の複利年金現価率	年1%の複利現価率	年1%の年賦償還率	年1.5%の複利終価率
短期	1	0.999	0.999	1.001	1.015		36	30.108	0.699	0.033	1.709
	2	1.997	0.998	0.501	1.030		37	30.800	0.692	0.032	1.734
区分	年数	年0.25%の複利年金現価率	年0.25%の複利現価率	年0.25%の年賦償還率	年1.5%の複利終価率		38	31.485	0.685	0.032	1.760
							39	32.163	0.678	0.031	1.787
							40	32.835	0.672	0.030	1.814
中期	3	2.985	0.993	0.335	1.045		41	33.500	0.665	0.030	1.841
	4	3.975	0.990	0.252	1.061		42	34.158	0.658	0.029	1.868
	5	4.963	0.988	0.202	1.077		43	34.810	0.652	0.029	1.896
	6	5.948	0.985	0.168	1.093		44	35.455	0.645	0.028	1.925
区分	年数	年1%の複利年金現価率	年1%の複利現価率	年1%の年賦償還率	年1.5%の複利終価率		45	36.095	0.639	0.028	1.954
	7	6.728	0.933	0.149	1.109		46	36.727	0.633	0.027	1.983
	8	7.652	0.923	0.131	1.126		47	37.354	0.626	0.027	2.013
	9	8.566	0.914	0.117	1.143		48	37.974	0.620	0.026	2.043
	10	9.471	0.905	0.106	1.160		49	38.588	0.614	0.026	2.074
	11	10.368	0.896	0.096	1.177		50	39.196	0.608	0.026	2.105
	12	11.255	0.887	0.089	1.195		51	39.798	0.602	0.025	2.136
	13	12.134	0.879	0.082	1.213	長	52	40.394	0.596	0.025	2.168
	14	13.004	0.870	0.077	1.231		53	40.984	0.590	0.024	2.201
	15	13.865	0.861	0.072	1.250		54	41.569	0.584	0.024	2.234
	16	14.718	0.853	0.068	1.268		55	42.147	0.579	0.024	2.267
	17	15.562	0.844	0.064	1.288		56	42.720	0.573	0.023	2.301
	18	16.398	0.836	0.061	1.307	期	57	43.287	0.567	0.023	2.336
	19	17.226	0.828	0.058	1.326		58	43.849	0.562	0.023	2.371
	20	18.046	0.820	0.055	1.346		59	44.405	0.556	0.023	2.407
	21	18.857	0.811	0.053	1.367		60	44.955	0.550	0.022	2.443
長	22	19.660	0.803	0.051	1.387		61	45.500	0.545	0.022	2.479
	23	20.456	0.795	0.049	1.408		62	46.040	0.540	0.022	2.517
	24	21.243	0.788	0.047	1.429		63	46.574	0.534	0.021	2.554
	25	22.023	0.780	0.045	1.450		64	47.103	0.529	0.021	2.593
	26	22.795	0.772	0.044	1.472		65	47.627	0.524	0.021	2.632
	27	23.560	0.764	0.042	1.494		66	48.145	0.519	0.021	2.671
期	28	24.316	0.757	0.041	1.517		67	48.659	0.513	0.021	2.711
	29	25.066	0.749	0.040	1.539		68	49.167	0.508	0.020	2.752
	30	25.808	0.742	0.039	1.563		69	49.670	0.503	0.020	2.793
	31	26.542	0.735	0.038	1.586		70	50.169	0.498	0.020	2.835
	32	27.270	0.727	0.037	1.610						
	33	27.990	0.720	0.036	1.634						
	34	28.703	0.713	0.035	1.658						
	35	29.409	0.706	0.034	1.683						

(注)　1　複利年金現価率、複利現価率及び年賦償還率は小数点以下第４位を四捨五入により、複利終価率は小数点以下第４位を切捨てにより作成している。

　　2　複利年金現価率は、定期借地権等、著作権、営業権、鉱業権等の評価に使用する。

　　3　複利現価率は、定期借地権等の評価における経済的利益（保証金等によるもの）の計算並びに特許権、信託受益権、清算中の会社の株式及び無利息債務等の評価に使用する。

　　4　年賦償還率は、定期借地権等の評価における経済的利益（差額地代）の計算に使用する。

　　5　複利終価率は、標準伐期齢を超える立木の評価に使用する。

課評 2 － 46

令和 6 年 1 月 12 日

各 国 税 局 長
　　　　　　　　殿
沖縄国税事務所長

国 税 庁 長 官

（官 印 省 略）

　　「令和 5 年分の類似業種比準価額計算上の業種目及び業種目別株価等について」
　　の一部改正について（法令解釈通達）

　令和 5 年 6 月 9 日付課評 2 － 5 「令和 5 年分の類似業種比準価額計算上の業種目及び業種目別株価等について」（法令解釈通達）の別紙「類似業種比準価額計算上の業種目及び業種目別株価等（令和 5 年分）」について、「A（株価）」欄の11月分及び12月分を定め、別紙のとおり改正したから、これによられたい。

別　紙　　　　　　　　　　**類似業種比準価額計算上の業種目及び業種目別株価等(令和5年分)**

(単位：円)

業　　　　　種　　　　　目				B〔配当金額〕	C〔利益金額〕	D〔簿価純資産価額〕	A（株価）		
大　分　類							令和4年平均	4年11月分	4年12月分
中　分　類		番号	内　　容						
小　分　類									
建　　設　　業		1		**9.1**	**49**	**435**	**305**	**305**	**304**
	総　合　工　事　業	2		8.1	47	394	270	270	270
		建築工事業（木造建築工事業を除く）	3	鉄骨鉄筋コンクリート造建築物、鉄筋コンクリート造建築物、無筋コンクリート造建築物及び鉄骨造建築物等の完成を請け負うもの	9.9	72	432	346	344	339
		その他の総合工事業	4	総合工事業のうち、3に該当するもの以外のもの	7.6	41	384	249	249	251
	職　別　工　事　業	5	下請として工事現場において建築物又は土木施設等の工事目的物の一部を構成するための建設工事を行うもの	10.2	53	484	385	384	376
	設　備　工　事　業	6		11.2	54	524	366	366	366
		電　気　工　事　業	7	一般電気工事業及び電気配線工事業を営むもの	8.7	37	551	285	279	277
		電気通信・信号装置工事業	8	電気通信工事業、有線テレビジョン放送設備設置工事業及び信号装置工事業を営むもの	5.9	35	225	212	201	203
		その他の設備工事業	9	設備工事業のうち、7及び8に該当するもの以外のもの	13.9	67	574	448	455	455

(注)　「A（株価）」は、業種目ごとに令和5年分の標本会社の株価を基に計算しているので、標本会社が令和4年分のものと異なる業種目などについては、令和4年11月分及び12月分の金額は、令和4年分の評価に適用する令和4年11月分及び12月分の金額とは異なることに留意してください。また、令和4年平均及び課税時期の属する月以前2年間の平均株価についても、令和5年分の標本会社を基に計算しています。

類似業種比準価額計算上の業種目及び業種目別株価等（令和5年分）

(単位：円)

業　種　目 大　分　類 中　分　類 小　分　類			番号	A（株価）【上段：各月の株価、下段：課税時期の属する月以前2年間の平均株価】											
				令和5年1月分	2月分	3月分	4月分	5月分	6月分	7月分	8月分	9月分	10月分	11月分	12月分
建　　設　　業			1	*305* *312*	*315* *312*	*324* *312*	*328* *312*	*342* *313*	*346* *314*	*355* *316*	*357* *317*	*374* *319*	*363* *320*	*367* *322*	*370* *325*
	総　合　工　事　業		2	270 274	280 274	288 275	292 275	305 276	304 277	309 279	312 280	328 282	319 283	322 285	324 287
		建築工事業（木造建築工事業を除く）	3	336 348	349 349	365 350	375 351	384 352	375 353	374 354	372 355	390 356	378 356	379 357	376 358
		その他の総合工事業	4	252 254	260 254	267 254	269 254	283 255	284 256	291 258	295 259	311 261	302 263	306 265	310 267
	職　別　工　事　業		5	376 404	388 403	397 401	400 398	402 397	411 396	425 396	415 395	419 395	405 395	407 394	410 395
	設　備　工　事　業		6	368 377	379 377	390 376	395 376	416 378	431 380	446 382	450 384	474 387	458 390	464 393	471 397
		電　気　工　事　業	7	279 303	281 301	291 299	298 297	326 297	333 297	346 298	346 299	372 301	359 302	363 305	377 308
		電気通信・信号装置工事業	8	208 229	209 227	212 226	214 224	233 223	244 223	245 223	250 223	263 223	256 223	266 224	271 225
		その他の設備工事業	9	457 454	475 455	489 456	493 457	511 460	531 463	550 467	555 471	582 475	561 479	569 483	572 488

類似業種比準価額計算上の業種目及び業種目別株価等(令和5年分)

(単位:円)

業　種　目				B〔配当金額〕	C〔利益金額〕	D〔簿価純資産価額〕	A（株価）		
大　分　類		番号	内　　　容				令和4年平均	4　年11月分	4　年12月分
中　分　類									
小　分　類									
製　　造　　業		10		**6.8**	**40**	**358**	**362**	**371**	**367**
	食 料 品 製 造 業	11		7.3	42	433	536	552	562
		畜産食料品製造業	12	部分肉・冷凍肉、肉加工品、処理牛乳・乳飲料及び乳製品等の製造を行うもの	10.6	73	518	896	950	988
		パン・菓子製造業	13	パン、生菓子、ビスケット類・干菓子及び米菓等の製造を行うもの	8.9	48	728	850	871	880
		その他の食料品製造業	14	食料品製造業のうち、12及び13に該当するもの以外のもの	6.0	32	336	354	359	360
	飲料・たばこ・飼料製造業	15	清涼飲料、酒類、茶、コーヒー、氷、たばこ、飼料及び有機質肥料の製造を行うもの	6.7	30	345	368	366	363
	繊　　維　　工　　業	16	製糸、紡績糸、織物、ニット生地、網地、フェルト、染色整理及び衣服の縫製など繊維製品の製造を行うもの	7.2	41	351	518	572	597
	パルプ・紙・紙加工品製造業	17	木材、その他の植物原料及び古繊維からパルプ及び紙の製造を行うもの並びにこれらの紙から紙加工品の製造を行うもの	3.6	20	278	138	136	135
	印　刷・同　関　連　業	18	印刷業、製版業、製本業、印刷物加工業及び印刷関連サービス業を営むもの	4.2	27	306	201	212	214

(注)　「A（株価）」は、業種目ごとに令和5年分の標本会社の株価を基に計算しているので、標本会社が令和4年分のものと異なる業種目などについては、令和4年11月分及び12月分の金額は、令和4年分の評価に適用する令和4年11月分及び12月分の金額とは異なることに留意してください。また、令和4年平均及び課税時期の属する月以前2年間の平均株価についても、令和5年分の標本会社を基に計算しています。

類似業種比準価額計算上の業種目及び業種目別株価等(令和5年分)

(単位：円)

業　種　目			番号	A（株価）【上段：各月の株価、下段：課税時期の属する月以前2年間の平均株価】											
大　分　類				令和5年1月分	2月分	3月分	4月分	5月分	6月分	7月分	8月分	9月分	10月分	11月分	12月分
	中　分　類														
		小　分　類													
製　　　　造　　　　業			10	*364* *376*	*377* *375*	*386* *375*	*389* *375*	*403* *376*	*417* *377*	*420* *378*	*421* *379*	*434* *380*	*415* *381*	*427* *382*	*428* *384*
	食　料　品　製　造　業		11	564 537	575 538	586 540	603 543	626 547	629 551	625 554	640 559	661 563	638 567	658 572	645 578
		畜産食料品製造業	12	1,006 861	1,019 871	1,040 881	1,075 893	1,077 904	1,047 913	1,018 920	961 926	955 931	921 936	893 940	841 942
		パン・菓子製造業	13	894 858	924 860	949 862	988 867	1,074 878	1,098 888	1,106 898	1,208 913	1,283 928	1,221 942	1,312 960	1,304 982
		その他の食料品製造業	14	355 364	361 363	365 362	371 362	385 362	394 363	394 364	409 365	425 367	415 368	431 371	428 374
	飲料・たばこ・飼料製造業		15	350 384	356 382	359 379	358 378	369 376	373 375	375 374	386 373	401 372	396 371	408 372	402 372
	繊　　維　　工　　業		16	589 524	653 528	698 535	723 542	726 551	743 561	719 569	677 576	705 583	671 589	723 598	718 607
	パルプ・紙・紙加工品製造業		17	138 147	146 147	150 146	152 146	157 146	157 146	160 146	161 146	170 146	167 146	169 147	172 148
	印　刷　・　同　関　連　業		18	206 209	215 209	218 209	218 209	223 209	226 209	230 210	234 210	243 211	233 211	234 212	241 213

類似業種比準価額計算上の業種目及び業種目別株価等(令和5年分)

(単位:円)

業　種　目				B 配当 金額	C 利益 金額	D 簿価純資産価額	A（株価）		
大　分　類 中　分　類 小　分　類	番号	内　　容					令和4年平均	4年11月分	4年12月分
(製 造 業)									
化　学　工　業	19			9.1	45	404	508	517	514
有機化学工業製品製造業	20	工業原料として用いられる有機化学工業製品の製造を行うもの		7.9	50	349	403	378	378
油脂加工製品・石けん・合成洗剤・界面活性剤・塗料製造業	21	脂肪酸・硬化油・グリセリン、石けん・合成洗剤、界面活性剤、塗料、印刷インキ、洗浄剤・磨用剤及びろうそくの製造を行うもの		6.0	30	371	253	257	253
医　薬　品　製　造　業	22	医薬品原薬、医薬品製剤、生物学的製剤、生薬・漢方製剤及び動物用医薬品の製造を行うもの		16.4	81	643	1,053	1,115	1,118
その他の化学工業	23	化学工業のうち、20から22に該当するもの以外のもの		7.6	35	335	401	399	394
プラスチック製品製造業	24	プラスチックを用い、押出成形機、射出成形機等の各種成形機により成形された押出成形品、射出成形品等の成形製品の製造を行うもの及び同製品に切断、接合、塗装、蒸着めっき、バフ加工等の加工を行うもの並びにプラスチックを用いて成形のために配合、混和を行うもの及び再生プラスチックの製造を行うもの		7.3	41	367	335	358	340
ゴ　ム　製　品　製　造　業	25	天然ゴム類、合成ゴムなどから作られたゴム製品、すなわち、タイヤ、チューブ、ゴム製履物、ゴム引布、ゴムベルト、ゴムホース、工業用ゴム製品、更生タイヤ、再生ゴム、その他のゴム製品の製造を行うもの		8.0	46	443	285	304	300

(注)　「A（株価）」は、業種目ごとに令和5年分の標本会社の株価を基に計算しているので、標本会社が令和4年分のものと異なる業種目などについては、令和4年11月分及び12月分の金額は、令和4年分の評価に適用する令和4年11月分及び12月分の金額とは異なることに留意してください。また、令和4年平均及び課税時期の属する月以前2年間の平均株価についても、令和5年分の標本会社を基に計算しています。

類似業種比準価額計算上の業種目及び業種目別株価等(令和5年分)

(単位:円)

業　　種　　目			番号	A（株価）【上段：各月の株価、下段：課税時期の属する月以前2年間の平均株価】											
大　分　類				令和5年1月分	2月分	3月分	4月分	5月分	6月分	7月分	8月分	9月分	10月分	11月分	12月分
中　分　類															
小　分　類															
(製造業)															
化　学　工　業			19	495	499	498	504	516	531	527	536	551	522	527	531
				544	540	537	533	531	529	526	524	521	518	515	513
	有機化学工業製品製造業		20	378	391	405	400	412	437	467	456	460	447	456	458
				432	430	428	426	425	425	426	425	423	421	418	416
	油脂加工製品・石けん・合成洗剤・界面活性剤・塗料製造業		21	251	263	267	271	281	283	287	295	310	298	313	319
				270	269	268	266	266	265	265	266	266	266	268	269
	医薬品製造業		22	1,032	1,023	1,008	1,028	1,067	1,094	1,040	1,097	1,158	1,073	1,054	1,074
				1,106	1,101	1,095	1,089	1,088	1,084	1,078	1,074	1,070	1,064	1,058	1,057
	その他の化学工業		23	391	395	395	398	401	414	417	413	414	398	407	404
				439	435	431	427	424	421	419	416	412	408	405	402
プラスチック製品製造業			24	332	353	365	372	382	392	403	407	408	382	392	379
				351	350	349	349	349	350	351	353	354	355	356	358
ゴム製品製造業			25	302	317	333	342	351	368	382	386	418	392	402	408
				283	285	288	291	294	298	302	306	311	316	320	326

類似業種比準価額計算上の業種目及び業種目別株価等(令和5年分)

(単位:円)

業　種　目			番号	内　　　容	B〔配当金額〕	C〔利益金額〕	D〔簿価純資産価額〕	A（株価）令和4年平均	A（株価）4年11月分	A（株価）4年12月分
大分類／中分類／小分類										
(製 造 業)										
窯業・土石製品製造業			26		5.6	34	320	272	287	291
	セメント・同製品製造業		27	セメント、生コンクリート及びコンクリート製品等の製造を行うもの	3.3	27	220	137	138	141
	その他の窯業・土石製品製造業		28	窯業・土石製品製造業のうち、27に該当するもの以外のもの	6.6	37	366	334	355	359
鉄　　鋼　　業			29	鉱石、鉄くずなどから鉄及び鋼の製造を行うもの並びに鉄及び鋼の鋳造品、鍛造品、圧延鋼材、表面処理鋼材等の製造を行うもの	4.3	34	350	192	203	201
非 鉄 金 属 製 造 業			30	鉱石（粗鉱、精鉱）、金属くずなどを処理し、非鉄金属の製錬及び精製を行うもの、非鉄金属の合金製造、圧延、抽伸、押出しを行うもの並びに非鉄金属の鋳造、鍛造、その他の基礎製品の製造を行うもの	4.7	43	307	243	251	251
金 属 製 品 製 造 業			31		5.8	34	365	238	237	234
	建設用・建築用金属製品製造業		32	鉄骨、建設用金属製品、金属製サッシ・ドア、鉄骨系プレハブ住宅及び建築用金属製品の製造を行うもの並びに製缶板金業を営むもの	4.3	34	312	199	183	183
	その他の金属製品製造業		33	金属製品製造業のうち、32に該当するもの以外のもの	6.5	35	389	255	260	256
はん用機械器具製造業			34	はん用的に各種機械に組み込まれ、あるいは取付けをすることで用いられる機械器具の製造を行うもの。例えば、ボイラ・原動機、ポンプ・圧縮機器、一般産業用機械・装置の製造など	8.0	45	400	435	447	432

(注)　「A（株価）」は、業種目ごとに令和5年分の標本会社の株価を基に計算しているので、標本会社が令和4年分のものと異なる業種目などについては、令和4年11月分及び12月分の金額は、令和4年分の評価に適用する令和4年11月分及び12月分の金額とは異なることに留意してください。また、令和4年平均及び課税時期の属する月以前2年間の平均株価についても、令和5年分の標本会社を基に計算しています。

通 達

類似業種比準価額計算上の業種目及び業種目別株価等(令和5年分)

(単位:円)

業　種　目			番号	A（株価）【上段：各月の株価、下段：課税時期の属する月以前2年間の平均株価】											
大　分　類				令和5年1月分	2月分	3月分	4月分	5月分	6月分	7月分	8月分	9月分	10月分	11月分	12月分
	中　分　類														
		小　分　類														
（製 造 業）															
窯業・土石製品製造業			26	288 279	293 279	301 280	297 281	305 282	318 284	329 286	332 288	341 289	325 291	340 293	345 295
	セメント・同製品製造業		27	141 139	146 139	152 139	155 140	157 140	166 141	173 142	175 144	176 145	169 147	177 148	185 150
	その他の窯業・土石製品製造業		28	355 343	361 343	369 344	362 345	372 347	388 348	399 351	403 353	415 355	395 357	414 359	418 361
鉄　　鋼　　業			29	209 191	224 193	232 195	226 197	230 198	240 201	251 203	265 206	283 210	268 213	277 216	277 220
非 鉄 金 属 製 造 業			30	252 241	256 242	266 243	263 244	257 245	260 246	270 248	265 249	268 250	257 250	260 251	251 251
金 属 製 品 製 造 業			31	234 249	240 248	248 247	258 247	260 247	260 248	265 248	263 248	267 248	259 247	262 247	264 247
	建設用・建築用金属製品製造業		32	184 209	188 207	200 206	216 206	208 206	210 206	214 207	218 207	221 206	208 205	209 204	212 203
	その他の金属製品製造業		33	256 266	262 266	270 265	276 265	282 265	281 265	288 266	283 266	288 266	281 266	285 266	287 267
はん用機械器具製造業			34	436 456	461 454	471 454	471 453	495 454	523 456	515 458	507 459	522 460	511 462	534 464	537 466

類似業種比準価額計算上の業種目及び業種目別株価等（令和5年分）

（単位：円）

業　　種　　目				B〔配当金額〕	C〔利益金額〕	D〔簿価純資産価額〕	A（株価）		
大　分　類 中　分　類 小　分　類	番号	内　　　容					令和4年平均	4年11月分	4年12月分
（製造業）									
生産用機械器具製造業	35			6.2	42	289	390	393	391
金属加工機械製造業	36	金属工作機械、金属加工機械、金属工作機械用・金属加工機械用部品・附属品（金型を除く）及び機械工具（粉末や金業を除く）の製造を行うもの		5.1	30	275	261	248	243
その他の生産用機械器具製造業	37	生産用機械器具製造業のうち、36に該当するもの以外のもの		6.6	45	293	429	437	435
業務用機械器具製造業	38	業務用及びサービスの生産に供される機械器具の製造を行うもの		6.1	32	286	319	326	319
電子部品・デバイス・電子回路製造業	39			4.7	41	269	326	341	328
電子部品製造業	40	抵抗器、コンデンサ、変成器及び複合部品の製造、音響部品、磁気ヘッド及び小形モータの製造並びにコネクタ、スイッチ及びリレーの製造を行うもの		6.1	46	366	398	436	412
電子回路製造業	41	電子回路基板及び電子回路実装基板の製造を行うもの		1.8	23	142	157	163	156
その他の電子部品・デバイス・電子回路製造業	42	電子部品・デバイス・電子回路製造業のうち、40及び41に該当するもの以外のもの		4.9	44	258	344	349	340

(注)　「A（株価）」は、業種目ごとに令和5年分の標本会社の株価を基に計算しているので、標本会社が令和4年分のものと異なる業種目などについては、令和4年11月分及び12月分の金額は、令和4年分の評価に適用する令和4年11月分及び12月分の金額とは異なることに留意してください。また、令和4年平均及び課税時期の属する月以前2年間の平均株価についても、令和5年分の標本会社を基に計算しています。

類似業種比準価額計算上の業種目及び業種目別株価等(令和5年分)

(単位:円)

業　　種　　目		番号	A（株価）【上段：各月の株価、下段：課税時期の属する月以前2年間の平均株価】											
大　分　類			令和5年1月分	2月分	3月分	4月分	5月分	6月分	7月分	8月分	9月分	10月分	11月分	12月分
中　分　類														
小　分　類														
(製　造　業)														
生産用機械器具製造業		35	393	410	417	409	431	468	475	473	481	464	488	503
			399	399	400	400	401	404	407	410	412	415	418	420
	金属加工機械製造業	36	243	255	258	257	272	279	285	286	294	282	280	276
			282	281	279	276	275	274	272	271	270	269	268	266
	その他の生産用機械器具製造業	37	439	457	466	455	480	526	534	530	538	520	551	572
			434	436	437	438	440	443	447	452	456	460	463	467
業務用機械器具製造業		38	312	326	335	341	349	359	366	361	370	352	364	375
			332	331	331	332	332	333	333	334	334	333	334	335
電子部品・デバイス・電子回路製造業		39	325	341	350	345	357	380	383	376	384	369	393	402
			329	329	330	331	333	335	337	339	341	343	345	346
	電子部品製造業	40	402	420	427	420	445	471	467	449	473	465	509	524
			402	401	401	400	402	405	407	411	414	418	422	427
	電子回路製造業	41	155	161	165	165	169	180	186	198	203	190	208	212
			153	154	156	156	158	159	161	163	165	167	168	170
	その他の電子部品・デバイス・電子回路製造業	42	340	359	370	365	373	399	403	397	397	376	392	397
			349	350	352	353	354	356	359	361	361	362	362	362

類似業種比準価額計算上の業種目及び業種目別株価等(令和5年分)

(単位:円)

業　　種　　目				B 配当金額	C 利益金額	D 簿価純資産価額	A（株価）		
大　分　類 中　分　類 小　分　類	番号	内　　容					令和4年平均	4年11月分	4年12月分
(製造業)									
電気機械器具製造業	43			6.6	38	371	406	407	391
発電用・送電用・配電用電気機械器具製造業	44	発電機・電動機・その他の回転電気機械、変圧器類（電子機器用を除く）、電力開閉装置、配電盤・電力制御装置及び配線器具・配線附属品の製造を行うもの		13.4	62	773	694	670	641
電気計測器製造業	45	電気計測器、工業計器及び医療用計測器の製造を行うもの		4.7	32	202	296	310	298
その他の電気機械器具製造業	46	電気機械器具製造業のうち、44及び45に該当するもの以外のもの		4.3	29	270	329	334	322
情報通信機械器具製造業	47	通信機械器具及び関連機器、映像・音響機械器具並びに電子計算機及び附属装置の製造を行うもの		4.8	34	279	229	224	219
輸送用機械器具製造業	48			7.6	41	456	261	263	254
自動車・同附属品製造業	49	自動車（二輪自動車を含む）、自動車車体・附随車及び自動車部分品・附属品の製造を行うもの		8.2	43	478	235	238	230
その他の輸送用機械器具製造業	50	輸送用機械器具製造業のうち、49に該当するもの以外のもの		4.8	32	351	385	380	364
その他の製造業	51	製造業のうち、11から50に該当するもの以外のもの		7.5	43	353	352	360	361

(注)　「A（株価）」は、業種目ごとに令和5年分の標本会社の株価を基に計算しているので、標本会社が令和4年分のものと異なる業種目などについては、令和4年分の評価に適用する令和4年11月分及び12月分の金額は、令和4年11月分及び12月分の金額とは異なることに留意してください。また、令和4年平均及び課税時期の属する月以前2年間の平均株価についても、令和5年分の標本会社を基に計算しています。

類似業種比準価額計算上の業種目及び業種目別株価等(令和5年分)

(単位:円)

業　種　目 大　分　類 　中　分　類 　　小　分　類	番号	A（株価）【上段：各月の株価、下段：課税時期の属する月以前2年間の平均株価】											
		令和 5　年 1月分	2月分	3月分	4月分	5月分	6月分	7月分	8月分	9月分	10月分	11月分	12月分
(製　造　業)													
電気機械器具製造業	43	388 443	405 439	414 436	426 432	458 432	477 431	485 432	476 431	485 430	466 430	466 429	455 428
発電用・送電用・配電 　用電気機械器具製造 　業	44	627 771	641 759	655 749	679 740	768 736	819 734	859 734	874 735	912 737	896 739	857 740	835 739
電気計測器製造業	45	298 307	308 307	319 308	334 308	354 310	358 312	355 314	351 315	352 315	335 315	355 316	356 318
その他の電気機械器 　具製造業	46	322 360	344 357	349 355	355 353	367 352	377 351	377 351	353 349	352 346	330 343	339 341	327 339
情報通信機械器具製造 業	47	217 238	227 236	233 235	237 234	245 234	246 234	249 234	250 234	258 235	249 235	257 236	256 236
輸送用機械器具製造業	48	252 275	265 274	268 274	272 273	285 273	301 273	314 274	313 275	329 276	312 276	324 277	314 278
自動車・同附属品製 　造業	49	229 246	243 246	248 245	250 245	265 245	278 246	290 246	292 248	310 250	292 251	299 253	288 254
その他の輸送用機械 　器具製造業	50	360 411	371 409	364 407	377 405	378 404	410 404	425 403	410 401	422 398	407 395	441 394	437 392
その他の製造業	51	358 368	372 367	386 367	388 367	402 368	409 369	412 370	418 372	435 373	411 374	415 375	417 377

類似業種比準価額計算上の業種目及び業種目別株価等（令和5年分）

（単位：円）

業　　種　　目			番号	内　　　　　容	B〔配当金額〕	C〔利益金額〕	D〔簿価純資産価額〕	A（株価）		
大　分　類	中　分　類	小　分　類						令和4年平均	4年11月分	4年12月分
電気・ガス・熱供給・水道業			52		6.7	32	394	497	589	587
情　報　通　信　業			53		7.7	55	281	691	717	703
	情報サービス業		54		9.1	57	303	708	740	731
		ソフトウェア業	55	受託開発ソフトウェア業、組込みソフトウェア業、パッケージソフトウェア業及びゲームソフトウェア業を営むもの	9.0	56	297	708	741	736
		情報処理・提供サービス業	56	受託計算サービス業、計算センター、タイムシェアリングサービス業、マシンタイムサービス業、データエントリー業、パンチサービス業、データベースサービス業、市場調査業及び世論調査業を営むもの	8.2	49	235	634	657	642
	インターネット附随サービス業		57	インターネットを通じて、情報の提供や、サーバ等の機能を利用させるサービスを提供するもの、音楽、映像等を配信する事業を行うもの及びインターネットを利用する上で必要なサポートサービスを提供するもの	5.2	47	189	688	693	666
	映像・音声・文字情報制作業		58	映画、ビデオ又はテレビジョン番組の制作・配給を行うもの、レコード又はラジオ番組の制作を行うもの、新聞の発行又は書籍、定期刊行物等の出版を行うもの並びにこれらに附帯するサービスの提供を行うもの	3.6	31	244	454	492	486
	その他の情報通信業		59	情報通信業のうち、54から58に該当するもの以外のもの	8.6	98	531	796	823	818

（注）　「A（株価）」は、業種目ごとに令和5年分の標本会社の株価を基に計算しているので、標本会社が令和4年分のものと異なる業種目などについては、令和4年11月分及び12月分の金額は、令和4年分の評価に適用する令和4年11月分及び12月分の金額とは異なることに留意してください。また、令和4年平均及び課税時期の属する月以前2年間の平均株価についても、令和5年分の標本会社を基に計算しています。

類似業種比準価額計算上の業種目及び業種目別株価等（令和5年分）

（単位：円）

業　種　目 大分類／中分類／小分類	番号	A（株価）【上段：各月の株価、下段：課税時期の属する月以前2年間の平均株価】 令和5年1月分	2月分	3月分	4月分	5月分	6月分	7月分	8月分	9月分	10月分	11月分	12月分
電気・ガス・熱供給・水道業	52	577 / 583	687 / 585	914 / 598	936 / 612	632 / 613	698 / 616	656 / 615	605 / 610	579 / 601	498 / 591	484 / 579	471 / 571
情　報　通　信　業	53	697 / 777	718 / 768	727 / 760	732 / 751	745 / 745	787 / 741	775 / 738	757 / 734	762 / 728	715 / 722	730 / 717	730 / 715
情報サービス業	54	728 / 776	756 / 769	770 / 764	778 / 758	797 / 756	845 / 755	831 / 755	815 / 755	823 / 753	775 / 750	798 / 749	797 / 750
ソフトウェア業	55	732 / 769	762 / 763	779 / 760	788 / 754	811 / 753	865 / 754	850 / 756	830 / 757	834 / 756	788 / 754	820 / 754	820 / 757
情報処理・提供サービス業	56	648 / 730	680 / 718	673 / 708	673 / 697	679 / 690	712 / 685	702 / 680	695 / 677	710 / 672	651 / 665	647 / 659	631 / 654
インターネット附随サービス業	57	653 / 842	659 / 822	655 / 803	650 / 783	646 / 766	674 / 751	663 / 736	623 / 721	614 / 704	564 / 687	577 / 670	578 / 658
映像・音声・文字情報制作業	58	456 / 491	459 / 490	467 / 489	467 / 487	467 / 487	472 / 485	462 / 483	459 / 480	480 / 473	470 / 467	489 / 463	537 / 464
その他の情報通信業	59	847 / 800	867 / 802	893 / 804	916 / 809	969 / 818	1,049 / 829	1,049 / 840	1,093 / 853	1,113 / 865	1,055 / 875	988 / 881	949 / 889

類似業種比準価額計算上の業種目及び業種目別株価等(令和5年分)

(単位:円)

業　　　　　種　　　　　目				B 配当金額	C 利益金額	D 簿価純資産価額	A（株価）		
大　分　類		番号	内　　　　　容				令和4年平均	4年11月分	4年12月分
中　分　類									
小　分　類									
運　輸　業，郵　便　業		60		*6.5*	*59*	*473*	*382*	*379*	*375*
	道 路 貨 物 運 送 業	61	自動車等により貨物の運送を行うもの	8.6	70	472	512	493	482
	水　　　運　　　業	62	海洋、沿海、港湾、河川、湖沼において船舶により旅客又は貨物の運送を行うもの（港湾において、はしけによって貨物の運送を行うものを除く）	4.5	134	437	309	291	305
	運輸に附帯するサービス業	63	港湾運送業、貨物運送取扱業（集配利用運送業を除く）、運送代理店、こん包業及び運輸施設提供業等を営むもの	6.5	43	517	324	332	328
	その他の運輸業，郵便業	64	運輸業，郵便業のうち、61から63に該当するもの以外のもの	5.2	23	454	333	346	342

(注)　「Ａ（株価）」は、業種目ごとに令和５年分の標本会社の株価を基に計算しているので、標本会社が令和４年分のものと異なる業種目などについては、令和４年11月分及び12月分の金額は、令和４年分の評価に適用する令和４年11月分及び12月分の金額とは異なることに留意してください。また、令和４年平均及び課税時期の属する月以前２年間の平均株価についても、令和５年分の標本会社を基に計算しています。

類似業種比準価額計算上の業種目及び業種目別株価等（令和5年分）

（単位：円）

業　種　目		番号	A　（株価）　【上段：各月の株価、下段：課税時期の属する月以前2年間の平均株価】											
大　分　類			令和5年1月分	2月分	3月分	4月分	5月分	6月分	7月分	8月分	9月分	10月分	11月分	12月分
中　分　類														
小　分　類														
運　輸　業，郵　便　業		60	365 / 390	382 / 390	386 / 390	392 / 390	401 / 391	404 / 391	418 / 392	425 / 392	438 / 392	418 / 392	429 / 393	436 / 395
	道　路　貨　物　運　送　業	61	462 / 546	500 / 543	493 / 541	499 / 538	526 / 537	528 / 534	546 / 531	537 / 528	543 / 523	525 / 518	550 / 517	547 / 516
	水　　　　運　　　　業	62	299 / 264	319 / 272	328 / 278	317 / 285	296 / 290	293 / 295	320 / 301	358 / 305	391 / 309	371 / 313	359 / 318	389 / 323
	運輸に附帯するサービス業	63	323 / 336	328 / 336	337 / 335	346 / 335	345 / 335	346 / 335	358 / 335	366 / 335	373 / 336	356 / 336	356 / 336	365 / 337
	その他の運輸業，郵便業	64	336 / 334	339 / 334	349 / 334	360 / 336	376 / 337	385 / 339	388 / 341	398 / 344	415 / 347	389 / 349	405 / 352	410 / 356

類似業種比準価額計算上の業種目及び業種目別株価等（令和5年分）

（単位：円）

業種目 大分類 / 中分類 / 小分類	番号	内容	B 配当金額	C 利益金額	D 簿価純資産価額	A（株価）令和4年平均	4年11月分	4年12月分
卸　売　業	65		8.1	54	425	376	388	391
各種商品卸売業	66	各種商品の仕入卸売を行うもの。例えば、総合商社、貿易商社など	10.0	59	400	282	302	305
繊維・衣服等卸売業	67	繊維品及び衣服・身の回り品の仕入卸売を行うもの	5.0	14	425	186	180	180
飲食料品卸売業	68		5.7	38	383	389	395	385
農畜産物・水産物卸売業	69	米麦、雑穀・豆類、野菜、果実、食肉及び生鮮魚介等の卸売を行うもの	2.7	18	233	173	177	177
食料・飲料卸売業	70	砂糖・味そ・しょう油、酒類、乾物、菓子・パン類、飲料、茶類及び牛乳・乳製品等の卸売を行うもの	8.8	59	542	616	625	605
建築材料, 鉱物・金属材料等卸売業	71		8.5	66	498	331	336	342
化学製品卸売業	72	塗料、プラスチック及びその他の化学製品の卸売を行うもの	11.4	80	604	393	407	404
その他の建築材料, 鉱物・金属材料等卸売業	73	建築材料, 鉱物・金属材料等卸売業のうち、72に該当するもの以外のもの	7.7	63	471	315	318	327

（注）　「A（株価）」は、業種目ごとに令和5年分の標本会社の株価を基に計算しているので、標本会社が令和4年分のものと異なる業種目などについては、令和4年11月分及び12月分の金額は、令和4年分の評価に適用する令和4年11月分及び12月分の金額とは異なることに留意してください。また、令和4年平均及び課税時期の属する月以前2年間の平均株価についても、令和5年分の標本会社を基に計算しています。

類似業種比準価額計算上の業種目及び業種目別株価等(令和5年分)

(単位:円)

業　　種　　目		A（株価）【上段：各月の株価、下段：課税時期の属する月以前2年間の平均株価】											
大　分　類	番号	令和5年1月分	2月分	3月分	4月分	5月分	6月分	7月分	8月分	9月分	10月分	11月分	12月分
中　分　類 小　分　類													
卸　　売　　業	65	392 381	408 383	415 384	420 386	433 388	446 391	448 394	445 396	461 398	444 401	455 403	461 406
各種商品卸売業	66	306 274	327 277	335 280	346 283	371 288	420 294	434 301	443 309	466 317	434 324	446 332	435 339
繊維・衣服等卸売業	67	184 195	192 195	195 194	195 194	199 194	201 193	207 193	212 193	223 194	223 194	225 195	230 196
飲食料品卸売業	68	380 388	383 388	384 388	393 389	421 391	430 393	424 395	442 398	471 400	459 402	501 406	500 410
農畜産物・水産物卸売業	69	177 169	178 170	182 171	183 172	189 173	189 174	189 175	195 176	206 177	198 179	203 180	204 182
食料・飲料卸売業	70	594 620	600 618	597 618	615 618	666 622	684 625	672 628	703 632	751 635	734 638	816 645	812 651
建築材料, 鉱物・金属材料等卸売業	71	352 335	364 336	370 338	362 339	367 341	376 342	387 344	383 346	403 348	389 350	396 352	411 355
化学製品卸売業	72	408 384	423 388	431 390	439 394	461 397	489 402	489 407	489 411	505 415	478 419	480 424	493 429
その他の建築材料, 鉱物・金属材料等卸売業	73	339 322	349 324	354 325	342 325	343 326	348 327	361 328	356 329	378 331	367 332	375 334	391 337

類似業種比準価額計算上の業種目及び業種目別株価等(令和5年分)

(単位：円)

業　　　種　　　目				B〔配当金額〕	C〔利益金額〕	D〔簿価純資産価額〕	A（株価）		
大　分　類		番号	内　　　容				令和4年平均	4年11月分	4年12月分
中　分　類									
小　分　類									
(卸 売 業)									
機 械 器 具 卸 売 業		74		10.2	66	474	471	483	488
	産業機械器具卸売業	75	農業用機械器具、建設機械・鉱山機械、金属加工機械及び事務用機械器具等の卸売を行うもの	7.8	55	437	411	413	417
	電気機械器具卸売業	76		10.9	71	495	472	503	514
	その他の機械器具卸売業	77	機械器具卸売業のうち、75及び76に該当するもの以外のもの	12.9	73	490	578	562	557
そ の 他 の 卸 売 業		78	卸売業のうち、66から77に該当するもの以外のもの	5.9	42	309	314	337	340

(注)　「A（株価）」は、業種目ごとに令和5年分の標本会社の株価を基に計算しているので、標本会社が令和4年分のものと異なる業種目などについては、令和4年11月分及び12月分の金額は、令和4年分の評価に適用する令和4年11月分及び12月分の金額とは異なることに留意してください。また、令和4年平均及び課税時期の属する月以前2年間の平均株価についても、令和5年分の標本会社を基に計算しています。

類似業種比準価額計算上の業種目及び業種目別株価等（令和5年分）

（単位：円）

| 業　種　目 | | | 番号 | A（株価）【上段：各月の株価、下段：課税時期の属する月以前2年間の平均株価】 | | | | | | | | | | | |
大　分　類	中　分　類	小　分　類		令和5年1月分	2月分	3月分	4月分	5月分	6月分	7月分	8月分	9月分	10月分	11月分	12月分
(卸 売 業)															
	機 械 器 具 卸 売 業		74	490 481	519 483	536 485	546 488	552 491	569 495	569 498	556 501	559 503	546 505	557 506	567 509
		産業機械器具卸売業	75	426 416	442 418	457 419	458 421	461 423	465 425	473 428	471 430	492 432	485 434	497 437	506 440
		電気機械器具卸売業	76	511 481	553 485	577 490	595 495	604 500	637 506	634 512	605 517	582 520	564 524	573 525	577 528
		その他の機械器具卸売業	77	558 595	578 594	581 593	590 593	593 593	596 593	590 592	596 591	628 589	613 588	628 587	655 589
	そ の 他 の 卸 売 業		78	337 317	344 318	338 319	345 320	370 322	377 324	375 327	374 329	396 332	370 334	365 336	364 338

類似業種比準価額計算上の業種目及び業種目別株価等（令和5年分）

(単位：円)

業　　　　種　　　　目				B［配当金額］	C［利益金額］	D［簿価純資産価額］	A（株価）		
大　分　類 中　分　類 小　分　類	番号	内　　　　　　　容					令和4年平均	4年11月分	4年12月分
小　　　売　　　業	79			**6.1**	**40**	**293**	**409**	**419**	**426**
各 種 商 品 小 売 業	80	百貨店、デパートメントストア、総合スーパーなど、衣・食・住にわたる各種の商品の小売を行うもの		3.7	23	293	275	286	288
織物・衣服・身の回り品小売業	81	呉服、服地、衣服、靴、帽子、洋品雑貨及び小間物等の商品の小売を行うもの		8.4	38	340	553	555	557
飲 食 料 品 小 売 業	82			5.2	37	275	330	325	331
機 械 器 具 小 売 業	83	自動車、自転車、電気機械器具など（それぞれの中古品を含む）及びその部分品、附属品の小売を行うもの		6.4	50	288	321	332	329
そ の 他 の 小 売 業	84			6.9	44	323	484	507	525
	医薬品・化粧品小売業	85	医薬品小売業、調剤薬局及び化粧品小売業等を営むもの	7.1	58	375	654	700	719
	そ の 他 の 小 売 業	86	小売業（無店舗小売業を除く）のうち、80から83及び85に該当するもの以外のもの	7.1	40	313	435	451	469
無 店 舗 小 売 業	87	店舗を持たず、カタログや新聞・雑誌・テレビジョン・ラジオ・インターネット等で広告を行い、通信手段によって個人からの注文を受け商品を販売するもの、家庭等を訪問し個人への物品販売又は販売契約をするもの、自動販売機によって物品を販売するもの及びその他の店舗を持たないで小売を行うもの		3.4	34	198	362	363	359

(注)　「A（株価）」は、業種目ごとに令和5年分の標本会社の株価を基に計算しているので、標本会社が令和4年分のものと異なる業種目などについては、令和4年11月分及び12月分の金額は、令和4年分の評価に適用する令和4年11月分及び12月分の金額とは異なることに留意してください。また、令和4年平均及び課税時期の属する月以前2年間の平均株価についても、令和5年分の標本会社を基に計算しています。

類似業種比準価額計算上の業種目及び業種目別株価等（令和5年分）

（単位：円）

業　種　目　　大分類／中分類／小分類	番号	A（株価）【上段：各月の株価、下段：課税時期の属する月以前2年間の平均株価】											
		令和5年1月分	2月分	3月分	4月分	5月分	6月分	7月分	8月分	9月分	10月分	11月分	12月分
小　　売　　業	79	*422*	*424*	*424*	*430*	*442*	*448*	*458*	*466*	*468*	*449*	*462*	*473*
		445	*442*	*439*	*436*	*434*	*432*	*431*	*430*	*428*	*427*	*426*	*428*
各種商品小売業	80	280	281	278	291	302	299	306	317	324	314	305	303
		279	278	278	278	278	279	280	282	284	285	286	287
織物・衣服・身の回り品小売業	81	583	592	611	629	641	647	648	660	645	600	621	653
		606	600	596	593	591	589	588	588	588	587	587	590
飲食料品小売業	82	335	339	336	341	353	350	363	371	385	375	381	387
		344	343	342	341	340	340	340	340	341	341	342	344
機械器具小売業	83	327	334	330	320	325	332	341	333	334	320	326	325
		329	330	330	329	328	328	328	327	326	325	324	325
その他の小売業	84	509	501	498	507	528	532	549	569	570	554	580	601
		534	530	525	520	518	515	514	513	510	509	509	512
医薬品・化粧品小売業	85	685	671	648	653	698	731	750	790	791	771	803	834
		717	711	704	698	695	693	692	692	690	689	690	694
その他の小売業	86	459	453	457	468	480	474	491	504	505	489	513	531
		481	478	474	470	467	465	463	461	459	457	457	460
無店舗小売業	87	353	367	369	371	374	396	391	388	384	358	358	349
		430	424	419	412	406	400	393	387	380	374	370	367

類似業種比準価額計算上の業種目及び業種目別株価等(令和5年分)

(単位:円)

業　　　種　　　目			B 〔配当 金額〕	C 〔利益 金額〕	D 〔簿価 純資 産価 額〕	A (株価)		
大　分　類 　中　分　類 　　小　分　類	番号	内　　　　容				令和 4年 平均	4年 11月分	4年 12月分
金　融　業，保　険　業	88		*4.5*	*28*	*245*	*207*	*219*	*223*
銀　　　行　　　業	89		2.4	14	245	70	72	76
金融商品取引業, 商品先物取引業	90	金融商品取引業、商品先物取引業及び商品投資顧問業等を営むもの（金融商品取引所及び商品取引所を除く）	5.5	44	235	212	217	216
その他の金融業，保険業	91	金融業，保険業のうち、89及び90に該当するもの以外のもの	8.1	44	253	489	532	540
不動産業，物品賃貸業	92		*7.8*	*53*	*292*	*364*	*376*	*373*
不　動　産　取　引　業	93	不動産の売買、交換又は不動産の売買、貸借、交換の代理若しくは仲介を行うもの	7.2	62	282	327	337	337
不動産賃貸業・管理業	94	不動産の賃貸又は管理を行うもの	8.2	44	248	385	406	406
物　品　賃　貸　業	95	産業用機械器具、事務用機械器具、自動車、スポーツ・娯楽用品及び映画・演劇用品等の物品の賃貸を行うもの	9.2	49	359	445	454	439

(注)　「A（株価）」は、業種目ごとに令和5年分の標本会社の株価を基に計算しているので、標本会社が令和4年分のものと異なる業種目などについては、令和4年11月分及び12月分の金額は、令和4年分の評価に適用する令和4年11月分及び12月分の金額とは異なることに留意してください。また、令和4年平均及び課税時期の属する月以前2年間の平均株価についても、令和5年分の標本会社を基に計算しています。

類似業種比準価額計算上の業種目及び業種目別株価等(令和5年分)

(単位:円)

業　　　種　　　目		番号	A（株価）【上段：各月の株価、下段：課税時期の属する月以前2年間の平均株価】											
大　　分　　類			令和5年1月分	2月分	3月分	4月分	5月分	6月分	7月分	8月分	9月分	10月分	11月分	12月分
中　　分　　類 小　　分　　類														
金　融　業，　保　険　業		88	*227* *209*	*233* *210*	*229* *211*	*228* *212*	*231* *214*	*241* *215*	*250* *217*	*253* *219*	*267* *221*	*258* *222*	*267* *224*	*268* *226*
	銀　　　行　　　業	89	82 68	85 69	81 70	80 70	81 71	83 72	89 73	93 74	105 76	103 77	104 79	102 80
	金融商品取引業，商品先物取引業	90	232 207	243 209	244 211	242 213	241 214	254 217	275 220	287 224	308 228	291 232	302 236	306 240
	その他の金融業，保険業	91	527 506	535 508	528 510	529 511	537 514	560 515	565 517	555 519	571 520	555 519	579 518	581 520
不動産業，物品賃貸業		92	*370* *373*	*380* *373*	*383* *372*	*383* *372*	*389* *372*	*401* *373*	*410* *374*	*415* *376*	*440* *378*	*424* *380*	*432* *382*	*442* *384*
	不　動　産　取　引　業	93	328 320	332 322	327 323	324 323	336 325	359 327	366 330	370 332	390 335	382 337	397 340	391 343
	不動産賃貸業・管理業	94	409 391	414 393	424 394	430 395	432 396	433 397	441 399	454 401	484 405	462 408	462 411	479 414
	物　品　賃　貸　業	95	450 502	486 496	495 491	493 486	489 482	489 478	509 476	507 476	533 475	503 473	510 471	536 472

類似業種比準価額計算上の業種目及び業種目別株価等(令和5年分)

（単位：円）

業　　種　　目				B 配当金額	C 利益金額	D 簿価純資産価額	A（株価）		
大　分　類 / 中　分　類 / 小　分　類		番号	内　　容				令和4年平均	4年11月分	4年12月分
専門・技術サービス業		96		*5.3*	*36*	*184*	*455*	*453*	*446*
	専門サービス業	97	法務に関する事務、助言、相談、その他の法律的サービス、財務及び会計に関する監査、調査、相談のサービス、税務に関する書類の作成、相談のサービス及び他に分類されない自由業的、専門的なサービスを提供するもの（純粋持株会社を除く）	8.7	52	202	766	756	758
	広　告　業	98	依頼人のために広告に係る総合的なサービスを提供するもの及び広告媒体のスペース又は時間を当該広告媒体企業と契約し、依頼人のために広告を行うもの	4.5	33	172	436	438	417
宿泊業, 飲食サービス業		99		*2.6*	*21*	*138*	*388*	*403*	*404*
	飲　食　店	100		2.7	21	133	397	407	408
		食堂，レストラン（専門料理店を除く）	101	主食となる各種の料理品をその場所で提供するもの（専門料理店、そば・うどん店、すし店など特定の料理をその場所で飲食させるものを除く）	0.8	13	64	214	221	229
		専 門 料 理 店	102	日本料理店（そば・うどん店、すし店を除く）、料亭、中華料理店、ラーメン店及び焼肉店等を営むもの	4.4	25	169	496	509	509
		そ の 他 の 飲 食 店	103	飲食店のうち、101及び102に該当するもの以外のもの。例えば、そば・うどん店、すし店、酒場・ビヤホール、バー、キャバレー、ナイトクラブ、喫茶店など	1.7	21	127	376	383	382
	その他の宿泊業, 飲食サービス業	104	宿泊業,飲食サービス業のうち、100から103に該当するもの以外のもの	2.3	17	155	353	387	388

(注)　「A（株価）」は、業種目ごとに令和5年分の標本会社の株価を基に計算しているので、標本会社が令和4年分のものと異なる業種目などについては、令和4年11月分及び12月分の金額は、令和4年分の評価に適用する令和4年11月分及び12月分の金額とは異なることに留意してください。また、令和4年平均及び課税時期の属する月以前2年間の平均株価についても、令和5年分の標本会社を基に計算しています。

類似業種比準価額計算上の業種目及び業種目別株価等(令和5年分)

(単位:円)

業　　種　　目			番号	A（株価）【上段：各月の株価、下段：課税時期の属する月以前2年間の平均株価】											
大　　分　　類				令和5年1月分	2月分	3月分	4月分	5月分	6月分	7月分	8月分	9月分	10月分	11月分	12月分
	中　　分　　類														
		小　　分　　類														
専門・技術サービス業			96	*442*	*445*	*441*	*440*	*430*	*441*	*443*	*433*	*444*	*404*	*411*	*415*
				515	*508*	*502*	*495*	*489*	*483*	*477*	*471*	*464*	*456*	*449*	*443*
	専門サービス業		97	749	741	736	735	725	749	763	747	767	691	709	718
				925	906	890	871	856	841	825	812	795	777	762	751
	広　　告　　業		98	403	410	408	403	382	385	384	369	381	348	342	341
				450	449	447	446	444	441	438	435	429	422	414	407
宿泊業, 飲食サービス業			99	*406*	*418*	*437*	*452*	*471*	*477*	*494*	*519*	*539*	*508*	*525*	*523*
				396	*397*	*398*	*400*	*403*	*406*	*409*	*415*	*420*	*424*	*429*	*434*
	飲　　食　　店		100	411	424	447	465	486	494	512	541	567	537	557	555
				403	404	406	408	412	415	419	425	431	436	442	448
		食堂, レストラン(専門料理店を除く)	101	231	235	241	252	271	278	281	284	291	280	290	297
				218	219	220	221	223	226	228	231	233	235	238	241
		専　門　料　理　店	102	513	521	554	587	619	637	660	697	733	699	717	713
				497	499	501	505	510	516	523	531	541	549	557	566
		その他の飲食店	103	384	407	429	432	443	442	461	494	517	482	509	505
				389	390	391	392	394	395	397	401	405	408	412	417
	その他の宿泊業, 飲食サービス業		104	389	397	393	398	408	406	419	426	422	389	393	390
				363	364	364	364	366	366	368	371	373	374	376	378

類似業種比準価額計算上の業種目及び業種目別株価等(令和5年分)

(単位:円)

業　種　目			番号	内　　容	B 配当金額	C 利益金額	D 簿価純資産価額	A（株価）		
大分類	中分類	小分類						令和4年平均	4年11月分	4年12月分
生活関連サービス業,娯楽業			105		4.0	26	238	527	544	534
	生活関連サービス業		106	個人に対して身の回りの清潔を保持するためのサービスを提供するもの及び個人を対象としてサービスを提供するもののうち他に分類されないもの。例えば、洗濯業、理容業、美容業及び浴場業並びに旅行業、家事サービス業、衣服裁縫修理業など	4.4	33	232	461	485	478
	娯楽業		107	映画、演劇その他の興行及び娯楽を提供し、又は休養を与えるもの並びにこれに附帯するサービスを提供するもの	3.3	18	247	619	626	612
教育，学習支援業			108		7.5	38	190	504	554	541
医療，福祉			109	保健衛生、社会保険、社会福祉及び介護に関するサービスを提供するもの（医療法人を除く）	6.3	65	238	472	484	469
サービス業（他に分類されないもの）			110		10.1	81	328	888	953	938
	職業紹介・労働者派遣業		111	労働者に職業をあっせんするもの及び労働者派遣業を営むもの	12.4	111	387	1,318	1,447	1,430
	その他の事業サービス業		112	サービス業（他に分類されないもの）のうち、111に該当するもの以外のもの	8.8	63	293	626	651	638
その他の産業			113	1から112に該当するもの以外のもの	6.8	44	328	424	438	434

(注)　「A（株価）」は、業種目ごとに令和5年分の標本会社の株価を基に計算しているので、標本会社が令和4年分のものと異なる業種目などについては、令和4年11月分及び12月分の金額は、令和4年分の評価に適用する令和4年11月分及び12月分の金額とは異なることに留意してください。また、令和4年平均及び課税時期の属する月以前2年間の平均株価についても、令和5年分の標本会社を基に計算しています。

類似業種比準価額計算上の業種目及び業種目別株価等(令和5年分)

(単位：円)

業　　種　　目			番号	A（株価）【上段：各月の株価、下段：課税時期の属する月以前2年間の平均株価】											
大　分　類				令和5年1月分	2月分	3月分	4月分	5月分	6月分	7月分	8月分	9月分	10月分	11月分	12月分
	中　分　類														
		小　分　類													
生活関連サービス業, 娯楽業			105	538	551	549	558	585	599	596	588	583	544	556	568
				540	541	541	542	544	545	547	549	550	548	547	547
	生活関連サービス業		106	484	482	470	456	468	476	468	467	462	437	443	462
				486	487	486	484	483	481	478	477	474	469	464	462
	娯　楽　業		107	612	645	658	698	746	767	772	754	750	690	711	714
				614	616	617	622	628	634	641	649	655	657	660	664
教　育, 学　習　支　援　業			108	540	531	532	515	518	508	493	487	474	446	465	449
				539	535	531	527	524	521	518	517	514	509	505	500
医　療, 福　祉			109	470	485	475	472	461	449	441	429	433	416	430	439
				511	508	505	500	495	491	486	482	476	470	464	461
サービス業（他に分類されないもの）			110	912	920	902	898	927	965	972	924	930	876	903	925
				926	924	923	921	922	923	923	923	919	913	907	904
	職業紹介・労働者派遣業		111	1,360	1,338	1,281	1,284	1,353	1,441	1,457	1,366	1,359	1,284	1,352	1,398
				1,362	1,358	1,355	1,351	1,354	1,358	1,362	1,363	1,358	1,349	1,340	1,337
	その他の事業サービス業		112	640	665	671	663	667	675	677	655	669	628	629	636
				660	659	659	659	659	658	656	654	652	648	643	641
そ　の　他　の　産　業			113	431	444	451	455	465	481	483	481	492	467	479	482
				450	448	447	446	445	445	446	446	446	445	445	446

課評 2 － 41

令和 6 年 6 月 25 日

各 国 税 局 長

沖縄国税事務所長　　殿

国 税 庁 長 官

（官 印 省 略）

令和 6 年分の類似業種比準価額計算上の業種目

及び業種目別株価等について（法令解釈通達）

　令和 6 年中に相続、遺贈又は贈与により取得した取引相場のない株式について、財産評価基本通達（昭和 39年 4 月25日付直資56ほか 1 課共同）180の定めにより類似業種比準価額を計算する場合の業種目、業種目別 株価等を別紙のとおり定めたから、これによられたい。

　なお、令和 6 年 5 月分以降については、業種目別の株価を定めた都度通達する。

別　紙　　　　　　　　類似業種比準価額計算上の業種目及び業種目別株価等(令和6年分)

(単位：円)

業　　　種　　　目				B	C	D	A（株価）		
大　分　類		番号	内　　　　　容	配当金額	利益金額	簿価純資産価額	令和5年平均	5年11月分	5年12月分
中　分　類									
小　分　類									
建　　設　　業		1		10.6	51	467	371	393	397
総　合　工　事　業		2		9.0	46	411	305	323	324
	建築工事業（木造建築工事業を除く）	3	鉄骨鉄筋コンクリート造建築物、鉄筋コンクリート造建築物、無筋コンクリート造建築物及び鉄骨造建築物等の完成を請け負うもの	11.1	73	458	368	376	373
	その他の総合工事業	4	総合工事業のうち、3に該当するもの以外のもの	8.4	39	398	288	309	311
職　別　工　事　業		5	下請として工事現場において建築物又は土木施設等の工事目的物の一部を構成するための建設工事を行うもの	13.0	50	540	447	449	452
設　備　工　事　業		6		13.6	63	578	498	535	544
	電　気　工　事　業	7	一般電気工事業及び電気配線工事業を営むもの	9.0	39	589	340	373	388
	電気通信・信号装置工事業	8	電気通信工事業、有線テレビジョン放送設備設置工事業及び信号装置工事業を営むもの	6.8	30	248	270	287	286
	その他の設備工事業	9	設備工事業のうち、7及び8に該当するもの以外のもの	18.2	86	658	651	696	704

(注)　「A（株価）」は、業種目ごとに令和6年分の標本会社の株価を基に計算しているので、標本会社が令和5年分のものと異なる業種目などについては、令和5年11月分及び12月分の金額は、令和5年分の評価に適用する令和5年11月分及び12月分の金額とは異なることに留意してください。また、令和5年平均及び課税時期の属する月以前2年間の平均株価についても、令和6年分の標本会社を基に計算しています。

類似業種比準価額計算上の業種目及び業種目別株価等（令和6年分）

(単位：円)

業　　種　　目			番号	A（株価）【上段：各月の株価、下段：課税時期の属する月以前2年間の平均株価】											
大　　分　　類				令和6年1月分	2月分	3月分	4月分	5月分	6月分	7月分	8月分	9月分	10月分	11月分	12月分
	中　　分　　類														
		小　　分　　類													
建　　設　　業			1	**422** **352**	**436** **357**	**455** **362**	**454** **367**								
	総　合　工　事　業		2	343 290	347 293	357 297	353 300								
		建築工事業（木造建築工事業を除く）	3	395 358	402 360	409 363	411 365								
		その他の総合工事業	4	329 272	332 276	344 280	338 283								
	職　別　工　事　業		5	483 440	486 442	494 444	489 447								
	設　備　工　事　業		6	584 467	622 475	663 485	671 495								
		電　気　工　事　業	7	416 322	442 328	461 334	477 342								
		電気通信・信号装置工事業	8	296 267	298 268	311 269	312 271								
		その他の設備工事業	9	757 605	812 617	874 630	879 644								

通　達

類似業種比準価額計算上の業種目及び業種目別株価等(令和6年分)

(単位：円)

業　　　種　　　目				B	C	D	A　（株価）		
大分類 / 中分類 / 小分類	番号	内　　　容		配当金額	利益金額	簿価純資産価額	令和5年平均	5年11月分	5年12月分
製　　造　　業		10		*7.8*	*40*	*377*	*400*	*421*	*424*
食料品製造業		11		7.6	33	426	611	650	645
	畜産食料品製造業	12	部分肉・冷凍肉、肉加工品、処理牛乳・乳飲料及び乳製品等の製造を行うもの	8.0	34	351	458	460	453
	パン・菓子製造業	13	パン、生菓子、ビスケット類・干菓子及び米菓等の製造を行うもの	8.2	42	623	1,501	1,578	1,563
	その他の食料品製造業	14	食料品製造業のうち、12及び13に該当するもの以外のもの	7.4	31	401	444	485	482
飲料・たばこ・飼料製造業		15	清涼飲料、酒類、茶、コーヒー、氷、たばこ、飼料及び有機質肥料の製造を行うもの	6.9	26	343	400	436	437
繊　維　工　業		16	製糸、紡績糸、織物、ニット生地、網地、フェルト、染色整理及び衣服の縫製など繊維製品の製造を行うもの	5.4	30	327	309	340	340
パルプ・紙・紙加工品製造業		17	木材、その他の植物原料及び古繊維からパルプ及び紙の製造を行うもの並びにこれらの紙から紙加工品の製造を行うもの	4.1	21	303	166	178	181
印刷・同関連業		18	印刷業、製版業、製本業、印刷物加工業及び印刷関連サービス業を営むもの	4.7	28	327	217	222	226

(注)　「Ａ（株価）」は、業種目ごとに令和6年分の標本会社の株価を基に計算しているので、標本会社が令和5年分のものと異なる業種目などについては、令和5年11月分及び12月分の金額は、令和5年分の評価に適用する令和5年11月分及び12月分の金額とは異なることに留意してください。また、令和5年平均及び課税時期の属する月以前2年間の平均株価についても、令和6年分の標本会社を基に計算しています。

類似業種比準価額計算上の業種目及び業種目別株価等(令和6年分)

(単位:円)

業　種　目				番号	Ａ（株価）【上段：各月の株価、下段：課税時期の属する月以前2年間の平均株価】											
大　分　類					令和6年1月分	2月分	3月分	4月分	5月分	6月分	7月分	8月分	9月分	10月分	11月分	12月分
	中　分　類															
		小　分　類														
製　　造　　業				10	**445** **382**	**462** **386**	**476** **391**	**469** **396**								
	食　料　品　製　造　業			11	656 585	670 590	674 595	659 600								
		畜産食料品製造業		12	463 449	468 450	471 451	472 453								
		パン・菓子製造業		13	1,544 1,419	1,570 1,432	1,591 1,444	1,506 1,453								
		その他の食料品製造業		14	500 426	513 431	514 435	512 440								
	飲料・たばこ・飼料製造業			15	466 387	471 391	452 395	448 399								
	繊　維　工　業			16	365 295	364 298	377 302	367 306								
	パルプ・紙・紙加工品製造業			17	191 159	195 160	201 162	202 164								
	印刷・同関連業			18	234 210	240 211	242 213	244 215								

類似業種比準価額計算上の業種目及び業種目別株価等(令和6年分)

(単位:円)

業　　種　　目				B 配当金額	C 利益金額	D 簿価純資産価額	A（株価）		
大　分　類 中　分　類 小　分　類	番号	内　　容					令和5年平均	5年11月分	5年12月分
(製造業)									
化　学　工　業	19			9.9	40	408	471	483	485
有機化学工業製品製造業	20	工業原料として用いられる有機化学工業製品の製造を行うもの		8.5	40	348	382	404	405
油脂加工製品・石けん・合成洗剤・界面活性剤・塗料製造業	21	脂肪酸・硬化油・グリセリン、石けん・合成洗剤、界面活性剤、塗料、印刷インキ、洗浄剤・磨用剤及びろうそくの製造を行うもの		5.2	22	331	220	234	236
医　薬　品　製　造　業	22	医薬品原薬、医薬品製剤、生物学的製剤、生薬・漢方製剤及び動物用医薬品の製造を行うもの		16.8	66	603	836	860	873
その他の化学工業	23	化学工業のうち、20から22に該当するもの以外のもの		8.5	34	358	402	406	403
プラスチック製品製造業	24	プラスチックを用い、押出成形機、射出成形機等の各種成形機により成形された押出成形品、射出成形品等の成形製品の製造を行うもの及び同製品に切断、接合、塗装、蒸着めっき、バフ加工等の加工を行うもの並びにプラスチックを用いて成形のために配合、混和を行うもの及び再生プラスチックの製造を行うもの		5.7	28	307	217	228	225
ゴ　ム　製　品　製　造　業	25	天然ゴム類、合成ゴムなどから作られたゴム製品、すなわち、タイヤ、チューブ、ゴム製履物、ゴム引布、ゴムベルト、ゴムホース、工業用ゴム製品、更生タイヤ、再生ゴム、その他のゴム製品の製造を行うもの		15.1	61	587	484	529	536

(注)　「A（株価）」は、業種目ごとに令和6年分の標本会社の株価を基に計算しているので、標本会社が令和5年分のものと異なる業種目などについては、令和5年11月分及び12月分の金額は、令和5年分の評価に適用する令和5年11月分及び12月分の金額とは異なることに留意してください。また、令和5年平均及び課税時期の属する月以前2年間の平均株価についても、令和6年分の標本会社を基に計算しています。

通　達

類似業種比準価額計算上の業種目及び業種目別株価等(令和6年分)

(単位:円)

業　種　目			番号	A（株価）【上段：各月の株価、下段：課税時期の属する月以前2年間の平均株価】											
大　分　類				令和6年1月分	2月分	3月分	4月分	5月分	6月分	7月分	8月分	9月分	10月分	11月分	12月分
	中　分　類														
		小　分　類													
(製　造　業)															
化　学　工　業			19	499 467	501 468	511 470	497 472								
	有機化学工業製品製造業		20	423 369	437 371	461 375	458 379								
	油脂加工製品・石けん・合成洗剤・界面活性剤・塗料製造業		21	243 210	255 212	261 215	256 218								
	医　薬　品　製　造　業		22	892 837	883 840	893 842	859 843								
	その他の化学工業		23	416 399	416 399	425 400	415 401								
プラスチック製品製造業			24	236 208	238 210	243 212	242 214								
ゴ　ム　製　品　製　造　業			25	570 438	592 448	606 459	615 471								

類似業種比準価額計算上の業種目及び業種目別株価等(令和6年分)

(単位：円)

業　　種　　目				B 配当金額	C 利益金額	D 簿価純資産価額	A（株価）		
大　分　類							令和5年平均	5年11月分	5年12月分
中　分　類	番号	内　　　容							
小　分　類									
(製 造 業)									
窯業・土石製品製造業	26			7.5	39	341	323	336	338
セメント・同製品製造業	27	セメント、生コンクリート及びコンクリート製品等の製造を行うもの		4.1	23	242	185	199	208
その他の窯業・土石製品製造業	28	窯業・土石製品製造業のうち、27に該当するもの以外のもの		9.2	47	390	390	403	401
鉄　　鋼　　業	29	鉱石、鉄くずなどから鉄及び鋼の製造を行うもの並びに鉄及び鋼の鋳造品、鍛造品、圧延鋼材、表面処理鋼材等の製造を行うもの		6.5	51	413	264	296	295
非 鉄 金 属 製 造 業	30	鉱石（粗鉱、精鉱）、金属くずなどを処理し、非鉄金属の製錬及び精製を行うもの、非鉄金属の合金製造、圧延、抽伸、押出しを行うもの並びに非鉄金属の鋳造、鍛造、その他の基礎製品の製造を行うもの		6.1	37	327	257	256	248
金 属 製 品 製 造 業	31			5.9	32	367	229	236	237
建設用・建築用金属製品製造業	32	鉄骨、建設用金属製品、金属製サッシ・ドア、鉄骨系プレハブ住宅及び建築用金属製品の製造を行うもの並びに製缶板金業を営むもの		4.7	35	331	208	211	213
その他の金属製品製造業	33	金属製品製造業のうち、32に該当するもの以外のもの		6.4	30	383	238	247	247
はん用機械器具製造業	34	はん用的に各種機械に組み込まれ、あるいは取付けをすることで用いられる機械器具の製造を行うもの。例えば、ボイラ・原動機、ポンプ・圧縮機器、一般産業用機械・装置の製造など		8.4	48	408	368	394	402

(注)　「A（株価）」は、業種目ごとに令和6年分の標本会社の株価を基に計算しているので、標本会社が令和5年分のものと異なる業種目などについては、令和5年11月分及び12月分の金額は、令和5年分の評価に適用する令和5年11月分及び12月分の金額とは異なることに留意してください。また、令和5年平均及び課税時期の属する月以前2年間の平均株価についても、令和6年分の標本会社を基に計算しています。

類似業種比準価額計算上の業種目及び業種目別株価等（令和6年分）

(単位：円)

業　　種　　目		番号	A（株価）【上段：各月の株価、下段：課税時期の属する月以前2年間の平均株価】											
大　　分　　類			令和6年1月分	2月分	3月分	4月分	5月分	6月分	7月分	8月分	9月分	10月分	11月分	12月分
中　　分　　類														
小　　分　　類														
(製　造　業)														
窯業・土石製品製造業		26	354 303	377 307	391 312	388 317								
	セメント・同製品製造業	27	225 173	237 176	237 180	236 184								
	その他の窯業・土石製品製造業	28	416 366	444 370	465 376	461 382								
鉄　　　　鋼　　　　業		29	312 240	328 245	336 251	330 257								
非 鉄 金 属 製 造 業		30	258 250	261 251	263 252	270 253								
金 属 製 品 製 造 業		31	249 221	259 222	267 225	273 227								
	建設用・建築用金属製品製造業	32	233 205	241 206	247 207	248 208								
	その他の金属製品製造業	33	257 228	267 230	276 233	284 235								
はん用機械器具製造業		34	418 346	437 351	460 357	460 364								

類似業種比準価額計算上の業種目及び業種目別株価等(令和6年分)

(単位：円)

業　　　　種　　　　目				B 配当金額	C 利益金額	D 簿価純資産価額	A（株価）		
大　分　類		番号	内　　　容				令和5年平均	5年11月分	5年12月分
中　分　類									
小　分　類									
(製 造 業)									
生産用機械器具製造業		35		8.2	47	319	462	496	512
	金属加工機械製造業	36	金属工作機械、金属加工機械、金属工作機械用・金属加工機械用部分品・附属品（金型を除く）及び機械工具（粉末や金業を除く）の製造を行うもの	6.0	33	301	278	285	281
	その他の生産用機械器具製造業	37	生産用機械器具製造業のうち、36に該当するもの以外のもの	8.8	51	324	513	554	575
業務用機械器具製造業		38	業務用及びサービスの生産に供される機械器具の製造を行うもの	8.9	49	373	536	566	591
電子部品・デバイス・電子回路製造業		39		6.7	46	319	417	443	450
	電子部品製造業	40	抵抗器、コンデンサ、変成器及び複合部品の製造、音響部品、磁気ヘッド及び小形モータの製造並びにコネクタ、スイッチ及びリレーの製造を行うもの	7.2	45	362	414	458	471
	電子回路製造業	41	電子回路基板及び電子回路実装基板の製造を行うもの	2.4	23	157	177	201	205
	その他の電子部品・デバイス・電子回路製造業	42	電子部品・デバイス・電子回路製造業のうち、40及び41に該当するもの以外のもの	7.8	55	345	499	514	518

(注)　「A（株価）」は、業種目ごとに令和6年分の標本会社の株価を基に計算しているので、標本会社が令和5年分のものと異なる業種目などについては、令和5年11月分及び12月分の金額は、令和5年分の評価に適用する令和5年11月分及び12月分の金額とは異なることに留意してください。また、令和5年平均及び課税時期の属する月以前2年間の平均株価についても、令和6年分の標本会社を基に計算しています。

類似業種比準価額計算上の業種目及び業種目別株価等(令和6年分)

(単位:円)

業　　種　　目			A（株価）【上段：各月の株価、下段：課税時期の属する月以前2年間の平均株価】											
大　　分　　類		番号	令和6年1月分	2月分	3月分	4月分	5月分	6月分	7月分	8月分	9月分	10月分	11月分	12月分
中　分　類														
小　分　類														
(製 造 業)														
生産用機械器具製造業		35	546 436	590 444	634 453	640 463								
	金属加工機械製造業	36	294 273	293 273	303 274	304 275								
	その他の生産用機械器具製造業	37	615 481	671 490	725 502	732 514								
業務用機械器具製造業		38	649 490	708 501	723 514	678 525								
電子部品・デバイス・電子回路製造業		39	472 398	488 402	490 407	475 412								
	電子部品製造業	40	497 398	520 404	513 411	505 417								
	電子回路製造業	41	214 165	221 168	219 170	219 173								
	その他の電子部品・デバイス・電子回路製造業	42	542 476	556 480	564 484	541 488								

通　達

類似業種比準価額計算上の業種目及び業種目別株価等(令和6年分)

（単位：円）

業　　種　　目				B〔配当金額〕	C〔利益金額〕	D〔簿価純資産価額〕	A（株価）		
大分類 / 中分類 / 小分類	番号	内　　容					令和5年平均	5年11月分	5年12月分
(製造業)									
電気機械器具製造業	43			7.8	50	446	567	581	564
発電用・送電用・配電用電気機械器具製造業	44	発電機・電動機・その他の回転電気機械、変圧器類（電子機器用を除く）、電力開閉装置、配電盤・電力制御装置及び配線器具・配線附属品の製造を行うもの		13.9	67	854	636	758	740
電気計測器製造業	45	電気計測器、工業計器及び医療用計測器の製造を行うもの		5.9	30	219	344	359	361
その他の電気機械器具製造業	46	電気機械器具製造業のうち、44及び45に該当するもの以外のもの		6.3	54	402	661	630	603
情報通信機械器具製造業	47	通信機械器具及び関連機器、映像・音響機械器具並びに電子計算機及び附属装置の製造を行うもの		8.8	40	411	352	371	371
輸送用機械器具製造業	48			7.2	36	418	274	302	292
自動車・同附属品製造業	49	自動車（二輪自動車を含む）、自動車車体・附随車及び自動車部分品・附属品の製造を行うもの		7.6	35	429	246	271	260
その他の輸送用機械器具製造業	50	輸送用機械器具製造業のうち、49に該当するもの以外のもの		5.3	38	372	394	435	432
その他の製造業	51	製造業のうち、11から50に該当するもの以外のもの		8.5	41	364	397	412	414

(注)　「A（株価）」は、業種目ごとに令和6年分の標本会社の株価を基に計算しているので、標本会社が令和5年分のものと異なる業種目などについては、令和5年11月分及び12月分の金額は、令和5年分の評価に適用する令和5年11月分及び12月分の金額とは異なることに留意してください。また、令和5年平均及び課税時期の属する月以前2年間の平均株価についても、令和6年分の標本会社を基に計算しています。

類似業種比準価額計算上の業種目及び業種目別株価等(令和6年分)

(単位：円)

業　　種　　目			番号	A（株価） 【上段：各月の株価、下段：課税時期の属する月以前2年間の平均株価】											
大　分　類				令和6年1月分	2月分	3月分	4月分	5月分	6月分	7月分	8月分	9月分	10月分	11月分	12月分
	中　分　類														
		小　分　類													
（製造業）															
電気機械器具製造業			43	601 551	630 557	635 563	618 567								
	発電用・送電用・配電用電気機械器具製造業		44	839 567	993 589	971 609	891 627								
	電気計測器製造業		45	393 326	400 330	434 336	425 341								
	その他の電気機械器具製造業		46	617 669	608 669	606 669	613 667								
情報通信機械器具製造業			47	386 347	395 349	414 352	416 354								
輸送用機械器具製造業			48	310 260	328 263	344 267	343 272								
	自動車・同附属品製造業		49	277 231	295 234	307 238	307 242								
	その他の輸送用機械器具製造業		50	453 388	474 390	506 395	502 400								
その他の製造業			51	435 376	444 380	463 385	459 390								

類似業種比準価額計算上の業種目及び業種目別株価等（令和6年分）

（単位：円）

業　　　　種　　　　目				B 配当金額	C 利益金額	D 簿価純資産価額	A（株価）		
大　分　類							令和5年平均	5年11月分	5年12月分
中　分　類	番号	内　　　　　容							
小　分　類									
電気・ガス・熱供給・水道業	52			6.8	43	404	650	470	454
情　報　通　信　業	53			8.6	50	285	721	715	715
情　報　サ　ー　ビ　ス　業	54			9.6	56	291	792	803	800
ソ　フ　ト　ウ　ェ　ア　業	55	受託開発ソフトウェア業、組込みソフトウェア業、パッケージソフトウェア業及びゲームソフトウェア業を営むもの		9.7	56	284	825	844	845
情報処理・提供サービス業	56	受託計算サービス業、計算センター、タイムシェアリングサービス業、マシンタイムサービス業、データエントリー業、パンチサービス業、データベースサービス業、市場調査業及び世論調査業を営むもの		8.8	48	246	679	662	640
インターネット附随サービス業	57	インターネットを通じて、情報の提供や、サーバ等の機能を利用させるサービスを提供するもの、音楽、映像等を配信する事業を行うもの及びインターネットを利用する上で必要なサポートサービスを提供するもの		6.7	37	207	618	577	576
映像・音声・文字情報制作業	58	映画、ビデオ又はテレビジョン番組の制作・配給を行うもの、レコード又はラジオ番組の制作を行うもの、新聞の発行又は書籍、定期刊行物等の出版を行うもの並びにこれらに附帯するサービスの提供を行うもの		4.3	41	286	506	531	585
その他の情報通信業	59	情報通信業のうち、54から58に該当するもの以外のもの		11.6	61	612	696	663	652

（注）　「A（株価）」は、業種目ごとに令和6年分の標本会社の株価を基に計算しているので、標本会社が令和5年分のものと異なる業種目などについては、令和5年11月分及び12月分の金額は、令和5年分の評価に適用する令和5年11月分及び12月分の金額とは異なることに留意してください。また、令和5年平均及び課税時期の属する月以前2年間の平均株価についても、令和6年分の標本会社を基に計算しています。

類似業種比準価額計算上の業種目及び業種目別株価等(令和6年分)

(単位：円)

業　　種　　目		番号	A（株価）【上段：各月の株価、下段：課税時期の属する月以前2年間の平均株価】											
大　分　類			令和6年1月分	2月分	3月分	4月分	5月分	6月分	7月分	8月分	9月分	10月分	11月分	12月分
中　分　類														
小　分　類														
電気・ガス・熱供給・水道業		52	478 569	488 571	553 575	526 580								
情　報　通　信　業		53	742 706	756 710	776 714	736 716								
情　報　サ　ー　ビ　ス　業		54	821 765	836 771	853 777	810 780								
	ソ　フ　ト　ウ　ェ　ア　業	55	863 788	881 796	902 804	857 809								
	情報処理・提供サービス業	56	673 682	683 682	681 680	645 677								
インターネット附随サービス業		57	612 629	630 629	668 630	627 627								
映像・音声・文字情報制作業		58	621 500	611 506	577 511	534 513								
その他の情報通信業		59	688 677	695 680	706 683	693 684								

類似業種比準価額計算上の業種目及び業種目別株価等(令和6年分)

(単位:円)

業　種　目			B 配当金額	C 利益金額	D 簿価純資産価額	A（株価）		
大分類 中分類 小分類	番号	内　　容				令和5年平均	5年11月分	5年12月分
運輸業，郵便業	60		*7.7*	*62*	*465*	*305*	*322*	*331*
道路貨物運送業	61	自動車等により貨物の運送を行うもの	6.3	48	411	291	308	313
水　運　業	62	海洋、沿海、港湾、河川、湖沼において船舶により旅客又は貨物の運送を行うもの（港湾において、はしけによって貨物の運送を行うものを除く）	19.9	166	576	335	358	387
運輸に附帯するサービス業	63	港湾運送業、貨物運送取扱業（集配利用運送業を除く）、運送代理店、こん包業及び運輸施設提供業等を営むもの	5.6	44	488	262	267	276
その他の運輸業，郵便業	64	運輸業，郵便業のうち、61から63に該当するもの以外のもの	5.1	43	449	345	368	373

(注)　「A（株価）」は、業種目ごとに令和6年分の標本会社の株価を基に計算しているので、標本会社が令和5年分のものと異なる業種目などについては、令和5年11月分及び12月分の金額は、令和5年分の評価に適用する令和5年11月分及び12月分の金額とは異なることに留意してください。また、令和5年平均及び課税時期の属する月以前2年間の平均株価についても、令和6年分の標本会社を基に計算しています。

類似業種比準価額計算上の業種目及び業種目別株価等(令和6年分)

(単位:円)

| 業種目 | | 番号 | A（株価）【上段：各月の株価、下段：課税時期の属する月以前2年間の平均株価】 | | | | | | | | | | | |
大分類 中分類 小分類			令和6年1月分	2月分	3月分	4月分	5月分	6月分	7月分	8月分	9月分	10月分	11月分	12月分
運輸業，郵便業		60	*352*	*355*	*359*	*358*								
			292	*296*	*299*	*303*								
	道路貨物運送業	61	333	329	341	359								
			276	279	283	287								
	水運業	62	445	448	437	410								
			328	334	339	343								
	運輸に附帯するサービス業	63	287	293	294	293								
			251	253	256	258								
	その他の運輸業，郵便業	64	387	394	396	391								
			329	333	337	341								

類似業種比準価額計算上の業種目及び業種目別株価等(令和6年分)

(単位：円)

業　　種　　目				B 配当金額	C 利益金額	D 簿価純資産価額	A（株価）		
大　分　類 中　分　類 小　分　類	番号	内　　　容					令和5年平均	5年11月分	5年12月分
卸　売　業	65			9.1	57	442	399	421	425
各種商品卸売業	66	各種商品の仕入卸売を行うもの。例えば、総合商社、貿易商社など		15.5	92	535	494	560	546
繊維・衣服等卸売業	67	繊維品及び衣服・身の回り品の仕入卸売を行うもの		6.9	26	518	247	270	274
飲食料品卸売業	68			4.8	40	333	353	407	405
農畜産物・水産物卸売業	69	米麦、雑穀・豆類、野菜、果実、食肉及び生鮮魚介等の卸売を行うもの		3.0	28	263	196	208	209
食料・飲料卸売業	70	砂糖・味そ・しょう油、酒類、乾物、菓子・パン類、飲料、茶類及び牛乳・乳製品等の卸売を行うもの		6.5	52	400	502	596	591
建築材料, 鉱物・金属材料等卸売業	71			10.9	70	536	377	393	408
化学製品卸売業	72	塗料、プラスチック及びその他の化学製品の卸売を行うもの		14.1	78	665	459	470	486
その他の建築材料, 鉱物・金属材料等卸売業	73	建築材料, 鉱物・金属材料等卸売業のうち、72に該当するもの以外のもの		10.2	68	507	358	375	391

(注)　「Ａ（株価）」は、業種目ごとに令和6年分の標本会社の株価を基に計算しているので、標本会社が令和5年分のものと異なる業種目などについては、令和5年11月分及び12月分の金額は、令和5年分の評価に適用する令和5年11月分及び12月分の金額とは異なることに留意してください。また、令和5年平均及び課税時期の属する月以前2年間の平均株価についても、令和6年分の標本会社を基に計算しています。

類似業種比準価額計算上の業種目及び業種目別株価等（令和6年分）

（単位：円）

業　　種　　目		番号	A（株価）【上段：各月の株価、下段：課税時期の属する月以前2年間の平均株価】											
大　分　類			令和6年1月分	2月分	3月分	4月分	5月分	6月分	7月分	8月分	9月分	10月分	11月分	12月分
中　分　類														
小　分　類														
卸　　　売　　　業		65	***448*** ***376***	***461*** ***381***	***479*** ***387***	***470*** ***392***								
	各　種　商　品　卸　売　業	66	601 433	640 446	691 460	709 475								
	繊　維・衣　服　等　卸　売　業	67	285 235	297 238	301 241	311 245								
	飲　食　料　品　卸　売　業	68	416 338	415 342	419 346	413 351								
	農畜産物・水産物卸売業	69	213 188	213 190	213 192	212 194								
	食料・飲料卸売業	70	609 480	607 487	616 493	603 500								
	建築材料, 鉱物・金属材料等卸売業	71	443 359	469 364	504 371	474 377								
	化　学　製　品　卸　売　業	72	522 435	541 440	549 446	567 454								
	その他の建築材料, 鉱物・金属材料等卸売業	73	425 342	453 347	493 354	453 360								

類似業種比準価額計算上の業種目及び業種目別株価等(令和6年分)

(単位：円)

業　　種　　目				B 配当金額	C 利益金額	D 簿価純資産価額	A（株価）		
大　分　類 中　分　類 小　分　類	番号	内　　　　　容					令和5年平均	5年11月分	5年12月分
(卸 売 業)									
機 械 器 具 卸 売 業	74			10.8	64	473	458	475	481
産業機械器具卸売業	75	農業用機械器具、建設機械・鉱山機械、金属加工機械及び事務用機械器具等の卸売を行うもの		8.6	56	464	447	474	482
電気機械器具卸売業	76			12.0	69	481	472	473	475
その他の機械器具卸売業	77	機械器具卸売業のうち、75及び76に該当するもの以外のもの		12.1	67	470	446	478	492
そ の 他 の 卸 売 業	78	卸売業のうち、66から77に該当するもの以外のもの		7.0	48	342	370	374	373

(注)　「A（株価）」は、業種目ごとに令和6年分の標本会社の株価を基に計算しているので、標本会社が令和5年分のものと異なる業種目などについては、令和5年11月分及び12月分の金額は、令和5年分の評価に適用する令和5年11月分及び12月分の金額とは異なることに留意してください。また、令和5年平均及び課税時期の属する月以前2年間の平均株価についても、令和6年分の標本会社を基に計算しています。

類似業種比準価額計算上の業種目及び業種目別株価等(令和6年分)

(単位:円)

業　　種　　目		番号	A（株価）【上段：各月の株価、下段：課税時期の属する月以前2年間の平均株価】											
大　　分　　類			令和6年1月分	2月分	3月分	4月分	5月分	6月分	7月分	8月分	9月分	10月分	11月分	12月分
中　分　類 小　分　類														
（卸 売 業）														
機 械 器 具 卸 売 業		74	508 430	526 435	547 442	539 448								
	産業機械器具卸売業	75	516 424	534 430	566 437	571 445								
	電気機械器具卸売業	76	498 434	512 439	528 446	510 452								
	その他の機械器具卸売業	77	518 430	540 435	555 441	543 446								
そ の 他 の 卸 売 業		78	382 349	380 352	380 355	382 358								

類似業種比準価額計算上の業種目及び業種目別株価等(令和6年分)

(単位：円)

業　　種　　目				B 配当金額	C 利益金額	D 簿価純資産価額	A（株価）		
大　分　類 　中　分　類 　　小　分　類		番号	内　　　　　容				令和5年平均	5年11月分	5年12月分
小　　　　売　　　　業		79		6.8	43	310	456	469	477
	各 種 商 品 小 売 業	80	百貨店、デパートメントストア、総合スーパーなど、衣・食・住にわたる各種の商品の小売を行うもの	3.5	26	288	280	284	283
	織物・衣服・身の回り品小売業	81	呉服、服地、衣服、靴、帽子、洋品雑貨及び小間物等の商品の小売を行うもの	9.5	66	351	738	736	759
	飲 食 料 品 小 売 業	82		5.5	33	286	355	374	379
	機 械 器 具 小 売 業	83	自動車、自転車、電気機械器具など（それぞれの中古品を含む）及びその部分品、附属品の小売を行うもの	8.5	54	337	339	337	336
	そ の 他 の 小 売 業	84		7.5	45	345	540	577	595
	医薬品・化粧品小売業	85	医薬品小売業、調剤薬局及び化粧品小売業等を営むもの	7.6	58	395	756	814	836
	その他の小売業	86	小売業（無店舗小売業を除く）のうち、80から83及び85に該当するもの以外のもの	7.5	40	329	458	484	500
	無 店 舗 小 売 業	87	店舗を持たず、カタログや新聞・雑誌・テレビジョン・ラジオ・インターネット等で広告を行い、通信手段によって個人からの注文を受け商品を販売するもの、家庭等を訪問し個人への物品販売又は販売契約をするもの、自動販売機によって物品を販売するもの及びその他の店舗を持たないで小売を行うもの	4.0	30	191	356	336	326

(注)　「Ａ（株価）」は、業種目ごとに令和6年分の標本会社の株価を基に計算しているので、標本会社が令和5年分のものと異なる業種目などについては、令和5年11月分及び12月分の金額は、令和5年分の評価に適用する令和5年11月分及び12月分の金額とは異なることに留意してください。また、令和5年平均及び課税時期の属する月以前2年間の平均株価についても、令和6年分の標本会社を基に計算しています。

類似業種比準価額計算上の業種目及び業種目別株価等(令和6年分)

(単位:円)

業　種　目			A（株価）【上段：各月の株価、下段：課税時期の属する月以前2年間の平均株価】											
大　分　類 中　分　類 小　分　類		番号	令和6年1月分	2月分	3月分	4月分	5月分	6月分	7月分	8月分	9月分	10月分	11月分	12月分
小　　売　　業		79	**486** **439**	**490** **442**	**505** **446**	**495** **450**								
各種商品小売業		80	289 269	295 271	297 273	305 275								
織物・衣服・身の回り品小売業		81	739 688	743 695	763 702	731 707								
飲食料品小売業		82	408 344	427 348	440 353	437 357								
機械器具小売業		83	348 336	348 337	354 339	360 341								
その他の小売業		84	602 522	601 526	625 531	610 536								
	医薬品・化粧品小売業	85	830 736	815 740	838 745	796 750								
	その他の小売業	86	514 441	516 444	540 448	536 454								
無店舗小売業		87	334 345	335 345	344 346	329 345								

類似業種比準価額計算上の業種目及び業種目別株価等(令和6年分)

(単位：円)

業　種　目 大分類	中分類	小分類	番号	内　容	B 配当金額	C 利益金額	D 簿価純資産価額	A（株価）令和5年平均	A（株価）5年11月分	A（株価）5年12月分
金　融　業，保　険　業			88		**5.7**	**35**	**266**	**266**	**289**	**289**
	銀　行　業		89		2.7	18	247	92	105	103
	金融商品取引業, 商品先物取引業		90	金融商品取引業、商品先物取引業及び商品投資顧問業等を営むもの（金融商品取引所及び商品取引所を除く）	7.5	59	292	312	345	351
	その他の金融業, 保険業		91	金融業，保険業のうち、89及び90に該当するもの以外のもの	10.3	50	283	585	616	618
不動産業，物品賃貸業			92		**7.5**	**48**	**314**	**363**	**379**	**389**
	不　動　産　取　引　業		93	不動産の売買、交換又は不動産の売買、貸借、交換の代理若しくは仲介を行うもの	6.5	47	262	265	280	275
	不動産賃貸業・管理業		94	不動産の賃貸又は管理を行うもの	8.0	42	331	455	471	491
	物　品　賃　貸　業		95	産業用機械器具、事務用機械器具、自動車、スポーツ・娯楽用品及び映画・演劇用品等の物品の賃貸を行うもの	10.4	65	422	519	532	558

(注)　「A（株価）」は、業種目ごとに令和6年分の標本会社の株価を基に計算しているので、標本会社が令和5年分のものと異なる業種目などについては、令和5年11月分及び12月分の金額は、令和5年分の評価に適用する令和5年11月分及び12月分の金額とは異なることに留意してください。また、令和5年平均及び課税時期の属する月以前2年間の平均株価についても、令和6年分の標本会社を基に計算しています。

類似業種比準価額計算上の業種目及び業種目別株価等(令和6年分)

(単位:円)

業種目 大分類 / 中分類 / 小分類	番号	A（株価）【上段：各月の株価、下段：課税時期の属する月以前2年間の平均株価】 令和6年1月分	2月分	3月分	4月分	5月分	6月分	7月分	8月分	9月分	10月分	11月分	12月分
金融業，保険業	88	*304* *249*	*319* *253*	*341* *258*	*338* *263*								
銀　行　業	89	106 83	109 85	120 87	119 89								
金融商品取引業，商品先物取引業	90	380 291	398 297	424 304	426 311								
その他の金融業，保険業	91	645 556	681 563	722 572	711 581								
不動産業，物品賃貸業	92	*400* *347*	*400* *350*	*403* *354*	*407* *358*								
不 動 産 取 引 業	93	286 254	286 256	292 259	301 261								
不動産賃貸業・管理業	94	499 433	504 438	501 442	500 446								
物 品 賃 貸 業	95	573 492	564 496	557 501	551 505								

類似業種比準価額計算上の業種目及び業種目別株価等（令和6年分）

（単位：円）

業種目 大分類 / 中分類 / 小分類	番号	内　容	B 配当金額	C 利益金額	D 簿価純資産価額	A（株価）令和5年平均	A 5年11月分	A 5年12月分
専門・技術サービス業	96		6.6	42	212	456	420	424
専門サービス業	97	法務に関する事務、助言、相談、その他の法律的サービス、財務及び会計に関する監査、調査、相談のサービス、税務に関する書類の作成、相談のサービス及び他に分類されない自由業的、専門的なサービスを提供するもの（純粋持株会社を除く）	10.8	52	227	805	725	737
広告業	98	依頼人のために広告に係る総合的なサービスを提供するもの及び広告媒体のスペース又は時間を当該広告媒体企業と契約し、依頼人のために広告を行うもの	6.0	48	217	416	380	374
宿泊業, 飲食サービス業	99		3.4	25	165	514	563	561
飲食店	100		3.4	22	150	521	585	583
食堂，レストラン（専門料理店を除く）	101	主食となる各種の料理品をその場所で提供するもの（専門料理店、そば・うどん店、すし店など特定の料理をその場所で飲食させるものを除く）	1.1	14	80	290	317	330
専門料理店	102	日本料理店（そば・うどん店、すし店を除く）、料亭、中華料理店、ラーメン店及び焼肉店等を営むもの	5.0	28	174	664	750	747
その他の飲食店	103	飲食店のうち、101及び102に該当するもの以外のもの。例えば、そば・うどん店、すし店、酒場・ビヤホール、バー、キャバレー、ナイトクラブ、喫茶店など	2.6	17	149	449	504	497
その他の宿泊業, 飲食サービス業	104	宿泊業,飲食サービス業のうち、100から103に該当するもの以外のもの	3.5	36	223	490	482	479

(注)　「A（株価）」は、業種目ごとに令和6年分の標本会社の株価を基に計算しているので、標本会社が令和5年分のものと異なる業種目などについては、令和5年11月分及び12月分の金額は、令和5年分の評価に適用する令和5年11月分及び12月分の金額とは異なることに留意してください。また、令和5年平均及び課税時期の属する月以前2年間の平均株価についても、令和6年分の標本会社を基に計算しています。

類似業種比準価額計算上の業種目及び業種目別株価等(令和6年分)

(単位：円)

業　種　目			番号	A（株価）【上段：各月の株価、下段：課税時期の属する月以前2年間の平均株価】											
大　分　類				令和6年1月分	2月分	3月分	4月分	5月分	6月分	7月分	8月分	9月分	10月分	11月分	12月分
	中　分　類														
		小　分　類													
専門・技術サービス業			96	*441* *478*	*467* *476*	*479* *475*	*460* *471*								
	専門サービス業		97	767 866	826 859	830 854	767 842								
	広告業		98	374 438	387 435	399 432	393 428								
宿泊業, 飲食サービス業			99	*609* *476*	*614* *484*	*622* *493*	*623* *502*								
	飲食店		100	639 477	642 487	651 497	654 508								
		食堂, レストラン（専門料理店を除く）	101	342 257	336 262	327 267	331 272								
		専門料理店	102	840 601	846 616	863 631	876 647								
		その他の飲食店	103	529 424	533 430	539 436	531 443								
	その他の宿泊業, 飲食サービス業		104	498 471	513 474	516 478	508 481								

類似業種比準価額計算上の業種目及び業種目別株価等(令和6年分)

(単位:円)

業　種　目			B 配当金額	C 利益金額	D 簿価純資産価額	A（株価）		
大分類 / 中分類 / 小分類	番号	内　容				令和5年平均	5年11月分	5年12月分
生活関連サービス業, 娯楽業	105		6.7	46	303	904	871	876
生活関連サービス業	106	個人に対して身の回りの清潔を保持するためのサービスを提供するもの及び個人を対象としてサービスを提供するもののうち他に分類されないもの。例えば、洗濯業、理容業、美容業及び浴場業並びに旅行業、家事サービス業、衣服裁縫修理業など	4.5	36	227	434	427	428
娯　楽　業	107	映画、演劇その他の興行及び娯楽を提供し、又は休養を与えるもの並びにこれに附帯するサービスを提供するもの	9.8	61	413	1,586	1,514	1,526
教育, 学習支援業	108		9.5	42	218	523	488	470
医　療，福　祉	109	保健衛生、社会保険、社会福祉及び介護に関するサービスを提供するもの（医療法人を除く）	7.5	48	257	601	556	555
サービス業（他に分類されないもの）	110		16.2	91	417	1,019	994	1,043
職業紹介・労働者派遣業	111	労働者に職業をあっせんするもの及び労働者派遣業を営むもの	15.6	105	405	1,198	1,226	1,260
その他の事業サービス業	112	サービス業（他に分類されないもの）のうち、111に該当するもの以外のもの	16.6	82	425	894	833	891
そ の 他 の 産 業	113	1から112に該当するもの以外のもの	8.0	46	348	473	482	487

(注)　「Ａ（株価）」は、業種目ごとに令和6年分の標本会社の株価を基に計算しているので、標本会社が令和5年分のものと異なる業種目などについては、令和5年11月分及び12月分の金額は、令和5年分の評価に適用する令和5年11月分及び12月分の金額とは異なることに留意してください。また、令和5年平均及び課税時期の属する月以前2年間の平均株価についても、令和6年分の標本会社を基に計算しています。

類似業種比準価額計算上の業種目及び業種目別株価等(令和6年分)

(単位:円)

業　　種　　目 大 分 類　中 分 類　小 分 類	番号	A（株価）【上段：各月の株価、下段：課税時期の属する月以前2年間の平均株価】											
		令和6年1月分	2月分	3月分	4月分	5月分	6月分	7月分	8月分	9月分	10月分	11月分	12月分
生活関連サービス業, 娯楽業	105	926 881	925 884	927 888	932 891								
生活関連サービス業	106	442 419	440 421	438 423	442 425								
娯　　楽　　業	107	1,627 1,550	1,627 1,556	1,635 1,562	1,644 1,567								
教 育 ，学 習 支 援 業	108	473 529	468 527	477 525	456 522								
医 療 ， 福 祉	109	562 608	568 605	563 604	544 601								
サービス業（他に分類されないもの）	110	1,087 1,037	1,098 1,037	1,109 1,039	1,095 1,040								
職業紹介・労働者派遣業	111	1,313 1,196	1,353 1,202	1,389 1,212	1,383 1,218								
その他の事業サービス業	112	930 926	921 923	915 920	895 916								
そ の 他 の 産 業	113	508 457	521 461	536 465	524 469								

「一般定期借地権の目的となっている宅地の評価に関する取扱いについて」の一部改正について（法令解釈通達）（平成11年7月26日付）

　標題のことについては、下記に掲げるものの評価について、課税上弊害がない限り、昭和39年4月25日付直資56、直審（資）17「財産評価基本通達」（以下「評価基本通達」という。）25《貸宅地の評価》の(2)の定めにかかわらず、評価基本通達27《借地権の評価》に定める借地権割合（以下「借地権割合」という。）の地域区分に応じて、当分の間、下記により取り扱うこととしたから、平成10年1月1日以後に相続、遺贈又は贈与により取得したものの評価については、これによられたい。（平成10年8月25日付課評2－8、課資1－13、平成11年7月26日付課評2－14・課資1－11改）

（趣旨）

　評価基本通達9《土地の上に存する権利の評価上の区分》の(6)に定める定期借地権等の目的となっている宅地の評価については、平成6年2月15日付課評2－2、課資1－2「財産評価基本通達の一部改正について」により、その評価方法を定めているところであるが、借地借家法（平成3年、法律第90号）第2条第1号に規定する借地権で同法第22条《定期借地権》の規定の適用を受けるもの（以下「一般定期借地権」という。）の目的となっている宅地の評価については、最近における一般定期借地権の設定の実態等を勘案するとともに、納税者の便宜に資するため、所要の措置を講じたものである。

記

1　一般定期借地権の目的となっている宅地の評価

　借地権割合の地域区分のうち、次の2に定める地域区分に存する一般定期借地権の目的となっている宅地の価額は、課税時期における評価基本通達25《貸宅地の評価》の(1)に定める自用地としての価額（以下「自用地としての価額」という。）から「一般定期借地権の価額に相当する金額」を控除した金額によって評価する。

　この場合の「一般定期借地権の価額に相当する金額」とは、課税時期における自用地としての価額に、次の算式により計算した数値を乗じて計算した金額とする。

（算式）

$$（1－底地割合）\times \frac{課税時期におけるその一般定期借地権の残存期間年数に応ずる基準年利率による複利年金現価率}{一般定期借地権の設定期間年数に応ずる基準年利率による複利年金現価率}$$

(注)　基準年利率は、評価基本通達4－4に定める基準年利率をいう。

2　底地割合

　　1の算式中の「底地割合」は、一般定期借地権の目的となっている宅地のその設定の時における価額が、その宅地の自用地としての価額に占める割合をいうものとし、借地権割合の地域区分に応じ、次に定める割合によるものとする。

(底地割合)

	借　地　権　割　合		底　地　割　合
	路　線　価　図	評　価　倍　率　表	
地域区分	C	70%	55%
	D	60%	60%
	E	50%	65%
	F	40%	70%
	G	30%	75%

(注)1　借地権割合及びその地域区分は、各国税局長が定める「財産評価基準書」において、各路線価図についてはAからGの表示により、評価倍率表については数値により表示されている。

　　　2　借地権割合の地域区分がA地域、B地域及び評価基本通達27《借地権の評価》ただし書に定める「借地権の設定に際しその設定の対価として通常権利金その他の一時金を支払うなど借地権の取引慣行があると認められる地域以外の地域」に存する一般定期借地権の目的となっている宅地の価額は、評価基本通達25の⑵に定める評価方法により評価することに留意する。

3　「課税上弊害がない」場合とは、一般定期借地権の設定等の行為が専ら税負担回避を目的としたものでない場合をいうほか、この通達の定めによって評価することが著しく不適当と認められることのない場合をいい、個々の設定等についての事情、取引当事者間の関係等を総合勘案してその有無を判定することに留意する。

　　なお、一般定期借地権の借地権者が次に掲げる者に該当する場合には、「課税上弊害がある」ものとする。

(1)　一般定期借地権の借地権設定者(以下「借地権設定者」という。)の親族

(2)　借地権設定者とまだ婚姻の届出をしないが事実上婚姻関係と同様の事情にある者及びその親族でその者と生計を一にしているもの

(3)　借地権設定者の使用人及び使用人以外の者で借地権設定者から受ける金銭その他の財産によって生計を維持しているもの並びにこれらの者の親族でこれらの者

　　と生計を一にしているもの

⑷　借地権設定者が法人税法（昭和40年法律第34号）第 2 条第15号《定義》に規定
　　する役員（以下「会社役員」という。）となっている会社

⑸　借地権設定者、その親族、上記⑵及び⑶に掲げる者並びにこれらの者と法人税
　　法第 2 条第10号《定義》に規定する政令で定める特殊の関係にある法人を判定の
　　基礎とした場合に同号に規定する同族会社に該当する法人

⑹　上記⑷又は⑸に掲げる法人の会社役員又は使用人

⑺　借地権設定者が、借地借家法第15条《自己借地権》の規定により、自ら一般定
　　期借地権を有することとなる場合の借地権設定者

課評 2 －10

課資 2 － 4

平成29年 4 月12日

（一部改正　平成29年10月30日課評 2 －55外）

各 国 税 局 長

　　　　　　　　　　殿

沖縄国税事務所長

国 税 庁 長 官

特定非常災害発生日以後に相続等により取得した財産の評価について
（法令解釈通達）

　標題のことについては、昭和39年 4 月25日付直資56、直審（資）17「財産評価基本通達」（法令解釈通達）によるほか、下記のとおり定めたから、これにより取り扱われたい。

（趣旨）

　特定非常災害発生日以後に相続、遺贈（贈与をした者の死亡により効力を生ずる贈与を含む。以下同じ。）又は贈与（贈与をした者の死亡により効力を生ずる贈与を除く。以下同じ。）により取得した財産の評価方法を定めたものである。

記

（用語の意義）

1　この通達において、次に掲げる用語の意義は、それぞれ次に定めるところによる。

　(1)　措置法　　租税特別措置法（昭和32年法律第26号）をいう。

　(2)　措置法施行令　　租税特別措置法施行令（昭和32年政令第43号）をいう。

　(3)　特定非常災害　　措置法第69条の 6 第 1 項に規定する特定非常災害をいう。

　(4)　特定非常災害発生日　　措置法第69条の 6 第 1 項に規定する特定非常災害発生日をいう。

　(5)　措置法通達　　昭和50年11月 4 日付直資 2 －224ほか 2 課共同「租税特別措置法（相続税法の特例関係）の取扱いについて」（法令解釈通達）をいう。

　(6)　評価通達　　昭和39年 4 月25日付直資56、直審（資）17「財産評価基本通達」（法令

解釈通達）をいう。

⑺　特定地域　　措置法第69条の６第１項に規定する特定地域をいう。

⑻　特定地域内に保有する資産の割合が高い法人の株式等　　特定非常災害発生日において保有していた資産の特定非常災害の発生直前の価額（特定非常災害の発生直前における時価をいう。）の合計額のうちに占める特定地域内にあった動産（金銭及び有価証券を除く。）、不動産、不動産の上に存する権利及び立木の価額の合計額の割合が10分の３以上である法人の株式又は出資をいう。

⑼　応急仮設住宅　　災害救助法（昭和22年法律第118号）第２条《救助の対象》の規定に基づく救助として災害の被災者に対し供与される同法第４条《救助の種類等》第１項第１号の応急仮設住宅をいう。

⑽　評価対象法人　　評価しようとする株式の発行法人又は出資に係る出資のされている法人をいう。

⑾　課税時期　　相続、遺贈若しくは贈与により財産を取得した日又は相続税法（昭和25年法律第73号）の規定により相続、遺贈若しくは贈与により取得したものとみなされた財産のその取得の日をいう。

（特定地域内にある土地等の評価）

2　特定非常災害発生日以後同日の属する年の12月31日までの間に相続、遺贈又は贈与（以下「相続等」という。）により取得した特定地域内にある土地及び土地の上に存する権利（以下「土地等」という。）の価額は、措置法施行令第40条の２の３《特定土地等及び特定株式等に係る相続税の課税価格の計算の特例等》第３項第１号に規定する特定土地等の特定非常災害の発生直後の価額（以下「特定非常災害発生直後の価額」という。）に準じて評価することができるものとする。この場合において、その土地等の状況は、課税時期の現況によることに留意する。

　　なお、当該土地等が、特定非常災害により物理的な損失（地割れ等土地そのものの形状が変わったことによる損失をいう。以下同じ。）を受けた場合には、特定非常災害発生直後の価額に準じて評価した価額から、その原状回復費用相当額を控除した価額により評価することができるものとする。

（注）　特定非常災害発生日以後同日の属する年の12月31日までの間に相続等により取得した特定地域外にある土地等の価額は、課税時期の現況に応じ評価通達の定めるところにより評価することに留意する。

　　なお、当該土地等が、特定非常災害により物理的な損失を受けた場合には、課税時期の現況に応じ評価通達の定めるところにより評価した価額から、その原状回復費用相当額を控除した価額により評価することができるものとする。

（海面下に没した土地等の評価）

3　特定非常災害により土地等が海面下に没した場合（その状態が一時的なものである場合を除く。）には、その土地等の価額は評価しない。

（被災した造成中の宅地の評価）

4　被災した造成中の宅地の価額は、評価通達24−3《造成中の宅地の評価》に定める「その宅地の造成に係る費用現価」を次に掲げる額の合計額として計算した金額によって評価する。

⑴　特定非常災害の発生直前までに投下したその宅地の造成に係る費用現価のうち、被災後においてなおその効用を有すると認められる金額に相当する額

⑵　特定非常災害の発生直後から課税時期までに投下したその宅地の造成に係る費用現価

（応急仮設住宅の敷地の用に供するため使用貸借により貸し付けられている土地の評価）

5　応急仮設住宅の敷地の用に供するため関係都道府県知事又は関係市町村（特別区を含む。）の長に使用貸借により貸し付けられている土地の価額は、その土地の自用地としての価額（評価通達25《貸宅地の評価》に定める自用地としての価額をいう。）から、その価額にその使用貸借に係る使用権の残存期間が評価通達25⑵のイからニまでの残存期間のいずれに該当するかに応じてそれぞれに定める割合を乗じて計算した金額を控除した金額によって評価する。

（被災した家屋の評価）

6　被災した家屋（被災後の現況に応じた固定資産税評価額が付されていないものに限る。以下同じ。）の価額は、次に掲げる金額の合計額によって評価することができるものとする。

⑴　評価通達89《家屋の評価》の定めにより評価した特定非常災害の発生直前の家屋の価額から、その価額に地方税法（昭和25年法律第226号）第367条《固定資産税の減免》の規定に基づき条例に定めるところによりその被災した家屋に適用された固定資産税の軽減又は免除の割合を乗じて計算した金額を控除した金額

（注）　特定非常災害の発生に伴い地方税法等において固定資産税の課税の免除等の規定が別途定められた場合についても同様に取り扱うものとする。

⑵　特定非常災害の発生直後から課税時期までに投下したその被災した家屋の修理、改良等に係る費用現価の100分の70に相当する金額

（被災した建築中の家屋の評価）

7　被災した建築中の家屋の価額は、評価通達91《建築中の家屋の評価》に定める「その

家屋の費用現価」を次に掲げる額の合計額として計算した金額によって評価する。

⑴　特定非常災害の発生直前までに投下したその家屋の費用現価のうち、被災後においてなおその効用を有すると認められる金額に相当する額

⑵　特定非常災害の発生直後から課税時期までに投下したその家屋の費用現価

（特定地域内に保有する資産の割合が高い法人の株式等に係る類似業種比準価額の計算）

8　特定地域内に保有する資産の割合が高い法人の株式等につき、評価通達180《類似業種比準価額》に定める類似業種比準価額により評価することとなる場合において、課税時期が特定非常災害発生日から同日の属する事業年度の末日までの間にあるときには、措置法通達69の6・69の7共－4《特定株式等の特定非常災害の発生直後の価額》⑴の定めを準用することができるものとする。

（純資産価額の計算）

9　評価対象法人の株式又は出資につき、評価通達185《純資産価額》に定める「1株当たりの純資産価額（相続税評価額によって計算した金額）」により評価することとなる場合において、評価対象法人の各資産のうちに、評価対象法人が課税時期前3年以内に取得又は新築した特定地域内の土地等並びに家屋及びその附属設備又は構築物（以下「家屋等」という。）で、かつ、評価対象法人が特定非常災害発生日前に取得又は新築したものがあるときには、課税時期が特定非常災害発生日から起算して3年を経過する日までの間にあるときに限り、その土地等及び家屋等の価額については、評価通達185の括弧書の定めを適用しないことができるものとする。

（同族株主以外の株主等が取得した特定地域内に保有する資産の割合が高い法人の株式等の価額の計算）

10　特定地域内に保有する資産の割合が高い法人の株式等につき、評価通達188－2《同族株主以外の株主等が取得した株式の評価》により評価することとなる場合において、課税時期が特定非常災害発生日から同日の属する事業年度の末日までの間にあるときには、措置法通達69の6・69の7共－4⑶の定めを準用することができるものとする。

附　則

（適用時期）

　この法令解釈通達は、平成28年4月14日以後に相続等により取得した財産の評価について適用する。

課評 2 −74

課資 2 −16

令和 5 年 9 月28日

各 国 税 局 長
　　　　　　　　　殿
沖縄国税事務所長

国 税 庁 長 官

居住用の区分所有財産の評価について（法令解釈通達）

　標題のことについては、昭和39年 4 月25日付直資56、直審（資）17「財産評価基本通達」（法令解釈通達）によるほか、下記のとおり定めたから、令和 6 年 1 月 1 日以後に相続、遺贈又は贈与により取得した財産の評価については、これにより取り扱われたい。

（趣旨）

　近年の区分所有財産の取引実態等を踏まえ、居住用の区分所有財産の評価方法を定めたものである。

記

（用語の意義）

1　この通達において、次に掲げる用語の意義は、それぞれ次に定めるところによる。

　(1)　評価基本通達　昭和39年 4 月25日付直資56、直審（資）17「財産評価基本通達」（法令解釈通達）をいう。

　(2)　自用地としての価額　評価基本通達25《貸宅地の評価》(1)に定める「自用地としての価額」をいい、評価基本通達11《評価の方式》から22− 3 《大規模工場用地の路線価及び倍率》まで、24《私道の用に供されている宅地の評価》、24− 2 《土地区画整理事業施行中の宅地の評価》及び24− 6 《セットバックを必要とする宅地の評価》から24− 8 《文化財建造物である家屋の敷地の用に供されている宅地の評価》までの定めにより評価したその宅地の価額をいう。

　(3)　自用家屋としての価額　評価基本通達89《家屋の評価》、89− 2 《文化財建造物である家屋の評価》又は92《附属設備等の評価》の定めにより評価したその家屋の価額を

いう。

⑷　区分所有法　建物の区分所有等に関する法律（昭和37年法律第69号）をいう。

⑸　不動産登記法　不動産登記法（平成16年法律第123号）をいう。

⑹　不動産登記規則　不動産登記規則（平成17年法務省令第18号）をいう。

⑺　一棟の区分所有建物　区分所有者（区分所有法第2条《定義》第2項に規定する区分所有者をいう。以下同じ。）が存する家屋（地階を除く階数が2以下のもの及び居住の用に供する専有部分（同条第3項に規定する専有部分をいう。以下同じ。）一室の数が3以下であってその全てを当該区分所有者又はその親族の居住の用に供するものを除く。）で、居住の用に供する専有部分のあるものをいう。

⑻　一室の区分所有権等　一棟の区分所有建物に存する居住の用に供する専有部分一室に係る区分所有権（区分所有法第2条第1項に規定する区分所有権をいい、当該専有部分に係る同条第4項に規定する共用部分の共有持分を含む。以下同じ。）及び敷地利用権（同条第6項に規定する敷地利用権をいう。以下同じ。）をいう。

（注）　一室の区分所有権等には、評価基本通達第6章《動産》第2節《たな卸商品等》に定めるたな卸商品等に該当するものは含まない。

⑼　一室の区分所有権等に係る敷地利用権の面積　次に掲げる場合の区分に応じ、それぞれ次に定める面積をいう。

イ　一棟の区分所有建物に係る敷地利用権が、不動産登記法第44条《建物の表示に関する登記の登記事項》第1項第9号に規定する敷地権である場合

一室の区分所有権等が存する一棟の区分所有建物の敷地（区分所有法第2条第5項に規定する建物の敷地をいう。以下同じ。）の面積に、当該一室の区分所有権等に係る敷地権の割合を乗じた面積（小数点以下第3位を切り上げる。）

ロ　上記イ以外の場合

一室の区分所有権等が存する一棟の区分所有建物の敷地の面積に、当該一室の区分所有権等に係る敷地の共有持分の割合を乗じた面積（小数点以下第3位を切り上げる。）

⑽　一室の区分所有権等に係る専有部分の面積　当該一室の区分所有権等に係る専有部分の不動産登記規則第115条《建物の床面積》に規定する建物の床面積をいう。

⑾　評価乖離率　次の算式により求めた値をいう。

（算式）

評価乖離率＝Ａ＋Ｂ＋Ｃ＋Ｄ＋3.220

上記算式中の「Ａ」、「Ｂ」、「Ｃ」及び「Ｄ」は、それぞれ次による。

「Ａ」＝当該一棟の区分所有建物の築年数×△0.033

「Ｂ」＝当該一棟の区分所有建物の総階数指数×0.239（小数点以下第4位を切り

捨てる。)

「C」＝当該一室の区分所有権等に係る専有部分の所在階×0.018

「D」＝当該一室の区分所有権等に係る敷地持分狭小度×△1.195（小数点以下第4位を切り上げる。）

(注)1　「築年数」は、当該一棟の区分所有建物の建築の時から課税時期までの期間とし、当該期間に1年未満の端数があるときは、その端数は1年とする。

2　「総階数指数」は、当該一棟の区分所有建物の総階数を33で除した値（小数点以下第4位を切り捨て、1を超える場合は1とする。）とする。この場合において、総階数には地階を含まない。

3　当該一室の区分所有権等に係る専有部分が当該一棟の区分所有建物の複数階にまたがる場合には、階数が低い方の階を「当該一室の区分所有権等に係る専有部分の所在階」とする。

4　当該一室の区分所有権等に係る専有部分が地階である場合には、「当該一室の区分所有権等に係る専有部分の所在階」は、零階とし、Cの値は零とする。

5　「当該一室の区分所有権等に係る敷地持分狭小度」は、当該一室の区分所有権等に係る敷地利用権の面積を当該一室の区分所有権等に係る専有部分の面積で除した値（小数点以下第4位を切り上げる。）とする。

⑿　評価水準　1を評価乖離率で除した値とする。

（一室の区分所有権等に係る敷地利用権の価額）

2　次に掲げる場合のいずれかに該当するときの一室の区分所有権等に係る敷地利用権の価額は、「自用地としての価額」に、次の算式による区分所有補正率を乗じて計算した価額を当該「自用地としての価額」とみなして評価基本通達（評価基本通達25並びに同項により評価する場合における評価基本通達27《借地権の評価》及び27-2《定期借地権等の評価》を除く。）を適用して計算した価額によって評価する。ただし、評価乖離率が零又は負数のものについては、評価しない。

（算式）

⑴　評価水準が1を超える場合

区分所有補正率＝評価乖離率

⑵　評価水準が0.6未満の場合

区分所有補正率＝評価乖離率×0.6

(注)1　区分所有者が次のいずれも単独で所有している場合には、「区分所有補正率」

　　　　　は１を下限とする。

　　　イ　一棟の区分所有建物に存する全ての専有部分

　　　ロ　一棟の区分所有建物の敷地

2　評価乖離率を求める算式及び上記(2)の値（0.6）については、適時見直しを行うものとする。

（一室の区分所有権等に係る区分所有権の価額）

3　一室の区分所有権等に係る区分所有権の価額は、「自用家屋としての価額」に、上記２に掲げる算式（（注）１を除く。）による区分所有補正率を乗じて計算した価額を当該「自用家屋としての価額」とみなして評価基本通達を適用して計算した価額によって評価する。ただし、評価乖離率が零又は負数のものについては、評価しない。

類似業種比準価額計算上の業種目及び類似業種の株価等の計算方法等について（情報）抜粋

※平成29年 6 月13日付資産評価企画官情報第 4 号

○　類似業種株価等通達の業種目分類等

類似業種株価等通達の業種目及び標本会社の業種目は、原則として、日本標準産業分類に基づいて区分している。

1　類似業種株価等通達の業種目及び標本会社の業種目の分類

類似業種株価等通達の業種目及び標本会社の業種目は、原則として、日本標準産業分類（注）に基づいて区分している。

（注）　日本標準産業分類は、統計調査の結果を産業別に表示する場合の統計基準として、事業所において行われる財及びサービスの生産又は提供に係る全ての経済活動を分類するものであり、統計の正確性と客観性を保持し、統計の相互比較性と利用の向上を図ることを目的として、総務大臣が公示している。

なお、日本標準産業分類は、以下の総務省統計局のホームページで閲覧することができる。

【www.soumu.go.jp/toukei_toukatsu/index/seido/sangyo/H 25 index.htm（平成29年6 月現在）】

2　評価通達の改正に伴う業種目の判定等

標本会社の事業が該当する業種目は、これまで単体決算による取引金額に基づいて判定していた。

平成29年 4 月27日付評価通達改正により、類似業種の比準要素については、財務諸表の数値を基に計算することとした上で、連結決算を行っている会社については、その数値を反映させることとしたことから、標本会社の事業が該当する業種目についても、連結決算を行っている会社については、連結決算による取引金額に基づいて判定することとした。

また、業種目の判定を行った結果、標本会社が少数となる業種目については、特定の標本会社の個性が業種目の株価等に強く反映されることとなることから、このような影響を排除するため、業種目の統合を行った。

3　平成29年分以降の類似業種比準価額計算上の業種目分類

　　上記(2)の結果、平成29年分の類似業種比準価額計算上の業種目は、別表「日本標準産業分類の分類項目と類似業種比準価額計算上の業種目との対比表（平成29年分）」のとおりとなり、評価会社の類似業種の業種目については、別表に基づき判定することとなる。

(注)　評価会社の類似業種の業種目については、「直前期末以前１年間における取引金額」により判定することとなるが、当該取引金額のうちに２以上の業種目に係る取引金額が含まれている場合には、取引金額全体のうちに占める業種目別の取引金額の割合が50％を超える業種目とし、その割合が50％を超える業種目がない場合には、次に掲げる場合に応じたそれぞれの業種目となる（評価通達181－２）。

① 　評価会社の事業が一つの中分類の業種目中の２以上の類似する小分類の業種目に属し、それらの業種目別の割合の合計が50％を超える場合

　　その中分類の中にある類似する小分類の「その他の○○業」

② 　評価会社の事業が一つの中分類の業種目中の２以上の類似しない小分類の業種目に属し、それらの業種目別の割合の合計が50％を超える場合（①に該当する場合を除く。）

　　その中分類の業種目

③ 　評価会社の事業が一つの大分類の業種目中の２以上の類似する中分類の業種目に属し、それらの業種目別の割合の合計が50％を超える場合

　　その大分類の中にある類似する中分類の「その他の○○業」

④ 　評価会社の事業が一つの大分類の業種目中の２以上の類似しない中分類の業種目に属し、それらの業種目別の割合の合計が50％を超える場合（③に該当する場合を除く。）

　　その大分類の業種目

⑤ 　①から④のいずれにも該当しない場合

　　大分類の業種目の中の「その他の産業」

※ 　上記判定の際、小分類又は中分類の業種目中「その他の○○業」が存在する場合には、原則として、同一の上位業種目に属する業種目はそれぞれ類似する業種目となる。ただし、「無店舗小売業」（中分類）については、「小売業」（大分類）に属する他の中分類の業種目とは類似しない業種目であることから、他の中分類の業種目の割合と合計することにより50％を超える場合は、④により「小売業」となる。

（参考）　評価会社の規模区分を判定する場合の業種の分類

　　取引相場のない株式は、会社の規模に応じて区分し、原則として、大会社の株式は類似業種比準方式により、小会社の株式は純資産価額方式により、中会社の株式はこれらの併用方式により、それぞれ評価することとしている。

　　この場合における会社の規模の判定要素（「従業員数」、「総資産価額（帳簿価額によって計算した金額）」及び「直前期末以前１年間における取引金額」）の数値基準については、「卸売業」、「小売・サービス業」及び「卸売業、小売・サービス業以外」の三つの業種ごとに定めている。

　　なお、評価会社がどの業種に該当するかについては、別表のとおりとなる。

（別表）日本標準産業分類の分類項目と類似業種比準価額計算上の業種目との対比表（平成29年分）

日本標準産業分類の分類項目			類似業種比準価額計算上の業種目			規模区分を判定する場合の業種
大　分　類			大　分　類			
	中　分　類			中　分　類	番　号	
		小　分　類			小　分　類	
A　農業，林業						
	01　農業		その他の産業		113	卸売業、小売・サービス業以外
		011　耕種農業				
		012　畜産農業				
		013　農業サービス業（園芸サービス業を除く）				
		014　園芸サービス業				
	02　林業					
		021　育林業				
		022　素材生産業				
		023　特用林産物生産業（きのこ類の栽培を除く）				
		024　林業サービス業				
		029　その他の林業				
B　漁業						
	03　漁業（水産養殖業を除く）		その他の産業		113	卸売業、小売・サービス業以外
		031　海面漁業				
		032　内水面漁業				
	04　水産養殖業					
		041　海面養殖業				
		042　内水面養殖業				
C　鉱業，採石業，砂利採取業						
	05　鉱業，採石業，砂利採取業		その他の産業		113	卸売業、小売・サービス業以外
		051　金属鉱業				
		052　石炭・亜炭鉱業				
		053　原油・天然ガス鉱業				
		054　採石業，砂・砂利・玉石採取業				
		055　窯業原料用鉱物鉱業（耐火物・陶磁器・ガラス・セメント原料用に限る）				
		059　その他の鉱業				
D　建設業			建設業		1	卸売業、小売・サービス業以外
	06　総合工事業		総合工事業		2	
		061　一般土木建築工事業	その他の総合工事業		4	
		062　土木工事業（舗装工事業を除く）				
		063　舗装工事業				
		064　建築工事業（木造建築工事業を除く）	建築工事業（木造建築工事業を除く）		3	
		065　木造建築工事業	その他の総合工事業		4	
		066　建築リフォーム工事業				
	07　職別工事業（設備工事業を除く）					
		071　大工工事業	職別工事業		5	
		072　とび・土工・コンクリート工事業				
		073　鉄骨・鉄筋工事業				
		074　石工・れんが・タイル・ブロック工事業				
		075　左官工事業				
		076　板金・金物工事業				
		077　塗装工事業				
		078　床・内装工事業				
		079　その他の職別工事業				

日本標準産業分類の分類項目	類似業種比準価額計算上の業種目		規模区分を判定する場合の業種
大　分　類	大　分　類	番号	
中　分　類	中　分　類		
小　分　類	小　分　類		
（D　建設業）	（建設業）		
08　設備工事業	設備工事業	6	
081　電気工事業	電気工事業	7	
082　電気通信・信号装置工事業	電気通信・信号装置工事業	8	卸売業、小売・サービス業以外
083　管工事業（さく井工事業を除く）			
084　機械器具設置工事業	その他の設備工事業	9	
089　その他の設備工事業			
E　製造業	製造業	10	
09　食料品製造業	食料品製造業	11	
091　畜産食料品製造業	畜産食料品製造業	12	
092　水産食料品製造業			
093　野菜缶詰・果実缶詰・農産保存食料品製造業			
094　調味料製造業	その他の食料品製造業	14	
095　糖類製造業			
096　精穀・製粉業			
097　パン・菓子製造業	パン・菓子製造業	13	
098　動植物油脂製造業	その他の食料品製造業	14	
099　その他の食料品製造業			
10　飲料・たばこ・飼料製造業			
101　清涼飲料製造業			
102　酒類製造業			
103　茶・コーヒー製造業（清涼飲料を除く）	飲料・たばこ・飼料製造業	15	
104　製氷業			
105　たばこ製造業			
106　飼料・有機質肥料製造業			
11　繊維工業			卸売業、小売・サービス業以外
111　製糸業，紡績業，化学繊維・ねん糸等製造業			
112　織物業			
113　ニット生地製造業			
114　染色整理業			
115　綱・網・レース・繊維粗製品製造業	繊維工業	16	
116　外衣・シャツ製造業（和式を除く）			
117　下着類製造業			
118　和装製品・その他の衣服・繊維製身の回り品製造業			
119　その他の繊維製品製造業			
12　木材・木製品製造業（家具を除く）			
121　製材業，木製品製造業			
122　造作材・合板・建築用組立材料製造業	その他の製造業	51	
123　木製容器製造業（竹，とうを含む）			
129　その他の木製品製造業（竹，とうを含む）			
13　家具・装備品製造業			
131　家具製造業			
132　宗教用具製造業	その他の製造業	51	
133　建具製造業			
139　その他の家具・装備品製造業			

日本標準産業分類の分類項目	類似業種比準価額計算上の業種目		規模区分を判定する場合の業種
大　分　類 　中　分　類 　　小　分　類	大　分　類 　中　分　類 　　小　分　類	番　号	
（E　製造業）	（製造業）		
14　パルプ・紙・紙加工品製造業			
141　パルプ製造業			
142　紙製造業			
143　加工紙製造業	パルプ・紙・紙加工品製造業	17	
144　紙製品製造業			
145　紙製容器製造業			
149　その他のパルプ・紙・紙加工品製造業			
15　印刷・同関連業			
151　印刷業			
152　製版業	印刷・同関連業	18	
153　製本業，印刷物加工業			
159　印刷関連サービス業			
16　化学工業	化学工業	19	
161　化学肥料製造業	その他の化学工業	23	
162　無機化学工業製品製造業			
163　有機化学工業製品製造業	有機化学工業製品製造業	20	
164　油脂加工製品・石けん・合成洗剤・界面活性剤・塗料製造業	油脂加工製品・石けん・合成洗剤・界面活性剤・塗料製造業	21	
165　医薬品製造業	医薬品製造業	22	卸売業、小売・サービス業以外
166　化粧品・歯磨・その他の化粧用調整品製造業	その他の化学工業	23	
169　その他の化学工業			
17　石油製品・石炭製品製造業			
171　石油精製業			
172　潤滑油・グリース製造業（石油精製業によらないもの）			
173　コークス製造業	その他の製造業	51	
174　舗装材料製造業			
179　その他の石油製品・石炭製品製造業			
18　プラスチック製品製造業（別掲を除く）			
181　プラスチック板・棒・管・継手・異形押出製品製造業			
182　プラスチックフィルム・シート・床材・合成皮革製造業			
183　工業用プラスチック製品製造業	プラスチック製品製造業	24	
184　発泡・強化プラスチック製品製造業			
185　プラスチック成形材料製造業（廃プラスチックを含む）			
189　その他のプラスチック製品製造業			
19　ゴム製品製造業			
191　タイヤ・チューブ製造業			
192　ゴム製・プラスチック製履物・同附属品製造業	ゴム製品製造業	25	
193　ゴムベルト・ゴムホース・工業用ゴム製品製造業			
199　その他のゴム製品製造業			

日本標準産業分類の分類項目			類似業種比準価額計算上の業種目			規模区分を判定する場合の業種
大 分 類			大 分 類		番　号	
	中 分 類			中 分 類		
		小 分 類			小 分 類	
（E　製造業）			（製造業）			
	20　なめし革・同製品・毛皮製造業					
		201　なめし革製造業				
		202　工業用革製品製造業（手袋を除く）				
		203　革製履物用材料・同附属品製造業				
		204　革製履物製造業		その他の製造業		51	
		205　革製手袋製造業				
		206　かばん製造業				
		207　袋物製造業				
		208　毛皮製造業				
		209　その他のなめし革製品製造業				
	21　窯業・土石製品製造業		窯業・土石製品製造業		26	
		211　ガラス・同製品製造業		その他の窯業・土石製品製造業		28	
		212　セメント・同製品製造業		セメント・同製品製造業		27	
		213　建設用粘土製品製造業（陶磁器製を除く）					
		214　陶磁器・同関連製品製造業					
		215　耐火物製造業					
		216　炭素・黒鉛製品製造業		その他の窯業・土石製品製造業		28	
		217　研磨材・同製品製造業					
		218　骨材・石工品等製造業					
		219　その他の窯業・土石製品製造業					
	22　鉄鋼業					
		221　製鉄業					
		222　製鋼・製鋼圧延業					
		223　製鋼を行わない鋼材製造業（表面処理鋼材を除く）		鉄鋼業		29	卸売業、小売・サービス業以外
		224　表面処理鋼材製造業					
		225　鉄素形材製造業					
		229　その他の鉄鋼業					
	23　非鉄金属製造業					
		231　非鉄金属第1次製錬・精製業					
		232　非鉄金属第2次製錬・精製業（非鉄金属合金製造業を含む）					
		233　非鉄金属・同合金圧延業（抽伸，押出しを含む）		非鉄金属製造業		30	
		234　電線・ケーブル製造業					
		235　非鉄金属素形材製造業					
		239　その他の非鉄金属製造業					
	24　金属製品製造業		金属製品製造業		31	
		241　ブリキ缶・その他のめっき板等製品製造業		その他の金属製品製造業		33	
		242　洋食器・刃物・手道具・金物類製造業					
		243　暖房・調理等装置、配管工事用付属品製造業					
		244　建設用・建築用金属製品製造業（製缶板金業を含む）		建設用・建築用金属製品製造業		32	
		245　金属素形材製品製造業					
		246　金属被覆・彫刻業，熱処理業（ほうろう鉄器を除く）					
		247　金属線製品製造業（ねじ類を除く）		その他の金属製品製造業		33	
		248　ボルト・ナット・リベット・小ねじ・木ねじ等製造業					
		249　その他の金属製品製造業					

日本標準産業分類の分類項目	類似業種比準価額計算上の業種目		規模区分を判定する場合の業種
大　分　類	大　分　類		
中　分　類	中　分　類	番　号	
小　分　類	小　分　類		
（E　製造業）	（製造業）		
25　はん用機械器具製造業			
251　ボイラ・原動機製造業			
252　ポンプ・圧縮機器製造業	はん用機械器具製造業	34	
253　一般産業用機械・装置製造業			
259　その他のはん用機械・同部分品製造業			
26　生産用機械器具製造業	生産用機械器具製造業	35	
261　農業用機械製造業（農業用器具を除く）			
262　建設機械・鉱山機械製造業			
263　繊維機械製造業	その他の生産用機械器具製造業	37	
264　生活関連産業用機械製造業			
265　基礎素材産業用機械製造業			
266　金属加工機械製造業	金属加工機械製造業	36	
267　半導体・フラットパネルディスプレイ製造装置製造業	その他の生産用機械器具製造業	37	
269　その他の生産用機械・同部分品製造業			
27　業務用機械器具製造業			
271　事務用機械器具製造業			
272　サービス用・娯楽用機械器具製造業			
273　計量器・測定器・分析機器・試験機・測量機械器具・理化学機械器具製造業	業務用機械器具製造業	38	
274　医療用機械器具・医療用品製造業			
275　光学機械器具・レンズ製造業			
276　武器製造業			
28　電子部品・デバイス・電子回路製造業	電子部品・デバイス・電子回路製造業	39	卸売業、小売・サービス業以外
281　電子デバイス製造業	その他の電子部品・デバイス・電子回路製造業	42	
282　電子部品製造業	電子部品製造業	40	
283　記録メディア製造業	その他の電子部品・デバイス・電子回路製造業	42	
284　電子回路製造業	電子回路製造業	41	
285　ユニット部品製造業	その他の電子部品・デバイス・電子回路製造業	42	
289　その他の電子部品・デバイス・電子回路製造業			
29　電気機械器具製造業	電気機械器具製造業	43	
291　発電用・送電用・配電用電気機械器具製造業	発電用・送電用・配電用電気機械器具製造業	44	
292　産業用電気機械器具製造業			
293　民生用電気機械器具製造業			
294　電球・電気照明器具製造業	その他の電気機械器具製造業	46	
295　電池製造業			
296　電子応用装置製造業			
297　電気計測器製造業	電気計測器製造業	45	
299　その他の電気機械器具製造業	その他の電気機械器具製造業	46	
30　情報通信機械器具製造業			
301　通信機械器具・同関連機械器具製造業	情報通信機械器具製造業	47	
302　映像・音響機械器具製造業			
303　電子計算機・同附属装置製造業			

日本標準産業分類の分類項目	類似業種比準価額計算上の業種目		規模区分を判定する場合の業種
大　分　類 　中　分　類 　　小　分　類	大　分　類 　中　分　類 　　小　分　類	番　号	
（E　製造業）	（製造業）		
31　輸送用機械器具製造業	輸送用機械器具製造業	48	
311　自動車・同附属品製造業	自動車・同附属品製造業	49	
312　鉄道車両・同部分品製造業			
313　船舶製造・修理業，舶用機関製造業			
314　航空機・同附属品製造業	その他の輸送用機械器具製造業	50	
315　産業用運搬車両・同部分品・附属品製造業			
319　その他の輸送用機械器具製造業			
32　その他の製造業			卸売業、小売・サービス業以外
321　貴金属・宝石製品製造業			
322　装身具・装飾品・ボタン・同関連品製造業（貴金属・宝石製を除く）			
323　時計・同部分品製造業			
324　楽器製造業	その他の製造業	51	
325　がん具・運動用具製造業			
326　ペン・鉛筆・絵画用品・その他の事務用品製造業			
327　漆器製造業			
328　畳等生活雑貨製品製造業			
329　他に分類されない製造業			
F　電気・ガス・熱供給・水道業			
33　電気業			
331　電気業			
34　ガス業			
341　ガス業			
35　熱供給業	電気・ガス・熱供給・水道業	52	卸売業、小売・サービス業以外
351　熱供給業			
36　水道業			
361　上水道業			
362　工業用水道業			
363　下水道業			
G　情報通信業	情報通信業	53	
37　通信業			
371　固定電気通信業			
372　移動電気通信業	その他の情報通信業	59	
373　電気通信に附帯するサービス業			
38　放送業			
381　公共放送業（有線放送業を除く）			小売・サービス業
382　民間放送業（有線放送業を除く）	その他の情報通信業	59	
383　有線放送業			
39　情報サービス業	情報サービス業	54	
391　ソフトウェア業	ソフトウェア業	55	
392　情報処理・提供サービス業	情報処理・提供サービス業	56	
40　インターネット附随サービス業	インターネット附随サービス業	57	
401　インターネット附随サービス業			

日本標準産業分類の分類項目			類似業種比準価額計算上の業種目			規模区分を判定する場合の業種
大　分　類			**大　分　類**		**番　号**	
	中　分　類			**中　分　類**		
		小　分　類			**小　分　類**	
（G　情報通信業）			（情報通信業）			
	41 映像・音声・文字情報制作業					小売・サービス業
		411 映像情報制作・配給業	映像・音声・文字情報制作業		58	
		412 音声情報制作業				
		413 新聞業				
		414 出版業				
		415 広告制作業				
		416 映像・音声・文字情報制作に附帯するサービス業				
H　運輸業，郵便業			運輸業，郵便業		60	
	42 鉄道業		その他の運輸業，郵便業		64	
		421 鉄道業				
	43 道路旅客運送業		その他の運輸業，郵便業		64	
		431 一般乗合旅客自動車運送業				
		432 一般乗用旅客自動車運送業				
		433 一般貸切旅客自動車運送業				
		439 その他の道路旅客運送業				
	44 道路貨物運送業		道路貨物運送業		61	
		441 一般貨物自動車運送業				
		442 特定貨物自動車運送業				
		443 貨物軽自動車運送業				
		444 集配利用運送業				
		449 その他の道路貨物運送業				
	45 水運業		水運業		62	卸売業、小売・サービス業以外
		451 外航海運業				
		452 沿海海運業				
		453 内陸水運業				
		454 船舶貸渡業				
	46 航空運輸業		その他の運輸業，郵便業		64	
		461 航空運送業				
		462 航空機使用業（航空運送業を除く）				
	47 倉庫業		その他の運輸業，郵便業		64	
		471 倉庫業（冷蔵倉庫業を除く）				
		472 冷蔵倉庫業				
	48 運輸に附帯するサービス業		運輸に附帯するサービス業		63	
		481 港湾運送業				
		482 貨物運送取扱業（集配利用運送業を除く）				
		483 運送代理店				
		484 こん包業				
		485 運輸施設提供業				
		489 その他の運輸に附帯するサービス業				
	49 郵便業（信書便事業を含む）		その他の運輸業，郵便業		64	
		491 郵便業（信書便事業を含む）				
I　卸売業，小売業			卸売業		65	
	50 各種商品卸売業		各種商品卸売業		66	卸売業
		501 各種商品卸売業				

日本標準産業分類の分類項目	類似業種比準価額計算上の業種目		規模区分を判定する場合の業種
大　分　類	大　分　類	番　号	
中　分　類	中　分　類		
小　分　類	小　分　類		
（Ⅰ　卸売業，小売業）	（卸売業）		
51　繊維・衣服等卸売業			
511　繊維品卸売業（衣服，身の回り品を除く）	繊維・衣服等卸売業	67	
512　衣服卸売業			
513　身の回り品卸売業			
52　飲食料品卸売業	飲食料品卸売業	68	
521　農畜産物・水産物卸売業	農畜産物・水産物卸売業	69	
522　食料・飲料卸売業	食料・飲料卸売業	70	
53　建築材料，鉱物・金属材料等卸売業	建築材料，鉱物・金属材料等卸売業	71	
531　建築材料卸売業	その他の建築材料，鉱物・金属材料等卸売業	73	
532　化学製品卸売業	化学製品卸売業	72	
533　石油・鉱物卸売業	その他の建築材料，鉱物・金属材料等卸売業	73	卸売業
534　鉄鋼製品卸売業			
535　非鉄金属卸売業			
536　再生資源卸売業			
54　機械器具卸売業	機械器具卸売業	74	
541　産業機械器具卸売業	産業機械器具卸売業	75	
542　自動車卸売業	その他の機械器具卸売業	77	
543　電気機械器具卸売業	電気機械器具卸売業	76	
549　その他の機械器具卸売業	その他の機械器具卸売業	77	
55　その他の卸売業			
551　家具・建具・じゅう器等卸売業			
552　医薬品・化粧品等卸売業	その他の卸売業	78	
553　紙・紙製品卸売業			
559　他に分類されない卸売業			
	小売業	79	
56　各種商品小売業			
561　百貨店，総合スーパー	各種商品小売業	80	
569　その他の各種商品小売業（従業者が常時50人未満のもの）			
57　織物・衣服・身の回り品小売業			
571　呉服・服地・寝具小売業			
572　男子服小売業			小売・サービス業
573　婦人・子供服小売業	織物・衣服・身の回り品小売業	81	
574　靴・履物小売業			
579　その他の織物・衣服・身の回り品小売業			
58　飲食料品小売業			
581　各種食料品小売業			
582　野菜・果実小売業			
583　食肉小売業			
584　鮮魚小売業	飲食料品小売業	82	
585　酒小売業			
586　菓子・パン小売業			
589　その他の飲食料品小売業			

日本標準産業分類の分類項目		類似業種比準価額計算上の業種目		規模区分を判定する場合の業種
大　分　類		大　分　類	番号	
中　分　類		中　分　類		
小　分　類		小　分　類		
（I　卸売業，小売業）		（小売業）		
59　機械器具小売業				
	591　自動車小売業	機械器具小売業	83	
	592　自転車小売業			
	593　機械器具小売業（自動車，自転車を除く）			
60　その他の小売業		その他の小売業	84	
	601　家具・建具・畳小売業	その他の小売業	86	
	602　じゅう器小売業			
	603　医薬品・化粧品小売業	医薬品・化粧品小売業	85	小売・サービス業
	604　農耕用品小売業			
	605　燃料小売業			
	606　書籍・文房具小売業	その他の小売業	86	
	607　スポーツ用品・がん具・娯楽用品・楽器小売業			
	608　写真機・時計・眼鏡小売業			
	609　他に分類されない小売業			
61　無店舗小売業				
	611　通信販売・訪問販売小売業	無店舗小売業	87	
	612　自動販売機による小売業			
	619　その他の無店舗小売業			
J　金融業，保険業		金融業，保険業	88	
62　銀行業		銀行業	89	
	621　中央銀行			
	622　銀行（中央銀行を除く）	銀行業	89	
63　協同組織金融業				
	631　中小企業等金融業	その他の金融業，保険業	91	
	632　農林水産金融業			
64　貸金業，クレジットカード業等非預金信用機関				
	641　貸金業			
	642　質屋	その他の金融業，保険業	91	卸売業、小売・サービス業以外
	643　クレジットカード業，割賦金融業			
	649　その他の非預金信用機関			
65　金融商品取引業，商品先物取引業				
	651　金融商品取引業	金融商品取引業，商品先物取引業	90	
	652　商品先物取引業，商品投資顧問業			
66　補助的金融業等				
	661　補助的金融業，金融附帯業	その他の金融業，保険業	91	
	662　信託業			
	663　金融代理業			
67　保険業（保険媒介代理業，保険サービス業を含む）				
	671　生命保険業			
	672　損害保険業			
	673　共済事業・少額短期保険業	その他の金融業，保険業	91	
	674　保険媒介代理業			
	675　保険サービス業			

日本標準産業分類の分類項目		類似業種比準価額計算上の業種目		規模区分を判定する場合の業種
大　分　類		**大　分　類**	**番号**	
中　分　類		**中　分　類**		
小　分　類		**小　分　類**		
K　不動産業，物品賃貸業		不動産業，物品賃貸業	92	
68　不動産取引業				
	681　建物売買業，土地売買業	不動産取引業	93	
	682　不動産代理業・仲介業			
69　不動産賃貸業・管理業				
	691　不動産賃貸業（貸家業，貸間業を除く）			
	692　貸家業，貸間業	不動産賃貸業・管理業	94	卸売業、小売・サービス業以外
	693　駐車場業			
	694　不動産管理業			
70　物品賃貸業				
	701　各種物品賃貸業			
	702　産業用機械器具賃貸業			
	703　事務用機械器具賃貸業	物品賃貸業	95	
	704　自動車賃貸業			
	705　スポーツ・娯楽用品賃貸業			
	709　その他の物品賃貸業			
L　学術研究，専門・技術サービス業				
71　学術・開発研究機関		専門・技術サービス業	96	
	711　自然科学研究所			
	712　人文・社会科学研究所			
72　専門サービス業（他に分類されないもの）				
	721　法律事務所，特許事務所			
	722　公証人役場，司法書士事務所，土地家屋調査士事務所			
	723　行政書士事務所			
	724　公認会計士事務所，税理士事務所	専門サービス業（純粋持株会社を除く）	97	
	725　社会保険労務士事務所			
	726　デザイン業			小売・サービス業
	727　著述・芸術家業			
	728　経営コンサルタント業，純粋持株会社			
	729　その他の専門サービス業			
73　広告業		広告業	98	
	731　広告業			
74　技術サービス業（他に分類されないもの）				
	741　獣医業			
	742　土木建築サービス業			
	743　機械設計業			
	744　商品・非破壊検査業	専門・技術サービス業	96	
	745　計量証明業			
	746　写真業			
	749　その他の技術サービス業			
M　宿泊業，飲食サービス業		宿泊業，飲食サービス業	99	
75　宿泊業				
	751　旅館，ホテル			小売・サービス業
	752　簡易宿所	その他の宿泊業，飲食サービス業	104	
	753　下宿業			
	759　その他の宿泊業			

日本標準産業分類の分類項目		類似業種比準価額計算上の業種目		規模区分を判定する場合の業種
大　分　類		大　分　類	番　号	
中　分　類		中　分　類		
小　分　類		小　分　類		
（M　宿泊業，飲食サービス業）		（宿泊業，飲食サービス業）		
76　飲食店		飲食店	100	
	761　食堂，レストラン（専門料理店を除く）	食堂，レストラン（専門料理店を除く）	101	
	762　専門料理店	専門料理店	102	
	763　そば・うどん店			
	764　すし店			
	765　酒場，ビヤホール	その他の飲食店	103	小売・サービス業
	766　バー，キャバレー，ナイトクラブ			
	767　喫茶店			
	769　その他の飲食店			
77　持ち帰り・配達飲食サービス業				
	771　持ち帰り飲食サービス業	その他の宿泊業，飲食サービス業	104	
	772　配達飲食サービス業			
N　生活関連サービス業，娯楽業		生活関連サービス業，娯楽業	105	
78　洗濯・理容・美容・浴場業				
	781　洗濯業			
	782　理容業			
	783　美容業	生活関連サービス業	106	
	784　一般公衆浴場業			
	785　その他の公衆浴場業			
	789　その他の洗濯・理容・美容・浴場業			
79　その他の生活関連サービス業				
	791　旅行業			
	792　家事サービス業			
	793　衣服裁縫修理業			小売・サービス業
	794　物品預り業	生活関連サービス業	106	
	795　火葬・墓地管理業			
	796　冠婚葬祭業			
	799　他に分類されない生活関連サービス業			
80　娯楽業				
	801　映画館			
	802　興行場（別掲を除く），興行団			
	803　競輪・競馬等の競走場，競技団			
	804　スポーツ施設提供業	娯楽業	107	
	805　公園，遊園地			
	806　遊戯場			
	809　その他の娯楽業			
O　教育，学習支援業				
81　学校教育				
	811　幼稚園			
	812　小学校			
	813　中学校			
	814　高等学校，中等教育学校			
	815　特別支援学校	教育，学習支援業	108	小売・サービス業
	816　高等教育機関			
	817　専修学校，各種学校			
	818　学校教育支援機関			
	819　幼保連携型認定こども園			

日本標準産業分類の分類項目	類似業種比準価額計算上の業種目		規模区分を判定する場合の業種
大　分　類 　　中　分　類 　　　　小　分　類	大　分　類 　　中　分　類 　　　　小　分　類	番　号	
（O　教育，学習支援業）	（教育，学習支援業）		
82　その他の教育，学習支援業			
821　社会教育			
822　職業・教育支援施設	教育，学習支援業	108	小売・サービス業
823　学習塾			
824　教養・技能教授業			
829　他に分類されない教育，学習支援業			
P　医療，福祉			
83　医療業			
831　病院			
832　一般診療所			
833　歯科診療所			
834　助産・看護業			
835　療術業			
836　医療に附帯するサービス業			
84　保健衛生			
841　保健所	医療，福祉（医療法人を除く）	109	小売・サービス業
842　健康相談施設			
849　その他の保健衛生			
85　社会保険・社会福祉・介護事業			
851　社会保険事業団体			
852　福祉事務所			
853　児童福祉事業			
854　老人福祉・介護事業			
855　障害者福祉事業			
859　その他の社会保険・社会福祉・介護事業			
Q　複合サービス事業			
86　郵便局			
861　郵便局			
862　郵便局受託業			
87　協同組合（他に分類されないもの）			
871　農林水産業協同組合（他に分類されないもの）			
872　事業協同組合（他に分類されないもの）			
R　サービス業（他に分類されないもの）	サービス業（他に分類されないもの）	110	
88　廃棄物処理業			
881　一般廃棄物処理業	その他の事業サービス業	112	
882　産業廃棄物処理業			
889　その他の廃棄物処理業			
89　自動車整備業			
891　自動車整備業	その他の事業サービス業	112	
90　機械等修理業（別掲を除く）			小売・サービス業
901　機械修理業（電気機械器具を除く）			
902　電気機械器具修理業	その他の事業サービス業	112	
903　表具業			
909　その他の修理業			
91　職業紹介・労働者派遣業			
911　職業紹介業	職業紹介・労働者派遣業	111	
912　労働者派遣業			

日本標準産業分類の分類項目			類似業種比準価額計算上の業種目			番号	規模区分を判定する場合の業種
大　分　類			大　分　類				
	中　分　類			中　分　類		番号	
		小　分　類			小　分　類		
（R　サービス業（他に分類されないもの））			（サービス業（他に分類されないもの））				
	92　その他の事業サービス業						
		921　速記・ワープロ入力・複写業		その他の事業サービス業		112	
		922　建物サービス業					
		923　警備業					
		929　他に分類されない事業サービス業					小売・サービス業
	93　政治・経済・文化団体						
	94　宗教						
	95　その他のサービス業						
		951　集会場		その他の事業サービス業		112	
		952　と畜場					
		959　他に分類されないサービス業					
	96　外国公務						
S　公務（他に分類されるものを除く）							
	97　国家公務						
	98　地方公務						
T　分類不能の産業							
	99　分類不能の産業		その他の産業			113	卸売業、小売・サービス業以外
		999　分類不能の産業					

資産評価企画官情報	第2号		国 税 庁 課 税 部
		令和5年10月11日	資 産 評 価 企 画 官
資 産 課 税 課 情 報	第16号		資 産 課 税 課

「居住用の区分所有財産の評価について」（法令解釈通達）の趣旨について（情報）

　令和5年9月28日付課評2－74ほか1課共同「居住用の区分所有財産の評価について」（法令解釈通達）により、居住用の区分所有財産の評価についての取扱いを定めたところであるが、その趣旨について別添のとおり取りまとめたので、参考のため送付する。

別添

（省略用語）

　この情報において使用した次の省略用語の意義は、それぞれ次に掲げるとおりである。

相続税法（相法）	相続税法（昭和25年法律第73号）
評価通達（評基通）	昭和39年4月25日付直資56、直審（資）17「財産評価基本通達」（法令解釈通達）
区分所有法	建物の区分所有等に関する法律（昭和37年法律第69号）
建築基準法	建築基準法（昭和25年法律第201号）
民法	民法（明治29年法律第89号）
不動産登記法	不動産登記法（平成16年法律第123号）
不動産登記規則	不動産登記規則（平成17年法務省令第18号）

別　　添

目　　次

（用語の意義）

1　この通達において、次に掲げる用語の意義は、それぞれ次に定めるところによる。

⑴　評価基本通達　　昭和39年4月25日付直資56、直審（資）17「財産評価基本通達」（法令解釈通達）をいう。

⑵　自用地としての価額　　評価基本通達25（(貸宅地の評価)）⑴に定める「自用地としての価額」をいい、評価基本通達11（(評価の方式)）から22－3（(大規模工場用地の路線価及び倍率)）まで、24（(私道の用に供されている宅地の評価)）、24－2（(土地区画整理事業施行中の宅地の評価)）及び24－6（(セットバックを必要とする宅地の評価)）から24－8（(文化財建造物である家屋の敷地の用に供されている宅地の評価)）までの定めにより評価したその宅地の価額をいう。

⑶　自用家屋としての価額　　評価基本通達89（(家屋の評価)）、89－2（(文化財建造物である家屋の評価)）又は92（(附属設備等の評価)）の定めにより評価したその家屋の価額をいう。

⑷　区分所有法　　建物の区分所有等に関する法律（昭和37年法律第69号）をいう。

⑸　不動産登記法　　不動産登記法（平成16年法律第123号）をいう。

⑹　不動産登記規則　　不動産登記規則（平成17年法務省令第18号）をいう。

⑺　一棟の区分所有建物　　区分所有者（区分所有法第2条（(定義)）第2項に規定する区分所有者をいう。以下同じ。）が存する家屋（地階を除く階数が2以下のもの及び居住の用に供する専有部分（同条第3項に規定する専有部分をいう。以下同じ。）一室の数が3以下であってその全てを当該区分所有者又はその親族の居住の用に供するものを除く。）で、居住の用に供する専有部分のあるものをいう。

⑻　一室の区分所有権等　　一棟の区分所有建物に存する居住の用に供する専有部分一室に係る区分所有権（区分所有法第2条第1項に規定する区分所有権をいい、当該専有部分に係る同条第4項に規定する共用部分の共有持分を含む。以下同じ。）及び敷地利用権（同条第6項に規定する敷地利用権をいう。以下同じ。）をいう。

（注）　一室の区分所有権等には、評価基本通達第6章（(動産)）第2節（(たな卸商品等)）に定めるたな卸商品等に該当するものは含まない。

⑼　一室の区分所有権等に係る敷地利用権の面積　　次に掲げる場合の区分に応じ、それぞれ次に定める面積をいう。

イ　一棟の区分所有建物に係る敷地利用権が、不動産登記法第44条（(建物の表示に関する登記の登記事項)）第1項第9号に規定する敷地権である場合

一室の区分所有権等が存する一棟の区分所有建物の敷地（区分所有法第2条第5項に規定する建物の敷地をいう。以下同じ。）の面積に、当該一室の区分所有権等に係る敷地権の割合を乗じた面積（小数点以下第3位を切り上げる。）

ロ　上記イ以外の場合

一室の区分所有権等が存する一棟の区分所有建物の敷地の面積に、当該一室の区分所有権等に係る敷地の共有持分の割合を乗じた面積（小数点以下第3位を切り上げる。）

⑽　一室の区分所有権等に係る専有部分の面積　　当該一室の区分所有権等に係る専有部分の不動産登記規則第115条（（建物の床面積））に規定する建物の床面積をいう。

⑾　評価乖離率　　次の算式により求めた値をいう。

（算式）

評価乖離率＝Ａ＋Ｂ＋Ｃ＋Ｄ＋3.220

上記算式中の「Ａ」、「Ｂ」、「Ｃ」及び「Ｄ」は、それぞれ次による。

「Ａ」＝当該一棟の区分所有建物の築年数×△0.033

「Ｂ」＝当該一棟の区分所有建物の総階数指数×0.239（小数点以下第４位を切り捨てる。）

「Ｃ」＝当該一室の区分所有権等に係る専有部分の所在階×0.018

「Ｄ」＝当該一室の区分所有権等に係る敷地持分狭小度×△1.195（小数点以下第４位を切り上げる。）

（注）1　「築年数」は、当該一棟の区分所有建物の建築の時から課税時期までの期間とし、当該期間に１年未満の端数があるときは、その端数は１年とする。

2　「総階数指数」は、当該一棟の区分所有建物の総階数を33で除した値（小数点以下第４位を切り捨て、1を超える場合は1とする。）とする。この場合において、総階数には地階を含まない。

3　当該一室の区分所有権等に係る専有部分が当該一棟の区分所有建物の複数階にまたがる場合には、階数が低い方の階を「当該一室の区分所有権等に係る専有部分の所在階」とする。

4　当該一室の区分所有権等に係る専有部分が地階である場合には、「当該一室の区分所有権等に係る専有部分の所在階」は、零階とし、Ｃの値は零とする。

5　「当該一室の区分所有権等に係る敷地持分狭小度」は、当該一室の区分所有権等に係る敷地利用権の面積を当該一室の区分所有権等に係る専有部分の面積で除した値（小数点以下第４位を切り上げる。）とする。

⑿　評価水準　　1を評価乖離率で除した値とする。

《説明》

1　基本的な考え方

相続税又は贈与税は、原則として、相続若しくは遺贈により取得した全ての財産の価額の合計額をもって、又はその年中において贈与により取得した全ての財産の価額の合計額をもって課税価格を計算することとされており（相法11の２、21の２）、これらの財産の価額について、相続税法は、「この章で特別の定めのあるものを除くほか、相続、遺贈又は贈与により取得した財産の価額は、当該財産の取得の時における時価による」（時価主義）旨を規定している（相法22）。そして、この「時価」とは、「課税時期において、

それぞれの財産の現況に応じ、不特定多数の当事者間で自由な取引が行われる場合に通常成立すると認められる価額」（客観的な交換価値）をいい、その価額は、「この通達（評価通達）の定めによって評価した価額による」こととしており（評基通1）、評価通達により内部的な取扱いを統一するとともに、これを公開することにより、課税の適正・公平を図るとともに、納税者の申告・納税の便にも供されている。

このように、評価の原則が時価主義をとり、客観的な交換価値を示す価額を求めようとしている以上、財産の評価は自由な取引が行われる市場で通常成立すると認められる売買実例価額によることが最も望ましいが、課税の対象となる財産は、必ずしも売買実例価額の把握が可能な財産に限られないことから、評価通達においては、実務上可能な方法で、しかもなるべく容易かつ的確に時価を算定するという観点から、財産の種類の異なるごとに、それぞれの財産の本質に応じた評価の方法を採用している。

不動産の評価においても、このような考え方に基づき、土地については、近傍の土地の売買実例価額や標準地についての公示価格、不動産鑑定士等による鑑定評価額及び精通者意見価格等を基として評価する「路線価方式」や「倍率方式」によって評価することとしている。他方、家屋については、再建築価格を基準として評価される「固定資産税評価額」に倍率を乗じて評価することとしている（固定資産税評価額に乗ずる倍率は評価通達別表1で「1.0」と定めている。）。家屋について、再建築価格を基準とする評価としているのは、売買実例価額は、個別的な事情による偏差があるほか、家屋の取引が一般的に宅地とともに行われている現状からして、そのうち家屋の部分を分離することが困難である等の事情を踏まえたものである。

しかしながら、居住用の区分所有財産（いわゆる分譲マンション）については、近年、不特定多数の当事者により市場において活発に売買が行われるとともに、従来に比して類似の分譲マンションの取引事例を多数把握することが容易になっている。また、相続税評価額と売買実例価額とが大きく乖離するケースもあり、平成30年中（注1）に取引された全国の分譲マンションの相続税評価額（注2）と売買実例価額との乖離について取引実態等を確認したところ、平均で2.34倍の乖離が把握され、かつ、約65％の事例で2倍以上乖離していることが把握された（以下、当該分譲マンションに係る取引実態等と一戸建て不動産の相続税評価額と売買実例価額との乖離に関する取引実態等を併せて、単に「取引実態等」という。）。

（注1）　足元のマンション市場は、建築資材価格の高騰等による影響を排除しきれない現状にあり、そうした現状において、コロナ禍等より前の時期として平成30年分の譲渡所得の申告により把握された取引事例に基づいている。

（注2）　ここでは、平成30年分の譲渡所得の申告により把握された取引事例に係る分譲マンションの相続税評価額に相当する額をいう。具体的には、それぞれの分譲マンションに係る土地部分の固定資産税評価額に近傍の標準地の路線価と固定資産税評価額との差に応ずる倍率及び敷地権の割合を乗じた額と家屋部分の固定資産税評価額との合計額により計算している。

また、不動産の相続税評価額と市場価格とに大きな乖離がある事例について、評価通達6（（この通達の定めにより難い場合の評価））の適用が争われた最高裁令和4年4月19日判決以降、当該乖離に対する批判の高まりや、取引の手控えによる市場への影響を懸念する向きも見られたことから、課税の公平を図りつつ、納税者の予見可能性を確保

する観点からも、類似の取引事例が多い分譲マンションについては、いわゆるタワーマンションなどの一部のものに限らず、広く一般的に評価方法を見直す必要性が認められた^{（注3）}。

（注3）　令和5年度与党税制改正大綱（令和4年12月16日決定）において、「マンションについては、市場での売買価格と通達に基づく相続税評価額とが大きく乖離しているケースが見られる。現状を放置すれば、マンションの相続税評価額が個別に判断されることもあり、納税者の予見可能性を確保する必要もある。このため、相続税におけるマンションの評価方法については、相続税法の時価主義の下、市場価格との乖離の実態を踏まえ、適正化を検討する。」とされた。

2　新たな評価方法の概要

　分譲マンションにおける相続税評価額と市場価格（売買実例価額）との乖離の要因として、まず、家屋の相続税評価額は、再建築価格に基づく固定資産税評価額により評価しているが、市場価格（売買実例価額）は、再建築価格に加えて建物総階数及び分譲マンション一室の所在階も考慮されているほか、固定資産税評価額への築年数の反映が大きすぎる（経年による減価が実態より大きい）と、相続税評価額が市場価格（売買実例価額）に比べて低くなるケースがあると考えられた。

　また、土地（敷地利用権）の相続税評価額は、土地（敷地）の面積を敷地権の割合（共有持分の割合）に応じてあん分した面積に、1㎡当たりの単価（路線価等）を乗じて評価しているが、当該面積は、一般的に高層マンションほどより細分化されて狭小となるため、当該面積が狭小なケースは、立地条件が良好な場所でも、その立地条件が敷地利用権の価額に反映されづらくなり、相続税評価額が市場価格（売買実例価額）に比べて低くなることが考えられた。

　そこで、相続税評価額が市場価格（売買実例価額）と乖離する要因と考えられた、①築年数、②総階数指数、③所在階及び④敷地持分狭小度の4つの指数を説明変数^{（注1）}とし、相続税評価額と市場価格（売買実例価額）との乖離率を目的変数として、分譲マンションの取引実態等に係る取引事例について重回帰分析^{（注2）}を行ったところ、決定係数^{（注3）}：0.587（自由度調整済決定係数：0.586）となる有意な結果が得られた。

（注1）　各説明変数の意義等については、下記3⑸を参照。

（注2）　「重回帰分析」とは、2以上の要因（説明変数）が結果（目的変数）に与える影響度合いを分析する統計手法とされる。以下に示す算式の4つの指数に係る係数及び切片の値は、次の重回帰分析の結果求められたものである。

回帰統計			係数	t値	P値	最小値	最大値	平均値	標準偏差
決定係数	0.5870	切片	3.220	65.60	0.001未満				
自由度調整済決定係数	0.5864	築年数	△0.033	△34.11	0.001未満	1	57	19	11.36
		総階数指数	0.239	3.50	0.001未満	0.061	1	0.406	0.256
観測数	2478	所在階	0.018	8.53	0.001未満	1	51	8	7.37
		敷地持分狭小度	△1.195	△18.55	0.001未満	0.01	0.99	0.4	0.192

相関係数	乖離率	築年数	総階数指数	所在階	敷地持分狭小度
乖離率	1				
築年数	△0.635	1			
総階数指数	0.567	△0.404	1		
所在階	0.496	△0.310	0.747	1	
敷地持分狭小度	△0.523	0.240	△0.578	△0.417	1

（注3）　「決定係数」とは、推定された回帰式の当てはまりの良さの度合いを示す指標とされる。

　この結果を踏まえ、次の理由から、以下に示す算式により求めた評価乖離率を基に相続税評価額を補正する方法を採用することとした。

① 　分譲マンションは流通性・市場性が高く、類似する物件の売買実例価額を多数把握することが可能であり、かつ、価格形成要因が比較的明確であることからすれば、それら要因を指数化して売買実例価額に基づき統計的に予測した市場価格を考慮して相続税評価額を補正する方法が妥当であり、相続税評価額と市場価格との乖離を補正する方法として直截的であって、執行可能性も高いこと

② 　相続税評価額と市場価格（売買実例価額）との乖離の要因としては、上記４つの指数のほかにもあり得るかもしれないが、申告納税制度の下で納税者の負担を考慮すると、これらの４つの指数は、納税者自身で容易に把握可能なものであることに加え、特に影響度の大きい要因であること

（算式）

評価乖離率＝Ａ＋Ｂ＋Ｃ＋Ｄ＋3.220
上記算式中の「Ａ」、「Ｂ」、「Ｃ」及び「Ｄ」は、それぞれ次による。
　　「Ａ」＝当該一棟の区分所有建物の築年数×△0.033
　　「Ｂ」＝当該一棟の区分所有建物の総階数指数×0.239（小数点以下第４位を切り捨てる。）
　　「Ｃ」＝当該一室の区分所有権等に係る専有部分の所在階×0.018
　　「Ｄ」＝当該一室の区分所有権等に係る敷地持分狭小度×△1.195（小数点以下第４位を切り上げる。）
（（注）は省略）

　また、評価乖離率に基づく相続税評価額の補正に当たっては、次の理由から、上記算式により算出された評価乖離率の逆数である評価水準が0.6未満となる場合には、評価乖離率に0.6を乗じた値を区分所有補正率として、評価水準が１を超える場合には、評価乖離率を区分所有補正率として、それぞれ相続税評価額に乗ずることで補正することとした。

① 　上記１のとおり、相続税又は贈与税については、相続若しくは遺贈により取得又はその年中に贈与により取得した全ての財産の価額の合計額をもって課税価格を計算することとされているところ、相続税評価額と市場価格（売買実例価額）との乖離に関して、同じ不動産である分譲マンションと一戸建てとの選択におけるバイアスを排除する観点から、一戸建てにおける乖離（取引実態等の結果は平均1.66倍）も考慮する必要がある。したがって、一戸建ての相続税評価額が市場価格（売買実例価額）の６割程度の評価水準となっていることを踏まえ、それを下回る評価水準の分譲マンションが一戸建てと比べて著しく有利となると不公平感が生じかねないため、分譲マンションにおいても少なくとも市場価格の６割水準となるようにしてその均衡を図る必要があること

② 　路線価等に基づく評価においても、土地の価額には相当の値幅があることや、路線価等が１年間適用されるため、評価時点であるその年の１月１日以後の１年間の地価変動にも耐え得るものであることが必要であること等の評価上の安全性を配慮し、地価公示価格と同水準の価格の80％程度を目途に、路線価等を定めていること

　なお、上記については、令和５年度与党税制改正大綱（令和４年12月16日決定）において、マンションの評価方法の適正化を検討する旨の記載（上記１（注３）参照）がされたことを受け、「マンションに係る財産評価基本通達に関する有識者会議」を令和５年１月から６月にかけて計３回開催し、分譲マンションの新たな評価方法等について有識者から意見を聴取しながら、その客観性及び妥当性について検討を行った。

３　用語の意義等

　本項は、本通達で使用する用語の意義を定めているが、その主な用語の意義等は、次のとおりである。

⑴　一棟の区分所有建物

　「一棟の区分所有建物」とは、区分所有者（区分所有法第２条（（定義））第２項に規定する区分所有者をいう。以下同じ。）が存する家屋（地階を除く階数が２以下のもの及び居住の用に供する専有部分（同条第３項に規定する専有部分をいう。以下同じ。）一室の数が３以下であってその全てを当該区分所有者又はその親族の居住の用に供するものを除く。）で、居住の用に供する専有部分のあるものをいうこととしており、当該「一棟の区分所有建物」には、「地階を除く階数が２以下のもの」^{（注１）}及び「居住の用に供する専有部分一室の数が３以下であってその全てを当該区分所有者又はその親族の居住の用に供するもの」^{（注２、３、４）}を含まないこととしている。

（注１）　「地階」とは、「地下階」をいい、登記簿上の「地下」の記載により判断される。

（注２）　「専有部分一室の数が３以下」とは、一棟の家屋に存する（居住の用に供する）専有部分の数が３以下の場合（例えば、３階建てで各階が区分所有されている場合など）をいい、一の専有部分に存する部屋そのものの数をいうのではないから留意する。

（注３）　「区分所有者又はその親族の居住の用に供するもの」とは、区分所有者が、当該区分所有者又はその親族（以下「区分所有者等」という。）の居住の用に供する目的で所有しているものをいい、居住の用以外の用又は当該区分所有者等以外の者の利用を目的とすることが明らかな場合（これまで一度も区分所有者等の居住の用に供されていなかった場合（居住の用に供されていなかったことについて合理的な理由がある場合を除く。）など）を除き、これに該当するものとして差し支えない。

（注４）　「親族」とは、民法第725条（（親族の範囲））各号に掲げる者をいう。

　これは、上記２のとおり、本通達が分譲マンションの流通性・市場性の高さに鑑み、その価格形成要因に着目して、売買実例価額に基づく評価方法を採用したものであるから、その対象となる不動産はその流通性・市場性や価格形成要因の点で分譲マンションに類似するものに限定されるべきところ、同じ区分所有財産であっても低層の集合住宅や二世帯住宅は市場も異なり、売買実例に乏しいことから、対象外としているものである。

　また、事業用のテナント物件や一棟所有の賃貸マンションなどについても、その流通性・市場性や価格形成要因の点で居住用の物件とは大きく異なることから対象外とし、居住の用に供する区分所有財産を対象としたものである。したがって、当該「居住の用」（すなわち、本通達における「居住の用に供する専有部分」）とは、一室の専有部分について、構造上、主として居住の用途に供することができるものをいい、原則として、登記簿上の種類に「居宅」を含むものがこれに該当する。なお、構造上、

主として居住の用途に供することができるものであれば、課税時期において、現に事務所として使用している場合であっても、「居住の用」に供するものに該当することとなる。

　また、本通達における「一棟の区分所有建物」とは、区分所有者が存する家屋をいい、当該区分所有者とは、区分所有法第1条((建物の区分所有))に規定する建物の部分を目的とする所有権(区分所有権)を有する者をいうこととしている。区分所有権は、一般に、不動産登記法第2条((定義))第22号に規定する区分建物の登記がされることによって外部にその意思が表示されて成立するとともに、その取引がなされることから、本通達における「一棟の区分所有建物」とは、当該区分建物の登記がされたものをいうこととしている。したがって、区分建物の登記をすることが可能な家屋であっても、課税時期において区分建物の登記がされていないものは、本通達における「一棟の区分所有建物」には該当しない。

⑵　一室の区分所有権等

　「一室の区分所有権等」とは、一棟の区分所有建物に存する居住の用に供する専有部分一室に係る区分所有権(区分所有法第2条第1項に規定する区分所有権をいい、当該専有部分に係る同条第4項に規定する共用部分の共有持分を含む。以下同じ。)及び敷地利用権(同条第6項に規定する敷地利用権をいう。以下同じ。)をいう。

　なお、この一室の区分所有権等のうち、たな卸商品等に該当するものについては、他の土地、家屋と同様に、不動産ではあるものの、その実質がまさにたな卸商品等であることに照らし、評価通達133((たな卸商品等の評価))により評価することを明らかにしている。

　また、分譲マンションについては、区分所有法において「区分所有者は、その有する専有部分とその専有部分に係る敷地利用権とを分離して処分することができない」(区分所有法22①)と規定され、土地と家屋の価格は一体として値決めされて取引されており、それぞれの売買実例価額を正確に把握することは困難であるほか、上記2により算出された評価乖離率(又は区分所有補正率)は一体として値決めされた売買実例価額との乖離に基づくものであり、これを土地と家屋に合理的に分けることは困難である。

　したがって、本通達においては、一室の区分所有権等に係る敷地利用権及び区分所有権のそれぞれの評価額に同一の補正率(区分所有補正率)を乗じて評価することとしており、また、貸家建付地又は貸家の評価や土地等にのみ適用される「小規模宅地等についての相続税の課税価格の計算の特例」(以下「小規模宅地等の特例」という。)などを踏まえ、それぞれ別々に評価額を算出することとしている。

(参考)　不動産の鑑定評価においては、複合不動産価格(建物及びその敷地(区分所有建物及びその敷地)の価格)の土地と建物の内訳価格の算定に当たっては、複合不動産における積算価格割合に基づいて建物に帰属する額を配分する方法(割合法)が用いられることがある。他方、相続税評価額は、上記1のとおり、土地については、近傍の土地の売買実例価額や標準地についての公示価格、不動産鑑定士等による鑑定評価額及び精通者意見価格等を基として評価するもので、基本的には取引事例比較法が適用されていると考えることができるほか、家屋については、再建築価格を基準として評価される固定資産税評価額を基として評価する

もので、基本的には原価法が適用されていると考えることができ、不動産の鑑定評価で用いられる積算価格と基本的な考え方は同じである。

　本通達は、本通達適用前の分譲マンションの評価額（敷地利用権と区分所有権の評価額の合計額）に、売買実例価額を基とした補正率（区分所有補正率）を乗ずることで、分譲マンションの時価を指向するものである一方で、敷地利用権と区分所有権の評価額それぞれに同一の補正率（区分所有補正率）を乗じているのであるが、これは、不動産の鑑定評価における複合不動産の割合法による内訳価格の算定と同様に、本通達適用前の評価額の比（すなわち、積算価格の比）で本通達適用後の分譲マンションの価額をあん分するものであるともいえる。したがって、本通達では、敷地利用権の価額と区分所有権の価額をそれぞれ算出しているのであるが、時価としての妥当性を有するものであると考えられる。

⑶　一室の区分所有権等に係る敷地利用権の面積

　「一室の区分所有権等に係る敷地利用権の面積」とは、一棟の区分所有建物に係る敷地利用権が、不動産登記法第44条（（建物の表示に関する登記の登記事項））第１項第９号に規定する敷地権（以下「敷地権」という。）である場合は、その一室の区分所有権等が存する一棟の区分所有建物の敷地の面積に、当該一室の区分所有権等に係る敷地権の割合を乗じた面積とすることとしている。

　なお、この一室の区分所有権等が存する一棟の区分所有建物の敷地の面積は、原則として、利用の単位となっている１区画の宅地の地積によることとなる（注１）。

（注１）　ただし、例えば、分譲マンションに係る登記簿上の敷地の面積のうちに、私道の用に供されている宅地（評基通24）があった場合、評価上、当該私道の用に供されている宅地は別の評価単位となるが、当該私道の用に供されている宅地の面積については、居住用の区分所有財産について、上記２のとおり、上記２に掲げる算式により求めた評価乖離率に基づき評価することとした理由の一つが、申告納税制度の下で納税者の負担を考慮したものであるから、同様の趣旨により、納税者自身で容易に把握可能な登記簿上の敷地の面積によることとしても差し支えない。他方で、例えば、分譲マンションの敷地とは離れた場所にある規約敷地については、「一室の区分所有権等に係る敷地利用権の面積」には含まれない。

　また、上記の場合以外の場合は、一室の区分所有権等が存する一棟の区分所有建物の敷地の面積に、当該一室の区分所有権等に係る敷地の共有持分の割合（注２）を乗じた面積として計算することとなる。

（注２）　一室の区分所有権等に係る敷地利用権が賃借権又は地上権である場合は、当該賃借権又は地上権の準共有持分の割合を乗ずる。

⑷　一室の区分所有権等に係る専有部分の面積

　「一室の区分所有権等に係る専有部分の面積」とは、一室の区分所有権等に係る専有部分の不動産登記規則第115条（（建物の床面積））に規定する建物の床面積をいう。当該建物の床面積は、「区分建物にあっては、壁その他の区画の内側線」で囲まれた部分の水平投影面積（いわゆる内法面積）によることとされており、登記簿上表示される床面積によることとなる。

　したがって、共用部分の床面積は含まれないことから、固定資産税の課税における床面積とは異なることに留意する。

⑸　評価乖離率

　評価乖離率を求める算式は、上記２のとおりであるが、主な算式中の指数について

は、次のとおりである。

イ　築年数

　　「築年数」は、一棟の区分所有建物の建築の時から課税時期までの期間とし、当該期間に１年未満の端数があるときは、その端数は１年とする。

ロ　総階数指数

　　「総階数指数」は、一棟の区分所有建物の総階数を33で除した値[注]（小数点以下第４位を切り捨て、１を超える場合は１とする。）とし、この場合において、総階数には地階を含まないこととする。この「地階」については、上記(1)の地階と同義である。

　　（注）　建物総階数については、高さが概ね100ｍ（１階を３ｍとした場合、約33階）を超える建築物には、緊急離着陸場等の設置指導等がなされることがあるが、それを超えて高くなることによる追加的な規制は一般的にはないほか、評価乖離率に与える影響が一定の階数で頭打ちになると仮定して分析を行ったところ、良好な結果が得られたことから「総階数÷33（１を超える場合は１とする。）」を総階数指数としている。

ハ　所在階

　　「所在階」は、一室の区分所有権等に係る専有部分の所在階のことであり、当該専有部分が一棟の区分所有建物の複数階にまたがる場合（いわゆるメゾネットタイプの場合）には、階数が低い方の階を所在階とし、当該専有部分が地階である場合は、零階とする。

　　なお、一室の区分所有権等に係る専有部分が、１階と地階にまたがる場合についても、階数が低い方の階（地階）を所在階とするから、算式中の「Ｃ」は零となることに留意する。

ニ　敷地持分狭小度

　　「敷地持分狭小度」は、一室の区分所有権等に係る敷地利用権の面積（上記(3)）を当該一室の区分所有権等に係る専有部分の面積（上記(4)）で除した値（小数点以下第４位を切り上げる。）をいう。

（参考）

○　建物の区分所有等に関する法律（抄）

（建物の区分所有）

第一条　一棟の建物に構造上区分された数個の部分で独立して住居、店舗、事務所又は倉庫その他建物としての用途に供することができるものがあるときは、その各部分は、この法律の定めるところにより、それぞれ所有権の目的とすることができる。

（定義）

第二条　この法律において「区分所有権」とは、前条に規定する建物の部分（第四条第二項の規定により共用部分とされたものを除く。）を目的とする所有権をいう。

2　この法律において「区分所有者」とは、区分所有権を有する者をいう。

3　この法律において「専有部分」とは、区分所有権の目的たる建物の部分をいう。

4　この法律において「共用部分」とは、専有部分以外の建物の部分、専有部分に属しない建物の附属物及び第四条第二項の規定により共用部分とされた附属の建物をいう。

5　この法律において「建物の敷地」とは、建物が所在する土地及び第五条第一項の規定により建物の敷地とされた土地をいう。

6　この法律において「敷地利用権」とは、専有部分を所有するための建物の敷地に関する権利をいう。

（規約による建物の敷地）

第五条　区分所有者が建物及び建物が所在する土地と一体として管理又は使用をする庭、通路その他の土地は、規約により建物の敷地とすることができる。

2　建物が所在する土地が建物の一部の滅失により建物が所在する土地以外の土地となつたときは、その土地は、前項の規定により規約で建物の敷地と定められたものとみなす。建物が所在する土地の一部が分割により建物が所在する土地以外の土地となつたときも、同様とする。

（分離処分の禁止）

第二十二条　敷地利用権が数人で有する所有権その他の権利である場合には、区分所有者は、その有する専有部分とその専有部分に係る敷地利用権とを分離して処分することができない。ただし、規約に別段の定めがあるときは、この限りでない。

2　前項本文の場合において、区分所有者が数個の専有部分を所有するときは、各専有部分に係る敷地利用権の割合は、第十四条第一項から第三項までに定める割合による。ただし、規約でこの割合と異なる割合が定められているときは、その割合による。

3　前二項の規定は、建物の専有部分の全部を所有する者の敷地利用権が単独で有する所有権その他の権利である場合に準用する。

○　不動産登記法（抄）

（定義）

第二条　この法律において、次の各号に掲げる用語の意義は、それぞれ当該各号に定めるところによる。

　　一～二十一　省略

　　二十二　区分建物　一棟の建物の構造上区分された部分で独立して住居、店舗、事務所又は倉庫その他建物としての用途に供することができるものであって、建物の区分所有等に関する法律（昭和三十七年法律第六十九号。以下「区分所有法」という。）第二条第三項に規定する専有部分であるもの（区分所有法第四条第二項の規定により共用部分とされたものを含む。）をいう。

　　二十三・二十四　省略

（建物の表示に関する登記の登記事項）

第四十四条　建物の表示に関する登記の登記事項は、第二十七条各号に掲げるもののほか、次のとおりとする。

　　一　建物の所在する市、区、郡、町、村、字及び土地の地番（区分建物である建物にあっては、当該建物が属する一棟の建物の所在する市、区、郡、町、村、字及び土地の地番）

　　二　家屋番号

　　三　建物の種類、構造及び床面積

　　四　建物の名称があるときは、その名称

　　五　附属建物があるときは、その所在する市、区、郡、町、村、字及び土地の地番（区分建物である附属建物にあっては、当該附属建物が属する一棟の建物の所在する市、区、郡、町、村、字及び土地の地番）並びに種類、構造及び床面積

　　六　建物が共用部分又は団地共用部分であるときは、その旨

　　七　建物又は附属建物が区分建物であるときは、当該建物又は附属建物が属する一棟の建物の構造及び床面積

　　八　建物又は附属建物が区分建物である場合であって、当該建物又は附属建物が属する一棟の建物の名称があるときは、その名称

　　九　建物又は附属建物が区分建物である場合において、当該区分建物について区分所有法第二条第六項に規定する敷地利用権（登記されたものに限る。）であって、区分所有法第二十二条第一項本文（同条第三項において準用する場合を含む。）の規定により区分所有者の有する専有部分と分離して処分することができないもの（以下「敷地権」という。）があるときは、その敷地権

２　前項第三号、第五号及び第七号の建物の種類、構造及び床面積に関し必要な事項は、法務省令で定める。

○　不動産登記規則（抄）

（建物の種類）

第百十三条　建物の種類は、建物の主な用途により、居宅、店舗、寄宿舎、共同住宅、事務所、旅館、料理店、工場、倉庫、車庫、発電所及び変電所に区分して定め、これらの区分に該当しない建物については、これに準じて定めるものとする。

2　建物の主な用途が二以上の場合には、当該二以上の用途により建物の種類を定めるものとする。

（建物の床面積）

第百十五条　建物の床面積は、各階ごとに壁その他の区画の中心線（区分建物にあっては、壁その他の区画の内側線）で囲まれた部分の水平投影面積により、平方メートルを単位として定め、一平方メートルの百分の一未満の端数は、切り捨てるものとする。

○　民法（抄）

（親族の範囲）

第七百二十五条　次に掲げる者は、親族とする。

　一　六親等内の血族

　二　配偶者

　三　三親等内の姻族

（一室の区分所有権等に係る敷地利用権の価額）

2　次に掲げる場合のいずれかに該当するときの一室の区分所有権等に係る敷地利用権の価額は、「自用地としての価額」に、次の算式による区分所有補正率を乗じて計算した価額を当該「自用地としての価額」とみなして評価基本通達（評価基本通達25並びに同項により評価する場合における評価基本通達27（（借地権の評価））及び27－2（（定期借地権等の評価））を除く。）を適用して計算した価額によって評価する。ただし、評価乖離率が零又は負数のものについては、評価しない。

（算式）

⑴　評価水準が1を超える場合

　　区分所有補正率＝評価乖離率

⑵　評価水準が0.6未満の場合

　　区分所有補正率＝評価乖離率×0.6

（注）1　区分所有者が次のいずれも単独で所有している場合には、「区分所有補正率」は1を下限とする。

　　　イ　一棟の区分所有建物に存する全ての専有部分

　　　ロ　一棟の区分所有建物の敷地

　　　2　評価乖離率を求める算式及び上記⑵の値（0.6）については、適時見直しを行うものとする。

《説明》

　前項の《説明》3⑵のとおり、本通達においては、一室の区分所有権等に係る敷地利用権及び区分所有権のそれぞれの評価額に同一の補正率（区分所有補正率）を乗じて評価することとしつつ、本項及び次項において、貸家建付地又は貸家の評価や小規模宅地等の特例などを踏まえ、それぞれ別々に評価額を算出することとしている。

　本項では、そのうち、一室の区分所有権等に係る敷地利用権の価額の評価方法について定めており、当該敷地利用権の価額は、評価通達25（（貸宅地の評価））⑴に定める「自用地としての価額」に、次の区分の場合に応じて、次の区分所有補正率を乗じた価額を当該「自用地としての価額」とみなして評価通達を適用して計算した価額によって評価することを明らかにしている。

⑴　評価水準が1を超える場合

　　区分所有補正率＝評価乖離率

⑵　評価水準が0.6未満の場合

　　区分所有補正率＝評価乖離率×0.6

　そのため、例えば、貸家建付地に該当する一室の区分所有権等に係る敷地利用権の評価をするに当たっては、当該みなされた「自用地としての価額」を基に、評価通達26（（貸家建付地の評価））を適用して評価することとなる。他方で、例えば、借地権付分譲マンションの貸宅地（底地）の評価においては、その借地権の目的となっている土地の上に存する家屋が分譲マンションであってもなくても、土地所有者から見ればその利用の制約の程度は変わらないと考えられることから、評価通達25並びに同項により評価する場

合における評価通達27((借地権の評価))及び27－2((定期借地権等の評価))における
「自用地としての価額」については、本通達の適用がないことを明らかにしている。

　なお、本通達及び評価通達の定める評価方法によって評価することが著しく不適当と
認められる場合には、評価通達6が適用されることから、その結果として、本通達を適
用した価額よりも高い価額により評価することもある一方で、マンションの市場価格の
大幅な下落その他本通達の定める評価方法に反映されない事情が存することにより、本
通達の定める評価方法によって評価することが適当でないと認められる場合には、個別
に課税時期における時価を鑑定評価その他合理的な方法により算定し、一室の区分所有
権等に係る敷地利用権の価額とすることができる。この点は、他の財産の評価における
これまでの扱いと違いはない。

　また、本通達では、前項の《説明》2のとおり、予測した市場価格の6割水準までの
補正をすることとしているから、1を評価乖離率で除した値（評価乖離率の逆数）であ
る評価水準を基に、上記の区分により評価することとしている。すなわち、評価水準が
0.6未満の場合は、自用地としての価額に評価乖離率に0.6を乗じた値を区分所有補正率
として乗ずることとし、評価水準が0.6以上1以下の場合は、補正を行わず、評価水準が
1を超える場合は、自用地としての価額に評価乖離率を区分所有補正率として乗ずるこ
ととなる。したがって、この評価水準が1を超える場合とは、補正前の評価額（自用地
としての価額）が予測した市場価格を超える場合のことであり、この場合の区分所有補
正率は1未満となるから、評価額（自用地としての価額）を減額させる計算となる。

　おって、前項の評価乖離率を求める算式において、理論的には、評価乖離率が零や負
数になることが考えられるが、仮にこのような場合には、一室の区分所有権等に係る敷
地利用権の価額を評価しないこととして取り扱う。ただし、このようなケースはほとん
どないものと考えられるが、仮にこのようなケースにおいても、評価通達6の適用が否
定される訳ではないことに留意する。

　さらに、区分所有者が、「一棟の区分所有建物に存する全ての専有部分」及び「一棟の
区分所有建物の敷地」（全ての専有部分に係る敷地利用権）のいずれも単独で所有してい
る場合についても、区分建物の登記がされた一棟の区分所有建物であることから、当該
一棟の区分所有建物の各戸（各専有部分一室）について本通達に基づく評価をする必要
がある。ただし、この場合における当該区分所有者が所有する敷地（敷地利用権）につ
いては、区分所有財産ではあるものの、一の宅地を所有している場合と同等の経済的価
値を有すると考えられる面もあることから、本項の（注）1において、その敷地（敷地
利用権）の評価に当たっては、区分所有補正率は「1」を下限（評価乖離率が零又は負
数の場合も区分所有補正率は「1」）として、自用地としての価額に乗ずることとしてい
る。

　ところで、前項の評価乖離率を求める算式及び評価水準に係る0.6の値については、本
通達が、売買実例価額に基づき統計的に予測した市場価格を考慮して評価額を補正する
ものである以上、将来のマンションの市場の変化を踏まえたものとする必要があるから、
本項の（注）2において、適時見直しを行うことを留意的に明らかにしている。

　この見直しは、3年に1度行われる固定資産税評価の見直し時期に併せて行うことが
合理的であり、改めて実際の取引事例についての相続税評価額と売買実例価額との乖離

状況等を踏まえ、その要否を含めて行うこととなる。

　なお、取引相場のない株式を評価通達185((純資産価額))により評価する場合においても、本通達が適用されることに留意する。

（一室の区分所有権等に係る区分所有権の価額）

3　一室の区分所有権等に係る区分所有権の価額は、「自用家屋としての価額」に、上記
　2に掲げる算式（（注）1を除く。）による区分所有補正率を乗じて計算した価額を当該
　「自用家屋としての価額」とみなして評価基本通達を適用して計算した価額によって
　評価する。ただし、評価乖離率が零又は負数のものについては、評価しない。

《説明》

　　前項と同様に、一室の区分所有権等に係る区分所有権の価額は、評価通達89（（家屋の
　評価））、89－2（（文化財建造物である家屋の評価））又は92（（附属設備等の評価））の定め
　により評価したその家屋の価額（自用家屋としての価額）に、前項の区分所有補正率を
　乗じて計算した価額を「自用家屋としての価額」とみなして評価することとしている。
　そのため、前項と同様に、例えば、貸家に該当する一室の区分所有権等に係る区分所有
　権の評価をするに当たっては、当該みなされた「自用家屋としての価額」を基に、評価
　通達93（（貸家の評価））を適用して評価することとなる。

　　なお、本通達及び評価通達の定める評価方法によって評価することが著しく不適当と
　認められる場合に、評価通達6が適用される点については、前項と同様である。

　　また、前項と異なり、本項の一室の区分所有権等に係る区分所有権の価額については、
　区分所有者が、「一棟の区分所有建物に存する全ての専有部分」及び「一棟の区分所有
　建物の敷地」のいずれも単独で所有している場合であっても、区分所有補正率は「1」
　を下限としないことに留意する。

　　おって、本通達1の評価乖離率を求める算式において、理論的には、評価乖離率が零
　や負数になることが考えられるが、仮にこのような場合には、一室の区分所有権等に係
　る区分所有権の価額を評価しないこととして取り扱う。ただし、このようなケースはほ
　とんどないものと考えられるが、仮にこのようなケースにおいても、評価通達6の適用
　が否定される訳ではないことに留意する。

資産評価企画官情報	第3号	令和5年11月10日	国　　税　　庁
資産課税課情報	第18号		資産評価企画官 資　産　課　税　課

「『相続税及び贈与税における取引相場のない株式等の評価明細書の様式及び記載方法等について』
の一部改正について」通達のあらましについて（情報）

　令和5年9月28日付課評2－76ほか2課共同「『相続税及び贈与税における取引相場のない株式等の評価
明細書の様式及び記載方法等について』の一部改正について」（法令解釈通達）により、取引相場のない株
式等の評価明細書の様式及び記載方法等について所要の改正を行ったところであるが、そのあらましは別添
のとおりであるので、参考のため送付する。

別添

　取引相場のない株式等の評価（表示単位未満の端数処理の取扱い）

別紙

　【設例1】分数により記載する場合の記載例

　【設例2】小数により記載する場合の記載例

（省略用語）

　本情報において使用した次の省略用語の意義は、次に掲げるとおりである。

明細書通達	平成2年12月27日付直評23ほか1課共同「相続税及び贈与税における取引相場のない株式等の評価明細書の様式及び記載方法等について」（法令解釈通達）
評価明細書	取引相場のない株式（出資）の評価明細書
記載方法等	取引相場のない株式（出資）の評価明細書の記載方法等

別　添

取引相場のない株式等の評価（表示単位未満の端数処理の取扱い）

> 評価明細書について、その記載方法等を見直すことにより、表示単位未満の端数処理の取扱いを明確化するなど、所要の改正を行った。
>
> （明細書通達＝改正）

1　従来の取扱い

相続、遺贈又は贈与により取得した取引相場のない株式等の評価に当たっては、次の評価明細書の各欄の金額は、各表の記載方法等に定めがあるものを除き、各欄の表示単位未満の端数を切り捨てて記載することとしている。

- ・　「第3表　一般の評価会社の株式及び株式に関する権利の価額の計算明細書」
- ・　「第4表　類似業種比準価額等の計算明細書」
- ・　「第5表　1株当たりの純資産価額（相続税評価額）の計算明細書」
- ・　「第6表　特定の評価会社の株式及び株式に関する権利の価額の計算明細書」
- ・　「第7表　株式等保有特定会社の株式の価額の計算明細書」
- ・　「第8表　株式等保有特定会社の株式の価額の計算明細書（続）」

2　通達改正の趣旨

評価明細書の作成において、評価会社の発行済株式数や資本金等の額などによっては、記載方法等の定めに従い、表示単位未満の端数を切り捨てることにより、評価明細書の各欄に記載することとなる金額が0となる場合がある。このような場合、評価明細書の作成上、評価額等が算出されず、今回の改正の対象とした記載欄（下記3⑴の表の各欄をいう。）の端数処理などに疑義が生じることがあった。

このため、当該欄の金額について、表示単位未満の端数処理の取扱いを明確化した。

また、この改正に伴い、評価明細書の様式についても、その作成の便宜を図る観点から、所要の整備を行った。

3　通達改正の概要等
⑴　通達改正の概要

評価明細書の各欄の金額のうち、各表の記載方法等において、表示単位未満の端数を切り捨てることにより0となる場合に、次のイ又はロにより記載することとされているものについては、当該端数を切り捨てず、分数により記載する（納税義務者の選択により、当該金額を小数により記載することができる。）こととした。また、当該金額を小数により記載する場合には、次のイ又はロの区分に応じ、小数点以下の金額のうち、それぞれイ又はロに掲げる株式数の桁数に相当する位未満の端数を切り捨てたものを当該各欄に記載することとした（当該区分別の記載欄については次表参照）。

イ　分数等（課税時期基準）

課税時期現在の発行済株式数

ロ　分数等（直前期末基準）

直前期末の発行済株式数

【区分別の記載欄】

	イ　　分数等（課税時期基準）	ロ　　分数等（直前期末基準）
第３表	⑤、⑥、⑦、⑧、㉒及び㉓欄	⑬及び⑲欄
第４表	㉘欄	④、㉖及び㉗欄
第５表	⑪及び⑫欄	－
第６表	④、⑨、⑩、㉔及び㉕欄	⑮及び㉑欄
第７表	㉖欄	㉔及び㉕欄
第８表	⑪、⑭、⑯、⑰、㉔及び㉖欄	－

（注）　1　「課税時期現在の発行済株式数」とは、第１表の１の「１．株主及び評価方式の判定」の「評価会社の発行済株式又は議決権の総数」欄の①の株式数（評価会社が課税時期において自己株式を有する場合には、その自己株式の数を控除したもの）をいう。

　　　　2　「直前期末の発行済株式数」とは、第４表の「１．１株当たりの資本金等の額等の計算」の「直前期末の発行済株式数」欄の②の株式数（評価会社が直前期末において自己株式を有する場合には、その自己株式の数を控除したもの）をいう。

　　　　3　評価明細書の各欄の金額のうち、上記の表の各欄から転記するものについては、転記元の金額をそのまま記載する。

　また、この改正に伴い、評価明細書の第３表、第４表及び第６表から第８表までの様式についても、各表の計算式等を構成する欄の金額のうち同一の表の他の欄から転記することとされているものは、その記載を要しないこととするなどの改訂を行った。

⑵　分数又は小数により記載する場合の記載例

　イ　分数により記載する場合

　　第４表の④の金額を分数により記載する場合の記載例は、次のとおりである。

1.1株当たりの資本金等の額等の計算	直前期末の資本金等の額 ①　　　千円 3,000	直前期末の発行済株式数 ②　　　株 4,500,000	直前期末の自己株式数 ③　　　株 0	1株当たりの資本金等の額（①÷（②－③）） ④ 3,000,000／4,500,000 円

（注）　各欄の金額を分数により記載する場合には、その分数を約分して差し支えない。

　ロ　小数により記載する場合

　　第４表の④の金額を小数により記載する場合の記載例は、次のとおりである。

1.1株当たりの資本金等の額等の計算	直前期末の資本金等の額 ①　　　千円 3,000	直前期末の発行済株式数 ②　　　株 4,500,000	直前期末の自己株式数 ③　　　株 0	1株当たりの資本金等の額（①÷（②－③）） ④ 円 0.6666666

　④の金額の計算　3,000千円÷（1,500,000株－0株）＝0.66666666……

（注）　この場合、発行済株式数（②－③＝4,500,000株）が７桁であるため、その桁数（小数点以下７位）未満の端数を切り捨てた金額を④の金額として記載する。

　ハ　具体的な記載例

　　評価明細書の各欄の金額を分数又は小数により記載する場合の具体的な記載例（第３表〜第５表）は、それぞれ別紙のとおりである。

【設例1】分数により記載する場合の記載例

　会社名：X株式会社（会社規模：中会社（Lの割合：0.75）、評価方法：原則的評価方式）

　事業内容：その他の食料品製造業（小分類）に該当する事業（業種目番号：No.14）

　直前期末の資本金等の額　　　3,000 千円

　直前期末の発行済株式数　4,500,000 株

　直前期末の自己株式数　　　　　0 株

【設例2】小数により記載する場合の記載例

　会社名：Y株式会社（会社規模：小会社、評価方法：原則的評価方式）

　事業内容：食料・飲料卸売業（小分類）に該当する事業（業種目番号：No.70）

　直前期末の資本金等の額　　　4,500 千円

　直前期末の発行済株式数　4,500,000 株

　直前期末の自己株式数　　　　　0 株

　（注）　上記以外の金額等は、それぞれ別紙に記載のとおりとする。

⑶　適用時期

　　令和6年1月1日以後に相続、遺贈又は贈与により取得した取引相場のない株式等の評価に適用することとした。

【設例1】分数により記載する場合の記載例

第3表　一般の評価会社の株式及び株式に関する権利の価額の計算明細書　　会社名　**X株式会社**

（令和六年一月一日以降用）

<table>
<tr><td rowspan="2">（取引相場のない株式（出資）の評価明細書）</td><td rowspan="9">1 原則的評価方式による価額</td><td colspan="2" rowspan="2">1株当たりの価額の計算の基となる金額</td><td colspan="2">類似業種比準価額
（第4表の㉖、㉗又は㉘の金額）</td><td colspan="2">1株当たりの純資産価額
（第5表の⑪の金額）</td><td colspan="2">1株当たりの純資産価額の80％相当額（第5表の⑫の記載がある場合のその金額）</td></tr>
<tr><td>①</td><td>$\dfrac{1,440,000}{4,500,000}$ 円</td><td>②</td><td>$\dfrac{3,000,000}{4,500,000}$ 円</td><td>③</td><td>円</td></tr>
<tr><td colspan="2" rowspan="4">1株当たりの価額の計算</td><td>区　分</td><td colspan="3">1株当たりの価額の算定方法</td><td colspan="2">1株当たりの価額</td></tr>
<tr><td>大会社の株式の価額</td><td colspan="3">次のうちいずれか低い方の金額（②の記載がないときは①の金額）
イ　①の金額
ロ　②の金額</td><td>④</td><td>円</td></tr>
<tr><td>中会社の株式の価額</td><td colspan="3">（①と②とのいずれか低い方の金額 × Lの割合 0.75）+（②の金額（③の金額があるときは③の金額）×（1− Lの割合 0.75））</td><td>⑤</td><td>$\dfrac{1,830,000}{4,500,000}$ 円</td></tr>
<tr><td>小会社の株式の価額</td><td colspan="3">次のうちいずれか低い方の金額
イ　②の金額（③の金額があるときは③の金額）
ロ　（①の金額 × 0.50）+（イの金額 × 0.50）</td><td>⑥</td><td>円</td></tr>
<tr><td colspan="2" rowspan="3">株式の価額の修正</td><td>課税時期において配当期待権の発生している場合</td><td colspan="3">株式の価額　　　　　1株当たりの配当金額
（④、⑤又は⑥の金額）　−　　　円　　銭</td><td colspan="2">修正後の株式の価額
⑦　　　　円</td></tr>
<tr><td>課税時期において株式の割当てを受ける権利、株主となる権利又は株式無償交付期待権の発生している場合</td><td colspan="3">株式の価額　割当株式1株当　1株当たりの　1株当たりの割当株式数又は交付株式数
（④、⑤又は⑥（⑦があるときは⑦）の金額）+（たりの払込金額 × 割当株式数）÷（1株+　株）
円　　株　　　　　　株</td><td colspan="2">修正後の株式の価額
⑧　　　　円</td></tr>
<tr><td colspan="8"></td></tr>
</table>

<table>
<tr><td rowspan="9">2 配当還元方式による価額</td><td colspan="2" rowspan="2">1株当たりの資本金等の額、発行済株式数等</td><td>直前期末の資本金等の額</td><td>直前期末の発行済株式数</td><td>直前期末の自己株式数</td><td>1株当たりの資本金等の額を50円とした場合の発行済株式数（⑨÷50円）</td><td>1株当たりの資本金等の額（⑨÷（⑩−⑪））</td></tr>
<tr><td>⑨　　千円</td><td>⑩　　株</td><td>⑪　　株</td><td>⑫　　株</td><td>⑬　　円</td></tr>
<tr><td rowspan="3">直前期末以前2年間の配当金額</td><td>事業年度</td><td>⑭ 年配当金額</td><td>⑮ 左のうち非経常的な配当金額</td><td>⑯ 差引経常的な年配当金額（⑭−⑮）</td><td>年平均配当金額</td></tr>
<tr><td>直前期</td><td>千円</td><td>千円</td><td>㋑　千円</td><td rowspan="2">⑰（㋑+㋺）÷2　千円</td></tr>
<tr><td>直前々期</td><td>千円</td><td>千円</td><td>㋺　千円</td></tr>
<tr><td colspan="2">1株(50円)当たりの年配当金額</td><td colspan="3">年平均配当金額（⑰の金額）÷⑫の株式数 ＝　⑱　　円　銭</td><td>この金額が2円50銭未満の場合は2円50銭とします。</td></tr>
<tr><td colspan="2">配当還元価額</td><td colspan="3">⑱の金額／10% × ⑬の金額／50円 ＝ ⑲　　円</td><td>⑳　円
⑲の金額が、原則的評価方式により計算した価額を超える場合には、原則的評価方式により計算した価額とします。</td></tr>
</table>

<table>
<tr><td rowspan="4">3（1.及び2.に共通）株式に関する権利の価額</td><td>配当期待権</td><td colspan="2">1株当たりの　　源泉徴収されるべき予想配当金額　　　所得税相当額
（　円　銭）−（　円　銭）</td><td>㉑　円　銭</td><td colspan="2" rowspan="2">4. 株式及び株式に関する権利の価額
（1.及び2.に共通）</td></tr>
<tr><td>株式の割当てを受ける権利（割当株式1株当たりの価額）</td><td colspan="2">⑧（配当還元方式の場合は⑳）の金額
割当株式1株当たりの払込金額　　円</td><td>㉒　円</td></tr>
<tr><td>株主となる権利（割当株式1株当たりの価額）</td><td colspan="2">⑧（配当還元方式の場合は⑳）の金額
（課税時期後にその株主となる権利につき払い込むべき金額があるときは、その金額を控除した金額）</td><td>㉓　円</td><td>株式の評価額</td><td>$\dfrac{1,830,000}{4,500,000}$ 円</td></tr>
<tr><td>株式無償交付期待権（交付される株式1株当たりの価額）</td><td colspan="2">⑧（配当還元方式の場合は⑳）の金額</td><td>㉔　円</td><td>株式に関する権利の評価額</td><td>（　円　銭）</td></tr>
</table>

第4表　類似業種比準価額等の計算明細書

会社名　**X株式会社**

（取引相場のない株式（出資）の評価明細書）

1. 1株当たりの資本金等の額等の額の計算

	直前期末の資本金等の額 ①	直前期末の発行済株式数 ②	直前期末の自己株式数 ③	1株当たりの資本金等の額（①÷(②−③)）④	1株当たりの資本金等の額を50円とした場合の発行済株式数（①÷50円）⑤
	3,000 千円	4,500,000 株	0 株	3,000,000 円	60,000 株

2. 比準要素等の金額の計算

1株(50円)当たりの年配当金額

直前期末以前2(3)年間の年平均配当金額

事業年度	⑥年配当金額	⑦左のうち非経常的な配当金額	⑧差引経常的な年配当金額（⑥−⑦）	年平均配当金額
直前期	60 千円	0 千円	④ 60 千円	⑨(④+回)÷2　60 千円
直前々期	60 千円	0 千円	回 60 千円	
直前々期の前期	60 千円	0 千円	㋩ 60 千円	⑩(回+㋩)÷2　60 千円

比準要素数1の会社・比準要素数0の会社の判定要素の金額

⑨/⑤　B₁　1 円 0 銭
⑩/⑤　B₂　1 円 0 銭

1株(50円)当たりの年配当金額　⑧(B₁の金額)　B　1 円 00 銭

1株(50円)当たりの年利益金額

直前期末以前2(3)年間の利益金額

事業年度	⑪法人税の課税所得金額	⑫非経常的な利益金額	⑬受取配当等の益金不算入額	⑭左の所得税額	⑮損金算入した繰越欠損金の控除額	⑯差引利益金額（⑪−⑫+⑬−⑭+⑮）
直前期	240 千円	0 千円	0 千円	0 千円	0 千円	ⓝ 240 千円
直前々期	300 千円	0 千円	0 千円	0 千円	0 千円	ⓞ 300 千円
直前々期の前期	400 千円	0 千円	0 千円	0 千円	0 千円	ⓟ 400 千円

比準要素数1の会社・比準要素数0の会社の判定要素の金額

ⓝ/⑤ 又は (ⓝ+ⓞ)÷2/⑤　C₁　4 円
ⓞ/⑤ 又は (ⓞ+ⓟ)÷2/⑤　C₂　5 円

1株(50円)当たりの年利益金額（ⓝ/⑤ 又は (ⓝ+ⓞ)÷2/⑤ の金額）　C　4 円

1株(50円)当たりの純資産価額

直前期末（直前々期末）の純資産価額

事業年度	⑰資本金等の額	⑱利益積立金額	⑲純資産価額（⑰+⑱）
直前期	3,000 千円	0 千円	㋐ 3,000 千円
直前々期	3,000 千円	0 千円	㋑ 3,000 千円

比準要素数1の会社・比準要素数0の会社の判定要素の金額

㋐/⑤　D₁　50 円
㋑/⑤　D₂　50 円

1株(50円)当たりの純資産価額（D₁の金額）　D　50 円

3. 類似業種比準価額の計算

類似業種と業種目番号　その他の食料品製造業（No. 14）

比準割合の計算	課税時期の属する月	9月 ⑲	400 円	区分	1株(50円)当たりの年配当金額	1株(50円)当たりの年利益金額	1株(50円)当たりの純資産価額	1株(50円)当たりの比準価額
	課税時期の属する月の前月	8月 ⑳	415 円	評価会社	B 1 円 0 銭	C 4 円	D 50	㉒ × ㉓ × 0.7
	課税時期の属する月の前々月	7月 ㉑	423 円	類似業種	B 8 円 4 銭	C 52 円	D 350	※ 中会社は0.6 小会社は0.5 とします。
	前年平均株価	㉒	440 円	要素別比準割合	B/B 0.11	C/C 0.07	D/D 0.14	
	課税時期の属する月以前2年間の平均株価	㉓	435 円	比準割合	(B/B + C/C + D/D)/3 = ㉔ 0.10			㉕ 24 円 0 銭
	A（㉒㉓㉑㉒及び㉓のうち最も低いもの）	㉔	400 円					

類似業種と業種目番号　食料品製造業（No. 11）

比準割合の計算	課税時期の属する月	9月 ㉖	575 円	区分	1株(50円)当たりの年配当金額	1株(50円)当たりの年利益金額	1株(50円)当たりの純資産価額	1株(50円)当たりの比準価額
	課税時期の属する月の前月	8月 ㉗	580 円	評価会社	B 1 円 0 銭	C 4 円	D 50	㉚ × ㉛ × 0.7
	課税時期の属する月の前々月	7月 ㉘	588 円	類似業種	B 9 円 5 銭	C 65 円	D 450	※ 中会社は0.6 小会社は0.5 とします。
	前年平均株価	㉙	599 円	要素別比準割合	B/B 0.10	C/C 0.06	D/D 0.11	
	課税時期の属する月以前2年間の平均株価	㉚	585 円	比準割合	(B/B + C/C + D/D)/3 = ㉜ 0.09			㉝ 31 円 0 銭
	A（㉖㉗㉘㉙及び㉚のうち最も低いもの）	㉛	575 円					

1株当たりの比準価額

比準価額（㉕と㉝とのいずれか低い方の金額） × ④の金額/50円	㉞ 1,440,000 円
	4,500,000

比準価額の修正

直前期末の翌日から課税時期までの間に配当金交付の効力が発生した場合	比準価額（㉞の金額） − 1株当たりの配当金額 円 銭	修正比準価額 ㉟ 円
直前期末の翌日から課税時期までの間に株式の割当て等の効力が発生した場合	比準価額（㉞(㉟があるときは㉟)の金額） + 割当株式1株当たりの払込金額 円 銭 × 1株当たりの割当株式数 株 ÷ (1株 + 1株当たりの割当株式数又は交付株式数 株)	修正比準価額 ㊱ 円

第5表　1株当たりの純資産価額（相続税評価額）の計算明細書　会社名　X株式会社

（令和六年一月一日以降用）

（取引相場のない株式（出資）の評価明細書）

1. 資産及び負債の金額（課税時期現在）

資　産　の　部				負　債　の　部			
科　　目	相続税評価額	帳簿価額	備考	科　　目	相続税評価額	帳簿価額	備考
	千円	千円			千円	千円	
現金預金	20,000	20,000		買掛金	25,000	25,000	
売掛金	30,000	30,000		短期借入金	15,000	15,000	
製品	10,000	10,000		未払金	10,000	10,000	
・	・	・		・	・	・	
・	・	・		・	・	・	
合　　計	① 200,000	② 203,000		合　　計	③ 197,000	④ 197,000	
株式等の価額の合計額	㋑ 0	㋺ 0					
土地等の価額の合計額	㋩ 80,000						
現物出資等受入れ資産の価額の合計額	㋥ 0	㋭ 0					

2. 評価差額に対する法人税額等相当額の計算				3. 1株当たりの純資産価額の計算			
相続税評価額による純資産価額（①-③）	⑤	3,000	千円	課税時期現在の純資産価額（相続税評価額）（⑤-⑧）	⑨	3,000	千円
帳簿価額による純資産価額（（②+㋭-㋺-④）、マイナスの場合は0）	⑥	6,000	千円	課税時期現在の発行済株式数（（第1表の1の①）-自己株式数）	⑩	4,500,000	株
評価差額に相当する金額（⑤-⑥、マイナスの場合は0）	⑦	0	千円	課税時期現在の1株当たりの純資産価額（相続税評価額）（⑨÷⑩）	⑪	3,000,000 / 4,500,000	円
評価差額に対する法人税額等相当額（⑦×37%）	⑧	0	千円	同族株主等の議決権割合（第1表の1の⑤の割合）が50%以下の場合（⑪×80%）	⑫		円

【設例2】小数により記載する場合の記載例

第3表　一般の評価会社の株式及び株式に関する権利の価額の計算明細書　　会社名　**Y株式会社**

（令和六年一月一日以降用）

（取引相場のない株式（出資）の評価明細書）

1　原則的評価方式による価額

	1株当たりの価額の計算の基となる金額	類似業種比準価額（第4表の㉖、㉗又は㉘の金額）①	1株当たりの純資産価額（第5表の⑪の金額）②	1株当たりの純資産価額の80％相当額（第5表の⑫の記載がある場合のその金額）③
		① 円　**0.336**	② 円　**0.8066666**	③ 円

1株当たりの価額の計算

区分	1株当たりの価額の算定方法	1株当たりの価額
大会社の株式の価額	次のうちいずれか低い方の金額（②の記載がないときは①の金額）　イ　①の金額　ロ　②の金額	④　円
中会社の株式の価額	（①と②とのいずれか低い方の金額　× Lの割合　0.　）+（②の金額（③の金額があるときは③の金額）×（1－Lの割合　0.　））	⑤　円
小会社の株式の価額	次のうちいずれか低い方の金額　イ　②の金額（③の金額があるときは③の金額）　ロ　（①の金額 × 0.50）+（イの金額 × 0.50）	⑥　**0.5713333**

株式の価額の修正

課税時期において配当期待権の発生している場合	株式の価額 ④、⑤又は⑥の金額 －	1株当たりの配当金額　　円　　銭	修正後の株式の価額 ⑦　円
課税時期において株式の割当てを受ける権利、株主となる権利又は株式無償交付期待権の発生している場合	株式の価額（④、⑤又は⑥（⑦があるときは⑦）の金額）+	割当株式1株当たりの払込金額　　円 × 1株当たりの割当株式数　　株） ÷（1株+ 1株当たりの割当株式数又は交付株式数　　株）	修正後の株式の価額 ⑧　円

2　配当還元方式による価額

	直前期末の資本金等の額	直前期末の発行済株式数	直前期末の自己株式数	1株当たりの資本金等の額を50円とした場合の発行済株式数（⑨÷50円）	1株当たりの資本金等の額（⑨÷（⑩－⑪））
1株当たりの資本金等の額、発行済株式数等	⑨　千円	⑩　株	⑪　株	⑫　株	⑬　円

直前期末以前2年間の配当金額	事業年度	⑭　年配当金額	⑮　左のうち非経常的な配当金額	⑯　差引経常的な年配当金額（⑭－⑮）	年平均配当金額
	直前期	千円	千円	㋑　千円	⑰（㋑+㋺）÷2　千円
	直前々期	千円	千円	㋺　千円	

1株(50円)当たりの年配当金額	年平均配当金額（⑰の金額）÷⑫の株式数 =	⑱　　　円　　銭	この金額が2円50銭未満の場合は2円50銭とします。

配当還元価額	⑱の金額 / 10% × ⑬の金額 / 50円 =	⑲　円	⑳　円　⑲の金額が、原則的評価方式により計算した価額を超える場合には、原則的評価方式により計算した価額とします。

3　株式に関する権利の価額（1及び2に共通）

配当期待権	1株当たりの予想配当金額（　円　銭）－ 源泉徴収されるべき所得税相当額（　円　銭）	㉑　円　銭
株式の割当てを受ける権利（割当株式1株当たりの価額）	⑧（配当還元方式の場合は⑳）の金額 割当株式1株当たりの払込金額　円	㉒　円
株主となる権利（割当株式1株当たりの価額）	⑧（配当還元方式の場合は⑳）の金額（課税時期後にその株主となる権利につき払い込むべき金額があるときは、その金額を控除した金額）	㉓　円
株式無償交付期待権（交付される株式1株当たりの価額）	⑧（配当還元方式の場合は⑳）の金額	㉔　円

4. 株式及び株式に関する権利の価額（1. 及び2. に共通）

株式の評価額	**0.5713333** 円
株式に関する権利の評価額	円（円　銭）

参　　考

第４表　類似業種比準価額等の計算明細書

会社名　**Y株式会社**

（令和六年一月一日以降用）

1. 1株当たりの資本金等の額等の計算	直前期末の資本金等の額 ① 千円 4,500	直前期末の発行済株式数 ② 株 4,500,000	直前期末の自己株式数 ③ 株 0	1株当たりの資本金等の額（①÷（②−③）） ④ 円 1	1株当たりの資本金等の額を50円とした場合の発行済株式数（①÷50円） ⑤ 株 90,000

2. 比準要素等の金額の計算

1株（50円）当たりの年配当金額

直前期末以前2（3）年間の年平均配当金額

事業年度	⑥ 年配当金額	⑦ 左のうち非経常的な配当金額	⑧ 差引経常的な年配当金額（⑥−⑦）	年平均配当金額
直前期	60 千円	0 千円	④ 60 千円	⑨（④+⑪）÷2 千円 60
直前々期	60 千円	0 千円	⑪ 60 千円	
直前々期の前期	60 千円	0 千円	⑪ 60 千円	⑩（⑪+⑪）÷2 千円 60

比準要素数1の会社・比準要素0の会社の判定要素の金額
⑨/⑤ ⑧₁ 0円60銭
⑩/⑤ ⑧₂ 0円60銭

1株（50円）当たりの年配当金額（⑧₁）の金額 ⑧ 0円60銭

1株（50円）当たりの年利益金額

直前期末以前2（3）年間の利益金額

事業年度	⑪法人税の課税所得金額	⑫非経常的な利益金額	⑬受取配当等の益金不算入額	⑭左の所得税額	⑮損金算入した繰越欠損金の控除額	差引利益金額（⑪−⑫+⑬−⑭+⑮）
直前期	240 千円	0	0	0	0	⊜ 240 千円
直前々期	300 千円	0	0	0	0	⊜ 300 千円
直前々期の前期	400 千円	0	0	0	0	⊜ 400 千円

⊝又は（⊜+⊙）÷2 ©₁ 2円
⊝又は（⊙+⊚）÷2 ©₂ 3円

1株（50円）当たりの年利益金額 © 2円

1株（50円）当たりの純資産価額

直前期末（直前々期末）の純資産価額

事業年度	⑰ 資本金等の額	⑱ 利益積立金額	⑲ 純資産価額（⑰+⑱）
直前期	4,500 千円	0 千円	⑰ 4,500 千円
直前々期	4,500 千円	0 千円	⑰ 4,500 千円

⑰/⑤ D₁ 50円
⑱/⑤ D₂ 50円

1株（50円）当たりの純資産価額（D₁）の金額 D 50円

3. 類似業種比準価額の計算

類似業種と業種目番号	**食料・飲料卸売業**（No. 70）	区分	1株（50円）当たりの年配当金額	1株（50円）当たりの年利益金額	1株（50円）当たりの純資産価額	1株（50円）当たりの比準価額
類似業種の株価	課税時期の属する月 7月 ⑱ 614	評価会社	⑱ 0円60銭	© 2円	D 50円	⑳×⑳×0.7
	課税時期の属する月の前月 6月 ⑲ 620	類似業種	B 8円70銭	C 56	D 548	※中会社は0.6 小会社は0.5 とします。
	課税時期の属する月の前々月 5月 ⑳ 618	要素別比準割合	⑱/B 0.06	©/C 0.03	D/D 0.09	
	前年平均株価 616	比準割合	(⑱/B+©/C+D/D)÷3 = 0.06			㉒ 18円40銭
	課税時期の属する月以前2年間の平均株価 616					
	A（⑱,⑲,⑳及び⑳のうち最も低いもの）⑳ 614					

類似業種と業種目番号	**飲食料品卸売業**（No. 68）	区分	1株（50円）当たりの年配当金額	1株（50円）当たりの年利益金額	1株（50円）当たりの純資産価額	1株（50円）当たりの比準価額
類似業種の株価	課税時期の属する月 7月 ⑳ 389	評価会社	⑱ 0円60銭	© 2円	D 50円	㉓×㉓×0.7
	課税時期の属する月の前月 6月 ⑳ 382	類似業種	B 5円60銭	C 38	D 380	※中会社は0.6 小会社は0.5 とします。
	課税時期の属する月の前々月 5月 ⑳ 380	要素別比準割合	⑱/B 0.10	©/C 0.05	D/D 0.13	
	前年平均株価 375	比準割合	(⑱/B+©/C+D/D)÷3 = 0.09			㉓ 16円80銭
	課税時期の属する月以前2年間の平均株価 376					
	A（⑳,⑳,⑳及び⑳のうち最も低いもの）⑳ 375					

比準価額の計算

1株当たりの比準額	比準価額（㉒と㉓とのいずれか低い方の金額） × ④の金額/50円	㉖ 0.336円

比準価額の修正	直前期末の翌日から課税時期までの間に配当金交付の効力が発生した場合	比準価額（㉖の金額） − 1株当たりの配当金額 円 銭	修正比準価額 ㉗ 円
	直前期末の翌日から課税時期までの間に株式の割当て等の効力が発生した場合	比準価額（㉗があるときは㉗）の金額 + 割当株式1株当たりの払込金額 円 銭 × 1株当たりの割当株式数 株 ÷（1株+ 株）	修正比準価額 ㉘ 円

— 773 —

第5表　1株当たりの純資産価額（相続税評価額）の計算明細書

会社名　**Y株式会社**

（令和六年一月一日以降用）

1. 資産及び負債の金額（課税時期現在）

資産の部				負債の部			
科　目	相続税評価額	帳簿価額	備考	科　目	相続税評価額	帳簿価額	備考
	千円	千円			千円	千円	
現金預金	25,000	25,000		買掛金	25,000	25,000	
売掛金	30,000	30,000		短期借入金	18,000	18,000	
商品	15,000	15,000		未払金	12,000	12,000	
・	・	・		・	・	・	
・	・	・		・	・	・	
・	・	・		・	・	・	
合　計	① 244,000	② 243,000		合　計	③ 240,000	④ 240,000	
株式等の価額の合計額	㋑ 0	㋺ 0					
土地等の価額の合計額	㋩ 100,000						
現物出資等受入れ資産の価額の合計額	㋥ 0	㋭ 0					

2. 評価差額に対する法人税額等相当額の計算

相続税評価額による純資産価額（①－③）	⑤	4,000 千円
帳簿価額による純資産価額（（②＋㋥－㋭）－④）、マイナスの場合は0）	⑥	3,000 千円
評価差額に相当する金額（⑤－⑥、マイナスの場合は0）	⑦	1,000 千円
評価差額に対する法人税額等相当額（⑦×37%）	⑧	370 千円

3. 1株当たりの純資産価額の計算

課税時期現在の純資産価額（相続税評価額）（⑤－⑧）	⑨	3,630 千円
課税時期現在の発行済株式数（第1表の1の①－自己株式数）	⑩	4,500,000 株
課税時期現在の1株当たりの純資産価額（相続税評価額）（⑨÷⑩）	⑪	0.8066666 円
同族株主等の議決権割合（第1表の1の⑤の割合）が50%以下の場合（⑪×80%）	⑫	円

資産評価企画官情報	第2号	令和6年5月14日	国 税 庁 課 税 部
資 産 課 税 課 情 報	第8号		資 産 評 価 企 画 官
			資 産 課 税 課

「居住用の区分所有財産の評価に関するＱ＆Ａ」について（情報）

　令和5年9月28日付課評2－74ほか1課共同「居住用の区分所有財産の評価について」（法令解釈通達）により定められた「居住用の区分所有財産の評価」について、別添のとおりＱ＆Ａを取りまとめたので、執務の参考とされたい。

別添

別添

居住用の区分所有財産の評価に関する
Ｑ＆Ａ

令 和 6 年 5 月

国税庁資産評価企画官

参　　考

省略用語

　このQ&Aにおいて使用した次の省略用語の意義は、それぞれ次に掲げるとおりである。

本通達　　　　　　　　令和5年9月28日付課評2－74ほか1課共同「居住用の区分所有財産の評価
　　　　　　　　　　　について」（法令解釈通達）

評価基本通達　　　　　昭和39年4月25日付直資56、直審（資）17「財産評価基本通達」（法令解釈通
　　　　　　　　　　　達）

区分所有法　　　　　　建物の区分所有等に関する法律（昭和37年法律第69号）

区分所有者　　　　　　区分所有法第2条（（定義））第2項に規定する区分所有者

専有部分　　　　　　　区分所有法第2条第3項に規定する専有部分

区分所有権　　　　　　区分所有法第2条第1項に規定する区分所有権（専有部分に係る同条第4項
　　　　　　　　　　　に規定する共用部分の共有持分を含む。）

敷地利用権　　　　　　区分所有法第2条第6項に規定する敷地利用権

自用地としての価額　　評価基本通達25（（貸宅地の評価））(1)に定める「自用地としての価額」をいい、
　　　　　　　　　　　評価基本通達11（（評価の方式））から22－3（（大規模工場用地の路線価及び
　　　　　　　　　　　倍率））まで、24（（私道の用に供されている宅地の評価））、24－2（（土地区画
　　　　　　　　　　　整理事業施行中の宅地の評価））及び24－6（（セットバックを必要とする宅
　　　　　　　　　　　地の評価））から24－8（（文化財建造物である家屋の敷地の用に供されてい
　　　　　　　　　　　る宅地の評価））までの定めにより評価したその宅地の価額

自用家屋としての価　　評価基本通達89（（家屋の評価））、89－2（（文化財建造物である家屋の評価））
額　　　　　　　　　　又は92（（附属設備等の評価））の定めにより評価したその家屋の価額

※　このQ&Aは、令和6年5月1日現在の法令、通達に基づいて作成しています。

【　目　次　】

問1　新しい居住用の区分所有財産（いわゆる分譲マンション）の評価方法の概要について教えてください。

（答）

　本通達において、区分所有者が存する家屋（一定のもの（問4参照）を除きます。）で、居住の用に供する専有部分のあるもの（以下「一棟の区分所有建物」といいます。）に存する居住の用に供する専有部分一室に係る区分所有権及び敷地利用権（以下「一室の区分所有権等」（居住用の区分所有財産）といいます。）については、その一室の区分所有権等に係る敷地利用権（土地部分）の「自用地としての価額」及び区分所有権（家屋部分）の「自用家屋としての価額」のそれぞれに「区分所有補正率」（問2参照）を乗じて計算した価額を、その「自用地としての価額」及びその「自用家屋としての価額」とみなして評価基本通達を適用して計算した価額によって評価することとしています。

　したがって、本通達適用後の「一室の区分所有権等に係る敷地利用権」の「自用地としての価額」又は「一室の区分所有権等に係る区分所有権」の「自用家屋としての価額」は、次の算式のとおり計算することとなります。

　ただし、評価水準（問2参照）が0.6以上1以下の場合は、区分所有補正率を乗じて計算せず、評価することに注意してください。

（算式）

　①　一室の区分所有権等に係る敷地利用権の「自用地としての価額」
　　　本通達適用前の自用地としての価額（路線価方式又は倍率方式）　×　区分所有補正率
　②　一室の区分所有権等に係る区分所有権の「自用家屋としての価額」
　　　本通達適用前の自用家屋としての価額（固定資産税評価額×1.0）　×　区分所有補正率

（注1）　自用の場合は、上記の算式により計算した自用地としての価額及び自用家屋としての価額の合計額が、一室の区分所有権等の相続税評価額となります。なお、貸付用（貸家建付地及び貸家）の場合は、問7を参照してください。

（注2）　本通達は、令和6年1月1日以後に相続、遺贈又は贈与（以下「相続等」といいます。）により取得した財産の評価について適用されるところ、相続等により取得した財産が取引相場のない株式の場合であっても、その株式を令和6年1月1日以後に取得した場合は、その取引相場のない株式の評価を純資産価額方式によって評価する場合における1株当たりの純資産価額（相続税評価額によって計算した金額）の計算上、評価会社が所有する一室の区分所有権等に係る敷地利用権及び区分所有権については、本通達が適用されます。

　　　　ただし、取引相場のない株式を純資産価額方式によって評価する場合における1株当たりの純資産価額（相続税評価額によって計算した金額）の計算において、評価会社が課税時期前3年以内に取得等した一室の区分所有権等に係る敷地利用権及び区分所有権の価額については、評価基本通達185（（純資産価額））括弧書により、「課税時期における通常の取引価額に相当する金額」によって評価されます。

○　居住用の区分所有財産の評価方法のフローチャート（概要）

問2　「区分所有補正率」の計算方法について教えてください。

（答）

　「区分所有補正率」は、「評価乖離率」、「評価水準」、「区分所有補正率」の順に、以下のとおり計算します。

1　評価乖離率

　「評価乖離率」は、次の算式により計算します。

（算式）

　評価乖離率 ＝ A ＋ B ＋ C ＋ D ＋ 3.220

　　「A」　＝ 一棟の区分所有建物の築年数 × △0.033

　　「B」　＝ 一棟の区分所有建物の総階数指数 × 0.239（小数点以下第4位切捨て）

　　「C」　＝ 一室の区分所有権等に係る専有部分の所在階 × 0.018

　　「D」　＝ 一室の区分所有権等に係る敷地持分狭小度 × △1.195（小数点以下第4位切上げ）

　　（注）　上記各指数（築年数等）の意義等については、問5を参照してください。

2　評価水準

　「評価水準」は、次の算式（評価乖離率の逆数）により計算します。

（算式）

　評価水準 ＝ 1 ÷ 評価乖離率

3　区分所有補正率

　「区分所有補正率」は、評価水準の区分に応じて、次のとおりとなります。

区　分	区分所有補正率
評価水準＜0.6	評価乖離率 × 0.6
0.6≦評価水準≦1	補正なし
1＜評価水準	評価乖離率

（注1）　評価乖離率が零又は負数の場合には、一室の区分所有権等に係る敷地利用権及び区分所有権の価額は評価しない（評価額を零とする。）こととしています（（注2）の場合を除きます。）。

（注2）　区分所有者が「一棟の区分所有建物に存する全ての専有部分」及び「一棟の区分所有建物の敷地」（全ての専有部分に係る敷地利用権）のいずれも単独で所有している場合には、一室の区分所有権等に係る「敷地利用権」の価額の評価における区分所有補正率は「1」を下限とします（問6参照）。

問3　新しい居住用の区分所有財産の評価方法が適用される不動産について教えてください。

（答）

　本通達が適用される「一室の区分所有権等」とは、一棟の区分所有建物に存する居住の用に供する専有部分一室に係る区分所有権及び敷地利用権をいい、この「一棟の区分所有建物」とは、区分所有者が存する家屋（一定のもの（問４参照）を除きます。）で、居住の用に供する専有部分のあるものをいいます。そして、この「区分所有者」とは、区分所有法第１条（（建物の区分所有））に規定する建物の部分を目的とする所有権（区分所有権）を有する者をいうこととしているところ、この区分所有権は、一般に、不動産登記法（平成16年法律第123号）第２条（（定義））第22号に規定する区分建物の登記がされることによって外部にその意思が表示されて成立するとともに、その取引がなされることを踏まえ、「一棟の区分所有建物」は、同号に規定する区分建物の登記がされたものに限られることとしています。したがって、区分建物の登記をすることが可能な家屋であっても、課税時期において区分建物の登記がされていないもの（例えば、一棟所有の賃貸マンションなど）は、本通達の適用対象とはなりません。

　また、「居住の用に供する専有部分」における「居住の用」とは、一室の専有部分について（注）、構造上、主として居住の用途に供することができるものをいい、原則として、登記簿上の建物の種類に「居宅」を含むものがこれに該当します。したがって、例えば、事業用のテナント物件などは、本通達の適用対象とはなりません。

　なお、構造上、主として居住の用途に供することができるものであれば、課税時期において、現に事務所として使用している場合であっても、「居住の用」に供するものに該当することとなります。

　さらに、評価基本通達第６章（（動産））第２節（（たな卸商品等））に定めるたな卸商品等に該当するものも、本通達の適用対象とはならず、評価基本通達133（（たな卸商品等の評価））により評価することとなります。

　（注）　一棟の区分所有建物のうちの一部について、例えば、登記簿上の建物の種類が「共同住宅」とされているものがありますが、これは一般に、その一部が数個に独立して区画され、数世帯がそれぞれ独立して生活できる構造のものであるため、登記簿上の建物の種類に「居宅」を含むものと異なり、その流通性・市場性や価格形成要因の点で一棟所有の賃貸マンションに類似するものと考えられます。したがって、原則として、登記簿上の建物の種類が「共同住宅」とされているものについては、本通達の「居住の用に供する『専有部分一室』」に該当しないものとして差し支えありません。

問4　「一棟の区分所有建物」から除かれる「地階を除く階数が2以下のもの」等について教え
　　てください。

（答）

　　本通達では、「一棟の区分所有建物」から、①地階を除く階数が2以下のもの及び②居住の用に
供する専有部分一室（問3参照）の数が3以下であってその全てを区分所有者又はその親族^(注)
（以下「区分所有者等」といいます。）の居住の用に供するものを除くこととしており、これらの
ものは、本通達の適用対象とはなりません。

（注）　「親族」とは、民法（明治29年法律第89号）第725条（（親族の範囲））各号に掲げる者（次
　　　　に掲げる者）をいいます。

　　　・　六親等内の血族
　　　・　配偶者
　　　・　三親等内の姻族

1　地階を除く階数が2以下のもの

　　「地階を除く階数が2以下のもの」とは、地階^(注)を除く2階建て以下の区分所有建物のこ
とであり、2階建て以下の低層マンションなどが該当します。

（注）　「地階」とは、「地下階」をいい、登記簿上の「地下」の記載により判断されます。

2　居住の用に供する専有部分一室の数が3以下であってその全てを区分所有者等の居住の用
　　に供するもの

　　「居住の用に供する専有部分一室の数が3以下」とは、例えば、3階建ての区分所有建物に
ついて各階が1戸（室）ごと区分所有されている場合に、その各階が居住の用に供する専有部
分であったときには、これに該当します。また、例えば、5階建ての区分所有建物について各
階が1戸（室）ごと区分所有され、そのうち4階と5階のみが居住の用に供する専有部分で、
それ以外は事業用のテナント物件であった場合も、居住の用に供する専有部分一室の数は3以
下となりますので、これに該当します。

　　そして、「その全てを区分所有者又はその親族の居住の用に供するもの」とは、具体的には、
区分所有者が、その区分所有者等の居住の用に供する目的で所有しているものをいい、居住の
用以外の用又はその区分所有者等以外の者の利用を目的とすることが明らかな場合（これまで
一度も区分所有者等の居住の用に供されていなかった場合（居住の用に供されていなかったこ
とについて合理的な理由がある場合を除きます。）など）を除き、これに該当するものとして差
し支えないこととしています。

　　これは、本通達の適用対象となる不動産は、その流通性・市場性や価格形成要因の点で分譲
マンションに類似するものに限定されるべきところ、これと異なるものとしていわゆる二世帯

住宅を除く趣旨ですから、評価対象となる不動産がこの二世帯住宅に該当するものであるかどうかは、課税時期において、区分所有建物に存する居住の用に供する専有部分一室の全て（の戸（室））を被相続人（若しくは贈与者）又はその親族がそれらの者の居住の用に供する目的で所有していたかどうかで判断することが相当です。

　したがって、例えば、被相続人が被相続人及びその子の居住の用に供する目的で、一室の区分所有権等を２戸（室）所有し、それぞれ居住の用に供していたものの、その子は仕事のため、一時的に居住の用に供することができず、課税時期において貸付けの用に供しているような場合には、その２戸（室）全ての専有部分が「区分所有者又はその親族の居住の用に供するもの」に該当するものとして差し支えありません。

【「居住の用に供する専有部分一室の数が３以下であってその全てを区分所有者又はその親族の居住の用に供するもの」の例（甲（被相続人）所有の一室の区分所有権等を評価する場合）】

該当する場合（本通達の適用無）	該当しない場合（本通達の適用有）

※　甲、乙、丙は親族とし、それ以外は親族以外とする。

問5　評価乖離率を求める算式における各指数（築年数等）について教えてください。

（答）

　評価乖離率を求める算式（問2参照）における各指数（築年数等）の意義等については、以下のとおりです。

1　築年数（A）

　「築年数」は、一棟の区分所有建物の建築の時から課税時期までの期間とし、その期間に1年未満の端数があるときは、その端数は1年とします。

　（例）

- ・　建築（新築）の時：令和2年10月5日
- ・　課税時期　　　　：令和6年2月2日
- ・　築年数　　　　　： 4年

2　総階数指数（B）

　「総階数指数」は、一棟の区分所有建物の総階数を33で除した値（小数点以下第4位を切り捨て、1を超える場合は1とします。）となり、この総階数には地階[注]を含みません。

（注）　「地階」とは、「地下階」をいい、登記簿上の「地下」の記載により判断されます。以下3において同じです。

　（例1）

- ・　総階数　　　：40階
- ・　総階数指数： 1 （40÷33＝1.212（小数点以下第4位切捨て）＞1）

　（例2）

- ・　総階数　　　：25階
- ・　総階数指数： 0.757 （25÷33＝0.757（小数点以下第4位切捨て）＜1）

3　所在階（C）

　「所在階」は、一室の区分所有権等に係る専有部分が所在する階をいいます。

　なお、その専有部分が一棟の区分所有建物の複数階にまたがる場合（いわゆるメゾネットタイプの場合）には、階数が低い方の階を所在階とします。

　また、その専有部分が地階である場合は零階としますので、評価乖離率を求める算式におけるCの値は零となります。

4　敷地持分狭小度（Ｄ）

「敷地持分狭小度」は、次の算式により計算します。

```
（算式）
```

$$
\begin{array}{l}
\text{敷地持分狭小度} \\
\text{（小数点以下第4位切上げ）}
\end{array}
=
\begin{array}{l}
\text{一室の区分所有権等に} \\
\text{係る敷地利用権の面積}
\end{array}
÷
\begin{array}{l}
\text{一室の区分所有権等に} \\
\text{係る専有部分の面積}^{（注）}
\end{array}
$$

　　このうち、「一室の区分所有権等に係る敷地利用権の面積」は、次に掲げる場合の区分に応じて、それぞれ次に掲げる算式により計算した面積となります。

（注）　「一室の区分所有権等に係る専有部分の面積」は、一室の区分所有権等に係る専有部分の不動産登記規則（平成17年法務省令第18号）第115条（（建物の床面積））に規定する建物の床面積をいい、登記簿上表示される床面積によります。したがって、共用部分の床面積は含まれないことから、固定資産税の課税における床面積とは異なることに注意してください。

⑴　一棟の区分所有建物に係る敷地利用権が敷地権である場合

```
（算式）
```

$$
\begin{array}{l}
\text{一室の区分所有権等に} \\
\text{係る敷地利用権の面積} \\
\text{（小数点以下第3位切上げ）}
\end{array}
=
\begin{array}{l}
\text{一棟の区分所有建物} \\
\text{の敷地の面積}^{（注1）}
\end{array}
×\ \text{敷地権の割合}
$$

⑵　上記⑴以外の場合

```
（算式）
```

$$
\begin{array}{l}
\text{一室の区分所有権等に} \\
\text{係る敷地利用権の面積} \\
\text{（小数点以下第3位切上げ）}
\end{array}
=
\begin{array}{l}
\text{一棟の区分所有建物} \\
\text{の敷地の面積}^{（注1）}
\end{array}
×\ \text{敷地の共有持分の割合}^{（注2、3）}
$$

（注1）　一棟の区分所有建物の敷地の面積は、原則として、利用の単位となっている1区画の宅地（評価単位）の地積によることとなります。ただし、例えば、分譲マンションに係る登記簿上の敷地の面積のうちに、私道の用に供されている宅地（歩道上空地などを含みます。）があった場合でも、その宅地の面積を含んだ登記簿上の敷地の面積によることとしても差し支えありません。他方で、例えば、分譲マンションの敷地とは離れた場所にある規約敷地については、この一棟の区分所有建物の敷地の面積には含まれません。

（注2）　一室の区分所有権等に係る敷地利用権が賃借権又は地上権である場合は、その賃借権又は地上権の準共有持分の割合を乗じます。

（注3）　一棟の区分所有建物に係る敷地利用権が敷地権である場合以外の場合において、区分所有者がその一棟の区分所有建物に存する複数戸（室）の専有部分をそれぞれ

　　所有しているときにおける敷地の共有持分の割合は、土地の登記簿上、その複数戸
　（室）の専有部分全てに対応する敷地の共有持分の合計の割合が表示されますが、
　　一室の区分所有権等に係る敷地利用権の面積の計算に当たっては、専有部分一室に
　　対応する敷地の共有持分の割合（それぞれの専有部分に対応する敷地の共有持分の
　　割合）を乗ずることとなります（問11参照）。

　　　他方で、例えば、一棟の区分所有建物に存する一戸（室）の専有部分を夫婦が共
　　有している場合におけるその敷地の共有持分の割合は、土地の登記簿上、その一室
　　の専有部分に対応する敷地の共有持分の割合に夫（又は妻）の専有部分の共有持分
　　の割合を乗じた割合が表示されますが、一室の区分所有権等に係る敷地利用権の面
　　積の計算に当たっては、その専有部分一室に対応する敷地の共有持分の割合（夫婦
　　の敷地の共有持分の合計の割合）を乗ずることとなります（問12参照）。

（例：一棟の区分所有建物に係る敷地利用権が敷地権である場合）
・　敷地の面積　　：2,000㎡
・　敷地権の割合：10,562分の62
・　敷地利用権の面積：11.75㎡（2,000㎡×62／10,562＝11.75㎡（小数点以下第3位切上げ））
・　専有部分の面積：58.45㎡
・　敷地持分狭小度：0.202（11.75㎡÷58.45㎡＝0.202（小数点以下第4位切上げ））

> **問6　一棟の区分所有建物に存する各戸（室）の全てを所有している場合の評価方法について教えてください。**

（答）

　一棟の区分所有建物に存する各戸（室）の全てを所有している場合、すなわち、区分所有者が「一棟の区分所有建物に存する全ての専有部分」及び「一棟の区分所有建物の敷地」（全ての専有部分に係る敷地利用権）のいずれも単独で所有している場合であっても、区分建物の登記がされた一棟の区分所有建物ですので、その一棟の区分所有建物に存する一室の区分所有権等に係る敷地利用権及び区分所有権については、そのそれぞれについて、本通達を適用して評価する必要があります。

　ただし、この場合における一室の区分所有権等に係る敷地利用権（土地部分）については、区分所有財産ではあるものの、一の宅地を所有している場合と同等の経済的価値を有すると考えられる面もあることから、その敷地利用権の評価に当たっては、区分所有補正率は「1」を下限（評価乖離率が零又は負数の場合も区分所有補正率は「1」）として、自用地としての価額に乗ずることとなります（注）。

　（注）　一室の区分所有権等に係る区分所有権（家屋部分）は、区分所有補正率の下限を「1」とすることはありません。

問7　居住用の区分所有財産を貸し付けている場合における「貸家建付地」及び「貸家」の評価
方法について教えてください。

(答)
　一室の区分所有権等に係る専有部分を貸し付けている場合における当該一室の区分所有権等
に係る敷地利用権及び区分所有権の価額については、次のとおり評価します。

1　貸家建付地の評価

　一室の区分所有権等に係る敷地利用権の「自用地としての価額」に「区分所有補正率」を乗
じて、みなされた「自用地としての価額」を計算した後、その価額を基に評価基本通達26((貸
家建付地の評価))を適用して、その敷地利用権の価額を評価します。

(例)

(1㎡当たりの価額)		(地積)		(敷地全体の自用地としての価額)
300,000円	×	2,000㎡	=	600,000,000円

(敷地全体の自用地としての価額)		(敷地権の割合)		(自用地としての価額)
600,000,000円	×	60／8,000	=	4,500,000円

(自用地としての価額)		(区分所有補正率)		(みなされた自用地としての価額)
4,500,000円	×	1.6278	=	7,325,100円

(みなされた自用地としての価額)　　　(借地権割合)(借家権割合)(賃貸割合)　　(評価額)

7,325,100円　－　7,325,100円　×　0.6　×　0.3　×　100%　＝　6,006,582円

2　貸家の評価

　一室の区分所有権等に係る区分所有権の「自用家屋としての価額」に「区分所有補正率」を
乗じて、みなされた「自用家屋としての価額」を計算した後、その価額を基に評価基本通達
93((貸家の評価))を適用して、その区分所有権の価額を評価します。

(例)

(固定資産税評価額)		(倍率)		(自用家屋としての価額)
5,000,000円	×	1.0	=	5,000,000円

(自用家屋としての価額)		(区分所有補正率)		(みなされた自用家屋としての価額)
5,000,000円	×	1.6278	=	8,139,000円

(みなされた自用家屋としての価額)　　　　　(借家権割合)(賃貸割合)　　(評価額)

8,139,000円　－　8,139,000円　×　0.3　×　100%　＝　5,697,300円

> **問8　一棟の区分所有建物に係る敷地利用権が借地権である場合の底地（貸宅地）の評価方法について教えてください。**

（答）

　一棟の区分所有建物に係る敷地利用権が借地権である場合の底地（貸宅地）の価額の評価については、本通達の適用はありませんので、原則として、本通達の適用前と変わらず、（本通達の適用がない）自用地としての価額から（本通達の適用がない）自用地としての価額に借地権割合を乗じて計算した金額（借地権の価額）を控除して計算します（評価基本通達25）。

　他方で、一室の区分所有権等に係る敷地利用権が借地権である場合のその敷地利用権（借地権）の価額の評価については、本通達を適用して計算した（みなされた）自用地としての価額に借地権割合を乗じて計算します（評価基本通達27）。

問９　本通達の適用がある場合に、評価基本通達６項の適用はありますか。

（答）

　評価基本通達６（（この通達の定めにより難い場合の評価））は、評価基本通達の定めによって評価することが著しく不適当と認められる場合には、個々の財産の態様に応じた適正な時価評価が行えるよう定めており、これは、本通達を適用した場合であっても同様に適用があるため、一室の区分所有権等に係る敷地利用権及び区分所有権の価額について、評価基本通達６の定めにより、本通達を適用した価額よりも高い価額により評価することもあります。

　また、これまでも、地価の大幅な下落その他路線価等に反映されない事情が存することにより路線価等を基として評価基本通達の定めによって評価することが適当でないと認められる場合には、個別に課税時期における地価を鑑定評価その他の合理的な方法により算定することがあり、これと同様に、マンションの市場価格の大幅な下落その他本通達の定める評価方法に反映されない事情が存することにより、一室の区分所有権等に係る敷地利用権及び区分所有権の価額について、本通達及び評価基本通達の定める評価方法によって評価することが適当でないと認められる場合にも、個別に課税時期における時価を鑑定評価その他合理的な方法により算定することができます。

問10　具体的な評価方法について教えてください。

【具体例１：敷地利用権が敷地権である場合（登記簿上、敷地権の表示がある場合）】

（答）

【具体例】

建物の種類：居宅

築年数：10年

総階数：38階

所在階：8階

専有部分の面積：63.52㎡

敷地の面積：2,500.60㎡

敷地権の割合：1,930,000分の6,600

1　一室の区分所有権等に係る敷地利用権の評価

(1)　居住用の区分所有財産の評価に係る区分所有補正率の計算明細書

区分所有補正率の計算	A	① 築年数（注１） 10　年			①×△0.033 △ 0.330	一日以降用
	B	② 総階数（注２） 38　階	③ 総階数指数（②÷33） （小数点以下第４位切捨て。１を超える場合は１） 1.000		③×0.239 （小数点以下第４位切捨て） 0.239	
	C	④ 所在階（注３） 8　階			④×0.018 0.144	
	D	⑤ 専有部分の面積 63.52　㎡	⑥ 敷地の面積 2,500.60　㎡	⑦ 敷地権の割合（共有持分の割合） 6,600 / 1,930,000		
		⑧ 敷地利用権の面積（⑥×⑦） （小数点以下第３位切上げ） 8.56 ㎡	⑨ 敷地持分狭小度（⑧÷⑤） （小数点以下第４位切上げ） 0.135		⑨×△1.195 （小数点以下第４位切上げ） △ 0.162	
		⑩　評価乖離率（Ａ＋Ｂ＋Ｃ＋Ｄ＋3.220）			3.111	
		⑪　評価水準（１÷⑩）			0.3214400514	
		⑫　区分所有補正率（注４・５）			1.8666	

(2)　土地及び土地の上に存する権利の評価明細書（第１表）

自用地の評価額		10　私　　道 （ＡからＫまでのうち該当するもの） 円 × （ 1 － 0. 　） 円 × 0.3		（１㎡当たりの価額）　　円	L
		自用地１平方メートル当たりの価額 （ＡからＬまでのうちの該当記号） （ F ）　1,300,000 円	地　積 2,500.60 ㎡	総　　額 （自用地１㎡当たりの価額）×（地積） 3,250,780,000 円	M

⑶　土地及び土地の上に存する権利の評価明細書（第2表）

用地等	価額	○　ゴルフ場用地等 （宅地とした場合の価額）（地積）　　　（1 m当たり の造成費）　（地積）			Q
		（　　　円　×　　　㎡×0.6）　－　（　　　円×　　　㎡）			
区分所有財産に係る	敷地利用権の評価額	（自用地の評価額）　　　（敷地利用権（敷地権）の割合） 3,250,780,000 円　×　$\frac{6.600}{1,930,000}$		（自用地の評価額） 11,116,656 円	R
	区分所有財産の評価額	居住用の区分 （自用地の評価額）　　　（区分所有補正率） 11,116,656 円　×　1.8666		（自用地の評価額） 20,750,350 円	S

	利用区分	算　　　式	総　　額	記号
	貸宅	（自用地の評価額）　　　（借地権割合）	円	T

2　一室の区分所有権等に係る区分所有権の評価

（固定資産税評価額）　　　　　　（倍率）　　　　　　（自用家屋としての価額）

10,300,000円　　　　×　　　1.0　　　＝　　　10,300,000円

（自用家屋としての価額）　　　（区分所有補正率）　　　（評価額）

10,300,000円　　　　×　　　1.8666　　　＝　　　19,225,980円

問11　具体的な評価方法について教えてください。

　　　【具体例２：敷地利用権が敷地権でない場合（登記簿上、敷地権の表示がない場合）①】

（答）

【具体例】

建物の種類：居宅

築年数：25年

総階数：5階

所在階：2階

専有部分の面積：82.55㎡

敷地の面積：480.35㎡

敷地の共有持分の割合：1/20（※）

　（土地の登記簿上の共有持分の割合：1/10）

※　この例では、区分所有者が、一棟の区分所有建物のうち２階の専有部分一室のほか、５階にも専有部分一室を所有しており、土地の登記簿上、それらの専有部分全てに対応する敷地の共有持分の割合が1/10と表示されているが、各専有部分に対応する敷地の共有持分の割合はそれぞれ1/20である。

　なお、この例では、２階の専有部分一室の区分所有権等に係る敷地利用権及び区分所有権の価額のみを評価する。

1　一室の区分所有権等に係る敷地利用権の評価

(1)　居住用の区分所有財産の評価に係る区分所有補正率の計算明細書

(2)　土地及び土地の上に存する権利の評価明細書（第1表）

	円　×　（　1　－　0.　　　　）			（1㎡当たりの価額）　円	
	10　私　　　道 （AからKまでのうち該当するもの） 　　　　円　×　　　0.3				L
自用地の評価額	自用地1平方メートル当たりの価額 （AからLまでのうちの該当記号） （　F　）　　　　円 **200,000**	地　積 ㎡ **480.35**	総 （自用地1㎡当たりの価額）×（地　積） 	額 円 **96,070,000**	M

(3)　土地及び土地の上に存する権利の評価明細書（第2表）

用地等の価額	○　ゴルフ場用地等 （宅地とした場合の価額）（地積） 　　円　×　　㎡×0.6		（1㎡当たり） の造成費　　（地積） 　－（　　円×　　㎡）			Q
区分所有財産に係る敷地利用権の評価額	敷地利用権の評価額	（自用地の評価額） **96,070,000**　円　× （敷地利用権（敷地権）の割合） 　　1 　　20		（自用地の評価額） 円 **4,803,500**	R	
	居住用の区分所有財産	（自用地の評価額） **4,803,500**　円　× （区分所有補正率） **1.2714**		（自用地の評価額） 円 **6,107,169**	S	

	利用区分	算　　　　　　　　　式	総　　　　額	記号
	貸宅	（自用地の評価額）　　　　　（借地権割合） 	円	T

2　一室の区分所有権等に係る区分所有権の評価

（固定資産税評価額）　　　　　　　（倍率）　　　　　　　（自用家屋としての価額）

4,800,000円　　　×　　　1.0　　　＝　　　4,800,000円

（自用家屋としての価額）　　　（区分所有補正率）　　　　（評価額）

4,800,000円　　　×　　　1.2714　　　＝　　　6,102,720円

参　考

問12　具体的な評価方法について教えてください。

【具体例3：敷地利用権が敷地権でない場合（登記簿上、敷地権の表示がない場合）②】

（答）

【具体例】

建物の種類：居宅

築年数：40年

総階数：5階

所在階：1階

専有部分の面積：82.55㎡

敷地の面積：480.35㎡

敷地の共有持分の割合：1/20（※）

（土地の登記簿上の共有持分の割合：3/80）

※　この例では、夫婦が一棟の区分所有建物のうち1階の専有部分一室を夫3/4・妻1/4の割合で共有しており、土地の登記簿上、夫の敷地の共有持分の割合として、その専有部分一室に対応する敷地の共有持分の割合1/20に、夫の専有部分の共有持分の割合3/4を乗じた割合である3/80が表示されている。

なお、この例では、夫の共有持分のみを評価する。

1　一室の区分所有権等に係る敷地利用権の評価

(1)　居住用の区分所有財産の評価に係る区分所有補正率の計算明細書

(2)　土地及び土地の上に存する権利の評価明細書（第1表）

— 796 —

⑶　土地及び土地の上に存する権利の評価明細書（第2表）

用地等	価額	○ ゴルフ場用地等 （宅地とした場合の価額）（地積） （　　　　円　×　　　　㎡×0.6）　－	（1㎡当たり の造成費） （　　　円×　　　（地積） 　　　㎡）		Q
区分所有財産に係る	敷地利用権の評価額	（自用地の評価額） **96,070,000** 円　×	（敷地利用権（敷地権）の割合） $\dfrac{1}{20}$	（自用地の評価額） **4,803,500** 円	R
	居住用の区分所有財産の評価額	（自用地の評価額） 円　×	（区分所有補正率） ．	（自用地の評価額） 円	S

利用区分	算　　　　　　式	総　　　額	記号
貸宅	（自用地の評価額）　　　　（借地権割合）	円	T

⑷　夫の共有持分の計算

4,803,500円　　　×　　　3/4　　　＝　　　3,602,625円

2　一室の区分所有権等に係る区分所有権の評価

（固定資産税評価額）　　　　（倍率）　　　（自用家屋としての価額）

4,800,000円　　　×　　　1.0　　　＝　　　4,800,000円

○　夫の共有持分の計算

4,800,000円　　　×　　　3/4　　　＝　　　3,600,000円

公共用地の取得に伴う損失補償基準細則（抜粋）

第12　基準第25条（空間又は地下の使用に係る補償）は、次により処理する。

　1　本条に規定する空間又は地下の使用に係る補償額は、別記2土地利用制限率算定要領の定めるところにより算定するものとする。

　2　土地の最有効使用の方法、周辺地域を含めた公的規制の状況、将来の利用構想及びその可能性、地盤・地質等の状況、地域における慣行等の事情を総合的に勘案して、土地の利用が妨げられないと認められる場合等前項の算定要領により難い場合は、その適用はないものとする。

別記2

土地利用制限率算定要領

（土地利用制限率）

第1条　基準第25条に掲げる「土地の利用が妨げられる程度に応じて適正に定めた割合」（以下「土地利用制限率」という。）を算定するため、本要領を定める。

（土地の利用価値）

第2条　土地の利用価値は、地上及び地下に立体的に分布しているものとし、次の各号に掲げる使用する土地の種別に応じ、当該各号に掲げる利用価値の合計とすることを基本とし、それぞれの利用価値の割合は、別表第1「土地の立体利用率配分表」に定める率を標準として適正に定めるものとする。

　一　高度市街地内の宅地

　　　建物による利用価値及びその他の利用価値（上空における通信用施設、広告用施設、煙突等の施設による利用及び地下における特殊物の埋設、穿井による地下水の利用等をいう。以下同じ。）

　二　高度市街地以外の市街地及びこれに準ずる地域（概ね、市街化区域内又は用途地域が指定されている高度市街地以外の区域をいう。）内の宅地又は宅地見込地

　　　建物による利用価値、地下の利用価値及びその他の利用価値

三　農地又は林地

　　地上の利用価値、地下の利用価値及びその他の利用価値

（土地利用制限率の算定方法）

第3条　土地の利用制限率は、次式により算定するものとする。

一　前条第1号の土地の場合

　　　建物による利用価値の割合 $\times \dfrac{B}{A}$ ＋その他の利用価値の割合 $\times \alpha$

　　　　A　建物利用における各階層の利用率の和

　　　　B　空間又は地下の使用により建物利用が制限される各階層の利用率の和

　　　　α　空間又は地下の使用によりその他利用が制限される部分の高さ又は深さによる補正率（0～1の間で定める。）

二　前条第2号の土地の場合

　　　建物による利用価値の割合 $\times \dfrac{B}{A}$ ＋地下の利用価値の割合 $\times p$ ＋その他の利用価値の割合 $\times \alpha$

　　　　A、B　それぞれ前号に定めるところによる。

　　　　p　　　地下の利用がなされる深度における深度別地下制限率

　　　　α　　　前号に定めるところによる。

三　前条第3号の土地の場合

　　　地上の利用価値の割合 $\times q$ ＋地下の利用価値の割合 $\times p$ ＋その他の利用価値の割合 $\times \alpha$

　　　　q　空間又は地下の使用により地上利用が制限される部分の利用率の割合

　　　　p　第2号に定めるところによる。

　　　　α　第1号に定めるところによる。

（建物利用における各階層の利用率）

第4条　前条に規定する建物利用における各階層の利用率を求める際の建物の階数及び用途は、原則として、使用する土地を最も有効に使用する場合における階数及び用途とするものとし、当該階数及び用途は、次の各号に掲げる事項を総合的に勘案

して判定するものとする。

一　当該地域に現存する建物の階数及び用途

二　当該地域において近年建築された建物の標準的な階数及び用途

三　土地の容積率を当該土地の建ぺい率で除して得た値の階数

四　当該地域における都市計画上の建ぺい率に対する標準的な実際使用建ぺい率の状況

五　当該地域における用途的地域

六　当該地域の将来の動向等

2　建物の各階層の利用率は、当該地域及び類似地域において近年建築された建物の階層別の賃借料又は分譲価格等を多数収集の上これを分析して求めるものとする。この場合において、高度市街地内の宅地にあっては、別表第2「建物階層別利用率表」を参考として用いることができるものとする。

（深度別地下制限率）

第5条　第3条に規定する深度別地下制限率は、地域の状況等を勘案して定めた一定の深度までの間に、1〜10メートルの単位で設ける深度階層毎に求めるものとし、原則として当該深度階層毎に一定の割合をもって低下するとともに、最も浅い深度階層に係る深度別地下制限率を1として算定するものとする。

（農地等の地上利用）

第6条　第3条に規定する地上利用が制限される部分の利用率は、農地及び林地における農業施設の所要高、立木の樹高の最大値等を考慮の上、地域の状況に応じて、地上利用の高さ及び高度別の利用率を決定することにより適正に定めるものとする。

（空間又は地下の使用による残地補償）

第7条　同一の土地所有者に属する土地の一部の空間又は地下を使用することによって残地の利用が妨げられる場合の当該残地に関する損失の補償額の算定は、次式によるものとする。

土地価格×建物利用制限率×残地補償対象面積

残地補償対象面積＝残地面積－建築可能面積

建 築 可 能 面 積　当該残地の建ぺい率、画地条件、周辺の環境及び直接利用
　　　　　　　　　　制限部分との関係等を考慮して適正に定める。

建 物 利 用 制 限 率　使用する土地の土地利用制限率（その他の利用価値に係る
　　　　　　　　　　制限率が含まれる場合は、これを除く。）

別表第1　土地の立体利用率配分表

土地の種別／利用率等区分	宅　　　地 900%を超えるとき	600%を超え900%以内	400%を超え600%以内	300%を超え500%以内	150%を超え300%以内	150%以内	宅地見込地
最有効使用　建物等利用率	0.9	0.8	0.7	0.7	0.6	0.6	0.6
その他使用　地下利用率				0.2	0.3	0.3	0.3
その他使用　その他利用率(δ)	0.1	0.2	0.3	0.1	0.1	0.1	0.1
(δ)の上下配分割合	1：1				2：1	3：1	4：1

土地の種別／利用率等区分	農地林地
地上利用率	0.9
地下利用率	
その他利用率(δ)	0.1
(δ)の上下配分割合	5：1

(注)　1　建築基準法等で定める用途地域の指定のない区域内の土地については、当該地の属する地域の状況等を考慮のうえ、土地の種別のいずれか照応するものによるものとする。

　　　2　土地の種別のうち、宅地の同一容積率での地下利用率については、原則として当該地の指定用途地域又は用途的地域が商業地域以外の場合等に適用するものとする。

　　　3　土地の種別のうち、宅地中、当該地の指定用途地域又は用途的地域が商業地域の場合の建物等利用率については、当該地の属する地域の状況等を考慮して、上表の率を基礎に加算することができるものとする。

　　　4　土地の種別のうち、農地・林地についての地上利用率と地下利用率との配分は、宅地見込地を参考として、それぞれ適正に配分するものとする。

別表第2　建物階層別利用率表

階　層	A　　群	B　　群	C　　群			D　　群
9	32.8		30.0	30.0	30.0	↑
8	32.9		30.0	30.0	30.0	
7	33.0		30.0	30.0	30.0	
6	36.9	67.4	30.0	30.0	30.0	
5	40.1	70.0	30.0	30.0	30.0	
4	42.8	72.7	30.0	30.0	30.0	
3	44.1	75.4	60.0	30.0	30.0	
2	61.5	79.4	70.0	70.0	30.0	
1	100.0	100.0	100.0			100.0
地下1	55.7	52.9	60.0			
地下2	33.1		40.0			

A群　下階が店舗で上階にゆくに従い事務所（例外的に更に上階にゆくと住宅となる場合もある。）使用となる建物

B群　全階事務所使用となる建物

C群　下階が事務所（又は店舗）で大部分の上階が住宅使用となる建物

D群　全階住宅使用となる建物

注1　本表の指数は土地価格の立体分布と建物価格の立体分布とが同一であると推定したことが前提となっている。

　2　本表の指数は各群の一応の標準を示すものであるから、実情に応じ補正は妨げない。特に各群間の中間的性格を有する地域にあっては、その実情を反映させるものとする。

　3　本表にない階層の指数は本表の傾向及び実情を勘案のうえ補足するものとする。

　4　本表は各階層の単位面積当たりの指数であるから、各階層の床面積が異なるときは、それぞれの指数と当該階層の床面積との積が当該階層の有効指数になる。

　5　C群の　内の指数は当該階層の用途が住宅以外であるときの指数である。

〔索　引〕

〔ろ〕

〔わ〕

（編　者）

お の　　　と おる
小　野　　　徹

（執 筆 者）

高　宮　亜紀夫
諸　留　　　翼
佐　野　宣　明
土　居　哲　雄
佐　藤　千　鶴
佐々木　将　史
高　梨　真寿美
梶　本　　　愛
米　倉　和　成
服　部　亮　平
一　瀬　賢　人

令和 6 年版
図　解　財　産　評　価

令和 6 年 7 月11日　初版印刷
令和 6 年 7 月29日　初版発行

編　者　小　　野　　　　徹

（一財）大蔵財務協会 理事長
発行者　木　村　幸　俊

発行所　一般財団法人　大 蔵 財 務 協 会
〔郵便番号　130-8585〕
東 京 都 墨 田 区 東 駒 形 1 丁 目 14 番 1 号
（販　売　部）TEL03（3829）4141・FAX03（3829）4001
（出版編集部）TEL03（3829）4142・FAX03（3829）4005
https://www.zaikyo.or.jp

乱丁、落丁の場合は、お取替えいたします。　　　　　　印刷・恵　友　社
ISBN978-4-7547-3227-1